KĀLIGA
MORI
Kapilavatthu I
SAKIYA
Sāvatthi
Lumbinī
Kapilavatthu II
KOLIYA
ACIRAVATĪ
Sāketa
(Ayojjhā)
KOSALA
Kusināra
Lucknow
Gorakhpur
GHĀGARA
VAMSĀ
GOMATI
KĀLĀMA
GANGES
KĀSI
YAMUNĀ
Prayāga
(Allāhabād)
Sārnāth
Kosambī
Benares
AVANTI
M
부처님 당시의 도시들
부처님 이후의 도시들
네팔 국경선
부처님 당시의 강줄기
무역로

Kathmandu
SUN KOSI
ARUN
VIDEHA
Mithilā
NEPAL
VAJJI
Darbhanga
INDIA
LICCHAVI
Muzaffarpur
Vesāli
BĀGHMATI
SAPTI KOSI
ta(Patna)
Monghyr
Bhāgalpur
Campā
Nālandā
Rājagaha
AṄGA
Gayā
Uruvelā
NERAÑ-JARĀ
PHALGU

명상수행의 바다

ॐ सत्यमेव जयते ॐ

값 35,000 원

발행일 2007년 01월 25일 초판발행
2013년 05월 25일 재판발행
2021년 06월 15일 삼판발행
발행인 도 법
역주자 전재성
편집위원 보국 김광하 최훈동 수지행
발행처 한국빠알리성전협회
1999년5월31일(신고번호:제318-1999-000052호)
서울 서대문구 홍제동 456 #성원102-102
전화 02-2631-1381 팩스 02-735-8832
전자우편 kptsoc@kptsoc.org
홈페이지 www.kptsoc.org

Korea Pali Text Society
Hongjae-2-dong 456 #Seongwon102-102
Seoul 120-090 Korea
TEL 82-2-2631-1381 FAX 82-2-735-8832

전자우편 kptsoc@kptsoc.org
홈페이지 www.kptsoc.org

ISBN 978-89-89966-38-8 04220
ISBN 978-89-89966-40-X (세트)

학술원 선정 우수학술도서

명상수행의 바다

Majjhima-Nikāya

맛지마니까야 앤솔로지

전 재 성 편역

한국빠알리성전협회
Korea Pali Text Society

譯註 · 退玄 全在星

철학박사. 서울대학교를 졸업했고,
한국대학생불교연합회 13년차 회장
동국대학교 인도철학과 박사,
독일 본대학에서 인도학 및 티베트학을 연구했으며,
독일 본대학과 쾰른 동아시아 박물관 강사,
동국대 강사, 중앙승가대학 교수,
한국불교대학(스리랑카 빠알리불교대학 분교)교수,
현재 한국빠알리성전협회 대표(1997~).
저서에는 ‹거지성자›, ‹빠알리어사전›
‹티베트어사전› ‹범어문법학› ‹초기불교의 연기사상›
‹천수다라니와 붓다의 가르침›이 있고,
역주서로는 ‹붓다의 가르침과 팔정도›
‹금강경-번개처럼 자르는 지혜의 완성›
‹쌍윳따니까야 전서› ‹오늘 부처님께 묻는다면›
‹맛지마니까야› ‹명상수행의 바다›
‹디가니까야 전서› ‹신들과 인간의 스승›
‹앙굿따라니까야 전서› ‹생활 속의 명상수행›
‹법구경-담마파다› ‹숫타니파타› ‹우다나-감흥어린
싯구› ‹이띠붓따까-여시어경› ‹예경지송-쿳다까빠타›
‹테라가타-장로게› ‹테리가타-장로니게›
‹비나야삐따까-율장전서›(이상, 한국빠알리 성전협회)
‹빅쿠빠띠목카-비구계› ‹빅쿠니빠띠목카-비구니계›
역서로 ‹인도사회와 신불교›(일역, 한길사)가 있다.
주요논문으로 ‹初期佛敎의 緣起性 硏究›
‹中論歸敬偈無畏疏硏究› ‹學習梵語의 硏究›
‹梵巴藏音聲論› 등 다수가 있다.

Majjhima-Nikāya

translated by **Jae-Seong Cheon**
Published and Distributed by
Korea Pali Text Society ⓒ2003

발 간 사

오늘날 명상이 세계적으로 주목받고 있는 이유는 어디에 있습니까? 수많은 스트레스에 직면하고 있는 현대인들이 돌파구로서 명상을 선택하고 있습니다. 미국만 보아도 명상인구가 1000만 명이 넘고 그 중에는 유대교나 기독교를 믿는 사람들도 많습니다. 종교인들이 다시 명상을 찾는 것은 내적 평화가 단순한 신앙이나 기도만으로 성취되지 않음을 의미합니다. 수많은 책과 설교와 강의도 직접적인 체험 없이는 마음을 변화시키지 못합니다.

인도 명상은 오늘날 수많은 명상 유파의 근간에 해당된다. 티벳 명상도, 중국의 선불교도 모두 인도에 연원하고 있습니다. 인도 명상이 추구하는 가장 높은 경지마저 만족하지 못한 부처님의 수행은 무엇이겠습니까? 수많은 명상법이 있으나 깨달음의 지혜에 이르게 하는 명상은 드뭅니다. 부처님은 선정 명상에 추가한 통찰 명상을 연기적 관점에 의해 반복하여 설명하고 있습니다. 통찰 없는 계율은 금욕에 불과하고, 통찰 없는 분노의 억제는 우울증을 만들며, 통찰 없는 선정은 무기공에 빠지게 합니다. 항상 깨어 있어 몸과 마음을 있는 그대로 관찰하되 분별을 뛰어넘는 통찰 명상은 밝은 지혜로 인도합니다. 통찰되지 않는 마음의 잠재적 경향은 모든 고통의 조건이 됩니다. 부처님의 통찰은 안으로, 밖으로, 안팎으로 행해집니다. 우선 나 자신의 내면을 깊이 관찰하고 남의 마음을 관찰하며 삶 속에서 서로 부딪치는 상호 관계를 역동적으로 관찰합니다. 관찰의 깊이도 피상적 수준에서 깊은 수준까지, 그리고 다시 전체적 수준에서 관찰하는 통찰은 단순히 현상적 찰라 관찰에 머물지 않고 삶이라는 구체적 상황을 벗어나지 않는 진정한 명상임을 보여줍니다. 쌍윳따니까야가 불교 사상의 정수를 담고 있다면 맛지마니까야는 불교수행의 핵심을 담고 있는 경전입니다. 맛지마니까야는 수행 과정에서 일어나는 모든 의문을 풀어 주기에 가장 적합한 경전입니다. 어디 수행뿐이겠습니까. 존재의 근원, 신과 영혼의 문제 등에 대한 심오한 사유가 들어 있는 그야말로 명상의 바다입니다.

이 책은 맛지마니까야에서 명상수행에 도움이 되는 중요한 경전들을 뽑아서 한 권으로 만든 명상 수행의 바이블입니다. 요가나 기체조의 스트레칭과 이완을 통해서, 단식과 호흡을 조절하여 얻는 심신의 평안만으로 만족하지 못한 이들, 수행 중에 장애와 난관에 부딪쳐 표류하는 수행자들, 궁극적인 의문을 갖고 궁극적인 성취를 추구하는 종교인들에게 이 책은 깜깜한 밤중에 찬연히 빛나는 등대가 되어줄 것입니다. 특히 불교 사상의 방대한 바다에서 헤매거나 선수행의 차제에 대해 목말라 하는 불교인들에게는 오랜 가뭄 끝의 단비가 될 것입니다.

전재성 박사가 10여 년에 걸쳐 불교의 원전인 빠알리어 텍스트 쌍윳따니까야와 맛지마니까야를 완역한 것은 한국 불교사에 커다란 획을 그은 쾌거로 중국의 구마라습이나 현장 법사의 역경에 비견할 수 있습니다. 1600년 동안 한국불교는 대승 불전 위주의 한문 경전에 의지하여 부처님의 본래 뜻을 전수하기 어려웠다. 빠알리어 원전을 직접 우리말로 번역하여 불교인뿐만 아니라 한문을 모르는 일반인에게도 불교의 핵심을 쉽게 접할 수 있게 해준 공로로 이 책이 학술원 기초과학 우수학술도서 선정되었으나 그것만으로 부족합니다. 국가나 교단의 지원 없이 국가적 과업을 이루어 낸 전재성 박사의 원력에 마음 깊이 감사 드립니다.

2003년 늦가을을 맞이하여 서울의대 초빙교수

운강(退玄) **최훈동** 합장

머 릿 말

이 책은 『맛지마니까야』의 엔솔로지로 한역에서는 중아함경에 해당하며, 역사적인 부처님의 중간크기의 설법을 모아놓은 경전입니다. 초기불교의 경전 가운데 부처님의 가르침을 논리적으로 체계화시킨 경전으로 아비달마의 불교나 후세의 대승불교의 경전에 나타난 모든 교리의 원천이 될 만큼 중요한 경전입니다.

우리가 아는 초기와 대승의 모든 불교 교리의 핵심을 이루는, 피안에 도달하면 뗏목을 버리는 뗏목의 비유, 독묻은 화살을 맞은 자가 누가 화살을 쏘았는지 등을 물어보는 사이에 독이 온몸에 퍼진다고 하는 독화살의 비유, 마음의 때를 씻는 명상은 물없는 목욕과 같다는 물없는 목욕의 비유, 선을 행하는 것은 악을 행해서 마음에 박힌 큰 쐐기를 작은 쐐기로 뽑아내는 것과 같으며 선정을 통해 그 작은 쐐기마저 뽑아 버려야 한다는 쐐기의 비유, 가르침을 잘못 파악하는 것은 뱀을 잘못 붙잡은 것과 같다는 뱀의 비유, 위없이 바르고 원만한 깨달음을 얻은 이후에 하느님의 요청에 의해 가르침을 설하게 되었다는 하느님의 비유, 가르침을 알아들을 수 있는 뭇삶의 수준을 갖가지 연꽃에 견준 연꽃의 비유, 수행을 하면 올바른 깨달음에 이르는 것이 병아리가 알을 깨고 나오는 것과 같다는 비유, 나환자가 숯불구덩이에 몸을 지지며 쾌감을 느끼는 것은 지각의 전도(顚倒)를 의미한다고 하는 숯불구덩이의 비유, 생노병사는 천사로서 우리에게 선행을 일깨운다고 하는 천사의 비유, 여래의 사후에 대하여 불이 꺼지면 어디로 간 것이 아니라 조건지어진 것이 소멸되는 것이라는 불의 비유, 여래는 심오하고, 측량할 수 없고, 바닥을 알 수 없어 마치 커다란 바다와 같다는 바다의 비유, 숲 속에 있을 때는 마을은 없는 것으로 관찰한다고 하는 공(空)의 비유 등은 모두 이 『맛지마니까야』에 그 원형이 들어있습니다.

특히 이 『맛지마니까야』가 칼 오이겐 노이만에 의해서 독일에서 완역되어 출간된 것이 1902년이었습니다. 독일의 대문호 헤르만 헤세가 이 『맛지마니까야』의 영감을 받아 병아리가 알을 깨고 나오는 비유를 주요한 모티브로 사용한 데미안을 출간한 것이 1916년이었고, 부처님의 가르침을 비교적 정확히 묘사하고 있는 불멸의 작품 싯다르타를 출간한 것이 1922년이었습니다. 그는 싯다르타에서 부처님에 대하여 이와 같이 묘사하고 있습니다.

> 부처님은 겸허한 태도로 깊은 생각에 잠겨 길을 걷고 있었다. 그의 조용한 얼굴은 기쁨도 슬픔도 띄지 않고 소리없이 내면을 향해 미소를 짓고 있는 듯이 보였다. 내밀의 미소를 띄고 조용히 침착하게, 건강한 어린아이처럼, 부처님은 걸어가고 있었다. 자신을 추종하는 다른 모든 승려들과 똑같이 옷자락을 걸치고 엄격한 계율을 좇아 발을 내딛고 있었다. 그의 얼굴, 그의 걸음걸이, 조용히 내려뜬 시선, 조용히 늘어뜨린 팔, 그 늘어진 팔의 손가락 하나하나 까지도 평화를 말하고 완전함을 말하고 있었다. 무엇을 추구하는 것도 아니요, 흉내내는 것도 아니요. 온 몸은 구원의 안식 속에, 구원의 광명 속에, 범할 수 없는 평화 속에 고요히 숨쉬고 있었다.

이 『맛지마니까야』를 읽는다면, 여러분은 헤르만 헤세가 읽고 감동한 그 부처님의 모습과 수행의 여정, 수행의 시행착오, 수행에서 바른 선정과 삼매, 바른 성찰과 깨달음 어떻게 전개되는지 하나하나 생생하게 접할 수 있을 것입니다. 부처님은 당대의 최고의 스승을 탐방하여 명상수행의 드높은 경지를 몸소 체험했을 뿐만 아니라 그것을 뛰어넘어 위없는 명상수행을 열어 보이셨습니다.

현대과학의 예언자였던 베이컨은 일찍이 학문의 진보가 악마가 아닌

신에게 귀속된다고 말하며, 과학을 위한 적절한 변호를 했습니다. 그는 자연이라는 것은 무한한 지식의 보고이고 그것을 연구하는 것 자체가 신의 경이로운 작업이라고 했습니다.

세속적인 지식을 위한 그의 위대한 변명은 오늘날도 많은 사람을 감동시키고 있다. 그리고 오늘날 많은 지식인들이 지식은 세속적이건 세속적이 아니건 인간과 자연 또는 사회의 관련 속에서 객관적인 인식을 반영하고 있다고 믿고 있습니다.

그러나 이러한 지식이 지금 여기의 지식이 아니라 우리의 욕망이 만들어내는 존재와 시간에 대한 지식이라는 것을 아는 사람은 드뭅니다. 객관적으로 보이는 자연과학조차도 인간의 욕망의 그물에 걸리는 대상만을 관찰할 수 있다는 사실을 많은 사람들은 자각하지 못하고 있습니다. 과학자들은 자신이 설정하는 실험도구나 인식수단이 인간이 쳐놓은 욕망의 그물로서 거기서 생산되는 지식이 본질적으로 인간과 자연에 위해를 가하는 폭력적인 것일 수 있다는 사실을 간과하고 있습니다.

지난 수세기를 돌아보면 지식이 가장 발전된 나라일 수록 가장 파괴력을 가진 무기를 개발해 왔고 자연적인 감성을 마비시키는 폭력적인 대중매체를 발전시켜 왔습니다. 그리고 인류 역사상 가장 끔찍한 전쟁, 인류의 파멸을 예고하는 환경오염 등을 주도해왔습니다. 이것은 인간이 욕망의 그물에 걸린 대상에 대한 지식만을 추구해온 결과였습니다.

그러나 이 초기경전의 가르침은 존재와 시간의 지배 아래 놓인 지식이 아니라 지금 여기에서의 직접적인 인식에 토대를 둔 지식, 현대적인 학문과는 다른 지식을 추구하고 있습니다. 부처님은 그것이 바로 인간 자신의 탐욕과 분노 그리고 어리석음에 대한 지식이라고 말합니다.

참다운 지식이라는 것은 존재와 시간을 일으키지 않는 지금 여기에서의 자신과 사건에 대한 탐구일 수밖에 없습니다. 우리가 있는 그대로의 진리를 인식한다는 것은 존재와 시간에 대한 객관적인 관찰을 뜻합니다.

그러나 그것은 존재와 시간의 그물을 거두고 직접적으로 자신의 욕망과 분노와 어리석음을 알아차리고 새길 때에만 가능합니다. 따라서 인간의 욕망과 분노와 어리석음을 제어해 가는 윤리적인 지식이야말로 지식에 대한 인식에 있어서 존재론적인 것보다 훨씬 본질적인 것입니다.

참다운 지식은 욕망의 그물인 시공간을 걷어내고 그 위기가 초래하는 분노의 시공간을 뛰어넘어 사물을 있는 그대로 통찰하는 '지금 여기'에 관한 지식이며, 그것이야말로 폭발하는 지식의 위기를 통제할 수 있는 명상수행에 관한 것이라고 할 수 있습니다.

이 『맛지마니까야』 엔솔로지는 칼 오이겐 노이만 이후 전 세계에서는 두 번째로 완전 복원되어 한국에서 최초로 번역되어 출판된 『맛지마니까야』 전5권 152경 가운데 학술적으로 가장 많이 인용되는 29경을 골라 경전의 제목을 내용에 따라 바꾸고 중요한 경구를 앞에 내세워 편집한 것입니다.

그 동안 『맛지마니까야』 출간에 후원하신 여러분들께 깊은 감사를 드립니다. 그리고 『맛지마니까야』를 기초과학분야의 인문학우수학술도서로 선정하여 주신 대한민국학술원에도 심심한 감사를 표합니다.

2003년 늦가을 맞이하며

퇴현(退玄) 전재성 합장

명상수행의 바다 해제

오늘날 우리는 지식의 홍수 속에서 곤혹과 고뇌, 불안과 두려움에 직면하고 있다. 로져 샬룩은 『금지된 지식』이라는 책에서 우리가 자연의 비밀에 접근할수록 지식은 해결책보다 오히려 많은 문제 거리만을 던져주는 지점에 도달했다고 보고 있다. 그는 말한다.

> 인구과잉과 에이즈의 상반된 위협 또한 진보의 결과로 생겨났다고 말할 수 있다. 역사적인 유력한 해석에 의하면, 지구에서 가장 발전한 나라들이야말로 상상할 수 없는 파괴력을 가진 무기를 만드는 한편, 파괴적인 폭력에 빠져드는 대중매체를 발전시켰다. 이러한 모순이 우리를 어찌 야만과 자기부정에 빠져들게 하지 않을 수 있겠는가?

우리는 역사적으로 수많은 전쟁과 재앙 속에서 삶을 꾸려왔다. 그러나 끔찍한 전쟁이나 재앙은 인간의 무지에 의해서 발생하였다기보다는 인간이 만든 지식의 힘을 빌어 발생한 것이다. 특히 오늘날의 전쟁이나 재앙은 인간의 야만상태나 무지에 의해서가 아니라 고도의 지식을 필요로 하는 핵무기나 생화학무기 등에 의해서 생겨나고 있다. 심지어 과학의 연구, 언론의 자유, 예술의 자율, 학문의 자유는 우리의 운명을 스스로 제어하는 인간행위자의 통제를 벗어나게 만들고 있다.

이러한 상황이 제기하는 심각한 문제의 해답은 다음과 같은 그의 의문 속에 주어져 있다.

> 우리가 알지 말아야할 것이 있는가? 자유로운 발상과 무한 성장의 분위기 속에서 어떤 개인 또는 제도가 지식의 한계를 진지하게 제기할 수 있는가? 우리는

그러한 질문에 내포된 도덕적인 측면을 파악하고 존중할 능력을 잃어버린 것은 아닐까?

우리가 추구하는 지식의 자유 속에 내포된 도덕적인 측면을 파악하고 존중할 능력을 잃어버린 것이 가장 심각한 현대의 위기라고 볼 수 있다. 이러한 경향은 우리의 욕망이 일어나기 이전의 '지금 여기'에 관한 지식 다시 말해서 명상수행을 통한 직접적인 지식의 부족에서 오는 것이다.

우리가 자연의 비밀을 알아낸다고 하는 것은 우리의 욕망이 지향하는 대로 대상적인 자연에 관한 지식을 확대하는 것에 불과하기 때문에 필연적으로 파국의 위기에 직면하기 마련이다. 자연과학은 욕망의 수단이라는 그물에 걸린 것만을 파악하는 것이지 엄밀한 의미에서 있는 그대로의 '지금 여기'에 관한 학문이 아니다. '지금 여기'에 관한 학문은 욕망이 만들어내는 시공간을 제거하는 도덕적인 성찰을 기반으로 한 명상수행의 학문이라고 할 수 있다.

명상수행에서는 알고 있지만 말할 수 없는 것들에 대하여 환상적이거나 형이상학적인 지식을 쌓아 가는 것을 배제한다. 그것은 '욕망에 바탕을 둔 사변적 견해'로 간주된다. 이러한 명상수행의 태도를 못마땅하게 여긴 몇몇 제자들이 있었다. 그 예로 잘 알려진 고전적인 열 가지의 형이상학적인 질문을 던진 말룽끼야뿟따가 있었다. 「독문은 화살을 맞으면 어떻게 해야하는가?」에서 어느날 말룽끼야뿟따는 오후의 명상을 끝내고 부처님께 다가가서 인사를 드린 뒤에 다음과 같은 질문을 던졌다.

세존이시여, 제가 홀로 명상할 때에 이런 생각들이 떠올랐습니다. '여래께서는 설명하지 않은 것이 있다. 첫째, 우주는 영원한가? 둘째, 우주는 영원하지 않은가? 셋째, 우주는 유한한가? 넷째, 우주는 유한하지 않은가? 다섯째, 영혼은 육체와 같은가? 여섯째, 영혼은 육체와 다른가? 일곱째, 여래는 사후에 존재하는가? 여덟째, 여래는 사후에 존재하지 않는가? 아홉째, 여래는 사후에 존재하기도 하고 존재하지 않기도 하는 것인가? 열째, 여래는 사후에 존재하는 것도 아니고 존재하지 않는 것도 아닌 것이기도 하는가? 여래께서는 이러한 것을 말하지 않았다.' 이러한 것이 저에게는 못마땅합니다. 저는 세존께 이러한 것을 묻고 싶습니다. 만약 세존께서 저에게 대답을 주신다면 저는 그 밑에 머물러서 거룩한 삶을 따를 것입니다. 세존께서 알고 계신다면 제게 설명해주십시오. 세존께서 모르신다면 알지 못하고 보지 못하는 자로서 '나는 알지 못한다. 나는 보지 못한다'라고 하는 것이 솔직할 것입니다.

말룽끼야뿟따의 질문에 대한 부처님의 답변은 형이상학적인 문제로 쓸 데 없이 마음의 평화를 혼란시키며 시간을 낭비하는 오늘의 수많은 사람들에게 매우 좋은 교훈이 될 것이다. 부처님은 우선 새로운 지식을 갈망하는 자의 도덕적인 성찰의 부재를 문제로 삼는다.

말룽끼야뿟따여, 내가 그대에게 '말룽끼야뿟따여, 와서 내 밑에서 거룩한 삶을 영위하라. 나는 그대에게 그러한 문제에 관하여 설명할 것이다'라고 말한 적이 있는가? 세존이시여, 그렇지 않습니다. 말룽끼야뿟따여, 그대가 나에게 '세존이시여, 저는 여래 밑에서 거룩한 생활을 영위할 것입니다. 여래께서는 이러한 질문을 해결해주실 것이다'라고 말한 적이 있는가? 세존이시여, 그렇지 않습니다. 말룽끼야뿟따여, 나는 '오라 그리고 내 밑에서 거룩한 삶을 영위하라. 내가 그대에게 이러한 문제들을 설명하리라'라고 말한 적이 없다. 그리고 그대가 나에게 '저는 여래 밑에서 거룩한 생활을 영위할 것이고 여래께서는 이러한 질문을 해결해주실 것이다'라고 말한 적도 없다. 어리석은 자여, 이러한 상황 아래서 누가 누구를 거절하겠는가? 말룽끼야뿟따여, 어떤 사람이 '나는 여래가 이 문제를 해결해야 비로소 여래 밑에서 거룩한 삶을 영위할 것이다'라고 말한다면 그는 여래에게서 대답을 못들은 채 이러한 문제와 더불어 죽어갈 것이다.

여기서 부처님은 이 『맛지마니까야』에 등장하는 유명한 독화살의 비유를 든다. 이 비유는 단순히 지식에 대한 실용주의적인 관점을 나타내는 것이 아니라, 전체 문맥에서 알 수 있듯이 지식에 대한 도덕적인 성찰이 얼마나 중요한 것인가를 보여주는 것이다. 독묻은 화살을 맞았을 때에 우리가 취하는 몰도덕적이고 관념적인 태도를 문제삼는 것이다. 부처님의 가르침에 따르면, 어떠한 경우를 막론하고 실천적인 명상수행의 바탕을 벗어나면, 지식은 그 가치를 상실한다. 왜냐하면, 지식을 얻으려는 당사자가 지적인 욕망에 바탕을 두고 그 대상에 대한 지식을 추구한다면, 그것을 얻기 전에 죽어갈 것이기 때문이다.

> 말룽끼야뿟따여, 어떤 사람이 독 묻은 화살을 맞았다고 하자. 그의 친구가 와서 그를 외과의사에게 데리고 갔다. 그런데 그 사람이 말했다고 하자. '나를 쏜 사람이 누구인가 알아야 화살을 뽑을 것이다. 그가 왕족인지 바라문인지 평민인지 노예인지, 그의 이름과 성은 무엇인지, 그의 키가 큰지 작은지 중간인지, 그의 안색이 검은지 푸른지 노란지, 그가 어떤 마을이나 도시에서 왔는지를 알아야겠다.' 그리고 그가 말했다고 하자. '나를 쏜 활을 알아야 화살을 뽑을 것이다. 보통의 활인지 석궁인지 알아야 화살을 뽑을 것이다.' 말룽끼야뿟따여, 이 사람은 그러한 사실을 알기도 전에 죽을 것이다. 이와 같이 말룽끼야뿟따여, 만약 어떤 사람이 '우주가 영원한가 아닌가'와 같은 문제에 해답을 얻고서야 비로소 나는 여래 밑에서 거룩한 삶을 영위할 것이다' 라고 한다면, 그는 여래로부터 그 해답을 얻기 전에 죽어갈 것이다.

그 때에 부처님은 거룩한 삶은 그러한 견해에 의존하는 것이 아니란 사실을 말룽끼야뿟따에게 설명하고 있다. 이러한 문제에 관해 사람들이 어떠한 견해를 가지건, 태어나고 늙어가고, 죽는 것과 슬픔, 비탄, 고통, 불쾌, 절망을 피할 수 없다. 이러한 것을 멈추는 삶만이 진정한 삶이다. 그래서 부처님께서는 말씀하신다.

말룽끼야뿟따여, 그러므로 나는 설해야 할 것은 설했고 설하지 않아야 할 것은 설하지 않았다는 사실을 명심하라. 내가 설하지 않은 것은 무엇인가? 우주는 영원한가 아닌가 등은 설하지 않았다. 말룽끼야뿟따여, 내가 왜 그것을 설하지 않았는가? 그것은 본질적으로 거룩한 삶과는 관계가 없으며, 멀리 떠나고 사라지고 소멸하고 멈추고 삼매에 들고 바르고 원만히 깨닫고 열반에 이르는데 도움이 되지가 않기 때문이다. 그러한 이유로 그대에게 이러한 문제에 관해 이야기하지 않은 것이다.

우주는 영원한가 아닌가 등의 형이상학적인 문제들에 대한 대답은 단지 실용주의적인 관점에서 거부된 것이 아니라, 이러한 의문이 인간의 탐욕과 분노와 어리석음에 바탕을 두고 생겨난 것으로 인간의 탐욕과 분노와 어리석음이 사라질 때만 그러한 의문도 사라지기 때문에 거부된 것이다. 우리의 고통을 야기하는 욕망에 의해서 제기된 문제에 대한 답변은 오로지 그 고통을 야기하는 욕망의 소멸을 통해서만 해결될 수 있다. 그래서 부처님은 네 가지 거룩한 진리를 그러한 의문에 대한 답변으로 제시한다.

그러면 말룽끼야뿟따여, 내가 설한 것은 무엇인가? 나는 괴로움, 괴로움의 생성, 괴로움의 소멸, 괴로움의 소멸로 이르는 길을 설했다. 말룽끼야뿟따여, 나는 왜 그러한 것들을 설했는가? 왜냐하면 그것은 기본적으로 정신적인 고귀한 생활과 연관되어 있으며 멀리 떠나고 사라지고 소멸하고 멈추고 삼매에 들고 바르고 원만히 깨닫고 열반에 이르는데 도움이 되기 때문이다. 그러므로 나는 그런 것들을 설했다.

「어떻게 온갖 번뇌를 끊어 없앨 것인가?」에서는 이러한 네가지 거룩한 진리에 토대를 둔 바른 이치에 맞도록 정신활동을 일으키면 온갖 번뇌에서 해방된다는 가르침을 설하고 있다. 명상수행의 완성은 번뇌를 끊어 버리는 것인데, 그것은 신비적인 경지에 도달함으로써가 아니라 근본적인 이치에 맞게 정신을 씀으로써 얻어진다.

이치에 맞지 않게 정신활동을 일으키면 아직 생겨나지 않은 번뇌가 생겨나고 생겨난 번뇌는 더욱 증가한다. 그러나 이치에 맞게 정신활동을 일으키면 아직 생겨나지 않은 번뇌는 생겨나지 않고 이미 생겨난 번뇌는 끊어진다.

명상수행은 물 없는 목욕이다.「물 없는 목욕으로 마음의 때를 씻어내야」에서는 갠지스강에서 목욕하거나 목욕재계한다고 해서 마음의 때가 소멸되는 것이 아니고 수행을 통해 불건전한 마음을 제거하고 자애와 연민과 기쁨과 평정의 마음으로 이 세계를 가득 채울 때에 업장이 없어진다고 부처님께서 말씀하신다.

자애(와 연민 · 기쁨 · 평정)의 마음으로 동쪽 방향을 가득 채우고, 자애의 마음으로 서쪽 방향을 가득 채우고, 자애의 마음으로 남쪽 방향을 가득 채우고, 자애의 마음으로 북쪽 방향을 가득 채우고, 자애의 마음으로 위와 아래와 옆과 모든 곳을 빠짐 없이 가득 채워서, 광대하고 멀리 미치고 한량 없고 원한 없고 악의 없는 자애의 마음으로 일체의 세계를 가득 채운다.

우리가 지식의 진보를 통제할 만한 능력을 상실해가고 있는 것은 그것을 제어할 만한 도덕적 지식의 부족에서 오는 것이 아니라 본질적으로 올바른 지식의 성립과정에 대한 그 도덕적 성찰의 부족에서 오는 것이다. 이 책의「어떻게 올바른 견해를 확립할 것인가」에서 부처님은 수행승들에게 이와 같이 교육하고 있다.

벗들이여, 고귀한 제자가 악하고 불건전한 것을 잘 알고 악하고 불건전한 것의 뿌리를 잘 알고, 착하고 건전한 것을 잘 알고 착하고 건전한 것의 뿌리를 잘 알면, 그 만큼 올바른 견해를 지니고, 견해가 올바르게 되고, 가르침에 흔들리지 않는 확신을 가지고, 올바른 가르침을 성취합니다."

오늘날의 지식의 위기는 본질적으로 그러한 올바른 지식을 실천할 만한 실천적인 방법론의 부재에서 온다. 「명상 수행의 기초를 어떻게 다질 것인가?」에서는 부처님은 명상 수행의 기초에 대하여 다음과 같이 말씀하신다. 네 가지 새김의 토대(四念處) 즉 욕망의 시공간을 일으키지 않는 네 가지의 지식은 지식의 소외를 극복하는 명상 수행의 토대라고 할 수 있다.

> 수행승들이여, 뭇삶을 청정하게 하고, 슬픔과 비탄을 뛰어넘게 하고, 고통과 근심을 소멸하게 하고, 바른 방도를 얻게 하고, 열반을 실현시키는 하나의 길이 있으니, 곧 네 가지 새김의 토대이다. 즉 1) 열심히 노력하고 올바로 알고 깊이 새겨 세상의 탐욕과 근심을 제거하며, 몸에 대해 몸을 관찰한다. 2) 열심히 노력하고 올바로 알고 깊이 새겨 세상의 탐욕과 근심을 제거하며, 느낌에 대해 느낌을 관찰한다. 3) 열심히 노력하고 올바로 알고 깊이 새겨 세상의 탐욕과 근심을 제거하며, 마음에 대해 마음을 관찰한다. 4) 열심히 노력하고 올바로 알고 깊이 새겨 세상의 탐욕과 근심을 제거하며, 사실에 대해 사실을 관찰한다.

세속적인 지식의 궁극적인 목표도 우리를 "슬픔과 비탄을 뛰어넘게 하고, 고통과 근심을 소멸하는 것"으로 방향지어져 있다. 정치학이 그렇고 법률학이나 의학의 지식이 그렇고 모든 자연과학의 지식이 그렇다. 그러나 오늘날 이러한 지식이 위기를 가져오는 근본적인 원인은 나 자신 즉 '지금 여기'의 자신의 행위에 대한 분명한 알아차림의 부재에 기인하는 것이다.

> 걸어가면 걸어간다고 분명히 알거나 서있으면 서있다고 분명히 알거나 앉아있다면 앉아있다고 분명히 알거나 누워있다면 누워있다고 분명히 알거나 신체적으로 어떠한 자세를 취하든지 그 자세를 그대로 분명히 안다.

'지금 여기'라는 것은 보다 직접적으로 우리의 호흡을 말한다. 호흡의 관찰을 통해서 우리는 근원적인 지식인 열반을 깨칠 수 있는 문에 들어

설 수 있다.

> 길게 숨을 들이 쉴 때는 나는 길게 숨을 들이쉰다고 분명히 알고, 길게 숨을 내 쉴 때는 나는 길게 숨을 내쉰다고 분명히 안다. 짧게 숨을 들이 쉴 때는 나는 짧게 숨을 들이쉰다고 분명히 알고, 짧게 숨을 내쉴 때는 나는 짧게 숨을 내쉰다고 분명히 안다.

「험난한 삶의 역정을 어떻게 극복할 것인가?」에서는 부처님의 지식이 "단지 사유를 조작하여 자신의 말재주에 따라 추론하여" 생겨난 지식이 아니라 직접적인 경험이라는 것을 설하고 있다.

> 나는 일찍이 실로 수많은 왕족의 모임이나 사제의 모임이나 장자의 모임이나 수행자의 모임이나 사천왕의 모임이나 도솔천의 모임이나 악마의 모임이나 하느님의 모임을 찾아갔다. 거기에서 내가 함께 앉아서 함께 대화하고 함께 토론을 했던 것을 기억한다.

그러나 우리는 경험적인 지식 가운데 악하고 불건전한 지식을 지속적으로 제거해야 한다. 「악하고 불건전한 사유를 어떻게 멈출 것인가?」에서는 마치 숙련된 미쟁이나 그의 도제가 작은 쐐기로 커다란 쐐기를 쳐서 뽑아 제거하는 것처럼, 악하고 불건전한 지식을 선하고 건전한 지식으로 제거해야한다는 것을 역설하고 있다.

> 수행승들이여, 마치 숙련된 미쟁이나 그의 도제가 작은 쐐기로 커다란 쐐기를 쳐서 뽑아 제거하는 것처럼, 수행승들이여, 이와 같이 수행승은 어떤 인상에 관해 그 인상에 정신적 활동을 일으켜 자신 안에 탐욕과 관련되고, 성냄과 관련되고, 어리석음과 관련된, 악하고 불건전한 사유가 일어나면, 그는 그 인상과는 다른, 선하고 건전한 어떤 인상에 관련된 정신활동을 일으켜야 한다.

악하고 불건전한 지식이 우리 마음속에 박힌 커다란 쐐기라고 한다면, 선하고 건전한 지식을 통해 그것을 제거했다고 하더라도 마음속에 작은 쐐기가 박히는 것이다. 우리는 명상수행의 본질이라고 할 수 있는 선정을 통해서 그것마저 제거하지 않으면 안 된다.

그러나 아무리 진정한 지식이라도 언어로 표현되기 때문에 명백한 한계를 지닌다. 그래서 부처님은 「가르침을 잘못 붙잡으면 뱀에게 물린다」에서, 지식을 잘못 파악할 경우의 위험성을 다음과 같이 경고하고 있다.

> 어떤 사람이 뱀을 원하고 뱀을 구하여 뱀을 찾아서 가는데, 큰 뱀을 보고 그 몸통이나 꼬리를 잡으면, 그 뱀은 되돌아서 그 사람의 손이나 팔이나 다른 사지를 물 것이고, 그 때문에 그는 죽거나 죽음에 이를 정도의 고통을 맛볼 것이다. 그것은 무슨 까닭인가? 수행승들이여, 뱀을 잘못 붙잡았기 때문이다.

부처님은 특히 이러한 지식을 수용하는 것만으로도 모든 감각적 쾌락의 장애가 소멸되었다고 주장하는 태도는 오랜 세월 고통과 불이익을 안겨줄 것이라고 엄중한 경고를 하고 있다. 오늘날 막행막식이 절대자유의 지식인 것처럼 하는 선불교의 잘못된 관행은 사라져야한다.

우리는 그처럼 잘못 파악된 지식을 버려야하지만, 그러나 진정한 지식이라도 그것이 언어적 한계를 지니는 한, 궁극적인 열반의 저 언덕에 도달한다면, 버려야하는 것이다.

> 어떤 사람이 풀과 나무와 가지와 잎사귀를 모아서 뗏목을 엮어서 그 뗏목에 의지하여 두 손과 두 발로 열심히 저어, 안전하게 저 언덕으로 건너가서 '이 뗏목을 머리에 이거나 어깨에 메고 갈 곳으로 가면 어떨까?'라고 생각한다면, 그 뗏목을 제대로 처리하는 것인가?

「가르침을 잘못 붙잡으면 뱀에게 물린다」에 따르면, 부처님은 당대의 명상수행에서 최고의 스승인 알라라 깔라마와 웃다까 라마뿟따를 탐방하여 명상수행의 드높은 경지를 몸소 체험하여 모든 당대의 명상에 대한 지식에 통달했을 뿐만 아니라 그것을 뛰어넘어 위없는 깨달음을 열어 보였다.

내가 증득한 이 진리는 심원하고 보기 어렵고 깨닫기 어렵고 고요하고 탁월하여 사고의 영역을 뛰어넘고 극히 미묘하여 슬기로운 자들에게만 알려지는 것이다. 그러나 사람들은 경향을 즐기고 경향을 기뻐하고 경향에 만족해한다. 그러나 경향을 즐기고 경향을 기뻐하고 경향에 만족해하는 사람들은 이와 같은 도리, 즉 조건적 생성의 법칙인 연기를 보기 어렵다. 또한 이와 같은 도리, 즉 모든 형성의 그침, 모든 집착의 보내버림, 갈애의 부숨, 사라짐, 소멸, 열반을 보기 어렵다.

그래서 포괄적인 참다운 지식은 열반을 포함하는 진리여야만 한다. 부처님은 그것을 거룩한 진리라고 말한다. 그 진리는 「거룩한 진리란 무엇을 두고 말하는가?」에서 극명하게 드러난다.

모든 움직이는 생물의 발자취는 어떠한 것이든 모두 코끼리의 발자취에 포섭되고 그 크기에서 그들 가운데 최상이듯이, 벗들이여, 이와 같이 착하고 선한 법이라면 어떠한 것이든 모두 네 가지 거룩한 진리 즉 괴로움의 거룩한 진리, 괴로움의 생성의 거룩한 진리, 괴로움의 소멸의 거룩한 진리, 괴로움의 소멸에 이르는 길의 거룩한 진리에 포섭된다.

이러한 진리에 대한 앎과 봄은 실천적인 지식의 기초이다. 신호등 앞에서 보행자가 붉은 신호 앞에서 멈추어야 하고 푸른 신호등 앞에서는 건널 수 있다는 사실을 모른다면, 신호등을 본다고 한들, 무슨 소용이 있겠는가? 또한 눈먼 사람이 붉은 신호 앞에서 멈추어야 하고 푸른 신호등 앞에서는 건널 수 있다는 사실을 안다고 한들, 무슨 소용이 있겠는가?

고귀한 앎과 봄을 갖추어야만 우리는 안전하게 세상을 건널 수 있는 것이다. 「어떻게 고귀한 앎과 봄을 성취할 수 있을까?」에서 경전은 "화합하고 서로 감사하고 다투지 않고 우유와 물처럼 융화하며 서로 사랑스러운 눈빛으로 지내는" 사회적인 관계 속에서 자비로운 마음에 들어 선정에 들어 앎과 봄의 지극한 탁월함에 도달한다고 가르치고 있다.

지식은 어떠한 지식이든지 그것이 열반과 같은 궁극적인 것이 아니면, 조건적으로 생겨나는 것이다. 「사후에 의식은 공중에 떠돌다 윤회하는가?」에서 그러한 무조건적인 것처럼 보이는 영혼에 대한 지식의 조건성에 관하여 논하고 있다. 우리의 영혼이나 의식이라고 하는 것은 사후에도 영원히 존재하는 고무줄과 같은 것이 아니다.

> 불이 장작으로 인해서 타게 되면 장작불, 불이 나무조각으로 인해서 타게 되면 모닥불, 불이 섶에 의해서 타게 되면 그 때는 섶불, 불이 쇠똥으로 인해서 타게 되면 쇠똥불, 불이 왕겨로 인해서 타게되면 왕겨불, 불이 쓰레기로 인해서 타게 되면 쓰레기불이라고 불린다. 이와 같이 의식은 그 어떠한 것도 그 조건에 의존하여 생겨나며, 그것이 일어나는 조건에 따라 이름지어진다.

우리는 지식의 조건성을 수용할 때에만 현재의 삶을 보다 나은 삶으로 바꾸어나갈 수 있다. 「현재 괴롭더라도 미래에는 행복할 수 있을까?」에서는 삶에 지식을 수용하는 네 가지 방법 즉, 현재에도 괴롭지만 미래에도 괴로운 결과를 초래하는 삶의 수용, 현재에 즐겁지만 미래에 괴로운 결과를 초래하는 삶의 수용, 현재에 괴롭지만 미래에 즐거운 결과를 초래하는 삶의 수용, 현재에도 즐겁지만 미래에도 즐거운 결과를 초래하는 삶의 수용에 관해 가르치고 있다.

그리고 깊은 명상에 들었을 때, 지식에는 다른 차원에로의 지식의 도약이 있다. 그것을 부처님은 새가 알을 깨고 나오는 것에 비유한다. 「병아리가 안전하게 껍질을 깨고 나오다」에서는 곧바른 앎에 의해 도달되는 세 가지의 초월적 지혜(三明) 즉 자신의 전생을 아는 앎, 타자의 마음을 꿰뚫는 앎, 그리고 궁극적인 해탈의 앎은 세 차례의 병아리가 알을 깨고 나오는 것에 비유된다. 우리는 이러한 비유에서 명상이 단순히 침잠이 아니라 무한한 자유의 확대인 것을 알 수가 있다.

부처님이 라훌라에게 한 더욱 감동적인 설법은 「땅과 물과 불과 바람과 공간에 대한 명상이란?」에서 극명하게 들어 난다. 부처님은 우리에게 땅 · 물 · 불 · 바람 · 공간에 대한 명상수행을 통해서 지식을 '지금 여기'인 우리 자신에게서 통제하는 방법을 다음과 같이 가르치고 있다.

라훌라여, 땅에 대한 명상을 닦아라. 라훌라여, 땅에 대한 명상을 닦으면, 이미 생겨난 즐겁고 괴로운 감촉은 마음을 사로잡지 못한다. 라훌라여, 마치 땅에 깨끗한 것을 버리더라도, 더러운 것을 버리더라도, 똥을 버리더라도, 오줌을 버리더라도, 침을 버리더라도, 고름을 버리더라도, 피를 버리더라도, 그 때문에 땅이 번민하거나 수치스러워하거나 기피하는 것이 없다. 이와 같이 라훌라여, 그대는 땅에 대한 명상을 닦아라. 라훌라여, 땅에 대한 명상을 닦으면, 이미 생겨난 즐겁고 괴로운 감촉은 마음을 사로잡지 못한다.

라훌라여, 물에 대한 명상을 닦아라. 라훌라여, 물에 대한 명상을 닦으면, 이미 생겨난 즐겁고 괴로운 감촉은 마음을 사로잡지 못한다. 라훌라여, 마치 물에 깨끗한 것을 씻더라도, 더러운 것을 씻더라도, 똥을 씻더라도, 오줌을 씻더라도, 침을 씻더라도, 고름을 씻더라도, 피를 씻더라도, 그 때문에 물이 번민하거나 수치스러워하거나 기피하는 것이 없다. 이와 같이 라훌라여, 그대는 물에 대한 명상을 닦아라. 라훌라여, 물에 대한 명상을 닦으면, 이미 생겨난 즐겁고 괴로운 감촉은 마음을 사로잡지 못한다.

라훌라여, 불에 대한 명상을 닦아라. 라훌라여, 불과 같은 명상을 닦으면, 이미 생겨난 즐겁고 괴로운 감촉은 마음을 사로잡지 못한다. 라훌라여, 마치 불에 깨끗한 것을 태우더라도, 더러운 것을 태우더라도, 똥을 태우더라도, 오줌을 태우더라도, 침을 태우더라도, 고름을 태우더라도, 피를 태우더라도, 그 때문에 불이 번민하거나 수치스러워하거나 기피하는 것이 없다. 이와 같이 라훌라여, 그대는 불에 대한 명상을 닦아라. 라훌라여, 불에 대한 명상을 닦으면, 이미 생겨난 즐겁고 괴로운 감촉은 마음을 사로잡지 못한다.

> 라훌라여, 바람에 대한 명상을 닦아라. 라훌라여, 바람에 대한 명상을 닦으면, 이미 생겨난 즐겁고 괴로운 감촉은 마음을 사로잡지 못한다. 라훌라여, 마치 바람에 깨끗한 것을 날리더라도, 더러운 것을 날리더라도, 똥을 날리더라도, 오줌을 날리더라도, 침을 날리더라도, 고름을 날리더라도, 피를 날리더라도, 그 때문에 바람이 번민하거나 수치스러워하거나 기피하는 것이 없다. 이와 같이 라훌라여, 그대는 바람에 대한 명상을 닦아라. 라훌라여, 바람에 대한 명상을 닦으면, 이미 생겨난 즐겁고 괴로운 감촉은 마음을 사로잡지 못한다.

부처님은 다시 한 번 욕망에 바탕을 두고 있는 사변적인 지식은 견해의 정글이고 견해의 광야이고 견해의 왜곡이고 견해의 동요이고 견해의 결박이라고 「불이 꺼진다면, 그 불은 어디로 간 것인가?」에서 말한다. 참다운 지식은 사변적인 불꽃이 꺼졌을 때에 바다처럼 드러나는 것이다.

> 밧차여, '세상은 영원하다.'는 이러한 사변적 견해는 견해의 정글이고 견해의 광야이고 견해의 왜곡이고 견해의 동요이고 견해의 결박이고 고통을 수반하고 파멸을 수반하고 번뇌를 수반하고 고뇌를 수반합니다.... 밧차여, 그대는 어떻게 생각하십니까?...... 존자 고따마여, 내 앞에 불이 타오르는데, '그 불은 무엇을 조건으로 타오르는가?'라고 물으신다면, 존자 고따마여, 나는 '내 앞에 불이 타오르는데, 그 불은 풀과 섶을 땔감으로 타오릅니다'라고 대답할 것입니다...... 그 불은 풀과 섶의 땔감을 조건으로 타오르고, 그것이 사라지고 다른 것이 공급되지 않으면 지양이 없어 꺼진다고 생각합니다....밧차여, 이와 마찬가지로 물질 등(다섯 가지 존재의 다발)로 여래를 묘사하려고 하면, '여래는 그 물질을 버리고, 뿌리를 끊고, 밑둥치가 잘려진 야자수처럼 만들고, 존재하지 않게 하고, 미래에 다시 생겨나지 않게 한다'라고 묘사하여야 한다. 밧차여, 참으로 여래는 물질이라고 불리는 것에서 해탈하여, 심오하고, 측량할 수 없고, 바닥을 알 수 없어 마치 커다란 바다와 같다.

그런데 부처님이 감각적인 쾌락에 대한 세속적인 지식을 부정한다는 사실에 대하여 부처님 당시에 부처님이 바로 '성숙의 파괴자'라는 나쁜 소문이 돌았다. 당시 인도에서 성숙이론이라는 것은 감각적인 모든 고통과 쾌락을 경험함으로써 우리의 감각능력 속에서 지혜가 성숙한다는 이론이었다. 부처님은 「숯불구덩이에 몸을 태워도 그 쾌감에 만족한다」에서 그러한 성숙이론은 전도된 지식에 대한 이론으로 마치 문둥병환자가 숯불구덩이에 몸을 태우면서 쾌감을 느끼는 것과 같다고 가르쳤다. 중세의 까비르라는 성자는 다음과 적절하게 노래했다.

> 세상은 마야(幻想)이다. 마야는 매춘부, 감언이설로 사람을 유혹하지만 아무도 그녀를 완전히 즐길 수 없다. 그것이 인간의 불행이다.

감각적 쾌락 속에서 성숙하는 세속적 지식은 전도된 것이다. 당연히 부처님은 그러한 성숙이론을 부정했다. 그러나 당시에 부처님은 그러한 세속적인 지식의 성숙이론을 부정하는 것은 우리의 감각능력을 제어하고 지키고 수호하고 다스려서 참다운 기쁨을 맛보기 위한 것임을 에서 다음과 같이 말씀하신다.

> 마간디야여, 형상에 기뻐하고 형상에 즐거워하고 형상에 환락하는 시각이 있는데, 여래는 그것을 제어하고 지키고 수호하고 다스렸습니다. 그 다스림을 위한 가르침을 설합니다. 마간디야여, 그에 대하여 그대는 '수행자 고따마는 성숙의 파괴자이다'라고 말했습니다. 마간디야여, 참으로 그 감각적 쾌락의 착하고 건전하지 못한 것들을 떠나면, 천상의 즐거움을 능가하는 기쁨이 있기 때문입니다. 나는 그 속에서 기쁨을 누리므로 그 보다 못한 것을 부러워하지 않고 그 속에서 즐거워하지도 않습니다.

세속적인 지식이 인간의 탐욕, 분노, 어리석음이라는 폭력 앞에 무력하고 나아가서는 폭력에 기여할 수도 있는가를 「그대여, 나는 멈추었다. 너도 멈추어라!」에서는 잘 보여주고 있다. 앙굴리말라는 꼬쌀라 국의 법정직원이었던 아버지 각가의 아들로, 딱샤실라의 대학에서 지적인 교육을 받은 엘리트였다. 그는 스승이 가장 총애하는 제자였다. 그러나 동료 학생들이 시기한 나머지 스승의 아내와 관계를 맺었다고 무고하는 바람에 스승의 저주를 받고 그의 운명이 바뀌었다. 그래서 그는 고대인도의 가장 큰 범죄집단에 빠져 그 리더로서 활약했는데 피살자의 손가락으로 목걸이를 만들 정도로 잔인했으며, 지적이고 또 영리해서 체포를 피하고 빠쎄나디 왕의 경찰력을 무력하게 만들었다.

어느날 앙굴리말라가 싸밧티로 온다는 사람들의 경고에도 불구하고 부처님은 그를 만나러 갔다. 여기서 부처님은 앙굴리말라에게서 지식이 폭력과 결합한 것을 알고는 그 폭력을 멈추라고 말한다. 부처님은 자신의 목숨보다는 남을 배려하는 행동하는 지성의 표본이었다.

> 그러자 흉적 앙굴리말라는 이와 같이 생각했다. '이 수행자는 싸끼야 족의 아들로 진실을 말하고 진실을 주장하는 자이다. 그런데 그런데 이 수행자는 자신은 걸으면서 '나는 멈추었다. 앙굴리말라여, 너도 멈춰라'라고 말한다. 내가 이 수행자에게 그것에 대하여 물어보면 어떨까? 그래서 앙굴리말라는 세존께 시로써 이와 같이 물었다. 수행자여, 그대는 가면서 '나는 멈추었다'고 말하고 멈춘 나에게 '그대는 멈추어라'라고 말한다. 수행자여 나는 그대에게 그 의미를 묻는다. 어찌하여 그대는 멈추었고 나는 멈추지 않았는가? 세존께서는 이와 같이 말씀하셨다. '앙굴리말라여, 나는 언제나 일체의 살아있는 존재에 폭력을 멈추고 있다. 그러나 살아있는 생명에 자제함이 없다. 그러므로 나는 멈추었고 그대는 멈추지 않았다.'

그리고 분노와 살해의 폭풍 속에서 태풍의 눈처럼 고요한 부처님의 말씀에 감동한 앙굴리말라는 이와 같이 말했다.

> 오! 드디어 이 수행자가 위대한 선인으로 나를 위해 이 커다란 숲에 나타나셨다. 나에게 진리를 가르쳐 준 그대의 시를 듣고 나는 참으로 영원히 악함을 버렸습니다.

지식과 계급의 문제를 다루고 있는 경전이 「귀족만이 아름다운 불꽃을 지필 수 있는가?」이다. 우리가 사회적인 어떠한 사회적인 계급이나 계층에 소속되어 있든 상관없이 참다운 지식의 불꽃을 일으킬 수 있다는 것을 강조하고 있다.

귀족 가문에서 태어난 자들이 사라수, 사라라수, 전단수, 또는 발담마수의 부싯목을 가져와서 불을 지펴서 불빛을 밝힌다면, 바로 그 불꽃만이 화염이 있고, 광채와 광명이 있어, 바로 그 불꽃으로만 불을 지필 수 있는가? 천민 가문에서 태어난 자들도 개먹이통, 돼지먹이통, 세탁통이나 엘란다나무의 부싯목을 가져와서 불을 지펴서 불빛을 밝힌다면, 바로 그 불꽃만이 화염이 없고, 광채와 광명이 없어, 그 불꽃으로는 불을 지필 수 없는가?

그리고 「이것이야말로 진리이고 다른 것은 거짓인가?」은 지식의 자기부정이라는 변증법적인 한계를 지적하고 있다. 믿음이라는 종교적인 지식이나, 전승이라는 역사적인 지식, 만족이라는 주관적인 지식, 형상의 분별이라는 자연과학적인 지식, 견해의 이해라는 인문과학적인 지식도 우리의 경험 속에서 조건에 따라 그렇게 확인되는 것이지 '이것이야말로 진리이고 다른 것은 거짓이다'라고 주장해서는 안 된다. 우리가 말할 수 있는 것은 '나는 이와 같이 믿는다'든가 '나는 이와 같이 전승한다'든가 '나는 이와 같이 만족한다'든가 '나는 이와 같이 형상을 분별한다'든가 '나는 이와 같이 견해를 이해한다'고 말할 수 있을 뿐이다.

이와 같은 다섯 가지의 현상은 지금 여기에서 두 종류의 과보를 갖습니다. 잘 믿어지더라도 그것이 공허한 것, 거짓된 것, 허망한 것이 되기도 하고, 잘 믿어지지 않더라도 그것이 실재하는 것, 사실인 것, 진실한 것이 되기도 합니다. 아주 만족스럽더라도 그것이 공허한 것, 거짓된 것, 허망한 것이 되기도 하고, 아주 만족스럽지 않더라도 그것이 실재하는 것, 사실인 것, 진실한 것이 되기도 합니다. 잘 전승되더라도 그것이 공허한 것, 거짓된 것, 허망한 것이 되기도 하고, 잘 전승되지 않더라도 그것이 실재하는 것, 사실인 것, 진실한 것이 되기도 합니다. 잘 형상이 분별되더라도 그것이 공허한 것, 거짓된 것, 허망한 것이 되기도 하고, 잘 형상이 분별되지 않더라도 그것이 실재하는 것, 사실인 것, 진실한 것이 되기도 합니다. 견해가 잘 이해되더라도 그것이 공허한 것, 거짓된 것, 허망한 것이 되기도 하고, 견해가 잘 이해되지 않더라도 그것이 실재하는 것, 사실인 것, 진실한 것이 되기도 합니다. 바라드와자여, 진리를 수호하는 현자라면, '이것은 진리이고 다른 것은 거짓이다'라고 말하는 것은 불가능합니다.

따라서 「괴롭거나 즐겁거나 모두 전생의 업 때문인가?」에서는 모든 것이 전생의 업 때문이라는 숙명론적인 견해는 '이것이야말로 진리이고 다른 것은 거짓이다'라고 주장에 불과하며 타당하지 않은 것이다. 그러한 숙명론은 결정론에 불과하며 자유의지가 개입될 수 있는 여지가 없기 때문에 진정한 의미에서의 조건적인 생성의 법칙을 부정하는 것이 된다. 괴로움이나 즐거움은 과거에서 거슬러 오는 것이든 미래를 기대하여 오는 것이든 '지금 여기'에서 그 원인이 수반함으로써 생성하는 것이다. 우리는 그 원인을 제거하기만 하면 그 결과로서의 느낌도 제거할 수 있다.

한 남자가 강렬한 욕구와 강렬한 관심을 갖고 한 여자에게 마음이 묶여 그녀를 사랑하는데, 그녀가 다른 남자와 수다를 떨고 농담하고 웃고 있는 것을 본다고 하자. 그는 강렬한 욕구와 강렬한 관심을 갖고 한 여자에게 마음이 묶여 그녀를 사랑하고 있기 때문에, 그녀가 다른 남자와 수다를 떨고 농담하고 웃고 있는 것을 본다면, 그에게 슬픔, 비탄, 고통, 우울, 절망이 생겨날 것이다.

「어떻게 분열을 막고 평화를 가져올 것인가?」에서는 평화를 위해서는 가르침이나 계율에 대한 지식을 가지고 서로 옳고 그름에 대한 논쟁을 벌이는 것을 경계한다. 『쌍윳따니까야』(SN. V. 419)에서도 그러한 논쟁이 '바른 이치에 맞지 않고, 청정한 삶을 시작하는데 맞지 않고, 싫어하여 떠나기 위한 것이 아니고, 사라지기 위한 것이 아니고, 소멸하기 위한 것이 아니고, 그치기 위한 것도 아니고, 잘 알기 위한 것도 아니고, 올바로 깨닫기 위한 것도 아니고, 열반에 드는데 도움이 되는 것도 아니다.'라고 주장한다. 부처님은 다음과 같이 그 해결책을 말씀하신다.

수행승들이여, 그대들은 토론할 때에 '이것은 괴로움이다'라고 토론하고 '이것은 괴로움의 생성이다'라고 토론하고 '이것은 괴로움의 소멸이다'라고 토론하고 '이것은 괴로움의 소멸에 이르는 길이다'라고 토론해야 한다.

「무엇을 계발하고, 계발하지 말아야 하는가?」에서는 선한 지식과 악한 지식의 본질에 관하여 더할 나위 없이 잘 정의하고 있다. 플라톤식의 절대적인 선이나 절대적인 악은 존재하지 않는다. 선한 지식이란 '그것을 원인으로 불건전한 것이 줄어들고 건전한 것이 증가하는 것'을 의미한다. 선한 지식이란 '그것을 원인으로 건전한 것이 줄어들고 불건전한 것이 증가하는 것'을 의미한다. 우리는 그러한 의미의 선한 지식을 계발해야 한다.

그것을 원인으로 악하고 불건전한 것이 늘어나고 착하고 건전한 것이 줄어들면 그러한 신체적인 행위는 계발하지 말아야 할 것입니다. 그러나 세존이시여, 그것을 원인으로 악하고 불건전한 것이 줄어들고 착하고 건전한 것이 늘어나면 그러한 신체적인 행위는 계발해야 할 것입니다.

「공(空)은 있는 그대로 관찰하면 저절로 드러난다」에서는 구경의 참다운 지식은 공에 대한 인식을 통해 점차적으로 도달되는 것임을 밝히고 있다. 그러나 그 공은 '지금 여기 있는 것'은 공하지 않은 것(不空)으로 '지금 여기 없는 것'은 공으로 파악하는 있는 그대로의 관찰을 통해 드러난다. 구경의 위없는 청정한 공은 조건지어진 것에서 벗어나 모든 번뇌는 공하지만, 생명을 조건으로 여섯 가지 감각 영역을 지닌 몸은 공하지 않은 것이라고 분명히 아는 것이다.

> 그는 '이 지각의 세계는 욕망의 번뇌에 관하여 공하다'고 알고, 그는 '이 지각의 세계는 존재의 번뇌에 관하여 공하다'고 알고, 그는 '이 지각의 세계는 무명의 번뇌에 관하여 공하다'고 안다. 그러나 '지금은 공하지 않은 것이 있다. 즉 생명을 조건으로 여섯 가지 감각 영역을 지닌 몸 그 자체를 조건으로 하는 것이다'라고 분명히 안다… 이것이 진실한 것이며 전도되지 않은 것이며 청정한 것이며 공의 현현이다.

참다운 지식의 생성은 자각적인 관찰에 의해서 생겨난다. 「아주 놀랍고 예전에 없었던 것이란 어떠한 것인가?」에서는 부처님을 둘러싼 신비로운 놀라운 기적들보다 더욱 기적적인 것은 깨달은 자에게는 느낌이나 지각이나 사유가 자각적으로 생겨나고 사라진다는 사실이다.

> 그대는 이와 같은 것도 여래에게 일어난 아주 놀랍고 예전에 없었던 일로 새겨라. 이 세상에서 여래에게는 느낌이 자각적으로 일어나고 자각적으로 지속되고 자각적으로 사라진다. 지각이 자각적으로 일어나고 자각적으로 지속되고 자각적으로 사라진다. 사유가 자각적으로 일어나고 자각적으로 지속되고 자각적으로 사라진다. 그대는 이러한 사실을 여래에게 일어나는 아주 놀랍고 예전에 없었던 특징으로 새겨라.

참다운 지식은 우리의 실존적인 고뇌인 생노병사에 대한 자각에서 출발한다는 것을 보여주고 있다. 그래서 「그대는 하늘에서 온 천사를 보지 못했는가?」에서 천사란 우리에게 축복을 내려주는 하늘나라의 사람들이 아니라 태어나고 늙고 병들고 죽는 것이 바로 우리의 고통을 자각시키는 참다운 의미의 천사인 것을 보여준다. 우리는 이러한 고통을 자각하고 그것을 치유하고자하는 자비심을 내어 선행을 촉발시켜야 한다. 그렇지 않고 악을 행할 경우에 지옥에 떨어진다. 이 경전은 지옥에 대해 상세히 설한 최초의 경전이다.

> 지성적이고 성숙한 사람인 그대에게 이와 같이 '나도 죽어야만 하고 죽음을 뛰어넘을 수가 없다. 나는 신체적으로나 언어적으로나 정신적으로 선행을 하는 것이 좋겠다'라는 생각이 떠오르지 않았는가?

「자신을 길들이는데 어떤 길라잡이가 있는가?」에서 부처님은 지식의 완성은 수행을 통해서 길들여짐으로 도달할 수 있다는 것을 가르치고 있다. 길들일 수 있는 코끼리나 길들일 수 있는 말이나 길들일 수 있는 소가 있는데 잘 길들여지고 잘 훈련되었다면, 그들 길들여진 것들은 길들여진 행동을 성취하고 길들여진 경지에 도달하는 것이다. 부처님이 가장 강조한 것은 새김을 확립하고 올바로 알아차리는 것이었다.

> 수행승이여, 새김을 확립하고 올바로 알아차림을 성취하라. 앞으로 가건 뒤로 돌아오건, 올바로 알아차려라. 앞으로 바라보건 뒤로 바라보건, 올바로 알아차려라. 몸을 굽히건 몸을 펴건, 올바로 알아차려라. 옷을 입고 발우와 가사를 지닐 때에도, 올바로 알아차려라. 먹거나 마시거나 삼키거나 소화시킬 때에도, 올바로 알아차려라. 대소변을 볼 때에도, 올바로 알아차려라. 가거나 서거나 앉거나 눕거나 깨거나 말하거나 침묵할 때에도, 올바로 알아차려라.

「과거로 거슬러 올라가지 말고 미래를 바라지도 말라」에서는 부처님의 유명한 가르침 "과거로 거슬러 올라가지 말고 미래를 바라지도 말라. 과거는 이미 버려졌고, 또한 미래는 아직 오지 않았다."라는 가르침에 관하여 설명하고 있다. 이 말은 지식의 조건성에 대한 성찰을 중지하고 현재를 그냥 관찰하라는 말처럼 들린다. 그러나 용수가 대승불교에서 주장하듯이 '과거는 이미 지나가 버렸으므로 존재하지 않고 미래는 아직 다가오지 않았으므로 존재하지 않는데, 그 사이에 있는 현재는 어떻게 존재할 것인가'라고 반문 할 수 있을 것이다. 이 말은 시간이 실체로서는 존재하지 않고 오직 우리 자신의 감각적 쾌락에 대한 욕망과 더불어 소유로서 존재할 뿐이라는 사실을 말해주고 있다. 지식이 소유로 전락하지 않으려면, 시간을 뛰어넘어야 한다. 참다운 지식은 '지금 여기'에서의 앎과 봄인 것이다.

수행승들이여, 그렇다면, 어떻게 과거로 거슬러 올라가는가? 이와 같이 '나는 과거에 이러한 물질을 갖고 있었다'라고 생각하면서 그것에 즐거워하고, '나는 과거에 이러한 느낌을 갖고 있었다'라고 생각하면서 그것에 즐거워하고, '나는 과거에 이러한 지각을 갖고 있었다'라고 생각하면서 그것에 즐거워하고, '나는 과거에 이러한 형성을 갖고 있었다'라고 생각하면서 그것에 즐거워하고, '나는 과거에 이러한 의식을 갖고 있었다'라고 생각하면서 그것에 즐거워하는 것이다. 이와 같이 수행승이여, 과거로 거슬러 올라간다… 수행승들이여, 그렇다면, 어떻게 미래를 바라는가? 이와 같이 '나는 미래에 이러한 물질을 가질 것이다'라고 생각하면서 그것에 즐거워하고, '나는 미래에 이러한 느낌을 가질 것이다'라고 생각하면서 그것에 즐거워하고, '나는 미래에 이러한 지각을 가질 것이다'라고 생각하면서 그것에 즐거워하고, '나는 미래에 이러한 형성을 가질 것이다'라고 생각하면서 그것에 즐거워하고, '나는 미래에 이러한 의식을 가질 것이다'라고 생각하면서 그것에 즐거워하는 것이다. 이와 같이 수행승이여, 미래를 바란다.

「참다운 인식과 해탈은 우리에게 어떻게 주어지는가?」에서는 지식에 있어서의 욕망의 문제를 다루고 있다. 인식과정에서 느낌과 관계된 탐욕과 분노와 어리석음을 제거하지 않으면, 그것들이 우리에게 잠재하게 되어 '있는 그대로' 인식이 불가능하므로 그것들을 제거하여 있는 그대로를 봄으로서 참다운 지식인 명지가 생겨나 우리를 해탈로 이끌게 된다. 그러면 욕망에 의해서 생겨나는 시공간이 사라지고 순수한 인식이 생겨난다.

시각 등을 조건으로 형상 등을 조건으로 시각의식 등이 생겨나서, 이 세 가지가 만나는 것이 접촉인데, 접촉을 조건으로 즐겁거나 괴롭거나 즐겁지도 괴롭지도 않은 느낌이 생겨난다. 즐거운 느낌에 닿아 환락하지 않고 환영하지 않고 탐착하지 않으면, 탐욕에 대한 잠재적 경향이 잠재하지 않게 된다. 그 괴로운 느낌에 닿아 슬퍼하지 않고 상심하지 않고 비탄해하지 않고 가슴을 치며 울부짖지 않고 곤혹스러워하지 않으면, 분노의 잠재적 경향이 잠재하지 않게 된다. 즐겁지도 괴롭지도 않은 느낌에 닿아 그 느낌의 생성과 소멸과 유혹과 위험과 그것에서 벗어남을 있는 그대로 분명히 알면, 무명의 잠재적 경향이 잠재하지 않게 된다. 즐거운 느낌의 탐욕의 잠재적 경향을 없애고, 괴로운 느낌의 분노의 잠재적 경향을 제거하고, 즐겁지도 괴롭지도 않은 느낌의 무명의 잠재적 경향을 근절하고, 무명을 버리고 명지를 일으킨다면, 현세에서 괴로움의 종식을 성취하겠다는 것이 가능하다.

우리는 우리가 추구하는 지식의 성격이 무엇인지도 모르고 우리가 갈망하는 지식과 경험이 저 높은 곳에 있다고 믿고 있다. 우리는 파우스트처럼 '오, 내게 날개가 있다면!'하고 외치고 있다. 그러나 그것은 우리의 욕망과 분노의 또 다른 변형일 수가 있다.

그래서 부처님은 지금 여기가 그 높은 곳이라고 가르친다. 지금 여기에서 자신의 욕망에 대한 새김과 성찰이 불가능하다면, 인류는 그야말로 존재와 시간 속에서 폭발하는 지식에 대한 통제력을 잃어버리고 말 것이다. 그러나 부처님의 말씀처럼, 지금 여기에서 자신의 욕망에 대한 새김과 성찰이 가능하다면, 또 존재와 시간이 생겨나기 이전의 지금 여기에 대한 통찰을 쌓는 참다운 지식으로서 명상수행을 열어나간다면, 우리는 학문과 지식을 착하고 건전한 것을 증가시키고 악하고 불건전한 것을 줄여 가는 방향으로 통제하고 발전시킬 수 있을 것이다.

일 러 두 기

1. 원본 대조는 빠알리성전협회 간행 빠알리성전을 그대로 사용했다. 우리 말 빠알리 대장경의 경전 제목에 주석을 달아 빠알리성전협회의 페이지를 밝혀 놓아 누구나 쉽게 원본과 대조할 수 있도록 했다.
2. 이 빠알리어 경전은 한글 세대를 위해 가능한 한 쉬운 우리 말을 사용했으며, 어의를 분명히 하기 위하여 원전에는 없는 화자를 괄호 안에 삽입하고 연결사나 부사를 가감해서 번역했다.
3. 주석은 빠알리 대장경의 붓다고싸의 주석을 위주로 했으며, 그 외에도 현대의 모든 번역서를 참고해서 가능한 한 완벽한 변역을 기했다. 빠알리 원어와 한역 술어를 가능한 한 밝혀놓아 일반인들 뿐만 아니라 학자들의 학문적 연구도 가능하게 만들었다.
4. 주석에서 인용하는 참고 문헌은 약어로 표기해서 독자들의 쓸 데 없는 혼란을 야기하지 않도록 하고 필요할 경우 약어표를 조회하여 필요한 책을 찾을 수 있도록 만들었다.
5. 유사한 내용의 한역 경전을 대조할 수 있도록 한역 아함경의 고유 번호를 주석으로 달았다. 그리고 참고 문헌은 직접 인용되지 않은 경우라도 역자가 번역 과정에서 필요했던 문헌들을 가급적 밝혀두었다.
6. 약어를 사용할 때 PTS 교열본이 있을 경우에는 가능한 한 PTS 교열본의 권 수와 페이지 수를 부가해서 쉽게 참고가 되도록 했다.
7. 구전되어 반복되어 온 관용어구는 가능한 통일을 기했으며, 모든 경에서 생략된 내용들은 모두 복원해서 독자가 알기 쉽게 했다.
8. 구전되어 온 빠알리 문헌의 특성상 문장의 반복과 유사한 용어의 반복이 많다. 그러나 말 하나하나가 고유한 철학적 의미를 지니고 있기 때문에 번역 과정에서 함부로 고칠 수 없었다. 자칫 매끄럽지 못하게 읽힐 수 있을 것이다. 독자들의 양해를 바란다.

목　　　　차

추천사 · 5　머릿말 · 7　명상수행의 바다 해제 · 11　일러두기 · 33

명상수행의 바다

1. 어떻게 온갖 번뇌를 끊어 없앨 것인가? ······ 39
2. 물 없는 목욕으로 마음의 때를 씻어내야 ······ 54
3. 어떻게 올바른 견해를 확립할 것인가? ······ 65
4. 명상 수행의 기초를 어떻게 다질 것인가? ······ 92
5. 험난한 삶의 역정을 어떻게 극복할 것인가? ······ 117
6. 악하고 불건전한 사유를 어떻게 멈출 것인가? ······ 150
7. 가르침을 잘못 붙잡으면 뱀에게 물린다 ······ 158
8. 진리는 심원하고 보기 어렵고 깨닫기 어렵다 ······ 189
9. 거룩한 진리란 무엇을 두고 말하는가? ······ 220
10. 어떻게 고귀한 앎과 봄을 성취할 수 있을까? ······ 241
11. 사후에 의식은 공중에 떠돌다 윤회하는가? ······ 258
12. 현재 괴롭더라도 미래에는 행복할 수 있을까? ······ 294
13. 병아리가 안전하게 껍질을 깨고 나오다 ······ 307
14. 땅과 물과 불과 바람에 대한 명상이란? ······ 320
15. 독묻은 화살을 맞으면 어떻게 해야하는가? ······ 330

16. 불이 꺼진다면, 그 불은 어디로 간 것인가? ········ 341
17. 숯불구덩이에 몸을 태워도 그 쾌감에 만족하랴 ········ 359
18. 그대여, 나는 멈추었다. 너도 멈추어라! ········ 382
19. 귀족만이 아름다운 불꽃을 지필 수 있는가? ········ 397
20. 이것이야말로 진리이고 다른 것은 거짓인가? ········ 420
21. 괴롭거나 즐겁거나 모두 전생의 업 때문인가? ········ 442
22. 어떻게 분열을 막고 평화를 가져올 것인가? ········ 469
23. 무엇을 계발하고, 계발하지 말아야 하는가? ········ 485
24. 공(空)은 있는 그대로 관찰하면 저절로 드러난다 ········ 508
25. 아주 놀랍고 예전에 없었던 것이란 어떠한 것인가? ········ 517
26. 자신을 길들이는데 어떤 길라잡이가 있는가? ········ 531
27. 그대는 하늘에서 온 천사를 보지 못했는가? ········ 549
28. 과거로 거슬러 올라가지 말고 미래를 바라지도 말라 ········ 566
29. 참다운 인식과 해탈은 우리에게 어떻게 주어지는가? ········ 573

부 록

약어표·603 참고문헌·605 빠알리한글표기법·612 불교의 세계관·614
주요번역술어·618 고유명사색인·634 빠알리성전협회안내·636

명상수행의 바다

ॐ सत्यमेव जयते ॐ

1. 어떻게 온갖 번뇌를 끊어 없앨 것인가?

[Sabbāsavasutta][1)]

이치에 맞지 않게 정신활동을 일으키면 아직 생겨나지 않은 번뇌가 생겨나고 생겨난 번뇌는 더욱 증가한다. 그러나 이치에 맞게 정신활동을 일으키면 아직 생겨나지 않은 번뇌는 생겨나지 않고 이미 생겨난 번뇌는 끊어진다.

1. 이와 같이 나는 들었다. 한 때 세존께서 싸밧티[2)]시의 제따바나[3)]에 있는 아나타삔디까 승원[4)]에 계셨다.

2. 그 때에 세존께서는 "수행승들이여"라고 수행승들을 부르셨다. 수행승들은 "세존이시여"라고 세존께 대답했다.

---

1) 원래 제목은 「모든 번뇌의 경[Sabbāsavasutta]」이다. 우리말『맛지마니까야』1권 113쪽에 있다. MN. I. 6 ; 中阿含 10, 漏盡經 (大正 1. 431), 一切流攝守因經(大正 1, 8, 13), 增壹40·6, 淨諸漏(大正2, 470 참조

2) Sāvatthī : 부처님 당시 Kosala국의 수도로 舍衛城이라 漢譯한다. 오늘날 네팔 국경지역인 Gorakhpur의 북서쪽에 위치해 있다. 이 도시의 이름은 聖者 Sāvattha가 살았던 데서 유래한다고도 하고, 商業都市이므로 隊商들이 만나서 kim bhandan atthi(어떤 상품이 있는가)라고 물으면 sabham atthi(모든 것이 있다)라고 대답한 데서 유래한다고도 한다. 부처님께서는 僧園生活의 대부분을 이 곳에서 보내셨다.

3) Jetavana : 祇陀林 혹은 祇樹라고 漢譯하며, 이 숲의 원래 所有者였던 Jeta 태자의 이름을 딴 것이다.

4) 漢譯으로 給孤獨園이라고 한다. Anāthapiṇḍika는 在家信者로서 그 숲을 기증한 富豪의 이름이다. Vin. III. 187에 따르면 Anāthapiṇḍika는 百萬長者 Sudatta(須達多)의 별명으로 '외로운 이를 扶養하는 자'라는 뜻을 지니고 있다. 그는 부처님께서 깨달음을 이룬 지 일 년이 채 안 되었을 때 부처님을 Rājagaha에서 처음 만나 感化되었다. 그는 부처님께 約束한 대로 精舍를 짓기 위해 Sāvatthī에 있는 Jeta 太子의 동산을 全財産을 들여서라도 사려고 했다. 그러나 그의 熱誠에 感動한 太子는 無償으로 기증했고 그래서 그는 그 돈으로 精舍를 지어 부처님께 바쳤다.

3. 세존께서는 이와 같이 말씀하셨다.

[세존] "수행승들이여, 나는 모든 번뇌[5]에서 자신을 수호하는 법문에 관해 설할 것이다. 듣고 잘 새겨라. 내가 설명할 것이다."

"세존이시여, 그렇게 하겠습니다."

수행승들은 대답했다.

4. 세존께서는 이와 같이 말씀하셨다.

[세존] "수행승들이여, 나는 번뇌의 소멸에 대한 앎과 봄이 없어서가 아니라 번뇌의 소멸에 관해 잘 알고 또한 잘 보기 때문에 말한다. 수행승들이여, 어떻게 번뇌의 소멸에 관해 잘 알고 또한 보는가? 이치에 맞게 정신활동을 일으키는 것과 이치에 맞지 않게 정신활동을 일으키는 것[6]이 있는데, 수행승들이여, 이치에 맞지 않게 정신활동을 일으키면 아직 생겨나지 않은 번뇌가 생겨나고 생겨난 번뇌는 더욱 증가한다. 그러나 이치에 맞게 정신활동을 일으키면

---

5) āsavā : 한역에서 漏 또는 煩惱라고 번역되는 āsavā는 어원적으로 분석하면 두 가지로 할 수 있다. 첫 번째가 ā+√sru '흐르다' 의 名詞形으로 '流入'이라는 뜻을 지닌다. 두 번째가 ā+√su'(쏘마즙을) 짜내다'의 명사형으로 '醉하게 하는 것'이라는 의미를 지닌다. 세 번째가 ā+√sū '產出하다'의 명사형으로 '刺戟이나 衝動'의 의미를 지닌다. Kurt Schmidt는 Rdm. 20에서, 이 단어로서 알맞은 번역은 '襲來, 發作, 掩襲'을 의미하는 Anwandlungen이라고 주장한다. Pps. I. 62에 따르면, 煩惱에는 네 가지 종류가 있다. ① 感覺的인 快樂에 대한 煩惱(kāmāsava), ② 存在의 煩惱(bhavāsava) ③ 見解의 煩惱(diṭṭhāsava), ④ 無明의 煩惱(avijjāsava)가 있다. 그런데 여기서 見解의 煩惱를 存在의 煩惱에 포함시키면 세 가지로 분류될 수 있다.

6) yoniso manasikāra, ayoniso manasikāra : Pps. II. 64에 따르면, 理致에 맞게 精神活動을 한다는 것은 '方便에 맞는, 바른 길에 맞는 精神活動(upāya-, pathamanasikāro)'을 하는 것을 뜻한다. 그와는 대조적으로 ayoniso manasikāra는 '方便에 맞지 않는, 바른 길에 맞지 않는 精神活動(anupāya-, uppathamanasikāro)'을 하는 것을 뜻하며, 마음이 진실에서 벗어나 無常한 것 속에 永遠한 것이 있다고 생각하고, 괴로움 속에 즐거움이 있다고 생각하고, 實體가 없는 것 속에 實體가 있다고 생각하는 것이다. SN. V. 31에 따르면, '수행승들이여, 나는 수행승이 이치에 맞게 精神活動을 함으로써 여덟 가지 성스러운 길을 닦고 여덟 가지 성스러운 길을 익히길 기대한다'라는 말은 八正道의 길이 이치에 맞는 精神活動이고 八邪道의 길이 이치에 맞지 않는 精神活動임을 시사한다.

아직 생겨나지 않은 번뇌는 생겨나지 않고 이미 생겨난 번뇌는 끊어진다. 수행승들이여, 관찰에 의해 끊어지는 번뇌가 있고[7], 수호에 의해서 끊어지는 번뇌가 있고, 수용에 의해서 끊어지는 번뇌가 있고, 인내에 의해서 끊어지는 번뇌가 있고, 피함에 의해서 끊어지는 번뇌가 있고, 제거에 의해서 끊어지는 번뇌가 있고 수행에 의해서 사라지는 번뇌가 있다.

5. 수행승들이여, 관찰에 의해서 끊어져야 하는 번뇌란[8] 무엇인가? 수행승들이여, 이 세상에 배우지 못한 대부분의 사람은 거룩한 이를 인정하지 않고, 거룩한 가르침을 알지 못하고, 거룩한 가르침에 이끌리지 않고, 참사람을 인정하지 않고, 참사람을 알지 못하고, 참사람에 이끌리지 않는다. 그들은 정신활동을 일으켜야 할 것에 대해 잘 모르고, 정신활동을 일으키지 말아야 할 것에 대해 잘 모른다. 그들은 정신활동을 일으켜야 할 것이 무엇인지 잘 모르고, 정신활동을 일으키지 말아야 할 것이 무엇인지 잘 모르므로, 정신활동을 일으키지 말아야 할 것들에 정신활동을 일으키고, 정신활동을 일으켜야 할 것들에 정신활동을 일으키지 않는다.[9]

6. 수행승들이여, 정신활동을 일으키고 있지만, 정신활동을 일으키지 말아야 할 것들은 어떠한 것인가? 수행승들이여, 어떠한 것들에

---

7) 觀察이 생략된 이와 같은 여섯 가지 煩惱의 버림에 관해 AN. III. 387~390에 등장한다.

8) āsavā dassanā pahātabbā : 여기서 觀察은 Pps. I. 74에 따르면, 네 가지 出世間的인 길의 첫 번째인 흐름에 든 경지(豫流果)를 향하는 자에 관한 언급이다. 이것은 涅槃에 대한 첫 瞥見을 제공하는 것이기 때문에 이렇게 이름 붙여진 것이다. 보다 높은 다른 단계의 길은 修行(bhāvanā)의 길이라고 불린다. 왜냐하면 그들은 모든 汚染이 제거된 관점에서 涅槃에 대한 그 瞥見을 開發시키기 때문이다.

9) Pps. I. 67에서는 精神을 써야할 것인지 안써야할 것인지 사건 자체 속에는 規定性(niyama)이 없다는 중요한 점을 지적하고 있다. 識別은 오히려 精神의 活動形態에 달려있다. 마음의 惡하고 不健全한 상태의 原因(akusalupattipadaṭṭhānā)이 되는 精神活動은 버려져야 하지만, 마음의 善하고 健全한 상태의 原因(kusalupattipadaṭṭhānā)이 되는 精神活動은 닦여져야 한다.

정신활동을 일으키면서 아직 생겨나지 않은 감각적 쾌락에 대한 욕망의 번뇌가 생겨나고, 이미 생겨난 감각적 쾌락에 대한 욕망의 번뇌가 증가하고, 아직 생겨나지 않은 존재의 번뇌가 생겨나고, 이미 생겨난 존재의 번뇌가 증가하고, 아직 생겨나지 않은 무명의 번뇌가 생겨나고, 이미 생겨난 무명의 번뇌가 증가하는 것이 있다면, 그것들은 정신활동을 일으키고 있지만 정신활동을 일으키지 말아야 할 것들이다.[10)]

7. 수행승들이여, 정신활동을 일으키고 있지 않지만, 정신활동을 일으켜야만 할 것들은 어떠한 것인가? 수행승들이여, 어떠한 것들에 정신활동을 일으키면서 아직 생겨나지 않은 감각적 쾌락에 대한 욕망의 번뇌가 생겨나지 않고, 이미 생겨난 감각적 쾌락에 대한 욕망의 번뇌가 끊어지고, 아직 생겨나지 않은 존재의 번뇌가 생겨나지 않고, 이미 생겨난 존재의 번뇌가 끊어지고, 아직 생겨나지 않은 무명의 번뇌가 생겨나지 않고, 이미 생겨난 무명의 번뇌가 끊어지는 것이 있다면, 그것들은 정신활동을 일으키고 있지 않지만 정신활동을 일으켜야 할 것들이다.

8. 정신활동을 일으키지 말아야 할 것들에 정신활동을 일으키고, 정신활동을 일으켜야 할 것들에 정신활동을 일으키지 않음으로써, 아직 생겨나지 않은 번뇌가 생겨나고, 이미 생겨난 번뇌가 성장한다. 그는 이와 같이 이치에 맞지 않게 정신활동을 일으킨다. - 나는 과거세에 있었을까? 나는 과거세에 없었을까? 나는 과거세에

10) Pps. I. 65에서는 이치에 맞지 않는 精神活動(ayoniso manasikāra)을 통한 煩惱의 成長에 관해 논하고 있다: 다섯 가지 感覺的 快樂의 欲求를 만족시키려면, 感覺的인 慾望의 煩惱(kāmāsava)가 일어나고 증가한다. 高尙한 상태(禪定)의 欲求를 만족시키려면, 存在의 煩惱(bhavāsava가 일어나고 증가한다. 네 가지 顚倒를 통해서 世俗的인 만족을 추구하면, 無明의 煩惱(avijjāsava)가 일어나고 증가한다.

무엇이었을까? 나는 과거세에 어떻게 지냈을까? 나는 과거세에 무엇이었다가 무엇으로 변했을까? 나는 미래세에 있을까? 나는 미래세에 없을까? 나는 미래세에 무엇이 될까? 나는 미래세에 어떻게 지낼까? 나는 미래세에 무엇이 되어 무엇으로 변할까? 또는 현세에 이것에 대해 의심한다 – 나는 있는가? 나는 없는가? 나는 무엇인가? 나는 어떻게 있는가? 이 존재는 어디서 왔다가 어디로 가는가?[11] 이와 같이 이치에 맞지 않게 정신활동을 일으키면, 여섯 가지 견해 가운데 하나의 견해가 생겨난다.[12] '나의 자아는 있다'라는 견해가 실제로 확고하게 생겨난다든가 '나의 자아는 없다'라는 견해가 실제로 확고하게 생겨난다든가 '자아에 의해서 자아를 지각한다'라는 견해가 실제로 확고하게 생겨난다든가 '자아에 의해서 무아를 지각한다'라는 견해가 실제로 확고하게 생겨난다든가 '무아에 의해서 자아를 지각한다'라는 견해가 실제로 확고하게 생겨난다. 또는 이와 같이 '나의 이 자아는 말하고 느끼고 여기저기서 선악의 행위에 대한 과보를 체험하는데, 그 나의 자아는 항상하고 항주하고 항존하는 것으로 변화하지 않고 영원히 존재할 것이다.[13]'

---

11) Pps. I. 68에 따르면, 疑心이 선행하는 見解의 煩惱를 나타내는 것이다. 見解의 煩惱는 疑心의 形態 속에 賢明하지 못한 精神活動으로 나타나는 것이다. 多樣한 形態의 疑心이 邪見 속에 이미 內包되어 있는 것이다.

12) Pps. I. 68-70에 따르면, 이러한 여섯 가지 견해 가운데 첫 번째의 두 가지는 永遠主義(常見 sassatadiṭṭhi)와 虛無主義(斷見 ucchedadiṭṭhi)의 단순한 二律背反을 나타낸다. 여기서 '나의 自我는 없다'라는 見解는 불교적 無我思想에 기초한 진술이 아니라 個人을 身體와 일치시켜서 죽음을 넘어서는 個人의 連續性을 否定하는 唯物論的인 견해을 말한다. 그 다음의 세 가지 견해는 體驗이 反省的인 構造를 갖는, 마음이 스스로를 認識하는 마음의 能力, 몸과 연결된 마음의 認識 등 좀더 철학적으로 복잡한 관찰에서 발생하는 것이다. 自信의 本性에 대해 배우지 못한 凡夫는 세 번째 견해에서처럼 체험의 두 樣相(영원주의와 허무주의)가운데 어느 하나와 일치시키거나, 네 번째 견해에서처럼 오로지 觀察者와 일치시키거나, 다섯 번째의 견해에서처럼 오로지 觀察된 對象과 일치시킨다. 마지막 여섯 번째의 견해는 모든 제약이 완전히 철폐된 永遠主義의 완전한 展開라고 볼 수 있다.

13) ① atthi me attā ti, ② natthi me attā ti, ③ attanā va attānaṃ sañjānāmī ti ④ attanā va anattānaṃ sañjānāmī ti ⑤ anattanā va attānaṃ sañjānāmī ti ⑥ yo me ayaṃ

라는 견해가 생겨난다. 수행승들이여, 이것을 견해의 심취, 견해의 정글, 견해의 험로, 견해의 왜곡, 견해의 몸부림, 견해의 결박이라고 부른다. 수행승들이여, '견해의 결박에 묶인 배우지 못한 대부분의 사람은 태어남, 늙음, 죽음, 우울, 슬픔, 고통, 근심, 불안에서 벗어나지 못하므로 괴로움에서 벗어나지 못한다'고 나는 말한다.

9. 수행승들이여, 잘 배운 고귀한 제자는 거룩한 이를 인정하고 거룩한 가르침을 잘 알고 거룩한 가르침에 이끌리고 참사람을 인정하고 참사람을 잘 알고 참사람에 이끌리고, 정신활동을 일으켜야 할 것에 대해서도 잘 알고, 정신활동을 일으키지 말아야 할 것에 대해서도 잘 안다. 그는 정신활동을 일으켜야 할 것에 대해서도 잘 알고 정신활동을 일으키지 말아야 할 것에 대해서도 잘 알기 때문에 정신활동을 일으키지 말아야 할 것에 정신활동을 일으키지 않고, 정신활동을 일으켜야 할 것에 정신활동을 일으킨다.

10. 수행승들이여, 정신활동을 일으키고 있지만, 정신활동을 일으키지 말아야 할 것들은 어떠한 것인가? 수행승들이여, 어떠한 것들에 정신활동을 일으키면서 아직 생겨나지 않은 감각적 쾌락에 대한 욕망의 번뇌가 생겨나고, 이미 생겨난 감각적 쾌락에 대한 욕망

---

attā vado vedeyyo tatra tatra kalyāṇapāpakānaṃ kammānaṃ vipākaṃ paṭisaṃvedeti. : 여기서 다섯 번째의 '無我에 의해서 自我를 知覺한다.'는 것이 왜 옳지 않은가 하면, 자아는 존재하지 않고 정신적이고 신체적인 요소들만이 존재하기 때문이다. 또한 모든 法이나 存在의 다발도 實體가 없다. 그리고 마지막 여섯 번째는 바라문교적인 태어남사상을 나타내는데 여기에 대해, Mdb. 1170에서 Bhikkhu Bodhi는 '말하는 자로서의 自我는 能動的인 行爲의 主體로서의 自我 개념을 나타낸다. 반면, 느끼는 자로서의 自我는 受動的인 主體로서의 自我概念을 나타낸다. 여기저기라는 말은 相異한 轉生의 永續性을 통한 自己同一性을 갖고 있는 輪廻하는 본질로서의 自我를 나타낸다'고 말했다. MN. 38 「갈애의 부숨에 대한 큰 경[Mahātaṇhāsaṅkhayasutta]」에서 수행승 Sāti는 '의식은 전생하고 윤회하는 것이며, 자기동일성을 갖는 것이다'라는 견해를 갖고 있었는데, 부처님께서는 이에 대해 '조건에서 의식이 생겨난다는 것, 곧 조건 없이는 의식도 일어나지 않는다는 것을 여러 차례 설하지 않았던가?'하면서 꾸짖으면서 자기동일성을 부정했다.

의 번뇌가 증가하고, 아직 생겨나지 않은 존재의 번뇌가 생겨나고, 이미 생겨난 존재의 번뇌가 증가하고, 아직 생겨나지 않은 무명의 번뇌가 생겨나고, 이미 생겨난 무명의 번뇌가 증가하는 것이 있다면, 그것들은 정신활동을 일으키고 있지만, 정신활동을 일으키지 말아야 할 것들이다.

11. 수행승들이여, 정신활동을 일으키고 있지 않지만, 정신활동을 일으켜야만 할 것들은 어떠한 것인가? 수행승들이여, 어떠한 것들에 정신활동을 일으키면서 아직 생겨나지 않은 감각적 쾌락에 대한 욕망의 번뇌가 생겨나지 않고, 이미 생겨난 감각적 쾌락에 대한 욕망의 번뇌가 끊어지고, 아직 생겨나지 않은 존재의 번뇌가 생겨나지 않고, 이미 생겨난 존재의 번뇌가 끊어지고, 아직 생겨나지 않은 무명의 번뇌가 생겨나지 않고, 이미 생겨난 무명의 번뇌가 끊어지는 것이 있다면, 그것들은 정신활동을 일으키고 있지 않지만 정신활동을 일으켜야만 할 것들이다.

12. 정신활동을 일으키지 말아야 할 것들에 정신활동을 일으키지 않고, 정신활동을 일으켜야 할 것에 정신을 씀으로써, 아직 생겨나지 않은 번뇌가 생겨나지 않고, 이미 생겨난 번뇌가 끊어진다. 그는 이와 같이 '이것은 괴로움이다'라고 이치에 맞게 정신활동을 일으키고, '이것은 괴로움의 생성이다'라고 이치에 맞게 정신활동을 일으키고, '이것은 괴로움의 소멸이다'라고 이치에 맞게 정신활동을 일으키고, '이것은 괴로움의 소멸에 이르는 길이다'라고 이치에 맞게 정신활동을 일으킨다.[14] 이와 같이 이치에 맞게 정신을 씀으로

---

14) so idaṃ dukkhan ti yoniso manasikaroti : 冥想과 洞察의 주제인 네 가지의 거룩한 眞理를 나타낸다. Pps. I. 72에 따르면, 흐름에 드는 길을 성취할 때까지 精神活動은 洞察(vipassanā)이지만 길에 들어서는 순간에 그것은 길에 대한 지혜가 된다. 洞察은 직접적으로

써 세 가지의 결박, 존재의 실체가 있다는 환상, 매사의 의심, 미신과 터부에 대한 집착을[15] 끊어버린다. 수행승들이여, 이것을 관찰에 의해서 끊어져야 하는 번뇌라고 한다.[16]

13. 수행승들이여, 수호에 의해서 끊어져야 하는 번뇌란[17] 어떠한 것인가? 수행승들이여, 이 세상에서 수행승은

1) 성찰에[18] 의해서 이치에 맞게 시각능력을 잘 다스려서 수호한다. 수행승들이여, 시각능력을 잘 다스려서 수호하지 않으면 곤혹과 고뇌에 가득 찬 번뇌가 생겨날 것이지만, 시각능력을 잘 다스려서 수호하면 곤혹과 고뇌에 가득 찬 번뇌가 생겨나지 않을 것이다.[19]

첫 두 眞理[苦諦와 集諦]를 감지한다. 왜냐하면 그 對象的인 範疇가 괴로움과 괴로움의 發生에 지배되는 精神的이고 物質的인 現象이기 때문이다. 그것은 나머지 두 가지 진리에 대해서는 오로지 推論을 통해서 파악한다. 올바른 길에 대한 앎은 길의 眞理[道諦]를 꿰뚫음을 통해 이해하고 消滅의 眞理[滅諦]를 그 目標로 한다. 길에 대한 앎은 네 가지 眞理에 대해 다음과 같이 네 가지 作用을 일으킨다. 괴로움의 진리를 완전히 이해하게 하고 괴로움의 發生을 버리게 하고 괴로움의 消滅을 이루게 하고 괴로움의 消滅에 이르는 길을 啓發시킨다.

15) 다섯 가지 下部의 結縛(五下分結 : orambhāgiyāni saṁyojjanāni)은 欲界에 속하는 것(orambhāgiyāni)인데 그 가운데 첫 세 가지가 ① 實體가 있다는 幻想(有身見 : sakkāyadiṭṭhi), ② 모든 일에 대한 疑心(疑 : vicikicchā), ③ 미신과 터부에 대한 執着(戒禁取 : sīlabhatapatāmāsa)이다.

16) ime vuccati dassanā pahātabbā : Pps. II. 74에 따르면, 흐름에 든 길은 윤회에 묶인 첫 세 가지 結縛를 자르는 구실을 한다. 견해의 오염 속에 포함된 存在의 實體가 있다는 견해, 迷信과 터부에 대한 執着은 오염이자 결박이다. 반면에 疑心은 汚染이 아니라 結縛으로 분류된다. 그러나 여기서 疑心은 觀察에 의하여 버려져야할 汚染에 포함되므로, 汚染에 포함된다고도 볼 수 있다.

17) āsavā saṃvarā pahatabbā : Pps. I. 74에 따르면, 煩惱의 끊음이 엄밀히 말해서 煩惱의 窮極的인 破壞로서 이해되어야 한다면, 그 때는 경전에 언급된 7가지 方法 가운데 오로지 두 가지 方法 - 觀察(dassana)과 修行(bhāvanā), 여기에는 네 가지 出世間的인 길이 包含되지만 - 만이 그 끊음에 영향을 준다. 그리고 다른 다섯 가지 방법은 직접적으로 煩惱의 끊음을 성취시킬 수는 없지만, 修行의 豫備段階에서 煩惱를 制御하거나 出世間的인 길에 의해 혹시나 이루어질 수 있는 끊음을 促進시킨다. 그러나 修行法의 優劣을 가리는 길은 阿毘達摩的인 것이다. 그것은 具體的인 現實에서의 苦痛에 대한 문제에 당면하지 않고 修行方法을 규정하기 때문에 일어난다. 事件에 대한 認識이 없으면, 法數的인 系列化가 일어나기 마련이다.

18) paṭisaṅkhā : '反省, 判斷, 考慮, 思擇, 省察'을 의미한다.

2) 성찰에 의해서 이치에 맞게 청각능력을 잘 다스려서 수호한다. 수행승들이여, 청각능력을 잘 다스려서 수호하지 않으면 곤혹과 고뇌에 가득 찬 번뇌가 생겨날 것이지만, 청각능력을 잘 다스려서 수호하면 곤혹과 고뇌에 가득 찬 번뇌가 생겨나지 않을 것이다.
3) 성찰에 의해서 이치에 맞게 후각능력을 잘 다스려서 수호한다. 수행승들이여, 후각능력을 잘 다스려서 수호하지 않으면 곤혹과 고뇌에 가득 찬 번뇌가 생겨날 것이지만 후각능력을 잘 다스려서 수호하면 곤혹과 고뇌에 가득 찬 번뇌가 생겨나지 않을 것이다.
4) 성찰에 의해서 이치에 맞게 미각능력을 잘 다스려서 수호한다. 수행승들이여, 미각능력을 잘 다스려서 수호하지 않으면 곤혹과 고뇌에 가득 찬 번뇌가 생겨날 것이지만, 미각능력을 잘 다스려서 수호하면 곤혹과 고뇌에 가득 찬 번뇌가 생겨나지 않을 것이다.
5) 성찰에 의해서 이치에 맞게 촉각능력을 잘 다스려서 수호한다. 수행승들이여, 촉각능력을 잘 다스려서 수호하지 않으면 곤혹과 고뇌에 가득 찬 번뇌가 생겨날 것이지만, 촉각능력을 잘 다스려서 수호하면 곤혹과 고뇌에 가득 찬 번뇌가 생겨나지 않을 것이다.
6) 성찰에 의해서 이치에 맞게 정신능력을 잘 다스려서 수호한다. 수행승들이여, 정신능력을 잘 다스려서 수호하지 않으면 곤혹과 고뇌에 가득 찬 번뇌가 생겨날 것이지만, 정신능력을 잘 다스려서 수호하면 곤혹과 고뇌에 가득 찬 번뇌가 생겨나지 않을 것이다.

수행승들이여, 잘 다스려 수호하지 않으면 곤혹과 고뇌에 가득 찬 번뇌가 생겨날 것이고 제어를 수호하면 곤혹과 고뇌에 가득 찬 번

---

19) cakkhundriyasaṃvaraṃ asaṃvutassa viharato uppjjeyyuṃ āsavā vighātapariḷāhā, cakkhundriyasaṃvaraṃ saṃvutassa viharato evaṃ sa te āsavā vighātapariḷāhā na hoti : 이러한 感覺的인 能力을 抑制하기 위해 닦아야 할 것이 올바른 새김이다. 感覺的인 制御에 대해서는 MN. 27 「코끼리 자취에 비유한 작은 경 [Cūḷahatthipadopamasutta]」 등이나 註釋書(Vism. I. 53-59)에서도 많이 다루고 있다.

뇌가 생겨나지 않을 것이다. 수행승들이여, 이것을 수호에 의해서 끊어져야 하는 번뇌라고 한다.

14. 수행승들이여, 수용에 의해서 끊어져야 하는 번뇌란[20] 어떠한 것인가? 수행승들이여, 이 세상에서 수행승은 성찰에 의해서 이치에 맞게 추위를 막고 더위를 막거나 등에, 모기, 바람, 열기, 뱀과의 접촉을 막거나 수치스러운 곳을 가리기 위하여 의복을 수용한다. 또는 성찰에 의해서 이치에 맞게, 연회를 위하거나 만끽을 위하거나 장식을 위하거나 허례를 위하거나 하지 않고, 단지 이 몸을 지탱하거나 건강을 지키거나 상해를 방지하거나 지나간 고통은 소멸되고 새로운 고통은 일어나지 않고 허물이 없고 안온한, 청정한 삶을 지키기 위하여 음식을 수용한다. 또는 성찰에 의해서 이치에 맞게, 추위를 막고 더위를 막거나 등에, 모기, 바람, 열기, 뱀과의 접촉을 막거나 계절의 위난을 제거하거나 홀로 명상하기 위하여 깔개를 수용한다. 또는 성찰에 의해서 이치에 맞게, 이미 생겨난 질병의 고통을 막고 최상의 안온을 얻기 위하여 필수약품을 수용한다. 수행승들이여, 수용하지 않으면 곤혹과 고뇌가 가득 찬 번뇌가 생겨날 것이지만, 수용하면 곤혹과 고뇌가 가득 찬 번뇌가 생겨나지 않는다. 수행승들이여, 이것들을 수용에 의해서 끊어져야 하는 번뇌라고 한다.

15. 수행승들이여, 인내에 의해서 끊어져야 하는 번뇌란[21] 무엇인가? 수행승들이여, 이 세상에 수행승은 성찰에 의해서 이치에 맞게 추위나 더위나 기아나 기갈이나 등에, 모기, 바람, 열기, 뱀과의 접

---

20) āsavā paṭisevanā pahātabbā : 여기서 說明하는 이 문단의 내용은 修行僧이 청정한 삶을 위한 네 가지 必需品에 대한 日常的인 反省에 사용하는 定形化된 文句가 되었다. Vism. I. 85-97에 상세하게 설명되고 있다.

21) āsavā adhivāsanā pahātabbā : adhivāsanā는 '忍耐, 寬容, 容恕'를 의미한다.

촉, 매도하고 비방하는 말을 건네받음, 쓴 맛, 신 맛, 떫은 맛, 매운 맛, 불만, 불쾌, 목숨을 빼앗기는 것을 참아내는 것처럼 신체의 괴로움을 인내한다. 수행승들이여, 인내하지 않으면 곤혹과 고뇌에 가득 찬 번뇌가 생겨날 것이지만, 인내하면 곤혹과 고뇌에 가득 찬 번뇌가 생겨나지 않을 것이다. 수행승들이여, 이것들을 인내에 의해서 끊어져야 하는 번뇌라고 한다.

16. 수행승들이여, 피함에 의해서 끊어져야 하는 번뇌란[22] 무엇인가? 수행승들이여, 이 세상에 수행승은 성찰에 의해서 이치에 맞게 사나운 코끼리를 피하고 사나운 말을 피하고 사나운 소를 피하고 사나운 개를 피하고 뱀, 말뚝, 가시덤불, 갱도, 절벽, 웅덩이, 늪지를 피한다. 총명한 길벗은 앉기에 적당하지 않은 자리에 앉는 자, 가기에 적당하지 않은 장소로 가는 자, 사귀기에 적당하지 않은 악한 친구와 사귀는 자를 악한 상태에 있다고 판단할 것이다. 그는 성찰하여 이와 같은 적당하지 않은 자리, 적당하지 않은 장소, 악한 친구를 피한다.[23] 수행승들이여, 피하지 않으면 곤혹과 고뇌에 가득 찬 번뇌가 생겨날 것이지만, 피하면 곤혹과 고뇌에 가득 찬 번뇌가 생겨나지 않을 것이다. 수행승들이여, 이것들을 피함에 의해서 끊어져야 하는 번뇌라고 한다.

17. 수행승들이여, 제거에 의해서 끊어져야 하는 번뇌란[24] 무엇인가? 수행승들이여, 이 세상에 수행승은 성찰에 의해서 이치에 맞게 이미 생겨난 감각적 쾌락에 대한 욕망의 사념을 용인하지 않고 버

---

22) āsavā parivajjanā pahātabbā : parivajjanā는 '회피, 도피, 멀리함'을 의미한다.

23) 適當하지 않은 자리는 계본(戒本 : Pātimokkha)에 따르면, 性的交接을 위해 편리한 칸막이 장소에 女人과 앉는 것, 私的인 空間에서 女人과 혼자 앉는 것의 두 가지가 言及되어있다. 그리고 適當하지 않은 場所에 대해서는 Vism. I. 45에 상세히 言及되어있다.

24) āsavā vinodanā pahātabbā : vinodanā는 '追放, 除去, 驅逐'을 의미한다.

리고 제거하고 끝내버리고 없애버리며, 이미 생겨난 분노의 사념을 용인하지 않고 버리고 제거하고 끝내버리고 없애버리며, 이미 생겨난 폭력의 사념을 용인하지 않고 버리고 제거하고 끝내버리고 없애버리며, 이미 생겨난 악하고 불건전한 상태를 용인하지 않고 버리고 제거하고 끝내버리고 없애버린다.[25] 수행승들이여, 제거하지 않으면 곤혹과 고뇌에 가득 찬 번뇌가 생겨날 것이지만, 제거하면 곤혹과 고뇌에 가득 찬 번뇌가 생겨나지 않을 것이다. 수행승들이여, 이것들을 제거에 의해서 끊어져야 하는 번뇌라고 한다.

18. 수행승들이여, 수행에 의해서 끊어져야 하는 번뇌란[26] 무엇인가? 수행승들이여, 이 세상에 수행승은 성찰에 의해서 이치에 맞게 멀리 떠남에 의존하고 사라짐에 의존하고 소멸에 의존하고 보내버림으로써 열반으로 회향하는[27] 새김의 깨달음 고리를 수행하며,

---

25) 惡하고 不健全한 생각의 첫 세 가지 형태인 感覺的인 快樂의 欲望, 憤怒, 暴力은 八正道에서 두 번째의 항목인 올바른 思惟와는 반대되는 삿된 思惟와 삿된 意圖를 구성한다. 삿된 思惟의 세 가지 形態에 대해서는 MN. 19「두 갈래 사유의 경 [Dvedhāvitakkhasutta]」에서 상세히 다루고 있다.

26) āsavā bhāvanā pahātabbā : bhāvanā는 '修行, 冥想, 修習'을 의미한다.

27) vivekanissitaṁ virāganissitaṁ nirodhanissitaṁ vossaggapariṇāmiṁ : 遠離, 離貪, 止滅, 捨遣廻向을 각각 지칭한다. 특히 virāga는 離貪이라기보다 색깔이 바래서 소멸되는 것을 의미한다. Krs. I. 113의 英譯에는 'based on detachment, based on passionlessness, based on cessation, involving maturity of surrender'로 되어 있어 漢譯의 離貪을 어느 정도 받아들이고 있다. 捨遣廻向은 번뇌(kilesa)의 사견과 涅槃(nibbāna)으로의 回向을 의미한다. SN. IV. 369~373의「無爲想應 : asaṅkhatasaṁyutta」에는 11가지의 열반에 대한 묘사가 조건지어지지 않은 것을 의미한다는 데서 부정적 언표로 등장한다. 중요한 것은 공통된 특징이 모두 수반적 자유의 연생(無漏法)의 부정이 아닐지라도 유전연기에 의해 일어나는 속박의 연생에 대한 완전한 소멸을 의미한다는 사실이다. ① 무위(無爲 : asaṅkhata) : 이것은 유위법적 구조에서 벗어난 것을 말한다. ② 무루(無漏 : anāsavam) : 세 가지의 번뇌, 즉 감각적 쾌락의 번뇌(欲漏 : kāmāsava), 존재의 번뇌(有漏 : bhavāsava), 무명의 번뇌(無明漏 : avijjāsava)에서 벗어난 상태이다. ③ 불로(不老 : ajaraṁ) : 열반은 유위법적 늙음의 연생이 소멸된 상태이다. 그에게는 자아에 의해 취착되지 않은 존재의 다발의 변화만이 있을 뿐이다. ④ 무견(無見 : anidassana) : anidassana는 '볼 수 없는'의 뜻이 아니라 '지시하지 않은'의 뜻으로, 나의 소유(이것은 나의 것이다)는 유위법적인 연생의 세계를 지시하므로 아라한은 그러한 세계를 지시하지 않는다는 뜻이다. ⑤ 무희론(無戲

論 : nippapañca) : 열반은 일체의 희론, 사견희론이나 정견희론을 모두 떠나 있다. ⑥ 무재(無災 : anītika) : 열반 속에는 해침을 당할 만한 '자아'의 세계가 없다. ⑦ 무재법(無災法 : anītikadhamma) : 열반의 무위법에는 속박의 재앙이 존재할 만한 유위법이 없다. ⑧ 무에(無恚 : avyāpajjha) : 열반은 진에(avyāpāda)의 연생이 소멸한 상태이다. ⑨ 이탐(離貪 : virāga) : 열반은 탐욕(rāga)의 연생이 소멸한 상태다. ⑩ 불사(不死 : amata) : 아라한의 일상적인 죽음은 용납되지 않는다. 그는 불사이며 다만 목숨이 다할 때에는 오온의 짐을 내려놓을 뿐이다. ⑪ 애진(愛盡 : taṇhākkhaya) : 열반에는 모든 종류의 갈애, 즉 감각적 쾌락에의 갈애, 존재 · 비존재에의 갈애가 소멸되어 있다. ⑫ 무착(無着 : anālayo) : 갈애나 취착의 연생을 완전히 소멸한 상태를 말한다. 「무위상응(無爲相應)」에서는 열반과의 동의어로 연생의 부정이 아닌 최고선의 상태를 긍정적인 언표로 나타내는 24가지 정도의 용어들이 사용되고 있는데, 그것들은 열반을 체득한 아라한의 인격성 속에 수반되는 특징들이다. ① 종극(終極 : antam) : 아라한에게 '행해져야 할 것은 모두 행해졌고(kataṁ karanīyaṁ) 더 이상 윤회의 상태(nāparam itthattāya)가 아닌 것'을 말한다. 아라한의 인격에 수반되는 최고선(最高善)의 상태이다.② 진제(眞諦 : saccam) : 아라한의 인격 속에 지혜에 의해서 파악되는 최상의 궁극적 진리를 의미한다. SN. V. 422에 따르면, '수행승들이여, 이것이 괴로움의 소멸을 수반하는 성스러운 진리이다라고 내가 전에 들어보지 못한 법에 관해 눈이 생겨나고 지식이 생겨나고 지혜가 생겨나고 앎이 생겨나고 빛이 생겨 났다.' ③ 피안(彼岸 : pāra) : 피안은 윤회의 고통스런 세상을 건너갔다는 의미로 결국 유위법적인 사유의 근본구조를 초월했다는 의미를 지닌다. ④ 극묘(極妙 : nipuṇa) : nipuṇa는 '성취된, 세련된'의 의미로, 열반은 다듬어지지 않은 개념적 사유로 파악될 수 없고 오로지 현자의 지혜에 의해서 파악되는 것으로 올바른 견해를 전제로 한다. ⑤ 극난견(極難見 : su duddasa) : 극히 보기 어렵다는 것은 유위법적 사유의 근본구조를 초월하여 무지와 갈애가 소멸된 열반은 지혜의 눈으로만 볼 수 있다는 것이다. ⑥ 견고((堅固 : dhuva) : 열반을 체험한 아라한에게는 유위법적 사유 구조로의 환원이 있을 수 없다. ⑦ 조견(照見 : apalokita) : 열반을 체험한 아라한에게는 자아를 위한 세계는 있을 수 없으며 세계를 떠나서 조견한다. ⑧ 적정(寂淨 : santa) : 유위법적 사유가 남아 있는 한 '나의 세계'를 주장하므로 평화는 있을 수 없다. 아라한의 체험에는 유위법적 사유가 없으므로 완전한 평화를 구현한다. ⑨ 극묘(極妙 : paṇita) : 아라한의 열반의 체험은 수반적 자유의 정점에서 성취되는 가장 탁월한 체험이다. ⑩ 지복(至福 : siva) : 열반을 체험한 아라한에게는 더 이상 괴로움이 존재하지 않으므로 최상의 지복을 체험한다. ⑪ 안온(安穩 : khema) : '나의 세계'는 언제나 불안정한 상상과 변화의 세계이다. 그러나 이러한 세계가 소멸된 열반을 체험한 아라한에게 열반은 불행이 닥치지 않는 안온한 세계이다. ⑫ 희유(希有 : acchariya) : 시작도 끝도 없는 윤회의 세계에서 아라한의 열반의 체험은 윤회하는 존재들 사이에 매우 드문 일이다. ⑬ 미증유(未曾有 : abbhuta) : 아라한의 열반의 체험은 끝없는 윤회의 종식에 대한 체험이다. 생성과 소멸이 끝없는 윤회의 과정 속에는 존재하지 않았던 미증유의 체험이다. ⑭ 청정(淸淨 : suddhi) : 아라한의 체험은 모든 염오(kilesa)의 소멸과 소멸에 수반되는 자유이다. ⑮ 해탈(解脫 : mutti) : 아라한의 열반의 체험에 수반되는 자유이다. ⑯ 섬(島 : dīpa) : 아라한의 열반의 체험은 윤회의 바다의 모든 괴로움으로부터 안전함을 비유적으로 표현한 것이다. 일반적으로 '너 자신을 섬으로 하라'는 부처님의 유교는 결국 열반을 성취하라는 말로 귀결된다. ⑰ 동굴(洞窟 : leṇa) : 아라한이 유위법적인 사유구조에서 벗어난 열반의 상태는 모든 유해한 번뇌의 숲으로부터 안전하게 피신한 상태와 같다. ⑱ 피난처(避難處 : tana) : 아라한의 열반의 체험은 번뇌의 폭류나 마군으로부터 안전한 피난처를 발견한 것과 같다. ⑲ 귀의처(歸依處 : saraṇa) : 아라한의 열반의 체험은 곧 윤회

성찰에 의해서 이치에 맞게 멀리 떠남에 의존하고 사라짐에 의존하고 소멸에 의존하고 보내버림으로써 열반으로 회향하는 탐구의 깨달음 고리를 수행하며, 성찰에 의해서 이치에 맞게 멀리 떠남에 의존하고 사라짐에 의존하고 소멸에 의존하고 보내버림으로써 열반으로 회향하는 정진의 깨달음 고리를 수행하며, 성찰에 의해서 이치에 맞게 멀리 떠남에 의존하고 사라짐에 의존하고 소멸에 의존하고 보내버림으로써 열반으로 회향하는 희열의 깨달음 고리를 수행하며, 성찰에 의해서 이치에 맞게 멀리 떠남에 의존하고 사라짐에 의존하고 소멸에 의존하고 보내버림으로써 열반으로 회향하는 안온의 깨달음 고리를 수행하며, 성찰에 의해서 이치에 맞게 멀리 떠남에 의존하고 사라짐에 의존하고 소멸에 의존하고 보내버림으로써 열반으로 회향하는 집중의 깨달음 고리를 수행하며, 성찰에 의해서 이치에 맞게 멀리 떠남에 의존하고 사라짐에 의존하고 소멸에 의존하고 보내버림으로써 열반으로 회향하는 평정의 깨달음 고리를 수행한다.[28] 수행승들이여, 수행하지 않으면 곤혹과 고뇌에 가득 찬 번뇌가 생겨날 것이지만 수행하면 곤혹과 고뇌에 가득 찬

의 고통 속에 헤매는 모든 중생들의 귀의처가 된다. 이들 열반에 대한 긍정적인 언표들은 열반이 아라한의 인격성을 통해 궁극적인 진리(眞理)임과 동시에 최고선(最高善)으로서의 지복(至福)의 상태임을 나타내고 있다.

28) 여기서 언급된 일곱 가지 깨달음의 고리(七覺支 : satta bojjhaṅghā)는 깨달음에 도움이 되는 서른 일곱 가지의 길에 포함된다. 일곱 가지의 깨달음 고리는 다음과 같다: ① 새김(念覺分, satisambojjhaṅga), ② 탐구(擇法覺分, dhammavicayasambojjhaṅga), ③ 정진(精進覺分, viriyasambojjhaṅga), ④ 희열(喜覺分, pītisambojjhaṅga), ⑤ 안온(輕安覺分, passaddhisambojjhaṅga), ⑥ 집중(定覺分, samādhisambojjhaṅga), ⑦ 평정(捨覺分, upekhāsambojjhaṅga). 이에 대해 MN. 10 「새김의 토대에 대한 경 [Satipaṭṭhānasutta]」과 MN. 118 「호흡새김의 경[Ānāpānasatisutta]」에서도 상세히 거론되고 있다. '멀리 떠남에 의존하고 사라짐에 의존하고 소멸에 의존하고 보내버림으로써 열반으로 회향하는(vivekanissitaṁ virāganissitaṁ nirodhanissitaṁ vossaggapariṇāmiṁ)'이라는 말은 한역에서 遠離, 離貪, 止滅, 捨遣廻向을 각각 지칭하는데 모두 열반을 의미하는 것이다. 특히 사라짐(virāga)은 離貪이라기보다 색깔이 바래서 소멸되는 것(離染)을 의미한다. 捨遣廻向은 번뇌(kilesa)의 사견과 涅槃(nibbāna)으로의 회향을 의미한다.

번뇌가 생겨나지 않을 것이다. 수행승들이여, 이것들을 수행에 의해서 끊어져야 하는 번뇌라고 한다.[29)]

19. 수행승들이여, 수행승이 관찰에 의해서 끊어져야 하는 번뇌를 관찰에 의해서 끊고, 수호에 의해서 끊어져야 하는 번뇌를 수호에 의해서 끊고, 수용에 의해서 끊어져야 하는 번뇌를 수용에 의해서 끊고, 인내에 의해서 끊어져야 하는 번뇌를 인내에 의해서 끊고, 피함에 의해서 끊어져야 하는 번뇌를 피함에 의해서 끊고, 제거에 의해서 끊어져야 하는 번뇌를 제거에 의해서 끊고, 수행에 의해서 끊어져야 하는 번뇌를 수행에 의해서 끊는다면, 수행승들이여, 그 수행승은 모든 번뇌를 잘 다스려서 수호한 자, 갈애를 끊고 결박을 푼 자, 올바로 교만을 끊어서 괴로움을 끝낸 자라고 불린다.[30)]

20. 세존께서는 이와 같이 말씀하셨다. 그들 수행승들은 만족하여 세존께서 하신 말씀을 받아 지녔다.

---

29) 일반적으로 아비달마에서는 感覺的 快樂의 欲望에 대한 煩惱는 되돌아오지 않는 경지로 향한 길(不還向 anāgāmīmagga)에서, 存在와 無明의 煩惱는 거룩한 이의 경지로 향한 길(阿羅漢向 arahattamagga)에서 제거된다고 주장한다. 그러나, 수행의 과정을 네 쌍으로 여덟이 되는 참사람의 경지에 法數的으로 배열하는 것은 반드시 옳다고 볼 수는 없다. SN. II. 239에서는 利得과 歡待와 名聲은 진리를 깨달은 阿羅漢에게도 誘惑이라고 말하고 있다.

30) 열 가지 장애나 결박(十蓋와 十結)은 다섯 가지 낮은 경지의 장애(五下分結 ①~⑤ : orambhāgiyāni saṁyojjanāni)과 다섯 가지 높은 경지의 장애(五上分結 ⑤~⑩ : uddhambhāgiyāni saṁyojjanāni)으로 나누어진다. 전자는 下界, 즉 欲界에 속하는 것(orambhāgiyāni)이고 후자는 上界, 즉 色界, 無色界에 속하는 것(uddhambāgiyāni)이다. ① 실체가 있다는 환상(有身見 : sakkāyadiṭṭhi), ② 의심(疑 : vicikicchā), ③ 미신과 터부에 대한 집착(戒禁取 : sīlabhatapatāmāsa), ④ 감각적 쾌락에 대한 욕망(欲貪 : kāmarāga), ⑤ 마음의 분노(有對 : paṭigha), ⑥ 형상에 대한 욕망(色貪 : rūparāga), ⑦ 무형상에 대한 욕망(無色貪 : arūparāga), ⑧ 자만하는 마음(慢 : māna), ⑨ 자기정당화(掉擧 : uddhacca), ⑩ 진리를 모르는 것(無明 : avijjā). 이 가운데 自慢하는 마음에서 가장 미세한 것은 거룩한 이의 경지에 도달할 때까지 정신적인 흐름에서 줄어드는 '나는 존재한다'라고 하는 自慢이다. '自慢에 대한 理解(mānābhisamaya)'는 자만을 보고 그것을 버리는 것을 의미하는데 모두 거룩한 이의 경지에 도달함으로써 성취된다. 괴로움을 끝낸 자란 輪廻의 괴로움을 끝냈다는 뜻이다.

2. 물 없는 목욕으로 마음의 때를 씻어내야

[Vatthūpamasutta][31]

바후까 강과 아디학까 강, 가야 강과 쑨다리까 강 싸라싸띠 강과 빠야가 강, 또한 바후마띠 강에 어리석은 자 항상 뛰어들어 목욕해도 언제나 검은 행위를 씻을 수 없다. 쑨다리까 강이 무슨 소용인가? 빠야가 강이, 바후까 강이 무슨 소용인가?

1. 이와 같이 나는 들었다.[32] 한 때 세존께서 싸밧티 시의 제따바나에 있는 아나타삔디까 승원에 계셨다.

2. 그 때에 세존께서는 "수행승들이여"라고 수행승들을 불렀다. 수행승들은 세존께 "세존이시여"라고 대답했다.

3. 그러자 세존께서는 이와 같이 말했다.

[세존] "수행승들이여, 여기 더럽혀지고 때가 묻은 옷감이 있는데 염색공이 그것을 청색, 노랑색, 빨강색 또는 분홍색이나 어떤 다른 염료로 그것을 물들이면, 잘 물들지 않고 선명하게 물들지 않을 것이다. 그것은 무슨 까닭인가? 수행승들이여, 그것은 옷감이 깨끗하지 않기 때문이다. 수행승들이여, 이와 같이 마음이 더럽혀지면 나쁜 운명이[33] 그대들을 기다린다.

---

31) 원래 제목은 「옷감에 대한 비유의 경 [Vatthūpamasutta]」이다. 우리말 『맛지마니까야』 1권 179쪽에 있다. MN. I. 36 ; 中阿含 93, 水淨梵志經(大正 1. 575) 참조

32) 이 경에 대해 좀더 알아보고자 하면, Nyanaponika 장로의 The Simile of the Cloth and The Discourse on Effacement를 보라.

4. 수행승들이여, 여기 깨끗하고 청정한 옷감이 있는데 염색공이 그것을 청색, 노랑색, 빨강색 또는 분홍색이나 어떤 다른 염료로 그것을 물들이면, 잘 물들고 선명하게 물들 것이다. 그것은 무슨 까닭인가? 수행승들이여, 그것은 옷감이 깨끗하기 때문이다. 수행승들이여, 이와 같이 마음이 더럽혀지지 않으면 좋은 운명이 그대들을 기다린다.

5. 수행승들이여, 마음의 더러움이란 어떠한 것인가?[34] 욕심내는 것과 부정한 탐욕이 마음의 더러움이고[35], 악의가 마음의 더러움이고, 화내는 것이 마음의 더러움이고, 원한이 마음의 더러움이고, 저주가 마음의 더러움이고, 격분이 마음의 더러움이고, 질투가 마음의 더러움이고, 인색이 마음의 더러움이고, 거짓을 행하는 것이 마음의 더러움이고, 기만이 마음의 더러움이고, 고집이 마음의 더러움이고, 선입견이 마음의 더러움이고, 자만이 마음의 더러움이고, 오만이 마음의 더러움이고, 교만이 마음의 더러움이고, 방일이 마음의 더러움이다.

6. 수행승들이여, 수행승은 욕심내는 것과 부정한 탐욕이 마음의 더러움이라고 알고 나서, 욕심내는 것과 부정한 탐욕으로 이루어진

---

33) duggati : 惡趣는 地獄, 畜生, 餓鬼를 말한다. 반면에 sugati는 인간이나 천상계에 태어나는 것을 말한다.

34) cittassa upakkilesā : upakkilesā라는 말은 때때로 MN. 128 「번뇌에 대한 경[Upakkilesasutta]」에서처럼 '三昧 가운데 汚點이나 不完全함'으로 사용된다. 때때로는 Vism. 127, 128에서처럼 '洞察의 汚點이나 不完全함'으로 사용된다. 때때로는 탐욕, 성냄, 어리석음의 세 가지 惡하고 不健全한 根源에서 일어나는 작은 煩惱를 의미한다. 여기서는 세 번째의 의미로 쓰여진 것이다.

35) Pps. I. 169에는 欲心내는 것(abhijjhā)과 不正한 貪欲(visamalobha) 사이의 섬세한 구별을 하고 있으나 보다 높은 수행의 관점에서 보면, 모든 탐욕은 부정하기 때문에 두 가지 용어는 동일한 정신적인 요소인 欲望과 貪欲(欲貪)의 다른 이름에 지나지 않는다. 욕심내는 것은 自身과 他人의 所有와 貪欲에 대해 기뻐하는 熱情이다.

마음의 더러움을 버리고[36], 악의가 마음의 더러움이라고 알고 나서, 악의를 품는 마음의 더러움을 버리고, 화냄이 마음의 더러움이라고 알고 나서, 화내는 마음의 더러움을 버리고, 원한이 마음의 더러움이라고 알고 나서, 원한에 찬 마음의 더러움을 버리고, 저주가 마음의 더러움이라고 알고 나서, 저주라는 마음의 더러움을 버리고, 격분이 마음의 더러움이라고 알고 나서, 격분하는 마음의 더러움을 버리고, 질투가 마음의 더러움이라고 알고 나서, 질투라는 마음의 더러움을 버리고, 인색이 마음의 더러움이라고 알고 나서, 인색이라는 마음의 더러움을 버리고, 거짓을 행하는 것이 마음의 더러움이라고 알고 나서, 거짓을 행하는 마음의 더러움을 버리고, 기만하는 것이 마음의 더러움이라고 알고 나서, 기만하는 마음의 더러움을 버리고, 고집이 마음의 더러움이라고 알고 나서, 고집하는 마음의 더러움을 버리고, 선입견이 마음의 더러움이라고 알고 나서, 선입견을 갖는 마음의 더러움을 버리고, 자만이 마음의 더러움이라고 알고 나서, 자만하는 마음의 더러움을 버리고, 오만이 마음의 더러움이라고 알고 나서, 오만하는 마음의 더러움을 버리고, 교만이 마음의 더러움이라고 알고 나서, 교만하는 마음의 더러움을 버리고, 방일이 마음의 더러움이라고 알고 나서, 방일하는 마음의 더러움을 버린다.

36) Pps. I. 171에 따르면, 여기에 언급된 버림은 '除去에 의한 버림(samucchedappahāna)'즉 出世間적인 길에 의한 완전한 根絶로 이해되어야한다. 다음과 같은 순서로 거룩한 길을 따라 16가지 더러움이 버려진다. ① 흐름에 든 경지로 향하는 자에게서 除去되는 것: 激憤(makkho), 咀呪(paḷāso), 嫉妬(issā), 吝嗇(macchariyaṃ), 詐欺(māyā), 欺瞞(sāṭheyyan), ② 돌아오지 않는 경지로 향하는 자에게 제거되는 것: 惡意(byāpādo), 화냄(kodho), 怨恨(upanāho), 放逸(pamādo), ③ 거룩한 이의 경지로 향하는 자에게 제거되는 것: 욕심내는 것과 부정한 貪欲(abhijjhā-visamalobho), 固執(thambo), 先入見(sārambho), 自慢(māno), 傲慢(atimāno), 驕慢(mado)이다.

7. 그는 부처님에 관해 이와 같이 '세존께서는 공양 받을 만한 님, 올바로 원만히 깨달은 님, 명지와 덕행을 갖추신 님, 바른 길로 잘 가신 님, 세상을 이해하는 님, 가장 높은 자리에 오르신 님, 사람들을 길들이시는 님, 신들과 인간의 스승이신 님, 부처님, 세상에 존귀한 님입니다.[37]'라고 경험에 근거를 두고 있는 청정한 믿음을 성취한다.[38]

8. 그는 가르침에 관해 이와 같이 '세존께서 잘 설하신 가르침은 현세에 유익한 가르침이며, 시간을 초월하는 가르침이며, 와서 보라고 할 만한 가르침이며, 승화시키는 가르침이며, 슬기로운 이 하나 하나에게 알려지는 가르침입니다'라고 경험에 근거를 둔 청정한 믿음을 성취한다.

9. 그는 제자들의 참모임에 관해 이와 같이 '님의 가르침을 따르는 제자들의 참모임은 훌륭하게 실천합니다. 님의 가르침을 따르는 제자들의 참모임은 정직하게 실천합니다. 님의 가르침을 따르는 제자들의 참모임은 현명하게 실천합니다. 님의 가르침을 따르는 제자들의 참모임은 조화롭게 실천합니다. 이와 같이 님의 가르침을 따르는 제자들의 참모임은 네 쌍으로 여덟이 되는 참사람들로 이루어

---

37) 부처님을 존칭해서 부르는 이름들 - 석가족의 성자(釋迦牟尼 : Sākyamuni), 석가족의 사자(Sākyasiṅha), 올바른 길로 잘 가신 님(善逝 : Sugata), 스승(Satthā), 승리자(勝者 : Jina), 세존(世尊 : Bhagavā), 세상의 수호자(Lokanātha), 전지자(Sabbaññu), 진리의 제왕(法王 : Dammarāja), 이렇게 오신 님(如來 : Tathāgata), 거룩하신 님(阿羅漢 : arahant), 올바로 원만히 깨달으신 님(正等覺者 : sammāsambudha), 명지와 덕행을 갖추신 님(明行足 : vijjācaraṇasampanna), 세상을 이해하는 님(世間解 : Lokavidū), 가장 높은 자리에 오르신 님(無上師: anuttaro), 사람을 길들이시는 님(調御丈夫 : purisadammasārathī), 신들과 인간의 스승(天人師 : satthā deva manussānaṁ) - 가운데 이러한 열 가지를 如來十號라고 부른다.

38) aveccappasāda : 부처님과 가르침과 참모임에 대한 '經驗에 根據를 둔 確信'을 의미하며, 그것은 진리의 흐름에 든 자에게 주어지는 最小限의 水準에서의 고귀한 弟子의 資格이다.

졌으니, 공양 받을 만하시고 대접받을 만하시고 선물받을 만하시고 존경받을 만하시고 세상에 가장 높은 복밭입니다'라고 경험에 근거를 두고 있는 청정한 믿음을 성취한다.

10. 그가 어느 정도[39] 마음의 더러움을 포기하고 쫓아내고 놓아주고 버려버리고 보내버렸을 때에, 그는 비로소 '나는 부처님에 관해 경험에 근거를 둔 청정한 믿음을 성취했다'라는 것의 의미에 대한 영감을 얻고, 현상에 대한 영감을 얻고,[40] 가르침과 관련된 환희를 얻는데, 환희하는 자에게는 희열이 생겨나고, 희열이 있는 자에게는 몸의 상쾌함이 있고, 몸이 상쾌한 자는 즐거움을 느끼고, 즐거운 자는 마음이 집중된다.[41]

11. 그는 '나는 가르침에 관해 경험에 근거를 둔 청정한 믿음을 성취했다'라고 생각하며 그 의미를 깨우치고, 가르침을 깨우치고, 가르침과 관련된 환희를 얻는데, 환희하는 자에게는 희열이 생겨나고, 희열이 있는 자에게는 몸의 상쾌함이 있고, 몸이 상쾌한 자는 즐거움을 느끼고, 즐거운 자는 마음이 집중된다.

12. 그는 '나는 참모임에 관해 경험에 근거를 둔 청정한 믿음을 성

---

39) yatodhi : Pps. I. 172에 따르면, 네 번째와 다섯 번째의 길에 대한 限界없는(anodhi) 除去가 아니라 첫 세 가지 길에서의 部分的인 除去로서 이 말이 언급된 것이다. 그는 돌아오지 않는 자(不還者)이다.

40) labhati atthavedaṃ labhati dhammavedaṃ : Nyanaponika는 이 구절을 '그 目標에 대한 熱情을 갖고 가르침에 대한 열정을 갖는다'라고 해석했다. 그러나 Pps. I. 173에 따르면, 그가 熱情이라고 번역한 veda는 ① 冊(gantha), ② 智慧(ñāṇa), ③ 정신적 즐거움(somanassa)의 세 가지 의미 가운데 세 번째에 해당한다. 역자가 의미에 대한 靈感이라고 번역한 atthavedaṃ은 經驗에 根據를 둔 믿음을 보는 사람에게 일어나는 즐거움이며, 現象에 대한 靈感이라고 번역한 dhammavedaṃ은 어느 정도 더러움의 버림을 보는 자에게 일어난 즐거움이다.

41) labhati dhammūpasaṃhitaṃ pāmujjaṃ, pamuditassa pīti jāyati, pītimanassa kāyo passambhati, passaddhakāyo sukhaṃ vedeti, sukhino cittaṃ samādhiyati. : 여기서 pāmojja는 歡喜, pīti는 喜悅, passadhi는 상쾌함, sukha는 즐거움으로 번역했다.

취했다'라고 생각하며 그 의미를 깨우치고, 가르침을 깨우치고, 가르침과 관련된 환희를 얻는데, 환희하는 자에게는 희열이 생겨나고, 희열이 있는 자에게는 몸의 상쾌함이 있고, 몸이 상쾌한 자는 즐거움을 느끼고, 즐거운 자는 마음이 집중된다.

13. 그가 '나는 어느 정도 마음의 더러움을 포기하고 쫓아내고 놓아주고 버려버리고 보내버렸다'라고 생각하며 그 의미를 깨우치고, 가르침을 깨우치고, 가르침과 관련된 환희를 얻는데, 환희하는 자에게는 희열이 생겨나고, 희열이 있는 자에게는 몸의 상쾌함이 있고, 몸이 상쾌한 자는 즐거움을 느끼고, 즐거운 자에게는 마음이 집중된다.

14. 수행승들이여, 수행승이 흰쌀죽과 여러 가지 수프와 조미료를 먹는다 해도, 이와 같은 계율, 이와 같은 법, 이와 같은 지혜를[42] 갖추면 그것이 그에게 장애가 되지 않는다.[43] 수행승들이여, 마치 더럽혀지고 때묻은 옷감은 맑은 물에 넣어 깨끗하고 청정해지고, 금광석은 제련화로에 넣어 깨끗하고 청정해지듯이, 수행승들이여, 이처럼 수행승이 흰쌀죽과 여러 가지 수프와 조미료를 먹는다 해도, 이와 같은 계율, 이와 같은 법, 이와 같은 지혜를 갖추면 그것이 그에게 장애가 되지 않는다.

15. 그는 자애의 마음으로 동쪽 방향을 가득 채우고, 자애의 마음으로 서쪽 방향을 가득 채우고, 자애의 마음으로 남쪽 방향을 가득

---

42) evaṃsīlo, evaṃdhammo, evaṃpañño : 여기서 두 번째의 '이와 같은 법'은 분명히 戒律과 禪定과 智慧의 三學 가운데 두 번째의 禪定을 염두에 둔 것이다.

43) n'ev'assa taṃ hoti antarāyāyā ti : Pps. I. 174에 따르면, 이 陳述은 돌아오지 않는 자(不還者)의 境地를 성취한 것을 강조하는 것이다. 돌아오지 않는 자는 感覺的인 快樂에 대한 欲望을 除去했으므로 맛있는 음식이 最終的인 境地를 얻는데 妨害가 되지 않는다.

채우고, 자애의 마음으로 북쪽 방향을 가득 채우고, 자애의 마음으로 위와 아래와 옆과 모든 곳을 빠짐 없이 가득 채워서, 광대하고 멀리 미치고 한량 없고 원한 없고 악의 없는 자애의 마음으로 일체의 세계를 가득 채운다.

16. 그는 연민의 마음으로 동쪽 방향을 가득 채우고, 연민의 마음으로 서쪽 방향을 가득 채우고, 연민의 마음으로 남쪽 방향을 가득 채우고, 연민의 마음으로 북쪽 방향을 가득 채우고, 연민의 마음으로 위와 아래와 옆과 모든 곳을 빠짐 없이 가득 채워서, 광대하고 멀리 미치고 한량 없고 원한 없고 악의 없는 연민의 마음으로 일체의 세계를 가득 채운다.

17. 그는 기쁨의 마음으로 동쪽 방향을 가득 채우고, 기쁨의 마음으로 서쪽 방향을 가득 채우고, 기쁨의 마음으로 남쪽 방향을 가득 채우고, 기쁨의 마음으로 북쪽 방향을 가득 채우고, 기쁨의 마음으로 위와 아래와 옆과 모든 곳을 빠짐 없이 가득 채워서, 광대하고 멀리 미치고 한량 없고 원한 없고 악의 없는 기쁨의 마음으로 일체의 세계를 가득 채운다.

18. 그는 평정의 마음으로 동쪽 방향을 가득 채우고, 평정의 마음으로 서쪽 방향을 가득 채우고, 평정의 마음으로 남쪽 방향을 가득 채우고, 평정의 마음으로 북쪽 방향을 가득 채우고, 평정의 마음으로 위와 아래와 옆과 모든 곳을 빠짐 없이 가득 채워서, 광대하고 멀리 미치고 한량 없고 원한 없고 악의 없는 평정의 마음으로 일체의 세계를 가득 채운다.[44]

---

44) 여기서는 佛敎的인 冥想에서 특히 중요한 네 가지 청정한 삶을 말한다: 四梵住 cattāro brahmavihārā : 각각 ① 慈 mettā, ② 悲 karuṇā, ③ 喜 muditā, ④ 捨 upekkhā를 말한다. ① 慈愛의 삶 : 어머니가 외아들을 사랑하는 것처럼 어떤 差別도 없이 중생을 사랑하는

19. 그는 '이것이 있고 저열한 것이 있고 탁월한 것이 있다. 그리고 이러한 지각을 넘어서서 그것에서 벗어남이 있다'라고 안다[45].

20. 이와 같이 알고 이와 같이 보았을 때, 그는 감각적 쾌락에 대한 욕망의 번뇌에서 마음을 해탈하고 존재의 번뇌에서 마음을 해탈하고 무명의 번뇌에서 마음을 해탈한다. 해탈하면 그에게 '나는 해탈했다.'는 앎이 생겨난다. 그는 '태어남은 부서지고 청정한 삶은 이루어졌다. 해야 할 일은 다 마치고 더 이상 윤회하는 일이 없다'라고 분명히 안다. 수행승들이여, 이러한 수행승을 내면의 목욕으로 청정해진 수행승이라고 부른다[46]."

21. 그런데 그 때에 바라문 쑨다리까 바라드와자가 세존께서 계신 곳에서 멀지 않은 곳에 있었다. 바라문 쑨다리까 바라드와자는 세존께 이와 같이 말씀드렸다.

[바라문] "그래도 세존이신 고따마께서는 바후까 강으로 목욕하러 가십니다."

[세존] "바라문이여, 바후까 강으로 무엇을 할 것입니까? 바후까 강이 무슨 소용이 있습니까?"

보편적이며 무한한 사랑을 실천한다. ② 憐愍의 삶 : 근심과 번뇌로 괴로워하는 모든 중생에 대한 연민의 태도를 갖는다. ③ 기쁨의 삶 : 다른 사람의 성공, 복지, 행복을 축하하고 그것에 공감한다. ④ 平靜의 삶 : 인생의 모든 파란과 곡절에서 침착과 평정을 유지한다.

45) so, atthi idaṃ, atthi hīnaṃ, atthi paṇītaṃ, atthi imassa saññāgatassa uttariṃ nissaraṇan ti pajānāti : Pps. I. 176에 따르면, 이것은 阿羅漢의 境地를 목표로 한 돌아오지 않는 자의 觀察修行을 보여준다. 그리고 다음의 文壇은 阿羅漢의 境地의 성취를 보여준다. '이것이 있다'란 괴로움의 眞理를 말하고, '저열한 것이 있다.'란 괴로움의 發生의 眞理를 말하고, '卓越한 것이 있다.'란 괴로움의 소멸에 이르는 길을 말한다. '이러한 知覺을 넘어서서 그것에서 벗어남이 있다.'란 괴로움의 消滅인 涅槃을 말한다.

46) sinâto antarena sinānena : Pps. I. 177에 따르면, 부처님은 바라문 Sundarika Bhāradvāja의 注意를 끌기 위해 이 말을 사용했다. 그는 沐浴의 儀禮를 통해 淸淨해진다고 믿고 있었다.

[바라문] "세존이신 고따마여, 사람들은 바후까 강이 많은 사람을 해탈시킨다고 생각합니다. 세존이신 고따마여, 사람들은 바후까 강이 많은 사람에게 공덕이 된다고 생각합니다. 그래서 바후까 강에서 많은 사람이 악업을 씻습니다."

22 그러자 세존께서는 바라문 쑨다리까 바라드와자에게 게송으로 이야기했다.

바후까 강과 아디학까 강, 가야 강과 쑨다리까 강
싸라싸띠 강과 빠야가 강, 또한 바후마띠 강에[47]
어리석은 자 항상 뛰어들어 목욕해도
언제나 검은 행위를 씻을 수 없다.

쑨다리까 강이 무슨 소용인가?
빠야가 강이, 바후까 강이 무슨 소용인가?
강들은 악업을 저지르는 자를 씻지 못한다.
그 잔인하고 죄 많은 사람들을.
청정한 자에게는 항상 축제일이[48] 있고
청정한 자에게는 항상 포살이[49] 있다.
마음이 청정하고 행위가 맑은 자는
항상 자신의 계행을 원만히 하다.

바라문이여, 여기에 참으로 목욕하라
그러면 모든 존재들이 그대에게서 안녕을[50] 얻으리.

---

47) Bāhukaṃ Adhikañ ca Gayaṃ, Sudarikāṃ api, Sarassatiṃ Payāgañ ca, atho Bāhumatiṃ nadiṃ : 강들과 하천의 이름들인데 인도사람들은 정화를 베푼다고 믿고 있었다.

48) Phaggu : 婆羅門敎에서 2-3월(Phagguna)달에 행하는 淨化의 날이다. Pps. I. 179에 따르면, 누구든지 Phagguna의 달, 보름날 다음날에 목욕을 하는 자는 누구든지 일년 동안 행한 惡行이 淨化된다는 婆羅門敎의 慣習이 있다.

49) uposatha : 布薩 또는 設戒라고 飜譯한다.

거짓을 말하지 않고 생명을 죽이지 않고
주지 않는 것을 빼앗지 않고
믿음을 가지고 인색하지 않으면
가야 강으로 갈 필요가 있을 것인가?
가야 강은 그대에게 우물에 지나지 않는다.

23. 이처럼 말씀하시자 바라문 쑨다리까바라드와자는 세존께 이와 같이 말씀드렸다.

[바라문] "존자 고따마여, 훌륭하십니다. 존자 고따마여, 훌륭하십니다. 존자 고따마여, 마치 넘어진 것을 일으켜 세우듯이 가려진 것을 열어보이듯이 어리석은 자에게 길을 가리켜주듯이 눈 있는 자는 형상을 보라고 어둠 속에 등불을 들어 올리듯이 존자 고따마께서는 이와 같이 여러 가지 방법으로 진리를 밝혀주셨습니다. 그러므로 이제 세존이신 고따마께 귀의합니다. 또한 그 가르침에 귀의합니다. 또한 그 수행승의 모임에 귀의합니다. 저는 세존이신 고따마 앞에 출가하여 구족계를 받겠습니다."[51]

24. 바라드와자 가문의 바라문은 세존의 앞에 출가하여 구족계를 받았다. 존자 바라드와자는 구족계를 받은지 얼마 되지 않아 홀로 떨어져서[52] 게으르지 않고 열심히 정진하였다. 그는 오래지 않아 훌륭한 가문의 자제들이 그러기 위해 올바로 집에서 집 없는 곳으

---

50) khematā : Pps. I. 179에 따르면, '두려움 없음, 有益함, 慈愛로움(abhaya hitabhāva, mettā)'을 말한다.

51) 出家(pabbajjā)는 沙彌(sāmaṇera)로서 집없는 삶을 시작하는 것을 의미하고 具足戒(upasampadā)는 修行僧(bhikkhu)으로서 완전한 인가를 받는 것을 의미한다.

52) eko vūpakaṭṭho : '홀로'는 Pps. I. 179-Pps. I. 180에 따르면, 身體와 관계된 것이고, '떨어져서'는 精神과 관계된 것이다. 이러한 분석은 지나치게 阿毘達摩的이며 그 의미는 단지 '홀로 떨어져서'는 단지 '나무 밑'이나 '숲 속'에서 부처님 말씀을 깊이 새긴다는 뜻으로 보는 것이 좋을 것이다.

로 출가했듯이 위없이 청정한 삶을 지금 여기에서 스스로 알고 깨달아 성취했다. 그는 '태어남은 부서지고 청정한 삶은 이루어졌다. 해야 할 일을 다 마치고 더 이상 윤회하지 않는다'라고 분명히 알았다. 마침내 존자 바라드와자는 거룩한 님 가운데 한 분이 되었다.

3. 어떻게 올바른 견해를 확립할 것인가?

[Sammādiṭṭhisutta][53]

악하고 불건전한 것을 잘 알고 악하고 불건전한 것의 뿌리를 잘 알고, 착하고 건전한 것을 잘 알고 착하고 건전한 것의 뿌리를 잘 알면, 그 만큼 올바른 견해를 지닌다.

1. 이와 같이 나는 들었다. 한 때 세존께서 욱까타[54]시에 있는 쑤바가바나[55]의 쌀라라자[56] 나무아래 계셨다.

2. 그 때에 존자 싸리뿟따가 "수행승들이여"라고 수행승들을 불렀다. 그들 수행승들은 '벗이여'라고 존자 싸리뿟따에게 대답했다.

3. 그러자 존자 싸리뿟따는 이와 같이 말했다.

[싸리뿟따] "벗들이여, '올바른 견해, 올바른 견해'라고[57] 말하는데,

---

53) 원래 제목은 「올바른 견해의 경[Sammādiṭṭhisutta]」이다. 우리말 『맛지마니까야』 1권 213쪽에 있다. MN. I. 46 ; 增壹 49 · 5(大正 2. 797) 참조

54) Ukkaṭṭha : 히말라야산 근처의 꼬쌀라국의 都市이다. 꼬쌀라국왕이 Pokkharasātī에게 모든 稅金을 免除하고 준 곳이다. 사람들이 많았고 草地와 牧草地, 穀物도 많았다. Icchanaṅgala숲은 그 근처에 있었다.

55) Subhagavana : 바나는 숲을 말하는데, Pps. I. 11에 따르면, 숲에는 두 가지가 있다. 하나는 심어진 숲(ropimaṃ vanaṃ)이고 또 하나는 스스로 생겨난 숲(sayaṃjataṃ vanaṃ)이다. Veluvana와 Jetavana 등은 심어진 숲이고 Andhavana, Mahāvana, Añjanavana 등은 스스로 생겨난 숲이다.

56) sālarāja : 王沙羅樹를 말한다.

57) sammādiṭṭhi : MN. 117 「커다란 마흔의 경[Mahācattārīsakasutta]」(MN. III. 72)에 따르면, 올바른 견해에는 世俗的인 것과 出世間的인 것의 두 가지가 있다. "수행승들이여, 올바른 見解에는 煩惱를 隨伴하며 功德을 갖추고 果報를 초래하는 것이 있으며, 수행승들이여, 올바른 見解에는 성스럽고 煩惱 없이 出世間的인 길의 항목에 속한 것이 있다(atthi,

벗들이여, 고귀한 제자는 어떻게 하면 올바른 견해를 지니고, 견해가 올바르게 되고, 가르침에 흔들리지 않는 확신을 갖고, 올바른 가르침을 성취합니까?"

4. [수행승들] "벗이여, 우리들은 존자 싸리뿟따에게 그 말씀의 뜻을 알아보기 위해 먼 곳에서 왔습니다. 존자 싸리뿟따께서는 그 말씀의 뜻을 밝혀주시면 감사하겠습니다. 우리들은 존자 싸리뿟따의 말씀을 잘 듣고 받아 지닐 것입니다."

5. [싸리뿟따] "벗들이여, 듣고 잘 새기십시오. 제가 설명하겠습니다."
[수행승들] "벗이여, 그렇게 하겠습니다."
수행승들은 존자 싸리뿟따에게 대답했다.

6. 존자 싸리뿟따는 이와 같이 말했다.
[싸리뿟따] "벗들이여, 고귀한 제자가 악하고 불건전한 것을 잘 알고 악하고 불건전한 것의 뿌리를 잘 알고, 착하고 건전한 것을 잘 알고 착하고 건전한 것의 뿌리를 잘 알면, 그만큼 올바른 견해를 지니고, 견해가 올바르게 되고, 가르침에 흔들리지 않는 확신을 가지고, 올바른 가르침을 성취합니다. 벗들이여, 어떠한 것이 악하고 불건전한 것이고, 어떠한 것이 악하고 불건전한 것의 뿌리이고, 어떠한 것이 착하고 건전한 것이고, 어떠한 것이 착하고 건전한 것의

---

bhikkhave, sammādiṭṭhi sāsavā puññābhagiyā upadhivepakkā atthi, bhikkhave, sammādiṭṭhi ariyā anāsavā lokuttarā maggaṅgā)" 世俗的인 올바른 見解는 행위의 법칙, 즉 道德的인 行動의 영향에 대한 올바른 파악을 함축하고 있으며, 그것은 '행위의 主體를 자신으로 하는 올바른 見解'를 말한다. 반면, 성스러운 올바른 견해는 窮極的인 解脫과 관계되며, 윤회의 전과정으로부터 자유롭게 되는 解脫은 모든 형태의 輪廻를 구성하는 존재의 특성에 관한 깊은 洞察에 의존한다. 이 성스러운 올바른 견해는 네 가지 거룩한 진리 즉 四聖諦에 대한 洞察에 바탕을 둔 世界觀을 말한다. 여기서 싸리뿟따는 후자의 성스러운 올바른 見解 즉 出世間的인 것에 대해 말하고 있다.

뿌리입니까?

7. 벗들이여, 어떠한 것이 악하고 불건전한 것입니까?[58] 벗들이여,
1) 생명을 죽이는 것이 악하고 불건전한 것이고,
2) 주지 않는 것을 빼앗는 것이 악하고 불건전한 것이고,
3) 사랑을 나눔에 잘못을 범하는 것이 악하고 불건전한 것이고,
4) 거짓말을 하는 것이 악하고 불건전한 것이고,
5) 이간질하는 것이 악하고 불건전한 것이고,
6) 욕지거리하는 것이 악하고 불건전한 것이고,
7) 꾸며대는 것이 악하고 불건전한 것이고,
8) 욕심이 악하고 불건전한 것이고,
9) 분노가 악하고 불건전한 것이고,
10) 삿된 견해가 악하고 불건전한 것입니다.
이것들을 악하고 불건전한 것이라고 합니다.[59]

8. 벗들이여, 어떠한 것이 악하고 불건전한 것의 뿌리입니까? 벗들이여, 탐욕이 악하고 불건전한 것의 뿌리이고, 성냄이 악하고 불건전한 것의 뿌리이고, 어리석음이 악하고 불건전한 것의 뿌리입니다. 이것들을 악하고 불건전한 것의 뿌리라고 합니다.[60]

9. 벗들이여, 어떠한 것이 착하고 건전한 것입니까? 벗들이여,
1) 생명을 죽이는 것을 삼가는 것이 착하고 건전한 것이고,

58) 이 文章은 본래 없는 것인데, 뒷 문단의 첫 文章에 一括的으로 質問이 나오기 때문에 譯者가 文脈의 흐름을 위하여 插入했다.

59) MN. 41 「쌀라 마을 장자들에 대한 경[Sāleyyakasutta]」에 惡하고 不健全한 것에 대한 열 가지의 법(十惡法)가 나온다. 이 가운데 첫 세 가지는 身體的이고, 두 번째의 네 가지는 言語的이고 나머지 세 가지는 精神的이다.

60) 이 세 가지는 惡하고 不健全한 것의 뿌리라고 불린다. 왜냐하면 그것들은 모두 惡하고 不健全한 行爲를 動機로 하기 때문이다. 이러한 요소들에 대한 보다 완전한 探究를 위해서는 Nyanaponika Thera의 Good and Evil을 보라.

2) 주지 않는 것을 빼앗는 것을 삼가는 것이 착하고 건전한 것이고,
3) 사랑을 나눔에 잘못을 범하는 것을 삼가는 것이 착하고 건전한 것이고,
4) 거짓말을 하는 것을 삼가는 것이 착하고 건전한 것이고,
5) 이간질하는 것을 삼가는 것이 착하고 건전한 것이고,
6) 욕지거리하는 것을 삼가는 것이 착하고 건전한 것이고,
7) 꾸며대는 것을 삼가는 것이 착하고 건전한 것이고,
8) 탐욕이 없는 것이 착하고 건전한 것이고,
9) 분노가 없는 것이 착하고 건전한 것이고,
10) 바른 견해가 착하고 건전한 것입니다.

이것들을 착하고 건전한 것이라고 합니다.[61]

10. 벗들이여, 어떠한 것이 착하고 건전한 것의 뿌리입니까? 벗들이여, 탐욕이 없는 것이 착하고 건전한 것의 뿌리이고, 성냄이 없는 것이 착하고 건전한 것의 뿌리이고, 어리석음이 없는 것이 착하고 건전한 것의 뿌리입니다. 이것들을 착하고 건전한 것의 뿌리라고 합니다.

11. 벗들이여, 고귀한 제자가 이와 같이 악하고 불건전한 것을 잘 알고, 악하고 불건전한 것의 뿌리를 잘 알고, 착하고 건전한 것을 잘 알고, 착하고 건전한 것의 뿌리를 잘 알면[62], 그는 완전히 탐욕

61) MN. 41 「쌀라 마을 장자들에 대한 경[Sāleyyakasutta]」에는 착하고 健全한 열 가지의 법(十善法)에 관한 詳細한 설명이 있다.

62) Pps. I. 205에 따르면, 네 가지 거룩한 진리(四聖諦)를 통해서 제자들이 네 가지 용어를 이해하는 것에 대해 설명하고 있다. '모든 行爲의 過程들(sabbe kammapathā)'은 괴로움의 진리(dukkhasaccaṃ)이고 '모든 惡하고 不健全한 것의 뿌리(sabbāni kusalākusalam ūlāni)'는 生成의 진리(samudayasaccaṃ)이고, '兩者 行爲나 그 뿌리가 생겨나지 않는 것(ubhinnaṃ appavatti nirodhasaccaṃ)'이 消滅의 진리(nirodhasaccaṃ)이고, '消滅을 實現시키는 거룩한 길(nirodhapajānano ariyomaggo)'이 길의 진리(maggasaccan ti)이다. 이러한 정도로 첫 세 단계의 하나에 있는 高貴한 제자, 出世間的인 올바른 見解에 도달했

의 잠재적 경향을 제거하고, 분노의 잠재적 경향을 제거하고, '나는 있다'라고 하는 자아의식의 잠재적 경향을[63] 제거하고, 무명을 버리고 명지를 일으키며 지금 여기에서 괴로움의 종식을 성취합니다.[64] 이렇게 하면 고귀한 제자는 올바른 견해를 지니고, 견해가 올바르게 되고, 가르침에 흔들리지 않는 확신을 갖고, 올바른 가르침을 성취합니다."

12. 그들 수행승들은 "벗이여, 훌륭하십니다."고 존자 싸리뿟따가 말한 바에 환희하고 기뻐하며 존자 싸리뿟따에게 질문했다.
[수행승들] "벗이여, 그런데 고귀한 제자가 어떻게 하면 올바른 견해를 지니고, 견해가 올바르게 되고, 가르침에 흔들리지 않는 확신을 갖고, 올바른 가르침을 성취하는지에 대한 또 다른 법문은 없습니까?"

13. [싸리뿟따] "벗이여, 있습니다. 고귀한 제자가 자양을 알고 자양의 생성을 알고 자양의 소멸을 알고 자양의 소멸에 이르는 길을 잘 알면, 그만큼 올바른 견해를 지니고, 견해가 올바르게 되고, 가르침에 흔들리지 않는 확신을 갖고, 올바른 가르침을 성취합니다.

14. 벗들이여, 어떠한 것이 자양이고, 어떠한 것이 자양의 생성이고, 어떠한 것이 자양의 소멸이고, 어떠한 것이 자양의 소멸에 이르는 길입니까? 자양에는 네 가지가 있는데 이미 생겨난 뭇삶의 생존을 위하고 다시 생겨나게 될 뭇삶의 이익을 위한 것입니다.[65] 네

으나 아직 모든 煩惱를 除去하지는 못한 자에 대해 묘사된다.

63) asmīti diṭṭhimānānusayaṃ : '나는 있다'는 見解의 自慢에 대한 睡眠을 말한다.

64) diṭṭhe'va dhamme dukkhassa'antakaro hotīti : Pps. I. 206에 따르면, 괴로움을 終熄할 때까지 潛在的인 傾向을 제거하는 길은 돌아오지 않는 자(不還者)와 거룩한 이(阿羅漢)의 길이다.

65) cattāro 'me āvuso āhārā bhūtānaṃ vā sattānaṃ ṭhitiyā sambhavesīnaṃ vā anugga

가지란 어떠한 것입니까? 거칠거나 미세한 물질적인 자양, 두 번째로는 감촉의 자양, 세 번째는 의도의 자양, 네 번째로는 의식의 자양이 있습니다.66) 갈애가 생겨나므로 자양이 생겨나고 갈애가 소멸하므로 자양이 소멸합니다. 자양의 소멸에 이르는 길이야말로 여덟 가지 성스러운 길이니 곧 올바른 견해, 올바른 사유, 올바른 언어, 올바른 행위, 올바른 생활, 올바른 정진, 올바른 새김, 올바른 집중입니다.

15. 벗들이여, 고귀한 제자가 이와 같이 자양을 잘 알고, 자양의 생성을 잘 알고, 자양의 소멸을 잘 알고, 자양의 소멸에 이르는 길을 잘 알면, 그는 완전히 탐욕의 잠재적 경향을 제거하고 분노의 잠재적 경향을 제거하고 '나는 있다'라고 하는 자아의식의 잠재적 경향을 제거하고 무명을 버리고 명지를 일으키며 지금 여기에서 괴로

hāya : Geiger에 의하면, sambhavesīnaṃ은 미래능동분사-esin에서 곡용된 것이다. Pps. I. 207는 -esin을 esati의 형용사형으로 분석하고 있다. 여기서 滋養分(āhāra)은 넓은 의미에서 個人의 壽命의 持續 條件을 말한다.

66) cāttāro āhārā : 漢譯에서는 四食이라고 하며, 그 네 가지의 자양은 ① kabaliṅkāro āhāro oḷāriko(麤摶食), ② sukhumo phasso āhāro(細觸食), ③ manosañcetanā āhāro(意思食), ④ viññāṇa āhāro(識食)이다. 그러나 여기서 麤摶食과 細觸食이란 번역은 잘못된 것이다. 원문을 살펴보면 다음과 같다. 'kabaliṅkāro āhāro oḷāriko vā sukhumo vā phasso dutiyo.' 漢譯에서 sukhumo를 kabaliṅkāro의 형용사로 귀속시키지 않고 phasso의 형용사로 취급한 것은 잘못이다. 여기서 意識의 자양, 즉 識食은 주석서에 따르면 cuticitta로서 죽을 때의 마음, 즉 受胎意識(結生識 : paṭisandhiviññāṇa)을 의미한다. 滋養分이란 뜻은 원래 '나르는 것'이란 의미인데, 일반적으로 滋養分이나 飮食으로 전용되었다. AN. V. 136에는 열 가지의 滋養分(dasa dhammāhārā)에 관해 다음과 같이 언급하고 있다. 'anālassaṁ uttānaṁ bhogānaṁ āhāro, maṇḍanā vibhūsanā vaṇṇassa āhāro, sappāyakiriyā ārogyassa āhāro, kalyāṇamittatā sīlānaṁ āhāro, indriyasaṁvaro brahmacaryassa āhāro, avisaṁvadanā mittānaṁ āhāro, sajjhāyakiriyā bāhusaccassa āhāro, sussūsā paripucchā paññāya āhāro, anuyogo paccavekkhaṇā dhammānaṁ āhāro, sammapaṭipatti saggānaṁ āhāro.' 여기서는 자양의 의미가 取著을 뜻하는 upādāna와 밀접한 관계가 있다. upādāna는 땔감을 의미하는데, āhāra도 역시 불이나 등불의 자양으로서 땔감을 뜻한다. '기름과 심지가 소모된다면 등불은 자양이 없어 소멸될 것이다(tass'eva telassa ca vaṭṭiyā ca pariyādānā [telapadīpo] anāhāro nibbāyeyya : SN. III. 126).' 이 경에서 āhāra가 渴愛, 즉 taṇhā를 통해서 조건지어진다는 사실은 緣起의 고리에서 取著, 즉 upādāna가 渴愛를 통해서 조건지어진다는 사실과 일치한다.

움의 종식을 성취합니다. 이렇게 하면 고귀한 제자는 올바른 견해를 지니고, 견해가 올바르게 되고, 가르침에 흔들리지 않는 확신을 갖고, 올바른 가르침을 성취합니다."

16. 그들 수행승들은 "벗이여, 훌륭하십니다."고 존자 싸리뿟따가 말한 바에 환희하고 기뻐하며 존자 싸리뿟따에게 질문했다.
[수행승들] "벗이여, 그런데 고귀한 제자가 어떻게 하면 올바른 견해를 지니고, 견해가 올바르게 되고, 가르침에 흔들리지 않는 확신을 갖고, 올바른 가르침을 성취하는지에 대한 또 다른 법문은 없습니까?"

17. [싸리뿟따] "벗이여, 있습니다. 고귀한 제자가 괴로움을 알고 괴로움의 생성을 알고 괴로움의 소멸을 알고 괴로움의 소멸에 이르는 길을 잘 알면, 그만큼 올바른 견해를 지니고, 견해가 올바르게 되고, 가르침에 흔들리지 않는 확신을 갖고, 올바른 가르침을 성취합니다.

18. 벗들이여, 어떠한 것이 괴로움이고, 어떠한 것이 괴로움의 생성이고, 어떠한 것이 괴로움의 소멸이고, 어떠한 것이 괴로움의 소멸에 이르는 길입니까? 태어남도 괴로움이고 늙음도 괴로움이고 질병도 괴로움이고 죽음도 괴로움이고 우울, 슬픔, 고통, 근심, 불안도 괴로움이고 원하는 바를 얻지 못함도 괴로움이고 줄여 말하자면 다섯 가지 존재의 집착다발이[67] 모두 괴로움입니다. 벗들이

---

67) pañca upādānakkhandhā : 일반적으로 五取蘊이라고 불리는 것으로 역자는 여러 가지로 번역을 시도했으나 만족스럽지 않았다. 쌍윳따니까야에서는 '다섯 가지 執着된(또는 취착된) *存在*의 다발'로 번역을 했으나, 다음과 같은 부처님의 말씀으로 보아 '다섯 가지 *存在*의 經驗다발'이라고 번역하는 것이 가장 타당하다고 생각한다. 그리고 텍스트의 整合性으로 보아 가장 현대적이고 이해하기 쉬운 번역이다 : "벗들이여, 안으로 정신능력이 완전하더라도, 밖에서 事物이 정신영역에 들어오지 않고 그것에 注意를 기울이지 않으면, 그것에

여, 이것을 괴로움이라고 부릅니다. 어떠한 것이 괴로움의 생성입니까? 거듭 태어나고자 하고 환희와 탐욕을 갖추고 여기저기서 향락을 구하는 갈애 즉 감각적 쾌락에 대한 갈애, 존재에 대한 갈애, 비존재에 대한 갈애가 있습니다. 벗들이여, 이것이 괴로움의 생성입니다. 어떠한 것이 괴로움의 소멸입니까? 그 갈애가 남김없이 소멸되고 버려져서 보내버림으로써 집착 없이 해탈하면, 그것을 괴로움의 소멸이라고 부릅니다. 어떠한 것이 괴로움의 소멸에 이르는 길입니까? 괴로움의 소멸에 이르는 길이야말로 여덟 가지 성스러운 길이니 곧 올바른 견해, 올바른 사유, 올바른 언어, 올바른 행위, 올바른 생활, 올바른 정진, 올바른 새김, 올바른 집중입니다.

19. 벗들이여, 고귀한 제자가 이와 같이 괴로움을 잘 알고, 괴로움의 생성을 잘 알고, 괴로움의 소멸을 잘 알고, 괴로움의 소멸에 이르는 길을 잘 알면, 그는 완전히 탐욕의 잠재적 경향을 제거하고 분노의 잠재적 경향을 제거하고 '나는 있다'라고 하는 자아의식의 잠재적 경향을 제거하고 무명을 버리고 명지를 일으키며 지금 여기에서 괴로움의 종식을 성취합니다. 이렇게 하면 고귀한 제자는

일치하는 意識은 나타나지 않습니다. 벗들이여, 안으로 정신능력이 완전하고 밖에서 事物이 정신영역에 들어오더라도, 그것에 注意를 기울이지 않으면, 그것에 일치하는 意識은 나타나지 않습니다. 벗들이여, 안으로 정신능력이 완전하고 밖에서 事物이 정신영역에 들어오고, 그것에 注意를 기울이면, 그것에 일치하는 意識이 나타납니다. 이와 같은 상태에서 物質이라는 것은 物質의 집착다발에 포섭되고, 이와 같은 상태에서 느낌이라는 것은 느낌의 집착다발에 포섭되고, 이와 같은 상태에서 知覺이라는 것은 知覺의 집착다발에 포섭되고, 이와 같은 상태에서 形成이라는 것은 形成의 집착다발에 포섭되고, 이와 같은 상태에서 意識이라는 것은 意識의 집착다발에 포섭됩니다. 그는 '이러한 방식으로 참으로 이러한 것들은 다섯 가지 존재의 집착다발에 포섭되고, 집합되고, 결합된다'고 이와 같이 잘 압니다. 그런데 세존께서는 '緣起를 보는 자는 眞理를 보고, 眞理를 보는 자는 緣起를 본다'고 이와 같이 말씀하셨습니다. 이러한 다섯 가지 집착다발은 緣起된 것입니다. 이러한 다섯 가지 집착다발에 欲望하고 執着하고 傾向을 갖고 貪着하는 것은 괴로움의 생성입니다. 이러한 다섯 가지 집착다발에서 欲望과 貪欲을 除去하고 欲望과 貪欲을 버리는 것이 괴로움의 소멸입니다.(MN. I. 190-191)"

올바른 견해를 지니고, 견해가 올바르게 되고, 가르침에 흔들리지 않는 확신을 갖고, 올바른 가르침을 성취합니다."

20. 그들 수행승들은 "벗이여, 훌륭하십니다."고 존자 싸리뿟따가 말한 바에 환희하고 기뻐하며 존자 싸리뿟따에게 질문했다.
[수행승들] "벗이여, 그런데 고귀한 제자가 어떻게 하면 올바른 견해를 지니고, 견해가 올바르게 되고, 가르침에 흔들리지 않는 확신을 갖고, 올바른 가르침을 성취하는지에 대한 다른 법문은 없습니까?"

21. [싸리뿟따] "벗이여, 있습니다. 고귀한 제자가 늙고 죽음을 알고 늙고 죽음의 생성을 알고, 늙고 죽음의 소멸을 알고, 늙고 죽음의 소멸에 이르는 길을 잘 알면, 그만큼 올바른 견해를 지니고, 견해가 올바르게 되고, 가르침에 흔들리지 않는 확신을 갖고, 올바른 가르침을 성취합니다.[68]

22. 벗들이여, 어떠한 것이 늙고 죽음이고, 어떠한 것이 늙고 죽음의 생성이고, 어떠한 것이 늙고 죽음의 소멸이고, 어떠한 것이 늙고 죽음의 소멸에 이르는 길입니까? 벗들이여, 늙고 죽음이란 무엇입니까? 낱낱의 뭇삶의 유형에 따라 낱낱의 뭇삶이 늙고 노쇠하고 쇠약해지고[69] 백발이 되고 주름살이 늘고 목숨이 줄어들고 감관이 노화되는 이것을 벗들이여, 늙음이라고 부릅니다. 낱낱의 뭇삶의 유형에 따라 낱낱의 뭇삶이 죽고 멸망하고 파괴되고 사멸하고[70]

68) 이어지는 문장은 十二緣起에 대한 것이다. 자세한 것은 우리말『쌍윳따니까야』2권「연기편」을 참조하라.

69) khaṇḍiccaṃ : Srp. II. 11에 따르면 손톱, 발톱, 이빨 등이 虛弱해지고 부서지는 것을 의미한다.

70) maccumaraṇaṁ : 붓다고싸는 Srp. II. 13에서 '이것은 [輪廻를 관장하는] 死魔에 의해 정해진 죽음이다. 이로써 완전한 斷滅로서의 죽음은 부정되었다(maccusaṅkhātaṁ maraṇaṁ, tena samucchedamaraṇādini nesedheti)'라고 기록하고 있다. 여기서 언급하고 있는 죽음은 결코 唯物論者의 斷滅論의 범주에 들어가지 않으며 輪廻 속의 죽음을 의미한다고

목숨을 다하고 모든 존재의 다발이[71] 파괴되고 유해가 내던져지는 데, 벗들이여, 이것을 죽음이라고 부릅니다. 이와 같은 늙음과 이와 같은 죽음을 벗들이여, 늙고 죽음이라고 부릅니다. 태어남이 생겨나므로 늙고 죽음이 생겨나고 태어남이 소멸하므로 늙고 죽음이 소멸합니다. 늙고 죽음의 소멸에 이르는 길이야말로 여덟 가지 성스러운 길이니 곧 올바른 견해, 올바른 사유, 올바른 언어, 올바른 행위, 올바른 생활, 올바른 정진, 올바른 새김, 올바른 집중입니다.

23. 벗들이여, 고귀한 제자가 이와 같이 늙고 죽음을 잘 알고, 늙고 죽음의 생성을 잘 알고, 늙고 죽음의 소멸을 잘 알고, 늙고 죽음의 소멸에 이르는 길을 잘 알면, 그는 완전히 탐욕의 잠재적 경향을 제거하고 분노의 잠재적 경향을 제거하고 '나는 있다'라고 하는 자아의식의 잠재적 경향을 제거하고 무명을 버리고 명지를 일으키며 지금 여기에서 늙고 죽음의 종식을 성취합니다. 이렇게 하면 고귀한 제자는 올바른 견해를 지니고, 견해가 올바르게 되고, 가르침에 흔들리지 않는 확신을 갖고, 올바른 가르침을 성취합니다."

24. 그들 수행승들은 "벗이여, 훌륭하십니다."고 존자 싸리뿟따가 말한 바에 환희하고 기뻐하며 존자 싸리뿟따에게 질문했다.
[수행승들] "벗이여, 그런데 고귀한 제자가 어떻게 하면 올바른 견해를 지니고, 견해가 올바르게 되고, 가르침에 흔들리지 않는 확신을 갖고, 올바른 가르침을 성취하는지에 대한 또 다른 법문은 없습니까?"

볼 수 있다.

71) khandha : 漢譯에서 蘊이라 번역하는 것으로 존재의 구성요소인 五蘊(pañcakkhandha)을 뜻한다. 이 단어는 筋肉이 뭉쳐 있는 어깨나 몸통, 덩어리, 줄기, 根幹의 의미를 지닌다. 여기서 存在의 다발이라고 번역하는 이유는 現代哲學에서도 '인식의 다발' 등의 용어가 흔히 사용되기 때문이다.

25. [싸리뿟따] "벗이여, 있습니다. 고귀한 제자가 태어남을 알고 태어남의 생성을 알고 태어남의 소멸을 알고 태어남의 소멸에 이르는 길을 잘 알면, 그만큼 올바른 견해를 지니고, 견해가 올바르게 되고, 가르침에 흔들리지 않는 확신을 갖고, 올바른 가르침을 성취합니다.

26. 벗들이여, 어떠한 것이 태어남이고, 어떠한 것이 태어남의 생성이고, 어떠한 것이 태어남의 소멸이고, 어떠한 것이 태어남의 소멸에 이르는 길입니까? 낱낱의 뭇삶의 유형에 따라 낱낱의 뭇삶이 출생하고 탄생하고[72] 강생하고[73] 전생하고[74] 모든 존재의 다발들이 나타나고 감관을 얻는 것입니다.[75] 벗들이여, 이것을 태어남이라고 부릅니다. 존재가 생겨나므로 태어남이 생겨나고 존재가 소멸하므로 태어남이 소멸합니다. 태어남의 소멸에 이르는 길이야말로 여덟 가지 성스러운 길이니 곧 올바른 견해, 올바른 사유, 올바른 언어, 올바른 행위, 올바른 생활, 올바른 정진, 올바른 새김, 올바른 집중입니다.

72) jāti sañjati : 여기서 譯者는 '출생하고 탄생하고'라고 번역했다. Srp. II. 13에 따르면 'jāti sañjati ti ādisu jāyan'aṭṭhena jāti. sa aparipuṇṇāyatanavasena vutta. sañjayan'aṭṭhena sañjāti. sa paripuṇṇāyatanavasena vuttā'라고 하여 出生, 즉 jāti는 불완전한 태어남을 뜻하고 탄생, 즉 sañjāti는 완전한 태어남을 뜻한다고 했다.

73) okkanti : 역자는 降生으로 번역했는데, 이 말은 Srp. II. 13에 따르면 알이나 胎에 들어가서 태어나는 존재의 태어남을 의미한다(okkam'aṭṭhena okkanti, sā aṇḍajajalābujavasena vuttā).

74) abhinibbatti : 轉生이라고 하는데, 輪廻轉生을 의미하는 것이 아니다. 단순히 변화하여 생겨난다는 뜻이다. Srp. II. 13에 의하면 이 轉生은 濕氣에서 태어나거나(濕生), 초자연적인 방법으로 태어나는 것(化生)을 말한다(abhinibbat'aṭṭhena abhinibbaṭṭi, sā saṁsedaja-opapātikavasena vuttā).

75) 존재의 다발(五蘊)에 대해서는 MN. 10 「새김의 토대에 대한 경 [Satipaṭṭhānasutta]」과 MN. 44 「교리문답의 작은 경[Cūḷavedallasutta]」을 보라. 접촉의 여섯 가지 領域, 즉 感覺能力에 대해는 이 경의 50번째 文段 이하를 보라.

27. 벗들이여, 고귀한 제자가 이와 같이 태어남을 잘 알고, 태어남의 생성을 잘 알고, 태어남의 소멸을 잘 알고, 태어남의 소멸에 이르는 길을 잘 알면, 그는 완전히 탐욕의 잠재적 경향을 제거하고 분노의 잠재적 경향을 제거하고 '나는 있다'라고 하는 자아의식의 잠재적 경향을 제거하고 무명을 버리고 명지를 일으키며 지금 여기에서 괴로움의 종식을 성취합니다. 이렇게 하면 고귀한 제자는 올바른 견해를 지니고, 견해가 올바르게 되고, 가르침에 흔들리지 않는 확신을 갖고, 올바른 가르침을 성취합니다."

28. 그들 수행승들은 "벗이여, 훌륭하십니다."고 존자 싸리뿟따가 말한 바에 환희하고 기뻐하며 존자 싸리뿟따에게 질문했다.
[수행승들] "벗이여, 그런데 고귀한 제자가 어떻게 하면 올바른 견해를 지니고, 견해가 올바르게 되고, 가르침에 흔들리지 않는 확신을 갖고, 올바른 가르침을 성취하는지에 대한 또 다른 법문은 없습니까?"

29. [싸리뿟따] "벗이여, 있습니다. 고귀한 제자가 존재를 알고 존재의 생성을 알고 존재의 소멸을 알고 존재의 소멸에 이르는 길을 잘 알면, 그만큼 올바른 견해를 지니고, 견해가 올바르게 되고, 가르침에 흔들리지 않는 확신을 갖고, 올바른 가르침을 성취합니다.

30. 벗들이여, 어떠한 것이 존재이고, 어떠한 것이 존재의 생성이고, 어떠한 것이 존재의 소멸이고, 어떠한 것이 존재의 소멸에 이르는 길입니까? 그것들 가운데는 세 가지 존재,[76] 즉 감각적 쾌락에

---

76) tayo bhavā : 세 가지의 존재는 漢譯에서는 三有라고 하는데, ① 감각적 쾌락에 대한 욕망의 존재(kāmabhava : 欲有), ② 미세한 물질의 존재(rūpabhava : 色有), ③ 비물질의 존재(arūpabhava : 無色有)이다. 감각적 쾌락에 대한 욕망의 존재(欲有)는 지옥, 아귀, 축생, 수라, 인간과 하늘에 사는 거친 육체를 지닌 존재를 의미하고, 미세한 물질의 존재(色有)는

대한 욕망의 존재, 형상의 존재, 무형상의 존재가 있습니다. 벗들이여, 이것을 존재라고 부릅니다. 집착이 생겨나므로 존재가 생겨나고 집착이 소멸하므로 존재가 소멸합니다. 태어남의 소멸에 이르는 길이야말로 여덟 가지 성스러운 길이니 곧 올바른 견해, 올바른 사유, 올바른 언어, 올바른 행위, 올바른 생활, 올바른 정진, 올바른 새김, 올바른 집중입니다.

31. 벗들이여, 고귀한 제자가 이와 같이 존재를 잘 알고, 존재의 생성을 잘 알고, 존재의 소멸을 잘 알고, 존재의 소멸에 이르는 길을 잘 알면, 그는 완전히 탐욕의 잠재적 경향을 제거하고 분노의 잠재적 경향을 제거하고 '나는 있다'라고 하는 자아의식의 잠재적 경향을 제거하고 무명을 버리고 명지를 일으키며 지금 여기에서 괴로움의 종식을 성취합니다. 이렇게 하면 고귀한 제자는 올바른 견해를 지니고, 견해가 올바르게 되고, 가르침에 흔들리지 않는 확신을 갖고, 올바른 가르침을 성취합니다."

32. 그들 수행승들은 "벗이여, 훌륭하십니다."고 존자 싸리뿟따가 말한 바에 환희하고 기뻐하며 존자 싸리뿟따에게 질문했다.
[수행승들] "벗이여, 그런데 고귀한 제자가 어떻게 하면 올바른 견해를 지니고, 견해가 올바르게 되고, 가르침에 흔들리지 않는 확신을 갖고, 올바른 가르침을 성취하는지에 대한 또 다른 법문은 없습니까?"

33. [싸리뿟따] "벗이여, 있습니다. 고귀한 제자가 집착을 알고 집착의 생성을 알고 집착의 소멸을 알고 집착의 소멸에 이르는 길을

初禪天에서부터 淨居天에 이르기까지의 梵天界에 사는 청정한 육체를 지닌 존재를 의미하며, 비물질의 존재(無色有)는 '무한공간의 세계(空無邊處)', '무한의식의 세계(識無邊處)' 등에 사는 육체를 갖고 있지 않은 순수한 정신적 존재를 뜻한다.

잘 알면, 그만큼 올바른 견해를 지니고, 견해가 올바르게 되고, 가르침에 흔들리지 않는 확신을 갖고, 올바른 가르침을 성취합니다.

34. 벗들이여, 어떠한 것이 집착이고, 어떠한 것이 집착의 생성이고, 어떠한 것이 집착의 소멸이고, 어떠한 것이 집착의 소멸에 이르는 길입니까? 벗들이여, 그것들 가운데는 네 가지 집착,[77] 즉 감각적 쾌락의 욕망에 대한 집착, 견해에 대한 집착, 미신과 터부에 대한 집착, 자아이론에 대한 집착이 있습니다. 수행승들이여, 이것을 집착이라고 부릅니다. 갈애가 생겨나므로 집착이 생겨나고 갈애가 소멸하므로 집착이 소멸합니다. 집착의 소멸에 이르는 길이야말로 여덟 가지 성스러운 길이니 곧 올바른 견해, 올바른 사유, 올바른 언어, 올바른 행위, 올바른 생활, 올바른 정진, 올바른 새김, 올바른 집중입니다.

35. 벗들이여, 고귀한 제자가 이와 같이 집착을 잘 알고, 집착의 생성을 잘 알고, 집착의 소멸을 잘 알고, 집착의 소멸에 이르는 길을 잘 알면, 그는 완전히 탐욕의 잠재적 경향을 제거하고 분노의 잠재적 경향을 제거하고 '나는 있다'라고 하는 자아의식의 잠재적 경향을 제거하고 무명을 버리고 명지를 일으키며 지금 여기에서 괴로움의 종식을 성취합니다. 이렇게 하면 고귀한 제자는 올바른 견해를 지니고, 견해가 올바르게 되고, 가르침에 흔들리지 않는 확신을

77) cattarimāni upādānāni : 네 가지의 執着은 漢譯에서는 四取라고 한다. 여기에는 ① 感覺的 快樂에 대한 欲望에의 執着(kāmupādāna : 欲取), ② 見解에 대한 執着(diṭṭhupadana : 見取), ③ 迷信과 터부에 대한 執着(sīlabbatupādāna : 戒禁取), ④ 自我理論에 대한 집착(attavādupā-dāna : 我語取)이 있다. Srp. II. 15에 따르면 迷信과 터부에 대한 집착은 예를 들어 印度에서 사람들이 개나 소 따위가 죽은 뒤에 天上에 태어난다고 믿어서 개나 소처럼 똥을 먹고 풀을 먹으면서 천상에 태어나겠다고 執着하는 것을 말한다. 그리고 自我理論에 대한 집착(我語趣)은 '나'와 '나의 것'을 固執하는 見解(有身見 : sakkayadiṭṭhi)에 대한 執着을 뜻한다.

갖고, 올바른 가르침을 성취합니다.”

36. 그들 수행승들은 “벗이여, 훌륭하십니다.”고 존자 싸리뿟따가 말한 바에 환희하고 기뻐하며 존자 싸리뿟따에게 질문했다.
[수행승들] “벗이여, 그런데 고귀한 제자가 어떻게 하면 올바른 견해를 지니고, 견해가 올바르게 되고, 가르침에 흔들리지 않는 확신을 갖고, 올바른 가르침을 성취하는지에 대한 또 다른 법문은 없습니까?”

37. [싸리뿟따] “벗이여, 있습니다. 고귀한 제자가 갈애를 알고 갈애의 생성을 알고 갈애의 소멸을 알고 갈애의 소멸에 이르는 길을 잘 알면, 그만큼 올바른 견해를 지니고, 견해가 올바르게 되고, 가르침에 흔들리지 않는 확신을 갖고, 올바른 가르침을 성취합니다.

38. 벗들이여, 어떠한 것이 갈애이고, 어떠한 것이 갈애의 생성이고, 어떠한 것이 갈애의 소멸이고, 어떠한 것이 갈애의 소멸에 이르는 길입니까? 벗들이여, 그것들 가운데는 여섯 가지 갈애의 무리,[78] 즉 형상에 대한 갈애, 소리에 대한 갈애, 냄새에 대한 갈애, 맛에 대한 갈애, 감촉에 대한 갈애, 사물에 대한 갈애가 있습니다. 벗들이여, 이것을 갈애라고 부릅니다. 느낌이 생겨나므로 갈애가 생겨나고 느낌이 소멸하므로 갈애가 소멸합니다. 갈애의 소멸에 이

78) chayime taṇhākāyā : 漢譯에서는 六愛身이라고 한다. 여섯 가지의 감각대상에 대한 갈구나 갈망을 말한다. 여기에는 ① 형상에 대한 갈애(rūpataṇhā : 色愛), ② 소리에 대한 갈애(saddataṇhā : 聲愛), ③ 냄새에 대한 갈애(gandhataṇhā : 香愛), ④ 맛에 대한 갈애(rasataṇhā : 味愛), ⑤ 감촉에 대한 갈애(poṭṭhabbataṇhā : 觸愛), ⑥ 사물에 대한 갈애(dhammataṅhā : 法愛)가 있다. 이들은 모두 경험대상인 六境에 대한 渴愛를 뜻하는데, K. Seidenstücker는 각각 視覺對象에의 渴愛, 聽覺對象에의 渴愛, 嗅覺對象에의 渴愛, 味覺對象에의 渴愛, 身體印象에의 渴愛, 精神對象에의 渴愛라고 학문적으로 정확히 번역했다(K. Seidenstücker, 『Pāli-Buddhismus in Übersetzungen』 Breslau, 1911). 여기서 이러한 엄밀한 용어를 사용하지 않은 것은 가능한 한 일상어로 번역하려는 의도에서이다.

르는 길이야말로 여덟 가지 성스러운 길이니 곧 올바른 견해, 올바른 사유, 올바른 언어, 올바른 행위, 올바른 생활, 올바른 정진, 올바른 새김, 올바른 집중입니다.

39. 벗들이여, 고귀한 제자가 이와 같이 갈애를 잘 알고, 갈애의 생성을 잘 알고, 갈애의 소멸을 잘 알고, 갈애의 소멸에 이르는 길을 잘 알면, 그는 완전히 탐욕의 잠재적 경향을 제거하고 분노의 잠재적 경향을 제거하고 '나는 있다'라고 하는 자아의식의 잠재적 경향을 제거하고 무명을 버리고 명지를 일으키며 지금 여기에서 괴로움의 종식을 성취합니다. 이렇게 하면 고귀한 제자는 올바른 견해를 지니고, 견해가 올바르게 되고, 가르침에 흔들리지 않는 확신을 갖고, 올바른 가르침을 성취합니다."

40. 그들 수행승들은 "벗이여, 훌륭하십니다."고 존자 싸리뿟따가 말한 바에 환희하고 기뻐하며 존자 싸리뿟따에게 질문했다.
[수행승들] "벗이여, 그런데 고귀한 제자가 어떻게 하면 올바른 견해를 지니고, 견해가 올바르게 되고, 가르침에 흔들리지 않는 확신을 갖고, 올바른 가르침을 성취하는지에 대한 또 다른 법문은 없습니까?"

41. [싸리뿟따] "벗이여, 있습니다. 고귀한 제자가 느낌을 알고 느낌의 생성을 알고 느낌의 소멸을 알고 느낌의 소멸에 이르는 길을 잘 알면, 그만큼 올바른 견해를 지니고, 견해가 올바르게 되고, 가르침에 흔들리지 않는 확신을 갖고, 올바른 가르침을 성취합니다.

42. 벗들이여, 어떠한 것이 느낌이고, 어떠한 것이 느낌의 생성이고, 어떠한 것이 느낌의 소멸이고, 어떠한 것이 느낌의 소멸에 이르는 길입니까? 벗들이여, 그것들 가운데는 여섯 가지 느낌의 무

리,[79] 즉 시각의 접촉에서 생기는 느낌, 청각의 접촉에서 생기는 느낌, 후각의 접촉에서 생기는 느낌, 미각의 접촉에서 생기는 느낌, 촉각의 접촉에서 생기는 느낌, 정신의 접촉에서 생기는 느낌이 있습니다. 벗들이여, 이것을 느낌이라고 부릅니다. 접촉이 생겨나므로 느낌이 생겨나고 접촉이 소멸하므로 느낌이 소멸합니다. 느낌의 소멸에 이르는 길이야말로 여덟 가지 성스러운 길이니 곧 올바른 견해, 올바른 사유, 올바른 언어, 올바른 행위, 올바른 생활, 올바른 정진, 올바른 새김, 올바른 집중입니다.

43. 벗들이여, 고귀한 제자가 이와 같이 느낌을 잘 알고, 느낌의 생성을 잘 알고, 느낌의 소멸을 잘 알고, 느낌의 소멸에 이르는 길을 잘 알면, 그는 완전히 탐욕의 잠재적 경향을 제거하고 분노의 잠재적 경향을 제거하고 '나는 있다'라고 하는 자아의식의 잠재적 경향을 제거하고 무명을 버리고 명지를 일으키며 지금 여기에서 괴로움의 종식을 성취합니다. 이렇게 하면 고귀한 제자는 올바른 견해를 지니고, 견해가 올바르게 되고, 가르침에 흔들리지 않는 확신을 갖고, 올바른 가르침을 성취합니다."

44. 그들 수행승들은 "벗이여, 훌륭하십니다."고 존자 싸리뿟따가 말한 바에 환희하고 기뻐하며 존자 싸리뿟따에게 질문했다.

---

79) chayime vedanākāyā : 漢譯에서는 六受身이라고 한다. 여기에는 ① 시각의 접촉에서 생기는 느낌(cakkhusamphassajā vedanā : 眼觸所生受), ② 청각의 접촉에서 생기는 느낌(sotasamphassajā vedanā : 耳觸所生受), ③ 후각의 접촉에서 생기는 느낌(ghānasamphassajā vedanā : 鼻觸所生受), ④ 미각의 접촉에서 생기는 느낌(jivhāsamphassajā vedanā : 舌觸所生受), ⑤ 촉각의 접촉에서 생기는 느낌(kāyasamphassajā vedanā : 身觸所生受), ⑥ 정신의 접촉에서 생기는 느낌(manosamphassajā vedanā : 意觸所生受)가 있다. 여기서는 시각의 접촉에서 생기는 느낌 등으로 번역했으나 視覺의 觸發에 의해 생겨나는 느낌 등으로 번역하는 것도 가능하다. 漢譯 阿含經에서는 느낌의 분류에서 괴로움, 즐거움, 괴롭지도 즐겁지도 않음의 세 가지 느낌로 분류한다. '云何爲受 謂三受 苦受樂受 不苦不樂受'

[수행승들] "벗이여, 그런데 고귀한 제자가 어떻게 하면 올바른 견해를 지니고, 견해가 올바르게 되고, 가르침에 흔들리지 않는 확신을 갖고, 올바른 가르침을 성취하는지에 대한 또 다른 법문은 없습니까?"

45. [싸리뿟따] "벗이여, 있습니다. 고귀한 제자가 접촉을 알고 접촉의 생성을 알고 접촉의 소멸을 알고 접촉의 소멸에 이르는 길을 잘 알면, 그만큼 올바른 견해를 지니고, 견해가 올바르게 되고, 가르침에 흔들리지 않는 확신을 갖고, 올바른 가르침을 성취합니다.

46. 벗들이여, 어떠한 것이 접촉이고, 어떠한 것이 접촉의 생성이고, 어떠한 것이 접촉의 소멸이고, 어떠한 것이 접촉의 소멸에 이르는 길입니까? 벗들이여, 그것들 가운데는 여섯 가지 접촉의 무리,[80] 즉 시각의 접촉, 청각의 접촉, 후각의 접촉, 미각의 접촉, 촉각의 접촉, 정신의 접촉이 있습니다. 벗들이여, 이것을 접촉이라고 부릅니다. 여섯 감역[81]이 생겨나므로 접촉이 생겨나고 여섯 감역

---

80) chayime phassakāyā : 六觸身으로 漢譯한다. 여기에는 ① 시각의 접촉(cakkhusamphassa : 眼觸), ② 청각의 접촉(sotasamphassa : 耳觸), ③ 후각의 접촉(ghānasamphassa : 鼻觸), ④ 미각의 접촉(jivhāsamphassa : 舌觸), ⑤ 촉각의 접촉(kāyasamphassa : 身觸), ⑥ 정신의 접촉(manosamphassa : 意觸)이 있다.

81) 여섯 感域(六處, 六入: Saḷāyatana); 감역은 感覺領域의 줄임말이다. 전통적으로 漢譯에서는 處나 入으로 번역되었기 때문에 그 의미가 난해하게 여겨졌다. 역자가 쌀라야따나(Saḷāyatana)를 여섯 感域이라고 번역한 것은 āyatana가 領域, 範疇, 感覺領域, 認知領域 등으로 번역되기 때문이다. 이 때에 眼入(cakkhāyatana)은 눈의 영역이 아니라 시각영역이다. 이와 같이 耳入(sotāyatana)은 聽覺領域이고, 鼻入(ghānāyatana)은 嗅覺領域이고, 舌入(jivhāyatana)은 味覺領域이고, 身入(kāyāyatana)은 觸覺領域이고, 意入(manāyatana)은 精神領域이다. 니냐나띨로가나 자이덴슈티커도 이러한 번역체계를 따르나 정신영역에 대해서만은 表象領域(Vorstellungsgebiet)이라는 말을 따르고 있다. 그리고 프라우발르너(Frauwallner)나 가이거(Geiger)는 눈의 영역, 귀의 영역, 코의 영역, 혀의 영역, 몸의 영역, 생각의 영역이라고 번역하고 있다. 역자는 여섯 감역에서 주관적인 측면에 대해서는 눈, 귀, 코, 혀, 몸, 뜻이라는 글자 그대로의 번역보다는 視覺, 聽覺, 嗅覺, 味覺, 觸覺, 精神이라는 飜譯用語를 선택했다. 認識科程에서 눈 등은 단순한 물체적 의미가 아니라 보는 것 등의 作用을 의미하기 때문이다. 이러한 주관적 측면에 대응하는 객관적인 측면을 서술할 때

이 소멸하므로 접촉이 소멸합니다. 접촉의 소멸에 이르는 길이야말로 여덟 가지 성스러운 길이니 곧 올바른 견해, 올바른 사유, 올바른 언어, 올바른 행위, 올바른 생활, 올바른 정진, 올바른 새김, 올바른 집중입니다.

47. 벗들이여, 고귀한 제자가 이와 같이 접촉을 잘 알고, 접촉의 생성을 잘 알고, 접촉의 소멸을 잘 알고, 접촉의 소멸에 이르는 길을 잘 알면, 그는 완전히 탐욕의 잠재적 경향을 제거하고 분노의 잠재적 경향을 제거하고 '나는 있다'라고 하는 자아의식의 잠재적 경향을 제거하고 무명을 버리고 명지를 일으키며 지금 여기에서 괴로움의 종식을 성취합니다. 이렇게 하면 고귀한 제자는 올바른 견해를 지니고, 견해가 올바르게 되고, 가르침에 흔들리지 않는 확신을 갖고, 올바른 가르침을 성취합니다."

48. 그들 수행승들은 "벗이여, 훌륭하십니다."고 존자 싸리뿟따가 말한 바에 환희하고 기뻐하며 존자 싸리뿟따에게 질문했다.
[수행승들] "벗이여, 그런데 고귀한 제자가 어떻게 하면 올바른 견해를 지니고, 견해가 올바르게 되고, 가르침에 흔들리지 않는 확신

에는 形象(色, rūpa) 소리(聲, sadda), 냄새(香, gandha), 맛(味, rāsa), 感觸(觸, phoṭṭhabba), 事件(法, dhamma)이라고 번역했다. 이 때 가장 고민스러웠던 것은 담마(法, dhamma)를 어떻게 번역할 것인가 하는 문제였다. 담마는 原理, 가르침, 現象, 事物, 事件, 眞理 등의 다양한 의미를 쓰이며, 많은 경우에 문장에서 관계대명사의 역할을 대신한다. 譯者는 많은 경우 문맥에 따라서 적합한 用語를 사용하되, '精神에 대한 對象'의 의미일 때는 '事件'으로 번역했다. 그것은 외부적인 事物뿐만 아니라 우리의 생각이나 觀念과 같은 것들도 조건적으로 생겨났다가 사라지므로 事件이라고 볼 수 있기 때문이다. Bhikku Bodhi는 담마를 精神의 對象이란 의미에서 精神現象으로 파악하여 現象으로 번역하는데, 이렇게 되면 客觀性을 인정하지 않게 되어 불교는 現象論으로 떨어져버린다. 또한 가르침이라고 번역하면 形而上學이 되고, 事物이라고 번역하면 素朴實在論처럼 되어버린다. 이에 비해 事件이라는 용어는 條件的이고 隨伴的인, 즉 因果的인 生成과 消滅의 世界를 보여준다는 점에서 있는 그대로의 佛敎的 世界觀을 잘 표현할 수 있다고 생각했다. 그 밖에 여섯 감각능력(六根: 6 indriyāni)이라고 특별히 언급할 경우에 譯者는 視覺能力, 聽覺能力, 嗅覺能力, 味覺能力, 觸覺能力, 精神能力이라는 번역용어를 택하였음을 밝혀둔다.

을 갖고, 올바른 가르침을 성취하는지에 대한 또 다른 법문은 없습니까?"

49. [싸리뿟따] "벗이여, 있습니다. 고귀한 제자가 여섯 감역을 알고 여섯 감역의 생성을 알고 여섯 감역의 소멸을 알고 여섯 감역의 소멸에 이르는 길을 잘 알면, 그만큼 올바른 견해를 지니고, 견해가 올바르게 되고, 가르침에 흔들리지 않는 확신을 갖고, 올바른 가르침을 성취합니다.

50. 벗들이여, 어떠한 것이 여섯 감역이고, 어떠한 것이 여섯 감역의 생성이고, 어떠한 것이 여섯 감역의 소멸이고, 어떠한 것이 여섯 감역의 소멸에 이르는 길입니까? 벗들이여, 그것들 가운데는 여섯 가지 감역의 무리, 즉 시각의 감역, 청각의 감역, 후각의 감역, 미각의 감역, 촉각의 감역, 정신의 감역이 있습니다. 벗들이여, 이것을 여섯 감역이라고 부릅니다. 명색이 생겨나므로 여섯 감역이 생겨나고 명색이 소멸하므로 여섯 감역이 소멸합니다. 여섯 감역의 소멸에 이르는 길이야말로 여덟 가지 성스러운 길이니 곧 올바른 견해, 올바른 사유, 올바른 언어, 올바른 행위, 올바른 생활, 올바른 정진, 올바른 새김, 올바른 집중입니다.

51. 벗들이여, 고귀한 제자가 이와 같이 여섯 감역을 잘 알고, 여섯 감역의 생성을 잘 알고, 여섯 감역의 소멸을 잘 알고, 여섯 감역의 소멸에 이르는 길을 잘 알면, 그는 완전히 탐욕의 잠재적 경향을 제거하고 분노의 잠재적 경향을 제거하고 '나는 있다'라고 하는 자아의식의 잠재적 경향을 제거하고 무명을 버리고 명지를 일으키며 지금 여기에서 괴로움의 종식을 성취합니다. 이렇게 하면 고귀한 제자는 올바른 견해를 지니고, 견해가 올바르게 되고, 가르침에 흔

들리지 않는 확신을 갖고, 올바른 가르침을 성취합니다."

52. 그들 수행승들은 "벗이여, 훌륭하십니다."고 존자 싸리뿟따가 말한 바에 환희하고 기뻐하며 존자 싸리뿟따에게 질문했다.
[수행승들] "벗이여, 그런데 고귀한 제자가 어떻게 하면 올바른 견해를 지니고, 견해가 올바르게 되고, 가르침에 흔들리지 않는 확신을 갖고, 올바른 가르침을 성취하는지에 대한 또 다른 법문은 없습니까?"

53. [싸리뿟따] "벗이여, 있습니다. 고귀한 제자가 명색을 알고 명색의 생성을 알고 명색의 소멸을 알고 명색의 소멸에 이르는 길을 잘 알면, 그만큼 올바른 견해를 지니고, 견해가 올바르게 되고, 가르침에 흔들리지 않는 확신을 갖고, 올바른 가르침을 성취합니다.

54. 벗들이여, 어떠한 것이 명색이고, 어떠한 것이 명색의 생성이고, 어떠한 것이 명색의 소멸이고, 어떠한 것이 명색의 소멸에 이르는 길입니까? 벗들이여, 그것 가운데는 느낌, 지각, 사유, 접촉, 숙고가 있으니 이것을 명이라고 부르고 네 가지 물질요소, 또는 네 가지 물질요소로 이루어진 형태를 색이라고 부릅니다. 벗들이여, 이것이 명이고 이것이 색이므로 이것을 명색이라고 부릅니다. 의식이 생겨나므로 명색이 생겨나고 의식이 소멸하므로 명색이 소멸합니다. 명색의 소멸에 이르는 길이야말로 여덟 가지 성스러운 길이니 곧 올바른 견해, 올바른 사유, 올바른 언어, 올바른 행위, 올바른 생활, 올바른 정진, 올바른 새김, 올바른 집중입니다.

55. 벗들이여, 고귀한 제자가 이와 같이 명색을 잘 알고, 명색의 생성을 잘 알고, 명색의 소멸을 잘 알고, 명색의 소멸에 이르는 길을 잘 알면, 그는 완전히 탐욕의 잠재적 경향을 제거하고 분노의 잠재

적 경향을 제거하고 '나는 있다'라고 하는 자아의식의 잠재적 경향을 제거하고 무명을 버리고 명지를 일으키며 지금 여기에서 괴로움의 종식을 성취합니다. 이렇게 하면 고귀한 제자는 올바른 견해를 지니고, 견해가 올바르게 되고, 가르침에 흔들리지 않는 확신을 갖고, 올바른 가르침을 성취합니다."

56. 그들 수행승들은 "벗이여, 훌륭하십니다."고 존자 싸리뿟따가 말한 바에 환희하고 기뻐하며 존자 싸리뿟따에게 질문했다.
[수행승들] "벗이여, 그런데 고귀한 제자가 어떻게 하면 올바른 견해를 지니고, 견해가 올바르게 되고, 가르침에 흔들리지 않는 확신을 갖고, 올바른 가르침을 성취하는지에 대한 또 다른 법문은 없습니까?"

57. [싸리뿟따] "벗이여, 있습니다. 고귀한 제자가 의식을 알고 의식의 생성을 알고 의식의 소멸을 알고 의식의 소멸에 이르는 길을 잘 알면, 그만큼 올바른 견해를 지니고, 견해가 올바르게 되고, 가르침에 흔들리지 않는 확신을 갖고, 올바른 가르침을 성취합니다.

58. 벗들이여, 어떠한 것이 의식이고, 어떠한 것이 의식의 생성이고, 어떠한 것이 의식의 소멸이고, 어떠한 것이 의식의 소멸에 이르는 길입니까? 벗들이여, 그것들 가운데는 여섯 가지 의식, 즉 시각의식, 청각의식, 후각의식, 미각의식, 촉각의식, 정신의식이 있습니다. 벗들이여, 이것을 의식이라고 부릅니다. 형성이[82] 생겨나므로 의식이 생겨나고 형성이 소멸하므로 의식이 소멸합니다. 의식의 소멸에 이르는 길이야말로 여덟 가지 성스러운 길이니 곧 올바른 견해, 올바른 사유, 올바른 언어, 올바른 행위, 올바른 생활, 올바른

82) 形成에 관해서는 이 책의 註釋 119를 보라

정진, 올바른 새김, 올바른 집중입니다.

59. 벗들이여, 고귀한 제자가 이와 같이 의식을 잘 알고, 의식의 생성을 잘 알고, 의식의 소멸을 잘 알고, 의식의 소멸에 이르는 길을 잘 알면, 그는 완전히 탐욕의 잠재적 경향을 제거하고 분노의 잠재적 경향을 제거하고 '나는 있다'라고 하는 자아의식의 잠재적 경향을 제거하고 무명을 버리고 명지를 일으키며 지금 여기에서 괴로움의 종식을 성취합니다. 이렇게 하면 고귀한 제자는 올바른 견해를 지니고, 견해가 올바르게 되고, 가르침에 흔들리지 않는 확신을 갖고, 올바른 가르침을 성취합니다."

60. 그들 수행승들은 "벗이여, 훌륭하십니다."고 존자 싸리뿟따가 말한 바에 환희하고 기뻐하며 존자 싸리뿟따에게 질문했다.
[수행승들] "벗이여, 그런데 고귀한 제자가 어떻게 하면 올바른 견해를 지니고, 견해가 올바르게 되고, 가르침에 흔들리지 않는 확신을 갖고, 올바른 가르침을 성취하는지에 대한 또 다른 법문은 없습니까?"

61. [싸리뿟따] "벗이여, 있습니다. 고귀한 제자가 형성을 알고 형성의 생성을 알고 형성의 소멸을 알고 형성의 소멸에 이르는 길을 잘 알면, 그만큼 올바른 견해를 지니고, 견해가 올바르게 되고, 가르침에 흔들리지 않는 확신을 갖고, 올바른 가르침을 성취합니다.

62. 벗들이여, 어떠한 것이 형성이고, 어떠한 것이 형성의 생성이고, 어떠한 것이 형성의 소멸이고, 어떠한 것이 형성의 소멸에 이르는 길입니까? 벗들이여, 그것들 가운데는 세 가지 형성, 즉 신체의 형성, 언어의 형성, 정신의 형성이 있습니다. 벗들이여, 이것을 형성이라고 부릅니다. 무명이 생겨나므로 형성이 생겨나고 무명이 소

멸하므로 형성이 소멸합니다. 형성의 소멸에 이르는 길이야말로 여덟 가지 성스러운 길이니 곧 올바른 견해, 올바른 사유, 올바른 언어, 올바른 행위, 올바른 생활, 올바른 정진, 올바른 새김, 올바른 집중입니다.

63. 벗들이여, 고귀한 제자가 이와 같이 형성을 잘 알고, 형성의 생성을 잘 알고, 형성의 소멸을 잘 알고, 형성의 소멸에 이르는 길을 잘 알면, 그는 완전히 탐욕의 잠재적 경향을 제거하고 분노의 잠재적 경향을 제거하고 '나는 있다'라고 하는 자아의식의 잠재적 경향을 제거하고 무명을 버리고 명지를 일으키며 지금 여기에서 괴로움의 종식을 성취합니다. 이렇게 하면 고귀한 제자는 올바른 견해를 지니고, 견해가 바르게 되고, 가르침에 흔들리지 않는 확신을 갖고, 올바른 가르침을 성취합니다."

64. 그들 수행승들은 "벗이여, 훌륭하십니다."고 존자 싸리뿟따가 말한 바에 환희하고 기뻐하며 존자 싸리뿟따에게 질문했다.
[수행승들] "벗이여, 그런데 고귀한 제자가 어떻게 하면 올바른 견해를 지니고, 견해가 올바르게 되고, 가르침에 흔들리지 않는 확신을 갖고, 올바른 가르침을 성취하는지에 대한 또 다른 법문은 없습니까?"

65. [싸리뿟따] "벗이여, 있습니다. 고귀한 제자가 무명을 알고 무명의 생성을 알고 무명의 소멸을 알고 무명의 소멸에 이르는 길을 잘 알면, 그만큼 올바른 견해를 지니고, 견해가 바르게 되고, 가르침에 흔들리지 않는 확신을 갖고, 올바른 가르침을 성취합니다.

66. 벗들이여, 어떠한 것이 무명이고, 어떠한 것이 무명의 생성이고, 어떠한 것이 무명의 소멸이고, 어떠한 것이 무명의 소멸에 이르

는 길입니까?

67. 벗들이여, 어떠한 것이 무명입니까? 벗들이여, 괴로움에 대해서 알지 못하고, 괴로움이 일어나는 원인에 대해 알지 못하고, 괴로움의 소멸에 대해 알지 못하고, 괴로움의 소멸에 이르는 길에 대해 알지 못하는 것입니다. 벗들이여, 이것을 무명이라고 부릅니다. 번뇌가 생겨나므로 무명이 생겨나고 번뇌가 소멸하므로 무명이 소멸합니다. 무명의 소멸에 이르는 길이야말로 여덟 가지 성스러운 길이니 곧 올바른 견해, 올바른 사유, 올바른 언어, 올바른 행위, 올바른 생활, 올바른 정진, 올바른 새김, 올바른 집중입니다.

68. 벗들이여, 고귀한 제자가 이와 같이 무명을 잘 알고, 무명의 생성을 잘 알고, 무명의 소멸을 잘 알고, 무명의 소멸에 이르는 길을 잘 알면, 그는 완전히 탐욕의 잠재적 경향을 제거하고 분노의 잠재적 경향을 제거하고 '나는 있다'라고 하는 자아의식의 잠재적 경향을 제거하고 무명을 버리고 명지를 일으키며 지금 여기에서 괴로움의 종식을 성취합니다. 이렇게 하면 고귀한 제자는 올바른 견해를 지니고, 견해가 바르게 되고, 가르침에 흔들리지 않는 확신을 갖고, 올바른 가르침을 성취합니다."

69. 그들 수행승들은 "벗이여, 훌륭하십니다."고 존자 싸리뿟따가 말한 바에 환희하고 기뻐하며 존자 싸리뿟따에게 질문했다.
[수행승들] "벗이여, 그런데 고귀한 제자가 어떻게 하면 올바른 견해를 지니고, 견해가 올바르게 되고, 가르침에 흔들리지 않는 확신을 갖고, 올바른 가르침을 성취하는지에 대한 또 다른 법문은 없습니까?"

70. [싸리뿟따] "벗이여, 있습니다. 고귀한 제자가 번뇌를 알고 번뇌의 생성을 알고 번뇌의 소멸을 알고 번뇌의 소멸에 이르는 길을

잘 알면, 그만큼 올바른 견해를 지니고, 견해가 올바르게 되고, 가르침에 흔들리지 않는 확신을 갖고, 올바른 가르침을 성취합니다.

71. 벗들이여, 어떠한 것이 번뇌이고, 어떠한 것이 번뇌의 생성이고, 어떠한 것이 번뇌의 소멸이고, 어떠한 것이 번뇌의 소멸에 이르는 길입니까? 벗들이여, 세 가지 번뇌가 있는데 감각적 쾌락의 욕망에 의한 번뇌, 존재에 의한 번뇌, 무명에 의한 번뇌입니다. 무명이 생겨나므로 번뇌가 생겨나고[83)]무명이 소멸되므로 번뇌가 소멸합니다. 번뇌의 소멸에 이르는 길이야말로 여덟 가지 성스러운 길이니 곧 올바른 견해, 올바른 사유, 올바른 언어, 올바른 행위, 올바른 생활, 올바른 정진, 올바른 새김, 올바른 집중입니다.

72. 벗들이여, 고귀한 제자가 이와 같이 번뇌를 잘 알고, 번뇌의 생성을 잘 알고, 번뇌의 소멸을 잘 알고, 번뇌의 소멸에 이르는 길을 잘 알면, 그는 완전히 탐욕의 잠재적 경향을 제거하고 분노의 잠재적 경향을 제거하고 '나는 있다'라고 하는 자아의식의 잠재적 경향을 제거하고 무명을 버리고 명지를 일으키며 지금 여기에서 괴로움의 종식을 성취합니다. 이처럼 고귀한 제자는 올바른 견해를 지니고, 견해가 바르게 되고, 가르침에 흔들리지 않는 확신을 가지고, 올바른 가르침을 성취합니다."

---

83) evaṃ āsavasamudayaṃ pajānāti, evaṃ āsavanirodhaṃ pajānāti : 이 문장은 無明이 絶對的인 始作이 아니라 無明도 條件지어져 있다는 사실을 나타낸다. 따라서 12연기는 圓環的인 것이다. 無明은 無智를 말한다. Pps. I. 224에 따르면, 無智는 煩惱의 條件이고 煩惱는 무지의 번뇌를 포함하는데 다시 無智의 條件이 된다. 이 무지에 의한 무지의 조건은 어떠한 존재 속에서의 無智는 전생의 存在에서의 無智에 의해 條件지어진다는 사실을 의미한다. 이처럼 煩惱가 無智에 의해서 無智가 煩惱에 의해서 條件지어졌으로 第一原因(前際)은 무지에서 발견되지 않는다. 第一原因이 발견되지 않으므로 輪廻는 始作이 성립되지 않는 것이다. (evaṃ āsavā avijjāya, avijjā pi asavānaṃ paccayo ti katvā, pubbā koṭi na paññāyati avijjāya, tassā apaññāyanto saṃsārassa anamataggatā siddhā hotī ti).

73. 존자 싸리뿟따가 이와 같이 말씀하시자, 수행승들은 만족하여 싸리뿟따의 말씀을 기쁘게 받아들였다.

4. 명상 수행의 기초를 어떻게 다질 것인가?

[Satipaṭṭhānasutta][84]

우리를 청정하게 하고, 슬픔과 비탄을 뛰어넘게 하고, 고통과 근심을 소멸하게 하고, 바른 방도를 얻게 하고, 열반을 실현시키는 하나의 길이 있다.

1. 이와 같이 나는 들었다. 한 때 세존께서 꾸루[85]국의 깜맛싸담마[86]라고 하는 꾸루 족의 마을에 계셨다.

2. 그 때에 세존께서는 "수행승들이여"라고 수행승들을 불렀다. 그들 수행승들은 "세존이시여"라고 대답했다.

3. [세존] "수행승들이여, 뭇삶을 청정하게 하고, 슬픔과 비탄을 뛰어넘게 하고, 고통과 근심을 소멸하게 하고, 바른 방도를[87] 얻게

---

84) 원래의 제목은 「새김의 토대에 대한 경[Satipaṭṭhānasutta]」이다. 우리말 『맛지마니까야』 1권 239쪽에 있다. MN. I. 55 ; 中阿含 98, 念處經(大正 1. 582), 增壹 12・1(大正2, 568) 참조. 이것은 빠알리니까야에서 가장 重要한 經典 가운데 하나이다. 佛教가 指向하는 目標를 성취하는 데 가장 빠르고 直接的인 길을 提示하는 說得力있는 經典이다. 이와 유사한 경전이 DN. 24에도 있기는 하지만, 그것은 단지 네 가지 거룩한 길에 대한 分析을 좀더 添加한 것이다. 이 경전에 대한 자세한 설명은 Soma Thera의 『The Way of Mindfulness』이나 Nyanaponika Thera의 『The Heart of Buddhist Meditation』을 보라.

85) Kuru : 부처님 당시의 16大國가운데 하나. 붓다 당시에는 政治的인 影響力이 미미했으나 나중에 Pañcala, Kuru, Kekaka는 가장 강력한 국가들 가운데 셋이였다. 부처님 당시의 Kuru국의 王者는 Koravya였다.

86) Kammāssadhamma : 꾸루족의 도시. 부처님은 遊行中에 여러 번 이 곳에서 머물렀다.

87) ñāya : '方法, 眞理, 體系'를 의미한다. Srp. III. 177에 따르면 八聖道(ariyo aṭṭhaṅgiko maggo)이다.

하고, 열반을[88] 실현시키는 하나의 길[89]이 있으니 곧 네 가지 새김의 토대이다.[90] 네 가지란 어떠한 것인가?

4. 수행승들이여, 이 세상에 수행승은[91]

1) 열심히 노력하고 올바로 알고 깊이 새겨 세상의[92] 탐욕과 근심을 제거하며,[93] 몸에 대해 몸을 관찰한다.[94]

---

88) nibbāna : Pps. I. 236에서는 涅槃을 '불이 꺼짐'이라는 의미 이외에 '貪欲(vāna)의 缺如'라는 뜻으로도 해석하고 있다.

89) ekāyano ayam maggo : ekāyano maggo란 '하나의 행선지로 통하는 길'을 말하는데 한역에서는 一乘道라고 한다. MN. I. 55의 ekāyano ayaṃ maggo도 유명한 말이다. 그런데 이것을 영역할 때에 Soma는 'This is the only way'로, Nyanaponika는 'This is the sole way'로 했다. 이 두 표현은 모두 解脫에 이르는 唯一한 獨占的인 길이라는 인상을 준다. Smv. III. 743~744와 Psm. I. 229~230에 따르면, 그것은 오로지 다섯 가지의 설명방식 가운데 하나이다. Srp. III. 177도 그 첫 번째 설명방식만을 따르고 있다: '수행승이여, 이것은 하나의 길인데, 이 길은 갈림길이 아니다.(ekamaggo ayaṃ bhikkhave maggo na dvedhāpathabhūto)' MN. I. 74에 나오는 ekāyano maggo란 곧바로 행선지로 이르는 가장 가까운 길, 지름길을 말한다. 그러므로 大乘佛教 특히 *妙法蓮華經*(Saddharmapuṇḍarikasūtra)에서 말하는 一乘(ekayāna)과는 다르다.

90) Satipaṭṭhāna : Pps. I. 238, Smv. III. 741~61과 Pts. II. 244~266에 있다. 이들 주석서에 의하면 satipaṭṭhāna란 말은 sati-upaṭṭhāna나 sati-paṭṭhāna의 두 가지로 분석이 가능한데 전자일 경우는 '새김의 生成'으로 새김의 裝置에, 후자일 경우는 '새김의 土臺'로 새김의 對象에 해당한다. 복합어의 첫 부분인 sati는 원래 기억이라는 뜻이다. 그러나 빠알리 니까야에서는 '현재와 관련된 주의 깊음'이란 뜻으로 더 많이 쓰인다. 역자는 둘 다를 종합할 수 있는 '새김'이란 말로 번역한다. 실제로 기억을 통한 새김 없이는 주의 깊음이 가능하지 않기 때문이다. Cdb. 1915에서 Bhikkhu Bodhi는 '새김의 土臺'라는 입장을 취하는 주석가들과는 달리 그 범어 표현이 sk. smṛtyupasthāna이고 빠알리어에서도 upaṭṭhitasati (SN. V. 331)라는 표현이 있으므로 '새김의 生成'이라는 입장을 취해야 한다고 보고 있다.

91) Pps. I. 241에 따르면, 수행승은 가르침의 실천을 성취하기 위하여 진지하게 노력하는 사람을 말한다.

92) loke : Pps. I. 243-244에서는 '몸에(kāye)'로 설명한다. Srp. III. 180에 따르면 '바로 그 世上에(tasmiṃ yeva loke)'이다. Vbh. 195에 따르면, 世界나 바다라는 表現은 感覺領域을 나타내는데 쓰인다.

93) vineyya : Srp. III. 180에 따르면, '특수한 觀點에서의 制御나 抑制에 의한 制御를 통해서 除去하고(tadaṅga-vinayena vā vikkhambhana-vinayena vā vinayitvā)'의 뜻이다. '특수한 관점에서 제어'는 신중한 制御나 洞察을 통해 一時的으로 除去하는 것을 말하고 '抑制에 의한 制御'는 禪定의 成就를 통한 一時的인 除去를 말한다.

94) kāye kāyānupassī : Pps. I. 241에 따르면, '몸에 대해 몸을 관찰하여'라는 反復的인 表現은 그것과 混同되어서는 안될 다른 對象과 분리하여 冥想의 對象을 정확히 규정할 목적을 갖고 있다. 그래서 이 修行에서 몸은 단지 그러한 것으로 새겨져야지 그것과 관련된 느낌

2) 열심히 노력하고 올바로 알고 깊이 새겨 세상의 탐욕과 근심을 제거하며, 느낌에 대해 느낌을 관찰한다.

3) 열심히 노력하고 올바로 알고 깊이 새겨 세상의 탐욕과 근심을 제거하며, 마음에 대해 마음을 관찰한다.

4) 열심히 노력하고 올바로 알고 깊이 새겨 세상의 탐욕과 근심을 제거하며, 사실에 대해 사실을 관찰한다.[95]

5. 수행승들이여, 수행승이 몸에 대해 몸을 관찰한다는 것은 어떠한 것인가? 여기 수행승이 숲으로 가고 나무 밑으로 가고 한가한 곳으로 가서 앉아 가부좌를 틀고 몸을 바로 세우고 얼굴 앞으로 새김을 확립하여[96] 깊이 새겨 숨을 들이쉬고 깊이 새겨 숨을 내쉰다.[97] 길게 숨을 들이 쉴 때는 나는 길게 숨을 들이쉰다고 분명히 알고,[98] 길게 숨을 내 쉴 때는 나는 길게 숨을 내쉰다고 분명히 안다. 짧게

이나 마음이나 事件으로 새겨져서는 안 된다. 이 구절은 또한 몸은 단지 몸으로 새겨져야 지 男子나 女子나 自我나 衆生으로 새겨져서는 안 된다. 이러한 방식은 다른 네 가지 새김의 토대에 대해서도 똑같이 적용된다.

95) Brm. 41에 따르면, 여기서 몸을 제외한, 나머지에 관계된 文章은 後代에 유입된 것일 수 있다.

96) parimukhaṃ satiṃ upaṭṭhapetvā : Vibh. 252에 따르면, '새김이 정립되었는데, 코끝이나 윗입술의 가운데 잘 定立된 것'을 뜻한다.

97) 부처님의 호흡새김은 요가에서처럼 呼吸을 調節하려는 意圖的인 試圖를 하지 않는다. 단지 자연적인 리듬 속에서 드나드는 숨을 持續的으로 올바로 알아차리고 새기는 것이다. 숨의 衝擊이 가장 분명하게 느껴지는 코끝이나 윗입술에서 새김이 이루어져야 한다. 이 경전에서는 16가지의 呼吸의 段階에 관해서 설명하고 있는데 按搬念經(Ānāpānasati Sutta MN. 118「호흡새김의 경[Ānāpānasatisutta]」)에도 登場하며 Vism. 267-291에 더욱 상세한 說明이 있다. 이 呼吸에 관해서는 Ñāṇamoli의 책 '呼吸에 대한 새김(Mindfulness of breathing)'을 보라. 그는 Vism.와 Paṭs. 및 빠알리 經典을 對照하여 잘 설명하고 있다. 이 경전의 16가지 呼吸의 段階는 네 가지 새김의 土臺와 聯關된 네 가지의 方式으로 分類된다.

98) pajānāti : '분명히 안다'라는 動詞는 지혜(paññā)라는 말의 語源이다. 이 말은 단순히 '알아챈다'라는 말과는 다르다. 예를 들어, 이 경의 뒷 문단에 나오지만 大小便 등은 '올바로 알아차림'이 중요하지만 呼吸에는 '분명히 아는 것'이 중요한 것으로 알아차림뿐만 아니라 호흡에 대한 지식을 필요로 하는 것임을 암시하고 있다. 이 새김의 土臺에 대한 經에서는 부처님은 '분명히 아는 것'과 '올바로 알아차림'을 區分하여 說明하고 있다.

숨을 들이 쉴 때는 나는 짧게 숨을 들이쉰다고 분명히 알고, 짧게 숨을 내 쉴 때는 나는 짧게 숨을 내쉰다고 분명히 안다. 온 몸을 경험하면서[99] 나는 숨을 들이쉰다고 전념하고,[100] 온 몸을 경험하면서 나는 숨을 내쉰다고 전념한다. 몸의 형성을 고요하게 하면서[101] 나는 숨을 들이쉰다고 전념하고, 몸의 형성을 고요하게 하면서 나는 숨을 내쉰다고 전념한다.

6. 수행승들이여, 즉, 유능한 도자기선반공이나 도자기선반공의 도제가 길게 돌릴 때는 나는 길게 돌린다고 분명히 알고, 짧게 돌릴 때는 나는 짧게 돌린다고 분명히 알듯이, 이와 같이 수행승들이여, 길게 숨을 들이 쉴 때는 나는 길게 숨을 들이쉰다고 분명히 알고, 길게 숨을 내 쉴 때는 나는 길게 숨을 내쉰다고 분명히 안다. 짧게 숨을 들이 쉴 때는 나는 짧게 숨을 들이쉰다고 분명히 알고, 짧게 숨을 내쉴 때는 나는 짧게 숨을 내쉰다고 분명히 안다. 온 몸을 경험하면서 나는 숨을 들이쉰다고 배우고, 온 몸을 경험하면서 나는 숨을 내쉰다고 배운다. 몸의 형성을 고요하게 하면서 나는 숨을 들이쉰다고 배우고, 몸의 형성을 고요하게 하면서 나는 숨을 내쉰다고 배운다.

99) sabbakāyapaṭisaṃvedī : '온몸을 경험하면서'는 修練者가 시작과 중간과 끝의 세 段階를 통해 숨을 들이쉬고 내쉬는 것을 觀察하는 것을 말한다. SN. IV. 293에 따르면, '숨을 들이쉬고 내쉬는 것이 몸의 形成이다(assāsapassāsā kho gahapati kāyasaṅkhāro).' 'paṭisaṃvedī'는 '느끼는, 경험하는, 지각하는'의 의미로 쓰이는데, Vism. 273에서는 '智慧를 수반하는 마음으로써 알려지게 하고, 明白히 하며(viditaṃ karonto, pākaṭaṃ karonto ñāṇasampayuttacittena)'라고 상세히 설명하고 있다.

100) sikkhati : 원래는 '배운다'는 뜻이다. Vism. 274에 의하면, '專念하다, 努力하다(ghaṭati, vāyamati)'의 뜻이다.

101) passabhayaṃ kāyasaṅkhāraṃ : MN. 44 「교리문답의 작은 경[Cūḷavedallasutta]」에서도, 호흡을 몸의 形成이라고 말하고 있다. 즉, 修行을 성공적으로 닦아서 修練者의 呼吸이 점차적으로 조용하고 고요하고 평화로와 지는 것을 말한다.

7. 이와 같은 방식으로 그는 몸에 대해 몸을 안으로 관찰하거나, 몸에 대해 몸을 밖으로 관찰하거나, 몸에 대해 몸을 안팎으로[102] 관찰한다. 또는 몸에 대해 생성의 현상을 관찰하거나, 몸에 대해 소멸의 현상을 관찰하거나, 몸에 대해 생성과 소멸의 현상을 관찰한다.[103] 단지 그에게 순수한 앎과 순수한 새김이 있는 정도만큼 '몸이 있다'라고 하는 새김도 이루어진다.[104] 그는 세상의 어느 것에도 의존하지 않고 세상의 어느 것에도 집착하지 않는다.[105] 수행승들이여, 수행승은 이와 같이 몸에 대해 몸을 관찰한다.

8. 또한 수행승들이여, 수행승이 걸어가면 걸어간다고 분명히 알거나 서있으면 서있다고 분명히 알거나 앉아있다면 앉아있다고 분명히 알거나 누워있다면 누워있다고 분명히 알거나 신체적으로 어떠한 자세를 취하든지 그 자세를 그대로 분명히 안다.[106]

9. 또한 수행승들이여, 수행승은 나아가고 돌아오는 것을 올바로 알

102) ajjhattabahiddhā : Pps. I. 249에 따르면, '內的으로'는 自身의 몸 속에서 숨쉬는 것을 새기는 것을 말하고 '外的으로'는 他人의 몸 속에서 일어나는 숨쉬기를 새기는 것이다. '內的으로 外的으로'는 自身의 몸과 他人의 몸에서 일어나는 숨쉬기를 새기는 것이다. 이와 유사하게 이러한 설명을 모든 네 가지 새김의 토대에 적용할 수 있다.

103) samudayavayadhammānupassī : Pps. I. 249에 따르면, 몸에서 일어나는 生成의 現象들은 無知, 渴愛, 業, 滋養分 등을 조건으로 몸에서 일어나는 瞬間的인 物質的 現象의 原因과 더불어 일어난다. 호흡새김의 경우 추가적인 생성요소는 호흡의 生理的 器官에 대한 것이다. 몸에서 '消滅의 現象(vayadhammā)'은 몸에서 原因的인 條件의 멈춤과 物質的 現象의 瞬間的인 사라짐이다.

104) yāvad eva ñāṇamattāya patissatimattāya : Pps. I. 250에 따르면, '영속적인 높고 높은 앎과 새김의 한도에서(aparāparaṃ uttaruttari ñāṇapamāṇatthāya c'eva satipamāṇatthāya)'라는 뜻이다.

105) 몸을 깊이 관찰하고 새김으로써 순수한 새김이 이루어지면, 집착의 조건인 時間과 存在에 대한 관념이 일어나지 않고, 지금 여기의 알아차림이 이루어진다. 이러한 순수한 새김은 다른 느낌이나 마음이나 사실에도 적용된다.

106) Mdb. 1191에 의하면, 이 몸의 姿勢와 관련된 새김은 우리의 身體의 行動에 대한 일상적인 앎을 의미하는 것이 아니라 몸의 모든 動作에 대한 細密하고 持續的이고 注意깊은 알아차림과 몸의 代理者로서의 自我의 幻想을 몰아내려는 意圖를 가진 分析的 檢討을 포함하는 것이다.

아차리고[107] 앞을 보고 뒤를 보는 것을 올바로 알아차리고 굽히고 펴는 것을 올바로 알아차리고 옷을 입고 발우와 가사를 드는 것을 올바로 알아차리고 먹고 마시고 소화시키고 맛보는 것을 올바로 알아차리고 대변보고 소변보는 것을 올바로 알아차리고 가고 서고 앉고 잠들고 깨어있고 말하고 침묵하는 것을 올바로 알아차린다.

10. 이와 같은 방식으로 그는 몸에 대해 몸을 안으로 관찰하거나, 몸에 대해 몸을 밖으로 관찰하거나, 몸에 대해 몸을 안팎으로 관찰한다. 또는 몸에 대해 생성의 현상을 관찰하거나, 몸에 대해 소멸의 현상을 관찰하거나, 몸에 대해 생성과 소멸의 현상을 관찰한다. 단지 그에게 순수한 앎과 순수한 새김이 있는 정도만큼 '몸이 있다'라고 하는 새김이 이루어진다. 그는 세상의 어느 것에도 의존하지 않고 세상의 어느 것에도 집착하지 않는다. 수행승들이여, 수행승은 이와 같이 몸에 대해 몸을 관찰한다.

11. 또한 수행승들이여, 수행승은 이 몸을 이와 같이 '이 몸 속에는 머리카락, 몸털, 손톱, 이빨, 피부, 살, 근육, 뼈, 골수, 신장, 심장, 간장, 늑막, 비장, 폐, 창자, 장간막, 위장, 배설물, 뇌수, 담즙, 가래, 고름, 피, 땀, 지방, 눈물, 임파액, 침, 점액, 관절액, 오줌이 있다.[108]'

---

107) sampajānakarī : 이 단어는 '알아차림'을 의미하는데, 앞의 '분명히 안다(pajānāti)'와는 다른 뉘앙스를 풍긴다. Pps. I. 253에 따르면, 분명한 알아차림에는 네 가지 종류가 있다. ① 行動의 目的에 대한 분명한 알아차림(sātthakasampajaññaṃ), ② 手段의 適合性에 대한 분명한 알아차림(sappāyasampajaññaṃ), ③ 活動半徑에 대한 분명한 알아차림(gocarasampajaññaṃ), ④ 實在에 대한 분명한 알아차림(asammoha-sampajaññan). 이 가운데 마지막 實在에 대한 알아차림은 行動의 背後에 主體가 없다는 것에 대한 인식을 말한다.

108) atthi imasmiṁ kaye : 빠알리니까야에서는 일반적으로 우리 신체를 다음과 같이 32가지로 말하고 있다. 피부까지의 다섯 종류(1. kesā 2. lomā 3. nakhā 4. dantā 5. taco), 신장까지의 다섯 종류(6. mamsaṁ 7. nahāru 8. aṭṭhī 9. aṭṭhimiñjā 10. vakkaṁ), 폐까지의 다섯 종류(11. hadayaṁ 12. yakanaṁ 13. kilomakaṁ 14. pihakaṁ 15. papphāsaṁ), 뇌수까지의 다섯 종류(16. antaṁ 17. antagunaṁ 18. udariyaṁ 19. karīsaṁ 20.

라고 발가락 위에서부터 머리카락 아래에 이르고 피부의 끝에 이르기까지 여러 가지의 오물로 가득한 것으로 관찰한다.

12. 예를 들어, 수행승들이여, 양쪽 입구로 육도, 적미, 강남콩, 완두콩, 기장, 백미와 같은 여러 종류의 곡식으로 가득 채운 푸대 자루가 있는데 그것을 열어서 사람이 눈으로 '이것은 육도, 이것은 적미, 이것은 강남콩, 이것은 완두콩, 이것은 기장, 이것은 백미라고 관찰하듯이, 수행승은 이 몸을 이와 같이 '이 몸 속에는 머리카락, 몸털, 손톱, 이빨, 피부, 살, 근육, 뼈, 골수, 신장, 심장, 간장, 늑막, 비장, 폐, 창자, 장간막, 위장, 똥, 뇌수, 담즙, 가래, 고름, 피, 땀, 지방, 눈물, 임파액, 침, 점액, 관절액, 오줌이 있다'라고 발가락 위에서부터 머리카락 아래에 이르고 피부의 끝에 이르기까지 여러 가지의 오물로 가득한 것으로 관찰한다.

13. 이와 같은 방식으로 그는 몸에 대해 몸을 안으로 관찰하거나, 몸에 대해 몸을 밖으로 관찰하거나, 몸에 대해 몸을 안팎으로 관찰한다. 또는 몸에 대해 생성의 현상을 관찰하거나, 몸에 대해 소멸의 현상을 관찰하거나, 몸에 대해 생성과 소멸의 현상을 관찰한다. 단지 그에게 순수한 앎과 순수한 새김이 있는 정도만큼 '몸이 있다'라고 하는 새김이 이루어진다. 그는 세상의 어느 것에도 의존하지 않고 세상의 어느 것에도 집착하지 않는다. 수행승들이여, 수행승은 이와 같이 몸에 대해 몸을 관찰한다.

14. 또한 수행승들이여, 수행승은 이 몸을 이와 같이 '이 몸 속에는

---

matthaluṅgaṁ), 지방까지의 여섯 종류(21. pittaṁ 22. semhaṁ 23. pubbo 24. lohitaṁ 25. sedo 26. medo), 오줌까지의 여섯 종류(27. assu 28. vasā 29. khelo 30. siṅghānikā 31. lasikā 32. muttaṁ) 이에 대한 상세한 새김은 Vism. VIII. 42-144에 등장한다. 그러나 이 경에서는 20. matthaluṅgaṁ(뇌수)가 누락되어 있는데 역자가 삽입한 것이다.

땅의 세계, 물의 세계, 불의 세계, 바람의 세계가 있다.'[109]고 세계로서, 놓여있고 구성된 대로 관찰한다.

15. 예를 들어[110] 수행승들이여, 숙련된 도축업자나 그의 도제가 소를 도살하여 사거리에 따로따로 나누어 놓는 것처럼, 수행승들이여, 수행승은 이 몸을 이와 같이 '이 몸 속에는 땅의 세계, 물의 세계, 불의 세계, 바람의 세계가 있다'라고 세계로서, 놓여있고 구성된 대로 관찰한다.

16. 이와 같은 방식으로 그는 몸에 대해 몸을 안으로 관찰하거나, 몸에 대해 몸을 밖으로 관찰하거나, 몸에 대해 몸을 안팎으로 관찰한다. 또는 몸에 대해 생성의 현상을 관찰하거나, 몸에 대해 소멸의 현상을 관찰하거나, 몸에 대해 생성과 소멸의 현상을 관찰한다. 단지 그에게 순수한 앎과 순수한 새김이 있는 정도만큼 '몸이 있다'라고 하는 새김이 이루어진다. 그는 세상의 어느 것에도 의존하지 않고 세상의 어느 것에도 집착하지 않는다. 수행승들이여, 수행승은 이와 같이 몸에 대해 몸을 관찰한다.

17. 또한 수행승들이여, 수행승은 묘지에 던져져 하루나 이틀이나 사흘이나 나흘이 지나 부풀어오르고 푸르게 멍들고 고름이 흘러나오는 시체를 보듯이, 이 몸을 이와 같이 '이 몸도 이와 같은 성질을 가지고 있고 이와 같은 존재가 되고 이와 같은 운명을 벗어나지 못할 것이다'라고 비교한다.

18. 이와 같은 방식으로 그는 몸에 대해 몸을 안으로 관찰하거나,

---

109) 네 가지 위대한 세계(四大)는 물질의 일차적 속성으로 각각 견고성, 유동성, 열성, 확산성을 말한다. 상세한 설명은 Vism. XI. 27-117을 참고하기 바란다.

110) seyyathāpi : 이 말은 不淨觀이 실제로 부패한 시체를 마주해야만 할 수 있는 것이 아님을 보여준다. 具象的인 不淨觀을 통해서도 실천할 수 있는 것이다.

몸에 대해 몸을 밖으로 관찰하거나, 몸에 대해 몸을 안팎으로 관찰한다. 또는 몸에 대해 생성의 현상을 관찰하거나, 몸에 대해 소멸의 현상을 관찰하거나, 몸에 대해 생성과 소멸의 현상을 관찰한다. 단지 그에게 순수한 앎과 순수한 새김이 있는 정도만큼 '몸이 있다'라고 하는 새김이 이루어진다. 그는 세상의 어느 것에도 의존하지 않고 세상의 어느 것에도 집착하지 않는다. 수행승들이여, 수행승은 이와 같이 몸에 대해 몸을 관찰한다.

19. 또한 수행승들이여, 수행승은 묘지에 던져져 까마귀에 먹히고 매에게 먹히고 독수리에 먹히고 개에게 먹히고 승냥이에게 먹히고 여러 가지 벌레에게 먹히는 시체를 보듯이, 이 몸을 이와 같이 '이 몸도 이와 같은 성질을 가지고 있고 이와 같은 존재가 되고 이와 같은 운명을 벗어나지 못할 것이다'라고 비교한다.

20. 이와 같은 방식으로 그는 몸에 대해 몸을 안으로 관찰하거나, 몸에 대해 몸을 밖으로 관찰하거나, 몸에 대해 몸을 안팎으로 관찰한다. 또는 몸에 대해 생성의 현상을 관찰하거나, 몸에 대해 소멸의 현상을 관찰하거나, 몸에 대해 생성과 소멸의 현상을 관찰한다. 단지 그에게 순수한 앎과 순수한 주의 깊음이 있는 정도만큼 '몸이 있다'라고 하는 새김이 이루어진다. 그는 세상의 어느 것에도 의존하지 않고 세상의 어느 것에도 집착하지 않는다. 수행승들이여, 수행승은 이와 같이 몸에 대해 몸을 관찰한다.

21. 또한 수행승들이여, 수행승은 묘지에 던져져 살점이 있고 피가 스며든 힘줄로 연결된 해골, 살점이 없고 피가 스며든 힘줄로 연결된 해골, 살점도 피도 없이 힘줄로 연결된 해골, 연결이 풀려 사방팔방으로, 곧 어떤 곳에는 손뼈, 어떤 곳에는 발뼈, 어떤 곳에는 정

강이뼈, 어떤 곳에는 넓적다리뼈, 어떤 곳에는 골반뼈, 어떤 곳에는 척추뼈, 어떤 곳에는 갈비뼈, 어떤 곳에는 가슴뼈, 어떤 곳에는 팔뼈, 어떤 곳에는 어깨뼈, 어떤 곳에는 목뼈, 어떤 곳에는 턱뼈, 어떤 곳에는 이빨뼈, 어떤 곳에는 두개골뼈가 흩어진 해골로 이루어진 시체를 보듯이, 이 몸을 이와 같이 '이 몸도 이와 같은 성질을 가지고 있고 이와 같은 존재가 되고 이와 같은 운명을 벗어나지 못할 것이다'라고 비교한다.111)

22. 이와 같은 방식으로 그는 몸에 대해 몸을 안으로 관찰하거나, 몸에 대해 몸을 밖으로 관찰하거나, 몸에 대해 몸을 안팎으로 관찰한다. 또는 몸에 대해 생성의 현상을 관찰하거나, 몸에 대해 소멸의 현상을 관찰하거나, 몸에 대해 생성과 소멸의 현상을 관찰한다. 단지 그에게 순수한 앎과 순수한 새김이 있는 정도만큼 '몸이 있다'라고 하는 새김이 이루어진다. 그는 세상의 어느 것에도 의존하지 않고 세상의 어느 것에도 집착하지 않는다. 수행승들이여, 수행승은 이와 같이 몸에 대해 몸을 관찰한다.

23. 또한 수행승들이여, 수행승은 묘지에 던져져 조개빛처럼 흰뼈, 일년 이상 쌓인 뼈, 썩어 가루가 된 뼈로 이루어진 시체를 보듯이, 이 몸을 이와 같이 '이 몸도 이와 같은 성질을 가지고 있고 이와 같은 존재가 되고 이와 같은 운명을 벗어나지 못할 것이다'라고 비교한다.

24. 이와 같은 방식으로 그는 몸에 대해 몸을 안으로 관찰하거나, 몸에 대해 몸을 밖으로 관찰하거나, 몸에 대해 몸을 안팎으로 관찰

111) 각각 屍體에 대한 네 가지 類型이 여기에 언급되었다. 아래의 세 가지는 명상하는데 獨立的이고 自足的인 것으로 모든 유형의 몸이 無常하고 無實體的인 것임을 마음에 銘心하는 효과적인 방법으로 사용된다.

한다. 또는 몸에 대해 생성의 현상을 관찰하거나, 몸에 대해 소멸의 현상을 관찰하거나, 몸에 대해 생성과 소멸의 현상을 관찰한다. 단지 그에게 순수한 앎과 순수한 새김이 있는 정도만큼 '몸이 있다'라고 하는 새김이 이루어진다. 그는 세상의 어느 것에도 의존하지 않고 세상의 어느 것에도 집착하지 않는다. 수행승들이여, 수행승은 이와 같이 몸에 대해 몸을 관찰한다.[112]

25. 수행승들이여, 수행승이 느낌에 대해 느낌을 관찰한다는 것은[113] 어떠한 것인가? 수행승들이여, 이 세상에 수행승이

1) 즐거운 느낌을 경험하면[114] '나는 즐거운 느낌을 경험한다'라고 분명히 알고,
2) 괴로운 느낌을 경험하면 '나는 괴로운 느낌을 경험한다'라고 분명히 알고,
3) 즐겁지도 않고 괴롭지도 않은 느낌을 경험하면 '나는 즐겁지도 않고 괴롭지도 않은 느낌을 경험한다'라고 분명히 알고,
4) 자양이 있는 즐거운 느낌을 경험하면 '나는 자양이 있는 즐거운 느낌을 경험한다'라고 분명히 알고,
5) 자양이 없는 즐거운 느낌을 경험하면 '나는 자양이 없는 즐거운 없는 느낌을 경험한다'라고 분명히 알고,
6) 자양이 있는 괴로운 느낌을 경험하면 '나는 자양이 있는 괴로운 느낌을 경험한다'라고 분명히 알고,

---

112) Brm. 41에 따르면, Stn. 193-206처럼 몸에 대한 관찰이 原型的인 것이고 나머지는 後代에 성립된 것이다.

113) vedanāsu vedanānupassī : MN. 137 「여섯 감역에 대한 분석의 경[Saḷāyatanavibhaṅgasutta]」에서는 在家와 出家의 生活과 관련하여 여섯 가지 종류의 즐거움, 괴로움, 즐겁지도 괴롭지도 않음의 느낌에 대한 항목아래 擴張되어 설명된다.

114) vedanaṃ vediyamāno : 원문은 '느낌을 느끼면'의 뜻인데, 빠알리 문장에서는 이와 같이 목적어와 술어가 동일한 의미를 가지고 반복되는 경우가 많다.

7) 자양이 없는 괴로운 느낌을 경험하면 '나는 자양이 없는 괴로운 느낌을 경험한다'라고 분명히 알고,
8) 자양이 있는 즐겁지도 않고 괴롭지도 않은 느낌을 경험하면 '나는 자양이 있는 즐겁지도 않고 괴롭지도 않은 느낌을 경험한다'라고 분명히 알고,
9) 자양이 없는 즐겁지도 않고 괴롭지도 않은 느낌을 경험하면 '나는 자양이 없는 즐겁지도 않고 괴롭지도 않은 느낌을 경험한다'라고 분명히 아는 것이다.

26. 이와 같은 방식으로 그는 느낌에 대해 느낌을 안으로 관찰하거나, 느낌에 대해 느낌을 밖으로 관찰하거나, 느낌에 대해 느낌을 안팎으로 관찰한다. 또는 느낌에 대해 생성의 현상을 관찰하거나, 느낌에 대해 소멸의 현상을 관찰하거나, 느낌에 대해 생성과 소멸의 현상을 관찰한다. 단지 그에게 순수한 앎과 순수한 주의 깊음이 있는 정도만큼 '느낌이 있다'라고 하는 새김이 이루어진다. 그는 세상의 어느 것에도 의존하지 않고 세상의 어느 것에도 집착하지 않는다. 수행승들이여, 수행승은 이와 같이 느낌에 대해 느낌을 관찰한다.

27. 수행승들이여, 마음에 대해 마음을 관찰하는 것은[115] 어떠한 것인가? 수행승들이여, 이 세상에 수행승이
1) 탐욕에 매인 마음을 탐욕에 매인 마음이라고 분명히 알고 탐욕을 여읜 마음을 탐욕을 여읜 마음이라고 분명히 알고,
2) 성냄에 매인 마음을 성냄에 매인 마음이라고 분명히 알고 성냄이 없는 마음을 성냄이 없는 마음이라고 분명히 알고,

---

115) citte cittānupassī : 명상의 대상으로서의 마음은 意識의 일반적인 狀態를 말한다. 意識自體는 본질적으로 단순히 대상에 대한 앎이나 인식이지만, 마음의 상태는 그것과 연합된 정신적인 요소들, 예를 들어, 貪欲과 성냄과 어리석음이나 그것들과는 반대의 경우에 의해 規定된다.

3) 어리석음에 매인 마음을 어리석음에 매인 마음이라고 분명히 알고 어리석음을 여읜 마음을 어리석음을 여읜 마음이라고 분명히 알고,

4) 위축된 마음을 위축된 마음이라고 분명히 알고 산만한 마음을 산만한 마음이라고 분명히 알고,

5) 확장된 마음을[116] 확장된 마음이라고 분명히 알고 확장되지 않은 마음을 확장되지 않은 마음이라고 분명히 알고,

6) 위가 있는 마음을 위가 있는 마음이라고 분명히 알고 위가 없는 마음을 위가 없는 마음이라고 분명히 알고,[117]

7) 삼매에 든 마음을 삼매에 든 마음이라고 분명히 알고 삼매에 들지 않은 마음을 삼매에 들지 않은 마음이라고 분명히 알고,

8) 해탈된 마음을[118] 해탈된 마음이라고 분명히 알고 해탈되지 않은 마음을 해탈되지 않은 마음이라고 분명히 아는 것이다.[119]

---

116) mahaggataṃ cittaṃ : '확장된(mahaggataṃ)'은 '커다란, 광대한, 계발된 높은'이란 뜻으로 Dgi. Ia. 226에 따르면, 미세한 물질계(色界)나 비물질계(無色界)의 마음을 말한다. '계발되지 않은 마음'은 감각적 쾌락의 욕망계의 마음을 말한다. 한역에서는 '확장된 마음'을 대심(大心)이라 하고, '확장되지 않은 마음'을 소심(小心)이라고 한다.

117) sauttaraṃ vā cittaṃ sauttaraṃ cittanti pajānāti. anuttaraṃ vā cittaṃ anuttaraṃ cittanti pajānāti : Dgi. Ia. 226에 따르면, 위가 있는 마음은 감각적 쾌락의 욕망계(欲界)의 마음을 말하고 위가 없는 마음은 미세한 물질계(色界)나 비물질계(無色界)의 마음을 뜻한다. 미세한 물질계(色界)가 위가 있는 마음이면, 비물질계(無色界)의 마음은 위가 없는 마음이 된다.

118) vimuttaṃ cittaṃ : Dgi. Ia. 226에 따르면, 해탈된 마음은 감각적 쾌락의 욕망계(欲界)의 착하고 건전한 마음과 미세한 물질계(色界)나 비물질계(無色界)의 마음을 말한다.

119) mahaggataṃ … amahaggataṃ … sauttaraṃ … anuttaraṃ … samāhitaṃ … asamāhitaṃ … vimuttaṃ … avimuttaṃ : Smv. 776에 따르면, 탐욕에 매인 마음은 여덟 가지 탐욕을 수반하는 마음이고, 탐욕을 여읜 마음은 세간의 착하고 건전한 것과 선악도 아닌 중립적인 것(無記)을 말하고, 성냄에 매인 마음은 두 가지 근심을 수반하는 마음이고, 성냄을 여읜 마음은 세간의 착하고 건전한 것과 선악도 아닌 중립적인 것을 말하고, 어리석음에 매인 마음은 의혹을 수반하는 마음과 자기정당화를 수반하는 마음이다. 어리석음을 여읜 마음은 세간의 착하고 건전한 것과 선악도 아닌 것을 말하고, 위축된 마음은 해태와 혼침을, 흩어진 마음은 흥분과 회한, 확장된 마음과 위가 없는 마음은 선정에서 성취되는 미세한 물질의 세계(色界 : rūpāvacara)와 비물질의 세계(無色界 : arupāvacar

28. 이와 같은 방식으로 그는 마음에 대해 마음을 안으로 관찰하거나, 마음에 대해 마음을 밖으로 관찰하거나, 마음에 대해 마음을 안팎으로 관찰한다. 또는 마음에 대해 생성의 현상을 관찰하거나, 마음에 대해 소멸의 현상을 관찰하거나, 마음에 대해 생성과 소멸의 현상을 관찰한다. 단지 그에게 순수한 앎과 순수한 주의 깊음이 있는 정도만큼 '마음이 있다'라고 하는 새김이 이루어진다. 그는 세상의 어느 것에도 의존하지 않고 세상의 어느 것에도 집착하지 않는다. 수행승들이여, 수행승은 이와 같이 마음에 대해 마음을 관찰한다.

29. 수행승들이여, 사실에 대해 사실을 관찰하는 것은[120] 어떠한 것인가? 수행승들이여, 이 세상에서 수행승은 다섯 가지 장애 가운데[121] 사실에 대해 사실을 관찰한다. 수행승들이여, 어떻게 이 세

---

a)와 관계되고, 확장되지 못한 마음과 위가 있는 마음은 감각적인 쾌락의 세계(kāmāvacara)와 관계된다. 삼매에 든 마음은 근접삼매(upacārasamādhi)와 근본삼매(appaṇāsamādhi)를 말하고 삼매에 들지 못한 마음은 그러한 삼매가 없는 것을 뜻한다. 해탈된 마음은 피분해탈(tadaṅgavimutti : 彼分解脫), 진복해탈(vikkhambhanavimutti : 鎭伏解脫)에 의한 해탈을 말하고, 해탈하지 않은 마음은 피분해탈과 진복해탈이 없는 것, 물론 정단(samuccheda : 正斷)·안식(paṭippassaddhi : 安息)·출리(nissaraṇa : 出離)에 의한 해탈도 없는 것을 말한다. 그리고 Mdb. 1192에 따르면, 여기서 해탈된 마음은 통찰이나 선정을 통해 일시적으로 마음이 해탈된 것으로 이해되어야 한다. 새김의 토대에 대한 명상은 출세간적인 궁극적인 해탈을 목표로 한 길의 준비단계와 관계가 있다. 이것은 출세간적인 길의 성취를 통한 궁극적인 해탈로 오해되어서는 안 된다.

120) dhammesu dhammānupassī : 여기서 譯者는 dhammā를 事實로 번역했다. 事實은 모든 事物이나 精神現象을 포괄하기 때문이다. 事件이라고 번역하면 因果的인 現象을 반영한다는 데서 더 좋은 번역이 될 수도도 있으나 너무 社會的인 特殊性을 띠기 때문에 여기서는 事實로 번역한다. 부처님의 가르침인 네 가지 거룩한 眞理도 事實에 대한 觀察에 포함된다. 좀 더 자세한 사항은 이 책의 190 문단의 註釋을 참고하기 바란다.

121) pañcasu nīvaraṇesu : 이러한 不健全한 상태가 精神의 集中과 있는 그대로의 깨달음을 방해하는 만큼 障碍라고 불리우며 거기에는 다섯 가지 장애(五障)가 있다. ① 감각적 쾌락의 욕망(愛貪 kāmacchanda), ② 악의(惡意 byāpāda), ③ 해태와 혼침(昏寢睡眠 thīnamiddha), ④ 흥분과 회한(悼擧惡作 uddhaccakukkucca), ⑤ 매사의 의심(疑 vicikicchā). 앞의 두 가지 장애, 감각적 快樂에 대한 欲望과 惡意는 가장 강력한 것으로 선정이나 삼매의 수행에 가장 장애가 되는 것인데, 그것들은 탐욕과 성냄을 수반하고 있다. 다른

상에서 수행승은 다섯 가지 장애 가운데 사실에 대해 사실을 관찰하는가?

수행승들이여, 이 세상에서 수행승은

1) 안으로 감각적 쾌락에 대한 욕망이 존재하면 '나에게는 안으로 감각적 쾌락에 대한 욕망이 있다'라고 분명히 알고, 안으로 감각적 쾌락에 대한 욕망이 존재하지 않는다면 '나에게는 안으로 감각적 쾌락에 대한 욕망이 없다'라고 분명히 알고, 아직 생겨나지 않은 감각적 쾌락에 대한 욕망이 생겨난다면 생겨나는 대로 그것을 분명히 알고, 이미 생겨난 감각적 쾌락에 대한 욕망을 버리면 버리는 대로 그것을 분명히 알고 이미 버려진 감각적 쾌락에 대한 욕망이 미래에 생겨나지 않는다면 생겨나지 않는 대로 그것을 분명히 안다.
2) 안으로 분노가 존재하면 '나에게는 안으로 분노가 있다'라고 분명히 알고, 안으로 분노가 존재하지 않는다면 '나에게는 안으로 분노가 없다'라고 분명히 알고, 아직 생겨나지 않은 분노가 생겨난다면 생겨나는 대로 그것을 분명히 알고, 이미 생겨난 분노를 버리면 버리는 대로 그것을 분명히 알고, 이미 버려진 분노가 미래

세 가지 장애는 비교적 덜하지만 장애적인 요소가 강한 것으로 어리석음을 수반하고 있다. 感覺的 快樂에 대한 欲望은 두 가지로 해석된다. 일반적으로 색깔, 소리, 냄새, 맛, 감촉의 다섯 가지 감각의 장에서 일어나는 감각적 쾌락(五欲樂)을 말하지만 때로는 넓은 의미로 감각적인 쾌락뿐 아니라 富, 勸力, 地位, 名譽 등에서 발생하는 욕망도 의미한다. 두 번째의 장애인 분노는 첫 번째 장애와 다른 극단적 형태의 성냄을 수반하는 것으로 자타에 대한 憎惡, 화냄, 怨恨, 嫌惡 등을 속성으로 한다. 세 번째 장애는 懈怠와 昏沈이다. 懈怠는 精神的으로 아둔한 것을 의미하고 昏沈은 마음이 무겁고 가라앉아 졸리는 것을 뜻한다. 네 번째의 장애는 興奮과 悔恨인데 흥분은 마음의 興奮, 不安定을 의미하고 회한은 걱정으로 과거에 대한 後悔와 원하지 않았던 결과에 대한 근심을 뜻한다. 이것은 어리석음을 바탕으로 하고 있다. 다섯 번째 장애는 疑心이다. 疑心은 어리석음에 수반하는 상습적인 未決定과 未解決, 信賴의 缺如 등을 뜻한다. AN. V. 193에는 이들 다섯 가지 장애에 관해 재미있는 비유가 있다. 感覺的 快樂에 대한 욕망은 다섯 가지 색깔로 물든 물에 비유되고, 憤怒는 부글부글 끓는 물에 비유되며, 懈怠와 昏沈은 이끼가 낀 물, 興奮과 悔恨은 바람이 불어 파도치는 물, 每事의 疑心은 흐린 흙탕물에 비유된다.

에 생겨나지 않는다면 생겨나지 않는 대로 그것을 분명히 안다.

3) 안으로 해태와 혼침이 존재하면 '나에게는 안으로 해태와 혼침이 있다'라고 분명히 알고, 안으로 해태와 혼침이 존재하지 않는다면 '나에게는 안으로 해태와 혼침이 없다'라고 분명히 알고, 아직 생겨나지 않은 해태와 혼침이 생겨난다면 생겨나는 대로 그것을 분명히 알고, 이미 생겨난 해태와 혼침을 버리면 버리는 대로 그것을 분명히 알고, 이미 버려진 해태와 혼침이 미래에 생겨나지 않는다면 생겨나지 않는 대로 그것을 분명히 안다.

4) 안으로 흥분과 회한이 존재하면 '나에게는 안으로 흥분과 회한이 있다'라고 분명히 알고, 안으로 흥분과 회한이 존재하지 않는다면 '나에게는 안으로 흥분과 회한이 없다'라고 분명히 알고, 아직 생겨나지 않은 흥분과 회한이 생겨난다면 생겨나는 대로 그것을 분명히 알고, 이미 생겨난 흥분과 회한을 버리면 버리는 대로 그것을 분명히 알고, 이미 버려진 흥분과 회한이 미래에 생겨나지 않는다면 생겨나지 않는 대로 그것을 분명히 안다.

5) 안으로 의심이 존재하면 '나에게는 안으로 의심이 있다'라고 분명히 알고, 안으로 의심이 존재하지 않는다면 '나에게는 안으로 의심이 없다'라고 분명히 알고, 아직 생겨나지 않은 의심이 생겨난다면 생겨나는 대로 그것을 분명히 알고, 이미 생겨난 의심을 버리면 버리는 대로 그것을 분명히 알고, 이미 버려진 의심이 미래에 생겨나지 않는다면 생겨나지 않는 대로 그것을 분명히 안다.

30. 이와 같은 방식으로 그는 사실에 대해 사실을 안으로 관찰하거나, 사실에 대해 사실을 밖으로 관찰하거나, 사실에 대해 사실을 안팎으로 관찰한다. 또는 사실에 대해 생성의 현상을 관찰하거나, 사실에 대해 소멸의 현상을 관찰하거나, 사실에 대해 생성과 소멸의

현상을 관찰한다. 단지 그에게 순수한 앎과 순수한 주의 깊음이 있는 정도만큼 '사실이 있다'라고 하는 새김이 이루어진다. 그는 세상의 어느 것에도 의존하지 않고 세상의 어느 것에도 집착하지 않는다. 수행승들이여, 수행승은 이와 같이 다섯 가지 장애가운데 사실에 대해 사실을 관찰한다.

31. 수행승들이여, 또한 이 세상에서 수행승은 다섯 가지 존재의 집착다발 가운데122) 사실에 대해 사실을 관찰한다. 수행승들이여,

---

122) pañcas'upādānakkhandhesu : 다섯 가지 존재의 집착다발(五取蘊 pañca'upādānakkhandhā)을 말한다. 1) 物質의 다발(色蘊); 물질의 다발은 物質의 不可分離의 集合을 말하는데 전통적으로 네 가지 위대한 요소, 곧 땅·물·불·바람과 그 誘導物質을 말한다. 유도물질이라는 말에는 시각, 청각, 후각, 미각, 촉각, 정신의 物質的 感覺能力(六根)과 거기에 대응하는 外部的 對象(六境)인 형상, 소리, 냄새, 맛, 감촉, 사물이 포함되어 있다. 이 誘導物質에는 內的 外的인 모든 物質이 包含된다. 2) 느낌의 다발(受蘊)이다. 느낌의 다발이란 느낌의 집합으로 物質的 精神的인 感覺器官이 外部의 世界와의 접촉을 통해서 경험되는 즐겁거나 괴로운 느낌과 즐겁지도 괴롭지도 않은 느낌을 포함한다. 이 느낌에는 그것이 받아들여지는 기관에 따라 여섯 가지 종류가 있다. 視覺接觸에 의한 느낌, 聽覺接觸에 의한 느낌, 嗅覺接觸에 의한 느낌, 味覺接觸에 의한 느낌, 觸覺接觸에 의한 느낌, 精神接觸에 의한 느낌의 여섯 가지가 있다. 우리의 모든 정신적 물질적인 느낌은 모두 이 범주에 속한다. 3) 知覺의 다발(想蘊)이다. 이것은 知覺의 집합을 뜻하며 知覺은 概念的인 把握을 의미한다. 예를 들어 여기에 책상이 있다면 그것을 책상이라고 인식하는 것이다. 이 지각에는 밖의 대상의 지향에 따라 명칭 지어진 形象에 대한 知覺, 소리에 대한 知覺, 냄새에 대한 知覺, 맛에 대한 知覺, 감촉에 대한 知覺, 사물에 대한 知覺의 여섯 가지가 있다. 느낌과 마찬가지로 지각도 外部世界와 여섯感官의 接觸을 통해서 일어난다. 4) 形成의 다발(行蘊)이다. 이것은 身體的·言語的·精神的 形成의 집합을 뜻한다. 여기에는 善惡과 같은 意圖的 行爲가 개입한다. 일반적으로 業은 여기서 생겨난다. 기본적으로 精神的 構成이다. 이것은 마음을 善이나 惡 또는 善惡도 아닌 것으로 향하게 한다. 形成에는 밖의 대상의 지향에 따라 명칭 지어진 形象에 대한 意圖, 소리에 대한 意圖, 냄새에 대한 意圖, 맛에 대한 意圖, 감촉에 대한 意圖, 사물에 대한 意圖의 여섯 가지가 있다. 느낌과 知覺은 意圖的 形成이 아니다. 그것들은 業報를 낳지 않는다. 반면에 믿음, 熟考, 意欲, 解釋, 集中, 智慧, 精進, 貪欲, 성냄, 無明, 驕慢, 實體에 執着하는 見解 등은 業報를 낳는 意圖的인 形成들이다. 이렇게 형성의 다발을 구성하는 52가지의 의도적 형성들이 있다. 5) 意識의 다발(識蘊)이다. 이것은 意識의 집합을 뜻하는데, 意識이란 여섯 가지 感覺器官과 이에 대응하는 外部의 對象이나 現象의 反應이다. 예를 들어 視覺意識(眼識)은 視覺을 根據로 하고 形象을 對象으로 하여 보는 作用이다. 精神意識(意識)은 精神을 根據로 하여 觀念이나 생각을 포함하는 事件을 對象으로 하여 認識하는 作用이다. 그래서 이 精神意識은 다른 感覺과 연결되어 있다. 느낌, 지각, 형성과 같이 의식에도 視覺接觸에 의한 意識, 聽覺接觸에 의한 意識, 嗅覺接觸에 의한 意識, 味覺接觸에 의한 意識, 觸覺接觸에 의한 意識,

어떻게 이 세상에서 수행승은 다섯 가지 존재의 집착다발가운데 사실에 대해 사실을 관찰하는가?
수행승들이여, 이 세상에 수행승은
1) '물질은 이와 같고 물질의 생성은 이와 같고 물질의 소멸은 이와 같다'라고 분명히 안다.
2) 느낌은 이와 같고 느낌의 생성은 이와 같고 느낌의 소멸은 이와 같다'라고 분명히 안다.
3) 지각은 이와 같고 지각의 생성은 이와 같고 지각의 소멸은 이와 같다'라고 분명히 안다.
4) 형성은 이와 같고 형성의 생성은 이와 같고 형성의 소멸은 이와 같다'라고 분명히 안다.
5) 의식은 이와 같고 의식의 생성은 이와 같고 의식의 소멸은 이와 같다'라고 분명히 안다.

32. 이와 같은 방식으로 그는 사실에 대해 사실을 안으로 관찰하거나, 사실에 대해 사실을 밖으로 관찰하거나, 사실에 대해 사실을 안팎으로 관찰한다. 또는 사실에 대해 생성의 현상을 관찰하거나, 사실에 대해 소멸의 현상을 관찰하거나, 사실에 대해 생성과 소멸의 현상을 관찰한다. 단지 그에게 순수한 앎과 순수한 새김이 있는 정도만큼 '사실이 있다'라고 하는 새김이 이루어진다. 그는 세상의 어느 것에도 의존하지 않고 세상의 어느 것에도 집착하지 않는다. 수행승들이여, 수행승은 이와 같이 다섯 가지 존재의 집착다발가운데

精神接觸에 의한 意識의 여섯 가지가 있다. 意識은 대상을 認識하는 것이 아님을 명백히 이해해야 한다. 그것은 일종의 알아차림이다. 대상의 존재를 단지 알아채는 것이다. 예를 들어 눈이 파란색의 물체를 보았을 때에, 안식은 빛깔의 존재를 알아챌 뿐이고, 그것이 파란색이라는 것을 깨닫지 못한다. 이 단계에서는 아무런 認識이 없다. 그것이 파란색이라는 것을 아는 단계는, 知覺(想)의 단계이다. 視覺意識이라는 말은 곧 '본다.'와 같은 뜻을 지닌 것이다. 다른 形態의 意識들도 마찬가지다.

사실에 대해 사실을 관찰한다.

33. 수행승들이여, 또한 이 세상에서 수행승은 여섯 가지 안팎의 감역 가운데[123] 사실에 대해 사실을 관찰한다. 수행승들이여, 어떻게 이 세상에서 수행승은 여섯 가지 안팎의 감역가운데 사실에 대해 사실을 관찰하는가?

수행승들이여, 이 세상에 수행승은

1) 시각을 분명히 알고 형상을 분명히 알고 그 양자를 조건으로 결박이 생겨나면 그것을 분명히 알고, 아직 생겨나지 않은 결박이 생겨나면 생겨나는 대로 그것을 분명히 알고, 이미 생겨난 결박을 버리게 되면 버리는 대로 그것을 분명히 알고, 이미 버려진 결박이 미래에 생겨나지 않는다면 생겨나지 않는 대로 그것을 분명히 안다.
2) 청각을 분명히 알고 소리를 분명히 알고 그 양자를 조건으로 결박이 생겨나면 그것을 분명히 알고, 아직 생겨나지 않은 결박이 생겨나면 생겨나는 대로 그것을 분명히 알고, 이미 생겨난 결박을 버리게 되면 버리는 대로 그것을 분명히 알고, 이미 버려진 결박이 미래에 생겨나지 않는다면 생겨나지 않는 대로 그것을 분명히 안다.
3) 후각을 분명히 알고 냄새를 분명히 알고 그 양자를 조건으로 결박이 생겨나면 그것을 분명히 알고, 아직 생겨나지 않은 결박이 생겨나면 생겨나는 대로 그것을 분명히 알고, 이미 생겨난 결박을 버리게 되면 버리는 대로 그것을 분명히 알고, 이미 버려진 결박

---

123) chasu ajjhattikabāhiresu āyatanesu : 여섯 가지 內的外的 感域(六內外處 cha ajjhatti kabāhirā āyatanā) : 시각(眼)과 형상(色), 청각(耳)과 소리(聲), 후각(鼻)과 냄새(香), 미각(舌)과 맛(味), 촉각(身)과 감촉(觸), 정신(意)과 사실(法)을 말한다.

이 미래에 생겨나지 않는다면 생겨나지 않는 대로 그것을 분명히 안다.

4) 미각을 분명히 알고 맛을 분명히 알고 그 양자를 조건으로 결박이 생겨나면 그것을 분명히 알고, 아직 생겨나지 않은 결박이 생겨나면 생겨나는 대로 그것을 분명히 알고, 이미 생겨난 결박을 버리게 되면 버리는 대로 그것을 분명히 알고, 이미 버려진 결박이 미래에 생겨나지 않는다면 생겨나지 않는 대로 그것을 분명히 안다.

5) 촉각을 분명히 알고 감촉을 분명히 알고 그 양자를 조건으로 결박이 생겨나면 그것을 분명히 알고, 아직 생겨나지 않은 결박이 생겨나면 생겨나는 대로 그것을 분명히 알고, 이미 생겨난 결박을 버리게 되면 버리는 대로 그것을 분명히 알고, 이미 버려진 결박이 미래에 생겨나지 않는다면 생겨나지 않는 대로 그것을 분명히 안다.

6) 정신을 분명히 알고 사실을 분명히 알고 그 양자를 조건으로 결박이 생겨나면 그것을 분명히 알고, 아직 생겨나지 않은 결박이 생겨나면 생겨나는 대로 그것을 분명히 알고, 이미 생겨난 결박을 버리게 되면 버리는 대로 그것을 분명히 알고, 이미 버려진 결박이 미래에 생겨나지 않는다면 생겨나지 않는 대로 그것을 분명히 안다.

34. 이와 같은 방식으로 그는 사실에 대해 사실을 안으로 관찰하거나, 사실에 대해 사실을 밖으로 관찰하거나, 사실에 대해 사실을 안팎으로 관찰한다. 또는 사실에 대해 생성의 현상을 관찰하거나, 사실에 대해 소멸의 현상을 관찰하거나, 사실에 대해 생성과 소멸의 현상을 관찰한다. 단지 그에게 순수한 앎과 순수한 새김이 있는 정

도만큼 '사실이 있다'라고 하는 새김이 이루어진다. 그는 세상의 어느 것에도 의존하지 않고 세상의 어느 것에도 집착하지 않는다. 수행승들이여, 수행승은 이와 같이 여섯 가지 안팎의 감역가운데 사실에 대해 사실을 관찰한다.

35. 수행승들이여, 또한 이 세상에서 수행승은 일곱 가지 깨달음 고리 가운데[124] 사실에 대해 사실을 관찰한다. 수행승들이여, 어떻게 이 세상에서 수행승은 일곱 가지 깨달음 고리가운데 사실에 대해 사실을 관찰하는가? 수행승들이여, 이 세상에서 수행승이

1) 안으로 새김의 깨달음의 고리가 있다면 '나에게 안으로 새김의 깨달음의 고리가 있다'라고 분명히 알고, 안으로 새김의 깨달음의 고리가 없다면 '나에게 안으로 새김의 깨달음의 고리가 없다'라고 분명히 알고, 아직 생겨나지 않은 새김의 깨달음의 고리가 생겨난다면 생겨나는 대로 그것을 분명히 알고, 이미 생겨난 새김의 깨달음의 고리가 닦여져 원만해지면 닦여져 원만해지는 대로 그것을 분명히 안다.
2) 안으로 탐구의 깨달음의 고리가 있다면 '나에게 안으로 탐구의 깨달음의 고리가 있다'라고 분명히 알고, 안으로 탐구의 깨달음의

124) sattasu bojjhaṅgesu : 일곱 가지 깨달음의 고리(七覺支 satta bojjhaṅgā)는 다음과 같다. ① 새김(念 sati)의 깨달음 고리 : 앞에서 논의한 바와 같이 身體的, 精神的인 모든 행위와 움직임을 세밀히 記憶하고 觀察하는 것을 말한다. ② 探究(擇法 dhammavicaya)의 깨달음 고리 : 敎理의 여러 가지 문제에 관해 調査하고 硏究하는 것을 말한다. 여기에는 宗敎的, 倫理的, 哲學的 硏究, 讀書, 探究, 論議, 對話를 비롯해서 敎理問題에 관한 講演에 參加하는 것까지 포함한다. ③ 精進(精進 viriya)의 깨달음 고리 : 끝가지 決意를 다지고 밀고 나아가는 것을 말한다. ④ 喜悅(喜 pīti)의 깨달음 고리 : 마음이 厭世的이고 우울한 것과는 정반대로 驚異와 喜悅에 넘친 상태를 지향한다. ⑤ 안온(輕安 passaddhi)의 깨달음 고리 : 身體와 精神이 休息을 취하는 상태로 身體的 精神的인 괴로움의 消滅을 지향한다. ⑥ 集中(定 samādhi)의 깨달음 고리 : 精神集中이 되어 三昧에 든 상태를 지향한다. ⑦ 平靜(捨 upekkha)의 깨달음 고리 : 人生의 波瀾曲折에서 침착한 마음을 유지하는 것으로 근심이 없고 平溫한 마음의 상태를 말한다.

고리가 없다면 '나에게 안으로 탐구의 깨달음의 고리가 없다'라고 분명히 알고, 아직 생겨나지 않은 탐구의 깨달음의 고리가 생겨난다면 생겨나는 대로 그것을 분명히 알고, 이미 생겨난 탐구의 깨달음의 고리가 닦여져 원만해지면 닦여져 원만해지는 대로 그것을 분명히 안다.

3) 안으로 정진의 깨달음의 고리가 있다면 '나에게 안으로 정진의 깨달음의 고리가 있다'라고 올바로 알아차리며, 안으로 정진의 깨달음의 고리가 없다면 '나에게 안으로 정진의 깨달음의 고리가 없다'라고 분명히 알고, 아직 생겨나지 않은 정진의 깨달음의 고리가 생겨난다면 생겨나는 대로 그것을 분명히 알고, 이미 생겨난 정진의 깨달음의 고리가 닦여져 원만해지면 닦여져 원만해지는 대로 그것을 분명히 안다.

4) 안으로 희열의 깨달음의 고리가 있다면 '나에게 안으로 희열의 깨달음의 고리가 있다'라고 분명히 알고, 안으로 희열의 깨달음의 고리가 없다면 '나에게 안으로 희열의 깨달음의 고리가 없다'라고 분명히 알고, 아직 생겨나지 않은 희열의 깨달음의 고리가 생겨난다면 생겨나는 대로 그것을 분명히 알고, 이미 생겨난 희열의 깨달음의 고리가 닦여져 원만해지면 닦여져 원만해지는 대로 그것을 분명히 안다.

5) 안으로 안온의 깨달음의 고리가 있다면 '나에게 안으로 안온의 깨달음의 고리가 있다'라고 분명히 알고, 안으로 안온의 깨달음의 고리가 없다면 '나에게 안으로 안온의 깨달음의 고리가 없다'라고 분명히 알고, 아직 생겨나지 않은 안온의 깨달음의 고리가 생겨난다면 생겨나는 대로 그것을 분명히 알고, 이미 생겨난 안온의 깨달음의 고리가 닦여져 원만해지면 닦여져 원만해지는 대로 그것

을 분명히 안다.

6) 안으로 집중의 깨달음의 고리가 있다면 '나에게 안으로 집중의 깨달음의 고리가 있다'라고 분명히 알고, 안으로 집중의 깨달음의 고리가 없다면 '나에게 안으로 집중의 깨달음의 고리가 없다'라고 분명히 알고, 아직 생겨나지 않은 집중의 깨달음의 고리가 생겨난다면 생겨나는 대로 그것을 분명히 알고, 이미 생겨난 집중의 깨달음의 고리가 닦여져 원만해지면 닦여져 원만해지는 대로 그것을 분명히 안다.

7) 안으로 평정의 깨달음의 고리가 있다면 '나에게 안으로 평정의 깨달음의 고리가 있다'라고 분명히 알고, 안으로 평정의 깨달음의 고리가 없다면 '나에게 안으로 평정의 깨달음의 고리가 없다'라고 분명히 알고, 아직 생겨나지 않은 평정의 깨달음의 고리가 생겨난다면 생겨나는 대로 그것을 분명히 알고, 이미 생겨난 평정의 깨달음의 고리가 닦여져 원만해지면 닦여져 원만해지는 대로 그것을 분명히 안다.

36. 이와 같은 방식으로 그는 사실에 대해 사실을 안으로 관찰하거나, 사실에 대해 사실을 밖으로 관찰하거나, 사실에 대해 사실을 안팎으로 관찰한다. 또는 사실에 대해 생성의 현상을 관찰하거나, 사실에 대해 소멸의 현상을 관찰하거나, 사실에 대해 생성과 소멸의 현상을 관찰한다. 단지 그에게 순수한 앎과 순수한 주의 깊음이 있는 정도만큼 '사실이 있다'라고 하는 새김이 이루어진다. 그는 세상의 어느 것에도 의존하지 않고 세상의 어느 것에도 집착하지 않는다. 수행승들이여, 수행승은 이와 같이 일곱 가지 깨달음 고리가운데 사실에 대해 사실을 관찰한다.

37. 수행승들이여, 또한 이 세상에서 수행승은 네 가지 거룩한 진리 가운데[125] 사실에 대해 사실을 관찰한다. 수행승들이여, 어떻게 이 세상에서 수행승은 네 가지 거룩한 진리가운데 사실에 대해 사실을 관찰하는가? 수행승들이여, 이 세상에 수행승은

1) '이것이 괴로움이다'라고 있는 그대로 분명히 알고,
2) '이것이 괴로움의 생성이다'라고 있는 그대로 분명히 알고,
3) '이것이 괴로움의 소멸이다'라고 있는 그대로 분명히 알고,
4) '이것이 괴로움의 소멸에 이르는 길이다'라고 있는 그대로 분명히 안다.

38. 이와 같은 방식으로 그는 사실에 대해 사실을 안으로 관찰하거나, 사실에 대해 사실을 밖으로 관찰하거나, 사실에 대해 사실을 안팎으로 관찰한다. 또는 사실에 대해 생성의 현상을 관찰하거나, 사실에 대해 소멸의 현상을 관찰하거나, 사실에 대해 생성과 소멸의 현상을 관찰한다. 단지 그에게 순수한 앎과 순수한 주의 깊음이 있는 정도만큼 '사실이 있다'라고 하는 새김이 이루어진다. 그는 세상의 어느 것에도 의존하지 않고 세상의 어느 것에도 집착하지 않는다. 수행승들이여, 수행승은 이와 같이 네 가지 거룩한 진리 안에서 사실에 대해 사실을 관찰한다.

39. 수행승들이여, 누구든지 이 네 가지 새김의 토대를 칠 년 동안 이와 같이 닦으면, 지금 여기에서의 궁극적인 지혜의 열매나 집착

---

125) catusu ariyasaccesu : 네 가지 거룩한 진리(四聖諦 : catu ariyasaccā)는 다음과 같다: ① 괴로움의 거룩한 진리(苦聖諦 dukkham ariyasaccaṃ), ② 괴로움의 생성의 거룩한 진리(集聖諦 dukkhasamudayam ariyasaccaṃ), ③ 괴로움의 소멸의 거룩한 진리(滅聖諦 dukkhanirodham ariyasaccaṃ), ④ 괴로움의 소멸에 이르는 길의 거룩한 진리(道聖諦 dukkhanirodhagāminī paṭipadā ariyasaccaṃ), 사실에 대한 사실의 명상에서 네 가지 거룩한 진리에 대한 명상이 가장 궁극적인 것이다.

의 흔적이 남아 있다면 돌아오지 않는 경지의 열매라는 두 가지 열매 가운데 하나의 열매가 기대된다.[126] 수행승들이여, 칠 년 동안이 아니더라도, 수행승들이여, 누구든지 이 네 가지 새김의 토대를 육 년, 오 년, 사 년, 삼 년, 이 년, 일 년 동안만이라도 이와 같이 닦으면, 아니 수행승들이여, 누구든지 이 네 가지 새김의 토대를 칠 개월 동안만이라도 이와 같이 닦으면, 지금 여기에서의 궁극적인 지혜의 열매나 집착의 흔적이 남아 있다면 돌아오지 않는 경지의 열매라는 두 가지 열매 가운데 하나의 열매가 기대된다. 수행승들이여, 칠개월 동안까지 못하더라도, 수행승들이여, 누구든지 이 네 가지 새김의 토대를 육개월, 오개월, 사개월, 삼개월, 이개월, 일개월, 반 달 동안만이라도 이와 같이 닦으면, 아니, 수행승들이여, 누구든지 이 네 가지 새김의 토대를 칠일 동안만이라도[127] 이와 같이 닦는다면, 지금 여기에서의 궁극적인 지혜의 열매, 또는 집착의 흔적이 남아 있다면 돌아오지 않는 경지의 열매 – 이 두 가지 열매 가운데 하나의 열매가 기대된다.

40. 이것과 관련해서 '수행승들이여, 뭇삶을 청정하게 하고, 슬픔과 비탄을 뛰어넘게 하고, 고통과 근심을 소멸하게 하고, 바른 방도를 얻게 하고, 열반을 실현시키는 하나의 길이 있으니, 곧 네 가지 새김의 토대이다'라고 이와 같이 말한 것은 이것에 근거해서 설한 것이다."

41. 이와 같이 세존께서 말씀하시자, 그들 수행승들은 만족하여 세존께서 말씀하신 것을 기쁘게 받아 지녔다.

---

126) aññā : 거룩한 이인 阿羅漢의 窮極的인 智慧를 말하고, anāgāmitā는 돌아오지 않는 이(不還者)의 경지에 도달한 智慧를 말한다.

127) Brm. 41에 따르면, 이 '六個月, 五個月, 四個月, 三個月, 二個月, 一個月, 반달 동안만이라도 이와 같이 닦으면, 아니 수행승들이여, 누구든지 이 네 가지 새김의 토대를 七日 동안만이라도'라는 구절은 부처님께서 한 말이 아닌데 삽입된 것이다.

5. 험난한 삶의 역정을 어떻게 극복할 것인가?

[Mahāsīhanādasutta][128]

나는 참으로 고통스런 삶을 살았는데, 극단적으로 고통스런 삶을 살았다. 나는 참으로 구차한 삶을 살았는데, 극단적으로 구차한 삶을 살았다. 나는 참으로 삼가는 삶을 살았는데, 극단적으로 삼가는 삶을 살았다. 나는 참으로 외로운 삶을 살았는데, 극단적으로 외로운 삶을 살았다.

1\. 이와 같이 나는 들었다. 한 때 세존께서 베쌀리[129]시의 서쪽 근교의 한 총림에 계셨다.

2\. 그런데 그 때에 릿차비[130]족의 아들 쑤낙캇따[131]는 가르침과 계

---

128) 원래의 제목은 「사자후에 대한 큰 경 [Mahāsīhanādasutta]」이다. 우리말 『맛지마니까야』 1권 278쪽에 있다. MN. I. 68 ; 身毛喜竪經(大正 17. 591), 增壹 46・4 力(大正 2, 776), 增壹 50・6(大正 2, 811), 雜阿 684(大正 2, 186), 增壹 31・8(大正 2, 670), 信解智力經(大正 17. 747) 참조. 이 경은 싸리뿟따가 날라가마까에서 어머니를 敎化하고 완전한 涅槃에 들기 전에 부처님께서 한 최후의 記念碑的인 說法이다.

129) Vesali(sk. Vaiśāli) : Licchavi 족의 영토에 있는 도시로 漢譯에서는 毘舍離라고 한다. 그 도시에 인접한 갠지스 강의 남안에는 Pāṭaliputta(지금의 Patna)가 있었다. Mahāv-ana는 그 곳에 있는 僧園이고, Kuṭāgārasālā는 그 僧園 안에 있던 2층 건물이다.

130) Licchavi : 부처님 당시의 강력한 部族이었다. 그들은 부처님의 舍利分配問題를 두고 다툰 것으로 보아 王族出身이었음에 틀림없다. 그들의 首都는 Vesāli였고 Vajji국 연합의 일부였다. 이 부족은 강력한 유대를 갖고 있어서, 한 사람이 아프면 모든 다른 사람들이 그를 방문했고 全部族이 축제에 함께 참여했고 도시를 방문하는 특별한 방문객을 환영했다. 그들은 화려하고 아름다운 옷을 입었고 찬란한 색을 칠한 마차를 타고 다녔다. 부처님은 그들을 兜率天의 神들에 비유할 정도였다. 그럼에도 불구하고 그들은 사치스럽지 않았고, 짚으로 만든 침대에 살면서, 매우 부지런하였다. 그들은 부처님이 제시한 福祉를 이루기 위해 필요한 일곱 가지 조건(aprihānīyadhammā)을 실천하고 있었다. DN. II. 73에 따르면, 릿차비 족들은 ① 모두가 참여하는 部族會議를 자주 열었다. ② 함께 決論을 짓

율을 떠난 지 얼마 되지 않았는데, 베쌀리 시의 대중에게 이와 같이 말했다.

[쑤낙캇따] "수행자 고따마는 인간의 상태를 뛰어넘지 못했고, 그에게는 고귀한 분이 갖추어야 할 앎과 봄에 관한 지극한 탁월함이 없다.[132] 수행승 고따마는 단지 사유를 조작하여 자신의 말재주에 따라 추론하여 법을 설한다. 그래서 누군가에게 가르침을 설할 때에는, 자신의 가르침을 따르는 자를 괴로움의 완전한 소멸로 이끌기 위한 것이라고 설한다."

3. 마침 존자 싸리뿟따가 아침 일찍 옷을 입고 발우와 가사를 들고 베쌀리 시로 탁발을 하러 갔다. 존자 싸리뿟따는 릿차비 족의 아들 쑤낙캇따가 베쌀리 시의 대중에게 이와 같이 '수행자 고따마는 인간의 상태를 뛰어넘지 못했고, 그에게는 고귀한 분이 갖추어야 할 앎과 봄에 관한 지극한 탁월함이 없다. 수행승 고따마는 단지 사유를 조작하여 자신의 말재주에 따라 추론하여 법을 설한다. 그래서

고 그것을 和合하여 實踐했다. ③ 傳統을 지키고 公約을 尊重하였다. ④ 어른들을 尊重하고 保護했다. ⑤ 아녀자들을 강제로 추행하거나 납치하는 것을 容納하지 않았다. ⑥ 靈廟를 尊重하고 維持했다. ⑦ 聖者를 後援하고 尊重했다.

131) Sunakkhatta : 수낙캇따가 僧團에 입단하기 전에 부처님이 그에게 설한 經이 Sunakkhattasutta(MN. 105)인데, 그가 僧團을 떠난 것에 대해서는 Pāṭikasutta(DN. 24)에 기록되어있다. 그는 부처님이 그에게 아무런 神通을 보여주지 않고 또한 事物의 始初에 대해 說明하지 않았기 때문에 僧團을 떠났다.

132) natthi samaṇassa Gotamassa uttariṃ manussadhammā alamariyañāṇadassanaviseso : 南傳9卷110의 번역은 단지 '沙門瞿曇에게는 人法을 초월한 特殊한 最上의 智見은 없다'라고 飜譯되어 있다. '인간의 상태를 뛰어넘는(uttariṃ manussadhammā)'이라는 말은 MN. 9「올바른 견해의 경 [Sammādiṭṭhisutta]」에 따르면, 열 가지 착하고 건전한 행위가 포함된 일반인들의 덕목보다 높은 道德的인 成就를 말한다. 고귀한 분이 갖추고 있는 앎과 봄에 대한 지극한 탁월함(alamariyañāṇadassanaviseso)은 고귀한 개인에게 특징적인 명상적인 지식의 지극한 탁월성을 의미한다. 이 批判의 要旨는 부처님이 超越的인 智慧로 깨달은 가르침이 아니라 단지 熟考하여 만들어낸 가르침을 說한다는 것이다. 그는 괴로움의 완전한 燒滅이라는 目標를 神通을 成就하는 것보다 劣等한 것으로 여겼다.

누군가에게 가르침을 설할 때에는, 자신의 가르침을 따르는 자를 괴로움의 완전한 소멸로 이끌기 위한 것이라고 설한다'라고 말하는 것을 들었다.

4. 그래서 존자 싸리뿟따는 베쌀리 시로 탁발하러 가서 식사를 마친 뒤, 탁발에서 돌아와 세존께서 계신 곳을 찾았다. 가까이 다가가서 세존께 인사를 드리고 한 쪽으로 물러 앉았다. 한 쪽으로 물러 앉은 존자 싸리뿟따는 세존께 이와 같이 말했다.
[싸리뿟따] "세존이시여, 릿차비 족의 아들 쑤낙캇따는 가르침과 계율을 떠난 지 얼마 되지 않았는데, 베쌀리 시의 대중에게 이와 같이 '수행자 고따마는 인간의 상태를 뛰어넘지 못했고, 그에게는 고귀한 분이 갖추어야 할 앎과 봄에 관한 지극한 탁월함이 없다. 수행승 고따마는 단지 사유를 조작하여 자신의 말재주에 따라 추론하여 법을 설한다. 그래서 누군가에게 가르침을 설할 때에는, 자신의 가르침을 따르는 자를 괴로움의 완전한 소멸로 이끌기 위한 것이라고 설한다'라고 말했습니다."

5. [세존] "싸리뿟따여, 어리석은 쑤낙캇따는 분노하였고, 그 분노에 끌려서 그와 같이 말한 것이다. 그런데 싸리뿟따여, '나는 비방하리라.'고 생각한 어리석은 쑤낙캇따는 오히려 여래에 관해 칭찬을 했다. 싸리뿟따여, 이와 같이 '자신의 가르침을 따르는 자를 괴로움의 완전한 소멸로 이끌기 위한 것이다'라고 말하는 것은 여래에 관해 칭찬하는 것이 된다.

6. 싸리뿟따여, 어리석은 쑤낙캇따는 나에 관해 이와 같이 '세존께서는 공양 받을 만한 님, 올바로 원만히 깨달은 님, 명지와 덕행을 갖추신 님, 바른 길로 잘 가신 님, 세상을 이해하는 님, 가장 높은

자리에 오르신 님, 사람들을 길들이시는 님, 신들과 인간의 스승이신 님, 부처님, 세상에 존귀한 님이다'라고 법에 따라 유추하지 못한다.133)

7. 싸리뿟따여, 어리석은 쑤낙캇따는 나에 관해 이와 같이 '세존께서는 여러 가지의 정신적 능력을 즐긴다. 그는 하나에서 여럿이 되며, 여럿에서 하나가 되고, 나타나기도 하고 사라지기도 하고, 자유로운 공간처럼 집착 없이 벽을 통과하고 담장을 통과하고 산을 통과해서 가고, 물속처럼 땅속을 드나들고, 땅위처럼 물속에서도 빠지지 않고 걷고, 날개 달린 새처럼 공중에서 앉은 채 움직이고 손으로 이처럼 큰 위력을 지니고, 이처럼 큰 능력을 지닌 달과 해를 만지고 쓰다듬고, 하느님의 세계에 이르기까지 육신으로 영향력을 미친다.'라고 법에 따라 유추하지 못한다.

8. 싸리뿟따여, 어리석은 쑤낙캇따는 나에 관해 이와 같이 '세존께서는 청정하여 인간을 뛰어넘는 하늘귀로 멀고 가까운 신들과 인간의 소리를 둘 다 듣는다'라고 법에 따라 유추하지 못한다.

9. 싸리뿟따여, 어리석은 쑤낙캇따는 나에 관해 이와 같이 '세존께서는 나 자신의 마음을 미루어 다른 뭇삶, 다른 사람의 마음을 안다. 그는 탐욕으로 가득 찬 마음을 탐욕으로 가득 찬 마음으로 알거나, 탐욕에서 벗어난 마음을 탐욕에서 벗어난 마음이라고 안다. 성냄으로 가득한 마음을 성냄으로 가득한 마음이라고 알거나, 성냄에서 벗어난 마음을 성냄에서 벗어난 마음이라고 안다. 어리석음에 가득 찬 마음을 어리석음에 가득 찬 마음이라고 알거나, 어리석음

133) 모든 다음 文段은 부처님에 대한 수낙카따의 批判에 대한 반박으로 제시된 것이다. 여섯 가지의 超越的인 智慧와 열 가지 如來의 힘이 소개되고 있다.

에서 벗어난 마음을 어리석음에서 벗어난 마음이라고 안다. 위축된 마음을 위축된 마음이라고 알거나, 산만한 마음을 산만한 마음이라고 안다. 확장된 마음을 확장된 마음이라고 알며, 확장되지 않은 마음을 확장되지 않은 마음이라고 안다. 위가 있는 마음을 위가 있는 마음이라고 알며, 위가 없는 마음을 위가 없는 마음이라고 안다. 삼매에 든 마음을 삼매에 든 마음이라고 알며, 삼매에 들지 못한 마음을 삼매에 들지 못한 마음이라고 안다. 해탈한 마음을 해탈한 마음이라고 알며, 해탈하지 못한 마음을 해탈하지 못한 마음이라고 안다'라고 법에 따라 유추하지 못한다.

10. 싸리뿟따여, 여래에게는 여래의 열 가지 힘이[134] 있는데 그 힘을 갖춘 여래는 최상의 지위를[135] 선언하고 대중 가운데 사자후를 토하며 하늘의 수레를[136] 굴린다. 열 가지란 어떠한 것인가?

11. 싸리뿟따여, 이 세상에서 여래는 조건을 갖춘 경우와 조건을

---

134) dasabala : Srp. II. 43~44에 의하면 如來(tathāgata)의 힘에는 신체적인 힘(kāyabala)과 정신적인 힘(ñāṇabala)의 두 가지가 있다. 여래의 신체적인 힘은 코끼리의 힘과 비교된다. 下品의 코끼리 Kāḷāvaka에서부터 上品의 코끼리 Chaddanta에 이르기까지 열 가지 종류의 코끼리가 下品에서 上品으로 올라갈수록 각각 10배씩 힘이 강해지는데, 如來의 신체적인 힘은 最上品 코끼리 Chaddanta의 10배에 해당한다. 한편 여래의 열 가지 힘이란 정신적인 힘에 관한 것이다. 아래와 같은 열 가지 힘에 관해 俱舍論 27卷에서는 각각 다음과 같이 한역하고 있다. ① 處非處智力, ② 業異熟智力, ③ 遍趣行智力, ④ 種種界智力, ⑤ 種種勝解智力, ⑥ 根上下智力, ⑦ 靜慮解脫等持等至智力, ⑧ 宿住隨念智力, ⑨ 死生智力, ⑩ 漏盡智力

135) āsabhaṁ ṭhānaṁ : 牡牛王의 지위, 이는 Srp. II. 45에 의하면 最上의 지위(seṭṭhaṭṭhānaṁ, uttamaṭṭhānaṁ)를 의미한다. 牡牛王들(āsabhā)은 過去佛(pubbabuddhā)들의 이름이다.

136) brahmacakkaṁ pavatteti : 梵輪이다.Srp. II. 46에 의하면 brahma(梵)는 最上, 最高의 뜻으로 청정한 法輪(dhammacakkaṁ)을 굴린다는 뜻이다. 이 法輪에는 두 가지 종류가 있다. ① 지혜에 의해 증진된 자신의 聖果를 유발하는 貫智(paññāpabhāvitaṁ attano ariyaphal-āvahaṁ paṭivedhañāṇaṁ)의 法輪, ② 慈悲에 의해 증진된 제자들의 聖果를 유발하는 敎智(karuṇāpabhāvitaṁ sāvakānaṁ ariyaphalāvahaṁ desanāñāṇaṁ)의 法輪.

갖추지 못한 경우를 여실히 안다.137) 싸리뿟따여, 여래가 조건을 갖춘 경우를 조건을 갖춘 경우로, 조건을 갖추지 못한 경우를 조건을 갖추지 못한 경우로 아는 힘을, 싸리뿟따여, 여래의 여래힘이라고 하는데, 그 힘에 의해서 여래는 최상의 지위를 선언하고 대중 가운데 사자후를 토하며 하늘의 수레를 굴린다.

12. 싸리뿟따여, 또한 이 세상에서 여래는 과거, 미래, 현재의 업보에 관해 가능성과 조건을 살펴 여실히 그 과보를 안다.138) 싸리뿟따여, 여래가 과거, 미래, 현재의 업보에 관해 가능성과 조건을 살펴 여실히 그 과보를 아는 힘을, 싸리뿟따여, 여래의 여래힘이라고 하는데, 그 힘에 의해서 여래는 최상의 지위를 선언하고 대중 가운데 사자후를 토하며 하늘의 수레를 굴린다.

13. 싸리뿟따여, 또한 이 세상에서 여래는 모든 운명으로 인도하는 길에 관해 안다.139) 싸리뿟따여, 여래가 모든 운명으로 인도하는 길에 관해 아는 힘을, 싸리뿟따여, 여래의 여래의 힘이라고 하는데, 그 힘에 의해서 여래는 최상의 지위를 선언하고 대중 가운데 사자후를 토하며 하늘의 수레를 굴린다.

14. 싸리뿟따여, 또한 이 세상에서 여래는 많은 세계로 구성된 다양한 세계의 세계에 관해 안다.140) 싸리뿟따여, 여래가 많은 세계

---

137) MN. 115 「다양한 종류의 세계의 경[Bahudhātukasutta]」에서도 反復된다. 그러나 Vibh.§809에서는 이것을 原因과 結果의 關係에 대한 앎으로 표현한다.

138) 이 지식에 대해는 MN. 57 「개의 행실을 닦는 자에 대한 경[Kukkuravatikasutta]」, MN. 135 「업의 분석에 대한 작은 경[Cūḷakammavibhaṅgasutta]」와 MN. 136 「업의 분석에 대한 큰 경[Mahākammavibhaṅgasutta]」에서 이루어진 부처님의 업에 대한 분석을 참고하라.

139) 이 知識에 대해서는 이 經에서 나중에 상세히 다루어진다.

140) anekadhātun : 世界를 구성하는 다양한 世界(dhātu)에 대한 如來의 앎은 MN. 115 「다양한 종류의 세계의 경[Bahudhātukasutta]」에 나온다. Vibh. 339 참조

로 구성된 다양한 세계의 세계에 관해 아는 힘을, 싸리뿟따여, 여래의 여래힘이라고 하는데, 그 힘에 의해서 여래는 최상의 지위를 선언하고 대중 가운데 사자후를 토하며 하늘의 수레를 굴린다.

15. 싸리뿟따여, 또한 이 세상에서 여래는 다른 뭇삶들의 여러 가지 경향에 관해 안다.[141] 싸리뿟따여, 여래가 다른 뭇삶들의 여러 가지 경향에 관해 아는 힘을, 싸리뿟따여, 여래의 여래힘이라고 하는데, 그 힘에 의해서 여래는 최상의 지위를 선언하고 대중 가운데 사자후를 토하며 하늘의 수레를 굴린다.

16. 싸리뿟따여, 또한 이 세상에서 여래는 뭇삶들의 능력의 높고 낮음에 관해 안다.[142] 싸리뿟따여, 여래가 뭇삶들의 능력의 높고 낮음에 관해 아는 힘을, 싸리뿟따여, 여래가 지닌 여래힘이라고 하는데, 그 힘에 의해서 여래는 최상의 지위를 선언하고 대중 가운데 사자후를 토하며 하늘의 수레를 굴린다.

17. 싸리뿟따여, 또한 이 세상에서 여래는 선정, 해탈, 삼매, 성취에 대해서 오염과 청정과 벗어남을 안다.[143] 싸리뿟따여, 여래가 선정, 해탈, 삼매, 성취에 대해서 오염과 청정과 그 벗어남을 아는 힘을, 싸리뿟따여, 여래가 지닌 여래의 힘이라고 하는데, 그 힘에 의해서 여래는 최상의 지위를 선언하고 대중 가운데 사자후를 토하며 하늘의 수레를 굴린다.

---

141) nānādhimuttikatan : Vibh. 339 참조. 如來는 존재가 劣等한 傾向을 취하거나 卓越한 傾向을 취하는 것에 대해 알고 傾向을 함께 나누는 자들에게 이끌린다는 사실을 안다.

142) indriyaparopariyattan : Vibh. 340은 이 힘에 대해 상세한 분석을 한다. Pps. II. 30에는 정확하게 믿음, 精進, 새김, 集中, 智慧의 높고 낮음이라고 해설하고 있다.

143) saṅkilesaṃ vodānaṃ vuṭṭhānaṃ yathābhūtaṃ pajānāti : Vibh. 343에서 '汚染(sankilesa)'은 저열한 것을 일으키는 상태이고 '淸淨(vodāna)'은 탁월함을 일으키는 상태이고, '벗어남(vuṭṭhāna)'은 성취에서 오는 淨化와 上乘을 뜻한다.

18. 싸리뿟따여, 또한 이 세상에서 여래는 전생의 여러 가지 삶의 형태를 기억한다. 예를 들어 '한 번 태어나고 두 번 태어나고 세 번 태어나고 네 번 태어나고 다섯 번 태어나고, 열 번 태어나고 스무 번 태어나고 서른 번 태어나고 마흔 번 태어나고 쉰 번 태어나고 백 번 태어나고 천 번 태어나고 십만 번 태어나고 수많은 세계가 파괴되고 수많은 세계가 생성되고 수많은 세계가 파괴되고 생성되는 시간을 지나면서, 당시에 나는 이러한 이름과 이러한 성을 지니고 이러한 용모를 지니고 이러한 음식을 먹고 이러한 괴로움과 즐거움을 맛보고 이러한 목숨을 지녔고, 나는 그 곳에서 죽은 뒤에 나는 다른 곳에 태어났는데, 거기서 나는 이러한 이름과 이러한 성을 지니고 이러한 용모를 지니고 이러한 음식을 먹고 이러한 괴로움과 즐거움을 맛보고 이러한 목숨을 지녔었다. 그 곳에서 죽은 뒤에 여기에 태어났다'라고 이와 같이 나는 나의 전생의 여러 가지 삶의 형태를 구체적으로 상세히 기억한다. 싸리뿟따여, 여래는 그의 전생의 여러 가지 삶의 형태를 구체적으로 상세히 기억하는 힘을, 싸리뿟따여, 여래가 지닌 여래의 힘이라고 하는데, 그 힘에 의해서 여래는 최상의 지위를 선언하고 대중 가운데 사자후를 토하며 하늘의 수레를 굴린다.

19. 싸리뿟따여, 또한 이 세상에서 여래는 청정한, 인간을 뛰어넘는 하늘눈으로 뭇삶들을 관찰하여, 죽거나 다시 태어나거나, 천하거나 귀하거나, 아름답거나 추하거나, 행복하거나 불행하거나, 업보에 따라서 등장하는 뭇삶들에 관하여 분명히 안다. '어떤 뭇삶들은 몸으로 악행을 저지르고, 입으로 악행을 저지르고, 마음으로 악행을 저질렀다. 그들은 고귀한 분들을 비난하고 잘못한 견해를 지

니고, 잘못된 견해에 따라 행동했다. 그래서 그들은 몸이 파괴되고 죽은 뒤에 괴로운 곳, 나쁜 곳, 타락한 곳, 지옥에 태어났다. 그러나 다른 뭇삶들은 몸으로 선행을 하고 입으로 선행을 하고 마음으로 선행을 하였다. 그들은 고귀한 분들을 비난하지 않고 올바른 견해를 지니고 올바른 견해에 따라 행동했다. 그래서 그들은 육체가 파괴되고 죽은 뒤에 좋은 곳, 하늘나라에 태어났다'라고 이와 같이 여래는 청정한, 인간을 뛰어넘는 하늘눈으로 뭇삶들을 관찰한다. 싸리뿟따여, 이와 같이 여래가 청정한, 인간을 뛰어넘는 하늘눈으로 뭇삶들을 관찰하는 힘을, 싸리뿟따여, 여래가 지닌 여래의 힘이라고 하는데 그 힘에 의해서 여래는 최상의 지위를 선언하고 대중 가운데 사자후를 토하며 하늘의 수레를 굴린다.

20. 싸리뿟따여, 또한 이 세상에서 여래는 번뇌를 부수어 번뇌 없는, 마음에 의한 해탈과 지혜에 의한 해탈을 지금 여기에서 스스로 잘 알고 깨달아 성취한다. 싸리뿟따여, 여래가 번뇌를 부수어 번뇌 없는, 마음에 의한 해탈과 지혜에 의한 해탈을 지금 여기에서 스스로 잘 알고 깨달아 성취하는 힘을, 싸리뿟따여, 여래가 지닌 여래힘이라고 하는데 그 힘에 의해서 여래는 최상의 지위를 선언하고 대중 가운데 사자후를 토하며 하늘의 수레를 굴린다.

21. 싸리뿟따여, 여래에게는 이와 같은 여래의 열 가지 힘이 있는데 그 힘을 갖춘 여래는 최상의 지위를 선언하고 대중 가운데 사자후를 토하며 하늘의 수레를 굴린다. 싸리뿟따여, 이와 같이 알고 이와 같이 보아서 나에 관해 이와 같이 '수행자 고따마는 인간의 상태를 뛰어넘지 못했고, 그에게는 고귀한 분이 갖추어야 할 앎과 봄에 관한 지극한 탁월함이 없다. 수행승 고따마는 단지 사유를 조작하

여 자신의 말재주에 따라 추론하여 법을 설한다. 그래서 누군가에게 가르침을 설할 때에는 자신의 가르침을 따르는 자를 괴로움의 완전한 소멸로 이끌기 위한 것이라고 설한다'라고 말하며, 그 말을 버리지 않고, 그 마음을 버리지 않고, 그 견해를 놓아버리지 않으면, 던져지듯 지옥에 떨어질 것이다.[144] 싸리뿟따여, 예를 들어 계율을 갖추고, 삼매를 갖추고, 지혜를 갖춘 수행승은 지금 여기에서 궁극적인 지혜를 성취한다. 그와 마찬가지로 이와 같이 '그 말을 버리지 않고 그 마음을 버리지 않고 그 견해를 놓아버리지 않으면, 던져지듯 지옥에 떨어질 것이다'라고 나는 말한다.

22. 싸리뿟따여, 여래에게는 네 가지의 두려움 없음[145]이 있는데 그 두려움 없음을 갖춘 여래는 최상의 지위를 선언하고 대중 가운데 사자후를 토하며 하늘의 수레를 굴린다. 네 가지란 어떠한 것인가?

23. 싸리뿟따여, 수행자든 바라문, 신, 악마, 하느님이든 이 세상의 어떤 자이든, 나에 대해 '올바로 깨달은 자라고 그대가 주장하더라도, 그 가르침들은 올바로 깨달아진 것이 아니다'라고 나를 비난할 수 있는 근거가 없음을 가르침에 견주어 안다. 싸리뿟따여, 나는 여전히 근거가 없음을 알기 때문에, 나는 도달한 안온에 머물러 있고 도달한 두려움 없음에 머물러 있고 도달한 공포 없음에 머물러 있다.

---

144) yathābhataṃ nikkhitto evaṃ niraye : Pps. II. 32에 따르면, '그는 地獄의 閻羅大王(nirayapāla)에게 끌려와서 거기에 놓여지는 것처럼 地獄으로 던져질 것이다'라는 뜻이다.

145) catāri vesārajjāni : 漢譯에서는 四無所畏라고 번역한다. 이 네 가지의 두려움 없음에 관해서는 MN. 12 「사자후에 대한 큰 경[Mahāsīhanādasutta]」에 상세히 나온다. 이것에 대해서 俱舍論 27券에서는 각각 ① 正等覺無畏, ② 漏永盡無畏, ③ 說障法無畏, ④ 說出道無畏라고 번역한다.

24. 싸리뿟따여, 수행자든 바라문, 신, 악마, 하느님이든 이 세상의 어떤 자이든, 나에 대해 '번뇌를 부순 자라고 그대가 주장하더라도, 그대에게 그 번뇌들이 부수어진 것은 아니다'라고 나를 비난할 수 있는 근거가 없음을 가르침에 견주어 안다. 싸리뿟따여, 여전히 근거가 없음을 알기 때문에, 나는 도달한 안온에 머물러 있고 도달한 두려움 없음에 머물러 있고 도달한 공포 없음에 머물러 있다.

25. 싸리뿟따여, 수행자든 바라문, 신, 악마, 하느님이든 이 세상의 어떤 자이든, 나에 대해 '그대가 장애가 되는 사실이라고 말하는 것도 그것들을 수용하는 자에게는 장애가 될 수 없다'라고 나를 비난할 수 있는 근거가 없음을 가르침에 견주어 안다. 싸리뿟따여, 여전히 근거가 없음을 알기 때문에, 나는 도달한 안온에 머물러 있고 도달한 두려움 없음에 머물러 있고 도달한 공포 없음에 머물러 있다.

26. 싸리뿟따여, 수행자든 바라문, 신, 악마, 하느님이든 이 세상의 어떤 자이든, 나에 대해 '그대가 누군가에게 가르침을 설한다 해도 그것이 그 가르침을 실천한 자를 괴로움의 완전한 소멸로 이끌지 못한다'라고 나를 비난할 수 있는 근거가 없음을 가르침에 견주어 안다. 싸리뿟따여, 여전히 근거가 없음을 알기 때문에, 나는 도달한 안온에 머물러 있고 도달한 두려움 없음에 머물러 있고 도달한 공포 없음에 머물러 있다.

27. 싸리뿟따여, 여래에게는 이와 같은 네 가지의 두려움 없음이 있는데, 그 두려움 없음을 갖춘 여래는 최상의 지위를 선언하고 대중 가운데 사자후를 토하며 하늘의 수레를 굴린다. 싸리뿟따여, 이와 같이 알고 이와 같이 보아서 나에 관해 이처럼 '수행자 고따마는

인간의 상태를 뛰어넘지 못했고, 그에게는 고귀한 분이 갖추어야 할 앎과 봄에 관한 지극한 탁월함이 없다. 수행승 고따마는 단지 사유를 조작하여 자신의 말재주에 따라 추론하여 법을 설한다. 그래서 누군가에게 가르침을 설할 때에는 자신의 가르침을 따르는 자를 괴로움의 완전한 소멸로 이끌기 위한 것이라고 설한다'라고 말하며, 그 말을 버리지 않고 그 마음을 버리지 않고 그 견해를 놓아버리지 않으면, 던져지듯 지옥에 떨어질 것이다. 싸리뿟따여, 예를 들어 계율을 갖추고, 삼매를 갖추고, 지혜를 갖춘 수행승은 지금 여기에서 궁극적인 지혜를 성취한다. 그와 마찬가지로 이와 같이 '그 말을 버리지 않고 그 마음을 버리지 않고 그 견해를 놓아버리지 않으면, 던져지듯 지옥에 떨어질 것이다'라고 나는 말한다.

28. 싸리뿟따여, 여덟 가지의 모임이 있다. 여덟 가지란 무엇인가? 왕족의 모임, 사제의 모임, 장자의 모임, 수행자의 모임, 사천왕의 모임, 도솔천의 모임, 악마의 모임, 하느님의 모임이다. 이것들을 여덟 가지 모임이라고 한다.146) 싸리뿟따여, 네 가지 두려움 없음을 갖춘 여래는 이들 여덟 가지 모임을 찾아갔다.

29. 나는 일찍이 실로 수많은 왕족의 모임을 찾아갔다. 거기에서 내가 함께 앉아서 함께 대화하고 함께 토론을 했던 것을 기억한다. 싸리뿟따여, 나는 여전히 그것에서 두려움과 공포에 떨어야 할 근거가 없음을 알기 때문에 도달한 안온에 머물러 있고, 도달한 두려움 없음에 머물러 있고, 도달한 공포 없음에 머물러 있다.147)

---

146) Drm. 51에 따르면, 이 文章은 이 經이 부처님이 돌아가시고 나서 훨씬 후에 성립된 것이라는 것을 보여준다. 經典의 古層에서는 오직 처음의 네 모임에 대해서만 언급되고 있다.

147) 日譯 中部經 I. 118에서는 '基處にても 予に 恐怖畏怖が 起こるならんとの 是の 如き 相を 予は 認めず"이라 하여 相을 認定하지 않기 때문에 恐怖를 일으키지 않는다는 식으로 解釋하고 있는데, 많은 모임에 參席하였지만 眞理에 대한 確信이 있었기 때문에 두려움과 恐怖가

30. 싸리뿟따여, 나는 일찍이 실로 수많은 사제들의 모임을 찾아갔다. 거기에서 내가 함께 앉아서 함께 대화하고 함께 토론을 했던 것을 기억한다. 싸리뿟따여, 나는 여전히 그것에서 두려움과 공포에 떨어야 할 근거가 없음을 알기 때문에 도달한 안온에 머물러 있고, 도달한 두려움 없음에 머물러 있고, 도달한 공포 없음에 머물러 있다.

31. 나는 일찍이 실로 수많은 장자의 모임을 찾아갔다. 거기에서 내가 함께 앉아서 함께 대화하고 함께 토론을 했던 것을 기억한다. 싸리뿟따여, 나는 여전히 그것에서 두려움과 공포에 떨어야 할 근거가 없음을 알기 때문에 도달한 안온에 머물러 있고, 도달한 두려움 없음에 머물러 있고, 도달한 공포 없음에 머물러 있다.

32. 나는 일찍이 실로 수많은 수행자들의 모임을 찾아갔다. 거기에서 내가 함께 앉아서 함께 대화하고 함께 토론을 했던 것을 기억한다. 싸리뿟따여, 나는 여전히 그것에서 두려움과 공포에 떨어야 할 근거가 없음을 알기 때문에 도달한 안온에 머물러 있고, 도달한 두려움 없음에 머물러 있고, 도달한 공포 없음에 머물러 있다.

33. 나는 일찍이 실로 수많은 네 하늘나라 대왕의 신들의 하늘에서 열리는 모임을 찾아갔다. 거기에서 내가 함께 앉아서 함께 대화하고 함께 토론을 했던 것을 기억한다. 싸리뿟따여, 나는 여전히 그것에서 두려움과 공포에 떨어야 할 근거가 없음을 알기 때문에 도달한 안온에 머물러 있고, 도달한 두려움 없음에 머물러 있고, 도달한 공포 없음에 머물러 있다.

일어나지 않았다는 뜻이다.

34. 나는 일찍이 실로 수많은 만족을 아는 하늘나라의 신들의 하늘에서 열리는 모임을 찾아갔다. 거기에서 내가 함께 앉아서 함께 대화하고 함께 토론을 했던 것을 기억한다. 싸리뿟따여, 나는 여전히 그것에서 두려움과 공포에 떨어야 할 근거가 없음을 알기 때문에 도달한 안온에 머물러 있고, 도달한 두려움 없음에 머물러 있고, 도달한 공포 없음에 머물러 있다.

35. 나는 일찍이 실로 수많은 악마의 모임을 찾아갔다. 거기에서 내가 함께 앉아서 함께 대화하고 함께 토론을 했던 것을 기억한다. 싸리뿟따여, 나는 여전히 그것에서 두려움과 공포에 떨어야 할 근거가 없음을 알기 때문에 도달한 안온에 머물러 있고, 도달한 두려움 없음에 머물러 있고, 도달한 공포 없음에 머물러 있다.

36. 나는 일찍이 실로 수많은 신들의 하느님 세계에서 열리는 모임을 찾아갔다. 거기에서 내가 함께 앉아서 함께 대화하고 함께 토론을 했던 것을 기억한다. 싸리뿟따여, 나는 여전히 그것에서 두려움과 공포에 떨어야 할 근거가 없음을 알기 때문에 도달한 안온에 머물러 있고, 도달한 두려움 없음에 머물러 있고, 도달한 공포 없음에 머물러 있다.

37. 싸리뿟따여, 이와 같이 알고 이와 같이 보아서 나에 관해 이처럼 '수행자 고따마는 인간의 상태를 뛰어넘지 못했고, 그에게는 고귀한 분이 갖추어야 할 앎과 봄에 관한 지극한 탁월함이 없다. 수행승 고따마는 단지 사유를 조작하여 자신의 말재주에 따라 추론하여 법을 설한다. 그래서 누군가에게 가르침을 설할 때에는 자신의 가르침을 따르는 자를 괴로움의 완전한 소멸로 이끌기 위한 것이라고 설한다'라고 말하며, 그 말을 버리지 않고, 그 마음을 버리지

않고, 그 견해를 놓아버리지 않으면, 던져지듯 지옥에 떨어질 것이다. 싸리뿟따여, 예를 들어 계율을 갖추고, 삼매를 갖추고, 지혜를 갖춘 수행승은 지금 여기에서 궁극적인 지혜를 성취한다. 그와 마찬가지로 이와 같이 '그 말을 버리지 않고 그 마음을 버리지 않고 그 견해를 놓아버리지 않으면, 던져지듯 지옥에 떨어질 것이다'라고 나는 말한다.

38. 싸리뿟따여, 이러한 네 갈래 태어남이 있다. 네 갈래란 어떠한 것인가? 난생, 태생, 습생, 화생이다.148) 싸리뿟따여, 난생이란 어떠한 것인가? 싸리뿟따여, 생명체가 그 껍질을 깨고 태어나면, 싸리뿟따여, 이것을 난생이라고 한다. 싸리뿟따여, 태생이란 어떠한 것인가? 싸리뿟따여, 생명체가 태의 막을 벗고 태어나면, 싸리뿟따여, 이것을 태생이라고 한다. 싸리뿟따여, 습생이란 어떠한 것인가? 싸리뿟따여, 생명체가 썩은 물고기, 부패한 시체, 부패한 굳은 우유에서나 물웅덩이나 연못에서 태어나면, 싸리뿟따여, 이것을 습생이라고 한다. 싸리뿟따여, 화생이란 어떠한 것인가? 싸리뿟따여, 신들이나 지옥의 뭇삶들이나 특수한 인간이나 특수한 타락한 영혼들이 생겨나는데, 싸리뿟따여, 이것을 마음에서 홀연히 생겨나는149) 화생이라고 한다.

39. 싸리뿟따여, 이러한 네 갈래 태어남이 있다. 싸리뿟따여, 이와 같이 알고 이와 같이 보아서 나에 관해 이처럼 '수행자 고따마는 인간의 상태를 뛰어넘지 못했고, 그에게는 고귀한 분이 갖추어야

---

148) '네 갈래 태어남(四生 catasso yoniso)'에는 ① 卵生(aṇḍajā yoni), ② 태생(jalābujā yoni), ③ 습생(saṃsedjā yoni), ④ 化生(opapātikā yoni)이 있다. 여기서 化生이란 마음에서 순간적으로 化顯하는 것을 말한다.

149) '마음에서 홀연히 생겨나는'이라는 말은 原文에 없지만 譯者가 插入한 것이다. 化生이라는 말이 어렵기 때문에 敷衍說明한 것이다.

할 앎과 봄에 관한 지극한 탁월함이 없다. 수행승 고따마는 단지 사유를 조작하여 자신의 말재주에 따라 추론하여 법을 설한다. 그래서 누군가에게 가르침을 설할 때에는 자신의 가르침을 따르는 자를 괴로움의 완전한 소멸로 이끌기 위한 것이라고 설한다'라고 말하며, 그 말을 버리지 않고, 그 마음을 버리지 않고, 그 견해를 놓아버리지 않으면, 던져지듯 지옥에 떨어질 것이다. 싸리뿟따여, 예를 들어 계율을 갖추고, 삼매를 갖추고, 지혜를 갖춘 수행승은 지금 여기에서 궁극적인 지혜를 성취한다. 그 결과에 대해 이와 같이 '그 말을 버리지 않고, 그 마음을 버리지 않고, 그 견해를 놓아버리지 않으면, 던져지듯 지옥에 떨어질 것이다'라고 나는 말한다.

40. 싸리뿟따여, 이러한 다섯 갈래의 운명이 있다. 다섯 갈래란 어떠한 것인가? 지옥, 축생, 아귀, 인간, 천상이다.[150] 싸리뿟따여, 나는 지옥과 지옥에 이르는 길, 지옥에 이르는 행로를 알며, 그 행로를 따라 몸이 파괴되고 죽은 뒤에 괴로운 곳, 나쁜 곳, 타락한 곳, 지옥에 태어난다는 것을 잘 안다. 또한 싸리뿟따여, 나는 축생과 축생에 이르는 길, 축생에 이르는 행로를 알며, 그 행로를 따라 몸이 파괴되고 죽은 뒤에 축생으로 태어난다는 것을 잘 안다. 또한 싸리뿟따여, 나는 아귀와 아귀에 이르는 길, 아귀에 이르는 행로를 알며, 그 행로를 따라 몸이 파괴되고 죽은 뒤에 아귀로 태어난다는 것을 잘 안다. 또한 싸리뿟따여, 나는 인간과 인간에 이르는 길, 인간에 이르는 행로를 알며, 그 행로를 따라 몸이 파괴되고 죽은 뒤에 인간으로 태어난다는 것을 잘 안다. 또한 싸리뿟따여, 나는 천상과

150) 다섯 갈래의 운명(五趣 pañca gatiyo)이란 ① 地獄(nirayo), ② 畜生(tiracchānayoni), ③ 餓鬼界(pittivisayo), ④ 人間(manussā), ⑤ 神(devā)을 말한다. 후기불교에서는 阿修羅(asura)를 첨가하여 六道輪廻를 말한다.

천상에 이르는 길, 천상에 이르는 행로를 알며, 그 행로를 따라 몸이 파괴되고 죽은 뒤에 천상에 태어난다는 것을 잘 안다. 그러나 싸리뿟따여, 나는 열반과 열반에 이르는 길, 열반에 이르는 행로를 알며, 그 행로를 따라 번뇌를 부수어서 번뇌 없이 마음에 의한 해탈과 지혜에 의한 해탈을 잘 알고 깨달아 성취한다.

41. 싸리뿟따여, 여기 나는 어떤 사람에 대해 나의 마음을 미루어 그의 마음을 파악하여 '이 사람은 이와 같이 실천하고 이와 같이 행하고 이와 같이 길을 걸었으므로, 그가 몸이 파괴되고 죽은 뒤에 괴로운 곳, 나쁜 곳, 타락한 곳, 지옥에 태어날 것이다'라고 안다. 나중에 나는 청정하여 인간을 뛰어넘는 하늘눈으로 그가 몸이 파괴되고 죽은 뒤에 괴로운 곳, 나쁜 곳, 타락한 곳, 지옥에 태어나, 오로지 고통스럽고 가혹하고 혹독한 경험을 하는 것을 관찰한다. 예를 들어 싸리뿟따여, 사람 키 남짓한 크기로, 불꽃이나 연기가 없이 작열하는 숯불의 구덩이가 있는데 여기에 열기에 타고 열기에 지쳐 기진맥진하고 목이 타고 갈증에 시달리는 한 사람이 오로지 한 길을 따라 이 숯불 구덩이를 바라보며 왔다고 하면, 그것을 보고 눈 있는 자는 그에 대해 이와 같이 '이 사람은 이와 같이 실천하고 이와 같이 행하고 이와 같이 길을 걸었으므로, 그는 숯불 구덩이에 떨어질 것이다'라고 말하고, 나중에 그 사람이 그 불구덩이에 빠져 오로지 고통스럽고 가혹하고 혹독한 경험을 하는 것을 보는 것과 같다. 싸리뿟따여, 이와 같이 나는 어떤 사람에 대해 자신의 마음을 미루어 그의 마음을 파악하여 '이 사람은 이와 같이 실천하고 이와 같이 행하고 이와 같이 길을 걸었으므로, 그가 몸이 파괴되고 죽은 뒤에 괴로운 곳, 나쁜 곳, 타락한 곳, 지옥에 태어날 것이다'라고 안다. 나중에 나는 청정하여 인간을 뛰어넘는 하늘눈으로 그가 몸이

파괴되고 죽은 뒤에 괴로운 곳, 나쁜 곳, 타락한 곳, 지옥에 태어나서, 오로지 고통스럽고 가혹하고 혹독한 경험을 하는 것을 볼 것이다.

42. 싸리뿟따여, 여기 나는 어떤 사람에 대해 나의 마음을 미루어 그의 마음을 파악하여 '이 사람은 이와 같이 실천하고 이와 같이 행하고 이와 같이 길을 걸었으므로, 그가 몸이 파괴되고 죽은 뒤에 축생으로 태어날 것이다'라고 안다. 나중에 나는 청정하여 인간을 뛰어넘는 하늘눈으로 그가 몸이 파괴되고 죽은 뒤에 축생으로 태어나, 오로지 고통스럽고 가혹하고 혹독한 경험을 하는 것을 볼 것이다. 예를 들어 싸리뿟따여, 사람 키 남짓한 크기로, 똥으로 가득 찬 똥구덩이가 있는데 여기에 열기에 타고 열기에 지쳐 기진맥진하고 목이 타고 갈증에 시달리는 한 사람이 오로지 한 길을 따라 이 똥구덩이를 바라보며 왔다고 하면, 그것을 보고 눈 있는 자는 그에 대해 이와 같이 '이 사람은 이와 같이 실천하고 이와 같이 행하고 이와 같이 길을 걸었으므로, 그는 똥으로 가득 찬 똥구덩이에 떨어질 것이다'고 말하고, 나중에 그 사람이 그 똥구덩이에 빠져 오로지 고통스럽고 가혹하고 혹독한 경험을 하는 것을 보는 것과 같다. 싸리뿟따여, 이와 같이 나는 어떤 사람에 대해 자신의 마음을 미루어 그의 마음을 파악하여 '이 사람은 이와 같이 실천하고 이와 같이 행하고 이와 같이 길을 걸었으므로, 그가 몸이 파괴되고 죽은 뒤에 축생에 태어날 것이다'라고 안다. 나중에 나는 청정하여 인간을 뛰어넘는 하늘눈으로 그가 몸이 파괴되고 죽은 뒤에 축생으로 태어나, 오로지 고통스럽고 가혹하고 혹독한 경험을 하는 것을 볼 것이다.

43. 싸리뿟따여, 여기 나는 어떤 사람에 대해 나의 마음을 미루어 그의 마음을 파악하여 '이 사람은 이와 같이 실천하고 이와 같이 행하고 이와 같이 길을 걸었으므로, 그가 몸이 파괴되고 죽은 뒤에 아귀에 태어날 것이다'고 안다. 나중에 나는 청정하여 인간을 뛰어넘는 하늘눈으로 그가 몸이 파괴되고 죽은 뒤에 아귀에 태어나, 오로지 고통스럽고 가혹하고 혹독한 경험을 하는 것을 볼 것이다. 예를 들어 싸리뿟따여, 평탄하지 못한 땅위에 생겨나 엷은 잎사귀들의 얼룩덜룩한 그림자를 가진 나무가 있는데, 여기에 열기에 타고 열기에 지쳐 기진맥진하고 목이 타고 갈증에 시달리는 한 사람이 오로지 한 길을 따라 그 나무를 바라보며 왔다고 하면, 그것을 보고 눈 있는 자는 그에 대해 이와 같이 '이 사람은 이와 같이 실천하고 이와 같이 행하고 이와 같이 길을 걸었으므로, 그는 평탄하지 못한 땅위에 생겨나 듬성듬성한 잎사귀들로 얼룩덜룩한 그림자를 가진 나무가 있는데, 그 나무로 올 것이다'고 말하고, 나중에 그 사람이 그 나무에 도착해서 오로지 고통스럽고 가혹하고 혹독한 경험을 하는 것을 보는 것과 같다. 싸리뿟따여, 이와 같이 나는 어떤 사람에 대해 자신의 마음을 미루어 그의 마음을 파악하여 '이 사람은 이와 같이 실천하고 이와 같이 행하고 이와 같이 길을 걸었으므로, 그가 몸이 파괴되고 죽은 뒤에 아귀에 태어날 것이다'라고 안다. 나중에 나는 청정하여 인간을 뛰어넘는 하늘눈으로 그가 몸이 파괴되고 죽은 뒤에 아귀에 태어나, 오로지 고통스럽고 가혹하고 혹독한 경험을 하는 것을 볼 것이다.

44. 싸리뿟따여, 여기 나는 어떤 사람에 대해 자신의 마음을 미루어 그의 마음을 파악하여 '이 사람은 이와 같이 실천하고 이와 같이

행하고 이와 같이 길을 걸었으므로, 그가 몸이 파괴되고 죽은 뒤에 인간에 태어날 것이다'라고 안다. 나중에 나는 청정하여 인간을 뛰어넘는 하늘눈으로 그가 몸이 파괴되고 죽은 뒤에 인간에 태어나, 즐거움이 많은 경험을 하는 것을 볼 것이다. 예를 들어 싸리뿟따여, 평탄한 땅위에 생겨나 많은 잎사귀들의 짙은 그림자를 가진 나무가 있는데, 여기에 열기에 타고 열기에 지쳐 기진맥진하고 목이 타고 갈증에 시달리는 한 사람이 오로지 한 길을 따라 그 나무를 바라보며 왔다고 하면, 그것을 보고 눈 있는 자는 그에 대해 이와 같이 '이 사람은 이와 같이 실천하고 이와 같이 행하고 이와 같이 길을 걸었으므로, 그는 평탄한 땅위에 생겨나 무성한 잎사귀들의 짙은 그림자를 가진 나무가 있는데, 그 나무로 올 것이다'고 말하고, 나중에 그 사람이 그 나무에 도착해서 즐거움이 많은 경험을 하는 것을 보는 것과 같다. 싸리뿟따여, 이와 같이 나는 어떤 사람에 대해 자신의 마음을 미루어 그의 마음을 파악하여 '이 사람은 이와 같이 실천하고 이와 같이 행하고 이와 같이 길을 걸었으므로, 그가 몸이 파괴되고 죽은 뒤에 인간에 태어날 것이다'라고 안다. 나중에 나는 청정하여 인간을 뛰어넘는 하늘눈으로 그가 몸이 파괴되고 죽은 뒤에 인간에 태어나서, 즐거움이 많은 경험을 하는 것을 볼 것이다.

45. 싸리뿟따여, 여기 나는 어떤 사람에 대해 자신의 마음을 미루어 그의 마음을 파악하여 '이 사람은 이와 같이 실천하고 이와 같이 행하고 이와 같이 길을 걸었으므로, 그가 몸이 파괴되고 죽은 뒤에 좋은 곳 천상에 태어날 것이다'라고 안다. 나중에 나는 청정하여 인간을 뛰어넘는 하늘눈으로 그가 몸이 파괴되고 죽은 뒤에 천상에 태어나, 오로지 즐거운 경험을 하는 것을 볼 것이다. 예를 들어 싸

리뿟따여, 안팎이 잘 칠해지고 바람이 차단되고 빗장으로 채워지고 창문이 닫힌 이층누각에 안락의자, 긴 털의 흑모 양탄자, 긴 털의 백모 양탄자, 꽃무늬 양탄자, 까달리 사슴가죽으로 만든 최상의 모포, 차양, 붉은 빛 머리베개와 발베개가 있는데, 여기에 열기에 타고 열기에 지쳐 기진맥진하고 목이 타고 갈증에 시달리는 한 사람이 오로지 한 길을 따라 그 누각을 바라보며 왔다고 하면, 그것을 보고 눈 있는 자는 그에 대해 이와 같이 '이 사람은 이와 같이 실천하고 이와 같이 행하고 이와 같이 길을 걸었으므로, 그는 안팎이 잘 칠해지고 바람이 차단되고 빗장으로 잠기고 창문이 닫힌 누각에 안락의자, 긴 털의 흑모 양탄자, 긴 털의 백모 양탄자, 꽃무늬 양탄자, 까달리 사슴가죽으로 만든 최상의 모포, 차양, 양쪽을 붉은 빛 머리베개와 발베개가 있는데, 그 누각으로 올 것이다'고 말하고, 나중에 그 사람이 그 누각에 도착해서 즐거움이 많은 경험을 하는 것을 보는 것과 같다. 싸리뿟따여, 이와 같이 나는 어떤 사람에 대해 자신의 마음을 미루어 그의 마음을 파악하여 '이 사람은 이와 같이 실천하고 이와 같이 행하고 이와 같이 길을 걸었으므로, 그가 몸이 파괴되고 죽은 뒤에 좋은 곳 천상에 태어날 것이다'라고 안다. 나중에 나는 청정하여 인간을 뛰어넘는 하늘눈으로 그가 몸이 파괴되고 죽은 뒤에 천상에 태어나, 오로지 즐거운 경험을 하는 것을 볼 것이다.

46. 싸리뿟따여, 여기 나는 어떤 사람에 대해 자신의 마음을 미루어 그의 마음을 파악하여 '이 사람은 이와 같이 실천하고 이와 같이 행하고 이와 같이 길을 걸었으므로, 그가 번뇌를 부수어 번뇌 없이 마음에 의한 해탈과 지혜에 의한 해탈을 지금 여기에서 스스로 증득하고 깨달아 성취할 것이다'라고 안다. 나중에 나는 그가

번뇌를 부수어 번뇌 없이 마음에 의한 해탈과 지혜에 의한 해탈을 지금 여기에서 스스로 증득하고 깨달아 성취하여 오로지 즐거운 경험을 한다는 것을[151] 볼 것이다. 예를 들어 싸리뿟따여, 맑고 정갈하고 차가운 물로 가득 차서 투명하고 아름다운 둑으로 둘러싸여 즐길 만하고, 그 곳에서 멀지 않은 곳에 숲이 있는 연못이 있는데, 여기에 열기에 타고 열기에 지쳐 기진맥진하고 목이 타고 갈증에 시달리는 한 사람이 오로지 한 길을 따라 그 연못을 바라보며 왔다고 하면, 그것을 보고 눈 있는 자는 그에 대해 이와 같이 '이 사람은 이와 같이 실천하고 이와 같이 행하고 이와 같이 길을 걸었으므로, 그는 맑고 정갈하고 차가운 물로 가득 차 투명하고 아름다운 둑으로 둘러싸여 즐길 만하고, 그 곳에서 멀지 않은 곳에 총림이 있는 연못이 있는데, 그 연못으로 올 것이다'고 말하고, 나중에 그 사람이 그 연못에 들어가서 목욕하고 마시고 일체의 근심과 피로와 고뇌를 없애고 다시 나와서, 그 총림에서 앉거나 누워서 오로지 즐거움를 경험하는 것을 보는 것과 같다. 싸리뿟따여, 이와 같이 나는 어떤 사람에 대해 자신의 마음을 미루어 그의 마음을 파악하여 '이 사람은 이와 같이 실천하고 이와 같이 행하고 이와 같이 길을 걸었으므로, 그가 번뇌를 부수어 번뇌 없이 마음에 의한 해탈과 지혜에 의한 해탈을 지금 여기에서 스스로 증득하고 깨달아 성취할 것이다'라고 안다. 나중에 나는 그가 번뇌를 부수어 번뇌 없이 마음에 의한 해탈과 지혜에 의한 해탈을 지금 여기에서 스스로

---

151) ekantasukhā vedanā : Pps. II. 40에 따르면, 비록 이것은 특성상 天上世界의 幸福과 동일하지만 의미는 다르다. 天上世界의 즐거움은 실제로 오로지 즐거운 經驗은 아니다. 왜냐하면 貪欲 등의 苦惱가 아직 거기에 存在하기 때문이다. 그러나 涅槃의 幸福은 모든 苦惱를 征服했으므로 모든 측면에서 지극히 幸福한 것이다.(idaṃ kiñcāpi devalokasukhena saddhiṃ vyañjanato ekaṃ, atthato pana nānā hoti. devalokasukhaṃ hi rāgapariḷāhādīnaṃ atthitāya na ekanten'eva ekantasukhaṃ)

증득하고 깨달아 성취하여 오로지 즐거운 경험을 한다는 것을 볼 것이다.

47. 싸리뿟따여, 이러한 다섯 갈래의 운명이 있다. 싸리뿟따여, 이와 같이 알고 이와 같이 보아서 나에 관해 이처럼 '수행자 고따마는 인간의 상태를 뛰어넘지 못하고 고귀한 분에게 적합한 앎과 봄에 관한 지극한 탁월함이 없다. 수행승 고따마는 단지 사유를 조작하여 자신의 말재주에 따라 추론하여 법을 설한다. 그래서 누군가에게 가르침을 설할 때에는 자신의 가르침을 따르는 자를 괴로움의 완전한 소멸로 이끌기 위한 것이라고 설한다'고 말하며, 그 말을 버리지 않고 그 마음을 버리지 않고 그 견해를 놓아버리지 않으면, 던져지듯 지옥에 떨어질 것이다. 싸리뿟따여, 예를 들어 계율을 갖추고, 삼매를 갖추고, 지혜를 갖춘 수행승은 지금 여기에서 궁극적인 지혜를 성취하는 것처럼, 그 결과에 대해 이와 같이 나는 '그 말을 버리지 않고 그 마음을 버리지 않고 그 견해를 놓아버리지 않으면, 던져지듯 지옥에 떨어질 것이다'고 나는 말한다.

48. 그런데 싸리뿟따여, 나는 네 가지 범주의 청정한 삶을 실천했다. 나는 참으로 고통스런 삶을 살았는데, 극단적으로 고통스런 삶을 살았다. 나는 참으로 구차한 삶을 살았는데, 극단적으로 구차한 삶을 살았다. 나는 참으로 삼가는 삶을 살았는데, 극단적으로 삼가는 삶을 살았다. 나는 참으로 외로운 삶을 살았는데, 극단적으로 외로운 삶을 살았다.[152)]

---

152) Pps. II. 41에 따르면, 부처님은 수낙캇따가 極端的인 苦行主義에 대한 찬양자였기 때문에 자신의 過去의 苦行主義에 관해 이야기했다. 부처님은 어느 누구도 苦行의 실천에 있어서 自身과 비교될 수 없다는 사실을 알리길 원했다. 다음의 문단에서 나오는 이러한 極端的인 苦行의 구체적인 사실에 관해는 MN. 4 「두려움과 공포에 대한 경 [Bhayabheravasutta]」, MN. 36 「쌋짜까에 대한 큰 경[Mahāsaccakasutta]」을 참고하라.

49. 싸리뿟따여, 그 가운데 나의 고통스런 삶은 이와 같았다. 나는 벌거벗고, 편의를 거부하고, 손가락을 빨고, 오라는 초대를 거부하고, 머물라는 환대도 거부하고, 제공된 음식을 거부하고, 할당된 음식을 거부하고, 식사의 초대도 거부했다. 나는 옹기에서 떠주는 것을 받지 않고, 냄비에서 떠주는 것을 받지 않고, 문지방을 넘어가서 받지 않고, 지팡이를 가로질러 받지 않고, 공이로 찧고 있는 것을 받지 않고, 둘이 함께 식사할 때에 받지 않고, 임신부에게 받지 않고, 젖먹이는 여자에게 받지 않고, 남자에게 안긴 여자에게 받지 않고, 모여있는 곳에서 받지 않고, 베풀어지는 곳에서 받지 않고, 개가 기다리는 곳에서 받지 않고, 파리가 득실거리는 곳에서 받지 않고, 물고기를 받지 않고, 고기를 받지 않고, 곡주를 마시지 않고, 과즙주를 마시지 않고, 발효된 차를 마시지 않았다. 나는 한 끼를 위해 한 집에 머물렀고, 두 끼를 위해 두 집에 머물렀고, 세 끼를 위해 세 집에 머물렀고, 네 끼를 위해 네 집에 머물렀고, 다섯 끼를 위해 다섯 집에 머물렀고, 여섯 끼를 위해 여섯 집에 머물렀고, 일곱 끼를 위해 일곱 집에 머물렀다. 나는 한 번 주어진 것만으로 살고, 두 번 주어진 것만으로 살고, 세 번 주어진 것만으로 살고, 네 번 주어진 것만으로 살고, 다섯 번 주어진 것만으로 살고, 여섯 번 주어진 것만으로 살고, 일곱 번 주어진 것만으로 살았다.[153] 나는 하루 한 번 식사를 했고, 이틀에 한 번 식사를 했고, 사흘에 한 번 식사를 했고, 나흘에 한 번 식사를 했고, 닷새에 한 번 식사를 했고, 엿새에

153) Mdb. 173에서 Bhikkhu Bodhi는 "I lived on one saucerful a day, I lived on two saucerful a day... "라고 飜譯했는데, 이는 原文의 뜻에서 벗어난 것으로 보인다. 文脈으로 봤을 때 한 번 飮食을 받을 때에 한 번 퍼준 飮食이 아무리 적더라도 더 원하지 않았다는 뜻으로 把握해야 한다. 앞 문장과 관련하여 두 번 주어진 것은 두 집에서 얻은 두 끼니의 食事, 세 번 주어진 것은 세 집에서 받은 세 끼니의 食事일 것이다.

한 번 식사를 했고, 칠일에 한 번 식사를 했다. 이와 같이 해서 보름에 한 번 하는 정기적인 식사를 실천했다. 나는 오로지 야채만을 먹거나, 기장만을 먹거나, 생쌀만을 먹거나, 다둘라쌀만을 먹거나, 하타초만을 먹거나, 쌀겨만을 먹거나, 반즙만을 먹거나, 참깨가루만을 먹거나, 풀만을 먹거나, 쇠똥만을 먹었다. 또한 나는 숲 속의 나무 뿌리나 열매로 연명하거나, 자연적으로 떨어진 열매로 연명했다. 나는 삼베옷을 입고, 삼베와 섞어 짠 옷을 입고, 시체에 입혀진 옷을 입고, 누더기옷을 입고, 띠리따 나무의 껍질로 만든 옷을 입고, 검은 영양의 가죽옷을 입고, 영양의 가죽실로 짠 옷을 입고, 길상초로 짠 옷을 입고, 나무껍질로 짠 옷을 입고, 나뭇조각으로 만든 옷을 입고, 사람의 머리카락으로 짠 옷을 입고, 말의 털로 짠 옷을 입고, 새털로 짠 옷을 입었다. 나는 머리카락과 수염을 뽑는 수행을 추구하는 자로서 머리카락과 수염을 뽑아버렸다. 나는 앉는 것을 거부하고 계속 서 있는 자로서 앉는 것을 거부하고 계속 서 있었다. 나는 웅크리고 앉는 것을 유지하기 위해 애쓰는 자로서 계속 웅크리고 앉았다. 나는 못이 박힌 침대를 잠자리로 사용하는 자로서 못이 박힌 침대를 사용했다. 나는 저녁까지 하루 세 번 목욕재계하는 자로서 하루 세 번 목욕을 실천하며 살았다. 이러한 다양한 방법으로 나는 몸을 괴롭히고 학대하는 것을 추구했다. 나의 고행은 이와 같았다.154)

50. 싸리뿟따여, 그 가운데 나의 구차한 삶은 이와 같았다. 다년간 먼지와 때가 나의 몸에 쌓여 피부이끼가 생겨났다. 예를 들어 싸리

154) Drm. 51에서는, 여기에서 부처님이 이 모든 苦行을 닦았다는 것은 不可能하며, MN. 38 「갈애의 부숨에 대한 큰 경[Mahātaṇhāsaṅkhayasutta]」에서는 제3의 修行者에게 언급되고 DN. 8에서도 裸體修行者 Kasspa의 苦行과 同一하게 言及되고 있음을 볼 때, 이 文章은 後代에 添加된 것으로 봐야 된다고 주장한다.

뿟따여, 띤두까 나무의 그루터기가 다년간 지나면서, 자연히 피부이끼가 생겨나는 것처럼, 이와 같이 다년간 먼지와 때가 나의 몸에 쌓여 피부이끼가 생겨났다. 싸리뿟따여, 나에게는 이와 같이 '오, 내가 이 먼지와 때를 털어 내자'라든가 '다른 사람이 나의 이 먼지와 때를 손으로 털어내게 하자'라든가 하는 생각이 일어나지 않았다. 싸리뿟따여, 결코 그러한 생각이 일어나지 않았다. 싸리뿟따여, 나의 구차한 삶은 이와 같았다.

51. 싸리뿟따여, 그 가운데 나의 삼가는 삶은 이와 같았다. 싸리뿟따여, 나는 나아가고 물러섬을 깊이 새기고 한 방울의 물에도 나의 연민을 실어 '나는 길 위의 틈새에 사는 작은 생명체라도 다치지 않기를'하고 기원했다. 싸리뿟따여, 나의 삼가는 삶은 이와 같았다.

52. 싸리뿟따여, 그 가운데 나의 외로운 삶은 이와 같았다. 싸리뿟따여, 나는 어떤 한림처에 들어가서 만약 소치는 사람이나 가축을 키우는 사람이나 또는 나물캐는 사람이나 땔감을 줍는 사람이나 나무꾼을 보면, 숲에서 숲으로, 밀림에서 밀림으로, 계곡에서 계곡으로, 고지에서 고지로 도피했다. 그것은 그들은 나를 보지 않고 나는 그들을 보지 않기 위해서였다. 예를 들어 싸리뿟따여, 한림처에 사는 사슴은 인간을 보고 숲에서 숲으로, 밀림에서 밀림으로, 계곡에서 계곡으로, 고지에서 고지로 도피한다. 싸리뿟따여, 이와 같이 나는 어떤 한림에 들어가서 만약 소치는 사람이나 가축을 키우는 사람이나 또는 나물 캐는 사람이나 땔감을 줍는 사람이나 나무꾼 보면, 숲에서 숲으로, 밀림에서 밀림으로, 계곡에서 계곡으로, 고지에서 고지로 도피했다. 그것은 그들은 나를 보지 않고 나는 그들을 보지 않기 위해서였다. 싸리뿟따여, 나의 외로운 삶은 이와 같았다.

53. 싸리뿟따여, 나는 외양간에 소가 떠나고, 소치는 자도 떠나면, 그 곳에 사지를 구부리고 들어가, 젖을 빠는 어린 송아지들의 똥을 먹었다. 또한 나는 자신의 똥과 오줌이 계속 나오는 한, 참으로 나는 나 자신의 똥과 오줌을 먹었다. 싸리뿟따여, 내가 지독하게 부정한 음식을 먹는 것은 이와 같았다.

54. 싸리뿟따여, 나는 두려움을 불러일으키는 총림으로 들어갔다. 싸리뿟따여, 그 곳에서 그 두려움을 불러일으키는 총림에서 실로 두려움을 일으키는 것은 '어떠한 자든지 아직 탐욕을 제거하지 못한 자로서 이 총림에 들어오면 거의 모두가 몸에 털이 곤두선다.'는 사실이었다.

55. 싸리뿟따여, 나는 한겨울 차가운 밤이 서리가 내리는 팔일간에 찾아오면,[155] 나는 노천에서 밤을 지새우고 숲에서 낮을 보냈다. 그리고 뜨거운 여름의 마지막 달에 나는 노천에서 낮을 보내고 숲에서 밤을 지냈다. 그런데 싸리뿟따여, 그 때에 나에게 즉흥적으로 전에 들은 적이 없는 시가 떠올랐다.

밤으로 떨고 낮으로는 타버리네
두려움을 불러일으키는 숲에 홀로
발가벗었는데 옆에는 모닥불도 없네
아직도 현자는 탐구를 멈추지 않네

56. 싸리뿟따여, 나는 죽은 자의 뼈를 베개 삼아 무덤가에 나의 침대를 만들었다. 소치는 아이들이 다가와 내게 침을 뱉고, 오줌을 싸고, 오물을 던지고, 나의 귀에 막대기를 넣었다. 그러나 싸리뿟따여,

---

155) antaraṭṭhake himapātasamaye : 12월말과 1월초에 북인도의 차가운 기후를 말한다.

나는 결코 그들에 대해 악한 마음을 일으키지 않았다. 싸리뿟따여, 나의 평정한 삶은 이와 같았다.

57. 싸리뿟따여, 어떤 수행자나 성직자는 이와 같이 설하고 이와 같은 견해를 갖고 있다. '청정은 음식에서 온다.[156]' 그들은 '콜라 열매를 먹어야 한다'고 말한다. 그래서 그들은 콜라 열매를 먹고, 그들은 콜라 열매가루를 먹고, 그들은 콜라 열매의 즙을 마시고, 또한 그들은 수많은 종류의 콜라 열매의 혼합음료를 복용한다. 싸리뿟따여, 나도 역시 하루에 한 개의 콜라 열매를 먹었던 것을 기억한다. 싸리뿟따여, 그대는 '그 때에는 혹시 커다란 콜라 열매가 있지 않았을까,'고 생각하겠지만, 싸리뿟따여, 그 때에도 가장 큰 콜라 열매는 지금 보는 것과 다르지 않았다. 싸리뿟따여, 하루 한 개의 콜라 열매를 먹자 나의 몸은 극도로 쇠약해졌다. 그렇게 적은 음식 때문에 나의 사지는 포도 줄기나 대나무 줄기의 옹이처럼 되었고, 그렇게 적은 음식 때문에 나의 사지는 아시띠까 풀의 마디나 깔라 풀의 마디처럼 되었다. 또한 그렇게 적은 음식 때문에 나의 엉덩이는 낙타의 발처럼 되었고 나의 척추는 회전하는 체인처럼 울퉁불퉁해졌다. 나의 갈빗대는 오래된 지붕 없는 헛간의 흔들리는 서까래처럼 섬뜩하게 튀어나왔다. 또한 그러한 소식으로 인해서 나의 눈빛은 눈구멍에 깊이 가라앉아, 깊은 우물에 멀리 가라앉은 물빛처럼 보였다. 또한 그렇게 적은 음식 때문에 나의 머리가죽은 주름지고 시들어서, 푸르고 맛이 쓴 호리병박이 바람과 햇빛에 주름지고 시든 것과 같았다. 또한 싸리뿟따여, 그렇게 적은 음식 때문에 나의 창자가 나의 등에 붙어버려, 내가 창자를 만지면 등뼈가 만져

156) āhārena suddhīti : 飮食의 攝取를 줄여서 淸淨해진다는 見解를 갖고 있었다. Pps. II. 49에 따르면, 콜라 열매와 같은 하찮은 飮食에 의해서 淸淨해질 수 있다는 見解를 말한다.

졌고, 등뼈를 만지면 창자가 만져졌다. 또한 싸리뿟따여, 그렇게 적은 음식 때문에 내가 똥이나 오줌을 누려 하면 머리가 앞으로 꼬꾸라졌다. 또한 싸리뿟따여, 그렇게 적은 음식 때문에 내가 내 몸을 편하게 하기 위해 손으로 사지를 문지르면, 털이 뿌리까지 썩어서 몸에서 떨어져나갔다.

58. 싸리뿟따여, 어떤 수행자나 성직자는 이와 같이 설하고 이와 같은 견해를 갖고 있다. '청정은 음식에서 온다.' 그들은 '콩을 먹어야 한다'고 말한다. 그래서 그들은 콩을 먹고, 그들은 콩가루를 먹고 그들은 콩즙을 마시고 또한 그들은 수많은 종류의 콩의 혼합음료를 복용한다. 싸리뿟따여, 나도 역시 하루에 한 알의 콩을 먹었던 것을 기억한다. 싸리뿟따여, 그대는 '그 때에는 혹시 커다란 콩이 있지 않았을까,'고 생각하겠지만, 싸리뿟따여, 그 때에도 가장 큰 콩은 지금 보는 것과 다르지 않았다. 싸리뿟따여, 하루 하나의 콩을 먹자 나의 몸은 극도로 쇠약해졌다. 그렇게 적은 음식 때문에 나의 사지는 포도줄기나 대나무 줄기의 옹이처럼 되었고, 그렇게 적은 음식 때문에 나의 사지는 아씨띠까 풀의 마디나 깔라 풀의 마디처럼 되었다. 또한 그렇게 적은 음식 때문에 나의 엉덩이는 낙타의 발처럼 되었고, 나의 척추는 회전하는 사슬처럼 울퉁불퉁해졌다. 나의 갈빗대는 오래된 지붕 없는 헛간의 흔들리는 서까래처럼 섬뜩하게 튀어나왔다. 또한 그렇게 적은 음식 때문에 나의 눈빛은 눈구멍에 깊숙이 가라앉아, 깊은 우물에 멀리 가라앉은 물빛으로 보았다. 또한 그렇게 적은 음식 때문에 나의 머리가죽이 주름지고 시들어서 푸르고 맛이 쓴 호리병박이 바람과 햇빛에 주름지고 시든 것과 같았다. 또한 싸리뿟따여, 그렇게 적은 음식 때문에 나의 창자가 나의 등에 붙어버려, 내가 창자를 만지면 등뼈가 만져졌고, 등뼈

를 만지면 창자가 만져졌다. 또한 싸리뿟따여, 그렇게 적은 음식 때문에 나는 똥이나 오줌을 누려 하면 머리가 앞으로 고꾸라졌다. 또한 싸리뿟따여, 그렇게 적은 음식 때문에 내가 내 몸을 편하게 하기 위해 손으로 사지를 문지르면 털이 뿌리까지 썩어서 몸에서 떨어져나갔다.

59. 싸리뿟따여, 이와 같이 실천하고 이와 같이 행하고 이와 같이 고행을 했어도, 나는 인간의 상태를 뛰어 넘고, 고귀한 분에게 적합한, 탁월한 앎과 봄을 성취하지 못했다. 그것은 무슨 까닭인가? 아직 고귀한 지혜에 도달하지 못했기 때문이었다. 그 고귀한 지혜가 성취되어야, 그는 해탈에 이르게 되고, 그를 따르는 자를 완전한 괴로움의 소멸로 이끈다.

60. 싸리뿟따여, 어떤 수행자나 성직자는 이와 같이 설하고, 이와 같은 견해를 갖고 있다. '청정은 윤회를 통해서 온다.' 싸리뿟따여, 이 오랜 세월에 청정한 신들의 하느님 세계를[157] 제외하고는 내가 일찍이 윤회하지 않은 윤회의 세계를 발견할 수 없다. 싸리뿟따여, 그러나 내가 청정한 신들의 하느님 세계로 재생한다면 나는 다시 이 세계에 올 수가 없다.

61. 싸리뿟따여, 어떤 수행자나 성직자는 이와 같이 설하고 이와 같은 견해를 갖고 있다. '청정은 거듭 태어남을 통해서 온다.' 싸리뿟따여, 이 오랜 세월에 청정한 신들의 하느님 세계를 제외하고는 내가 일찍이 재생하지 않은 재생계를 발견할 수 없다. 싸리뿟따여, 그러나 내가 청정한 신들의 하느님 세계로 재생하면 나는 다시 이 세계에 올 수가 없다.

---

157) Suddhāvāse : 淨居天에로 태어나는 것은 오로지 '돌아오지 않는 이(不還者)'에 한한다.

62. 싸리뿟따여, 어떤 수행자나 성직자는 이와 같이 설하고 이와 같은 견해를 갖고 있다. '청정은 주거를 통해서 온다.' 싸리뿟따여, 이 오랜 세월에 청정한 신들의 하느님 세계를 제외하고는 내가 일찍이 주거하지 않은 주거계를 발견할 수 없다. 싸리뿟따여, 내가 청정한 신들의 하느님 세계에서 주거하면 나는 다시 이 세계에 올 수가 없다.

63. 싸리뿟따여, 어떤 수행자나 성직자는 이와 같이 설하고 이와 같은 견해를 갖고 있다. '청정은 제사를 통해서 온다.' 싸리뿟따여, 이 오랜 세월에 내가 귀족으로서 통치를 위임받은 왕이었을 때나 대가집의 바라문이었을 때에, 내가 일찍이 제사로서 지내지 않은 제사를 발견할 수 없다.

64. 싸리뿟따여, 어떤 수행자나 성직자는 이와 같이 설하고 이와 같은 견해를 갖고 있다. '청정은 불의 숭배를 통해서 온다.' 싸리뿟따여, 이 오랜 세월에 내가 일찍이 내가 귀족으로서 권정왕이었을 때나 대가집의 바라문이었을 때에, 불로서 숭배하지 않은 불을 발견할 수 없다.

65. 싸리뿟따여, 어떤 수행자나 성직자는 이와 같이 설하고 이와 같은 견해를 갖고 있다. '만약 사람이 나이가 젊고 청년으로서 머리가 칠흑같고 젊음의 축복으로 가득 찬 인생의 초년기에는 최상의 총명한 지혜가 있다. 그러나 만약에 사람이 성장하여 노쇠하고 고령에 달하여, 인생의 마지막에 이르러 나이가 들어 팔십세 혹은 구십세, 혹은 백세에 달하게 되면 그 총명한 지혜는 쇠퇴한다.' 그러나 싸리뿟따여, 그것은 그렇지 않다. 싸리뿟따여, 나는 성장하여 노쇠하고 고령에 달하여, 인생의 마지막에 이르러 나이가 들어 팔십

세가 되었다. 싸리뿟따여, 내가 백세의 수명을 가지고 새김과 보존과 상기와 총명한 지혜를 갖춘[158] 네명의 제자가 있다고 하자. 마치 잘 훈련되고, 실천되고, 검증되고, 숙련된 궁수가 종려나무잎의 그늘을 가로질러 가볍게 활을 쏘는 것처럼, 그들은 그 정도로 새김과 보존과 상기와 총명한 지혜를 갖출 것이다. 그들은 나에게 네가지 새김의 토대에 관해 묻고 또 물으면 그 물음에 따라서 나는 대답할 것이다. 내가 해설하면 그들은 기억할 것이다. 또한 그들은 음식을 먹을 때나, 대소변을 볼 때나, 잠자거나 피로하여 쉴 때를 제외하고는, 거듭해서 나에게 물을 것이다. 그래도 싸리뿟따여, 그 여래의 진리에 대한 가르침은 다함이 없고, 그 여래의 가르침의 언어도 다함이 없고, 그 여래의 대답도 다함이 없을 것이다. 그러나 이들 네명의 나의 제자들은 백세의 수명을 가졌지만, 그 백세를 끝으로 죽을 것이다. 싸리뿟따여, 그대가 나를 침대로 옮기더라도, 거기서 여래의 총명한 지혜는 변함이 없을 것이다.

66. 싸리뿟따여, 누군가가 이와 같이 '많은 사람의 이익을 위하여, 많은 사람의 행복을 위하여, 인간과 신들의 이익과 행복을 위하여, 어리석지 않은 사람이 세상을 불쌍히 여겨서 세상에 나타났다'고 올바로 말한다면, 그것은 나에 관해 이와 같이 '많은 사람의 이익을 위하여, 많은 사람의 행복을 위하여, 인간과 신들의 이익과 행복을 위하여, 어리석지 않은 사람이 세상을 불쌍히 여겨서 세상에 나타

158) sati, gati, dhiti, paññāveyyattiya : Pps. II. 51-52에 따르면, 새김(sati)은 '백 개의 句節, 천 개의 句節, 말해진 그대로 記憶하는 能力(padasatam pi, padasahassam pi, vadantassa vadantass'eva uggaṇhanasamatthatā)을 말하고, 保存(gati)은 '그것을 貯藏해서 마음에 묶어두는 能力(tad eva ādhāraṇa-upanibandhanasamatthatā)을 말하고, 想起(dhiti)는 '이처럼 把握되고 受持된 것을 외울 수 있는 能力(evaṃ gahitaṃ, dharitaṃ sajjhāyaṃ kātun samatthaviriyaṃ)'을 말하고, 聰明한 智慧(paññāveyyattiyaṃ)는 '그 句節의 意味와 論理를 區別하는 能力(tassa atthañ ca kāraṇañ ca dassanasamatthatā)'을 말한다.

났다'고 올바로 말하는 것이다.

67. 그 때에 존자 나가싸말라가[159] 세존의 등 뒤에 서서 세존께 부채를 부치고 있었다. 마침 존자 나가싸말라가 세존께 이와 같이 말씀드렸다.

[나가싸말라] "세존이시여, 놀라운 일입니다. 세존이시여, 예전에 없던 일입니다. 세존이시여, 이 법문을 듣고 온몸에 털이 솟구칩니다. 세존이시여, 이 법문을 무엇이라고 하겠습니까?"

[세존] "그렇다면, 나가싸말라여, 그대는 이 법문을 온몸에 털이 솟구치는 법문으로[160] 기억하라."

68. 세존께서는 이와 같이 말씀하셨다. 존자 나가싸말라는 만족하여 세존께서 말씀하신 바를 받아 지녔다.

---

159) Nāgasamāla : 그는 싸끼야족으로 부처님이 Kapilavatthu로 親知들을 訪問했을 때에 僧團에 들어갔다. 그는 부처님의 最初의 侍者로 20년간을 지냈다. Thag. 267-270에 따르면, 그는 어느 날 탁발하러 도시로 들어갔다가 華麗하게 차려입고 音樂에 맞추어 춤추는 舞踊手를 보고서 惡魔의 덫이라고 冥想을 했는데, 이 생각을 발전시켜 삶의 無常함에 대해 洞察하게 되었고 阿羅漢의 境地에 올랐다.

160) lomahaṃsanapariyāya : 이 경의 이름은 Mil. 398에서 언급되지만, 이 이름은 이 經典에 대해 사용되지 않는다. 全體的으로 이 經典은 Sāriputta와의 談論인데 나중에 잘 알려지지 않은 Nāgasamāla가 登場하는 것도 釋然치 않다. Brm. 52에 따르면, 이 경에서 分明한 것은 Sunakkhatha가 僧團을 떠나서 부처님을 誹謗하며 다녔다는 사실과 부처님께서는 깨닫기 전의 苦行에 대해 Sāriputta에게 이야기했다는 事實은 分明하지만, 傳承된 원래의 偈頌에 後代에 傳說的인 이야기를 엮어 넣은 것이다.

6. 악하고 불건전한 사유를 어떻게 멈출 것인가?

[Vitakkasaṇṭhānasutta][161]

어떤 인상에 관해 그 인상에 정신적 활동을 일으켜 자신 안에 탐욕과 관련되고, 성냄과 관련되고, 어리석음과 관련된, 악하고 불건전한 사유들이 일어나면, 그것을 멈추고, 그것과 다른 선하고 건전한 어떤 인상에 관련된 정신활동을 일으켜야 한다. 이빨을 이빨에 붙이고 혀를 입천장에 대고 마음으로 마음을 항복시키고 제압해서 없애버리면, 탐욕과 관련되고, 성냄과 관련되고, 어리석음과 관련된, 악하고 불건전한 사유들은 버려지고 사라진다.

1. 이와 같이 나는 들었다. 한 때 세존께서 싸밧티 시의 제따바나에 있는 아나타삔디까 승원에 계셨다.

2. 그 때에 세존께서는 "수행승들이여"라고 수행승들을 부르셨다. 수행승들은 "세존이시여"라고 세존께 대답했다.

3. 세존께서는 이와 같이 말씀하셨다.

[세존] "수행승들이여, 수행승은 수승한 마음을 닦으려면, 때때로 다섯 가지 인상에 정신활동을 일으켜야 한다.[162] 다섯 가지란 어떠

---

161) 이 경의 원래 제목은 「사유중지의 경 [Vitakkasaṇṭhānasutta]」이다. 우리말 『맛지마니까야』 1권 413쪽에 있다. MN. I. 118; 中阿含 101, 增上心經(大正 1, 588) 참조. 이 경과 주석에 대해서는 Soma Thera의 The Removal of Distracting Thought를 보라.

162) adhicittaṃ anuyuttena bhikkhave bhikkhunā pañca nimittāni kālena kālaṃ manasikātabbāni : 殊勝한 마음(增上心 adhicitta)은 통찰을 기초로 하는 여덟 가지 禪定의 成就를 말한다. 그것은 열 가지 善하고 健全한 과정의 일반적인 마음보다는 높다. 다섯 가지

한 것인가?

4. 수행승들이여, 이 세상에 수행승은 어떤 인상에 관해 그 인상에 정신적 활동을 일으켜 자신 안에 탐욕과 관련되고, 성냄과 관련되고, 어리석음과 관련된, 악하고 불건전한 사유들이 일어나면, 그는 그 인상과는 다른, 선하고 건전한 어떤 인상에 관련된 정신활동을 일으켜야 한다.[163] 그가 그 인상과는 다른, 선하고 건전한 어떤 인상에 관련된 정신활동을 일으키면, 탐욕과 관련되고, 성냄과 관련되고, 어리석음과 관련된, 악하고 불건전한 사유들이 버려지고 사라진다. 그것들이 버려지면 안으로 마음이 확립되고 가라앉고 통일되고 집중된다. 수행승들이여, 마치 숙련된 미쟁이나 그의 도제가 작은 쐐기로 커다란 쐐기를 쳐서 뽑아 제거하는 것처럼, 수행승들이여, 이와 같이 수행승은 어떤 인상에 관해 그 인상에 정신적 활동을 일으켜 자신 안에 탐욕과 관련되고, 성냄과 관련되고, 어리석음과 관련된, 악하고 불건전한 사유가 일어나면, 그는 그 인상과는 다른, 선하고 건전한 어떤 인상에 관련된 정신활동을 일으켜야 한다. 그가 그 인상과는 다른, 선하고 건전한 어떤 인상에 관련된 정신활동을 일으키면, 탐욕과 관련되고, 성냄과 관련되고, 어리석음과 관련된, 악하고 불건전한 사유들이 버려지고 사라진다. 그것들이 버

의 印象(nimitta)은 혼란된 思惟를 제거하는 實踐的인 方法으로써 이해될 수 있다. 참고로 '精神活動을 일으켜야 한다(manasikātabbāni)'고 번역했는데, '정신활동을 일으키는 것'은 '作意(manasikāra)'이 원래의 뜻임을 밝혀둔다.

163) Pps. II. 88에 따르면, 貪欲의 思惟가 살아있는 *存在*를 향해 일어날 때에, '다른 印象'은 不淨에 대한 修行이다. 貪欲의 思惟가 살아있지 않은 *存在*를 향해 일어날 때에, '다른 인상'은 無常에 대한 精神活動이다. 성냄의 思惟가 살아있는 *存在*를 향해 일어날 때에, '다른 印象'은 慈悲에 대한 修行이다. 성냄의 思惟가 살아있지 않은 *存在*를 향해 일어날 때에, '다른 인상'은 世界(界 또는 要素)에 대한 精神活動이다. 그리고 어리석음에 대한 치유를 위해서는 스승 아래서 사는 것, 가르침을 배우는 것, 意味에 대한 探究, 가르침에 대한 傾聽, 原因에 대한 質問을 행해야 한다.

려지면 안으로 마음이 확립되고 가라앉고 통일되고 집중된다.

5. 수행승들이여, 그 수행승이 그 인상과는 달리 선하고 건전한 어떤 다른 인상에 관련된 정신활동을 일으켰으나 여전히 자신에게 탐욕과 관련되고, 성냄과 관련되고, 어리석음과 관련된, 악하고 불건전한 사유들이 일어나면, 수행승들이여, 그 수행승은 그 사유들 속에서 위험을 이렇게 '이러한 사유는 불건전하다. 이러한 사유는 비난받을 만하다. 이러한 사유는 고통을 유발한다.[164]'라고 성찰해 보아야 한다. 그가 이러한 사유 속에서 위험을 성찰하면, 탐욕과 관련되고, 성냄과 관련되고, 어리석음과 관련된, 악하고 불건전한 사유들은 버려지고 사라진다. 그것들이 버려지면 안으로 마음이 확립되고 가라앉고 통일되고 집중된다. 수행승들이여, 마치 젊고 생기발랄하고 장식을 좋아하는 남자나 여자에게 뱀의 사체나 개의 사체나 사람의 사체를 목에 걸어주면, 놀라고 치욕스러워하고 혐오하는 것처럼, 수행승들이여, 이와 같이 그 수행승은 그 인상과는 다른, 선하고 건전한 어떤 인상에 관련된 정신활동을 일으켰으나 여전히 자신에게 탐욕과 관련되고, 성냄과 관련되고, 어리석음과 관련된, 악하고 불건전한 사유들이 일어나면, 수행승들이여, 그 수행승은 그 사유들 속에서 위험을 이렇게 '이러한 사유는 불건전하다. 이러한 사유는 비난받을 만하다. 이러한 사유는 고통을 유발한다'라고 성찰해 보아야 한다. 그가 이러한 사유 속에서 위험을 성찰하면, 탐욕과 관련되고, 성냄과 관련되고, 어리석음과 관련된, 악하고 불건전한 사유들은 버려지고 사라진다. 그것들이 버려지면 안으로

164) 이 방법은 MN. 19 「두 갈래 사유의 경 [Dvedhāvitakkhasutta]」에 잘나타나 있다. 惡하고 不健全한 생각의 無價値性을 마음에 떠올리면 부끄러움(hiri)이 생겨나고, 惡하고 不健全한 생각의 危險과 災難을 생각하면 창피함(ottappa)이 생겨난다.

마음이 확립되고 가라앉고 통일되고 집중된다.

6. 수행승들이여, 그 수행승이 그가 이러한 사유 속에서 위험을 성찰했음에도 불구하고, 탐욕과 관련되고, 성냄과 관련되고, 어리석음과 관련된, 악하고 불건전한 사유들이 생겨나면, 수행승들이여, 그 수행승은 그러한 사유에 새김을 두지 말고, 정신활동도 일으키지 말아야 한다. 그가 그러한 사유에 새김을 두지 않고, 정신활동도 일으키지 않으면, 탐욕과 관련되고, 성냄과 관련되고, 어리석음과 관련된, 악하고 불건전한 사유들은 버려지고 사라진다. 그것들이 버려지면 안으로 마음이 확립되고 가라앉고 통일되고 집중된다. 수행승들이여, 마치 눈 있는 자가 시야에 들어온 형상을 보지 않고자 원하면, 눈을 감거나 다른 곳을 쳐다보는 것처럼, 수행승들이여, 이와 같이 그 수행승이 그가 이러한 사유들 속에서 위험을 성찰했음에도 불구하고, 탐욕과 관련되고, 성냄과 관련되고, 어리석음과 관련된, 악하고 불건전한 사유들이 생겨나면, 수행승들이여, 그 수행승은 그러한 사유에 새김을 두지 말고, 정신활동을 일으키지 말아야 한다. 그가 그러한 사유에 새김을 두지 않고, 정신활동도 일으키지 않으면, 탐욕과 관련되고, 성냄과 관련되고, 어리석음과 관련된, 악하고 불건전한 사유들은 버려지고 사라진다. 그것들이 버려지면 안으로 마음이 확립되고 가라앉고 통일되고 집중된다.

7. 수행승들이여, 그 수행승이 그러한 사유에 새김을 두지 않고, 정신활동도 일으키지 않았으나, 탐욕과 관련되고, 성냄과 관련되고, 어리석음과 관련된, 악하고 불건전한 사유들이 생겨나면, 수행승들이여, 그 수행승은 그 사유에 대해 사유활동의 중지에[165] 대한 정

165) vitakka-saṅkhāra-saṇṭhānaṃ manasikātabban : Pps. II. 92에 따르면, saṅkhāra는 條件, 原因, 뿌리로서 이해되어야 한다. 그 복합어는 '思惟의 原因에 대한 中止'를 말한다.

신활동을 일으켜야 한다. 그가 그 사유에 대해 사유활동의 중지에 대한 정신활동을 일으키면, 탐욕과 관련되고, 성냄과 관련되고, 어리석음과 관련된, 악하고 불건전한 사유들은 버려지고 사라진다. 그것들이 버려지면 안으로 마음이 확립되고 가라앉고 통일되고 집중된다. 수행승들이여, 마치 여기 사람이 급히 가는데 '내가 왜 급히 가는가? 오히려 천천히 가보자'라고 생각하여 천천히 가고, 또한 '내가 왜 서있는가? 오히려 앉아있어 보자'라고 생각하여 앉아있고, 또한 '내가 왜 앉아있는가? 오히려 누워있어 보자'라고 생각하여 누워있는 것처럼, 수행승들이여, 이와 같이 그 수행승이 그러한 사유에 새김을 두지 않고, 정신활동도 일으키지 않았으나, 탐욕과 관련되고 성냄과 관련되고 어리석음과 관련된, 악하고 불건전한 사유들이 생겨나면, 수행승들이여, 그 수행승은 그 사유에 대해 사유활동의 중지를 위한 정신활동을 일으켜야 한다. 그가 그 사유에 대해 사유활동의 중지를 위한 정신활동을 일으키면, 탐욕과 관련되고, 성냄과 관련되고, 어리석음과 관련된, 악하고 불건전한 사유들은 버려지고 사라진다. 그것들이 버려지면 안으로 마음이 확립되고 가라앉고 통일되고 집중된다.

8. 수행승들이여, 그 수행승이 그 사유에 대해 사유활동의 중지를 위한 정신활동을 일으켰지만, 탐욕과 관련되고, 성냄과 관련되고, 어리석음과 관련된, 악하고 불건전한 사유들이 생겨나면, 수행승들이여, 수행승은 이빨을 이빨에 붙이고 혀를 입천장에 대고 마음으로 마음을 항복시키고 제압해서 없애버려야 한다.[166] 그가 이빨을

이 中止는 惡하고 不健全한 생각이 일어났을 때에 '그 原因은 무엇인가? 그 原因의 原因은 무엇인가?'등을 質問함으로써 完成된다. 이러한 質問은 그러한 惡하고 不健全한 생각의 흐름을 非活性的으로 만들고 결국 中止시킨다.

166) cetasā cittan : Pps. II. 93에 따르면, '善하고 健全한 마음으로 惡하고 不健全한 마음을

이빨에 붙이고 혀를 입천장에 대고 마음으로 마음을 항복시키고 제압해서 없애버리면, 탐욕과 관련되고 성냄과 관련되고 어리석음과 관련된, 악하고 불건전한 사유들은 버려지고 사라진다. 그것들이 버려지면 안으로 마음이 확립되고 가라앉고 통일되고 집중된다. 수행승들이여, 마치 힘있는 사람이 힘없는 자를 머리나 어깨를 붙잡아 항복시키고 제압해서 없애버리는 것처럼, 수행승들이여, 이와 같이 그 수행승이 그 사유에 대해 사유활동의 중지를 위한 정신활동을 일으켰지만, 탐욕과 관련되고, 성냄과 관련되고, 어리석음과 관련된, 악하고 불건전한 사유들이 생겨나면, 수행승들이여, 수행승은 이빨을 이빨에 붙이고 혀를 입천장에 대고 마음으로 마음을 항복시키고 제압해서 없애버려야 한다. 그가 이빨을 이빨에 붙이고 혀를 입천장에 대고 마음으로 마음을 항복시키고 제압해서 없애버리면, 탐욕과 관련되고 성냄과 관련되고 어리석음과 관련된, 악하고 불건전한 사유들은 버려지고 사라진다. 그것들이 버려지면 안으로 마음이 확립되고 가라앉고 통일되고 집중된다.

9. 수행승들이여, 이 세상에 수행승은 어떤 인상에 관해 그 인상에 정신적 활동을 일으켜 자신 안에 탐욕과 관련되고, 성냄과 관련되고, 어리석음과 관련된, 악하고 불건전한 사유가 일어나면, 그는 그 인상과는 다른, 선하고 건전한 어떤 인상에 관련된 정신활동을 일으켜야 한다. 그가 그 인상과는 다른, 선하고 건전한 어떤 인상에 관련된 정신활동을 일으키면, 탐욕과 관련되고, 성냄과 관련되고, 어리석음과 관련된, 악하고 불건전한 사유들이 버려지고 사라진다. 그것들이 버려지면 안으로 마음이 확립되고 가라앉고 통일되고 집중된다.

制止해야 한다(kusalacittena akusalacittaṃ abhiniggaṇhitabbaṃ)'

10. 수행승들이여, 그 수행승이 그 인상과는 다른, 선하고 건전한 어떤 인상에 관련된 정신활동을 일으켰으나 여전히 자신에게 탐욕과 관련되고, 성냄과 관련되고, 어리석음과 관련된, 악하고 불건전한 사유들이 일어나면, 수행승들이여, 그 수행승은 그 사유들 속에서 위험을 이렇게 '이러한 사유는 불건전하다. 이러한 사유는 비난받을 만하다. 이러한 사유는 고통을 유발한다'라고 성찰해 보아야 한다. 그가 이러한 사유속에서 위험을 성찰하면, 탐욕과 관련되고, 성냄과 관련되고, 어리석음과 관련된, 악하고 불건전한 사유들은 버려지고 사라진다. 그것들이 버려지면 안으로 마음이 확립되고 가라앉고 통일되고 집중된다.

11. 수행승들이여, 그 수행승이 그가 이러한 사유들 속에서 위험을 성찰했음에도 불구하고, 탐욕과 관련되고, 성냄과 관련되고, 어리석음과 관련된, 악하고 불건전한 사유들이 생겨나면, 수행승들이여, 그 수행승은 그러한 사유에 새김을 두지 말고, 정신활동도 일으키지 말아야 한다. 그가 그러한 사유에 새김을 두지 않고, 정신활동을 일으키지 않으면, 탐욕과 관련되고, 성냄과 관련되고, 어리석음과 관련된, 악하고 불건전한 사유들은 버려지고 사라진다. 그것들이 버려지면 안으로 마음이 확립되고 가라앉고 통일되고 집중된다.

12. 수행승들이여, 그 수행승이 그러한 사유에 새김을 두지 않고, 정신활동도 일으키지 않았으나, 탐욕과 관련되고, 성냄과 관련되고, 어리석음과 관련된, 악하고 불건전한 사유들이 생겨나면, 수행승들이여, 그 수행승은 그 사유에 대해 사유활동의 중지를 위한 정신활동을 일으켜야 한다. 그가 그 사유에 대해 사유활동의 중지를 위한 정신활동을 일으키면, 탐욕과 관련되고, 성냄과 관련되고, 어

리석음과 관련된, 악하고 불건전한 사유들은 버려지고 사라진다. 그것들이 버려지면 안으로 마음이 확립되고 가라앉고 통일되고 집중된다.

13. 수행승들이여, 그 수행승이 그 사유에 대해 사유활동의 중지를 위한 정신활동을 일으켰지만, 탐욕과 관련되고, 성냄과 관련되고, 어리석음과 관련된, 악하고 불건전한 사유들이 생겨나면, 수행승들이여, 수행승은 이빨을 이빨에 붙이고 혀를 입천장에 대고 마음으로 마음을 항복시키고 제압해서 없애버려야 한다. 그가 이빨을 이빨에 붙이고 혀를 입천장에 대고 마음으로 마음을 항복시키고 제압해서 없애버리면, 탐욕과 관련되고, 성냄과 관련되고, 어리석음과 관련된, 악하고 불건전한 사유들은 버려지고 사라진다. 그것들이 버려지면 안으로 마음이 확립되고 가라앉고 통일되고 집중된다.

14. 수행승들이여, 이러한 수행승을 사유과정의 스승이라고[167] 부른다. 그는 자신이 사유하고자 원하는 사유를 사유할 것이고, 자신이 사유하고자 원하지 않는 사유를 사유하지 않을 것이다. 그는 갈애를 끊고, 결박을 풀고, 자만을 완전히 정복하여, 괴로움의 종식을 이루었다."

15. 세존께서는 이와 같이 말씀하셨다. 그들 수행승들은 만족하여 세존께서 하신 말씀을 기쁘게 받아들였다.

---

167) vasī vitakkapariyāyapathesu : Pps. II. 94에 따르면, '思惟活動의 길에서 達人의 境地에 도달한 자, 自制力이 있는 賢明한 자(vitakkacārapathesu ciṇṇavasī paguṇavasī)'를 말한다.

7. 가르침을 잘못 붙잡으면 뱀에게 물린다

[Alagaddūpamasutta][168]

어떤 사람이 뱀을 찾아서 가는데, 큰 뱀을 보고는 그 몸통이나 꼬리를 잡으면, 그 뱀은 되돌아서 그 사람의 손이나 팔이나 다른 사지를 물 것이고, 그 때문에 그는 죽거나 죽음에 이를 정도의 고통을 맛볼 것이다. 뱀을 잘못 붙잡았기 때문이다.

풀과 나무와 가지와 잎사귀를 모아서 뗏목을 엮어서 그 뗏목에 의지하여 두 손과 두 발로 열심히 저어, 안전하게 저 언덕으로 건너가서 '이 뗏목을 머리에 이거나 어깨에 메고 갈 곳으로 가면 어떨까?'라고 생각한다면, 그 뗏목을 제대로 처리하는 것인가?

1. 이와 같이 나는 들었다. 한 때 세존께서 싸밧티 시의 제따바나에 있는 아나타삔디까 승원에 계셨다.

2. 이 때에 예전에 독수리 조련사였던 수행승 아릿타[169]에게 '내가

---

168) 이 경의 원래 제목은 「뱀에 대한 비유의 경 [Alagaddūpamasutta]」이다. 우리말 『맛지마니까야』 1권 437쪽에 있다. MN. I. 130; 中阿含 200, 阿棃吒經(大正 1, 763), 增壹 43·5, 船筏(大正 2, 759) 참조. 이 경에 대한 더 상세한 해설은 Nyanaponika 장로의 『The Discourse on the Snake Simile』란 책에 있다.

169) Ariṭṭha에 대한 逸話가 律藏에 두 번 등장한다. Vin. II. 25에는 자신의 삿된 견해를 굽히기를 거부한 그를 '죄를 거론하는 승단회의(擧罪羯摩 : ukkhepaniyakamma)'에 붙였다는 내용이 있다. 그래서 그는 僧團을 떠나 擧罪羯摩가 폐기될 때까지 僧團으로 돌아올 수 없었다. Vin. II. 133에서는 忠告에도 불구하고 자신의 삿된 見解를 버리지 않은 그에게 懺悔罪(pācittiya)를 선고했다는 내용도 있다. SN. IV. 874에서는 부처님께서 그에게 呼吸 修行에 대해 상세하게 설명한다.

세존께서 가르치신 진리를 이해하기로는, 세존께서 장애라고 설한 것들도 그것들을 수용하는 자에게는 장애가 되지 않는다[170]'라는 삿된 견해가 생겨났다.

3. 마침 많은 수행승들이 '예전에 독수리 조련사였던 수행승 아릿타에게 '내가 세존께서 가르치신 진리를 이해하기로는, 세존께서 장애라고 설한 것들도 그것들을 수용하는 자에게는 장애가 되지 않는다'라는 삿된 견해가 생겨났다'라고 들었다.

4. 그래서 많은 수행승들이 예전에 독수리 조련사였던 수행승 아릿타가 있는 곳을 찾았다. 다가가서 예전에 독수리 조련사였던 아릿타에게 말했다.
[수행승들] "벗이여, 아릿타여, 그대에게 '내가 세존께서 가르치신 진리를 이해하기로는, 세존께서 장애라고 설한 것들도 그것들을 수용하는 자에게는 장애가 되지 않는다'라는 삿된 견해가 생겨났다'라고 하는 것이 사실입니까?"

5. [아릿타] "벗들이여, 그렇습니다. 내가 세존께서 가르치신 진리를 이해하기로는, 세존께서 장애라고 설한 것들도 그것들을 수용하는 자에게는 장애가 되지 않습니다"

---

170) ye 'me antarāyikā dhammā vuttā bhagavatā te paṭisevato nālaṃ antarāyāya : 여기서 受用(paṭisevato)이라는 말은 부처님의 가르침을 단지 실천 없이 觀念的으로만 받아들이는 것을 意味한다. 한편 전체적으로 이 문장은 MN. 12「사자후에 대한 큰 경 [Mahāsīhanādasutta]」에서 등장하는 "싸리뿟따여, 수행자든 바라문, 신, 악마, 하느님이든 이 세상의 어떤 자이든, 나에 대해 '그대가 障碍가 되는 事件이라고 말하는 것도 그것들을 受用하는 자에게는 障碍가 될 수 없다'라고 가르침에 견주어 非難하려 해도, 나는 그것을 根據 있는 말로 여기지 않는다."라는 內容과 矛盾이 된다. Mdb. 1207에 따르면, 아릿타는 홀로 冥想하면서 '만약 수행승들이 女人과 性的인 關係를 맺었더라면, 그것은 障碍가 될 수 없었을 텐데'라는 결론에 도달했고, 그는 그것이 僧院의 戒律로 禁止되지 않아야 한다고 주장했다고 한다.

6. 그들 수행승들은 예전에 독수리 조련사였던 수행승 아릿타를 그의 삿된 견해에서 벗어나게 하고자 추궁하고 규명하고 충고했다. [수행승들] "벗이여, 아릿타여, 그렇게 말하지 않는 것이 좋겠습니다. 세존의 가르침을 왜곡하지 마십시오. 세존의 가르침을 왜곡하는 것은 옳지 않습니다. 세존께서는 그렇게 설하지 않으셨습니다. 벗이여, 아릿타여, 여러 가지 법문으로써 세존께서는 장애가 되는 것들이 어떻게 장애가 되는가와 그것들을 수용하는 자에게도 어떻게 장애가 되는가에 대해 설하셨습니다. 세존께서는 감각적 쾌락의 욕망에는 즐거움은 적고 괴로움이 많고 근심이 많으며, 재난은 더욱 많다고 설하셨습니다. 또한 세존께서는 감각적 쾌락의 욕망에 관해 해골의 비유를 설했고, 감각적 쾌락의 욕망에 관해 고깃조각의 비유를 설했고, 감각적 쾌락의 욕망에 관해 건초횃불의 비유를 설했고, 감각적 쾌락의 욕망에 관해 숯불구덩이의 비유를 설했고, 감각적 쾌락의 욕망에 관해 꿈의 비유를 설했고, 감각적 쾌락의 욕망에 관해 빌린 재물의 비유를 설했고, 감각적 쾌락의 욕망에 관해 나무열매의 비유를 설했고, 감각적 쾌락의 욕망에 관해 도살장의 비유를 설했고, 감각적 쾌락의 욕망에 관해 칼과 창의 비유를 설했고, 감각적 쾌락의 욕망에 관해 뱀머리의 비유를 설했는데, 감각적 쾌락의 욕망에는 즐거움은 적고 괴로움이 많고 근심이 많으며, 재난은 더욱 많다고 설하셨습니다.[171]"

---

171) MN. 54 「뽀딸리야의 경[Potaliyasutta]」에 感覺的 快樂의 誘惑과 災難에 대한 첫 일곱 가지의 比喩가 비교적 詳細히 등장한다. "1) 장자여, 한 마리의 개가 굶주림과 허기에 지쳐서 푸줏간 앞에 나타났다고 합시다. 그 개에게 숙련된 도살자 내지 그 제자가 완전히 잘 도려내어져서 근육 한 점 없이 피만 묻은 해골을 던져주면, 장자여, 그대는 어떻게 생각합니까? 그 개는 그 완전히 잘 도려내어져서 근육 한 점 없이 피만 묻은 해골을 씹으며, 그 굶주림과 허기에 지친 것을 채울 수 있습니까? 2) 장자여, 한 마리의 독수리나 까마귀나 매가 고깃조각을 물고 나른다고 합시다. 그런데 다른 독수리들이나 까마귀들이나 매들이 뒤쫓아 날아가서 부리로 쪼고, 낚아챈다면, 장자여, 그대는 어떻게 생각합니까? 한 마

7. 이와 같이 그들 수행승들이 추궁하고 규명하고 충고했음에도 오히려 예전에 독수리 조련사였던 수행승 아릿타는 그 삿된 견해를 완강히 고집하고 그것에 집착하며 '내가 세존께서 가르치신 진리를

리의 독수리나 까마귀나 매가 그 고깃조각을 재빨리 놓아버리지 않는다면, 그 때문에 죽음에 이르거나 죽을 정도의 고통에 시달리지 않겠습니까? 3) 장자여, 한 사람이 불타는 건초횃불을 가지고 바람을 향해서 간다고 합시다. 장자여, 그대는 어떻게 생각합니까? 그 사람이 불타는 건초횃불을 놓아 버리지 않아서, 그 불타는 건초횃불이 그 사람의 손을 태우거나 팔을 태우거나 다른 신체부위를 태운다면, 그 때문에 죽음에 이르거나 죽을 정도의 고통에 시달리지 않겠습니까? 4) 장자여, 불꽃도 연기도 없이 이글거리는 숯으로 가득찬, 사람 키보다 깊은 숯불구덩이가 있다고 합시다. 살기를 원하고 죽기를 바라지 않고, 쾌락을 좋아하고 고통을 싫어하는 한 사람이 왔는데, 힘센 두사람이 그를 두 손으로 붙잡아 숯불구덩이로 끌고 간다고 합시다. 장자여, 그대는 어떻게 생각합니까? 그 사람이 몸을 이리저리 비틀지 않겠습니까? 5) 장자여, 한 사람이 아름다운 정원, 아름다운 숲, 아름다운 초원, 아름다운 호수를 꿈을 꾸면서 보다가 꿈이 깨면, 그는 아무것도 볼 수 없습니다. 6) 장자여, 한 사람이 빌린 재물 즉 사치스러운 수레, 뛰어난 보석이 박힌 귀고리를 차용해서, 그들 빌린 재물로 분장하고 치장하여 시장으로 나갔는데, 그를 보고 다른 사람들이 '참으로 이 사람은 부자이다. 모든 부자는 이처럼 재물을 즐긴다.'고 말하는데, 그 주인들이 그것들을 볼 때마다, 그 때마다 자기의 재물들을 찾아간다고 합시다. 장자여, 그대는 어떻게 생각합니까? 그 사람이 낙심할 수밖에 없지 않겠습니까? 6) 장자여, 마을이나 도시에서 멀지 않은 곳에 있는 빽빽한 총림에 잘 익은 열매가 많이 열린 과일나무가 있지만 그 어떠한 열매도 땅위로 떨어지지 않는다고 합시다. 그 때에 한 사람이 열매를 원하고 열매를 구하고 열매를 찾아서 걸어와서 그 총림으로 들어와 그 잘 익은 열매가 많이 열린 과일나무를 보고 '이 잘 익은 열매가 많이 열린 과일나무가 있지만 그 어떠한 열매도 땅위로 떨어지지 않는다. 나는 나무위로 올라갈 줄 안다. 내가 나무위로 올라가 원하는 대로 먹고 또한 주머니를 채워보는 것이 어떨까?'라고 이와 같이 생각했다고 합시다. 그래서 그는 나무위로 올라가 원하는 대로 먹고 또한 주머니를 채웠다고 합시다. 그런데 마침 두 번째의 사람이 열매를 원하고 열매를 구하고 열매를 찾아 도끼를 들고 걸어와서 그 총림으로 들어와 그 잘 익은 많은 열매를 가진 과일나무를 보고 '이 잘 익은 열매가 많이 열린 과일나무가 있지만 그 어떠한 열매도 땅위로 떨어지지 않는다. 나는 나무위로 올라갈 줄 모른다. 내가 나무를 뿌리로부터 잘라서, 원하는 대로 먹고 또한 주머니를 채워보는 것이 어떨까?'라고 이와 같이 생각했다고 합시다. 장자여, 그대는 어떻게 생각합니까? 만약에 그 나무에 오른 첫 번째 사람이 재빨리 나무에서 내려오지 않는다면, 그 넘어지는 나무가 그 사람의 손을 부수거나 팔을 부수거나 다른 신체부위를 부순다면, 그 때문에 죽음에 이르거나 죽을 정도의 고통에 시달리지 않겠습니까?" 그리고 칼과 창의 비유는 Pps. II. 23에 따르면, 屠殺場은 원래 '칼과 도마'라는 말인데, 도마 위에 고기를 얹어놓고 칼로 切斷한다는 뜻이다. '칼과 도마'이나 '屠殺場'의 의미를 지닌다. 感覺的인 快樂을 향락하는 存在는 '感覺的 快樂의 對象(vatthukāma)'이라는 도마 위에서 '感覺的 快樂의 煩惱(kilesakāma)'라는 칼로 切斷된다. 그리고 Pps. II. 103에 따르면, 감각적 쾌락의 칼과 창처럼 貫通한다. 그리고 뱀머리의 비유는 이 경에 나온다. 잘못 붙잡으면 주인을 물어버리는 것이다.

이해하기로는, 세존께서 장애라고 설한 것들도 그것들을 수용하는 자에게는 장애가 되지 않는다'라고 주장했다.

8. 그들 수행승들은 예전에 독수리 조련사였던 수행승 아릿타를 그 삿된 견해에서 벗어나게 할 수 없자, 곧 세존께서 계신 곳을 찾았다. 다가가서 세존께 인사를 드리고 한 쪽으로 물러 앉았다. 한 쪽으로 물러 앉아서 그들 수행승들은 이와 같이 말했다.

[수행승들] "세존이시여, 예전에 독수리 조련사였던 수행승 아릿타에게 '내가 세존께서 가르치신 진리를 이해하기로는, 세존께서 장애라고 설한 것들도 그것들을 수용하는 자에게는 장애가 되지 않는다'라고 삿된 견해가 생겨났습니다. 또한 실제로 저희들은 예전에 독수리 조련사였던 수행승 아릿타에게 '내가 세존께서 가르치신 진리를 이해하기로는, 세존께서 장애라고 설한 것들도 그것들을 수용하는 자에게는 장애가 되지 않는다'라고 삿된 견해가 생겨난 것에 대해 들었습니다. 그래서 저희들은 예전에 독수리 조련사였던 수행승 아릿타가 있는 곳을 찾아갔습니다. 다가가서 예전에 독수리 조련사였던 아릿타에게 말했습니다. '내가 세존께서 가르치신 진리를 이해하기로는, 세존께서 장애라고 설한 것들도 그것들을 수용하는 자에게는 장애가 되지 않는다'라고 삿된 견해가 생겨났다'라고 하는 것이 사실입니까?'라고 말입니다. 세존이시여, 이와 같이 질문하자 예전에 독수리 조련사였던 아릿타는 다음과 같이 대답했습니다. '벗들이여, 그렇습니다. 제가 세존께서 가르치신 진리를 이해하기로는, 세존께서 장애라고 설한 것들도 그것들을 수용하는 자에게는 장애가 되지 않습니다'라고 말입니다. 세존이시여, 그래서 저희들은 예전에 독수리 조련사였던 수행승 아릿타를 그의 삿된 견해에서 벗어나게 하고자 추궁하고 규명하고 서로 논의한 뒤에 말했

습니다. '벗이여, 아릿타여, 그렇게 말하지 않는 것이 좋겠습니다. 세존의 가르침을 왜곡하지 마십시오. 세존의 가르침을 왜곡하는 것은 옳지 않습니다. 세존께서는 그렇게 설하지 않으셨습니다. 벗이여, 아릿타여, 여러 가지 법문으로써 세존께서는 장애가 되는 것들이 어떻게 장애가 되는가와 그것들을 수용하는 자에게도 어떻게 장애가 되는가에 대해 설하셨습니다. 세존께서는 감각적 쾌락의 욕망에는 즐거움은 적고 괴로움이 많고 근심이 많으며, 재난은 더욱 많다고 설하셨습니다. 또한 세존께서는 감각적 쾌락의 욕망에 관해 해골의 비유를 설했고, 감각적 쾌락의 욕망에 관해 고깃조각의 비유를 설했고, 감각적 쾌락의 욕망에 관해 건초횃불의 비유를 설했고, 감각적 쾌락의 욕망에 관해 숯불구덩이의 비유를 설했고, 감각적 쾌락의 욕망에 관해 꿈의 비유를 설했고, 감각적 쾌락의 욕망에 관해 빌린 재물의 비유를 설했고, 감각적 쾌락의 욕망에 관해 나무열매의 비유를 설했고, 감각적 쾌락의 욕망에 관해 도살장의 비유를 설했고, 감각적 쾌락의 욕망에 관해 칼과 창의 비유를 설했고, 감각적 쾌락의 욕망에 관해 뱀머리의 비유를 설했는데, 감각적 쾌락의 욕망에는 즐거움은 적고 괴로움이 많고 근심이 많으며, 재난은 더욱 많다고 설하셨습니다'라고 말입니다. 세존이시여, 이와 같이 예전에 독수리 조련사였던 수행승 아릿타는 저희들과 추궁하고 규명하고 충고했음에도 오히려 그 삿된 견해를 완강히 고집하고 그것에 집착하며 '제가 세존께서 가르치신 진리를 이해하기로는, 세존께서 장애라고 설한 것들도 그것들을 수용하는 자에게는 장애가 되지 않습니다'라고 주장했습니다. 세존이시여, 저희들은 예전에 독수리 조련사였던 수행승 아릿타를 그 삿된 견해에서 벗어나게 할 수 있도록 이 일을 세존께 알립니다.

9. 그래서 세존께서는 다른 수행승을 불러 말했다.
[세존] "수행승이여, 오라. 그대는 예전에 독수리 조련사였던 수행승 아릿타가 있는 곳을 찾아가서 그에게 나의 이름으로 '벗이여, 아릿타여, 스승이 그대를 부른다'라고 알려라."
[수행승] "세존이시여, 그렇게 하겠습니다."
그 수행승은 세존께 대답하고 예전에 독수리 조련사였던 수행승 아릿타가 있는 곳을 찾아가서 그에게 '벗이여, 아릿타여, 스승이 그대를 부르십니다'라고 알렸다.
예전에 독수리 조련사였던 수행승 아릿타는 '벗이여, 알겠습니다'고 그 수행승에게 대답하고 세존께서 계신 곳을 찾았다. 다가가서 예전에 독수리 조련사였던 수행승 아릿타는 세존께 인사를 드리고 한 쪽으로 물러 앉았다. 한 쪽으로 물러 앉은 예전에 독수리 조련사였던 수행승 아릿타에게 세존께서는 이와 같이 말했다.

10. [세존] "아릿타여, 그대에게 '내가 세존께서 가르치신 진리를 이해하기로는, 세존께서 장애라고 설한 것들도 그것들을 수용하는 자에게는 장애가 되지 않는다'라는 삿된 견해가 생겨났다는 것이 사실인가?"
[아릿타] "세존이시여, 그렇습니다. 제가 세존께서 가르치신 진리를 이해하기로는, 세존께서 장애라고 설한 것들도 그것들을 수용하는 자에게는 장애가 되지 않습니다"

11. [세존] "어리석은 자여, 누구에게 내가 그러한 가르침을 설했다고 하는가? 여러 가지 법문으로써 나는 장애가 되는 것들이 어떻게 장애가 되는가와 그것들을 수용하는 자에게도 어떻게 장애가 되는가에 대해 설했다. 나는 감각적 쾌락의 욕망에는 즐거움은 적

고 괴로움이 많고 근심이 많으며, 재난은 더욱 많다고 설했다. 또한 나는 감각적 쾌락의 욕망에 관해 해골의 비유를 설했고, 감각적 쾌락의 욕망에 관해 고깃조각의 비유를 설했고, 감각적 쾌락의 욕망에 관해 건초횃불의 비유를 설했고, 감각적 쾌락의 욕망에 관해 숯불구덩이의 비유를 설했고, 감각적 쾌락의 욕망에 관해 꿈의 비유를 설했고, 감각적 쾌락의 욕망에 관해 빌린 재물의 비유를 설했고, 감각적 쾌락의 욕망에 관해 나무열매의 비유를 설했고, 감각적 쾌락의 욕망에 관해 도살장의 비유를 설했고, 감각적 쾌락의 욕망에 관해 칼과 창의 비유를 설했고, 감각적 쾌락의 욕망에 관해 뱀머리의 비유를 설했는데, 감각적 쾌락의 욕망에는 즐거움은 적고 괴로움이 많고 근심이 많으며, 재난은 더욱 많다고 설했다. 그러나 어리석은 자여, 그대는 스스로 잘못 해석하여 오히려 우리를 왜곡하고 스스로를 파괴하고 많은 해악을 쌓는다. 어리석은 자여, 그것은 실로 그대를 오랜 세월 불익과 고통으로 이끌 것이다."

12. 그리고 세존께서는 수행승들에게 말씀하셨다.
[세존] "수행승들이여, 어떻게 생각하는가? 여기 예전에 독수리 조련사였던 수행승 아릿타가 이 가르침과 계율에 열중하는가?[172]"
[수행승들] "세존이시여, 그가 어떻게 그러했겠습니까? 세존이시여, 그렇지 않습니다."

13. 이와 같이 말하자 독수리 조련사였던 수행승 아릿타는 말없이 얼굴을 붉히고 어깨를 떨구고 고개를 숙이고 생각에 잠겨 대꾸 없이 앉아 있었다. 그러자 세존께서는 말없이 얼굴을 붉히고 어깨를 떨구고 고개를 숙이고 생각에 잠겨 대꾸 없이 앉아 있는 독수리 조

172) usmikato : Mdb. 226에 따르면, '智慧의 불꽃을 켰다(kindled the spark od wisdom)'는 뜻이다.

련사였던 수행승 아릿타에게 이와 같이 말했다.
[세존] "어리석은 자여, 그대는 자신의 삿된 견해에 대해 깨닫게 될 것이다. 이 점에 관해 나는 수행승들에게 질문하겠다."

14. 그래서 세존께서는 수행승들에게 말했다.
[세존] "그대들도 역시 내가 가르친 법에 관해 독수리 조련사였던 수행승 아릿타가 스스로 잘못 이해하여 오히려 우리를 왜곡하고 스스로를 파괴하고 많은 해악을 낳은 것처럼, 그렇게 이해하는가?"
[수행승들] "세존이시여, 그렇지 않습니다. 여러 가지 법문으로써 세존께서는 장애가 되는 것들이 어떻게 장애가 되는가와 그것들을 수용하는 자에게도 어떻게 장애가 되는가에 대해 설하셨습니다. 세존께서는 감각적 쾌락의 욕망에는 즐거움은 적고 괴로움이 많고 근심이 많으며, 재난은 더욱 많다고 설하셨습니다. 또한 세존께서는 감각적 쾌락의 욕망에 관해 해골의 비유를 설했고, 감각적 쾌락의 욕망에 관해 고깃조각의 비유를 설했고, 감각적 쾌락의 욕망에 관해 건초횃불의 비유를 설했고, 감각적 쾌락의 욕망에 관해 숯불구덩이의 비유를 설했고, 감각적 쾌락의 욕망에 관해 꿈의 비유를 설했고, 감각적 쾌락의 욕망에 관해 빌린 재물의 비유를 설했고, 감각적 쾌락의 욕망에 관해 나무열매의 비유를 설했고, 감각적 쾌락의 욕망에 관해 도살장의 비유를 설했고, 감각적 쾌락의 욕망에 관해 칼과 창의 비유를 설했고, 감각적 쾌락의 욕망에 관해 뱀머리의 비유를 설했는데, 감각적 쾌락의 욕망에는 즐거움은 적고 괴로움이 많고 근심이 많으며, 재난은 더욱 많다고 설하셨습니다."

15. [세존] "수행승들이여, 훌륭하다. 그대들이 내가 가르친 법에 관해 이와 같이 이해하는 것은 훌륭하다. 여러 가지 법문으로써 나

는 장애가 되는 것들이 어떻게 장애가 되는가와 그것들을 수용하는 자에게도 어떻게 장애가 되는가에 대해 설했다. 나는 감각적 쾌락의 욕망에는 즐거움은 적고 괴로움이 많고 근심이 많으며, 재난은 더욱 많다고 설했다. 또한 나는 감각적 쾌락의 욕망에 관해 해골의 비유를 설했고, 감각적 쾌락의 욕망에 관해 고깃조각의 비유를 설했고, 감각적 쾌락의 욕망에 관해 건초횃불의 비유를 설했고, 감각적 쾌락의 욕망에 관해 숯불구덩이의 비유를 설했고, 감각적 쾌락의 욕망에 관해 꿈의 비유를 설했고, 감각적 쾌락의 욕망에 관해 빌린 재물의 비유를 설했고, 감각적 쾌락의 욕망에 관해 나무열매의 비유를 설했고, 감각적 쾌락의 욕망에 관해 도살장의 비유를 설했고, 감각적 쾌락의 욕망에 관해 칼과 창의 비유를 설했고, 감각적 쾌락의 욕망에 관해 뱀머리의 비유를 설했는데, 감각적 쾌락의 욕망에는 즐거움은 적고 괴로움이 많고 근심이 많으며, 재난은 더욱 많다고 설했다. 그런데 이 독수리 조련사였던 수행승 아릿타는 스스로 잘못 파악함으로써 우리를 잘못 대변하고 자신을 해치고 많은 해악을 쌓는다. 그것은 실로 오랫동안 그를 불이익과 고통으로 이끌 것이다. 수행승들이여, 그가 감각적 쾌락의 욕망을 빼놓고, 감각적 쾌락의 욕망에 대한 지각을 빼놓고, 감각적 쾌락의 욕망에 대한 사유를 빼놓고, 감각적 쾌락의 욕망을 수용할 수 있다[173]고 생각하는 것은 불가능하다.

16. 수행승들이여, 이 세상에 어떤 어리석은 사람들은 경·응송·수

---

173) aññatr'eva kāmehi aññatra kāmasaññāya aññatra kāmavitakkehi paṭisevissati : 譯者가 感覺的 快樂으로 번역한 이 kāma라는 단어는 빠알리어에서 네 가지 意味로 使用된다. ① 객관적인 감각적 쾌락 : 對象的인 感覺的 享樂, 감각적인 쾌락의 대상을 말한다. ② 주관적 감각적 쾌락 : 감각과 연결된 주관적인 오염, 즉 感覺的 欲望. ③ 性的 交接 : Pps. II. 105에서는 '感覺的 快樂에 빠질 수 있다.'는 말을 '性的交接에 빠질 수 있다'라고 해석하고 있다. ④ 抱擁하고 쓰다듬는 것 등의 愛情表現.

기·게송·감흥어·여시어·전생담·미증유법·교리문답[174]과 같은 가르침을 두루 배우지만, 그 가르침을 배워서 그 가르침에 관해 지혜로써 그 의미를 규명하지 않고, 가르침에 관해 지혜로써 그 의미를 규명하지 않아서 성찰을 얻지 못하고, 남을 비난하기 위하여 가르침을 두루 배우고, 논쟁에서 이기기 위하여 가르침을 두루 배우므로 그 참다운 의미를 경험하지 못한다. 그들이 잘못 파악한 가르침은 자신들에게 오랜 세월 불이익과 고통이 될 것이다.[175] 수행승들이여, 그것은 무슨 까닭인가? 수행승들이여, 가르침에 관해 잘못 파악했기 때문이다. 예를 들어 수행승들이여, 어떤 사람이 뱀을 원하고 뱀을 구하여 뱀을 찾아서 가는데, 큰 뱀을 보고는 그 몸통이나 꼬리를 잡으면, 그 뱀은 되돌아서 그 사람의 손이나 팔이나 다른 사지를 물 것이고, 그 때문에 그는 죽거나 죽음에 이를 정도의 고통을 맛볼 것이다. 그것은 무슨 까닭인가? 수행승들이여, 뱀을 잘못 붙잡았기 때문이다. 수행승들이여, 이와 같이 이 세상에 어떤 어리석은 사람들은 경·응송·수기·게송·감흥어·여시어·전생담·미증유법·교리문답과 같은 가르침을 두루 배우지만, 그 가르침을 배워서

---

174) 빠알리경전은 經·律·論 三藏으로 分類하는 이외에도 여러 가지 分類方式이 있다. 여기에 나오는 經·應頌·授記·偈頌·感興語·如是語·前生譚·未曾有法·教理問答은 순전히 형식적인 분류방식으로 九分教라고 한다. 經(Sutta)은 부처님의 모든 對話를 기록한 것인데 쑤따니빠따(Suttanipāta)의 몇몇 부분도 포함된다. 應訟(Geyya)은 모든 散文과 詩가 뒤섞인 것, 授記(Veyyākaraṇa)는 論藏 및 그와 유사한 아미담마 텍스트, 偈頌(Gāthā)은 오로지 詩로만 구성된 것, 感興語(Udāna)는 부처님이 스스로 感歎하여 스르로 설하는 것, 如是語(Itivuttaka)는 '이와 같이 말씀되어졌다.'는 뜻인데 感興語와 유사하게 부처님의 倫理的인 가르침을 담고 있다. 前生談(Jātaka)은 부처님의 前生에 관한 이야기가 담겨져 있고 산문이야기로 구성된 詩모음집, 未曾有法(希法:Abbhutadhamma)은 초자연적인 상태나 힘을 다루고 있는 經典을 뜻하며, 教理問答(Vedalla)은 어원적으로는 '고양이의 눈'이라는 뜻인데, 定義하기는 매우 어렵지만 八萬四天 가르침의 다발(法蘊) 가운데 한 單位를 말한다.

175) tesaṃ te dhammā duggahītā dīgharattaṃ ahitāya dukkhāya saṃvattanti : 이 句節은 잘못 動機化된 法에 대한 知的認識의 誤謬 - 분명히 아릿타가 떨어진 陷穽 - 를 보여주기 위한 것이다.

그 가르침에 관해 지혜로써 그 의미를 규명하지 않고, 가르침에 관해 지혜로써 그 의미를 규명하지 않아서 성찰을 얻지 못하고, 남을 비난하기 위하여 가르침을 두루 배우고, 논쟁에서 이기기 위하여 가르침을 두루 배우므로 그 참다운 의미를 경험하지 못한다. 그들이 잘못 파악한 가르침은 자신들에게 오랜 세월 불이익과 고통이 될 것이다. 수행승들이여, 그것은 무슨 까닭인가? 수행승들이여, 가르침에 관해 잘못 파악했기 때문이다.

17. 수행승들이여, 이 세상에 어떤 훌륭한 사람들은 경·응송·수기·게송·감흥어·여시어·전생담·미증유법·교리문답과 같은 가르침을 두루 배우고, 그 가르침을 배워서 그 가르침에 관해 지혜로써 그 의미를 규명하고, 가르침에 관해 지혜로써 그 의미를 규명하여 성찰을 얻고, 남을 비난하기 위하여 가르침을 배우지 않고, 논쟁에서 이기기 위하여 가르침을 배우지 않으므로 그 참다운 의미를 경험한다. 그들이 잘 파악한 가르침은 자신들에게 오랜 세월 이익과 행복이 될 것이다. 수행승들이여, 그것은 무슨 까닭인가? 수행승들이여, 가르침에 관해 잘 파악했기 때문이다. 예를 들어 수행승들이여, 한 사람이 뱀을 원하고 뱀을 구하여 뱀을 찾아서 가는데, 큰 뱀을 보고는 염소발과 같이 생긴 몽둥이집게로 그 머리를 붙잡으면, 그 뱀은 되돌아서 그 사람의 손이나 팔이나 다른 사지를 물지 못할 것이고, 그 때문에 그는 죽거나 죽음에 이를 정도의 고통을 맛보지 않을 것이다. 그것은 무슨 까닭인가? 수행승들이여, 뱀을 잘 붙잡았기 때문이다. 수행승들이여, 이와 같이 이 세상에 어떤 훌륭한 사람들은 경·응송·수기·게송·감흥어·여시어·전생담·미증유법·교리문답과 같은 가르침을 두루 배우고, 그 가르침을 배워서 그 가르침에 관해 지혜로써 그 의미를 규명하고, 가르침에 관해 지혜로써 그

의미를 규명해서 성찰을 얻고, 남을 비난하기 위하여 가르침을 배우지 않고, 논쟁에서 이기기 위하여 가르침을 배우지 않으므로 그 참다운 의미를 경험한다. 그들이 잘 파악한 가르침은 자신에게 오랜 세월 이익과 행복이 될 것이다. 수행승들이여, 그것은 무슨 까닭인가? 수행승들이여, 가르침에 관해 잘 파악했기 때문이다."

18. 수행승들이여, 나는 그대들을 해탈하게 하고 집착에서 벗어나게 하기 위하여 뗏목의 비유를[176] 설할 것이다. 그대들은 듣고 잘 새겨야 한다."

[수행승들] "세존이시여, 그렇게 하겠습니다."

[세존] "예를 들어, 수행승들이여, 어떤 사람이 여행을 가는데 큰 물이 넘치는 강을 만났다. 이 언덕은 위험하고 두렵고 저 언덕은 안온하고 두려움이 없는데 이 언덕으로부터 저 언덕으로 가는 나룻배도 없고 다리도 없었다. 그래서 그는 생각했다. '내가 풀과 나무와 가지와 잎사귀를 모아서 뗏목을 엮어서 그 뗏목에 의지하여 두 손과 두 발로 노력해서 안전하게 저 언덕으로 건너가면 어떨까?' 수행승들이여, 그래서 그 사람은 풀과 나무와 가지와 잎사귀를 모아서 뗏목을 엮어서 그 뗏목에 의지하여 두 손과 두 발로 열심히 저어 안전하게 저 언덕으로 건너갔다. 저 언덕에 도달하자 그

---

176) kullūpamaṃ : 유명한 '뗏목의 比喩'의 원형적인 出處이다. 뗏목에의 比喩는 모든 法의 상대적 가치, 즉 條件的인 價値에 관해 설명하고 있다. 뗏목은 此岸에서 자라는 풀과 나무와 가지와 잎사귀로 구성되어 있다. 이런 뗏목에 단지 올라타거나 매달렸다고 하여, 또는 더 많은 나무와 가지들로 장식했다고 하여 더욱 더 빨리 彼岸에 도달하는 것은 아니다. 뗏목에 타서 자신의 두 손, 두 발로 노를 저으며 여러 가지 조건을 充足시키면서 漸次的으로 彼岸에 도달해야 한다. 彼岸에 도달하면 뗏목에서 내린 뒤에 뗏목은 포기하고 버려야 한다. 眞理(法)는 正見(正見 : sammā diṭṭhi)의 理論的 內容으로 世俗的인 此岸의 言語와 思惟를 手段으로 엮어진 것이다. 단지 그것을 외우거나 敎條的으로 거기에 執着한다거나 槪念的으로 擴張한다고 해서 우리가 目標에 도달하는 것은 아니다. Ñāṇananda Bhikkhu, 『Concept and Reality in Early Buddhist Thought』 p.38 참조

는 이와 같이 생각했다. '이 뗏목을 머리에 이거나 어깨에 메고 갈 곳으로 가면 어떨까?' 수행승들이여, 어떻게 생각하는가? 그렇게 하는 것이 그 사람이 그 뗏목을 제대로 처리하는 것인가?"

[수행승들] "세존이시여, 그렇지 않습니다."

[세존] "수행승들이여, 어떻게 해야 그 사람이 그 뗏목을 제대로 처리하는 것인가? 수행승들이여, 그 사람은 저 언덕에 도달했을 때 '이제 나는 이 뗏목을 육지로 예인해 놓거나, 물 속에 침수시키고 갈 곳으로 가면 어떨까?'라고 생각했다. 수행승들이여, 이와 같이 해야 그 사람은 그 뗏목을 제대로 처리한 것이다. 이와 같이, 수행승들이여, 건너가기 위하여 집착하지 않기 위하여 뗏목의 비유를 설했다. 수행승들이여, 참으로 뗏목에의 비유를 아는 그대들은 가르침마저 버려야 하거늘 하물며 가르침이 아닌 것임에랴.177)

19. 수행승들이여, 이와 같은 여섯 가지 견해의 관점이 있다. 여섯 가지란 어떠한 것인가? 수행승들이여, 이 세상에 배우지 못한 대부분의 사람은 거룩한 분을 존경하지 않고, 거룩한 이의 가르침을 알지 못하고, 거룩한 이의 가르침에 이끌리지 않아서, 참사람을 존경

---

177) dhammā pi vo pahātabbā pageva adhammā : 여기서 진리(法)는 Pps. II. 109에 의하면, 여기서 진리는 '멈춤과 관찰(止觀 samathavipassana)'을 말하고 이 문장은 '수행승들이여, 나는 멈춤과 관찰과 같은 고요한 상태에 대한 貪欲과 執着마저 버리라고 가르치는데, 아릿타가 다섯 가지 감각적 快樂에 대한 欲望과 貪欲에 障碍가 없다고 주장할 때에 그가 無害하다고 보는 저 低劣하고 卑俗하고 輕蔑스럽고 거칠고 더러운 것에 대해 말해서는 무엇하랴?'는 뜻이다. MN. 66.「메추라기에 대한 비유의 경[Laṭukikopamasutta]」에서는 멈춤(止 samatha)에 대한 집착을 버릴 것을, MN. 38「갈애의 부숨에 대한 큰 경[Mahātaṇhāsaṅkhayasutta]」에서는 관찰(觀 vipassana)에 대한 집착에서 벗어날 것을 부처님께서 설하는 내용이 나온다. 그러나 버려야 할 것은 포기되어야 할 善한 眞理에 대한 執着을 포기하라는 말이지 善한 眞理자체를 버리라는 말이 아님에 주의해야 한다. 부처님의 이러한 태도는 MN. 76「싼다까의 경[Sandakasutta]」에서 경고하듯이 道德的인 虛無主義나 깨달은 자는 善惡을 超越한다는 식으로 誤解되어서는 안 되는 것이다. 여기서 진리는 부처님의 말씀이고 그 진리를 올바로 理解해서 實踐하는 것이 眞理를 버리는 것이다. 그러나 아릿타는 부처님 말씀을 가지고 論爭하거나 討論하는데 그치고 있다.

하지 않고, 참사람의 가르침을 알지 못하고, 참사람의 가르침에 이끌리지 않아서, 물질을 '이것은 나의 것이고, 이것이야말로 나이고, 이것이 나의 자아이다.[178]'라고 여기고, 느낌을 '이것은 나의 것이고, 이것이야말로 나이고, 이것이 나의 자아이다'라고 여기고, 지각을 '이것은 나의 것이고, 이것이야말로 나이고, 이것이 나의 자아이다'라고 여기고, 형성을 '이것은 나의 것이고, 이것이야말로 나이고, 이것이 나의 자아이다'라고 여긴다. 또한 그들은 보고 듣고 감지하고 분별하고 획득하고 추구하고 정신적으로 성찰한 것도[179] '이것은 나의 것이고, 이것이야말로 나이고, 이것이 나의 자아이다'라고 여긴다. 또한 그들은 이와 같은 견해의 관점, 즉 '이것이 세계이며, 이것이 자아이다. 나는 죽은 뒤에도 상주하고 견고하고 지속하고 변하지 않는 것으로서 이와 같이 영원히 존재할 것이다.[180]'라는 관념도 '이것은 나의 것이고, 이것이야말로 나이고, 이것이 나의 자아이다'라고 여긴다.

20. 수행승들이여, 이 세상에 많이 배운 고귀한 제자는 거룩한 분을 존경하고, 거룩한 이의 가르침을 알고, 거룩한 이의 가르침에 이

---

178) etaṃ mama eso'haṃ asmī, eso me attā : Pps. II 110에 따르면, '이것은 나의 것'이란 渴愛에 대한 執着(taṇhāgāho)이고 '이것이야말로 나이다.'는 것은 自慢에 대한 執着(mānagāho)이고 '이것은 나의 자아이다'라는 것은 見解에 대한 執着(diṭṭhigāho)이다.

179) 이 句節은 간접적으로 그 대상을 통해서 意識의 다발을 설명하는 것이다. 보는 것은 視覺意識이고 듣는 것은 聽覺意識이고 感知하는 것은 다른 종류의 感覺意識이고 나머지는 精神意識을 의미한다.

180) so loko, so attā, so pecca bhāvissāmi nicco dhuvo sassato avipariṇāmadhammo : 이것이 세계이고 이것이 자아이다(so loko, so attā)라는 이 문장은 '세계는 자아와 동일한 것이다.'로 번역할 수 있다. 이것은 보다 根本的인 自我理論의 하나에 바탕을 두고 있고, 완전히 정립된 永遠主義的 觀點을 보여준다. 그러나 이 영원한 것 자체가 渴愛의 對象이고 自慢의 對象이고 自我에 대한 삿된 見解가 되어버린다. Mdb. 1209에 따르면, 이 경의 내용으로 불교에서 초기 우파니샤드의 梵我一如思想에 대해 알고 있었고 또한 그것을 부정한 것인지는 이 텍스트만으로 규정하기는 힘들다. 그러나 Bṛhd. IV. 3. 23-30. IV. 4. 19 Chand. III. 14. 3에서도 유사한 사유가 등장한다.

끌려서, 참사람을 존경하고, 참사람의 가르침을 알고, 참사람의 가르침에 이끌려서, 물질을 '이것은 나의 것이 아니고, 이것이야말로 내가 아니고, 이것이 나의 자아가 아니다'라고 여기고, 느낌을 '이것은 나의 것이 아니고, 이것이야말로 내가 아니고, 이것이 나의 자아가 아니다'라고 여기고, 지각을 '이것은 나의 것이 아니고, 이것이야말로 내가 아니고, 이것이 나의 자아가 아니다'라고 여기고, 형성을 '이것은 나의 것이 아니고, 이것이야말로 내가 아니고, 이것이 나의 자아가 아니다'라고 여긴다. 또한 그는 보고 듣고 추측하고 분별하고 획득하고 추구하고 정신적으로 성찰한 것도 '이것은 나의 것이 아니고, 이것이야말로 내가 아니고, 이것이 나의 자아가 아니다'라고 여긴다. 또한 그는 이와 같은 견해의 관점, 즉 '이것이 세계이며, 이것이 자아이다. 나는 죽은 뒤에도 상주하고 견고하고 영주하고 변하지 않는 것으로 영원히 이처럼 존재할 것이다'라는 것도 '이것은 나의 것이 아니고, 이것이야말로 내가 아니고, 이것이 나의 자아가 아니다'라고 여긴다. 그는 이와 같이 여기므로, 존재하지 않는 것에 관해 혼란되지 않는다.[181]

21. 이와 같이 말씀하시자 어떤 수행승이 세존께 여쭈었다.

[수행승] "세존이시여, 밖으로 존재하지 않는 것에 관해 혼란될 수 있습니까?"

[세존] "수행승들이여, 그러할 수 있다."

세존께서 말씀하셨다.

---

181) asati na paritassati : Pps. II. 111에 따르면, paritassanā는 두려움(bhaya)과 渴愛(taṇhā)의 두 가지 함축적인 의미를 갖고 있다. 그래서 Mdb. 1209에 따라 '混亂'이라는 개념으로 번역한다. 다음 문단에서 언급되듯이, 外部的으로 存在하지 않는 것에 대한 混亂은 所有하던 것의 손실에 대한 世俗的인 人間의 絶望을 반영하고, 內部的으로 存在하지 않는 것에 대한 混亂은 부처님의 열반에 대한 가르침을 虛無主義로 보는 永遠主義자의 絶望을 반영한다.

[세존] "수행승들이여, 이 세상에 어떤 사람이 '아! 나는 가졌었는데, 아! 나는 더 이상 갖고 있지 않다. 아! 내가 가졌으면! 아! 나는 갖지 못했다'라고 생각하면, 그는 슬퍼하고 상심하고 비탄해하고 가슴을 치며 통곡하고 곤혹스러워한다. 수행승들이여, 이와 같이 밖으로 존재하지 않는 것에 관해 혼란될 수 있다."

22. [수행승] "세존이시여, 밖으로 존재하지 않는 것에 관해 혼란되지 않을 수 있습니까?"
[세존] "수행승들이여, 그러할 수 있다."
세존께서 말씀하셨다.
[세존] "수행승들이여, 이 세상에 어떤 사람이 '아! 나는 가졌었는데, 아! 나는 더 이상 갖고 있지 않다. 아! 내가 가졌으면! 아! 나는 갖지 못했다'라고 생각하지 않으면, 그는 슬퍼하지 않고 상심하지 않고 비탄해하지 않고 가슴을 치며 울부짖지 않고 곤혹스러워 하지 않는다. 수행승들이여, 이와 같이 밖으로 존재하지 않는 것에 관해 혼란되지 않을 수 있다."

23. [수행승] "세존이시여, 안으로 존재하지 않는 것에 관해 혼란될 수 있습니까?"
[세존] "수행승들이여, 그러할 수 있다."
세존께서 말씀하셨다.
[세존] "수행승들이여, 이 세상에 어떤 사람은 '이것이 세계이며, 이것이 자아이다. 나는 죽은 뒤에도 상주하고 견고하고 지속하고 변하지 않는 것으로서 이와 같이 영원히 존재할 것이다'라고 생각한다. 따라서 그가 여래 또는 여래의 제자로부터 모든 견해의 관점, 선입견, 편견, 집착, 경향을 뿌리뽑고 모든 형성을 중지하고 모든

집착에서 벗어나고 갈애를 부수고, 사라지고 소멸하고 열반하기 위해 가르침을 베푸는 것을 들었다면, 그는 '나는 단멸할 것이다. 나는 파멸할 것이다. 나는 존재하지 않게 될 것이다'라고 슬퍼하고 상심하고 비탄해하고 가슴을 치며 통곡하고 곤혹스러워한다. 수행승들이여, 이와 같이 안으로 존재하지 않는 것에 관해 혼란될 수 있다."

24. [수행승] "세존이시여, 안으로 존재하지 않는 것에 관해 혼란되지 않을 수 있습니까?"
[세존] "수행승들이여, 그러할 수 있다."
세존께서 말씀하셨다.
[세존] "수행승들이여, 이 세상에 어떤 사람은 '이것이 세계이며, 이것이 자아이다. 나는 죽은 뒤에도 상주하고 견고하고 지속하고 변하지 않는 것으로서 이와 같이 영원히 존재할 것이다'라고 생각하지 않는다. 따라서 그가 여래 또는 여래의 제자로부터 모든 견해의 관점, 선입견, 편견, 집착, 경향을 뿌리뽑고 모든 형성을 중지하고 모든 집착에서 벗어나고 갈애를 부수고, 사라지고 소멸하고 열반하기 위해 가르침을 베푸는 것을 듣더라도, 그는 '나는 단멸할 것이다. 나는 파멸할 것이다. 나는 존재하지 않게 될 것이다'라고 슬퍼하지 않고 상심하지 않고 비탄해하지 않고 가슴을 치며 울부짖지 않고 곤혹스러워하지 않는다. 수행승들이여, 이와 같이 안으로 존재하지 않는 것에 관해 혼란되지 않을 수 있다."

25. 수행승들이여, 그대들은 상주하고 견고하고 지속하고 변하지 않는 것으로서 이처럼 영원히 존재할 것만 같은, 그러한 소유가 있다면 그에 집착하는 것은 당연하다.[182] 그러나 수행승들이여, 그대

들은 상주하고 견고하고 지속하고 변하지 않는 것으로서 이처럼 영원히 존재하는 소유를 실제로 본 적이 있는가?"

[수행승] "세존이시여, 본 적이 없습니다."

[세존] "수행승들이여, 훌륭하다. 나도 상주하고 견고하고 지속하고 변하지 않는 것으로서 이처럼 영원히 존재하는 그러한 소유물을 본 적이 없다."

26. "수행승들이여, 그대들이, 그 자아이론을 취하는 사람에게는 우울, 슬픔, 고통, 근심, 불안이 생겨날 것 같지 않은, 그러한 자아이론에 집착하는 것은 당연하다.[183] 그러나 그대들은 자아이론을 취하는 사람에게 우울, 슬픔, 고통, 근심, 불안을 생겨나게 하지 않는 그러한 자아이론을 실제로 본 적이 있는가?"

[수행승] "세존이시여, 본 적이 없습니다."

[세존] "수행승들이여, 훌륭하다. 나도 또한 자아이론을 취할 때에 우울, 슬픔, 고통, 근심, 불안을 생겨나게 하지 않는, 그러한 자아이론을 보지 못했다.

27. 수행승들이여, 그대들이 그 견해를 지지하는 자에게는 우울, 슬픔, 고통, 근심, 불안을 생겨나게 하지 않을 것 같은, 그러한 견해를 지지하는 자가 되는 것은 당연하다.[184] 그러나 그대들은 견해에 대한 집착에 의지할 때에 우울, 슬픔, 고통, 근심, 불안을 생겨나게

---

182) pariggahaṃ pariganheyyātha : '그 所有物를 所有할 수 있을 것이다'라는 뜻인데 外部的인 所有에 대한 混亂을 말한다.

183) attavādupādānaṃ upādiyetha : '그대는 自我의 教理라는 燃料에 執着할 수 있다'라고도 Ñāṇamoli처럼 upādānaṃ을 '執着' 대신에 '燃料'라는 말을 써서 달리 해석하여 번역할 수 있다.

184) diṭṭhinissayaṃ nissayetha : '見解의 執着'은 Pps. II. 112에 따르면, Brahmajāla경(DN. 1)에 언급된 62가지의 見解을 말한다. 그것은 自我理論에서 나온 見解들이다. 이 경의 시작에서 언급된 Ariṭṭha의 邪見이 여기에 포함된다.

하지 않는 그런 견해를 실제로 본 적이 있는가?"
[수행승] "세존이시여, 본 적이 없습니다."
[세존] "수행승들이여, 훌륭하다. 나도 또한 그 견해를 지지하는 자에게는 우울, 슬픔, 고통, 근심, 불안을 생겨나게 하지 않는 그런 견해를 보지 못했다.

28. 수행승들이여, 자아가 있는 곳에 나의 자아에 속하는 것이 있는 것은 당연한가?[185]"
[수행승] "세존이시여, 그렇습니다."
[세존] "수행승들이여, 자아에 속한 것이 있는 곳에 나의 자아가 있는 것이 당연한가?"
[수행승] "세존이시여, 그렇습니다."
[세존] "수행승들이여, 그렇다면 자아도, 자아에 속한 것도 진실로, 실제로 얻을 수 없을 때에, '이것이 세계이며, 이것이 자아이다. 나는 죽은 뒤에도 상주하고 견고하고 지속하고 변하지 않는 것으로서 이와 같이 영원히 존재할 것이다'라는 견해의 관점은, 수행승들이여, 참으로 완전히 어리석은 것이 아닌가?"
[수행승] "세존이시여, 왜 참으로 완전히 어리석은 것입니까?"

29. [세존] "수행승들이여, 그대들은 어떻게 생각하는가? 물질은 영원한가 무상한가?"[186]

---

185) attaniye : '自我에 속한 것'이라는 것은 所有를 말한다. 存在의 다발가운데 어떠한 것도 自我와 一致하지 않는다면, 그리고 또한 어떠한 것도 外的인 所有와도 일치하지 않는다면, 이러한 自我와 所有의 觀點은 어리석은 것이다.

186) 여기서부터 다섯 가지 존재의 다발들(五蘊, pañcakkhandha)에 대한 물음이다. 이것에 관해서는 SN. III. 59~61에 설명되어 있다. ① 物質의 다발(色蘊, rūpakkhandha) : 네 가지 요소(四大 : 地水火風)와 거기에서 파생된 물질, ② 느낌의 다발(受蘊, vedanākkhandha) : 여섯 가지의 感官을 통해 條件지어지는 느낌, ③ 知覺의 다발(想蘊, saññākkhanda) : 여섯 가지의 感覺對象을 통해 條件지어지는 인식, ④ 形成의 다발(行蘊, saṅkhārakkhandha) : 여섯 가지의 감각대상을 향한 의도, ⑤ 意識의 다발(識蘊, viññāṇakkhandh

[수행승들] "세존이시여, 무상합니다."

[세존] "그렇다면 무상한 것은 괴로운 것인가 즐거운 것인가?"

[수행승들] "세존이시여, 괴로운 것입니다."

[세존] "그렇다면 무상하고 괴롭고 변화의 법칙에 종속되는 것에 대해 '이것은 내 것이고 이것이야말로 나이며 이것은 나의 자아이다'라고 관찰하는 것은 옳은 것인가?"

[수행승들] "세존이시여, 옳지 않습니다."

30. [세존] "수행승들이여, 그대들은 어떻게 생각하는가? 느낌은 영원한가 무상한가?

[수행승들] "세존이시여, 무상합니다."

[세존] "그러면 무상한 것은 괴로운 것인가 즐거운 것인가?"

[수행승들] "세존이시여, 괴로운 것입니다."

[세존] "그러면 무상하고 괴롭고 변화의 법칙에 종속되는 것에 대해 '이것은 내 것이고 이것이야말로 나이며 이것은 나의 자아이다'라고 관찰하는 것은 옳은 것인가?"

[수행승들] "세존이시여, 옳지 않습니다."

31. [세존] "수행승들이여, 그대는 어떻게 생각하는가? 지각은 영원한가 무상한가?

[수행승들] "세존이시여, 무상합니다."

[세존] "그러면 무상한 것은 괴로운 것인가 즐거운 것인가?"

[수행승들] "세존이시여, 괴로운 것입니다."

[세존] "그러면 무상하고 괴롭고 변화의 법칙에 종속되는 것에 대해 '이것은 내 것이고 이것이야말로 나이며 이것은 나의 자아이다'

a) : 여섯 가지 감각기관의 의식. 그리고 여기서 물질은 滋養分(āhāra)에 의해서, 느낌·知覺·形成은 接觸에 의해서, 意識은 名色에 의해서 條件的으로 發生하고 消滅한다고 한다.

라고 관찰하는 것은 옳은 것인가?"
[수행승들] "세존이시여, 옳지 않습니다."

32. [세존] "수행승들이여, 그대들은 어떻게 생각하는가? 형성은 영원한가 무상한가?
[수행승들] "세존이시여, 무상합니다."
[세존] "그렇다면 무상한 것은 괴로운 것인가 즐거운 것인가?"
[수행승들] "세존이시여, 괴로운 것입니다."
[세존] "그러면 무상하고 괴롭고 변화의 법칙에 종속되는 것에 대해 '이것은 내 것이고 이것이야말로 나이며 이것은 나의 자아이다' 라고 관찰하는 것은 옳은 것인가?"
[수행승들] "세존이시여, 옳지 않습니다."

33. [세존] "수행승들이여, 그대는 어떻게 생각하는가? 의식은 영원한가 무상한가?
[수행승들] "세존이시여, 무상합니다."
[세존] "그러면 무상한 것은 괴로운 것인가 즐거운 것인가?"
[수행승들] "세존이시여, 괴로운 것입니다."
[세존] "그러면 무상하고 괴롭고 변화의 법칙에 종속되는 것에 대해 '이것은 내 것이고 이것이야말로 나이며 이것은 나의 자아이다' 라고 관찰하는 것은 옳은 것인가?"
[수행승들] "세존이시여, 옳지 않습니다."

34. [세존] "수행승들이여, 그러므로 물질이라고 하는 것은 무엇이든 과거에 속하거나 미래에 속하거나 현재에 속하거나, 안에 있거나 밖에 있거나, 거칠거나 미세하거나, 천하거나 귀하거나, 멀거나 가깝거나, 그 모든 물질은 '이것은 내 것이 아니고 이것이야말로 내

가 아니며 이것은 나의 자아가 아니다'라고 이와 같이 있는 그대로 올바른 지혜로써 관찰해야 한다.

35. 수행승들이여, 그러므로 느낌이라고 하는 것은 무엇이든 과거에 속하거나 미래에 속하거나 현재에 속하거나, 안에 있거나 밖에 있거나, 거칠거나 미세하거나, 천하거나 귀하거나, 멀거나 가깝거나, 그 모든 느낌은 '이것은 내 것이 아니고 이것이야말로 내가 아니며 이것은 나의 자아가 아니다'라고 이와 같이 있는 그대로 올바른 지혜로써 관찰해야 한다.

36. 수행승들이여, 그러므로 지각이라고 하는 것은 무엇이든 과거에 속하거나 미래에 속하거나 현재에 속하거나, 안에 있거나 밖에 있거나, 거칠거나 미세하거나, 천하거나 귀하거나, 멀거나 가깝거나, 그 모든 지각은 '이것은 내 것이 아니고 이것이야말로 내가 아니며 이것은 나의 자아가 아니다'라고 이와 같이 있는 그대로 올바른 지혜로써 관찰해야 한다.

37. 수행승들이여, 그러므로 형성이라고 하는 것은 무엇이든 과거에 속하거나 미래에 속하거나 현재에 속하거나, 안에 있거나 밖에 있거나, 거칠거나 미세하거나, 천하거나 귀하거나, 멀거나 가깝거나, 그 모든 형성은 '이것은 내 것이 아니고 이것이야말로 내가 아니며 이것은 나의 자아가 아니다'라고 이와 같이 있는 그대로 올바른 지혜로써 관찰해야 한다.

38. 수행승들이여, 그러므로 의식이라고 하는 것은 무엇이든 과거에 속하거나 미래에 속하거나 현재에 속하거나, 안에 있거나 밖에 있거나, 거칠거나 미세하거나, 천하거나 귀하거나, 멀거나 가깝거나, 그 모든 의식은 '이것은 내 것이 아니고 이것이야말로 내가 아

니며 이것은 나의 자아가 아니다'라고 이와 같이 있는 그대로 올바른 지혜로써 관찰해야 한다.

39. 수행승들이여, 이와 같이 관찰하면서 많이 배운 거룩한 제자는 물질도 싫어하여 떠나고, 느낌도 싫어하여 떠나고, 지각도 싫어하여 떠나고, 형성도 싫어하여 떠나고, 의식도 싫어하여 떠난다. 싫어하여 떠남으로써 사라지고 사라짐으로써 해탈한다.[187] 해탈하면 그에게 '나는 해탈했다.'는 앎이 생겨난다. 그는 '태어남은 부수어지고 청정한 삶은 이루어졌다. 해야 할 일은 다 마치고 더 이상 윤회하는 일이 없다'라고 분명히 안다.

40. 수행승들이여, 그 수행승은 빗장을 밀어 올린 자, 해자를 채운 자, 기둥을 뽑은 자, 가로대가 없는 자, 또한 거룩한 이, 깃발을 거둔 자, 짐을 내려놓은 자, 속박을 끊은 자라고 불린다.[188]

41. 수행승들이여, 어떠한 수행승이 빗장을 밀어 올린 자인가? 수행승이여, 이 세상에서 수행승은 무명을 버리고, 뿌리를 끊고, 밑둥치가 잘려진 야자수처럼 만들고, 존재하지 않게 하고, 미래에 다시 생겨나지 않게 한다. 수행승들이여, 이러한 수행승이 빗장을 밀어 올린 자이다.

---

187) nibbindati…, virajjati…, vimuccati : Pps. II. 115에 따르면, 싫어하여 떠남은 '觀察의 絶頂의 段階'를 의미하고, 사라짐은 出世間的인 길(道)의 성취를 말하고, 解脫은 境地(果)의 成就를 의미한다.

188) ukkhittapaligho : '빗장을 밀어올린 자'란 곧 빗장을 올려 문을 열은 자라는 뜻이다. saṅkiṇṇaparikho : '城 둘레의 水路를 물로 채운 자'라는 말로 輪廻에서 벗어난 자의 뜻한다. abbūḷhesiko : '기둥을 뽑은 자'란 성문 앞의 육중한 기둥을 말하는 데 이것을 뽑아 올린 자로 輪廻의 뿌리인 갈애를 없앤 자를 말한다. niraggaḷo : 가로대가 없는 자는 문을 잠그는 가로대가 없는 자로 마음의 덮개를 열은 자를 뜻을 지닌다. pannaddhajo : '깃발을 거둔 자'는 이미 싸움을 끝낸 勝利者로 교만을 정복한 자를 말한다. pannabhāro : 원래 짐을 내려놓은 자는 存在의 다발의 짐, 煩惱의 짐, 僞作의 짐, 다섯 感覺的 快樂의 짐을 내려놓은 자를 말한다. visaṃyutto : 원래 모든 번뇌의 속박에서 벗어난 자를 뜻한다.

42. 수행승들이여, 어떠한 수행승이 해자를 채운 자인가? 수행승이여, 이 세상에서 수행승은 거듭 태어나게 하는 삶의 윤회를 버리고, 뿌리를 끊고, 밑둥치가 잘려진 야자수처럼 만들고, 존재하지 않게 하고, 미래에 다시 생겨나지 않게 한다. 수행승들이여, 이러한 수행승이 해자를 채운 자이다.

43. 수행승들이여, 어떠한 수행승이 기둥을 뽑은 자인가? 수행승이여, 이 세상에서 수행승은 갈애를 버리고, 뿌리를 끊고, 밑둥치가 잘려진 야자수처럼 만들고, 존재하지 않게 하고, 미래에 다시 생겨나지 않게 한다. 수행승들이여, 이러한 수행승이 기둥을 뽑아버린 자이다.

44. 수행승들이여, 어떠한 수행승이 가로대가 없는 자인가? 수행승이여, 이 세상에서 수행승은 다섯 가지 낮은 경지의 장애를[189] 버리고, 뿌리를 끊고, 밑둥치가 잘려진 야자수처럼 만들고, 존재하지 않게 하고, 미래에 다시 생겨나지 않게 한다. 수행승들이여, 이러한 수행승이 가로대가 없는 자이다.

45. 수행승들이여, 어떠한 수행승이 거룩한 이, 깃발을 거둔 자, 짐을 내려놓은 자, 속박을 끊은 자라고 불리는가? 수행승들이여, 이 세상에서 수행승은 아만을 버리고, 뿌리를 끊고, 밑둥치가 잘려진 야자수처럼 만들고, 존재하지 않게 하고, 미래에 다시 생겨나지 않게 한다. 수행승들이여, 이러한 수행승이 거룩한 이, 깃발을 거둔 자, 짐을 내려놓은 자, 속박을 끊은 자이다.

46. 수행승들이여, 하늘나라, 하느님 세계, 창조주나라의 신들

---

189) 이 책의 49페이지 주석을 보라.

이[190] 이와 같이 해탈한 마음을 지닌 수행승을 찾으려고 할 때 '여기에 여래의식이 있다.'[191]라고 파악할 수가 없다. 그것은 무슨 까닭인가? 수행승들이여, '여래는 지금 여기 알려질 수가 없기 때문이다'라고 나는 말한다.[192]

47. 수행승들이여, 이와 같이 설하고, 이와 같이 말하는 나를 두고 수행자나 성직자들은 진실 없이 공허하고 허망하게 거짓으로 중상하여 '수행자 고따마는 허무주의자이다. 살아있는 뭇삶에게 단멸과 파멸과 허무를 가르친다.[193]'라고 말한다. 그러나 수행자나 성직자들이 진실 없이 공허하고 허망하게 거짓으로 중상하여 '수행자 고따마는 허무주의자이다. 살아있는 뭇삶에게 단멸과 파멸과 허무를 가르친다'라고 말하는데, 나는 그와 같이 설하는 자, 그와 같이 말하는 자가 아니다. 나는 예나 지금이나 괴로움과 괴로움의 소멸에 대해 가르친다.[194]

48. 수행승들이여, 만약 이것에 대해 다른 사람들이 여래를 비난하고 매도하고 괴롭히고자 해도, 여래는 거기에 대해 분노하지 않고

---

190) sa-indā devā, sa-brahmakā, sa-pajāpatika : 帝釋天界, 梵天界, 造物主界의 神들을 말한다.

191) idaṃ nissitaṃ tathāgatassa viññāṇaṃ ti: 원래의 의미는 '如來의 意識은 이것에 依存한다'라는 말이다.

192) tathāgato : 여래는 부처님에게만 一般的으로 適用되는 呼稱임에도 여기서는 거룩한 이인 阿羅漢에게 적용되었다. Pps. II. 117에 따르면, ① 지금 여기 살아있는 거룩한 이 인 阿羅漢은 궁극적으로 自我로서의 存在가 없기 때문에 存在나 個人으로 추적될 수 없다. ② 神들 등이 관찰의 마음(vipassanācitta), 길의 마음(maggacitta), 경지의 마음(phalacitta)의 토대, 즉 열반 - 一般人들은 그의 마음을 알 수가 없다 - 을 발견할 수 없기 때문에, 거룩한 이인 阿羅漢은 지금 여기서 추적될 수 없다.

193) 이것은 부처님의 涅槃에 대한 가르침을 永遠主義者들이 오해한 것이다.

194) dukkhañ c'eva paññāpemi dukkhassa ca nirodhaṃ : 부처님은 實體論的이고 形而上學的인 思考를 피하기 위해 언제나 괴로움이라는 事件에 관해 言及을 하고 그 消滅에 관해 말한다. SN. II. 17에서 부처님은 '괴로움이 일어나면 일어난다. 괴로움이 사라지면 사라진다'고 말한다.

낙담하지 않고 정신적으로 만족한다. 수행승들이여, 만약 다른 자가 여래를 공경하고 존중하고 존경하고 숭배하더라도, 수행승들이여, 거기에 대해 여래는 즐거워하지 않고 기뻐하지 않고 정신적으로 환희하지 않는다. 수행승들이여, 만약 다른 자가 여래를 공경하고 존중하고 존경하고 숭배하면, 거기에 대해 여래는 '그들이 일찍이 충분히 알았기[195] 때문에 이 같은 일을 하는 것이다'고 이와 같이 생각한다.

49. 그러므로, 수행승들이여, 만약 이것에 대해 다른 사람들이 그대들을 비난하고 매도하고 괴롭히고자 해도, 그대들은 거기에 대해 분노하지 않고 낙담하지 않고 정신적으로 만족해야 한다. 수행승들이여, 만약 다른 자가 그대들을 공경하고 존중하고 존경하고 숭배하더라도 수행승들이여, 거기에 대해 즐거워하지 않고 기뻐하지 않고 정신적으로 환희하지 말아야 한다. 수행승들이여, 만약 다른 자가 그대들을 공경하고 존중하고 존경하고 숭배하면, 거기에 대해 그대들은 '그들이 일찍이 충분히 알았기 때문에 이 같은 일을 하는 것이다'고 이와 같이 생각해야 한다.

50. 그러므로, 수행승들이여, 그대들은 그대들에게 속하지 않은 것을 버려라.[196] 그대들이 그것을 버리면, 그대들에게 영원한 이익과 행복이 될 것이다. 수행승들이여, 어떠한 것이 그대들에게 속하지 않은 것인가? 수행승들이여, 물질이 그대들에게 속하지 않은 것이

---

195) pubbe pariññātaṃ : Pps. II. 118에 따르면, 여기서 '충분히 알려진 일'은 '다섯 가지 存在의 다발(khandhapañcakaṃ)'이다. 名譽와 非難이 일어나는 곳은 '나'나 '자아'가 아니라 오로지 이들 存在의 다발이다. 意氣揚揚하거나 意氣銷沈할 필요가 없다. 그러나 譯者의 생각으로는 '충분히 알려진 것'은 부처님의 가르침이다.

196) evam eva kho, bhikkhave, yaṃ na tumhākaṃ taṃ pajahathā : Pps. II. 119에 따르면, '다섯 가지 存在의 다발'은 그대의 것이 아니라고 보고 버려야 한다. '欲望과 貪欲을 制御함으로써(chandarāgavinayena)' 이것을 버린다.'

니 그것을 버려라. 그대들이 그것을 버리면, 그대들에게 영원한 이익과 행복이 될 것이다. 수행승들이여, 느낌이 그대들에게 속하지 않은 것이니 그것을 버려라. 그대들이 그것을 버리면, 그대들에게 영원한 이익과 행복이 될 것이다. 수행승들이여, 지각이 그대들에게 속하지 않은 것이니 그것을 버려라. 그대들이 그것을 버리면, 그대들에게 영원한 이익과 행복이 될 것이다. 수행승들이여, 형성이 그대들에게 속하지 않은 것이니 그것을 버려라. 그대들이 그것을 버리면, 그대들에게 영원한 이익과 행복이 될 것이다. 수행승들이여, 의식이 그대들에게 속하지 않은 것이니 그것을 버려라. 그대들이 그것을 버리면, 그대들에게 오랫동안 이익과 행복이 될 것이다.

51. 수행승들이여, 어떻게 생각하는가? 사람들이 제따숲에서 풀과 나무와 나무가지와 잎사귀들을 가져와서 불태우거나 그것으로 하고 싶은 대로 한다면, 그대들은 '사람들이 우리를 붙잡아서 우리를 태우거나 우리를 가지고 하고 싶은 대로 한다'고 이와 같이 생각할 수 있는가?

[수행승들] "세존이시여, 그렇지 않습니다. 세존이시여, 그것은 무슨 까닭입니까? 그것들은 우리 자신도 아니고 우리 자신에게 속한 것도 아니기 때문입니다."

[세존] "수행승들이여, 이와 같이 그대들은 그대들에게 속하지 않은 것을 버려라. 그대들이 그것을 버리면, 그대들에게 영원한 이익과 행복이 될 것이다. 수행승들이여, 어떠한 것이 그대들에게 속하지 않은 것인가? 수행승들이여, 물질이 그대들에게 속하지 않은 것이니 그것을 버려라. 그대들이 그것을 버리면, 그대들에게 영원한 이익과 행복이 될 것이다. 수행승들이여, 느낌이 그대들에게 속하지 않은 것이니 그것을 버려라. 그대들이 그것을 버리면, 그대들에

게 영원한 이익과 행복이 될 것이다. 수행승들이여, 지각이 그대들에게 속하지 않은 것이니 그것을 버려라. 그대들이 그것을 버리면, 그대들에게 영원한 이익과 행복이 될 것이다. 수행승들이여, 형성이 그대들에게 속하지 않은 것이니 그것을 버려라. 그대들이 그것을 버리면, 그대들에게 영원한 이익과 행복이 될 것이다. 수행승들이여, 의식이 그대들에게 속하지 않은 것이니 그것을 버려라. 그대들이 그것을 버리면, 그대들에게 영원한 이익과 행복이 될 것이다.

52. 수행승들이여, 이와 같이 내가 잘 설한 가르침은 분명하고, 열려 있고, 확실하고, 위선이 없다.[197] 수행승들이여, 이와 같이 분명하고, 열려 있고, 확실하고, 위선이 없는 나의 가르침 가운데, 만약 수행승들이 거룩한 이로서 번뇌를 부수고 수행이 원만하고 해야 할 일을 해 마치고 짐을 내려놓고 이상을 실현하고 존재의 결박을 끊고 올바른 지혜를 얻어 해탈하면 그들에게 윤회는 시설되지 않는다.[198]

53. 수행승들이여, 이와 같이 내가 잘 설한 가르침은 분명하고, 열려 있고, 확실하고, 위선이 없다. 수행승들이여, 분명하고, 열려 있고, 확실하고, 위선이 없는 나의 가르침 안에서, 만약 수행승들이 돌아오지 않는 이로서, 다섯 가지 낮은 경지의 장애를 끊고 천상에 홀연히 생겨나면, 거기서 열반에 들어 그 세계에서 돌아오지 않는 자가 된다.

---

197) chinnapilotikā : 'pilotikā'는 여기저기 찢어지고 낡아 꿰매어 엮은 헝겊조각이다. '이 헝겊조각을 잘랐다(chinnapilotikā)'는 것은 僞善과 다른 속임수에 의해서 찢어지고 낡아 꿰매고 엮은, 이와 같은 것은 아무 것도 없다는 뜻이다.

198) Pps. II. 120에 따르면, 거룩한 이인 阿羅漢이 존재의 전 과정에서 解脫을 成就할 때에, 그들이 다시 태어나야할 領域 안에 어떤 存在를 施說하는 것은 불가능하다.

54. 수행승들이여, 이와 같이 내가 잘 설한 가르침은 분명하고, 열려 있고, 확실하고, 위선이 없다. 수행승들이여, 분명하고, 열려 있고, 확실하고, 위선이 없는 나의 가르침 안에서, 만약 수행승들이 한 번 돌아오는 이로서, 세 가지 결박을 끊고 탐욕과 성냄과 어리석음이 약해지면, 천상에 홀연히 생겨났다가 윤회를 끝내기 위하여 그 세계로부터 돌아오는 자가 된다.

55. 수행승들이여, 이와 같이 내가 잘 설한 가르침은 분명하고, 열려 있고, 확실하고, 위선이 없다. 수행승들이여, 분명하고, 열려 있고, 확실하고, 위선이 없는 나의 가르침 안에서, 만약 수행승들이 흐름에 든 이로서, 세 가지 결박을 끊으면, 타락한 곳에 떨어질 수 없고 필연적으로 올바른 깨달음으로 향한다.

56. 수행승들이여, 이와 같이 내가 잘 설한 가르침은 분명하고, 열려 있고, 확실하고, 위선이 없다. 수행승들이여, 분명하고, 열려 있고, 확실하고, 위선이 없는 나의 가르침 안에서, 만약 수행승들이 가르침을 따라 실천하고, 믿음을 따라 실천한다면 그들은 모두 궁극적으로 올바른 깨달음을 성취하게 될 것이다.[199)]

57. 수행승들이여, 이와 같이 내가 잘 설한 가르침은 분명하고, 열려 있고, 확실하고, 위선이 없다. 수행승들이여, 분명하고, 열려 있고, 확실하고, 위선이 없는 나의 가르침 안에서, 만약 나에 대한 믿

---

199) Pps. II. 120에 따르면, 흐름에 든 경지의 길(豫流向) 위에 서있는 두 종류의 사람이 있다. ① 法을 따라 實踐하는 자(dhammānusārin)는 智慧의 能力(paññindriya)이 탁월한 자와 智慧를 先驅로 하여(paññāpubbaṅgamaṃ) 高貴한 길을 닦은 弟子 - 그들이 경지에 이르면, 見解를 성취한 자(diṭṭhipatta)라고 불린다 - 를 말한다. ② 믿음을 따르는 자(saddhānusārin)는 믿음의 능력이 卓越한 자와 믿음을 先驅로 하여(saddhapubbaṅgamaṃ) 高貴한 길을 닦은 弟子 - 그들이 경지에 이르면, 믿음으로 解脫한 자(saddhāvimutta)라고 불린다 - 를 말한다.

음을 가지고 나를 사랑하면, 누구나 모두 하늘나라에 이를 것이다.

58. 세존께서는 이와 같이 말씀하셨다. 그들 수행승들은 만족하여 세존께서 하신 말씀을 기쁘게 받아들였다.

8. 진리는 심원하고 보기 어렵고 깨닫기 어렵다

[Ariyapariyesanāsutta][200]

내가 증득한 이 진리는 심원하고 보기 어렵고 깨닫기 어렵고 고요하고 탁월하여 사고의 영역을 뛰어넘고 극히 미묘하여 슬기로운 자들에게만 알려지는 것이다.

1. 이와 같이 나는 들었다. 한 때 세존께서 싸밧티 시의 제따바나에 있는 아나타삔디까 승원에 계셨다.

2. 그 때에 세존께서는 아침 일찍 옷을 입고 발우와 가사를 들고 싸밧티 시로 탁발하러 들어 가셨다.

3. 마침 많은 수행승들이 존자 아난다가 있는 곳을 찾았다. 다가와서 존자 아난다에게 이와 같이 말했다.
[수행승들] "벗이여 아난다여, 우리들은 세존을 친견하여 설법을 들은 지 오래 되었습니다. 벗이여, 아난다여, 우리들이 세존을 친견하여 설법을 들을 수 있으면 좋겠습니다."
[아난다] "벗들이여, 그렇다면 바라문 람마까[201]의 아슈람으로 오십시오. 거기서 세존을 친견하고 설법을 경청하십시오."

---

200) 이 경의 원래 제목은 「고귀한 구함의 경 [Ariyapariyesanāsutta]」이다. 우리말 『맛지마니까야』 1권 504쪽에 있다. MN. I. 160; 中阿含 204, 羅摩經(大正 1, 755), 本事經 卷4(大正 17, 679) 참조. 미얀마본과 Pps. II. 26에는 경의 제목이 이 경에 등장하는 '새끼줄더미(Pāsarasi)'로 되어 있다.

201) rammaka : 婆羅門의 이름으로 이 經典에만 登場한다.

[수행승들] "벗이여, 그렇게 하겠습니다."
그들 수행승들은 존자 아난다에게 대답했다.

4. 마침 세존께서는 싸밧티 시로 탁발하러 가서, 식사를 마친 뒤, 탁발에서 돌아와 존자 아난다에게 말씀하셨다.
[세존] "아난다여, 우리들은 뿝바라마[202]의 미가라마뚜[203] 강당이 있는 곳을 찾아서 대낮을 보내자."
[아난다] "세존이시여, 그렇게 하겠습니다."
존자 아난다는 세존께 대답했다.

5. 세존께서는 존자 아난다와 함께 뿝바라마의 미가라마뚜 강당이 있는 곳을 찾아서 대낮을 보냈다. 세존께서는 저녁 무렵 명상에서 일어나 존자 아난다에게 말씀하셨다.
[세존] "아난다여, 우리들은 몸을 씻으러 뿝바꼿타까[204]의 냇가로 가자."
[아난다] "세존이시여, 그렇게 하겠습니다."
존자 아난다는 세존께 대답했다.

6. 그래서 세존께서는 존자 아난다와 함께 몸을 씻으러 뿝바꼿타까의 냇가로 갔다. 뿝바꼿타까의 냇가에서 몸을 씻은 뒤에 나와서 옷을 하나만 걸치고 몸을 말리셨다.[205] 그 때에 존자 아난다는 세존

---

202) Pubbārāma : 싸밧티 시의 東門 밖의 僧院이었다.

203) AN. I. 26에 따르면 Migāramatu(鹿子母)는 佛教僧團의 施主者로 유명한 淸信女 Visākhā의 이름이다. Migāramatu 강당은 그녀가 세우고 기증한 것이다.

204) Pubbakoṭṭhaka : Pps. II. 166에 따르면, 過去佛 Kassapa 부처님 당시에 도시의 동쪽에 뿝바꼿타까라고 불리는 문이 있었다. Pubbakoṭṭhaka에는 큰 저수지가 있었고 도시는 Aciravatī강으로 둘러 싸여 있었다. 거기에는 여러 沐浴處가 있었는데 왕을 위한 곳, 시민을 위한 곳, 수행승의 모임을 위한 곳, 부처님을 위한 곳이 있었다. Pubbakoṭṭhaka에 대해서 SN. V. 220과 AN. III. 402를 보라.

205) Pps. II. 167에 따르면, 世尊께서 목욕옷을 걸치고 목욕하고 나왔을 때에 長老가 그에게

께 이와 같이 말씀드렸다.
[아난다] “세존이시여, 바라문 람마까의 아슈람이 가까운 곳에 있습니다. 세존이시여, 바라문 람마까의 아슈람은 시간을 보내기 즐거운 곳입니다. 세존이시여, 바라문 람마까의 아슈람은 맑고 깨끗한 곳입니다. 세존이시여, 불쌍히 여겨서 바라문 람마까의 아슈람을 찾아주시면 좋겠습니다.206)”

7. 세존께서는 침묵으로 허락하셨다. 그래서 세존께서는 바라문 람마까의 아슈람을 찾으셨다. 그 때에 많은 수행승들이 바라문 람마까의 아슈람에서 법담을 나누며 모여있었다. 세존께서는 문밖에 서서 이야기가 끝나는 것을 기다리고 있었다. 세존께서는 이야기가 끝난 것을 알고 기침소리를 내며 빗장을 두드렸다.207) 그들 수행승들은 세존께 문을 열어드렸다. 세존께서는 바라문 람마까의 아슈람에 들어와 마련된 자리에 앉으셨다. 자리에 앉아서 세존께서는 그들 수행승들에게 말했다.
[세존] “수행승들이여, 모여서 어떠한 이야기를 나누고 있었고, 그 가운데 어떠한 부분에서 중단되었는가?”
[수행승들] “세존이시여, 저희들은 세존에 관해 이야기를 나누고 있었는데, 그 때에 세존께서 들어오셨습니다.”

8. [세존] “수행승들이여, 믿음으로써 집에서 집 없는 곳으로 출가한 그대들 훌륭한 가문의 자제들이 법담을 위하여 모였다는 것은

染色된 두 겹의 옷(rattadupaṭṭaṃ)을 건네주었다. 세존께서는 그것을 입고는 번개처럼 허리띠를 조이고, 널따란 袈裟를 끝에서 끝으로 접어서 연꽃의 봉오리(padumagabbha)처럼 만들어 두 귀퉁이를 잡고 서있다. 몸이 아직 젖었는데, 袈裟를 걸치면, 袈裟의 구김이 생겨나고 그 必需品은 썩어버린다.

206) Pps. II. 168에 의하면, 500명의 수행승이 스승으로부터 法門을 듣고자 기다리고 있었다.

207) aggaḷaṃ ākoṭesi : Pps. II. 163에 따르면, ‘손톱 끝으로 문에 사인을 했다.(agganakhena kavāṭe saññaṃ adāsi)’라는 뜻이다.

훌륭한 일이다. 수행승들이여, 모임은 두 종류로 이루어져야 한다. 법에 대해 이야기하거나 고귀한 침묵을[208] 지키는 일이다.

9. 수행승들이여, 두 종류의 구함이 있다. 고귀하게 구하거나 고귀하지 않게 구하는 것이다. 수행승들이여, 고귀하지 않게 구하는 것은 어떠한 것인가? 이 세상에 어떤 사람이 스스로 생겨남에 묶여 있으면서 생겨남에 묶여 있는 것을 구하며, 스스로 늙음에 묶여 있으면서 늙음에 묶여 있는 것을 구하며, 스스로 병듦에 묶여 있으면서 병듦에 묶여 있는 것을 구하며, 스스로 죽음에 묶여 있으면서 죽음에 묶여 있는 것을 구하고, 스스로 슬픔에 묶여 있으면서 슬픔에 묶여 있는 것을 구하고, 스스로 번뇌에 묶여 있으면서 번뇌에 묶여 있는 것을 구한다.[209]

10. 수행승들이여, 생겨남에 묶여 있는 것이란 어떠한 것일까? 처자가 생겨남에 묶여 있는 것이고, 노비가 생겨남에 묶여 있는 것이고, 산양이나 양이 생겨남에 묶여 있는 것이고, 닭이나 돼지가 생겨남에 묶여 있는 것이고, 코끼리, 소, 숫말, 암말이 생겨남에 묶여 있는 것이고, 금, 은이 생겨남에 묶여 있는 것이다. 수행승들이여, 참으로 이러한 집착의 대상들은[210] 생겨남에 묶여 있는 것이다. 이러

208) ariyo tuṇhībhavo : Pps. II. 169에 따르면, 두 번째 선정(二禪 dutiyajhāna)과 근본적인 冥想의 主題(根本業處 mūlakammaṭṭhāna)가 모두 이 高貴한 沈默에 해당한다. 두 번째의 禪定을 성취할 수 없는 자들에게 根本冥想의 토대를 닦게 함으로써 高貴한 沈默을 유지하도록 한다.

209) 여기에서 生老病死는 단지 自然的·生理的인 관점에서 서술되는 것이 아니라 欲望에 바탕을 둔 執着과 所有 또는 所有意識의 생성이라는 관점에서 이해되고 있는 점에 주목해야 한다.

210) upadhi : 語源的인 의미는 '基礎, 바탕'이라는 말인데, 일반적으로 주석서에서는 다섯 가지 存在의 다발(五蘊), 感覺的 快樂의 對象, 汚染, 業 등이 열거된다. 역자는 쌍윳따니까야에서처럼 '執着의 對象'이라고 번역한다. Mdb. 1215에서처럼 주관적인 의미로는 執着이라고 할 수 있고 객관적인 의미로는 '執着의 對象'이라고 번역한다. 涅槃은 '모든 執着의 버림(sabb'ūpadhipaṭinissagga)'이다.

한 것에 묶여 넋을 잃고 탐착하여 스스로 생겨남에 묶여 있으면서 생겨남에 묶여 있는 것을 구한다.

11. 수행승들이여, 늙음에 묶여 있는 것이란 어떠한 것일까? 처자가 늙음에 묶여 있는 것이고, 노비가 늙음에 묶여 있는 것이고, 산양이나 양이 늙음에 묶여 있는 것이고, 닭이나 돼지가 늙음에 묶여 있는 것이고, 코끼리, 소, 숫말, 암말이 늙음에 묶여 있는 것이고, 금, 은이 늙음에 묶여 있는 것이다. 수행승들이여, 참으로 이러한 집착의 대상들은 늙음에 묶여 있는 것이다. 이러한 것에 묶여 넋을 잃고 탐착하여 스스로 늙음에 묶여 있으면서 늙음에 묶여 있는 것을 구한다.

12. 수행승들이여, 병듦에 묶여 있는 것이란 어떠한 것일까? 처자가 병듦에 묶여 있는 것이고, 노비가 병듦에 묶여 있는 것이고, 산양이나 양이 병듦에 묶여 있는 것이고, 닭이나 돼지가 병듦에 묶여 있는 것이고, 코끼리, 소, 숫말, 암말이 병듦에 묶여 있는 것이다.[211] 수행승들이여, 참으로 이러한 집착의 대상들은 병듦에 묶여 있는 것이다. 이러한 것에 묶여 넋을 잃고 탐착하여 스스로 병듦에 묶여 있으면서 병듦에 묶여 있는 것을 구한다.

13. 수행승들이여, 죽음에 묶여 있는 것이란 어떠한 것일까? 처자가 죽음에 묶여 있는 것이고, 노비가 죽음에 묶여 있는 것이고, 산양이나 양이 죽음에 묶여 있는 것이고, 닭이나 돼지가 죽음에 묶여 있는 것이고, 코끼리, 소, 숫말, 암말이 죽음에 묶여 있는 것이다. 수행승들이여, 참으로 이러한 집착의 대상들은 죽음에 묶여 있는

211) 여기서 金과 銀은 病들고 죽는 것 등에서 除外된다. 그러나 그들은 汚染에 從屬되어있다. Pps. II. 170에 따르면, 金과 銀은 보다 가치가 적은 金屬과 合金이 되기 때문이다.

것이다. 이러한 것에 묶여 넋을 잃고 탐착하여 스스로 죽음에 묶여 있으면서 죽음에 묶여 있는 것을 구한다.

14. 수행승들이여, 슬픔에 묶여 있는 것이란 어떠한 것일까? 처자가 슬픔에 묶여 있는 것이고, 노비가 슬픔에 묶여 있는 것이고, 산양이나 양이 슬픔에 묶여 있는 것이고, 닭이나 돼지가 슬픔에 묶여 있는 것이고, 코끼리, 소, 숫말, 암말이 슬픔에 묶여 있는 것이다. 수행승들이여, 참으로 이러한 집착의 대상들은 슬픔에 묶여 있는 것이다. 이러한 것에 묶여 넋을 잃고 탐착하여 스스로 슬픔에 묶여 있으면서 슬픔에 묶여 있는 것을 구한다.

15. 수행승들이여, 번뇌에 묶여 있는 것이란 어떠한 것일까? 처자가 번뇌에 묶여 있는 것이고, 노비가 번뇌에 묶여 있는 것이고, 산양이나 양이 번뇌에 묶여 있는 것이고, 닭이나 돼지가 번뇌에 묶여 있는 것이고, 코끼리, 소, 숫말, 암말이 번뇌에 묶여 있는 것이고, 금, 은이 번뇌에 묶여 있는 것이다. 수행승들이여, 참으로 이러한 집착의 대상들은 번뇌에 묶여 있는 것이다. 이러한 것에 묶여 넋을 잃고 탐착하여 스스로 번뇌에 묶여 있으면서 번뇌에 묶여 있는 것을 구한다. 수행승들이여, 이러한 것이 고귀하지 못한 구함이다.

16. 수행승들이여, 고귀하게 구하는 것은 어떠한 것인가? 이 세상에 어떤 사람이

1) 스스로 생겨남에 묶여 있지만 생겨남에 묶여 있는 것의 재난을 알고, 생겨남에 묶여 있지 않은 위없는 안온인 열반을 구한다.
2) 스스로 늙음에 묶여 있지만 늙음에 묶여 있는 것의 재난을 알고, 늙음에 묶여 있지 않은 위없는 안온인 열반을 구한다.
3) 스스로 병듦에 묶여 있지만 병듦에 묶여 있는 것의 재난을 알고,

병듦에 묶여 있지 않은 위없는 안온인 열반을 구한다.
4) 스스로 늙음에 묶여 있지만 늙음에 묶여 있는 것의 재난을 알고, 늙음에 묶여 있지 않은 위없는 안온인 열반을 구한다.
5) 스스로 죽음에 묶여 있지만 죽음에 묶여 있는 것의 재난을 알고, 죽음에 묶여 있지 않은 위없는 안온인 열반을 구한다.
6) 스스로 슬픔에 묶여 있지만 슬픔에 묶여 있는 것의 재난을 알고, 슬픔에 묶여 있지 않은 위없는 안온인 열반을 구한다.
7) 스스로 번뇌에 묶여 있지만 번뇌에 묶여 있는 것의 재난을 알고, 번뇌에 묶여 있지 않은 위없는 안온인 열반을 구한다.

수행승들이여. 이것이 고귀한 구함이다.

17. 수행승들이여, 내가 깨달음을 이루기 전에 아직 바르고 원만하게 깨닫지 못한 보살이었을 때,212) 스스로 생겨남에 묶여 있으면서 생겨남에 묶여 있는 것을 구하며, 스스로 늙음에 묶여 있으면서 늙음에 묶여 있는 것을 구하며, 스스로 병듦에 묶여 있으면서 병듦에 묶여 있는 것을 구하며, 스스로 죽음에 묶여 있으면서 죽음에 묶여 있는 것을 구하고, 스스로 슬픔에 묶여 있으면서 슬픔에 묶여 있는 것을 구하고, 스스로 번뇌에 묶여 있으면서 번뇌에 묶여 있는 것을 구했다.

18. 수행승들이여, 그 때 나에게 이와 같은 생각이 떠올랐다. '왜 나는 스스로 생겨남에 묶여 있으면서 생겨남에 묶여 있는 것을 구하며, 스스로 늙음에 묶여 있으면서 늙음에 묶여 있는 것을 구하

212) 여기서 '菩薩이었을 때'란 바로 뒤에 이어지는 내용, 즉 "이러한 내가 나중에 젊은 靑年이 되어 칠흙 같은 머리카락을 지니고 多福하고 血氣旺盛하여 人生의 靑春에 이르렀으나, 부모를 즐겁게 하지 않고, 그들이 눈물을 흘리고 痛哭하는 가운데, 머리를 削髮하고 가사를 입고 집에서 집없는 곳으로 出家했다."는 내용으로 미루어보아, 출가 이전의 靑年時節, 또는 그보다 더 거슬러 올라가 幼年시절이었음을 暗示한다.

며, 스스로 병듦에 묶여 있으면서 병듦에 묶여 있는 것을 구하며, 스스로 죽음에 묶여 있으면서 죽음에 묶여 있는 것을 구하고, 스스로 슬픔에 묶여 있으면서 슬픔에 묶여 있는 것을 구하고, 스스로 번뇌에 묶여 있으면서 번뇌에 묶여 있는 것을 구하는가? 그러자 나에게 '스스로 생겨남에 묶여 있지만 생겨남에 묶여 있는 것의 재난을 알고, 생겨남에 묶여 있지 않은 위없는 안온인 열반을 구하고, 스스로 늙음에 묶여 있지만 늙음에 묶여 있는 것의 재난을 알고, 늙음에 묶여 있지 않은 위없는 안온인 열반을 구하고, 스스로 병듦에 묶여 있지만 병듦에 묶여 있는 것의 재난을 알고, 병듦에 묶여 있지 않은 위없는 안온인 열반을 구하고, 스스로 죽음에 묶여 있지만 죽음에 묶여 있는 것의 재난을 알고, 죽음에 묶여 있지 않은 위없는 안온인 열반을 구하고, 스스로 슬픔에 묶여 있지만 슬픔에 묶여 있는 것의 재난을 알고, 슬픔에 묶여 있지 않은 위없는 안온인 열반을 구하고, 스스로 번뇌에 묶여 있지만 번뇌에 묶여 있는 것의 재난을 알고, 번뇌에 묶여 있지 않은 위없는 안온인 열반을 구하는 것이 어떨까?'라는 생각이 떠올랐다.

19. 수행승들이여, 이러한 내가 나중에 젊은 청년이 되어 칠흙같은 머리카락을 지니고 다복하고 혈기왕성하여 인생의 청춘에 이르렀으나, 부모를 즐겁게 하지 않고, 그들이 눈물을 흘리고 통곡하는 가운데, 머리를 삭발하고 가사를 입고 집에서 집없는 곳으로 출가했다.

20. 나는 바로 이와 같이 수행자가 되어 무엇보다도 착하고 건전한 것을 구하고 위없는 최상의 평화를 구하여 알라라 깔라마[213]가 있

---

213) Āḷāra Kālāma : Gotama가 출가한 후에 만난 두 스승 가운데 한분으로 다른 한 분은 Uddaka Rāmaputta이다. 그는 요가 수행에서 '아무것도 없는 경지(ākiñcaññāyatana)'

는 곳을 찾았다. 나는 다가가서 알라라 깔라마에게 말했다.
[세존] '존자여, 깔라마여, 나는 그대의 가르침과 계율에 따라 청정한 삶을 살고자 원합니다.'
수행승들이여, 이처럼 말하자 알라라 깔라마는 나에게 대답했다.
[깔라마] '존자여, 머무십시오. 나의 가르침은 슬기로운 자라면 오래지 않아서 그 스승과 동일한 경지를 스스로 알고 깨달아 성취하는 것과 같은 그러한 가르침입니다.'
그래서 수행승들이여, 나는 오래지 않아 그 가르침을 배웠다. 수행승들이여, 나는 스승이 말하는 것과 똑같을 정도로[214] 지혜의 이론을 말하고 장로의 이론에 대해 말했다. 나와 남이 모두 '나는 알고 또한 본다'라고 인정했다. 수행승들이여, 그 때에 나에게 이와 같은 생각이 떠올랐다.
[세존] '깔라마는 자신의 가르침에 대해 '나는 스스로 알고 깨달아 성취했다'라고 단지 확신만으로 주장한 것이 아니다. 실제로 깔라마는 이 가르침을 알고 또한 본다.'

21. 그래서 나는 알라라 깔라마가 있는 곳을 찾았다. 다가가서 알라라 깔라마에게 말했다.
[세존] '존자 깔라마여, 그대는 어떻게 '나는 스스로 알고 깨달아 성취했다'라고 주장하는 것입니까?'
수행승들이여, 이와 같이 말하자 알라라 깔라마는 '아무 것도 없는

에 들어 이를 Gotama에게 가르쳤다. Mil. 236에서는 Āḷāra Kālāma가 Gotama의 네 번째 스승으로 描寫되고 있다. DN. II. 130 大般涅槃經에 보면, 말라 족의 Pukkusa가 Āḷāra Kālāma의 제자였는데 나중에 부처님에게 귀의했다. 그는 Āḷāra Kālāma에 대하여, 그는 밖에 나와 깨어 있었지만 禪定에 들어 오백대의 수레가 지나가는 소리를 듣지 못했다고 묘사하고 있다. 부처님은 그의 가르침을 成就하고 그에 不滿足하여 그의 곁을 떠났다.

214) tāvatakena, eva oṭṭhapahatamattena lapitalāpanamattena : '입술을 두드릴 정도로, 설해진 것을 말하는 정도로'가 원문이다.

경지'에[215] 관해 알려주었다. 수행승들이여, 그러자 나에게 이와 같은 생각이 떠올랐다.
[세존] '깔라마에게만 믿음이 있는 것이 아니라 나에게도 믿음이 있다. 깔라마에게만 정진이 있는 것이 아니라 나에게도 정진이 있다. 깔라마에게만 새김이 있는 것이 아니라 나에게도 새김이 있다. 깔라마에게만 집중이 있는 것이 아니라 나에게도 집중이 있다. 깔라마에게만 지혜가 있는 것이 아니라 나에게도 지혜가 있다. 자, 이제 깔라마가 스스로 알고 깨달아 성취한 그 가르침을 스스로 성취하기 위해 노력해보면 어떨까?'
그래서 수행승들이여, 나는 머지 않아 곧 그 가르침을 스스로 알고 깨달아 성취했다.

22. 수행승들이여, 그래서 나는 알라라 깔라마가 있는 곳을 다시 찾았다. 다가가서 알라라 깔라마에게 말했다.
[세존] '존자 깔라마여, 그대는 이렇게 '나는 스스로 알고 깨달아 성취했다'라고 주장하는 것입니까?'
[깔라마] '존자여, 나는 이렇게 '나는 스스로 알고 깨달아 성취했다'라고 주장하는 것입니다.'
[세존] '존자여, 나도 역시 이렇게 그 가르침에 대해 스스로 알고 깨달아 성취했습니다.'
[깔라마] '존자여, 이와 같은 존자를 동료 수행자로 보는 것은, 우리들에게 참으로 다행하고 행복한 일입니다. 이와 같이 내가 스스로 알고 깨달아 성취하여 주장한 그 가르침을 존자는 스스로 알고 깨

215) ākiñcaññāyatana : Pps. II. 171에 따르면, 그는 그에게 '아무 것도 없는 경지(無所有處)' - 非物質의 世界의 세 번째(無色界三禪) - 로 끝나는 7가지 成就(satta samāpattiyo)에 관해 가르쳤다. 비록 이러한 경지가 精神的으로 卓越하다고 하더라도 아직 世俗的이며 그 가운데 直接的으로 涅槃으로 이끌지는 못한다.

달아 성취했습니다. 존자가 스스로 알고 깨달아 성취한 그 가르침이 바로 내가 스스로 알고 깨닫고 성취한 가르침이라고 선언합니다. 이와 같이 내가 아는 가르침을 존자가 알고 또한 존자가 아는 그 가르침을 내가 알았습니다. 이와 같이 나처럼 존자 역시 그러했고 존자처럼 나 역시 그러했습니다. 오십시오 존자여, 우리들 둘이서 이 무리를 수호합시다.'

수행승들이여, 이와 같이 알라라 깔라마는 나의 스승으로서 오히려 제자인 나에게 최상의 존경을 표했다. 그러나 그 때 나에게 '아무것도 없는 경지'에[216] 머무는 한, 그의 가르침은 싫어하여 떠남, 사라짐, 소멸, 적정, 지혜, 올바른 깨달음, 열반으로 이끌지 못한다'라는 이와 같은 생각이 떠올랐다. 수행승들이여, 그래서 나는 그 가르침에 만족하지 않고 그 가르침을 싫어하여 그 곳을 떠났다.

23. 그래서 나는 무엇보다도 착하고 건전한 것을 구하고 위없는 최상의 평화를 구하여 웃다까 라마뿟따[217]가 있는 곳을 찾았다. 나는 다가가서 웃다까 라마뿟따에게 말했다.

[세존] '존자여, 라마뿟따여, 나는 그대의 가르침과 계율에 따라 청정한 삶을 살고자 원합니다.[218]'

---

216) yāvad eva ākiñcaññāyatanaūpapattiyā : 이것은 일곱 번째 禪定의 成就에 대응하는 '아무 것도 없는 세계'라고 불리는 存在의 領域에 다시 태어남으로 이끈다. Pps. II. 172에 따르면, 여기서 壽命은 六萬劫(saṭṭhikappasahassāyu)에 이른다. 그러나 이 수명이 다하면, 죽어서 다시 낮은 세계로 돌아와야 한다. 그러므로 이러한 경지를 획득하더라도 삶과 죽음에서(jātimaraṇehi) 解脫하지 못하고 악마의 덫(maccupāsa)에 묶인 것이다.

217) Uddaka Rāmaputta : Gotama가 出家한 뒤에서부터 正覺을 이루기 전까지의 스승들가운데 한 분으로 그는 '知覺하지도 않고 知覺하지 않는 것도 아닌 境地(非想非非想處; nevasaññanāsaññāyatana)'에 관하여 가르치고 있었다. 부처님은 곧 그의 가르침을 成就하고 그에 滿足하지 않고 그를 떠났다.

218) I. B. Horner는 Uddaka가 Rāma와 同一人物이라고 추측하고 싯다르타와 웃다까 라마뿟따의 만남의 이야기에 飜譯上 誤謬를 범했다. 그러나 그의 이름이 알려주듯이 Uddaka는 遺傳的으로나 精神的으로나 Rāma의 아들이다. Rāma자신은 보살이 여기에 도착하기 전에 이미 죽었음이 틀림없다. 라마와 관련된 모든 資料들은 過去三人稱으로 되어있고 Udd

수행승들이여, 이처럼 말하자 웃다까 라마뿟따는 나에게 대답했다.
[라마뿟따] '존자여, 머무십시오. 나의 가르침은 슬기로운 자라면 오래지 않아서 그 스승과 동일한 경지를 스스로 알고 깨달아 성취하는 것과 같은, 그러한 가르침입니다.'
그래서 수행승들이여, 나는 오래지 않아 그 가르침을 배웠다. 수행승들이여, 나는 스승이 말하는 것과 똑같을 정도로 지혜의 이론을 말하고 장로의 이론에 대해 말했다. 나와 남이 모두 내가 알고 또한 본다는 것을 인정했다. 수행승들이여, 그 때에 나에게 이와 같은 생각이 떠올랐다.
[세존] '라마뿟따는 자신의 가르침에 대해 '나는 스스로 알고 깨달아 성취했다'라고 단지 확신만으로 주장한 것이 아니다. 실제로 라마뿟따는 이 가르침을 알고 또한 본다.'

24. 그래서 나는 웃다까 라마뿟따가 있는 곳을 찾았다. 다가가서 웃다까 라마뿟따에게 말했다.
[세존] '존자 라마뿟따여, 그대는 어떻게 '나는 스스로 알고 깨달아 성취했다'라고 주장하는 것입니까?'
수행승들이여, 이와 같이 말하자 웃다까 라마뿟따는 '지각하는 것도 아니고 지각하지 않는 것도 아닌 경지'에 관해 알려주었다. 수행승들이여, 그러자 나에게 이와 같은 생각이 떠올랐다.
[세존] '라마뿟따에게만 믿음이 있는 것이 아니라 나에게도 믿음이 있다. 라마뿟따에게만 정진이 있는 것이 아니라 나에게도 정진이 있다. 라마뿟따에게만 새김이 있는 것이 아니라 나에게도 새김이

---

aka는 마지막에 菩薩을 스승의 위치에 둔다는 事實에 주의를 기울여야 한다. 경전은 決定的인 結論을 이끌지는 못하지만, 그 자신이 아직 無形象의 世界(無色界)의 네 번째 禪定인 非想非非想處에 도달하지 못했음을 암시한다.

있다. 라마뿟따에게만 집중이 있는 것이 아니라 나에게도 집중이 있다. 라마뿟따에게만 지혜가 있는 것이 아니라 나에게도 지혜가 있다. 자, 이제 라마뿟따가 스스로 알고 깨달아 성취한 그 가르침을 스스로 성취하기 위해 노력해보면 어떨까?'
그래서 수행승들이여, 나는 머지 않아 곧 그 가르침을 스스로 알고 깨달아 성취했다.

25. 수행승들이여, 그래서 나는 웃다까 라마뿟따가 있는 곳을 다시 찾았다. 다가가서 웃다까 라마뿟따에게 말했다.
[세존] '존자 라마뿟따여, 그대는 이렇게 '나는 스스로 알고 깨달아 성취했다'라고 주장하는 것입니까?'
[라마뿟따] '존자여, 나는 이렇게 '나는 스스로 알고 깨달아 성취했다'라고 주장하는 것입니다.'
[세존] '존자여, 나도 역시 이렇게 그 가르침에 대해 스스로 알고 깨달아 성취했습니다.'
[라마뿟따] '존자여, 이와 같은 존자를 동료 수행자로 보는 것은 우리들에게 참으로 다행하고 행복한 일입니다. 이와 같이 내가 스스로 알고 깨달아 성취하여 주장한 그 가르침을 존자는 스스로 알고 깨달아 성취했습니다. 존자가 스스로 알고 깨달아 성취한 그 가르침이 바로 내가 스스로 알고 깨닫고 성취한 가르침이라고 선언합니다. 이와 같이 내가 아는 가르침을 존자가 알고 또한 존자가 아는 그 가르침을 내가 알았습니다. 이와 같이 나처럼 존자 역시 그러했고 존자처럼 나 역시 그러했습니다. 오십시오 존자여, 우리들 둘이서 이 무리를 수호합시다.'
수행승들이여, 이와 같이 웃다까 라마뿟따는 나의 스승으로서 오히려 제자인 나에게 최상의 존경을 표했다. 그러나 나에게 '지각하는

것도 아니고 지각하지 않는 것도 아닌 경지에 머무는 한, 그의 가르침은 싫어하여 떠남, 사라짐, 소멸, 적정, 지혜, 올바른 깨달음, 열반으로 이끌지 못한다'라는 이와 같은 생각이 떠올랐다. 수행승들이여, 그래서 나는 그 가르침을 존중하지 않고 그 가르침을 싫어하여 그 곳을 떠났다.

26. 그래서 나는 무엇보다도 착하고 건전한 것을 구하고 위없는 최상의 평화를 구하여 마가다국을 차례로 유행하면서 마침내 우루벨라 근처의 쎄나니가마에 도착했다. 거기서 나는 고요한 총림이 있고 아름다운 둑에 싸여 맑게 흐르는 강물이 있고, 주변에 탁발할 수 있는 마을이 있는, 마음에 드는 지역을 발견했다. 그래서 나에게 이와 같은 생각이 떠올랐다.
[세존] '고요한 총림이 있고, 아름다운 둑에 싸여 맑게 흐르는 강물이 있고, 주변에 탁발할 수 있는 마을이 있는, 이 지역이 마음에 든다. 이 곳은 정진을 바라는 훌륭한 가문의 자제가 정진에 집중할 수 있는 적당한 장소이다.'
나는 '이 곳은 정진하기에 충분하다'고 생각하며 거기에 앉았다.

27. 수행승들이여, 그래서 나는 스스로 생겨남에 묶여 있지만 생겨남에 묶여 있는 것의 재난을 알고 생겨남에 묶여 있지 않은 위없는 안온인 열반을 구하여, 생겨남이 없는 위없는 안온인 열반에 도달했다.

28. 스스로 늙음에 묶여 있지만 늙음에 묶여 있는 것의 재난을 알고, 늙음에 묶여 있지 않은 위없는 안온인 열반을 구하고, 늙음이 없는 위없는 안온인 열반에 도달했다.

29. 스스로 병듦에 묶여 있지만 병듦에 묶여 있는 것의 재난을 알

고, 병듦에 묶여 있지 않은 위없는 안온인 열반을 구하고, 병듦이 없는 위없는 안온인 열반에 도달했다.

30. 스스로 죽음에 묶여 있지만 죽음에 묶여 있는 것의 재난을 알고, 죽음에 묶여 있지 않은 위없는 안온인 열반을 구하고, 죽음이 없는 위없는 안온인 열반에 도달했다.

31. 스스로 슬픔에 묶여 있지만 슬픔에 묶여 있는 것의 재난을 알고, 슬픔에 묶여 있지 않은 위없는 안온인 열반을 구하고, 슬픔이 없는 위없는 안온인 열반에 도달했다.

32. 스스로 번뇌에 묶여 있지만 번뇌에 묶여 있는 것의 재난을 알고, 번뇌에 묶여 있지 않은 위없는 안온인 열반을 구하고, 번뇌가 없는 위없는 안온인 열반에 도달했다. 나에게 이와 같이 '나의 해탈은 흔들리지 않는다. 이것이 태어남의 끝이다. 더 이상 윤회는 없다'라고 앎과 봄이 생겨났다.

33. 수행승들이여, 이와 같이 나는 생각했다.

[세존] '내가 증득한 이 진리는 심원하고 보기 어렵고 깨닫기 어렵고 고요하고 탁월하여 사고의 영역을 뛰어넘고 극히 미묘하여 슬기로운 자들에게만 알려지는 것이다.219) 그러나 사람들은 경향을220) 즐기고 경향을 기뻐하고 경향에 만족해 한다. 그러나 경향을

219) adhigato me ayaṃ dhammo gambhīro duddaso duranubodho santo paṇīto atakkāvacaro nipuṇo paṇḍitavedanīyo : santo paṇīto : Srp. I. 195에 따르면 世俗을 초월하는(lokuttara) 眞理를 나타낸 것이다. Pps. II. 174에 따르면, 여기서 Dhamma는 네 가지 거룩한 진리(四聖諦)를 말하고 다음에서 이야기하는 두 가지 진리 - 緣起와 涅槃 - 는 각각 괴로움과 길에 대한 진리를 암시하는 괴로움의 發生과 괴로움의 消滅에 대한 眞理이다.

220) ālaya : 漢譯에서는 音寫하여 阿賴耶라고도 하나 여기서는 욕망 또는 경향을 말한다. Pps. II. 174에 따르면, ālaya는 感覺的 快樂(kāmaguṇa)과 그것들과 연관된 渴愛의 思念(taṇhāvicāritāni)을 모두 포함한다.

즐기고 경향을 기뻐하고 경향에 만족해 하는 사람들은 이와 같은 도리, 즉 조건적 생성의 법칙인 연기를[221] 보기 어렵다. 또한 이와 같은 도리, 즉 모든 형성의 그침, 모든 집착의 보내버림, 갈애의 부숨, 사라짐, 소멸, 열반을[222] 보기 어렵다. 그러나 내가 이 진리를 가르쳐서 다른 사람들이 나를 이해하지 못한다면 그것은 나의 고통이 되고 나에게 상처를 줄 것이다.'[223]

34. 그런데, 수행승들이여, 나에게 이와 같이 경탄할 만한 예전에 없었던 훌륭한 시들이 떠올랐다.

[세존] '참으로 힘들게 성취한 진리를
왜 내가 지금 설해야 하나.
탐욕과 미움에 사로잡힌 자들은
이 진리를 잘 이해하기 힘들다.

흐름을 거슬러가고 오묘하고
심오하고 미세한 진리는 보기 어렵다.

---

221) paṭiccasamuppāda : 緣起라는 불교적인 因果法을 이야기하는데, 그것에 대해서는 SN. II. Nidāna품을 참조하기 바란다.

222) 여기서는 世俗으로부터의 점차적인 解脫의 인상을 보여주고 있다. ① 모든 形成의 그침(sabbasaṅkhārasamatha), ② 모든 執着의 보내버림(sabbūpadhipaṭinissagga), ③ 渴愛의 소멸(taṇhākkhaya), ④ 사라짐(virāga), ⑤ 消滅(nirodha), ⑥ 涅槃(nibbāna). 여기서 ③의 渴愛의 소멸은 존재에의 渴愛의 消滅(bhavatanhākkhaya)을 뜻하며, ④의 사라짐이라고 번역한 virāga는 원래 '색깔이 바래서 없어지는 것'을 뜻한다. 따라서 부수어 없어지는 소멸을 뜻하는 nirodha와 구별하였음에 주의해야 한다. 그리고 ⑥의 涅槃은 窮極的인 解脫을 의미한다. 이 모든 과정에 관해 Srp. I. 196에서는 '모든 煩惱의 傾向이 사라지고 모든 고통이 소멸된다(sabbe kilesarāgā virajjanti sabbadukkhaṁ niru-jjhanti)'라고 설명하고 있다.

223) Srp. I. 196에는 '身體的인 疲勞와 身體的인 傷處(kāyakilamattho c'eva kāyavihesā)'라고 해석하고 있으나 이는 옳지 않은 듯하다. 精神的인 苦痛과 精神的인 傷處라고 해야 옳지 않을까? 붓다고싸는 부처님이 精神的인 苦痛이 없을 것이라고 단정하여 苦痛과 傷處를 身體的인 것으로 해석했다. 그러나 이것은 깨달은 자를 너무 權威的으로 해석하고 인식한 결과이며 부처님도 세상의 苦痛을 憐愍하고 세상에 대해 걱정한다. 따라서 苦痛과 傷處는 衆生에 대한 慈悲의 發露이다.

어둠의 무리에 뒤덮인
탐욕에 물든 자들은 보지 못한다.'

35. 수행승들이여, 이와 같이 나는 숙고해서 주저하며 진리를 설하지 않기로[224] 마음을 기울였다.

36. 수행승들이여, 그 때 하느님 싸함빠띠[225]가 내가 마음속으로 생각하는 바를 알아차리고 이와 같이 생각했다. '이렇게 오신 님, 고귀한 님, 올바로 원만히 깨달은 님께서[226] 주저하며 진리를 설하지 않기로 마음을 기울이신다면 참으로 세계는 멸망한다. 참으로 세계는 파멸한다.'

37. 수행승들이여, 그래서 하느님 싸함빠띠는 마치 힘센 사람이 굽혀진 팔을 펴고 펴진 팔을 굽히는 듯한 그 사이에 하느님의 세계에서 모습을 감추고 내 앞에 모습을 나타내었다.

---

224) Pps. II. 176은 菩薩이 오래 전에 다른 사람들을 解脫시키기 위해 깨달은 자가 되기로 熱望했음에도 지금 와서 行動하지 않기로 마음먹은 것은 왜인가는 의문을 제기하고 있다. 그 이유는 부처님은 全知性(sabbaññutaṃ)에 도달하여 衆生의 煩惱의 정글(kilesagahanatā)과 가르침의 깊이(dhammassa gambhīratā)에 대해 충분히 알았기 때문이다. 또한 梵天이 부처님 자신에게 간청해서 梵天을 崇拜하는 存在들이 眞理의 귀중한 價値를 인식하고 거기에 敬聽하도록 가르치길 원했다고 주장했다. 그러나 이러한 붓다고싸의 해석은 因果法을 決定論的으로 파악하는 誤謬를 범하는 것이다.

225) Srp. I. 199에 따르면 梵天 Sahaṁpati는 Kassapa Buddha 시대에 Sahaka라는 長老였다. 그는 첫 번째의 禪定(初禪)에서 涅槃에 들어 '한 宇宙期(劫 : 56억 7천만년)를 사는 梵天(kappāyugabrahmā)'이 되었다. Kurt Schmidt는 Brm. 92에서 Sahaṁpati는 아마도 베다시대의 Svayampati '자신의 主人'을 뜻한다고 주장했다. 그것은 Śaptapatha-Brahmana VI. 1. 1.에 등장하는 絶對者를 말한다. 그러나 아마도 고따마 붓다의 시대에는 DN. 9에 따르면, 더 이상 이해되지 않고 民俗的인 語源分析을 통해 so-aham-pati'내가 그 주인이다'라고 변형되었을 것이다.

226) tathāgatassa arahato sammāsambuddhassa : 漢譯으로 如來 應供 正等覺者라고 한다. tathāgata를 Ggs. I. 214에서는 '眞理에 到達한 자(der zur Wahrheit gelangt ist)'라고 번역했으나 原義에는 충실하지 못하므로 여기서는 漢譯을 重視하여 '이렇게 오신 님'이라고 하며 阿羅漢은 '거룩한 님'으로 正等覺者는 '올바로 원만히 깨달은 님'으로 통일한다.

38. 수행승들이여, 그리고 하느님 싸함빠띠는 왼쪽 어깨에 가사를 걸치고 오른쪽 무릎을 땅에 꿇은 채 내가 있는 곳을 향해 합장하고 나에게 이와 같이 말했다.

[싸함빠띠] '세존이시여, 세상에서 존경받는 님께서는 진리를 가르쳐 주십시오. 올바른 길로 잘 가신 님께서는 진리를 가르쳐 주십시오. 태어날 때부터 거의 더러움에 물들지 않은[227] 뭇삶들이 있습니다. 그들은 진리를 듣지 못하면 쇠퇴합니다. 진리를 이해하는 자도 있을 것입니다.'

39. 수행승들이여, 이와 같이 하느님 싸함빠띠는 말했다. 말하고 나서 이와 같은 시를 읊었다.

[싸함빠띠] '번뇌에 물든 자들이[228] 생각해낸
오염된 가르침이 일찍이 마가다 국에 나타났으니
불사의 문을[229] 열어주소서
청정한 분께서 깨달은 진리를 듣게 하소서.

산꼭대기의 바위 위에 서서
주변의 사람들을 둘러보는 것처럼
현자여, 모든 것을 보는 눈을 지닌 이여
진리의 전당에 올라
태어남과 늙음에 정복된 슬픔에 빠진 뭇삶을
슬픔을 여읜 자께서 살피소서.

---

227) apparajakkhajātikā : 梵語에서도 rajas(먼지, 더러움, 오염)은 複合語의 말미에서 rajaska로 결합한다. rajaska가 빠알리어에서 rajakkha로 변한 것이다.

228) samalehi : 六師外道를 말한다.

229) Srp. I. 199에 따르면 不死를 '涅槃의 門인 성스러운 길(nibbānassa dvārabhūtaṁ ari-ya maggaṁ)'이라고 표현하고 있다.

일어서소서. 영웅이여, 전쟁의 승리자여,
세상을 거니소서, 허물없는 캐러밴의 지도자여,
세존께서는 진리를 설하소서
알아듣는 자가 있을 것입니다.'

40. 수행승들이여, 그러자 나는 하느님의 요청을 알고는 뭇삶에 대한 자비심 때문에 깨달은 이의 눈으로 세상을 바라보았다.

41. 그 때, 수행승들이여, 나는 깨달은 이의 눈으로 세상을 바라보면서 조금밖에 오염되지 않은 뭇삶, 많이 오염된 뭇삶, 예리한 감각능력을 지닌 뭇삶, 둔한 감각능력을 지닌 뭇삶, 아름다운 모습의 뭇삶, 추한 모습의 뭇삶, 가르치기 쉬운 뭇삶, 가르치기 어려운 뭇삶, 그리고 내세와 죄악을 두려워하는 무리의 뭇삶들을 보았다.

42. 마치 청련화, 홍련화, 백련화의 연못에서 어떤 무리의 청련화, 홍련화, 백련화는[230] 물 속에서 생겨나 물 속에서 자라서 물 속에서 나오지 않고 수중에 잠겨 자라고 어떤 무리의 청련화, 홍련화, 백련화는 물 속에서 생겨나 물 속에서 자라서 수면까지 나와 있으며, 어떤 무리의 청련화, 홍련화, 백련화는 물 속에서 생겨나 물 속에서 자라서 수면을 벗어나 물에 젖지 않는 것처럼, 이와 같이 나는 깨달은 이의 눈으로 세상을 바라보고 조금밖에 오염되지 않은 뭇삶, 많이 오염된 뭇삶, 예리한 감각능력을 지닌 뭇삶, 둔한 감각능력을 지닌 뭇삶, 아름다운 모습의 뭇삶, 추한 모습의 뭇삶, 가르치기 쉬운 뭇삶, 가르치기 어려운 뭇삶, 그리고 내세와 죄악을 두려워하는 무리의 뭇삶들을 보았다.

---

230) uppalāni vā padumāni vā puṇḍarīkāni : '青蓮華, 紅蓮華, 白蓮華'의 이름이 다르다.

43. 수행승들이여, 그리고 나서 나는 하느님 싸함빠띠에게 시로써 대답했다.

[세존] '그들에게 불사(不死)의 문은 열렸다.
듣는 자들은 자신의 믿음을 버려라.[231]
하느님이여, 나는 상처받는다는 생각으로
사람에게 미묘한 진리를 설하지 않았다.'[232]

44. 수행승들이여, 그 때야 비로소 하느님 싸함빠띠는 생각했다. '세존께서는 진리를 설하실 것을 내게 수락하셨다.' 그는 나에게 인사를 하고 오른 쪽으로 돌고 나서 그 곳에서 사라졌다.

45. 수행승들이여, 마침 이와 같은 생각이 나에게 떠올랐다. '누구에게 내가 가장 먼저 가르침을 설할까? 누가 이 가르침을 빨리 이해할 수 있을까?' 수행승들이여, 그래서 나에게 이와 같은 생각이 생겨났다. '그 알라라 깔라마는 현자로서 유능하고 슬기로운 자이며 오랜 세월 눈에 먼지가 끼지 않았다[233]. 내가 알라라 깔라마에게 가장 먼저 가르침을 설하면 어떨까?'

46. 수행승들이여, 그 때에 어떤 하늘사람이 내려와 나에게 말했다. '세존이시여, 알라라 깔라마는 죽은 지 이미 7일이 되었습니다.' 그런데 나에게도 역시 '알라라 깔라마는 죽은 지 이미 7일이 되었다'

231) pamuccantu saddhaṁ : '예전의 잘못된 자기 자신의 信仰을 버려라'라는 뜻이다.

232) Srp. I. 203에 따르면 3, 4행의 시를 이와 같이 해석하고 있다. '나는 내가 잘 만들어낸 勝妙한 最上의 眞理를 설하지 않았다. 왜냐하면 내가 身體的으로 疲困하고 傷處받으리라고 생각해서였다. 그러나 이제는 모든 인간이 그들의 要求를 충족하게 될 믿음의 그릇을 제공할 것이다(ahaṁ hi attano paguṇaṁ suppavattiṁ pi imaṁ paṇitaṁ uttam-adhammaṁ kāyavācakilamathasaññī hutvā nābhāsiṁ. idāni pana sabbo jano sa-ddhābhājanaṁ upametu, pūressāmi nesaṁ saṅkappan ti).'

233) apparajakkhajātiko : 복합어의 구조는 다음과 같다. '눈에 먼지가 끼지 않은(appa-raja-akkha-jātiko)'이다.

라는 앎과 봄이 일어났다. 수행승들이여, 그래서 내게 이와 같은 생각이 일어났다. '알라라 깔라마는 그 성품이 위대했다. 만약 그가 가르침을 들었다면, 신속하게 이해했을 것이다.'

47. 수행승들이여, 마침 이와 같은 생각이 나에게 떠올랐다. '누구에게 내가 가장 먼저 가르침을 설할까? 누가 이 가르침을 빨리 이해할 수 있을까?' 수행승들이여, 그래서 나에게 이와 같은 생각이 생겨났다. '그 웃다까 라마뿟따는 현자로서 유능하고 슬기로운 자이며 오랜 세월 눈에 먼지가 끼지 않았다. 내가 웃다까 라마뿟따에게 가장 먼저 가르침을 설하면 어떨까?'

48. 수행승들이여, 그 때에 어떤 하늘사람이 내려와 나에게 말했다. '세존이시여, 웃다까 라마뿟따는 지난 밤에 죽었습니다.' 그런데 나에게도 역시 '웃다까 라마뿟따는 지난 밤에 죽었다'라는 앎과 봄이 일어났다. 수행승들이여, 그래서 내게 이와 같은 생각이 일어났다. '웃다까 라마뿟따는 그 성품이 위대했다. 만약 그가 가르침을 들었다면, 빨리 이해했을 것이다.'

49. 수행승들이여, 마침 이와 같은 생각이 나에게 떠올랐다. '누구에게 내가 가장 먼저 가르침을 설할까? 누가 이 가르침을 빨리 이해할 수 있을까?' 수행승들이여, 그래서 나에게 이와 같은 생각이 생겨났다. '내가 정진하며 스스로 노력할 때에 나를 도와 많은 도움을 준[234] 다섯 명의 수행승들이 있다. 내가 그들 다섯 명의 수행승들에게 가장 먼저 가르침을 설하면 어떨까?' 수행승들이여, 이 때에 이와 같은 생각이 떠올랐다. '그런데 다섯 명의 수행자들은 어디

234) 이들 다섯명의 修行僧들은 부처님과 함께 苦行을 할 당시에, 부처님이 깨달음을 얻고 마침내 가르침을 설할 것이다라고 확신했다. 그럼에도 불구하고 그가 苦行을 포기하자 그들은 그에 대한 信賴를 잃고 그가 사치스럽다고 비난하고 그를 버렸다. MN. 36 참조.

에 있을까?' 수행승들이여, 나는 청정해서 인간을 뛰어넘는 하늘눈으로 다섯 명의 수행승들이 바라나씨에 있는 이씨빠따나의 미가다야에서 지내는 것을 보았다. 수행승들이여, 그래서 나는 우루벨라에서 뜻대로 즐겁게 지낸 뒤에 바라나씨로 출발했다.

50. 수행승들이여, 사명외도 우빠까가 가야 강과 보리수 사이에서 길을 가는 나를 보았다. 보고 나서 나에게 말했다. '벗이여, 그대의 감관은 맑고 피부색은 청정하다. 벗이여, 그대는 무엇을 위하여 출가하였으며, 그대의 스승은 누구인가, 누구의 가르침을 즐겨 배우는가?' 수행승들이여, 이와 같은 말을 듣고 나는 사명외도 우빠까에게 시로써 말했다.

[세존] '나는 모든 것에서 승리한 자, 일체를 아는 자.
모든 상태에 오염되는 것이 없으니
일체를 버리고 갈애를 부수어 해탈을 이루었다.
스스로 알았으니 누구를 스승이라 하겠는가.

나에게는 스승도 없고 나와 같은 자도 없다.
하늘과 인간에서 나와 견줄만한 이 없어
나는 참으로 세상에서 거룩한 이, 위없는 스승이다.
홀로 올바로 원만히 깨달은 자로서 청량한 적멸을 얻어
진리의 수레바퀴를 굴리기 위하여 까씨 성으로 가니
눈 먼 세계에서 감로의 북을 두드리리라.'

[우빠까] '벗이여, 무한승리자가[235] 될 만하다고 자인합니까?'
[세존] '번뇌가 부수어지면 그들도 나와 같은 승리자가 되리.
악한 것을 정복하여, 우빠까여, 나는 승리자가 되었다.'

---

235) anantajina : 정신적으로 해탈한 인간에 대한 使命外道의 표현일 것이다.

수행승들이여, 이와 같이 말하자 사명외도 우빠까는 '벗이여, 그럴지도 모르지'라고 말하고 머리를 흔들며 샛길로 사라졌다.[236)]

51. 수행승들이여, 그래서 나는 점차로 유행하면서 바라나씨에 있는 이씨빠따나의 미가다야로 다섯 명의 수행승들이 있는 곳을 찾아갔다. 수행승들이여, 그들 다섯 명의 수행승들은 멀리서 내가 오는 것을 보았다. 보고 나서 그들은 서로 약조했다.

[다섯 수행승] '벗이여, 수행자 고따마가 온다. 윤택하게 살며 정진을 포기하고 사치에 빠졌다. 우리는 그에게 인사도 하지 말고 일어나 영접하지도 말고 옷과 발우를 받지도 말자. 그러나 그가 앉기를 원한다면, 자리를 깔아주자.'

52. 그렇지만, 수행승들이여, 내가 더 가까이 다가감에 따라서 그들 다섯 명의 수행승들은 스스로 약조를 지킬 수 없었다. 어떤 자는 나를 맞으러 나와 가사와 발우를 받아 들었다. 어떤 자는 자리를 펴주고, 어떤 자는 발 씻을 물을 준비했다. 또한 그들은 나의 이름을 부르며 '벗이여[237)]'라고 말을 걸었다. 수행승들이여, 그와 같이 말을 걸어 오자 나는 다섯 명의 수행승들에게 이와 같이 말했다.

[세존] '수행승들이여, 여래의 호칭을 '벗이여'라고 부르지 말라. 수행승들이여, 여래는 거룩한 이, 올바로 원만히 깨달은 이이다. 수행승들이여, 귀를 기울여라. 불사가 성취되었다. 내가 가르치리라. 내가 법을 설할 것이다. 내가 가르친 대로 그대로 실천하면, 머지 않

---

236) Pps. II. 189에 따르면, 그 후에 Upaka는 사냥꾼의 딸과 사랑에 빠져 그녀와 結婚했다. 그러나 그의 結婚生活이 不幸에 빠지자 다시 부처님에게 돌아와서 僧團에 들어와서 돌아오지 않는 자(不還者)의 경지에 들었다. 그는 번뇌없는 하늘(無煩天 Avīha)에 태어나 거룩한 이(阿羅漢)가 되었다.

237) āvuso : 同年輩에 붙이는 친밀한 呼稱이다.

아 훌륭한 가문의 자제로서 집에서 집없는 곳으로 출가한 그 목적인 위없는 청정한 삶의 완성을 지금 여기에서 스스로 알고 깨닫고 성취하게 될 것이다.'

53. 수행승들이여, 이와 같이 말하자 다섯 명의 수행승들은 내게 이와 같이 말했다.

[다섯 수행승] '벗이여, 그대는 그 행동, 그 실천, 그 고행으로도 인간의 상태를 뛰어넘지 못했고, 그대는 고귀한 분이 갖추어야 할 앎과 봄에 관한 지극한 탁월함에 이르지 못했습니다. 그런데 오히려 지금 그대는 윤택하게 살며 정진을 포기하고 사치에 빠져 있습니다. 그런 그대가 어떻게 인간의 상태를 뛰어넘고, 고귀한 분이 갖추어야 할 앎과 봄에 관한 지극한 탁월함에 이를 수 있겠습니까?'

54. 수행승들이여, 이와 같은 말을 듣고, 나는 그들 다섯 명의 수행승들에게 말했다.

[세존] '수행승들이여, 나는 윤택하게 살지 않으며 정진을 포기하지도 않았고 사치에 빠지지도 않았다. 수행승들이여, 여래는 거룩한 이, 올바로 원만히 깨달은 이이다. 수행승들이여, 귀를 기울여라. 불사가 성취되었다. 내가 가르치리라. 내가 법을 설할 것이다. 내가 가르친 대로 그대로 실천하면, 머지 않아 훌륭한 가문의 자제로서 집에서 집없는 곳으로 출가한 그 목적인, 위없는 청정한 삶의 완성을 지금 여기에서 스스로 알고 깨닫고 성취하게 될 것이다.'

55. 수행승들이여, 두 번째에도 다섯 명의 수행승들은 내게 이와 같이 말했다.

[다섯 수행승] '벗이여, 그대는 그 행동, 그 실천, 그 고행으로도 인

간의 상태를 뛰어넘지 못했고, 그대는 고귀한 분이 갖추어야 할 앎과 봄에 관한 지극한 탁월함에 이르지 못했습니다. 그런데 오히려 지금 그대는 윤택하게 살며 정진을 포기하고 사치에 빠져 있습니다. 그런 그대가 어떻게 인간의 상태를 뛰어넘고, 고귀한 분이 갖추어야 할 앎과 봄에 관한 지극한 탁월함에 이를 수 있겠습니까?'

56. 수행승들이여, 나는 두 번째에도 그들 다섯 명의 수행승들에게 말했다.

[세존] '수행승들이여, 나는 윤택하게 살지 않으며 정진을 포기하지도 않았고 사치에 빠지지도 않았다. 수행승들이여, 여래는 거룩한 이, 올바로 원만히 깨달은 이이다. 수행승들이여, 귀를 기울여라. 불사가 성취되었다. 내가 가르치리라. 내가 법을 설할 것이다. 내가 가르친 대로 그대로 실천하면, 머지 않아 훌륭한 가문의 자제로서 집에서 집없는 곳으로 출가한 그 목적인 위없는 청정한 삶의 완성을 지금 여기에서 스스로 알고 깨닫고 성취하게 될 것이다.'

57. 수행승들이여, 세 번째에도 다섯 명의 수행승들은 내게 이와 같이 말했다.

[다섯 수행승] '벗이여, 그대는 그 행동, 그 실천, 그 고행으로도 인간의 상태를 뛰어넘지 못했고, 그대는 고귀한 분이 갖추어야 할 앎과 봄에 관한 지극한 탁월함에 이르지 못했습니다. 그런데 오히려 지금 그대는 윤택하게 살며 정진을 포기하고 사치에 빠져 있습니다. 그런 그대가 어떻게 인간의 상태를 뛰어넘고, 고귀한 분이 갖추어야 할 앎과 봄에 관한 지극한 탁월함에 이를 수 있겠습니까?'

58. 수행승들이여, 이와 같은 말을 듣고 나는 다섯 명의 수행승에

게 말했다.

[세존] '수행승들이여, 그대들은 지금보다 예전에 내가 이와 같이 말하는 것을 본 적이 있는가?'

[다섯 수행승] '세존이시여[238], 없습니다.'

[세존] '수행승들이여, 여래는 거룩한 이, 올바로 원만히 깨달은 이이다. 수행승들이여, 귀를 기울여라. 불사가 성취되었다. 내가 가르치리라. 내가 법을 설할 것이다. 내가 가르친 대로 그대로 실천하면, 머지 않아 훌륭한 가문의 자제로서 집에서 집없는 곳으로 출가한 그 목적인 위없는 청정한 삶의 완성을 지금 여기에서 스스로 알고 깨닫고 성취하게 될 것이다.'

59. 수행승들이여, 나는 다섯 명의 수행승들을 설득시킬 수 있었다.[239] 그래서, 수행승들이여, 두 수행승을 가르칠 때에 세 수행승이 탁발을 하고, 세 수행승이 탁발에서 돌아오면 우리는 6명이 함께 생활했다. 수행승들이여, 세 수행승을 가르칠 때에 두 수행승이 탁발을 하고, 두 수행승이 탁발에서 돌아오면 우리는 6명이 함께 생활했다.[240] 수행승들이여, 여기 다섯 명의 수행승들은 나에게 이와 같이 듣고 이와 같이 가르침을 받아,

---

238) bhante : 그들의 呼稱이 '벗'에서 '尊者여 · 世尊이시여'로 바뀌었다. 그들은 부처님의 가르침을 받아들인 것이다.

239) 그 때에 부처님은 첫 번째 說法을 행했다. 그것이 유명한 네 가지 거룩한 진리(四聖諦)에 대한 '初傳法輪의 經(Dhammacakkappavatanasutta)'이다. 그리고 2주 후에 그들이 모두 흐름에 든 경지에 이르렀을 때 無實體性의 가르침을 설한 '無我에 대한 特徵의 經(無我相經 Anattalakkhaṇasutta)'을 설했다. 그것을 듣고 그들은 모두 거룩한 이가 되었다. Vin. I. 7-14 참조.

240) Brm. 92에 따르면, 여기서 우리는 처음에 다섯 명의 修行僧을 敎化하는데 많은 時間이 걸렸다는 점을 알 수 있다. 부처님의 가르침이 여러 측면에서 자세하게 설해졌을 것이고 初傳法輪은 다만 象徵的인 것일 수 있다.

1) 스스로 생겨남에 묶여 있지만 생겨남에 묶여 있는 것에서 재난을 알고 생겨남에 묶여 있지 않은 위없는 안온인 열반을 구하여, 생겨남이 없는 위없는 안온인 열반에 도달했다.
2) 스스로 늙음에 묶여 있지만 늙음에 묶여 있는 것의 재난을 알고, 늙음에 묶여 있지 않은 위없는 안온인 열반을 구하고, 늙음이 없는 위없는 안온인 열반에 도달했다.
3) 스스로 병듦에 묶여 있지만 병듦에 묶여 있는 것의 재난을 알고, 병듦에 묶여 있지 않은 위없는 안온인 열반을 구하고, 병듦이 없는 위없는 안온인 열반에 도달했다.
4) 스스로 죽음에 묶여 있지만 죽음에 묶여 있는 것의 재난을 알고, 죽음에 묶여 있지 않은 위없는 안온인 열반을 구하고, 죽음이 없는 위없는 안온인 열반에 도달했다.
5) 스스로 슬픔에 묶여 있지만 슬픔에 묶여 있는 것의 재난을 알고, 슬픔에 묶여 있지 않은 위없는 안온인 열반을 구하고, 슬픔이 없는 위없는 안온인 열반에 도달했다.
6) 스스로 번뇌에 묶여 있지만 번뇌에 묶여 있는 것의 재난을 알고, 번뇌에 묶여 있지 않은 위없는 안온인 열반을 구하고, 번뇌가 없는 위없는 안온인 열반에 도달했다.

그래서 그들에게 '우리들의 해탈은 흔들리지 않는다. 이것이 최후의 태어남이며, 더 이상 윤회하지 않는다'라는 이와 같은 앎과 봄이 생겨났다.

60. 수행승들이여, 다섯 가지의 감각적 쾌락의 종류가 있다.[241] 다

241) 이러한 感覺的 快樂에 대해 이야기하는 이유는 僧院의 生活이 저절로 高貴한 삶을 보장하지 않는다는 사실을 말하는 것이다. 僧院生活과 관계없이 다섯 가지 感覺的 快樂에 대한 省察이 필요하다.

섯 가지란 어떠한 것인가? 시각에 의하여 인식되는 형상도 근사하고 아름답고 마음에 들고 사랑스럽고 감각적 쾌락을 자극하는 애착의 대상이다. 청각에 의하여 인식되는 소리도 근사하고 아름답고 마음에 들고 사랑스럽고 감각적 쾌락을 자극하는 애착의 대상이다. 후각에 의하여 인식되는 냄새도 근사하고 아름답고 마음에 들고 사랑스럽고 감각적 쾌락을 자극하는 애착의 대상이다. 미각에 의하여 인식되는 맛도 근사하고 아름답고 마음에 들고 사랑스럽고 감각적 쾌락을 자극하는 애착의 대상이다. 촉각에 의하여 인식되는 감촉도 근사하고 아름답고 마음에 들고 사랑스럽고 감각적 쾌락을 자극하는 애착의 대상이다. 수행승들이여, 이러한 것들이 다섯 가지 감각적 쾌락의 종류이다.

61. 수행승들이여, '어떠한 수행자나 성직자들이라도 이들 다섯 가지 감각적 쾌락에 묶이고 넋을 잃고 탐착하여 재난을 보지 못하고 그것에서 벗어남을 보지 못하고 그것을 탐닉하면, 그들은 불행에 이르고, 파멸에 빠지고, 악마의 뜻대로 처리된다'라고 알아야 한다. 수행승들이여, 예를 들어 숲속에 사는 사슴이 그물에 걸려 쓰러지게 되면 불행에 이르고 파멸에 빠지고, 그 사슴은 사냥꾼의 뜻대로 처리되고 사냥꾼이 올 때 자기가 가고 싶은 곳으로 갈 수 없을 것이다. 이와 같이, 수행승들이여, '어떠한 수행자나 성직자들이라도 이들 다섯 가지 감각적 쾌락에 묶이고 넋을 잃고 탐착하여 재난을 보지 못하고 그것에서 벗어남을 보지 못하고 그것을 탐닉하면, 그들은 불행에 이르고, 파멸에 빠지고, 악마의 뜻대로 처리된다'라고 알아야한다.

62. 수행승들이여, '어떠한 수행자나 성직자들이라도 이들 다섯 가

지 감각적 쾌락에 묶이지 않고 넋을 잃지 않고 탐착하지 않고 재난을 보고 그것에서 벗어남을 보고 그것을 탐닉하지 않으면, 그들은 불행에 이르지 않고, 파멸에 빠지지 않고, 악마의 뜻대로 처리되지 않는다'라고 알아야 한다. 수행승들이여, 예를 들어, 숲속에 사는 사슴이 그물에 걸려 쓰러지지 않게 되면, 그 사슴은 불행에 이르지 않고, 파멸에 빠지지 않고, 사냥꾼의 뜻대로 처리되지 않고, 사냥꾼이 올 때, 자기가 가고 싶은 곳으로 갈 수 있을 것이다. 이와 같이, 수행승들이여, '어떠한 수행자나 성직자들이라도 이들 다섯 가지 감각적 쾌락에 묶이지 않고 넋을 잃지 않고 탐착하지 않고 재난을 보고 그것에서 벗어남을 보고 그것을 탐닉하지 않으면, 그들은 불행에 이르지 않고, 파멸에 빠지지 않고, 악마의 뜻대로 처리되지 않는다'라고 알아야한다.

63. 수행승들이여, 예를 들어 숲속의 사슴이 산록에서 살면서 안심하여 가고 안심하여 서있고 안심하여 앉아 있고 안심하여 누워있다고 하자. 그 까닭은 무엇인가? 그가 사냥꾼의 영역에 있지 않기 때문이다.

64. 수행승들이여, 이와 같이 수행승은 감각적 쾌락의 욕망을 버리고 악하고 불건전한 상태를 떠나서, 사유를 갖추고 숙고를 갖추고, 멀리 떠남에서 생겨난 희열과 행복을 갖춘 첫 번째 선정을 성취한다. 수행승들이여, 그 수행승을 두고 '악마를 눈멀게 만들고, 악마의 눈을 뽑아, 악마를 볼 수 없게 만드는 자'라고 한다.

65. 수행승들이여, 다시 그 수행승은 사유와 숙고를 멈춘 뒤, 안으로 고요하게 하여 마음을 통일하고, 사유를 뛰어넘고 숙고를 뛰어넘어 삼매에서 생겨나는 희열과 행복을 갖춘 두 번째 선정을 성취

한다. 그 수행승을 두고 '악마를 눈멀게 만들고, 악마의 눈을 뽑아, 악마를 볼 수 없게 만드는 자'라고 한다.

66. 수행승들이여, 다시 그 수행승은 희열이 사라진 뒤, 아직 신체적으로 즐거움을 느끼지만, 깊이 새기고 올바로 알아차리며 평정하게 지낸다. 그래서 고귀한 이들이 '평정하고 새김이 깊고 행복을 느낀다'고 말하는 세 번째 선정을 성취한다. 그 수행승을 두고 '악마를 눈멀게 만들고, 악마의 눈을 뽑아, 악마를 볼 수 없게 만드는 자'라고 한다.

67. 수행승들이여, 다시 그 수행승은 행복을 버리고 고통을 버려서, 이전의 쾌락과 근심을 사라지게 하고, 괴로움을 뛰어넘고 즐거움을 뛰어넘어, 평정하고 새김이 깊고 청정한 네 번째 선정을 성취한다. 그 수행승을 두고 '악마를 눈멀게 만들고, 악마의 눈을 뽑아, 악마를 볼 수 없게 만드는 자'라고 한다.

68. 수행승들이여, 다시 그 수행승은 자신이 원하는 대로 완전히 형상의 지각들을 뛰어넘어 대상의 지각들이 사라지고 다양성에의 지각들에 정신활동을 일으키지 않음으로써 공간은 무한하다는 '무한공간의 세계'에 든다. 수행승들이여, 그 수행승을 두고 '악마를 눈멀게 만들고, 악마의 눈을 뽑아, 악마를 볼 수 없게 만드는 자'라고 한다.

69. 수행승들이여, 다시 그 수행승은 자신이 원하는 대로 완전히 '무한공간의 세계'를 뛰어넘어 '무한의식의 세계'에 든다. 수행승들이여, 그 수행승을 두고 '악마를 눈멀게 만들고, 악마의 눈을 뽑아, 악마를 볼 수 없게 만드는 자'라고 한다.

70. 수행승들이여, 다시 그 수행승은 자신이 원하는 대로 완전히 '무한의식의 세계'를 뛰어넘어 '아무 것도 없는 세계'에 든다. 수행승들이여, 그 수행승을 두고 '악마를 눈멀게 만들고, 악마의 눈을 뽑아, 악마를 볼 수 없게 만드는 자'라고 한다.

71. 수행승들이여, 다시 그 수행승은 자신이 원하는 대로 완전히 '아무 것도 없는 세계'를 뛰어넘어 '지각하는 것도 아니고 지각하지 않는 것도 아닌 세계'에 든다. 수행승들이여, 그 수행승을 두고 '악마를 눈멀게 만들고, 악마의 눈을 뽑아, 악마를 볼 수 없게 만드는 자'라고 한다.

72. 수행승들이여, 다시 그 수행승은 자신이 원하는 대로 완전히 '지각하는 것도 아니고 지각하지 않는 것도 아닌 세계'를 뛰어넘어 '지각과 느낌의 소멸'에 들어 지혜로써 보아 번뇌가 소멸된 것을 안다. 수행승들이여, 그 수행승을 두고 '악마를 눈멀게 만들고, 악마의 눈을 뽑아, 악마를 볼 수 없게 만드는 자, 세상에 대한 집착을 뛰어넘은 자'라고 한다. 수행승들이여, 그는 안심하여 가고, 안심하여 서고 안심하여 앉고 안심하여 눕는다. 그 까닭은 무엇인가? 그가 악마의 영역에 있지 않기 때문이다."

73. 세존께서는 이와 같이 말씀하셨다. 수행승들은 만족하여 세존께서 하신 말씀을 기쁘게 받아들였다.

9. 거룩한 진리란 무엇을 두고 말하는가?

[Mahāhatthipadopamasutta][242]

모든 움직이는 생물의 발자취는 어떠한 것이든 모두 코끼리의 발자취에 포섭되고 그 크기에서 그들 가운데 최상이듯이, 벗들이여, 이와 같이 착하고 선한 법이라면 어떠한 것이든 모두 네 가지 거룩한 진리 즉 괴로움의 거룩한 진리, 괴로움의 생성의 거룩한 진리, 괴로움의 소멸의 거룩한 진리, 괴로움의 소멸에 이르는 길의 거룩한 진리에 포섭된다.

1. 이와 같이 나는 들었다. 한 때 세존께서는 싸밧티 시의 제따바나에 있는 아나타삔디까 승원에 계셨다.

2. 그 때에 존자 싸리뿟따가 "벗들이여, 수행승들이여"라고 불렀다. '벗이여'라고 그들 수행승들이 존자 싸리뿟따에게 대답했다.

3. 존자 싸리뿟따는 이와 같이 말했다.

[싸리뿟따] "벗들이여, 움직이는 생물의 발자취는 어떠한 것이든 모두 코끼리의 발자취에 포섭되고 그 크기에서 그들 가운데 최상이듯이, 벗들이여, 이와 같이 착하고 선한 법이라면 어떠한 것이든 모두 네 가지 거룩한 진리에[243] 포섭됩니다. 네 가지란 어떠한 것

---

242) 이 경의 원래 제목은 「코끼리 자취에 비유한 큰 경 [Mahāhatthipadopamasutta]」이다. 우리말 『맛지마니까야』 1권 553쪽에 있다. MN. I. 184; 中阿含 30, 象跡喩經(大正 1, 464) 참조. 이 경에 대해서는 Nyanaponika 장로가 별도로 『The Greater Discourse on the Elephant-Footprint Simile』이란 책자에서 번역하고 주를 달았다.

입니까? 괴로움의 거룩한 진리, 괴로움의 생성의 거룩한 진리, 괴로움의 소멸의 거룩한 진리, 괴로움의 소멸에 이르는 길의 거룩한 진리입니다.

4. 벗들이여, 괴로움의 거룩한 진리란 어떠한 것입니까? 태어남이 괴로움이고, 늙음이 괴로움이고, 죽음이 괴로움이고, 우울, 슬픔, 불안, 근심, 불안이 괴로움인데, 간략히 말하면, 다섯 가지 존재의 집착다발을 말합니다. 그 다섯 가지란 어떠한 것입니까? 물질의 집착다발, 느낌의 집착다발, 지각의 집착다발, 형성의 집착다발, 의식의 집착다발입니다.

5. 벗들이여, 물질의 집착다발은 어떠한 것입니까? 네 가지 위대한 세계와 그 세계에서 만들어진 물질을 말합니다. 벗들이여, 네 가지 위대한 세계란 어떠한 것입니까? 땅의 세계, 물의 세계, 불의 세계, 바람의 세계입니다.

6. 벗들이여, 땅의 세계는 어떠한 것입니까? 땅의 세계에는 몸안의 것과 몸밖의 것이 있을 것입니다. 몸안의 땅의 세계는 어떠한 것입니까? 몸안에 있는 각각 거칠고 견고한 것과 그것에서 파생된 것, 예를 들어 머리카락, 몸털, 손톱, 이빨, 피부, 고기, 근육, 뼈, 골수, 신장, 심장, 간장, 늑막, 비장, 폐, 창자, 장간막, 위장, 똥, 그리고 기타의 개체적이고 거칠고 견고한 것과 그것에서 파생된 것은[244] 모

243) SN. V. 421 : ① 苦聖諦 dukkham ariyasaccaṃ, ② 集聖諦 dukkhasamudayam ariya saccaṃ, ③ 滅聖諦 dukkhanirodham ariyasaccaṃ, ④ 道聖諦 dukkhanirodhagāminī paṭipadā ariyasaccaṃ.

244) upādinna : 원래 '집착된 것, 依着된 것'의 의미를 지닌다. 그러나 역자는 여기서 派生된 物質(所造色 upādāyarūpa)과 같은 어원적인 의미로서 '派生된 것'이라고 번역한다. 阿比達磨에서는 업에 의해서 생성되는 身體的인 現象에 적용하는 용어이다. 그러나 일반적으로 '나의 것'으로 把握되거나 自我로 誤解된 모든 身體에 적용된다. 아비달마적인 분석에 따르면, 네 가지 위대한 世界(四大)는 분리될 수 없는 것이어서 각각의 요소들은 종속적

두 몸안의 땅의 세계입니다. 이러한 몸안의 땅의 세계와 몸밖의 땅의 세계를 땅의 세계라고 합니다.245) 그러한 것을 '이것은 나의 것이 아니고, 이것이야말로 내가 아니고, 이것은 나의 자아가 아니다'라고 이와 같이 있는 그대로 올바른 지혜로 보아야 합니다. 이와 같이 있는 그대로 올바른 지혜로 보아 땅의 세계에 매혹되지 않고 땅의 세계로 향한 마음246)을 소멸시킵니다.

7. 벗들이여, 때때로 몸밖의 물의 세계가 교란됩니다. 물의 세계가 교란되면 몸밖의 땅의 세계는 사라집니다. 벗들이여, 그 몸밖의 땅의 세계는 위대하지만 무상한 것임을 알 수 있으며, 변괴하는 것임을 알 수 있으며, 파멸하는 것임을 알 수 있으며, 변화하는 것임을 알 수 있습니다. 하물며 이 갈애에 집착된 조그마한 몸뚱아리에 '나' 또는 '나의 것' 또는 '나는 있다'고 말할 수 있습니까?247) 오히려 결코 그것은 없다고 할 수 있을 것입니다.

8. 벗들이여, 만약 어떤 수행승을 다른 자가 꾸짖고 질책하고 분노하여 상처를 준다면, 그는 이와 같이 '나에게 이 청각의 접촉으로 괴로운 느낌이 생겨났다. 그것은 조건으로 생겨났으므로 조건이 없으면 소멸한다. 무엇을 조건으로 하는가? 접촉을 조건으로 한다.248)'라고 알아야 합니다. 그는 '접촉은 무상하다'라고 보고, '느낌

인 역할을 하는 다른 世界를 포함한다.

245) Pps. II. 223에 따르면, 이 진술은 몸안의 땅의 世界를 無生物的인 外的인 땅의 世界에 종속시킴으로써 內的인 땅의 世界의 '無生物的인 性格(acetanābhāva)'을 강조한다.

246) paṭhavīdhātuyā cittaṃ '땅의 세계로 향한 마음'은 땅에 대한 욕망 때문에 일어나는 탐욕, 성냄, 어리석음을 뜻한다.

247) Pps. I. 183에 따르면, '나(ahaṃ)'는 見解에 대한 執着이고, '나의 것(mama)'은 渴愛에 대한 執着이고, '나는 있다(asmi)'는 自慢에 대한 執着이다.

248) Pps. II. 226에 따르면, 이 구절은 세계에 대한 冥想을 수행하는 修行者와 관련하여 事物을 感官의 門에서 일어난 바람직하지 못한 對象으로 把握함으로써 마음의 힘을 보여주려고 의도된 것이다. 條件性과 無常性에 대한 이해를 통해 汚染된 存在의 潛在(bhavaṅga)

은 무상하다'라고 보고, '지각은 무상하다'라고 보고, '형성은 무상하다'라고 보고, '의식은 무상하다'라고 봅니다. 그래서 그는 이와 같이 대상의 세계가 무상함을 마음으로 꿰뚫어 보아[249] 신뢰와 안정과 해결을 얻습니다.[250]

9. 벗들이여, 만약 다른 자가 그 수행승을 원하지 않는 것으로, 사랑스럽지 않은 것으로, 좋아하지 않는 것으로, 주먹을 접촉하는 것으로, 흙덩이를 접촉하는 것으로, 몽둥이를 접촉하는 것으로 칼을 접촉하는 것으로 대한다면, 그는 이와 같이 '이 신체는 주먹을 접촉하여 공격받고, 흙덩이를 접촉하여 공격받고, 몽둥이를 접촉하여 공격받고, 칼을 접촉하여 공격받는, 그런 존재이다. 그런데 세존께서는 톱의 훈계의 비유에서 '수행승들이여, 만약 양쪽에 손잡이가 있는 톱으로 도적들이 잔인하게 그대들의 사지를 절단하더라도, 그 때에 만약 마음에 분노를 일으킨다면, 그는 나의 가르침을 따르는 자가 될 수 없다'고 말씀하셨다.[251] 그렇게 해야 나의 정진은 피곤함을 모를 것이고, 새김은 안정되어 혼란스럽지 않을 것이고, 몸은 맑아지고 격정이 일어나지 않고, 마음은 집중되고 통일될 것이다. 이제 그들이 원하는 대로 이 몸을 주먹으로 접촉하여 공격하고, 흙덩이로 접촉하여 공격하고, 몽둥이로 접촉하여 공격하고, 칼로 접

적이고 速行(javana)적인 狀況을 洞察의 機會로 변화시킨다.

249) tassa dhātārammaṇaṃ eva cittaṃ pakkhandati : 이 문장은 복합어 dhātārammaṇaṃ을 어떻게 이해하느냐에 따라 두 가지 方式으로 해석될 수 있다. Nyanaponika는 이것을 pakkhandati의 目的語로 이해하고 dhātu를 소리, 접촉, 느낌 등을 포함하는 非人格的인 世界一般으로 이해했다. 그래서 그는 이 문장을 '그의 마음이 바로 그 對象的 世界로 들어간다'라고 해석했다. 그러나 Ñāṇamoli는 그 복합어를 마음(citta)을 규정하는 修飾語로 보고 動詞의 對象을 插入語句로 집어 넣었다.

250) adhimuccati : Pps. II. 225에 따르면, '解明한다'라는 말은 수행자가 世界를 手段으로 狀況을 冥想하여 그것과 관련해서 '執着하지 않고(na rajjati)' '嫌惡를 하지 않는다(na dussati)'는 것을 뜻한다.

251) MN. 20 「사유중지의 경 [Vitakkasaṇṭhānasutta]」을 참조하라.

촉하여 공격하도록 내버려두자. 왜냐하면, 이것이 부처님들의 가르침이 이루어지는 길이기 때문이다'라고 압니다.

10. 벗들이여, 수행승이 이와 같이 부처님께 귀의하고 이와 같이 가르침에 귀의하고 이와 같이 참모임에 귀의한 그 수행승이라 할지라도, 만약 착하고 건전한 것에 의지하는 평정이 확립되지 않으면, 그는 동요하고 당황하게 됩니다. '이와 같이 부처님께 귀의하고 이와 같이 가르침에 귀의하고 이와 같이 참모임에 귀의한 나에게 착하고 건전한 것에 의지하는 평정이 확립되지 않은 것은, 참으로 나에게 불행이고 결코 행복이 아니며, 참으로 나에게 손실이고 결코 나에게 이익이 아니다.[252]'라고 말입니다. 벗들이여, 마치 며느리가 시아버지를 보고 동요하고 당황하는 것과 같이, 이와 같이 벗들이여, 이와 같이 부처님께 귀의하고 이와 같이 가르침에 귀의하고 이와 같이 참모임에 귀의한 그 수행승이라 할지라도, 만약 착하고 건전한 것에 의지하는 평정이 확립되지 않으면, 그는 동요하고 당황하게 됩니다. '이와 같이 부처님께 귀의하고 이와 같이 가르침에 귀의하고 이와 같이 참모임에 귀의한 나에게 착하고 건전한 것에 의지하는 평정이 확립되지 않은 것은, 참으로 나에게 불행이고 결코 행복이 아니며, 참으로 나에게 손실이고 결코 나에게 이익이 아니다'라고 말입니다. 벗들이여, 이와 같이 부처님께 귀의하고 이

252) Pps. II. 227에 따르면, 부처님에 대한 歸依는 세존께서 톱의 비유를 말한 것(kakacūpamovāda)을 상기함으로 구현되고, 가르침에 대한 귀의는 톱의 비유에 주어진 충고를 상기함으로써 구현되고, 참모임에 대한 귀의는 憎惡의 마음을 일으키지 않고 煩惱를 참아내는 修行僧의 德目을 상기함으로써 구현된다. '착하고 건전한 것에 의지하는 平靜(upekkhā kusalanissitā)'은 洞察의 平靜(vipassanuūpekkhā)으로 여섯 가지 감관의 문에 나타나는 좋아하고 좋아하지 않는 대상을 향한 魅力과 嫌惡가 없는 여섯 가지 平靜(chaḷaṅgūpekkhā)이다. 엄격하게 말하면, 여섯 가지 平靜은 번뇌를 부순 阿羅漢에 해당하는 것이지만 여기서는 修行僧에게 귀속되었다. 왜냐하면 그의 통찰이 아라한의 완전한 평정에 近接하기 때문이다.

와 같이 가르침에 귀의하고 이와 같이 참모임에 귀의한 그 수행승에게, 만약 착하고 건전한 것에 의지하는 평정이 확립되면, 그는 그것으로 만족합니다. 벗들이여, 이렇게 되면 그 수행승에게 많은 것이 성취된 것입니다.

11. 벗들이여, 물의 세계란 어떠한 것입니까? 물의 세계에는 몸안의 것과 몸밖의 것이 있습니다. 벗들이여, 어떠한 것이 몸안의 물의 세계입니까? 몸안에 있는 각각의 액체나 액체적인 것과 그것에서 파생된 것, 예를 들어 담즙, 가래, 고름, 피, 땀, 지방, 눈물, 임파액, 침, 점액, 관절액, 오줌, 그리고 기타의 액체나 액체적인 것과 그것에서 파생된 것은 모두 몸안의 물의 세계입니다. 이러한 몸안의 물의 세계와 몸밖의 물의 세계를 물의 세계라고 합니다. 그러한 것을 '이것은 나의 것이 아니고, 이것이야말로 내가 아니고, 이것이 나의 자아가 아니다'라고 이와 같이 있는 그대로 올바른 지혜로 보아야 합니다. 이와 같이 있는 그대로 올바른 지혜로 보아서 물의 세계에 매혹되지 않고 물의 세계로 향한 마음을 소멸시킵니다.

12. 벗들이여, 때때로 몸밖의 물의 세계가 교란됩니다. 그 때에 마을을 휩쓸고, 도시를 휩쓸고, 도성을 휩쓸고, 지방을 휩쓸고, 나라를 휩씁니다. 벗들이여, 또한 큰 바다에서 물이 100요자나[253] 정도 낮아지거나, 200요자나 정도 낮아지거나, 300요자나 정도 낮아지거나, 400요자나 정도 낮아지거나, 500요자나 정도 낮아지거나, 600요자나 정도 낮아지거나, 700요자나 정도 낮아집니다. 벗들이여, 때때로 또한 큰 바다에서 물은 일곱 그루 종려나무높이 만큼 깊고, 여섯 그루 종려나무높이 만큼 깊고, 다섯 그루 종려나무높이 만큼

253) yojana : 한역에서는 由旬이라고한다. 길이의 단위로 3마일(4.8Km)정도에 해당한다.

깊고, 네 그루 종려나무높이 만큼 깊고, 세 그루 종려나무높이 만큼 깊고, 두 그루 종려나무높이 만큼 깊고, 한 그루 종려나무 높이 만큼 깊습니다. 벗들이여, 또한 때때로 큰바다에서 물은 일곱 사람 키 만큼 깊고, 여섯 사람 키만큼 깊고, 다섯 사람 키만큼 깊고, 네 사람 키만큼 깊고, 세 사람 키만큼 깊고, 두 사람 키만큼 깊고, 한 사람 키만큼 깊습니다. 벗들이여, 또한 때때로 큰바다에서 물은 사람 키의 반만큼 깊고, 사람의 허리높이 만큼 깊고, 사람의 무릎높이 만큼 깊고, 복사뼈 높이 만큼 깊습니다. 벗들이여, 때로는 또한 큰 바다라고 해도 손가락 한마디 깊이 만큼의 물마저 없습니다. 벗들이여, 그 몸밖의 물의 세계는 위대하지만 무상한 것임을 알 수 있으며, 변괴하는 것임을 알 수 있으며, 파멸하는 것임을 알 수 있으며, 변화하는 것임을 알 수 있습니다. 하물며 이 갈애에 집착된 조그마한 몸뚱아리에 '나' 또는 '나의 것' 또는 '나는 있다'고 말할 수 있습니까?254) 오히려 결코 그것은 없다고 할 수 있을 것입니다.

13. 벗들이여, 만약 어떤 수행승을 다른 자가 꾸짖고 질책하고 분노하여 상처를 준다면, 그는 이와 같이 '나에게 이 청각의 접촉으로 괴로운 느낌이 생겨났다. 그것은 조건으로 생겨났으므로 조건이 없으면 소멸한다. 무엇을 조건으로 하는가? 접촉을 조건으로 한다'라고 알아야 합니다. 그는 '접촉은 무상하다'라고 보고, '느낌은 무상하다'라고 보고, '지각은 무상하다'라고 보고, '형성은 무상하다'라고 보고, '의식은 무상하다'라고 봅니다. 그래서 그는 이와 같이 대상의 세계가 무상함을 마음으로 꿰뚫어 보아 신뢰와 안정과 해결을 얻습니다.

254) Pps. I. 183에 따르면, '나(ahaṃ)'는 見解에 대한 執着이고, '나의 것(mama)'은 渴愛에 대한 執着이고, '나는 있다(asmi)'는 自慢에 대한 執着이다.

14. 벗들이여, 만약 다른 자가 그 수행승을 원하지 않는 것으로, 사랑스럽지 않은 것으로, 좋아하지 않는 것으로, 주먹을 접촉하는 것으로, 흙덩이를 접촉하는 것으로, 몽둥이를 접촉하는 것으로 칼을 접촉하는 것으로 대한다면, 그는 이와 같이 '이 신체는 주먹을 접촉하여 공격받고, 흙덩이를 접촉하여 공격받고, 몽둥이를 접촉하여 공격받고, 칼을 접촉하여 공격받는, 그런 존재이다. 그런데 세존께서는 톱의 훈계의 비유에서 '수행승들이여, 만약 양쪽에 손잡이가 있는 톱으로 도적들이 잔인하게 그대들의 사지를 절단하더라도, 그 때에 만약 마음에 분노를 일으킨다면, 그는 나의 가르침을 따르는 자가 될 수 없다'고 말씀하셨다.[255] 그렇게 해야 나의 정진은 피곤함을 모를 것이고, 새김은 안정되어 혼란스럽지 않을 것이고, 몸은 맑아지고 격정이 일어나지 않고, 마음은 집중되고 통일될 것이다. 이제 그들이 원하는 대로 이 몸을 주먹으로 접촉하여 공격하고, 흙덩이로 접촉하여 공격하고, 몽둥이로 접촉하여 공격하고, 칼로 접촉하여 공격하도록 내버려두자. 왜냐하면, 이것이 부처님들의 가르침이 이루어지는 길이기 때문이다'라고 압니다.

15. 벗들이여, 수행승이 이와 같이 부처님께 귀의하고 이와 같이 가르침에 귀의하고 이와 같이 참모임에 귀의한 그 수행승이라 할지라도, 만약 착하고 건전한 것에 의지하는 평정이 확립되지 않으면, 그는 동요하고 당황하게 됩니다. '이와 같이 부처님께 귀의하고 이와 같이 가르침에 귀의하고 이와 같이 참모임에 귀의한 나에게 착하고 건전한 것에 의지하는 평정이 확립되지 않은 것은, 참으로 나에게 불행이고 결코 행복이 아니며, 참으로 나에게 손실이고 결

---

255) MN. 20「사유중지의 경 [Vitakkasaṇṭhānasutta]」을 참조하라.

코 나에게 이익이 아니다'라고 말입니다. 벗들이여, 마치 며느리가 시아버지를 보고 동요하고 당황하는 것과 같이, 이와 같이 벗들이여, 이와 같이 부처님께 귀의하고 이와 같이 가르침에 귀의하고 이와 같이 참모임에 귀의한 그 수행승이라 할지라도, 만약 착하고 건전한 것에 의지하는 평정이 확립되지 않으면, 그는 동요하고 당황하게 됩니다. '이와 같이 부처님께 귀의하고 이와 같이 가르침에 귀의하고 이와 같이 참모임에 귀의한 나에게 착하고 건전한 것에 의지하는 평정이 확립되지 않은 것은, 참으로 나에게 불행이고 결코 행복이 아니며, 참으로 나에게 손실이고 결코 나에게 이익이 아니다'라고 말입니다. 벗들이여, 이와 같이 부처님께 귀의하고 이와 같이 가르침에 귀의하고 이와 같이 참모임에 귀의한 그 수행승에게, 만약 착하고 건전한 것에 의지하는 평정이 확립되면, 그는 그것으로 만족합니다. 벗들이여, 이렇게 되면 그 수행승에게 많은 것이 성취된 것입니다.

16. 벗들이여, 불의 세계란 어떠한 것입니까? 불의 세계에는 몸안의 것과 몸밖의 것이 있습니다. 몸안의 불의 세계란 어떠한 것입니까? 내부에 있는 각각 열 및 열에 관계된 것과 그것에서 파생된 것, 예를 들어 열을 내거나 노쇠하거나 화를 내거나256) 먹고 마시고 씹고 맛본 것을 완전히 소화시키는 것, 그리고 기타 각각 열 및 열에 관계된 것과 그것에서 파생된 것은 모두 내부적인 불의 세계입니다. 이러한 몸안의 불의 세계와 몸밖의 불의 세계를 불의 세계라고 합니다. 그러한 것을 '이것은 나의 것이 아니고, 이것이야말로 내가 아니고, 이것은 나의 자아가 아니다'라고 이와 같이 있는 그대로 올

---

256) yena ca pariḍayihati : 원래는 '불탄다. 소모된다'라는 말인데 Pps. II. 227에 따르면, '화를 내기 때문에 몸이 탄다(yena kupitena ayaṃ kāyo ḍayhati)'라는 뜻이다.

바른 지혜로 보아야 합니다. 이와 같이 있는 그대로 올바른 지혜로 보아 불의 세계에 매혹되지 않고 불의 세계로 향한 마음을 소멸시킵니다.

17. 벗들이여, 때때로 몸밖의 불의 세계가 교란됩니다. 그 때에 마을을 태우고, 도시를 태우고, 도성을 태우고, 지방을 태우고, 나라를 태웁니다. 그리고 그것은 녹초의 주변이나, 도로의 주변이나, 바위의 주변이나, 물가에서나, 탁 트인 장소에 이르러서는 연료가 떨어져서 사라집니다.[257] 벗들이여, 때로는 사람들은 깃털부채나 동물가죽 부스러기로[258] 불을 구합니다. 벗들이여, 그 몸밖의 불의 세계는 위대하지만 무상한 것임을 알 수 있으며, 변괴하는 것임을 알 수 있으며, 파멸하는 것임을 알 수 있으며, 변화하는 것임을 알 수 있습니다. 하물며 이 갈애에 집착된 조그마한 몸뚱아리에 '나' 또는 '나의 것' 또는 '나는 있다'고 말할 수 있습니까? 오히려 결코 그것은 없다고 할 수 있을 것입니다.

18. 벗들이여, 만약 어떤 수행승을 다른 자가 꾸짖고 질책하고 분노하여 상처를 준다면, 그는 이와 같이 '나에게 이 청각의 접촉으로 괴로운 느낌이 생겨났다. 그것은 조건으로 생겨났으므로 조건이 없으면 소멸한다. 무엇을 조건으로 하는가? 접촉을 조건으로 한다'라고 알아야 합니다. 그는 '접촉은 무상하다'라고 보고, '느낌은 무상하다'라고 보고, '지각은 무상하다'라고 보고, '형성은 무상하다'라

257) ramaṇīyaṃ vā bhūmibhāgaṃ āgamma anāhārā nibbāyati : 中部經 I. 335의 번역 '愛すべき地域に至りて食無きを以て消滅す'는 의미상으로 直譯이지만 그 뜻이 曖昧模糊하다. Pps. II. 228에 따르면, ramaṇīyaṃ vā bhūmibhāgaṃ은 '건초나 수풀이 없는, 격리된 텅빈 지역(tiṇagumbādirahitaṃ vivittaṃ ajjhokāsaṃ bhūmibhāgaṃ)'을 말한다.

258) kukkutapattena pi nahārudaddulena pi '닭의 깃털로, 동물가죽의 부스러기로'이다. 깃털부채로 부치고 동물가죽 부스러기를 불씨로 삼아 불을 피우는 것을 말한다.

고 보고, '의식은 무상하다'라고 봅니다. 그래서 그는 이와 같이 대상의 세계가 무상함을 마음으로 꿰뚫어 보아 신뢰와 안정과 해결을 얻습니다.

19. 벗들이여, 만약 다른 자가 그 수행승을 원하지 않는 것으로, 사랑스럽지 않은 것으로, 좋아하지 않는 것으로, 주먹을 접촉하는 것으로, 흙덩이를 접촉하는 것으로, 몽둥이를 접촉하는 것으로 칼을 접촉하는 것으로 대한다면, 그는 이와 같이 '이 신체는 주먹을 접촉하여 공격받고, 흙덩이를 접촉하여 공격받고, 몽둥이를 접촉하여 공격받고, 칼을 접촉하여 공격받는, 그런 존재이다. 그런데 세존께서는 톱의 훈계의 비유에서 '수행승들이여, 만약 양쪽에 손잡이가 있는 톱으로 도적들이 잔인하게 그대들의 사지를 절단하더라도, 그 때에 만약 마음에 분노를 일으킨다면, 그는 나의 가르침을 따르는 자가 될 수 없다'고 말씀하셨다. 그렇게 해야 나의 정진은 피곤함을 모를 것이고, 새김은 안정되어 혼란스럽지 않을 것이고, 몸은 맑아지고 격정이 일어나지 않고, 마음은 집중되고 통일될 것이다. 이제 그들이 원하는 대로 이 몸을 주먹으로 접촉하여 공격하고, 흙덩이로 접촉하여 공격하고, 몽둥이로 접촉하여 공격하고, 칼로 접촉하여 공격하도록 내버려두자. 왜냐하면, 이것이 부처님들의 가르침이 이루어지는 길이기 때문이다'라고 압니다.

20. 벗들이여, 그 수행승이 이와 같이 부처님께 귀의하고 이와 같이 가르침에 귀의하고 이와 같이 참모임에 귀의한 그 수행승이라 할지라도, 만약 착하고 건전한 것에 의지하는 평정이 확립되지 않으면, 그는 동요하고 당황하게 됩니다. '이와 같이 부처님께 귀의하고 이와 같이 가르침에 귀의하고 이와 같이 참모임에 귀의한 나에

게 착하고 건전한 것에 의지하는 평정이 확립되지 않은 것은, 참으로 나에게 불행이고 결코 행복이 아니며, 참으로 나에게 손실이고 결코 나에게 이익이 아니다'라고 말입니다. 벗들이여, 마치 며느리가 시아버지를 보고 동요하고 당황하는 것과 같이, 이와 같이 벗들이여, 이와 같이 부처님께 귀의하고 이와 같이 가르침에 귀의하고 이와 같이 참모임에 귀의한 그 수행승이라 할지라도, 만약 착하고 건전한 것에 의지하는 평정이 확립되지 않으면, 그는 동요하고 당황하게 됩니다. '이와 같이 부처님께 귀의하고 이와 같이 가르침에 귀의하고 이와 같이 참모임에 귀의한 나에게 착하고 건전한 것에 의지하는 평정이 확립되지 않은 것은, 참으로 나에게 불행이고 결코 행복이 아니며, 참으로 나에게 손실이고 결코 나에게 이익이 아니다'라고 말입니다. 벗들이여, 이와 같이 부처님께 귀의하고 이와 같이 가르침에 귀의하고 이와 같이 참모임에 귀의한 그 수행승에게, 만약 착하고 건전한 것에 의지하는 평정이 확립되면, 그는 그것으로 만족합니다. 벗들이여, 이렇게 되면 그 수행승에게 많은 것이 성취된 것입니다.

21. 벗들이여, 바람의 세계란 어떠한 것입니까? 바람의 세계에는 몸안의 것과 몸밖의 것이 있습니다. 몸안의 바람의 세계란 어떠한 것입니까? 내부에 있는 각각 기체나 기체적인 것과 그것에서 파생된 것, 예를 들어 상방으로 부는 바람, 하방으로 부는 바람, 창자에 부는 바람, 위에 부는 바람, 사지로 부는 바람, 날숨, 들숨, 그리고 기타의 각각 기체나 기체적인 것, 그것에서 파생된 것은 모두 몸안의 바람의 세계입니다. 이러한 몸안의 바람의 세계와 몸밖의 바람의 세계를 바람의 세계라고 합니다. 그러한 것을 '이것은 나의 것이 아니고, 이것이야말로 내가 아니고, 이것은 나의 자아가 아니다'라

고 이와 같이 있는 그대로 올바른 지혜로 보아야 합니다. 이와 같이 있는 그대로 올바른 지혜로 보아 바람의 세계에 매혹되지 않고 바람의 세계로 향한 마음을 소멸시킵니다.

22. 벗들이여, 때때로 몸밖의 바람의 세계가 교란됩니다. 그 때에 마을을 휩쓸고, 도시를 휩쓸고, 도성을 휩쓸고, 지방을 휩쓸고, 나라를 휩씁니다. 벗들이여, 종려나무 잎사귀나 부채로 바람을 구하는 폭염기의 마지막 달에는 초가지붕의 물받이에 있는 지푸라기조차 흔들리지 않습니다. 벗들이여, 그 몸밖의 바람의 세계는 위대하지만 무상한 것임을 알 수 있으며, 변괴하는 것임을 알 수 있으며, 파멸하는 것임을 알 수 있으며, 변화하는 것임을 알 수 있습니다. 하물며 이 갈애에 집착된 조그마한 몸뚱이에 '나' 또는 '나의 것' 또는 '나는 있다'고 말할 수 있습니까? 오히려 결코 그것은 없다고 할 수 있을 것입니다.

23. 벗들이여, 만약 어떤 수행승을 다른 자가 꾸짖고 질책하고 분노하여 상처를 준다면, 그는 이와 같이 '나에게 이 청각의 접촉으로 괴로운 느낌이 생겨났다. 그것은 조건으로 생겨났으므로 조건이 없으면 소멸한다. 무엇을 조건으로 하는가? 접촉을 조건으로 한다'라고 알아야 합니다. 그는 '접촉은 무상하다'라고 보고, '느낌은 무상하다'라고 보고, '지각은 무상하다'라고 보고, '형성은 무상하다'라고 보고, '의식은 무상하다'라고 봅니다. 그래서 그는 이와 같이 대상의 세계가 무상함을 마음으로 꿰뚫어 보아 신뢰와 안정과 해결을 얻습니다.

24. 벗들이여, 만약 다른 자가 그 수행승을 원하지 않는 것으로, 사랑스럽지 않은 것으로, 좋아하지 않는 것으로, 주먹을 접촉하는 것

으로, 흙덩이를 접촉하는 것으로, 몽둥이를 접촉하는 것으로 칼을 접촉하는 것으로 대한다면, 그는 이와 같이 '이 신체는 주먹을 접촉하여 공격받고, 흙덩이를 접촉하여 공격받고, 몽둥이를 접촉하여 공격받고, 칼을 접촉하여 공격받는, 그런 존재이다. 그런데 세존께서는 톱의 훈계의 비유에서 '수행승들이여, 만약 양쪽에 손잡이가 있는 톱으로 도적들이 잔인하게 그대들의 사지를 절단하더라도, 그때에 만약 마음에 분노를 일으킨다면, 그는 나의 가르침을 따르는 자가 될 수 없다'고 말씀하셨다. 그렇게 해야 나의 정진은 피곤함을 모를 것이고, 새김은 안정되어 혼란스럽지 않을 것이고, 몸은 맑아지고 격정이 일어나지 않고, 마음은 집중되고 통일될 것이다. 이제 그들이 원하는 대로 이 몸을 주먹으로 접촉하여 공격하고, 흙덩이로 접촉하여 공격하고, 몽둥이로 접촉하여 공격하고, 칼로 접촉하여 공격하도록 내버려두자. 왜냐하면, 이것이 부처님들의 가르침이 이루어지는 길이기 때문이다'라고 압니다.

25. 벗들이여, 그 수행승이 이와 같이 부처님께 귀의하고 이와 같이 가르침에 귀의하고 이와 같이 참모임에 귀의한 그 수행승이라 할지라도, 만약 착하고 건전한 것에 의지하는 평정이 확립되지 않으면, 그는 동요하고 당황하게 됩니다. '이와 같이 부처님께 귀의하고 이와 같이 가르침에 귀의하고 이와 같이 참모임에 귀의한 나에게 착하고 건전한 것에 의지하는 평정이 확립되지 않은 것은, 참으로 나에게 불행이고 결코 행복이 아니며, 참으로 나에게 손실이고 결코 나에게 이익이 아니다'라고 말입니다. 벗들이여, 마치 며느리가 시아버지를 보고 동요하고 당황하는 것과 같이, 이와 같이 벗들이여, 이와 같이 부처님께 귀의하고 이와 같이 가르침에 귀의하고 이와 같이 참모임에 귀의한 그 수행승이라 할지라도, 만약 착하고

건전한 것에 의지하는 평정이 확립되지 않으면, 그는 동요하고 당황하게 됩니다. '이와 같이 부처님께 귀의하고 이와 같이 가르침에 귀의하고 이와 같이 참모임에 귀의한 나에게 착하고 건전한 것에 의지하는 평정이 확립되지 않은 것은, 참으로 나에게 불행이고 결코 행복이 아니며, 참으로 나에게 손실이고 결코 나에게 이익이 아니다'라고 말입니다. 벗들이여, 이와 같이 부처님께 귀의하고 이와 같이 가르침에 귀의하고 이와 같이 참모임에 귀의한 그 수행승에게, 만약 착하고 건전한 것에 의지하는 평정이 확립되면, 그는 그것으로 만족합니다. 벗들이여, 이렇게 되면 그 수행승에게 많은 것이 성취된 것입니다.

26. 벗들이여, 마치 목재를 조건으로 덩굴을 조건으로 짚을 조건으로 진흙을 조건으로, 공간에 둘러싸여 집이란 명칭을 얻게 되는 것처럼, 벗이여, 뼈를 조건으로 근육을 조건으로 살을 조건으로 피부를 조건으로, 공간에 둘러싸여 신체란 명칭을 얻게 됩니다.[259]

27. 벗들이여, 안으로 시각능력이 완전하더라도, 밖에서 형상이 시각영역에 들어오지 않고 그것에 주의를 기울이지 않으면, 그것에 일치하는 의식은 나타나지 않습니다.[260] 벗들이여, 안으로 시각능

---

259) 야스이 고사이(安井廣濟)는 위의 經文을 다음과 같이 해석했다: '목재, 풀, 볏짚, 진흙 등의 실재적 모든 요소는 가옥이라는 우리들의 主觀的 觀念을 일으키는 客觀的인 原因이자 根據이며 뼈, 근육, 살, 피부 등의 실재적 모든 요소는 身體라는 우리들의 主觀的 觀念을 일으키는 客觀的 原因이자 根據로서 이러한 객관적인 원인·근거에 의해서 家屋과 身體 등에 관한 우리들의 主觀的 觀念이 일어난다고 하는 것이 여기서 말하는 緣起說이다.' 安井廣濟, 『中觀思想硏究』(김성환역, 서울 : 문학생활사) 29쪽 참조.

260) Pps. II. 229에 따르면, 이 문단은 네 가지 위대한 세계에서 파생된 물질적인 형태를 소개하기 위하여 제시된 것이다. 派生된 物質的인 形態는 다섯 가지 感覺能力(pasādarūpa) - 네 가지 감각능력(眼耳鼻舌)과 일차적인 물질과 동일시되는 感觸能力(身) - 을 포함한다. '그것에 注意를 기울이는 것(tajjo samannāharo)'은 '시각과 형상을 조건으로 잠재의식을 가동시켜 생겨나는 精神活動(cakkuñ ca rūpe ca paṭicca bhavaṅgaṃ āvaṭṭetvā uppajjamāna-manasikāro)'을 말한다. 그것은 認識의 過程을 시작하기 위해 潛在意識의

력이 완전하고 밖에서 형상이 시각영역에 들어오더라도, 그것에 주의를 기울이지 않으면, 그것에 일치하는 의식은 나타나지 않습니다. 벗들이여, 안으로 시각능력이 완전하고 밖에서 형상이 시각영역에 들어오고, 그것에 주의를 기울이면, 그것에 일치하는 의식이 나타납니다.

28. 이와 같은 상태에서 물질이라는 것은 물질의 집착다발에 포섭되고,[261] 이와 같은 상태에서 느낌이라는 것은 느낌의 집착다발에 포섭되고, 이와 같은 상태에서 지각이라는 것은 지각의 집착다발에 포섭되고, 이와 같은 상태에서 형성이라는 것은 형성의 집착다발에 포섭되고, 이와 같은 상태에서 의식이라는 것은 의식의 집착다발에 포섭됩니다. 그는 '이러한 방식으로 참으로 이러한 것들은 다섯 가지 존재의 집착다발에 포섭되고, 집합되고, 결합된다'라고 이와 같이 잘 압니다. 그런데 세존께서는 '연기를 보는 자는 진리를 보고, 진리를 보는 자는 연기를 본다.[262]'라고 이와 같이 말씀하셨습니다. 이러한 다섯 가지 집착다발은 연기된 것입니다. 이러한 다섯 가지 집착다발에 욕망하고 집착하고 경향을 갖고 탐착하는[263] 것은 괴로움의 생성입니다. 이러한 다섯 가지 집착다발에서 욕망과 탐욕을 제거하고 욕망과 탐욕을 버리는 것이 괴로움의 소멸입니다. 벗들이

흐름을 열어주는 다섯 感官의 傾向的 意識(pañcadvārāvajjanacitta)과 일치한다.

261) 이 문단은 感覺能力을 통해서 네 가지 거룩한 진리(四聖諦)를 보여주려는 의도를 갖고 있다. Pps. II. 230에 따르면, '이와 같은 狀態에서(tathābhūtassa)'는 '視覺意識을 통해서 일어난 모든 요소들에서(cakkhuviññāṇena sahabhūtassa)'를 말하는 것이다. Sāriputta는 이러한 複合體를 다섯 존재의 다발로 분석함으로써 모든 感覺的인 體驗이 괴로움의 眞理 안에 포함된다는 것을 보여준다.

262) 有名한 句節이긴 하지만 다른 경전에서는 찾아보기 힘든 말이다. Pps. II. 230에 따라 추론한다면, '緣起를 보는 자는 條件的으로 생겨난 사실(緣生法 paṭicca samuppanne dhamme)을 보고, 條件的으로 생겨난 사실을 보는 자는 緣起를 본다.'는 뜻이다.

263) chando ālayao anunayo ajjhosānam : 모두 渴愛(taṇhā)와 同義語이다.

여, 이렇게 되면 그 수행승들에게 많은 것이 성취된 것입니다.[264]

29. 벗들이여, 안으로 청각능력이 완전하더라도, 밖에서 소리가 청각영역에 들어오지 않고 그것에 주의를 기울이지 않으면, 그것에 일치하는 의식은 나타나지 않습니다. 벗들이여, 안으로 청각능력이 완전하고 밖에서 소리가 청각영역에 들어오더라도, 그것에 주의를 기울이지 않으면, 그것에 일치하는 의식은 나타나지 않습니다. 벗들이여, 안으로 청각능력이 완전하고 밖에서 소리가 청각영역에 들어오고, 그것에 주의를 기울이면, 그것에 일치하는 의식이 나타납니다. 이와 같은 상태에서 물질이라는 것은 물질의 집착다발에 포섭되고, 이와 같은 상태에서 느낌이라는 것은 느낌의 집착다발에 포섭되고, 이와 같은 상태에서 지각이라는 것은 지각의 집착다발에 포섭되고, 이와 같은 상태에서 형성이라는 것은 형성의 집착다발에 포섭되고, 이와 같은 상태에서 의식이라는 것은 의식의 집착다발에 포섭됩니다. 그는 '이러한 방식으로 참으로 이러한 것들은 다섯 가지 존재의 집착다발에 포섭되고, 집합되고, 결합된다'라고 이와 같이 잘 압니다. 그런데 세존께서는 '연기를 보는 자는 진리를 보고, 진리를 보는 자는 연기를 본다'라고 이와 같이 말씀하셨습니다. 이러한 다섯 가지 집착다발은 연기된 것입니다. 이러한 다섯 가지 집착다발에 욕망하고 집착하고 경향을 갖고 탐착하는 것은 괴로움의 생성입니다. 이러한 다섯 가지 집착다발에서 욕망과 탐욕을 제거하고 욕망과 탐욕을 버리는 것이 괴로움의 소멸입니다. 벗들이여, 이렇게 되면 그 수행승들에게 많은 것이 성취된 것입니다.

---

264) Pps. II. 230에 따르면, 세 가지 거룩한 眞理(tīṇi saccāni)는 이 경에 나오지만, 네 번째 길의 眞理(maggasaccaṃ)는 다른 경에서 가져와서 파악해야 한다. 그것은 팔정도, 즉 올바른 見解, 올바른 思惟, 올바른 言語, 올바른 行動, 올바른 生活, 올바른 精進, 올바른 새김, 올바른 集中이다. 이 팔정도의 修行을 통해서 앞의 세 가지 眞理를 貫通하게 된다.

30. 벗들이여, 안으로 후각능력이 완전하더라도, 밖에서 냄새가 후각영역에 들어오지 않고 그것에 주의를 기울이지 않으면, 그것에 일치하는 의식은 나타나지 않습니다. 벗들이여, 안으로 후각능력이 완전하고 밖에서 냄새가 후각영역에 들어오더라도, 그것에 주의를 기울이지 않으면, 그것에 일치하는 의식은 나타나지 않습니다. 벗들이여, 안으로 후각능력이 완전하고 밖에서 냄새가 후각영역에 들어오고, 그것에 주의를 기울이면, 그것에 일치하는 의식이 나타납니다. 이와 같은 상태에서 물질이라는 것은 물질의 집착다발에 포섭되고, 이와 같은 상태에서 느낌이라는 것은 느낌의 집착다발에 포섭되고, 이와 같은 상태에서 지각이라는 것은 지각의 집착다발에 포섭되고, 이와 같은 상태에서 형성이라는 것은 형성의 집착다발에 포섭되고, 이와 같은 상태에서 의식이라는 것은 의식의 집착다발에 포섭됩니다. 그는 '이러한 방식으로 참으로 이러한 것들은 다섯 가지 존재의 집착다발에 포섭되고, 집합되고, 결합된다'라고 이와 같이 잘 압니다. 그런데 세존께서는 '연기를 보는 자는 진리를 보고, 진리를 보는 자는 연기를 본다'고 이와 같이 말씀하셨습니다. 이러한 다섯 가지 집착다발은 연기된 것입니다. 이러한 다섯 가지 집착다발에 욕망하고 집착하고 경향을 갖고 탐착하는 것은 괴로움의 생성입니다. 이러한 다섯 가지 집착다발에서 욕망과 탐욕을 제거하고 욕망과 탐욕을 버리는 것이 괴로움의 소멸입니다. 벗들이여, 이렇게 되면 그 수행승들에게 많은 것이 성취된 것입니다.

31. 벗들이여, 안으로 미각능력이 완전하더라도, 밖에서 맛이 미각영역에 들어오지 않고 그것에 주의를 기울이지 않으면, 그것에 일치하는 의식은 나타나지 않습니다. 벗들이여, 안으로 미각능력이

완전하고 밖에서 맛이 미각영역에 들어오더라도, 그것에 주의를 기울이지 않으면, 그것에 일치하는 의식은 나타나지 않습니다. 벗들이여, 안으로 미각능력이 완전하고 밖에서 맛이 미각영역에 들어오고, 그것에 주의를 기울이면, 그것에 일치하는 의식이 나타납니다. 이와 같은 상태에서 물질이라는 것은 물질의 집착다발에 포섭되고, 이와 같은 상태에서 느낌이라는 것은 느낌의 집착다발에 포섭되고, 이와 같은 상태에서 지각이라는 것은 지각의 집착다발에 포섭되고, 이와 같은 상태에서 형성이라는 것은 형성의 집착다발에 포섭되고, 이와 같은 상태에서 의식이라는 것은 의식의 집착다발에 포섭됩니다. 그는 '이러한 방식으로 참으로 이러한 것들은 다섯 가지 존재의 집착다발에 포섭되고, 집합되고, 결합된다'라고 이와 같이 잘 압니다. 그런데 세존께서는 '연기를 보는 자는 진리를 보고, 진리를 보는 자는 연기를 본다'라고 이와 같이 말씀하셨습니다. 이러한 다섯 가지 집착다발은 연기된 것입니다. 이러한 다섯 가지 집착다발에 욕망하고 집착하고 경향을 갖고 탐착하는 것은 괴로움의 생성입니다. 이러한 다섯 가지 집착다발에서 욕망과 탐욕을 제거하고 욕망과 탐욕을 버리는 것이 괴로움의 소멸입니다. 벗들이여, 이렇게 되면 그 수행승들에게 많은 것이 성취된 것입니다.

32. 벗들이여, 안으로 촉각능력이 완전하더라도, 밖에서 감촉이 촉각영역에 들어오지 않고 그것에 주의를 기울이지 않으면, 그것에 일치하는 의식은 나타나지 않습니다. 벗들이여, 안으로 촉각능력이 완전하고 밖에서 감촉이 촉각영역에 들어오더라도, 그것에 주의를 기울이지 않으면, 그것에 일치하는 의식은 나타나지 않습니다. 벗들이여, 안으로 촉각능력이 완전하고 밖에서 감촉이 촉각영역에 들어오고, 그것에 주의를 기울이면, 그것에 일치하는 의식이 나타납

니다. 이와 같은 상태에서 물질이라는 것은 물질의 집착다발에 포섭되고, 이와 같은 상태에서 느낌이라는 것은 느낌의 집착다발에 포섭되고, 이와 같은 상태에서 지각이라는 것은 지각의 집착다발에 포섭되고, 이와 같은 상태에서 형성이라는 것은 형성의 집착다발에 포섭되고, 이와 같은 상태에서 의식이라는 것은 의식의 집착다발에 포섭됩니다. 그는 '이러한 방식으로 참으로 이러한 것들은 다섯 가지 존재의 집착다발에 포섭되고, 집합되고, 결합된다'라고 이와 같이 잘 압니다. 그런데 세존께서는 '연기를 보는 자는 진리를 보고, 진리를 보는 자는 연기를 본다'고 이와 같이 말씀하셨습니다. 이러한 다섯 가지 집착다발은 연기된 것입니다. 이러한 다섯 가지 집착다발에 욕망하고 집착하고 경향을 갖고 탐착하는 것은 괴로움의 생성입니다. 이러한 다섯 가지 집착다발에서 욕망과 탐욕을 제거하고 욕망과 탐욕을 버리는 것이 괴로움의 소멸입니다. 벗들이여, 이렇게 되면 그 수행승들에게 많은 것이 성취된 것입니다.

33. 벗들이여, 안으로 정신능력이 완전하더라도, 밖에서 사물이 정신영역에 들어오지 않고 그것에 주의를 기울이지 않으면, 그것에 일치하는 의식은 나타나지 않습니다.[265] 벗들이여, 안으로 정신능력이 완전하고 밖에서 사물이 정신영역에 들어오더라도, 그것에 주의를 기울이지 않으면, 그것에 일치하는 의식은 나타나지 않습니다.[266] 벗들이여, 안으로 정신능력이 완전하고 밖에서 사물이 정신영역에 들어오고, 그것에 주의를 기울이면, 그것에 일치하는 의식

---

265) mano : 여기서 '精神能力'은 Pps. II. 230에 따르면, '生命連續의 마음 또는 潛在意識(有分心 bhavaṅgacitta)'이다.

266) Pps. II. 230에 따르면, 親熟한 對象에 마음의 先入觀이 있을 경우, 그 대상에 대해 친숙한 상세한 內容을 알아차리지 못한다. 여기서 一致하는 의식은 非感覺的 對象을 認識對象으로 하는 '精神意識(manoviññāṇa)'이다.

이 나타납니다. 이와 같은 상태에서 물질이라는 것은 물질의 집착다발에 포섭되고, 이와 같은 상태에서 느낌이라는 것은 느낌의 집착다발에 포섭되고, 이와 같은 상태에서 지각이라는 것은 지각의 집착다발에 포섭되고, 이와 같은 상태에서 형성이라는 것은 형성의 집착다발에 포섭되고, 이와 같은 상태에서 의식이라는 것은 의식의 집착다발에 포섭됩니다. 그는 '이러한 방식으로 참으로 이러한 것들은 다섯 가지 존재의 집착다발에 포섭되고, 집합되고, 결합된다'라고 이와 같이 잘 압니다. 그런데 세존께서는 '연기를 보는 자는 진리를 보고, 진리를 보는 자는 연기를 본다'라고 이와 같이 말씀하셨습니다. 이러한 다섯 가지 집착다발은 연기된 것입니다. 이러한 다섯 가지 집착다발에 욕망하고 집착하고 경향을 갖고 탐착하는 것은 괴로움의 생성입니다. 이러한 다섯 가지 집착다발에서 욕망과 탐욕을 제거하고 욕망과 탐욕을 버리는 것이 괴로움의 소멸입니다. 벗들이여, 이렇게 되면 그 수행승들에게 많은 것이 성취된 것입니다."

34. 존자 싸리뿟따는 이와 같이 말했다. 수행승들은 만족하여 존자 싸리뿟따가 설한 말씀을 기쁘게 받아들였다.

10. 어떻게 고귀한 앎과 봄을 성취할 수 있을까?

[Cūḷagosiṅgasutta][267)]

어떻게 화합하고 서로 감사하고 다투지 않고 우유와 물처럼 융화하며 서로 사랑스러운 눈빛으로 지내고 있는가? 방일하지 않고 열심히 정진하는 동안, 인간의 상태를 초월하여 고귀한 분이 갖추어야 할 앎과 봄의 지극한 탁월함에 도달하여 평온을 누리는가?

1. 이와 같이 나는 들었다. 한 때 세존께서 나디까[268)] 마을의 긴자까바싸타[269)]에 계셨다.

2. 그 때 존자 아누룻다[270)], 존자 난디야,[271)] 존자 낌빌라[272)]가 고

---

267) 이 경의 원래 제목은 「고씽가 법문의 작은 경[Cūḷagosiṅgasutta]」이다. 우리말 『맛지마니까야』 2권 41쪽에 있다. MN. Ⅳ. 205 ; 中阿含 185, 牛角沙羅林經(大正 1. 729) 참조. 이 경의 前半部는 MN. 128 「번뇌에 대한 경[Upakkilesasutta]」에서와 類似하다. 그리고 Vin. I. 350~352, Ⅱ. 182; MN. 67 「짜뚜마에서 설한 경[Cātumāsutta]」에서도 당시의 狀況이 설정되어 있다.

268) Nādika : DN. Ⅱ. 91와 200, MN. I. 205에는 Nādika란 이름으로 나오고 SN. Ⅱ. 153와 Ⅳ. 90, 401, V. 356 등의 경에서는 Ñātika란 이름으로 등장한다. Srp. Ⅱ. 75에 따르면 동일한 이름의 '두 親戚 마을(dvinnaṃ ñātakānaṃ)'의 이름이다. Ppn. 976에 따르면 Koṭigāma와 Vesāli 사이에 있는 Vajji 국의 마을이었다. 부처님은 신심이 깊은 住民들이 지어준 Giñjakāvasatha 僧園에 머물려고 여러번 이 마을을 방문했다. 또한 Kusinagara를 향한 마지막 旅行에서 이 마을에 들려 Ambapali의 供養을 받았다.

269) Giñjakāvasatha : 이것은 Nādikā 마을사람들이 부처님을 위해 지은 精舍로 漢譯에서는 煉瓦堂이라고 번역하거나 繁耆迦精舍라고 音寫한다.

270) Ppn. I. 85에 따르면 Mahā Anuruddha는 부처님의 사촌으로 Amitodana의 아들이자 Mahānama의 兄弟였다. 부처님의 소식을 듣고 Mahānama가 그에게 出家를 提案했으나 거절했다. 宮中의 華麗한 生活을 포기할 수가 없었기 때문이다. 그러나 마침내 제안을

씽가쌀라 숲의 공원에[273] 있었다.

3. 마침 세존께서는 저녁 무렵에 홀로 명상하시다 일어나 고씽가쌀라 숲의 공원이 있는 곳을 찾았다. 정원사는 멀리서 세존께서 오시는 것을 보았다. 보고 나서 세존께 이와 같이 말했다.

[정원사] "수행자여, 이 숲에 들지 마십시오. 여기에는 자신을 귀하게 여기는 훌륭한 가문의 자제들 세 분이 살고 있습니다. 그들을 불쾌하게 만들지 마십시오."

4. 존자 아누룻다는 정원사가 세존과 함께 대화를 하는 것을 들었다. 듣고 나서 정원사에게 이와 같이 말했다.

[아누룻다] "벗이여 정원사여, 세존을 막지 말라. 우리들의 스승이신 세존께서 도착하신 것이다."

그리고 존자 아누룻다는 존자 난디야가 있는 곳, 존자 낌빌라가 있는 곳을 찾았다. 가까이 가서 존자 난디야와 존자 낌빌라에게 이와 같이 말했다.

[아누룻다] "존자여, 오십시오. 존자여, 오십시오. 우리의 스승이신

받아들여 조카인 Bhaddiya와 함께 出家했다. 어머니의 허락으로 그들은 Ānanda, Bhagu, Kimbila, Devadatta 그리고 Upāli와 함께 Anupiya 망고나무 숲에 계신 부처님을 찾아 뵙고 出家했다. 그는 出家하자마자 첫번째 雨期가 닥치기 전에 하늘눈(天眼 : dibbacakkhu)을 얻었다.

271) Nandiya : MN. I. 205, 462 III. 155에 Bhikkhu의 이름이다. 그러나 Srp. III. 127에서는 그를 '秘密스러운? 遊行者(channa-paribbājika)'라고 부르고 있다.

272) Kimbilā : Kimila 또는 Kimmila라고도 부른다. Vin. II. 182에 따르면, Kapilavatthu의 사끼야족 사람으로 부처님께서 Kapilavatthu를 방문했을 때에 Baddhiya와 다른 네명의 싸끼야족 貴族들과 함께 歸依했다. ThagA. I. 235에 따르면, 부처님께서 Anupiya에 있을 때에 Kimbila를 위하여 神通으로 젊고 아름다운 女人을 보여 그녀가 늙어가는 모습을 보여주자 크게 衝擊을 받은 Kimbila가 출가해서 마침내 阿羅漢이 되었다고 한다.

273) Gosiṅgasālavanadāya : Vesāli 近處에도 있으나 여기서는 Nādikā 마을의 近處 숲을 말한다. Pps. II. 235에서 dāya는 숲(araññа)이라고 說明하고 있다. MN. 32 「고씽가 법문의 큰 경[Mahāgosiṅgasutta]」에 보면, 이 곳에서 Sāriputta와 Mogallāna와 같은 有名한 修行僧과의 對話가 이루어졌다는 것을 알 수 있다.

세존께서 도착하셨습니다."

5. 그래서 존자 아누룻다와 존자 난디야와 존자 낌빌라는 세존을 영접했는데, 한 사람은 발우와 가사를 받고 한 사람은 깔개를 깔고 한 사람은 발 씻을 물을 준비했다. 세존께서는 펴놓은 깔개 위에 앉았다. 앉아서 두 발을 씻었다.

6. 그들 존자들은 세존께 인사를 드리고 한 쪽으로 물러 앉았다. 한 쪽으로 물러 앉은 존자 아누룻다에게 세존께서 이와 같이 말씀하셨다.

[세존] "아누룻다여, 그대들이 잘 지내길 바라며, 그대들이 평온하길 바라며, 음식을 조달하는 데 어려움이 없기를 바란다."

[아누룻다] "세존이시여, 저희들은 잘 지내고 있으며, 평온하며, 음식을 조달하는 데 어려움이 없습니다."

7. [세존] "아누룻다여, 화합하고 서로 감사하고 다투지 않고 우유와 물처럼 융화하며 서로 사랑스러운 눈빛으로 지내기를 바란다."[274]

[아누룻다] "세존이시여, 저희들은 화합하고 서로 감사하고 다투지 않고 우유와 물처럼 융화하며 서로 사랑스러운 눈빛으로 지내고 있습니다."

[세존] "그러면 아누룻다여, 그대들은 어떻게 화합하고 서로 감사하고 다투지 않고 우유와 물처럼 융화하며 서로 사랑스러운 눈빛으로 지내고 있는가?"

[아누룻다] "세존이시여, 그것에 대하여 저는 '내가 이와 같이 청정한 삶의 벗들과 함께 사는 것은 참으로 나에게 이로우며 참으로 나

---

274) 이 句節은 SN. IV. 225; MN. I. 206, 398; III. 156; AN. I. 70; III. 67, 104등에 등장한다.

에게 아주 유익한 일이다'고 생각합니다.

8. 세존이시여, 저는 여기 존자들에게 여럿이 있을 때나 홀로 있을 때나 자비로운 신체적 행위를 일으키며, 여럿이 있을 때나 홀로 있을 때나 자비로운 언어적 행위를 일으키며, 여럿이 있을 때나 홀로 있을 때나 자비로운 정신적 행위를 일으킵니다.[275] 세존이시여, 저는 이와 같이 '내가 나의 마음을 버리고 이 존자들의 마음을 따르면 어떨까?'라고 생각합니다. 세존이시여, 그래서 저는 제 마음을 버리고 이 존자들의 마음을 따랐습니다. 저희들의 몸은 여러 가지이지만 마음은 하나입니다. 세존이시여, 저희들의 몸은 다 다르지만 마음은 하나입니다."

9. 존자 난디야 역시 세존께 이와 같이 대답했다.
[난디야] "세존이시여, 그것에 대하여 저는 '내가 이와 같이 청정한 삶의 벗들과 함께 사는 것은 참으로 나에게 이로우며 참으로 나에게 아주 유익한 일이다'고 생각합니다.

10. 세존이시여, 저는 여기 존자들에게 여럿이 있을 때나 혼자 있을 때나 자비로운 신체적 행위를 일으키며, 여럿이 있을 때나 홀로 있을 때나 자비로운 언어적 행위를 일으키며, 여럿이 있을 때나 홀로 있을 때나 자비로운 정신적 행위를 일으킵니다. 세존이시여, 저는 이와 같이 '내가 나의 마음을 버리고 이 존자들의 마음을 따르면 어떨까?'라고 생각합니다. 세존이시여, 그래서 저는 제 마음을 버리고 이 존자들의 마음을 따랐습니다. 저희들의 몸은 다 다르지만 마음은 하나입니다. 세존이시여, 저희들의 몸은 다 다르지만 마음은

275) MN. 48 「꼬쌈비 설법의 경[Kosambiyasutta]」을 참조하라. 새겨둘 만한 여섯 가지 것 가운데 세 가지이다.

하나입니다.”

11. 존자 낌빌라 역시 세존께 이와 같이 대답했다.
[낌빌라] “세존이시여, 그것에 대하여 저는 ‘내가 이와 같이 청정한 삶의 벗들과 함께 사는 것은 참으로 나에게 이로우며 참으로 나에게 아주 유익한 일이다’고 생각합니다.

12. 세존이시여, 저는 여기 존자들에게 여럿이 있을 때나 홀로 있을 때나 자비로운 신체적 행위를 일으키며, 여럿이 있을 때나 홀로 있을 때나 자비로운 언어적 행위를 일으키며, 여럿이 있을 때나 홀로 있을 때나 자비로운 정신적 행위를 일으킵니다. 세존이시여, 저는 이와 같이 ‘내가 나의 마음을 버리고 이 존자들의 마음을 따르면 어떨까?’라고 생각합니다. 세존이시여, 그래서 저는 제 마음을 버리고 이 존자들의 마음을 따랐습니다. 저희들의 몸은 다 다르지만 마음은 하나입니다. 세존이시여, 저희들의 몸은 다 다르지만 마음은 하나입니다.”

13. [아누룻다] “세존이시여, 이와 같이 저희들은 화합하고 서로 감사하고 다투지 않고 우유와 물처럼 융화하며 서로 사랑스러운 눈빛으로 지내고 있습니다.”

14. [세존] “아누룻다여, 훌륭하다. 아누룻다여, 훌륭하다. 아누룻다여, 그대들은 참으로 방일하지 않고 열심히 정진하고 있는가?”
[아누룻다] “세존이시여, 저희들은 틀림없이 방일하지 않고 열심히 정진하고 있습니다.”

15. [세존] “아누룻다여, 그대들은 어떻게 방일하지 않고 열심히 정진하고 있는가?”

[아누룻다] "세존이시여, 저희들 가운데 가장 먼저 마을에서 탁발하고 돌아오는 자가 자리를 마련하고, 음료수와 세정수를 마련하고 남은 음식을 넣을 통을 마련합니다. 마을에서 탁발하고 나중에 돌아오는 자는 남은 음식이 있으면, 그가 원한다면 먹고, 그가 원하지 않는다면, 풀이 없는 곳에 던지거나 벌레 없는 물에 가라앉게 합니다. 그는 자리를 치우고 음료수와 세정수를 치우고 남은 음식을 넣는 통을 치우고 식당을 청소합니다. 그리고 음료수 단지나 세정수 단지나 배설물 단지가 텅 빈 것을 보는 자는 그것을 깨끗이 씻어내고 치웁니다. 만약 그것이 너무 무거우면, 손짓으로 두 번 불러 손을 맞잡고 치웁니다. 그러나 세존이시여, 그것 때문에 말을 하지는 않습니다. 그리고 세존이시여, 저희들은 닷새마다 밤을 새며 법담을 나눕니다. 세존이시여, 이와 같이 저희들은 방일하지 않고 열심히 정진하고 있습니다."

16. [세존] "아누룻다여, 훌륭하다. 아누룻다여, 훌륭하다. 그대들은 이와 같이 방일하지 않고 열심히 정진하는 동안, 인간의 상태를 초월하여 고귀한 분이 갖추어야 할 앎과 봄의 지극한 탁월함에 도달하여 평온을 누리는가?[276)]"

[아누룻다] "세존이시여, 왜 그렇지 않겠습니까? 세존이시여, 여기 저희들은 원하는 대로 감각적인 쾌락을 버리고 악하고 불건전한 상태를 떠나, 사유와 숙고를 갖추고, 욕망을 멀리함으로써 생겨나는 희열과 행복이 있는 첫 번째 선정을 성취합니다. 세존이시여, 저희들은 이와 같이 방일하지 않고 열심히 정진하는 동안 인간의 상태를 초월하여, 고귀한 분이 갖추어야 할, 앎과 봄의 지극한 탁월함

276) Vin. III. 92; IV. 24에 따르면, 禪定은 '人間을 뛰어넘는 狀態(uttarimanussadhamma)'를 形成한다.

에 도달하여 평온을 누립니다."

17. [세존] "아누룻다여, 훌륭하다. 아누룻다여, 훌륭하다. 그러면 그대들은 그와 같은 경지를 뛰어넘어 그와 같은 경지를 극복함으로써 도달하는, 인간의 상태를 초월하여 고귀한 분이 갖추어야 할 앎과 봄의 또 다른 지극한 탁월함에 도달하여 평온을 누리는가?"
[아누룻다] "세존이시여, 왜 그렇지 않겠습니까? 세존이시여, 여기 저희들은 원하는 대로 사유와 숙고를 멈춘 뒤, 안으로 고요하게 하여 마음을 통일하고, 사유를 뛰어넘고 숙고를 뛰어넘어, 삼매에서 생겨나는 희열과 행복을 갖춘 두 번째 선정을 성취합니다. 세존이시여, 저희들은 그와 같은 경지를 뛰어넘어 그와 같은 경지를 극복함으로써 도달하는, 인간의 상태를 초월하여, 고귀한 분이 갖추어야 할, 앎과 봄의 또 다른 지극한 탁월함에 도달하여 평온을 누립니다."

18. [세존] "아누룻다여, 훌륭하다. 아누룻다여, 훌륭하다. 그러면 그대들은 그와 같은 경지를 뛰어넘어 그와 같은 경지를 극복함으로써 도달하는, 인간의 상태를 초월하여, 고귀한 분이 갖추어야 할, 앎과 봄의 또 다른 지극한 탁월함에 도달하여 평온을 누리는가?"
[아누룻다] "세존이시여, 왜 그렇지 않겠습니까? 세존이시여, 여기 저희들은 원하는 대로 희열이 사라진 뒤, 아직 신체적으로 즐거움을 느끼지만, 새김을 확립하고 올바로 알아차리며 평정하게 지냅니다. 그래서 고귀한 이들이 '평정하고 새김이 깊고 행복을 느낀다'고 말하는 세 번째 선정을 성취합니다. 세존이시여, 저희들은 그와 같은 경지를 뛰어넘어 그와 같은 경지를 극복함으로써 도달하는, 인간의 상태를 초월하여, 고귀한 분이 갖추어야 할, 앎과 봄의 또 다른 지극한 탁월함에 도달하여 평온을 누립니다."

19. [세존] "아누룻다여, 훌륭하다. 아누룻다여, 훌륭하다. 그러면 그대들은 그와 같은 경지를 뛰어넘어 그와 같은 경지를 극복함으로써 도달하는, 인간의 상태를 초월하여 고귀한 분이 갖추어야 할 앎과 봄의 또 다른 지극한 탁월함에 도달하여 평온을 누리는가?"
[아누룻다] "세존이시여, 왜 그렇지 않겠습니까? 세존이시여, 이 세상에서 저희들은 원하는 대로 행복을 버리고 고통을 버려서, 이전의 쾌락과 근심을 사라지게 하고, 괴로움도 뛰어넘고 즐거움도 뛰어넘어, 평정하고 새김이 깊고 청정한 네 번째 선정을 성취합니다. 세존이시여, 저희들은 그와 같은 경지를 뛰어넘어 그와 같은 경지를 극복함으로써 도달하는, 인간의 상태를 초월하여, 고귀한 분이 갖추어야 할, 앎과 봄의 또 다른 지극한 탁월함에 도달하여 평온을 누립니다."

20. [세존] "아누룻다여, 훌륭하다. 아누룻다여, 훌륭하다. 그러면 그대들은 그와 같은 경지를 뛰어넘어 그와 같은 경지를 극복함으로써 도달하는, 인간의 상태를 초월하여, 고귀한 분이 갖추어야 할, 앎과 봄의 또 다른 지극한 탁월함에 도달하여 평온을 누리는가?"
[아누룻다] "세존이시여, 왜 그렇지 않겠습니까? 세존이시여, 이 세상에서 저희들은 원하는 대로 형상의 지각을 완전히 뛰어넘어 장애의 지각을 종식하고, 다양성의 지각을 생각하지 않고, '무한공간의 세계'를 성취합니다. 세존이시여, 저희들은 그와 같은 경지를 뛰어넘어 그와 같은 경지를 극복함으로써 도달하는, 인간의 상태를 초월하여, 고귀한 분이 갖추어야 할, 앎과 봄의 또 다른 지극한 탁월함에 도달하여 평온을 누립니다."

21. [세존] "아누룻다여, 훌륭하다. 아누룻다여, 훌륭하다. 그러면

그대들은 그와 같은 경지를 뛰어넘어 그와 같은 경지를 극복함으로써 도달하는, 인간의 상태를 초월하여, 고귀한 분이 갖추어야 할, 앎과 봄의 또 다른 지극한 탁월함에 도달하여 평온을 누리는가?" [아누룻다] "세존이시여, 왜 그렇지 않겠습니까? 세존이시여, 이 세상에서 저희들은 원하는 대로 '무한공간의 세계'를 완전히 뛰어넘어 '무한의식의 세계'를 성취합니다. 세존이시여, 저희들은 그와 같은 경지를 뛰어넘어 그와 같은 경지를 극복함으로써 도달하는, 인간의 상태를 초월하여, 고귀한 분이 갖추어야 할, 앎과 봄의 또 다른 지극한 탁월함에 도달하여 평온을 누립니다."

22. [세존] "아누룻다여, 훌륭하다. 아누룻다여, 훌륭하다. 그러면 그대들은 그와 같은 경지를 뛰어넘어 그와 같은 경지를 극복함으로써 도달하는, 인간의 상태를 초월하여, 고귀한 분이 갖추어야 할, 앎과 봄의 또 다른 지극한 탁월함에 도달하여 평온을 누리는가?" [아누룻다] "세존이시여, 왜 그렇지 않겠습니까? 세존이시여, 이 세상에서 저희들은 원하는 대로 '무한의식의 세계'를 완전히 뛰어넘어 '아무 것도 없는 세계'를 성취합니다. 세존이시여, 저희들은 그와 같은 경지를 뛰어넘어 그와 같은 경지를 극복함으로써 도달하는, 인간의 상태를 초월하여, 고귀한 분이 갖추어야 할, 앎과 봄의 또 다른 지극한 탁월함에 도달하여 평온을 누립니다."

23. [세존] "아누룻다여, 훌륭하다. 아누룻다여, 훌륭하다. 그러면 그대들은 그와 같은 경지를 뛰어넘어 그와 같은 경지를 극복함으로써 도달하는, 인간의 상태를 초월하여, 고귀한 분이 갖추어야 할, 앎과 봄의 또 다른 지극한 탁월함에 도달하여 평온을 누리는가?" [아누룻다] "세존이시여, 왜 그렇지 않겠습니까? 세존이시여, 이 세

상에서 저희들은 원하는 대로 '아무 것도 없는 세계'를 완전히 뛰어넘어 '지각하는 것도 아니고 지각하지 않는 것도 아닌 세계'를 성취합니다. 세존이시여, 저희들은 그와 같은 경지를 뛰어넘어 그와 같은 경지를 극복함으로써 도달하는, 인간의 상태를 초월하여, 고귀한 분이 갖추어야 할, 앎과 봄의 또 다른 지극한 탁월함에 도달하여 평온을 누립니다."

24. [세존] "아누룻다여, 훌륭하다. 아누룻다여, 훌륭하다. 그러면 그대들은 그와 같은 경지를 뛰어넘어 그와 같은 경지를 극복함으로써 도달하는, 인간의 상태를 초월하여, 고귀한 분이 갖추어야 할 앎과 봄의 또 다른 지극한 탁월함에 도달하여 평온을 누리는가?"
[아누룻다] "세존이시여, 왜 그렇지 않겠습니까? 세존이시여, 이 세상에서 저희들은 원하는 대로 '지각하는 것도 아니고 지각하지 않는 것도 아닌 세계'를 완전히 뛰어넘어, 지각과 느낌이 소멸한 세계를 성취하여 지혜로써 보아 번뇌를 부숩니다. 세존이시여, 저희들은 그와 같은 경지를 뛰어넘어 그와 같은 경지를 극복함으로써 도달하는, 인간의 상태를 초월하여, 고귀한 분이 갖추어야 할, 앎과 봄의 또 다른 지극한 탁월함에 도달하여 평온을 누립니다. 세존이시여, 저희들은 이와 같은 평온의 경지와 다른 위없고 탁월한 평온의 경지를 보지 못했습니다."

25. [세존] "아누룻다여, 훌륭하다. 아누룻다여, 훌륭하다. 그대들이 보는 바와 같이 이와 같은 평온의 경지와 다른 위없고 훌륭한 평온의 경지는 없다."

26. 그리고 세존께서는 존자 아누룻다와 존자 난디야와 존자 낌빌라에게 가르치고, 격려하고, 북돋우고, 기쁘게 하고, 자리에서 일어

나 그 곳을 떠났다. 존자 아누룻다와 존자 난디야와 존자 낌빌라는 세존을 배웅하고 다시 돌아와서 존자 난디야와 존자 낌빌라는 존자 아누룻다에게 이와 같이 말했다.

[난디야와 낌빌라] "존자 아누룻다께서 세존의 앞에서 우리들에 관하여 모든 번뇌가 소멸되기까지의 과정을 설명하셨는데, 우리들이 존자 아누룻다께 이러 저러한 경지를 성취했다고 말한 적이 있습니까?"

[아누룻다] "존자들은 저에게 '우리들은 이러 저러한 경지를 성취했다'고 말하지 않았습니다. 그렇지만 나는 나의 마음을 미루어 그대들의 마음에 관해 '이들 존자들은 이러 저러한 경지를 성취했다'라고 압니다. 하늘사람들도 역시 나에게 '이들 존자들은 이러 저러한 경지를 성취했다'라고 그 의미를 알려주었습니다. 나는 세존께서 그것에 관해 질문하셨기 때문에 답변한 것입니다."

27. 이 때에 디가 빠라자나라고 하는 야차[277]가 세존께서 계신 곳을 찾았다. 가까이 다가가서 세존께 인사를 드리고 한 쪽으로 물러섰다. 한 쪽으로 물러서서 디가 빠라자나라는 야차는 세존께 이와 같이 말했다.

[디가] "세존이시여, 밧지[278]족은 행복합니다. 밧지의 사람들은 매우 행복합니다. 그 곳에 이렇게 오신 이, 거룩한 이, 올바로 원만히

277) Dīgha Parajano Yakkho : Parajano는 '낯선 사람, 敵, 惡魔'라는 뜻을 갖고 있다. Pps. II. 244은 夜叉(Yakkho)를 DN. 32에서 Gotama를 따르는 무리들이 保護를 요청한 28 夜叉將軍 가운데 포함된 天王(devarājā)라고 說明하고 있다. Yakkha는 非人間(amanussa)으로 정의되는 만큼 餓鬼나 神들을 포함하여 그 범위가 넓다. Deva, Rakkhasa, Dānava, Gandhabba, Kinnara, Mahoraga가 모두 포함된다. 때로는 帝釋天(MN. I. 252)이나 부처님(MN. I. 386)도 Yakkha로 묘사된다.

278) Vajji : Smv. II. 519에 따르면 Vajji 족은 Licchavi 족과 Videha 족이 함께 속한 種族이다. Vesāli는 Licchavi 족의 首都였고 Mithilā는 Videha의 首都였다. 부처님 당시에는 隆盛하고 幸福한 國家였으나 부처님 死後에 Ajātasattu 王에게 정벌되었다.

깨달은 이와 세 분의 훌륭한 아들들, 존자 아누룻다와 존자 난디야와 존자 낌빌라가 머물고 있습니다."

28. 디가 빠라자나라는 야차의 소리를 듣고 땅의 신들이[279] 소리내어 말했다.

[땅의 신] "참으로 밧지 족은 행복합니다. 밧지의 사람들은 매우 행복합니다. 그 곳에 이렇게 오신 이, 거룩한 이, 올바로 원만히 깨달은 이와 세분의 훌륭한 아들들, 존자 아누룻다와 존자 난디야와 존자 낌빌라가 머물고 있습니다."

29. 땅의 신들의 소리를 듣고 네 위대한 왕들의 하늘나라의 신들이[280] 소리내어 말했다.

[네 위대한 왕들의 하늘나라의 신들] "참으로 밧지 족은 행복합니다. 밧지의 사람들은 매우 행복합니다. 그 곳에 이렇게 오신 이, 거룩한 이, 올바로 원만히 깨달은 이와 세 분의 훌륭한 아들들, 존자 아누룻다와 존자 난디야와 존자 낌빌라가 머물고 있습니다."

30. 네 위대한 왕들의 하늘나라의 신들의 소리를 듣고 서른 셋 하늘나라의 신들이[281] 소리내어 말했다.

---

279) bhummā devā : 地神들을 말한다.

280) cātummahārājikā devā : 四天王, 四天神王을 말한다. 最下層의 하늘나라에 거주하는 신들을 말한다. 네 하늘의 사방을 지키는 안내자들이 있는 感覺的 快樂의 欲望의 世界에 속하는 하늘나라이다. 東方은 Dhataraṭṭḥa가, 南方은 Virūḷhaka가, 西方은 Virūpakkha가, 北方은 Vessaraṇa가 안내자 역할을 한다. 그들은 각각 수많은 Gandhabba, Kumbhaṇḍa, Nāga, Yakkha들을 거느리고 있다. 그들은 Asl. II. 146; III. 96에 따르면, 싯다르타를 母胎에서부터 보호했고 부처님이 된 후에는 그 追從者들도 保護한다고 한다. AN. I. 141에 따르면 이들은 신들의 모임에 일어난 일을 기록하고 陰曆(半月)의 8일에 세상에 使者를 보내고 14일(新月)에는 아들을 보내고 15일(보름)에는 몸소 세상에 내려와 人間이 올바로 行動하는지를 알아본다. 그리고 보고서를 서른 셋 신들의 하늘나라(三十三天; Tāvatiṃsa)에 제출한다.

281) tāvatiṃsā devā : 感覺的 快樂의 世界의 여섯 하늘나라(欲界六天) 가운데 하나. 네 하늘나라 대왕의 신들의 하늘(四王天)위에 서른 셋 신들의 하늘나라가 있는데, 그 하늘은 Sin

[서른 셋 하늘나라의 신들] "참으로 밧지 족은 행복합니다. 밧지의 사람들은 매우 행복합니다. 그 곳에 이렇게 오신 이, 거룩한 이, 올바로 원만히 깨달은 이와 세 분의 훌륭한 아들들, 존자 아누룻다와 존자 난디야와 존자 낌빌라가 머물고 있습니다."

31. 서른 셋 하늘나라의 신들의 소리를 듣고 축복 받는 하늘나라의 신들이[282] 소리내어 말했다.
[축복받은 하늘나라의 신들] "참으로 밧지 족은 행복합니다. 밧지의 사람들은 매우 행복합니다. 그 곳에 이렇게 오신 이, 거룩한 이, 올바로 원만히 깨달은 이와 세 분의 훌륭한 아들들, 존자 아누룻다와 존자 난디야와 존자 낌빌라가 머물고 있습니다."

32. 축복 받는 하늘나라의 신들의 소리를 듣고 만족을 아는 하늘나라의 신들이[283] 소리내어 말했다.

---

eru(須彌山)의 정상에 있다. Sakka(帝釋天)은 이 두 하늘의 支配者이다. Māgha가 Sakka로 태어났을 때에 이 하늘의 王國을 Asura들과 共有하는 것을 싫어하여 그들을 술에 취하게 하여 Sineru산기슭으로 떨어뜨렸다. 그래서 Asura의 宮殿은 그 산 아래쪽에 있다. 그후 Sakka는 Asura들이 들어오지 못하게 城壁을 쌓고 Nāga, Supaṇṇa, Kumbhaṇḍa, Yakkha, Cātumahārājikā들로 하여금 지키도록 했다. 전체 이 하늘의 王國은 4800km정도의 폭에 1000개의 宮殿을 갖고 있다. 고따마 붓다는 이 세계에서 182,400km 떨어진 그 곳에서 하늘사람으로 태어난 어머니에게 Abhidhamma를 가르쳤다고 한다. Moggallāna는 자주 이 하늘을 찾아 그 住民들에게서 輪廻의 이야기를 들었다.

282) yāmā devā : 夜摩天, 신들의 부류로 '서른 셋 신들의 하늘나라(三十三千)'과 '滿足을 아는 신의 하늘나라(兜率天)'사이에 하늘의 신들을 말한다. 100년의 人間의 生活은 夜摩天에서의 하루에 지나지 않으며, 그러한 하루로 그들의 수명은 2000년이나 된다. Jīvaka의 누이 Sirimā는 죽어서 夜摩天에 태어났는데 夜摩天宮의 王 Suyāma의 妃가 되었다. 거기서 그녀는 500명의 다른 신들을 데리고 부처님을 방문했다. yāmā의 어원에 대해서는 여러 이설이 있으나, VibhA. 519에는 '신의 축복을 얻은 자들(dibbaṃ sukhaṃ yātā payātā sampattā)'이라고 되어있다.

283) tusitā devā : 感覺的 快樂의 世界의 여섯 하늘나라(欲界六天) 가운데 네 번째. 兜率天을 말한다. 인간의 400년이 만족을 아는 하늘나라의 하루에 해당한다. 여기에 사는 신들의 수명은 그러한 하루로 4000년이다. 때때로 진리의 흐름에 든 이들이 여기에 태어난다. Bodhisatta들은 이 세상에 부처님으로 오기 전에 이 하늘에 태어나는 것이 원칙이다. 이 하늘은 하늘나라가운데 가장 아름답다. 왜냐하면 Bodhisattark 居住하기 때문이다. 이 하늘의 神王은 Santusita이다. 여기에 다시 태어난 자로는 Dhammika, Anāthapiṇḍika, ṃ

[만족을 아는 하늘나라의 신들] "참으로 밧지 족은 행복합니다. 밧지의 사람들은 매우 행복합니다. 그 곳에 이렇게 오신 이, 거룩한 이, 올바로 원만히 깨달은 이와 세 분의 훌륭한 아들들, 존자 아누룻다와 존자 난디야와 존자 낌빌라가 머물고 있습니다."

33. 만족을 아는 하늘나라의 신들의 소리를 듣고 창조하고 기뻐하는 하늘나라의 신들이[284] 소리내어 말했다.
[창조하고 기뻐하는 하늘나라의 신들] "참으로 밧지 족은 행복합니다. 밧지의 사람들은 매우 행복합니다. 그 곳에 이렇게 오신 이, 거룩한 이, 올바로 원만히 깨달은 이와 세 분의 훌륭한 아들들, 존자 아누룻다와 존자 난디야와 존자 낌빌라가 머물고 있습니다."

34. 창조하고 기뻐하는 하늘나라의 신들의 소리를 듣고 자신이 만든 존재를 지배하는 하늘나라의 신들이[285] 소리내어 말했다.
[자신이 만든 존재를 지배하는 하늘나라의 신들] "참으로 밧지족은 행복합니다. 밧지의 사람들은 매우 행복합니다. 그 곳에 이렇게 오신 이, 거룩한 이, 올바로 원만히 깨달은 이와 세 분의 훌륭한 아들들, 존자 아누룻다와 존자 난디야와 존자 낌빌라가 머물고 있습니다."

35. 자신이 만든 존재를 지배하는 하늘나라의 신들의 소리를 듣고 하느님 세계의 하느님의 권속인 신들이[286] 소리내어 말했다.

---

allikā, Tissa, Mahādhana, Duṭṭhagāmaṇī가 있다.

284) nimmānaratī devā : 化樂天이라고 한다. 感覺的 快樂의 世界의 여섯 하늘나라(欲界六天) 가운데 다섯 번째. 그들은 어떠한 形態, 어떠한 색깔도 創造할 수 있고, 자신들이 만든 創造에 대하여 기뻐한다.

285) paranimmitavasavattino devā : 他化自在天이라고 한다. 感覺的 快樂의 世界의 여섯 하늘나라(欲界六天) 가운데 가장 높은 段階의 하늘이다. 그들은 자신의 支配아래 두기 위해 被造物을 創造하는 存在들이다. 그들의 欲望의 對象들은 料理師가 王의 嗜好를 알아서 料理를 준비하는 것과 같이 그들의 弱點을 아는 다른 神들에 의해서 創造된다.

[하느님 세계의 하느님의 권속인 신들] “참으로 밧지 족은 행복합니다. 밧지의 사람들은 매우 행복합니다. 그 곳에 이렇게 오신 이, 거룩한 이, 올바로 원만히 깨달은 이와 세 분의 훌륭한 아들들, 존자 아누룻다와 존자 난디야와 존자 낌빌라가 머물고 있습니다.” 이와 같이 해서 그들 존자들은 그 순간 그 찰나에 하느님 세계에까지 알려지게 되었다.

36. [세존] “디가여, 그러하다. 디가여, 그러하다. 디가여, 이들 세 훌륭한 아들들이 집에서 집 없는 곳으로 출가한 까닭에, 훌륭한 집안이 이들 세 훌륭한 아들들에게 청정한 믿음을 일으키면, 그 집안에 오랜 세월 이익과 행복이 있을 것이다.

37. 디가여, 이들 세 훌륭한 아들들이 집에서 집 없는 곳으로 출가한 까닭에, 훌륭한 집안의 가족들이 이들 세 훌륭한 아들들에게 청정한 믿음을 일으키면, 그 집안의 가족들에게 오랜 세월 이익과 행복이 있을 것이다.

38. 디가여, 이들 세 훌륭한 아들들이 집에서 집 없는 곳으로 출가한 까닭에, 마을이 이들 세 훌륭한 아들들에게 청정한 믿음을 일으키면, 그 마을에 오랜 세월 이익과 행복이 있을 것이다.

39. 디가여, 이들 세 훌륭한 아들들이 집에서 집 없는 곳으로 출가한 까닭에, 동네가 이들 세 훌륭한 아들들에게 청정한 믿음을 일으키면, 그 동네에 오랜 세월 이익과 행복이 있을 것이다.

40. 디가여, 이들 세 훌륭한 아들들이 집에서 집 없는 곳으로 출가한 까닭에, 도시가 이들 세 훌륭한 아들들에게 청정한 믿음을 일으키

---

286) brahmakāyikā devā : 梵衆天은 하느님 세계에 居住하는 신들의 하늘을 말한다.

면, 그 도시에 오랜 세월 이익과 행복이 있을 것이다.

41. 디가여, 이들 세 훌륭한 아들들이 집에서 집 없는 곳으로 출가한 까닭에, 나라가 이들 세 훌륭한 아들에게 청정한 믿음을 일으키면, 그 나라에 오랜 세월 이익과 행복이 있을 것이다.

42. 디가여, 이들 세 훌륭한 아들들이 집에서 집 없는 곳으로 출가한 까닭에, 귀족이 이들 세 훌륭한 아들에게 청정한 믿음을 일으키면, 그 귀족에게 오랜 세월 이익과 행복이 있을 것이다.

43. 디가여, 이들 세 훌륭한 아들들이 집에서 집 없는 곳으로 출가한 까닭에, 사제가 이들 세 훌륭한 아들에게 청정한 믿음을 일으키면, 그 사제에게 오랜 세월 이익과 행복이 있을 것이다.

44. 디가여, 이들 세 훌륭한 아들들이 집에서 집 없는 곳으로 출가한 까닭에, 평민이 이들 세 훌륭한 아들에게 청정한 믿음을 일으키면, 그 평민에게 오랜 세월 이익과 행복이 있을 것이다.

45. 디가여, 이들 세 훌륭한 아들들이 집에서 집 없는 곳으로 출가한 까닭에, 노예가 이들 세 훌륭한 아들에게 청정한 믿음을 일으키면, 그 노예에게 오랜 세월 이익과 행복이 있을 것이다.

46. 디가여, 이들 세 훌륭한 아들들이 집에서 집 없는 곳으로 출가한 까닭에, 신들의 세계, 악마들의 세계, 하느님들의 세계, 성직자들과 수행자들의 후예들, 그리고 왕들과 백성들의 세계가 이들 세 훌륭한 아들에게 청정한 믿음을 일으키면, 그 신들의 세계, 악마들의 세계, 하느님들의 세계, 성직자들과 수행자들의 후예들, 그리고 왕들과 백성들의 세계에 오랜 세월 이익과 행복이 있을 것이다. 디가여, 이들 세 훌륭한 아들들이 많은 사람의 이익을 위하여, 많은

사람의 행복을 위하여, 세상을 불쌍히 여겨 신들과 인간의 행복을 위하여 어떻게 실천하는지를 보라."

47. 세존께서는 이와 같이 말씀하셨다. 야차 디가 빠라자나는 만족하여 세존께서 말씀하신 것을 기쁘게 받아들였다.

11. 사후에 의식은 공중에 떠돌다 윤회하는가?

[Mahātaṇhāsaṅkhayasutta][287]

불이 장작으로 인해서 타게 되면 장작불, 불이 나무조각으로 인해서 타게 되면 모닥불, 불이 섶에 의해서 타게 되면 그 때는 섶불, 불이 쇠똥으로 인해서 타게 되면 쇠똥불, 불이 왕겨로 인해서 타게되면 왕겨불, 불이 쓰레기로 인해서 타게 되면 쓰레기불이라고 불린다. 이와 같이 의식은 그 어떠한 것도 그 조건에 의존하여 생겨나며, 그것이 일어나는 조건에 따라 이름지어진다.

1. 이와 같이 나는 들었다. 한 때 세존께서 싸밧티 시의 제따바나에 있는 아나타삔디까 승원에 계셨다.

2. 그러나 그 때 어부의 아들 싸띠[288]라는 수행승에게 '내가 세존께서 설하신 가르침을 알고 있기로는 바로 이 의식이 유전하고 윤회하는 것이지 다른 것이 아니다[289]'라는 삿된 견해가[290] 생겨났다.

---

287) 이 경의 원래 제목은 「갈애의 부숨에 대한 큰 경[Mahātaṇhāsaṅkhayasutta]」이다. 우리말 『맛지마니까야』 2권 149쪽에 있다. MN. I. 256 ; 中阿含 201, 嗏帝經 (大正 1. 766) 참조

288) Sāti : 그는 漁夫의 아들로 이 經에만 등장한다. Pps. II. 305에 따르면, 그는 Jātaka를 외우는 자(jātakabhāṇako)로서 博學했는데, 存在의 다발(五蘊) 가운데 다른 것들은 여기저기서 끊어지지만 意識(識)만은 이 세상에서 저 세상으로 流轉한다고 생각했다. 그렇게 되면 意識은 條件(paccaya)이 되지 않고 緣起法에서 除外된다.

289) Pps. II. 305에 따르면, 輪廻의 事實에 대한 잘못된 思惟 때문에, Sāti는 한 생에서 다른 생으로 流轉하는 持續的인 意識이 再生을 설명하기 위해서는 반드시 必要하다는 결론을 내렸다.

290) pāpakaṃ diṭṭhigataṃ : 여기서 惡見은 永遠主義적인 견해(常見; sassatadiṭṭhi)를 말한

3. 그래서 많은 수행승들이 '어부의 아들 싸띠라는 수행승에게 이와 같이 '내가 세존께서 설하신 가르침을 알고 있기로는 바로 이 의식이 유전하고 윤회하는 것이지 다른 것이 아니다'라는 삿된 견해가 생겨났다'라고 들었다. 그래서 그들 수행승들은 어부의 아들 싸띠라는 수행승이 있는 곳을 찾았다. 가까이 가서 어부의 아들 싸띠라는 수행승에게 이와 같이 말했다.

[수행승들] "벗이여 싸띠여, '그대에게 이와 같이 '내가 세존께서 설하신 가르침을 알고 있기로는 바로 이 의식이 유전하고 윤회하는 것이지 다른 것이 아니다'고 삿된 견해가 생겨났다'는 것이 사실입니까?"

[싸띠] "내가 세존께서 설하신 가르침을 알고 있기로는 바로 이 의식이 유전하고 윤회하는 것이지 다른 것이 아닙니다."

4. 그러자 그들 수행승들은 어부의 아들 싸띠라는 수행승을 이와 같은 악한 견해로부터 벗어나게 하기 위해 추궁하고 규명하고 충고했다.

[수행승들] "벗이여 싸띠여, 그렇게 말하지 마시오. 세존을 잘못 대변하지 마십시오. 세존을 잘못 대변하는 것은 옳지 않습니다. 세존께서는 그처럼 말씀하지 않았을 것입니다. 세존께서는 조건에서 의식이 생겨난다는 것 ,즉 조건 없이는 의식도 일어나지 않는다는 것을 여러 차례 법문으로 설하셨습니다."

이와 같이 그들 수행승들이 추궁하고 규명하고 충고했지만, 어부의 아들 수행승 싸띠는 그 삿된 견해를 완강히 고집하고 그것에 집착하여 말했다.

다. MN. I. 130, Vin. II. 25-6; AN. V. 194 참조

[싸띠] "내가 세존께서 설하신 가르침을 알고 있기로는 바로 이 의식이 유전하고 윤회하는 것이지 다른 것이 아닙니다."

5. 그들 수행승들은 어부의 아들 수행승 싸띠를 이와 같은 삿된 견해에서 벗어나게 할 수 없었으므로 세존께서 계신 곳을 찾았다. 다가가서 세존께 인사를 드리고 한 쪽으로 물러 앉았다. 한 쪽으로 물러 앉은 그들 수행승들은 이와 같이 말했다.

[수행승들] "어부의 아들 싸띠라는 수행승에게 '내가 세존께서 설하신 가르침을 알고 있기로는 바로 이 의식이 유전하고 윤회하는 것이지 다른 것이 아니다'라는 삿된 견해가 생겨났습니다. 참으로 많은 수행승들이 '어부의 아들 싸띠라는 수행승에게 이와 같이 '내가 세존께서 설하신 가르침을 알고 있기로는 바로 이 의식이 유전하고 윤회하는 것이지 다른 것이 아니다'라는 삿된 견해가 생겨났다'라고 들었습니다. 그래서 우리들은 어부의 아들 싸띠라는 수행승이 있는 곳을 찾았습니다. 가까이 가서 어부의 아들 싸띠라는 수행승에게 이와 같이 말했습니다. '벗이여 싸띠여, 그대에게 이와 같이 '내가 세존께서 설하신 가르침을 알고 있기로는 바로 이 의식이 유전하고 윤회하는 것이지 다른 것이 아니다'라는 나쁜 견해가 생겨났다'는 것이 사실입니까? 그러자 싸띠는 '내가 세존께서 설하신 가르침을 알고 있기로는 바로 이 의식이 유전하고 윤회하는 것이지 다른 것이 아니다'고 말했습니다. 그러자 저희들은 어부의 아들 수행승 싸띠를 이와 같은 삿된 견해로부터 벗어나게 하기 위해 추궁하고 규명하고 충고했습니다. '벗이여 싸띠여, 그렇게 하지 마시오. 세존을 잘못 대변하지 마십시오. 세존을 잘못 대변하는 것은 옳지 않습니다. 세존께서는 그처럼 말씀하지 않았을 것입니다. 세존께서는 많은 법문에서 의식도 조건적으로 함께 생겨나는 것이라고

말씀하셨습니다. 조건 없이는 의식의 생성도 없습니다.' 이와 같이 우리들은 추궁하고 규명하고 충고했지만 어부의 아들 수행승 싸띠는 그 삿된 견해를 완강히 고집하고 그것에 집착하여 '내가 세존께서 설하신 가르침을 알고 있기로는 바로 이 의식이 유전하고 윤회하는 것이지 다른 것이 아닙니다'라고 말했습니다. 세존이시여, 저희들은 어부의 아들 수행승 싸띠를 이와 같은 삿된 견해로부터 벗어나게 할 수 없었기 때문에 이 일을 세존께 알립니다."

6. 세존께서는 다른 수행승을 불러서 이와 같이 말했다.
[세존] "수행승이여, 오라. 그대는 어부의 아들 수행승 싸띠를 찾아가서 그에게 나의 이름으로 '벗이여, 싸띠여, 스승이 그대를 부르신다'라고 알려라."
[수행승] "세존이시여, 알겠습니다."
이와 같이 수행승들은 대답하고 수행승 싸띠에게 가서 '벗이여, 싸띠여, 우리의 스승이 그대를 부르십니다'라고 알렸다.
어부의 아들 수행승 싸띠는 '벗이여, 알겠습니다'라고 그 수행승에게 대답하고는 세존께서 계시는 곳을 찾았다.
가까이 가서 세존께 인사를 드리고 한 쪽으로 물러 앉았다. 한 쪽으로 물러 앉은 어부의 아들 수행승 싸띠에게 세존께서는 이와 같이 말씀하셨다.

7. [세존] "싸띠여, 그대에게 이와 같이 '내가 세존께서 설하신 가르침을 알고 있기로는, 바로 이 의식이 유전하고 윤회하는 것이지 다른 것이 아니다.'는 삿된 견해가 생겨났는가?"
[싸띠] "세존이시여, 제게 이와 같이 '내가 세존께서 설하신 가르침을 알고 있기로는, 바로 이 의식이 유전하고 윤회하는 것이지 다른

것이 아니다.'는 견해가 생겨났습니다."

8. [세존] "싸띠여, 어떠한 것이 그 의식인가?"
[싸띠] "세존이시여, 그것은 말하고 느끼고 여기 저기 선행과 악행의 결과를 체험하는 것입니다.[291]'고 대답했다.
[세존] "이 어리석은 자여, 누구에게 내가 그런 가르침을 설했다는 것인가? 어리석은 자여, 조건에서 의식이 생겨난다는 것, 즉 조건 없이는 의식도 일어나지 않는다는 것을 여러 차례 법문으로 설하지 않았던가? 그러나 어리석은 자여, 그대는 스스로 잘못 해석하여 나를 잘못 대변하고, 스스로를 해치고 많은 해악을 쌓는다. 그것은 실로 그대를 오랜 세월 불이익과 고통으로 이끌 것이다."

9. 그리고 세존께서는 수행승들에게 말씀하셨다.
[세존] "수행승들이여, 어떻게 생각하는가? 이 어부의 아들 수행승 싸띠가 가르침과 계율에 열중하는가?[292]"
[수행승들] "세존이시여, 그가 어떻게 그럴 수 있습니까. 세존이시여, 그렇지 않습니다."

10. 이와 같이 말하자 어부의 아들 수행승 싸띠는 말없이 얼굴을 붉히고 어깨를 떨구고 고개를 숙이고 생각에 잠겨 대꾸 없이 앉아 있었다. 그러자 세존께서는 말없이 얼굴을 붉히고 어깨를 떨구고 고래를 숙이고 생각에 잠겨 대꾸 없이 앉아 있는 어부의 아들 수행승 싸띠에게 이와 같이 말했다.

---

291) MN. 2 「모든 번뇌의 경 [Sabbāsavasutta]」에 따르면, 이것은 이치 맞게 根本的으로 熟考하지 않아서 생겨나는 여섯 가지 見解 가운데 마지막 見解, 즉 '나의 이 自我는 말하고 느끼고 여기저기서 善惡의 行爲에 대한 果報를 體驗하는데, 그 나의 자아는 恒常하고 恒住하고 恒存하는 것으로 變化하지 않고 永遠히 存在할 것이다'라는 見解에 該當한다.

292) usmīkato pi imasmiṃ dhammavinaye : '이러한 法과 律에 熱을 내었는가?'라는 뜻이다. Mdb. 258의 英譯은 '조그마한 智慧의 불꽃이나마 켰는가?'라고 意譯을 하고 있다.

[세존] "어리석은 자여, 그대는 자신의 삿된 견해에 대해 깨닫게 될 것이다. 이 점에 관해 나는 수행승들에게 질문하겠다."

11. 그래서 세존께서는 수행승들에게 말했다.

[세존] "수행승들이여, 그대들도 역시 내가 가르친 법에 관해 이 어부의 아들 수행승 싸띠가 스스로 잘못 이해하여 오히려 우리를 왜곡하고 스스로를 파괴하고 많은 해악을 낳은 것처럼, 그렇게 이해하는가?"

[수행승들] "세존이시여, 아닙니다. 세존께서는 조건에서 의식이 생겨난다는 것, 즉 조건 없이는 의식도 일어나지 않는다는 것을 여러 차례 법문으로 설하셨습니다."

[세존] "수행승들이여, 그대들이 내가 가르친 법에 관해 이와 같이 아는 것은 훌륭하다. 여러 가지 법문으로 나는 조건에서 의식이 생겨난다는 것, 즉 조건 없이는 의식도 일어나지 않는다는 것을 설했다. 그러나 어부의 아들 수행승 싸띠는 스스로 잘못 파악함으로써 우리를 잘못 대변하고 자신을 해치고 많은 해악을 쌓는다. 그것은 실로 그를 오랜 세월 불이익과 고통으로 이끌 것이다."

12. [세존] "수행승들이여, 의식은 어떠한 것도 그 조건에 의존하여 생겨나며, 그것이 일어나는 조건에 따라 이름지어진다.

1) 시각과 형상을 조건으로 의식이 생겨나는데, 그것을 시각의식이라고 한다.
2) 청각과 소리를 조건으로 의식이 생겨나는데, 그것을 청각의식이라고 한다.
3) 후각과 냄새를 조건으로 의식이 생겨나는데, 그것을 후각의식이라고 한다.

4) 미각과 맛을 조건으로 의식이 생겨나는데, 그것을 미각의식이라고 한다.
5) 촉각과 감촉을 조건으로 의식이 생겨나는데, 그것을 촉각의식이라고 한다.
6) 정신과 사물을 조건으로 의식이 생겨나는데, 그것을 정신의식이라고 한다."

13. [세존] "예를 들어 수행승들이여, 불이란 그 연료에 따라서 이름지어지는 것과 같다. 불이 장작으로 인해서 타게 되면 장작불이라고 불린다. 불이 나무조각으로 인해서 타게 되면 모닥불이라고 불린다. 불이 섶에 의해서 타게 되면 그 때는 섶불이라고 불린다. 불이 쇠똥으로 인해서 타게 되면 쇠똥불이라고 불린다. 불이 왕겨로 인해서 타게되면 왕겨불이라고 불린다. 불이 쓰레기로 인해서 타게 되면 쓰레기불이라고 불린다. 수행승들이여. 이와 같이 의식은 어떠한 것도 그 조건에 의존하여 생겨나며, 그것이 일어나는 조건에 따라 이름지어진다.[293]

1) 시각과 형상을 조건으로 의식이 생겨나는데, 그것을 시각의식이라고 한다.
2) 청각과 소리를 조건으로 의식이 생겨나는데, 그것을 청각의식이라고 한다.
3) 후각과 냄새를 조건으로 의식이 생겨나는데, 그것을 후각의식이

---

293) Pps. II. 306~307에 따르면, 感官의 門을 통하지 않고 意識의 流轉은 없다. 모닥불이 나무를 條件으로 타오르고 燃料가 떨어지면, 땔감으로 流轉되지 않고 모닥불로 여겨지고 꺼지듯이, 이와 같이 意識은 시각과 형상을 조건으로 視覺能力의 感官에서 일어났다가 그 條件이 사라지면, 눈으로 流轉되지 않고 視覺意識으로 여겨지지 않고 사라진다. 그래서 부처님은 結論的으로 말한다. "나는 意識이 일어날 때에 感官에서 感官으로의 단순한 流轉도 언급하지 않았다. 어떻게 이 어리석은 싸띠가 存在에서 存在로 가는 流轉에 대하여 말하는가라고 非難했다.(nāhaṃ viññāṇapavatte dvārasaṅkantimattam pi vadāmi, ayaṃ pana Sāti moghapuriso bhavṅgasaṅkantiṃ vadatī ti Sātiṃ niggahesi)"

라고 한다.

4) 미각과 맛을 조건으로 의식이 생겨나는데, 그것을 미각의식이라고 한다.

5) 촉각과 감촉을 조건으로 의식이 생겨나는데, 그것을 촉각의식이라고 한다.

6) 정신과 사물을 조건으로 의식이 생겨나는데, 그것을 정신의식이라고 한다."

14. [세존] "수행승들이여, '이것은 생겨난 것이다'라고[294] 보는가?"

[수행승들] "세존이시여, 그렇습니다."

[세존] "수행승들이여, 이것은 자양에서 생겨난 것인가?[295]"

[수행승들] "세존이시여, 그렇습니다."

[세존] "수행승들이여, 이것은 자양이 소멸하면, 그 생겨난 것은 소멸하는 것인가?"

[수행승들] "세존이시여, 그렇습니다."

15. [세존] "수행승들이여, 이것이 생겨난 것인지 그렇지 않은지 분명하지 않을 때에 의심이 생겨나는가?"

[수행승들] "세존이시여, 그렇습니다."

[세존] "수행승들이여, 이것이 자양에서 생겨난 것인지 그렇지 않은지 분명하지 않을 때에 의심이 생겨나는가?"

---

294) bhūtam idan ti : Pps. II. 307에 따르면, 이것은 다섯 가지 存在의 다발(五蘊; khandhapañcakaṃ)에 대한 언급이다. 意識의 條件性을 보여주면서 滋養分이라는 條件을 통해서 存在化되는 다섯 가지 存在의 다발의 보여주기 위해 이 文章을 陳述한 것이다.

295) idaṃ tadāhārasambhavaṃ : Pps. II. 307에 따르면, tad는 主題(taṃ khandhapañcakaṃ)를 表現하는 主格이다. 그러나 Bhikkhu Bodhi가 指摘했듯이, Horner의 "This is the origination of nutritment."는 잘못된 해석이다.

[수행승들] "세존이시여, 그렇습니다."
[세존] "수행승들이여, 자양이 소멸하면, 그 생겨난 것이 소멸하는 것인지 그렇지 않은지 분명하지 않을 때에 의심이 생겨나는가?"
[수행승들] "세존이시여, 그렇습니다."

16. [세존] "수행승들이여, '이것은 생겨난 것이다'라고 있는 그대로 올바른 지혜로 보면 의심은 사라지는가?"
[수행승들] "세존이시여, 그렇습니다."
[세존] "수행승들이여, '이것은 자양에서 생겨난 것이다'라고 있는 그대로 올바른 지혜로 보면 의심은 사라지는가?"
[수행승들] "세존이시여, 그렇습니다."
[세존] "수행승들이여, '자양이 소멸하면 그 생겨난 것은 소멸하는 것이다'라고 있는 그대로 올바른 지혜로 보면 의심은 사라지는가?"
[수행승들] "세존이시여, 그렇습니다."

17. [세존] "수행승들이여, '이것은 생겨난 것이다'라고 그대들은 이것에 대하여 의심에서 벗어났는가?"
[수행승들] "세존이시여, 그렇습니다."
[세존] "수행승들이여, '이것은 자양에서 생겨난 것이다'라고 그대들은 이것에 대하여 의심에서 벗어났는가?"
[수행승들] "세존이시여, 그렇습니다."
[세존] "수행승들이여, '자양이 소멸하면, 그 생겨난 것은 소멸하는 것이다'라고 그대들은 이것에 대하여 의심에서 벗어났는가?"
[수행승들] "세존이시여, 그렇습니다."

18. [세존] "수행승들이여, '이것이 생겨난 것이다'라고 그대들은 있는 그대로 올바른 지혜로 보는가?"

[수행승들] "세존이시여, 그렇습니다."
[세존] "수행승들이여, '이것은 자양에서 생겨난 것이다'라고 그대들은 있는 그대로 올바른 지혜로 보는가?"
[수행승들] "세존이시여, 그렇습니다."
[세존] "수행승들이여, '자양이 소멸하면 그 생겨난 것은 소멸하는 것이다'라고 그대들은 있는 그대로 올바른 지혜로 보는가?"
[수행승들] "세존이시여, 그렇습니다."

19. [세존] "수행승들이여, 만약 그대들이 이와 같이 청정하고 이와 같이 고결한 관점이라도 그것에 집착하고 애착하고 추구하고 나의 것이라고 한다면, 수행승들이여, 그대들은 건너기 위해서 있지 붙잡기 위해 있는 것이 아닌 뗏목의 비유에 대한 법문을 안다고 볼 수 있는가?[296]"
[수행승들] "세존이시여, 그렇지 않습니다."
[세존] "만약 그대들이 이와 같이 청정하고 이와 같이 고결한 관점이라도 그것에 집착하지 않고 애착하지 않고 추구하지 않고 나의 것이라고 하지 않는다면, 수행승들이여, 그대들은 건너기 위해서 있지 붙잡기 위해 있는 것이 아닌 뗏목의 비유에 대한 법문을 안다고 볼 수 있는가?"
[수행승들] "세존이시여, 그렇습니다."

---

296) MN. 22 「뱀에 대한 비유의 경 [Alagaddūpamasutta]」에 나오는 뗏목의 비유에서처럼 올바른 견해에도 집착해서는 안된다는 것을 보여준다. 부처님은 거기서 "수행승들이여, 참으로 뗏목에의 비유를 아는 그대들은 가르침마저 버려야 하거늘 하물며 가르침이 아닌 것임에랴."라고 말씀했다. 그러나 버려야 할 것은 포기되어야 할 善한 眞理에 대한 執着을 포기하라는 말이지 善한 眞理자체를 버리라는 말이 아님에 주의해야 한다. 부처님의 이러한 태도는 MN. 76 「싼다까의 경[Sandakasutta]」에서 경고하듯이 道德的인 虛無主義나 깨달은 자는 善惡을 超越한다는 식으로 誤解되어서는 안 되는 것이다. 여기서 진리는 부처님의 말씀이고 그 진리를 올바로 理解해서 實踐하는 것이 眞理를 버리는 것이다.

20. [세존] "수행승들이여, 이 자양에는 네 가지가 있는데 이미 생겨난 뭇삶의 생존을 위하고 다시 생겨나게 될 뭇삶의 이익을 위한 것이다.[297] 네 가지란 어떠한 것인가? 거칠거나 미세한 물질적인 자양, 두 번째로는 감촉의 자양, 세 번째는 의도의 자양, 네 번째로는 의식의 자양이 있다.[298]

21. 수행승들이여, 이 네 가지 자양들은 무엇을 토대로 하고, 무엇을 원인으로 하고, 무엇을 기원으로 하고, 무엇을 근원으로 하는가? 이러한 네 가지 자양은 갈애를 토대로 하고, 갈애를 원인으로 하고, 갈애를 기원으로 하고, 갈애를 근원으로 한다.

22. 수행승들이여, 이 갈애는 무엇을 토대로 하고, 무엇을 원인으

---

297) cattāro 'me āvuso āhārā bhūtānaṃ vā sattānaṃ ṭhitiyā sambhavesīnaṃ vā anuggahāya : Geiger에 의하면, sambhavesīnaṃ은 미래능동분사-esin에서 곡용된 것이다. Pps. I. 207는 -esin을 esati의 형용사형으로 분석하고 있다. 여기서 滋養分(āhāra)은 넓은 의미에서 個人의 壽命의 持續 條件을 말한다.

298) cāttāro āhārā : 漢譯에서는 四食이라고 하며, 그 네 가지의 자양은 ① kabaliṅkāro āhāro oḷāriko(麤摶食), ② sukhumo phasso āhāro(細觸食), ③ manosañcetanā āhāro(意思食), ④ viññāṇa āhāro(識食)이다. 그러나 여기서 麤摶食과 細觸食이란 번역은 잘못된 것이다. 원문을 살펴보면 다음과 같다. 'kabaliṅkāro āhāro oḷāriko vā sukhumo vā phasso dutiyo.' 漢譯에서 sukhumo를 kabaliṅkāro의 형용사로 귀속시키지 않고 phasso의 형용사로 취급한 것은 잘못이다. 여기서 意識의 자양, 즉 識食은 주석서에 따르면 cuticitta로서 죽을 때의 마음, 즉 受胎意識(結生識 : paṭisandhiviññāṇa)을 의미한다. 滋養分이란 뜻은 원래 '나르는 것'이란 의미인데, 일반적으로 滋養分이나 飮食으로 전용되었다. AN. V. 136에는 열 가지의 滋養分(dasa dhammāhārā)에 관해 다음과 같이 언급하고 있다. 'anālassaṁ uttānaṁ bhogānaṁ āhāro, maṇḍanā vibhūsanā vaṇṇassa āhāro, sappāyakiriyā ārogyassa āhāro, kalyāṇamittatā sīlānaṁ āhāro, indriyasaṁvaro brahmacaryassa āhāro, avisaṁvadanā mittānaṁ āhāro, sajjhāyakiriyā bāhusaccassa āhāro, sussūsā paripucchā paññāya āhāro, anuyogo paccavekkhaṇā dhammānaṁ āhāro, sammapaṭipatti saggānaṁ āhāro.' 여기서는 자양의 의미가 取著을 뜻하는 upādāna와 밀접한 관계가 있다. upādāna는 땔감을 의미하는데, āhāra도 역시 불이나 등불의 자양으로서 땔감을 뜻한다. '기름과 심지가 소모된다면 등불은 자양이 없어 소멸될 것이다(tass'eva telassa ca vaṭṭiyā ca pariyādānā [telapadīpo] anāhāro nibbāyeyya : SN. III. 126).' 이 경에서 āhāra가 渴愛, 즉 taṇhā를 통해서 조건지어진다는 사실은 緣起의 고리에서 取著, 즉 upādāna가 渴愛를 통해서 조건지어진다는 사실과 일치한다.

로 하고, 무엇을 기원으로 하고, 무엇을 근원으로 하는가? 이러한 갈애는 느낌을 토대로 하고, 느낌을 원인으로 하고, 느낌을 기원으로 하고, 느낌을 근원으로 한다.

23. 수행승들이여, 이 느낌은 무엇을 토대로 하고, 무엇을 원인으로 하고, 무엇을 기원으로 하고, 무엇을 근원으로 하는가? 이러한 느낌은 접촉을 토대로 하고, 접촉을 원인으로 하고, 접촉을 기원으로 하고, 접촉을 근원으로 한다.

24. 수행승들이여, 이 접촉은 무엇을 토대로 하고, 무엇을 원인으로 하고, 무엇을 기원으로 하고, 무엇을 근원으로 하는가? 이러한 접촉은 여섯 감역을 토대로 하고, 여섯 감역을 원인으로 하고, 여섯 감역을 기원으로 하고, 여섯 감역을 근원으로 한다.

25. 수행승들이여, 이 여섯 감역은 무엇을 토대로 하고, 무엇을 원인으로 하고, 무엇을 기원으로 하고, 무엇을 근원으로 하는가? 이러한 여섯 감역은 명색을 토대로 하고, 명색을 원인으로 하고, 명색을 기원으로 하고, 명색을 근원으로 한다.

26. 수행승들이여, 이 명색은 무엇을 토대로 하고, 무엇을 원인으로 하고, 무엇을 기원으로 하고, 무엇을 근원으로 하는가? 이러한 명색은 의식을 토대로 하고, 의식을 원인으로 하고, 의식을 기원으로 하고, 의식을 근원으로 한다.

27. 수행승들이여, 이 의식은 무엇을 토대로 하고, 무엇을 원인으로 하고, 무엇을 기원으로 하고, 무엇을 근원으로 하는가? 이러한 의식은 형성을 토대로 하고, 형성을 원인으로 하고, 형성을 기원으로 하고, 형성을 근원으로 한다.

28. 수행승들이여, 이 형성은 무엇을 토대로 하고, 무엇을 원인으로 하고, 무엇을 기원으로 하고, 무엇을 근원으로 하는가? 이러한 형성은 무명을 토대로 하고, 무명을 원인으로 하고, 무명을 기원으로 하고, 무명을 근원으로 한다.

29. 수행승들이여, 무명을 조건으로 형성이 생겨나고, 형성을 조건으로 의식이 생겨나며, 의식을 조건으로 명색이 생겨나고, 명색을 조건으로 여섯 감역이 생겨나며, 여섯 감역을 조건으로 접촉이 생겨나고, 접촉을 조건으로 느낌이 생겨나며, 느낌을 조건으로 갈애가 생겨나고, 갈애를 조건으로 집착이 생겨나며, 집착을 조건으로 존재가 생겨나고, 존재를 조건으로 태어남이 생겨나며, 태어남을 조건으로 늙고 죽음, 우울, 슬픔, 고통, 근심, 불안이 생겨난다. 이와 같이 해서 모든 괴로움의 다발들이 함께 생겨난다.[299]"

30. [세존] "수행승들이여, 태어남을 조건으로 늙고 죽음이 생겨난다고 했는데, 늙고 죽음은 태어남을 조건으로 하는가 아니면 이것에 대하여 어떻게 생각하는가?"
[수행승들] "세존이시여, 늙고 죽음은 태어남을 조건으로 생겨납니다. 그래서 이것에 대하여 이와 같이 '태어남을 조건으로 늙고 죽음이 생겨난다'고 생각합니다."

31. [세존] "수행승들이여, 존재를 조건으로 태어남이 생겨난다고

299) paţiccasamuppāda(sk. pratītyasamutpāda) : 조건적 생성의 법칙을 뜻하며 漢譯에서는 緣起라고 한다. 연기의 각 항목은 빠알리어와 漢譯에서 ① avijjā(無明), ② saṅkhārā(行), ③ viññāṇa(識), ④ nāmarūpa(名色), ⑤ saḷāyatana(六入), ⑥ phassa(触), ⑦ vedanā(受), ⑧ taṇhā(愛), ⑨ upādāna(取), ⑩ bhava(有), ⑪ jāti(生), ⑫ jarāmaraṇa(老死)로 되어 있다. 여기서는 각 항목을 한글로 ① 無明, ② 形成, ③ 意識, ④ 名色, ⑤ 여섯 感域, ⑥ 接觸, ⑦ 느낌, ⑧ 渴愛, ⑨ 執着, ⑩ 存在, ⑪ 태어남, ⑫ 늙고죽음으로 각각 飜譯한다.

했는데, 태어남은 존재를 조건으로 생겨나는가 아니면 이것에 대하여 어떻게 생각하는가?"
[수행승들] "세존이시여, 태어남은 존재를 조건으로 생겨납니다. 그래서 이것에 대하여 이와 같이 '존재를 조건으로 태어남이 생겨난다'라고 생각합니다."

32. [세존] "수행승들이여, 집착을 조건으로 존재가 생겨난다고 했는데, 존재는 집착을 조건으로 생겨나는가 아니면 이것에 대하여 어떻게 생각하는가?"
[수행승들] "세존이시여, 존재는 집착을 조건으로 생겨납니다. 그래서 이것에 대하여 이와 같이 '집착을 조건으로 존재가 생겨난다'고 생각합니다."

33. [세존] "수행승들이여, 갈애를 조건으로 집착이 생겨난다고 했는데, 집착은 갈애를 조건으로 생겨나는가 아니면 이것에 대하여 어떻게 생각하는가?"
[수행승들] "세존이시여, 집착은 갈애를 조건으로 생겨납니다. 그래서 이것에 대하여 이와 같이 '갈애를 조건으로 집착이 생겨난다'고 생각합니다."

34. [세존] "수행승들이여, 느낌을 조건으로 갈애가 생겨난다고 했는데, 갈애는 느낌을 조건으로 생겨나는가 아니면 이것에 대하여 어떻게 생각하는가?"
[수행승들] "세존이시여, 갈애는 느낌을 조건으로 생겨납니다. 그래서 이것에 대하여 이와 같이 '느낌을 조건으로 갈애가 생겨난다'고 생각합니다."

35. [세존] "수행승들이여, 접촉을 조건으로 느낌이 생겨난다고 했

는데, 느낌은 접촉을 조건으로 생겨나는가 아니면 이것에 대하여 어떻게 생각하는가?"
[수행승들] "세존이시여, 느낌은 접촉을 조건으로 생겨납니다. 그래서 이것에 대하여 이와 같이 '접촉을 조건으로 느낌이 생겨난다'고 생각합니다."

36. [세존] "수행승들이여, 여섯 감역을 조건으로 접촉이 생겨난다고 했는데, 접촉은 여섯 감역을 조건으로 생겨나는가 아니면 이것에 대하여 어떻게 생각하는가?"
[수행승들] "세존이시여, 접촉은 여섯 감역을 조건으로 생겨납니다. 그래서 이것에 대하여 이와 같이 '여섯 감역을 조건으로 접촉이 생겨난다'고 생각합니다."

37. [세존] "수행승들이여, 명색을 조건으로 여섯 감역이 생겨난다고 했는데, 여섯 감역은 명색을 조건으로 생겨나는가 아니면 이것에 대하여 어떻게 생각하는가?"
[수행승들] "세존이시여, 여섯 감역은 명색을 조건으로 생겨납니다. 그래서 이것에 대하여 이와 같이 '명색을 조건으로 여섯 감역이 생겨난다'고 생각합니다."

38. [세존] "수행승들이여, 의식을 조건으로 명색이 생겨난다고 했는데, 명색은 의식을 조건으로 생겨나는가 아니면 이것에 대하여 어떻게 생각하는가?"
[수행승들] "세존이시여, 명색은 의식을 조건으로 생겨납니다. 그래서 이것에 대하여 이와 같이 '의식을 조건으로 명색이 생겨난다'고 생각합니다."

39. [세존] "수행승들이여, 형성을 조건으로 의식이 생겨난다고 했

는데, 의식은 형성을 조건으로 생겨나는가 아니면 이것에 대하여 어떻게 생각하는가?"

[수행승들] "세존이시여, 의식은 형성을 조건으로 생겨납니다. 그래서 이것에 대하여 이와 같이 '형성을 조건으로 의식이 생겨난다'고 생각합니다."

40. [세존] "수행승들이여, 무명을 조건으로 형성이 생겨난다고 했는데, 형성은 무명을 조건으로 생겨나는가 아니면 이것에 대하여 어떻게 생각하는가?"

[수행승들] "세존이시여, 형성은 무명을 조건으로 생겨납니다. 그래서 이것에 대하여 이와 같이 '무명을 조건으로 형성이 생겨난다'고 생각합니다."

41. [세존] "수행승들이여, 훌륭하다. 그대들이 이처럼 말한다면, 나도 또한 이와 같이 말한다. 이것이 있을 때 저것이 있으며, 이것이 생겨남으로써 저것이 생겨난다.300) 즉, 무명을 조건으로 형성이

300) 이것은 緣起에 관한 일반적 정의인데, 나머지 반쪽은 이 경 54번에 등장한다. 이 一般原理는 이 곳 이외에 SN. II. 70과 MN. I. 256, Ud. 2 등에 등장한다. 'imasmiṁ sati idaṁ hoti. imsssa uppādā idam uppajjati, imasmiṁ asati idaṁ na hoti, imassa nirodhā idaṁ nirujjhati.' 후에 中論의 註釋書인 淨明句論 (Prasannapadā, p.9)에 인용된 쌍쓰끄리뜨 정의는 다음과 같이 되어 있다. 'imasya sata, idam bhavati imasya asata idaṁ na bhavati, imasyotpādād idam utpadyate, imasya nirodhād idaṁ nirudhyati.' 한편 漢譯 雜阿含經 262에서는 此有故彼有 此生故彼生 此無故彼無 此滅故彼滅로 번역되어 있고 다른 雜阿含 358에서는 生 대신에 起가 들어가 있다. 그리고 좀 다른 번역(大正 1, 562c)에는 若有此則有彼 若無此則無彼라는 표현이 보인다. Cpb. 90~91에 따르면, 이것은 분명히 조건적 생성의 緣起를 정의하는 구절인데 梵本의 정의와 漢譯 雜阿含의 정의는 'C, 그러므로 E' 또는 'E, 왜냐하면 C'라는 理由만을 표현할 뿐 원래 빠알리 문장의 'C가 있을 때 E가 있다'라는 절대처격(abs. loc.)으로서의 條件性을 반영하고 있지 못하다고 보고 있다. 물론 若有此則彼有 若無則彼無라고 하는 말은 條件性을 나타낸 번역이다. 그러나 빠알리 원문에서는 'C가 있을 때 E'라는 條件性 다음에 지체없이 '그러므로 E'라는 因果性이 뒤따른다. 譯者의 『初期佛敎의 緣起思想』은 모두 이 네 가지 原理를 밝히는데 重點을 두고 있다.

생겨나고, 형성을 조건으로 의식이 생겨나며, 의식을 조건으로 명색이 생겨나고, 명색을 조건으로 여섯 감역이 생겨나며, 여섯 감역을 조건으로 접촉이 생겨나고, 접촉을 조건으로 느낌이 생겨나며, 느낌을 조건으로 갈애가 생겨나고, 갈애를 조건으로 집착이 생겨나며, 집착을 조건으로 존재가 생겨나고, 존재를 조건으로 태어남이 생겨나며, 태어남을 조건으로 늙고 죽음, 우울, 슬픔, 고통, 근심, 불안이 생겨난다. 이와 같이 해서 모든 괴로움의 다발들이 생겨난다.

42. 그러나 무명이 남김없이 사라져 소멸하면 형성이 소멸하고, 형성이 소멸하면 의식이 소멸하며, 의식이 소멸하면 명색이 소멸하고, 명색이 소멸하면 여섯 감역이 소멸하며, 여섯 감역이 소멸하면 접촉이 소멸하고, 접촉이 소멸하면 느낌이 소멸하며, 느낌이 소멸하면 갈애가 소멸하고, 갈애가 소멸하면 집착이 소멸하며, 집착이 소멸하면 존재가 소멸하고, 존재가 소멸하면 태어남이 소멸하며, 태어남이 소멸하면 늙고 죽음, 우울, 슬픔, 고통, 근심, 불안이 소멸한다. 이와 같이 해서 모든 괴로움의 다발들이 소멸한다."

43. [세존] "수행승들이여, 태어남이 사라짐으로써 늙고 죽음이 사라진다고 했는데, 늙고 죽음은 태어남이 사라짐으로써 사라지는가 아니면, 이것에 대하여 어떻게 생각하는가?"
[수행승들] "세존이시여, 늙고 죽음은 태어남이 사라짐으로써 사라집니다. 그래서 이것에 대하여 이와 같이 '태어남이 사라짐으로써 늙고 죽음이 사라진다'고 생각합니다."

44. [세존] "수행승들이여, 존재가 사라짐으로써 태어남이 사라진다고 했는데, 태어남은 존재가 사라짐으로써 사라지는가 아니면, 이것에 대하여 어떻게 생각하는가?"

[수행승들] "세존이시여, 태어남은 존재가 사라짐으로써 사라집니다. 그래서 이것에 대하여 이와 같이 '존재가 사라짐으로써 태어남이 사라진다'고 생각합니다."

45. [세존] "수행승들이여, 집착이 사라짐으로써 존재가 사라진다고 했는데, 존재는 집착이 사라짐으로써 사라지는가 아니면, 이것에 대하여 어떻게 생각하는가?"
[수행승들] "세존이시여, 존재는 집착이 사라짐으로써 사라집니다. 그래서 이것에 대하여 이와 같이 '집착이 사라짐으로써 존재가 사라진다'고 생각합니다."

46. [세존] "수행승들이여, 갈애가 사라짐으로써 집착이 사라진다고 했는데, 집착은 갈애가 사라짐으로써 사라지는가 아니면, 이것에 대하여 어떻게 생각하는가?"
[수행승들] "세존이시여, 집착은 갈애가 사라짐으로써 사라집니다. 그래서 이것에 대하여 이와 같이 '갈애가 사라짐으로써 집착이 사라진다'고 생각합니다."

47. [세존] "수행승들이여, 느낌이 사라짐으로써 갈애가 사라진다고 했는데, 갈애는 느낌이 사라짐으로써 사라지는가 아니면, 이것에 대하여 어떻게 생각하는가?"
[수행승들] "세존이시여, 갈애는 느낌이 사라짐으로써 사라집니다. 그래서 이것에 대하여 이와 같이 '느낌이 사라짐으로써 갈애가 사라진다'고 생각합니다."

48. [세존] "수행승들이여, 접촉이 사라짐으로써 느낌이 사라진다고 했는데, 느낌은 접촉이 사라짐으로써 사라지는가 아니면, 이것에 대하여 어떻게 생각하는가?"

[수행승들] "세존이시여, 느낌은 접촉이 사라짐으로써 사라집니다. 그래서 이것에 대하여 이와 같이 '접촉이 사라짐으로써 느낌이 사라진다'고 생각합니다."

49. [세존] "수행승들이여, 여섯 감역이 사라짐으로써 접촉이 사라진다고 했는데, 접촉은 여섯 감역이 사라짐으로써 사라지는가 아니면, 이것에 대하여 어떻게 생각하는가?"
[수행승들] "세존이시여, 접촉은 여섯 감역이 사라짐으로써 사라집니다. 그래서 이것에 대하여 이와 같이 '여섯 감역이 사라짐으로써 접촉이 사라진다'고 생각합니다."

50. [세존] "수행승들이여, 명색이 사라짐으로써 여섯 감역이 사라진다고 했는데, 여섯 감역은 명색이 사라짐으로써 사라지는가 아니면, 이것에 대하여 어떻게 생각하는가?"
[수행승들] "세존이시여, 여섯 감역은 명색이 사라짐으로써 사라집니다. 그래서 이것에 대하여 이와 같이 '명색이 사라짐으로써 여섯 감역이 사라진다'고 생각합니다."

51. [세존] "수행승들이여, 의식이 사라짐으로써 명색이 사라진다고 했는데, 명색은 의식이 사라짐으로써 사라지는가 아니면, 이것에 대하여 어떻게 생각하는가?"
[수행승들] "세존이시여, 명색은 의식이 사라짐으로써 사라집니다. 그래서 이것에 대하여 이와 같이 '의식이 사라짐으로써 명색이 사라진다'고 생각합니다."

52. [세존] "수행승들이여, 형성이 사라짐으로써 의식이 사라진다고 했는데, 의식은 형성이 사라짐으로써 사라지는가 아니면, 이것에 대하여 어떻게 생각하는가?"

[수행승들] "세존이시여, 의식은 형성이 사라짐으로써 사라집니다. 그래서 이것에 대하여 이와 같이 '형성이 사라짐으로써 의식이 사라진다'고 생각합니다."

53. [세존] "수행승들이여, 무명이 사라짐으로써 형성이 사라진다고 했는데, 형성은 무명이 사라짐으로써 사라지는가 아니면, 이것에 대하여 어떻게 생각하는가?"
[수행승들] "세존이시여, 형성은 무명이 사라짐으로써 사라집니다. 그래서 이것에 대하여 이와 같이 '무명이 사라짐으로써 형성이 사라진다'고 생각합니다.

54. [세존] "수행승들이여, 훌륭하다. 그대들이 이처럼 말한다면, 나도 또한 이와 같이 말한다. 이것이 없을 때 저것이 없으며 이것이 소멸함으로써 저것이 소멸한다.[301] 즉, 무명이 남김없이 사라져 소멸하면 형성이 소멸하고, 형성이 소멸하면 의식이 소멸하며, 의식이 소멸하면 명색이 소멸하고, 명색이 소멸하면 여섯 감역이 소멸하며, 여섯 감역이 소멸하면 접촉이 소멸하고, 접촉이 소멸하면 느낌이 소멸하며, 느낌이 소멸하면 갈애가 소멸하고, 갈애가 소멸하면 집착이 소멸하며, 집착이 소멸하면 존재가 소멸하고, 존재가 소멸하면 태어남이 소멸하며, 태어남이 소멸하면 늙고 죽음, 우울, 슬픔, 고통, 근심, 불안이 소멸한다. 이와 같이 해서 모든 괴로움의 다발들이 소멸한다."

55. [세존] "수행승들이여, 그대들은 이와 같이 알고 이와 같이 보아서 '우리는 과거세에 있었을까? 우리는 과거세에 없었을까? 우리

301) imasmiṁ asati idaṁ na hoti, imassa nirodhā idaṁ nirujjhati : 이 緣起에서 消滅의 一般原理에 대하여는 경 41번 文段의 註釋을 보라.

는 과거세에 무엇이었을까? 우리는 과거세에 어떻게 지냈을까? 우리는 과거세에 무엇이었다가 무엇으로 변했을까?'라고 과거로 치달을 수 있는가?"

[수행승들] "세존이시여, 그럴 수 없습니다."

[세존] "수행승들이여, 그대들은 이와 같이 알고 이와 같이 보아서 '우리는 미래세에 있을까? 우리는 미래세에 없을까? 우리는 미래세에 무엇이 될까? 우리는 미래세에 어떻게 지낼까? 우리는 미래세에 무엇이 되어 무엇으로 변할까?'라고 미래로 치달을 수 있는가?

[수행승들] "세존이시여, 그럴 수 없습니다."

[세존] "수행승들이여, 그대들은 이와 같이 알고 이와 같이 보아서 '우리는 있는가? 우리는 없는가? 우리는 무엇인가? 우리는 어떻게 있는가? 이 존재는 어디서 왔다가 어디로 가는가?[302]'라고 또한 현세에 이것에 대해 안으로 의심할 수 있는가?"

[수행승들] "세존이시여, 그럴 수 없습니다."

56. [세존] "수행승들이여, 그대들은 이와 같이 알고 이와 같이 보아서 '스승은 우리에게 존경받고 있다. 스승에 대하여 존경하므로 우리가 이와 같이 말한다'고 말할 수 있는가?

[수행승들] "세존이시여, 그럴 수 없습니다."

---

302) MN. 2 「모든 번뇌의 경 [Sabbāsavasutta]」에 따르면, 이러한 過去로 되돌아가거나 未來로 치닫거나 하는 것은 渴愛와 見解 때문에 일어난다. 경전에 의하면, 이러한 잘못된 思惟 때문에 "'나의 自我는 있다'라는 見解가 실제로 확고하게 생겨난다든가 '나의 自我는 없다'라는 見解가 실제로 확고하게 생겨난다든가 '自我에 의해서 自我를 知覺한다'라는 見解가 실제로 확고하게 생겨난다든가 '自我에 의해서 無我를 知覺한다'라는 見解가 실제로 확고하게 생겨난다든가 '無我에 의해서 自我를 知覺한다'라는 見解가 실제로 확고하게 생겨난다. 또는 이와 같이 '나의 이 自我는 말하고 느끼고 여기저기서 善惡의 行爲에 대한 果報를 체험하는데, 그 나의 자아는 恒常하고 恒住하고 恒存하는 것으로 變化하지 않고 永遠히 존재할 것이다.'라는 見解가 생겨난다." 부처님은 이 것을 두고 "見解의 心醉, 見解의 정글, 見解의 險路, 見解의 歪曲, 견해의 몸부림, 見解의 結縛"이라고 불렀다.

[세존] "수행승들이여, 그대들은 이와 같이 알고 이와 같이 보아서 '수행자가 우리에게 이와 같이 말한다. 다른 수행자도 이와 같이 말한다. 그러나 우리는 이와 같이 말하지 않는다'고 말할 수 있는가?"
[수행승들] "세존이시여, 그럴 수 없습니다."
[세존] "수행승들이여, 그대들은 이와 같이 알고 이와 같이 보아서 다른 스승을 인정할 수 있는가?"
[수행승들] "세존이시여, 그럴 수 없습니다."
[세존] "수행승들이여, 그대들은 이와 같이 알고 이와 같이 보아서 배우지 못한 수행자들이나 성직자들의 터부나 떠들썩한 논쟁이나 복점을 진실로서 받아들일 수 있는가?303)"
[수행승들] "세존이시여, 그럴 수 없습니다."
[세존] "수행승들이여, 그대들은 그대들이 스스로 알고 스스로 보고 스스로 깨달은 것만을 말하는 것이 옳은가?"
[수행승들] "세존이시여, 그렇습니다."

57. [세존] "수행승들이여, 훌륭하다. 수행승들이여, 나는 그대들을 현세에 유익한 가르침이며, 시간을 초월하는 가르침이며, 와서 보라고 할 만한 가르침이며, 승화시키는 가르침이며, 슬기로운 이 하나 하나에게 알려지는 가르침으로 이끌어왔다. 왜냐하면, 현세에 유익한 가르침이며, 시간을 초월하는 가르침이며, 와서 보라고 할 만한 가르침이며, 승화시키는 가르침이며, 슬기로운 이 하나 하나에게 알려지는 가르침이라고 말한 것은 이것과 관련하여 말한 것이기 때문이다.

303) puthusamaṇabrāhmaṇānam vatakotūhalamaṅgalāni tāni sārato paccāgaccheyyāthā ti : '배우지 못한 修行者들이나 聖職者들'은 '凡夫 修行者 聖職者들(puthusamaṇabrāhmaṇānam)'을 말한다. vata는 '規律, 德行, 善行, 行動, 義務'등의 뜻이 있고 kotūhala는 '興奮, 騷動, 祝祭'의 의미가 있고, maṅgala는 '幸運, 吉祥, 吉兆, 祝祭'의 의미가 있다.

58. 그런데 수행승들이여, 세 가지 일이 조화가 되어 입태가 이루어진다. 이 세상에서 어머니와 아버지가 결합하더라도, 어머니에게 아직 경수가 없고, 태어나야 할 존재가 현존하지 않으면, 입태가 이루어지지 않는다. 이 세상에서 어머니와 아버지가 결합하고, 어머니에게 경수가 있더라도, 태어나야 할 존재가 현존하지 않으면, 입태가 이루어지지 않는다. 이 세상에서 어머니와 아버지가 결합하고, 어머니에게 경수가 있고, 태어나야 할 존재가 현존하여, 이러한 세 가지 일이 조화가 되어 입태가 이루어진다.304)

59. 그리고 수행승들이여, 어머니는 아홉 달이나 열 달 동안 모태에 태아를 무거운 짐처럼 크게 염려하며 보존한다. 수행승들이여, 어머니는 아홉달이나 열달이 지나면 그 무거운 짐처럼 크게 염려하며 출산하고 어린아이가 태어나면, 자신의 피로 키운다. 수행승들이여, 참으로 고귀한 자의 계율에 따르면, 피는 모유를 말하기 때문이다. 수행승들이여, 그 어린아이는 성장함에 따라, 감관들이 성숙함에 따라, 어린아이의 장난감, 예를 들어 장난감 쟁기, 자치기, 재주넘기, 장난감 풍차, 야자 잎으로 만든 장난감 자, 작은 수레, 작은 화살 등을 가지고 논다. 수행승들이여, 그 어린아이는 성장함에

304) idha matāpitaro va sannipatitā honti, mātā ca utunī hoti, gandhabbo va paccupaṭṭhito hoti ; evaṁ tiṇṇaṁ sannipatā gabbhassa avakkanti hoti : 이것은 個人의 生物學的인 發生에 대한 條件的 隨伴的인 生成의 緣起를 具體的으로 설명한 것이다. 여기서 태어나야 할 존재라고 번역한 gandhabba의 漢譯은 '乾達婆'인데, 生命現象으로서의 意識을 말하는 것인지 曖昧하다. 만약에 그것이 註釋家들의 의견처럼 結生識을 의미한다면, 意識의 輪廻라는 無我說과 矛盾되는 理論이 생겨날 소지가 있다. 그래서 역자는 붓다고싸처럼(Pps. II. 310), '태어나야 할 존재'라고 번역한다. 그러나 그것을 용인한다면, 生命體가 어떤 種으로 태어나기 위해서는 ① 암수의 交合, ② 적당한 時機(經水가 있을 때), ③ 生命現象으로서의 意識(結生識 : gandhabba)이라는 세 가지 條件이 充足되어야 함을 보여주고 있다. 여기서 말하는 이 乾達婆(gandabba)는 일반사람들이 理解하듯이 未來의 父母가 性交할 때에 그들을 바라보고 서있는 靈魂과 같은 存在가 아니라 業의 힘에 의하여 태어날 준비가 된 存在를 의미한다.

따라, 감관들이 성숙함에 따라, 다섯 가지 감각적 쾌락에 대한 욕망의 종류를 부여받고 갖추게 되어 그것들을 즐긴다. 즉 바라고 원하고 사랑스럽고 마음에 들고 아름답고 감각적 쾌락을 수반하고 유혹적인, 시각에 의해 인식되는 형상, 바라고 원하고 사랑스럽고 마음에 들고 아름답고 감각적 쾌락을 수반하고 유혹적인, 청각에 의해 인식되는 소리, 바라고 원하고 사랑스럽고 마음에 들고 아름답고 감각적 쾌락을 수반하고 유혹적인, 후각에 의해 인식되는 냄새, 바라고 원하고 사랑스럽고 마음에 들고 아름답고 감각적 쾌락을 수반하고 유혹적인, 미각에 의해 인식되는 맛, 바라고 원하고 사랑스럽고 마음에 들고 아름답고 감각적 쾌락을 수반하고 유혹적인 촉각에 의해 인식되는 감촉이라는 욕망의 종류를 부여받고 갖추게 되어 그것들을 즐긴다.

60. 그리고 그는 시각으로 형상을 보고, 사랑스런 형상에는 애착하고 사랑스럽지 않은 형상에는 혐오한다. 그는 몸에 대한 새김을 확립하지 못하고 한량 없는 마음을 갖지 못한다.[305] 그래서 그는 악하고 불건전한 상태가 남김없이 제거되는 마음에 의한 해탈과 지혜에 의한 해탈을 있는 그대로 알지 못한다. 그는 호감과 혐오에 따라 그가 경험하는 어떠한 느낌이든지, 즐겁거나 괴롭거나 즐겁지도 괴롭지도 않은 느낌이거나 그 느낌을 기뻐하고 환영하고 탐닉한다.[306] 그 느낌을 기뻐하고 환영하고 탐닉하는 자에게[307] 환락

305) pamāṇacetaso : 無量한 마음(apppamāṇacetaso)에 상대되는 '限量있는 마음'을 말한다. 無量한 마음은 '네 가지 한량 없는 마음(四無量心)'을 말한다.

306) Pps. II. 311에서는 '괴로움을 어떻게 즐기는가(dukkhaṃ katham abhinandati)'라는 의문을 제기하고, '그는 나는 괴로운 것이고 괴로움은 나의 것이라고 執着하며 즐긴다.(ahaṃ dukkhito, mama dukhanti gaṇhanto abhinandati)'라고 설명하고 있다. Bikkhu Bodhi는 일반사람이 苦痛의 느낌을 즐긴다는 것이 분명하다면, 제몫을 다하는 마조키즘(自己虐待) 뿐만 아니라 自我의 느낌을 強力하게 하기 위하여 苦痛스런 상황에 스스로 뛰어

이 생긴다. 그 느낌에 대한 환락이 집착이다. 그 집착을 조건으로 존재가 생겨나고 존재를 조건으로 태어남이 생겨난다. 태어남을 조건으로 늙고 죽음, 우울, 슬픔, 고통, 근심, 불안이 생겨난다. 이와 같이 모든 괴로움의 다발이 함께 생겨난다.

61. 그리고 그는 청각으로 소리를 듣고, 사랑스런 소리에는 애착하고 사랑스럽지 않은 소리에는 혐오한다. 그는 몸에 대한 새김을 확립하지 못하고 한량 없는 마음을 갖지 못한다. 그래서 그는 악하고 불건전한 상태가 남김없이 제거되는 마음에 의한 해탈과 지혜에 의한 해탈을 있는 그대로 알지 못한다. 그는 호감과 혐오에 따라 그가 경험하는 어떠한 느낌이든지, 즐겁거나 괴롭거나 즐겁지도 괴롭지도 않은 느낌이거나 그 느낌을 기뻐하고 환영하고 탐닉한다. 그 느낌을 기뻐하고 환영하고 탐닉하는 자에게 환락이 생긴다. 그 느낌에 대한 환락이 집착이다. 그 집착을 조건으로 존재가 생겨나고 존재를 조건으로 태어남이 생겨난다. 태어남을 조건으로 늙고 죽음, 우울, 슬픔, 고통, 근심, 불안이 생겨난다. 이와 같이 모든 괴로움의 다발이 함께 생겨난다.

62. 그리고 그는 후각으로 냄새를 맡고, 사랑스런 냄새에는 애착하고 사랑스럽지 않은 냄새에는 혐오한다. 그는 몸에 대한 새김을 확립하지 못하고 한량 없는 마음을 갖지 못한다. 그래서 그는 악하고 불건전한 상태가 남김없이 제거되는 마음에 의한 해탈과 지혜에 의한 해탈을 있는 그대로 알지 못한다. 그는 호감과 혐오에 따라

드는 일반사람을 상정할 수 있다고 主張했다.

307) 이 진술은 緣起의 고리에서 느낌과 '기뻐하고 환영하고 탐닉하는' 渴愛 사이에서 調整局面을 맞는다 것을 나타낸다. 過去의 渴愛를 통해서 얻어진 몸은 過去의 業의 成熟된 소산이므로 느낌은 필연적으로 일어난다. 그 느낌을 '기뻐하고 환영하고 탐닉하는' 것이 渴愛이다.

그가 경험하는 어떠한 느낌이든지, 즐겁거나 괴롭거나 즐겁지도 괴롭지도 않은 느낌이거나 그 느낌을 기뻐하고 환영하고 탐닉한다. 그 느낌을 기뻐하고 환영하고 탐닉하는 자에게 환락이 생긴다. 그 느낌에 대한 환락이 집착이다. 그 집착을 조건으로 존재가 생겨나고 존재를 조건으로 태어남이 생겨난다. 태어남을 조건으로 늙고 죽음, 우울, 슬픔, 고통, 근심, 불안이 생겨난다. 이와 같이 모든 괴로움의 다발이 함께 생겨난다.

63. 그리고 그는 미각으로 맛을 맛보고, 사랑스런 맛에는 애착하고 사랑스럽지 않은 맛에는 혐오한다. 그는 몸에 대한 새김을 확립하지 못하고 한량 없는 마음을 갖지 못한다. 그래서 그는 악하고 불건전한 상태가 남김없이 제거되는 마음에 의한 해탈과 지혜에 의한 해탈을 있는 그대로 알지 못한다. 그는 호감과 혐오에 따라 그가 경험하는 어떠한 느낌이든지, 즐겁거나 괴롭거나 즐겁지도 괴롭지도 않은 느낌이거나 그 느낌을 기뻐하고 환영하고 탐닉한다. 그 느낌을 기뻐하고 환영하고 탐닉하는 자에게 환락이 생긴다. 그 느낌에 대한 환락이 집착이다. 그 집착을 조건으로 존재가 생겨나고 존재를 조건으로 태어남이 생겨난다. 태어남을 조건으로 늙고 죽음, 우울, 슬픔, 고통, 근심, 불안이 생겨난다. 이와 같이 모든 괴로움의 다발이 함께 생겨난다.

64. 그리고 그는 촉각으로 감촉을 느끼고, 사랑스런 감촉에는 애착하고 사랑스럽지 않은 감촉에는 혐오한다. 그는 몸에 대한 새김을 확립하지 못하고 한량 없는 마음을 갖지 못한다. 그래서 그는 악하고 불건전한 상태가 남김없이 제거되는 마음에 의한 해탈과 지혜에 의한 해탈을 있는 그대로 알지 못한다. 그는 호감과 혐오에 따라

그가 경험하는 어떠한 느낌이든지, 즐겁거나 괴롭거나 즐겁지도 괴롭지도 않은 느낌이거나 그 느낌을 기뻐하고 환영하고 탐닉한다. 그 느낌을 기뻐하고 환영하고 탐닉하는 자에게 환락이 생긴다. 그 느낌에 대한 환락이 집착이다. 그 집착을 조건으로 존재가 생겨나고 존재를 조건으로 태어남이 생겨난다. 태어남을 조건으로 늙고 죽음, 우울, 슬픔, 고통, 근심, 불안이 생겨난다. 이와 같이 모든 괴로움의 다발이 함께 생겨난다.

65. 그리고 그는 정신으로 사물을 인식하고, 사랑스런 사물에는 애착하고 사랑스럽지 않은 사물에는 혐오한다. 그는 몸에 대한 새김을 확립하지 못하고 한량 없는 마음을 갖지 못한다. 그래서 그는 악하고 불건전한 상태가 남김없이 제거되는 마음에 의한 해탈과 지혜에 의한 해탈을 있는 그대로 알지 못한다. 그는 호감과 혐오에 따라 그가 경험하는 어떠한 느낌이든지, 즐겁거나 괴롭거나 즐겁지도 괴롭지도 않은 느낌이거나 그 느낌을 기뻐하고 환영하고 탐닉한다. 그 느낌을 기뻐하고 환영하고 탐닉하는 자에게 환락이 생긴다. 그 느낌에 대한 환락이 집착이다. 그 집착을 조건으로 존재가 생겨나고 존재를 조건으로 태어남이 생겨난다. 태어남을 조건으로 늙고 죽음, 우울, 슬픔, 고통, 근심, 불안이 생겨난다. 이와 같이 모든 괴로움의 다발이 함께 생겨난다.

66. 수행승들이여, 이렇게 오신 님, 공양 받을만한 님, 올바로 원만히 깨달은 님, 명지와 덕행을 갖추신 님, 바른 길로 잘 가신 님, 세상을 이해하는 님, 가장 높은 자리에 오르신 님, 사람들을 길들이시는 님, 신들과 인간의 스승이신 님, 부처님이신 세존은 세상에 나타난다. 그는 이 신들의 세계, 악마들의 세계, 하느님들의 세계, 성직

자들과 수행자들의 후예들, 그리고 왕들과 백성의 세계에 관해 스스로 알고 깨달아 가르친다. 그는 처음도 착하고, 중간도 착하고, 끝도 착하고, 의미를 갖추고, 표현을 갖춘 가르침을 설하고, 충만하고 순결하고 청정한 삶을 가르친다.308)

67. 그래서 장자나 장자의 아들이나 다른 종족의 출신자가 그 가르침을 듣게 된다. 그 가르침을 듣고 여래에 대한 확신을 얻는다. 여래에 대한 확신을 얻게 된 그는 '집에서 사는 것은 번잡하고 티끌로 가득 차 있지만 출가는 자유로운 공간과 같다. 집에서 사는 자는 충만하고 순결한 진주처럼 잘 연마된 청정한 삶을 살기가 어렵다. 자, 나는 머리를 깎고 가사를 입고 집에서 집없는 곳으로 출가하여 수행승이 되는 것이 어떨까?'라고 이와 같이 생각한다. 그는 나중에 작은 재물을 버리고, 또는 큰 재물을 버리고, 그리고 적은 친지를 버리고, 또는 많은 친지를 버리고, 집에서 집없는 곳으로 출가하여 수행승이 된다.

68. 이와 같이, 그는 출가해서 수행승이 배워야 할 생활규칙을 갖추어 살아있는 생명을 죽이는 것을 버리고, 살아있는 생명을 죽이는 것을 떠나고, 몽둥이를 버리고 칼을 버리고, 부끄러워하고, 자비로운 마음으로 모든 살아있는 생명을 가엾고 불쌍히 여긴다. 주지 않은 것을 빼앗는 것을 버리고, 주지 않은 것을 빼앗는 것을 떠나고, 주는 것을 받고, 주는 것에 따르고, 훔치지 않은 깨끗한 것으로 살아간다. 순결하지 못한 삶을 버리고, 청정하지 못한 삶을 멀리하고, 음욕을 일삼는 세속적인 것을 떠난다.

308) 이하는 MN. 27「코끼리 자취에 비유한 작은 경[Cūḷahatthipadopamasutta]」의 後半部와 類似하다. 여기에 대한 註釋은 그 곳을 보라

69. 그는 거짓말을 버리고, 거짓말을 떠나고, 진실을 말하고, 신뢰할 만하고, 의지할 만하고, 세상을 속이지 않는다. 중상을 버리고, 중상에서 떠나고, 여기서 듣고 저기에 옮겨 사람들 사이를 이간함이 없이, 저기서 듣고 여기에 옮겨서 사람들 사이를 이간함이 없이, 그래서 사이가 멀어진 자를 화해시키고, 화해한 자를 돕고, 화해에 흐뭇해하고, 화해를 즐기고, 화해를 기뻐하고, 화해하는 말을 한다. 욕지거리를 버리고 욕지거리에서 떠나고 온화하여 귀에 듣기 좋고 사랑스럽고 흐뭇하고 우아하고 많은 사람이 좋아하고 많은 사람이 마음에 들어하는 그러한 말을 한다. 꾸며대는 말을 버리고, 꾸며대는 말을 떠나고, 적당한 때에 말하고, 사실을 말하고, 유익한 말을 하고, 가르침을 말하고, 계율을 말하고, 새길 가치가 있고, 이유가 있고, 신중하고, 이익을 가져오는 말을 때에 맞춰 한다.

70. 그는 종자나 식물을 해치는 것에서도 떠난다. 하루 한 번 식사하고, 밤에는 식사하지 않으며, 때아닌 때에 먹는 것을 떠난다. 노래·춤·음악·연극 등을 보는 것에서 떠난다. 꽃다발·향료·크림을 가지고 화장하고 장식하는 것에서 떠난다. 높은 침대, 큰 침대에서 떠난다. 금은을 받는 것에서 떠난다. 날곡식을 받는 것에서 떠난다. 날고기를 받는 것에서 떠난다. 여인이나 여자아이를 받는 것에서 떠난다. 하녀나 하인을 받는 것에서 떠난다. 산양이나 양을 받는 것에서 떠난다. 닭이나 돼지를 받는 것에서 떠난다. 코끼리나 소나 암말, 수말을 받는 것에서 떠난다. 전답이나 땅을 받는 것에서 떠난다. 심부름을 보내거나 가는 것에서 떠난다. 사고 파는 것을 떠난다. 저울을 속이고, 화폐를 속이고, 도량을 속이는 것에서 떠난다. 사기·기만·간계·부정에서 떠난다. 절단하고 살육하고 포박하고 노

략하고 약탈하고 폭행하는 것에서 떠난다.

71. 그는 옷은 몸을 보호하는 것으로 족하게 걸치고, 식사는 배를 유지하는 것으로 족하게 하고, 어디에 가든지 오로지 이것들만을 가지고 간다. 마치 날개를 가진 새가 어디로 날든지 날개를 유일한 짐으로 하늘을 날 듯이, 이와 같이 수행승은 옷은 몸을 보호하는 것으로 족하게 걸치고, 식사는 배를 유지하는 것으로 족하게 하고, 어디에 가든지 오로지 이것들만 가지고 간다. 그는 고귀한 여러 가지 계율을 갖추고 안으로 허물이 없는 행복을 느낀다.

72. 그는 시각으로 형상을 보지만 그 인상에 집착하지 않고 그 특징에 집착하지 않는다. 만약 그가 시각능력을 잘 다스리지 않으면, 탐욕, 근심, 악하고 불건전한 상태가 그를 침범할 것이므로, 절제의 길을 따르고, 시각능력을 보호하고, 시각능력을 수호한다.

73. 그는 청각으로 소리를 듣지만 그 인상에 집착하지 않고 그 특징에 집착하지 않는다. 만약 그가 청각능력을 잘 다스리지 않으면, 탐욕, 근심, 악하고 불건전한 상태가 그를 침범할 것이므로, 절제의 길을 따르고, 청각능력을 보호하고, 청각능력을 수호한다.

74. 그는 후각으로 냄새를 맡지만 그 인상에 집착하지 않고 그 특징에 집착하지 않는다. 만약 그가 후각능력을 잘 다스리지 않으면, 탐욕, 근심, 악하고 불건전한 상태가 그를 침범할 것이므로, 절제의 길을 따르고, 후각능력을 보호하고, 후각능력을 수호한다.

75. 그는 미각으로 맛을 맛보지만 그 인상에 집착하지 않고 그 특징에 집착하지 않는다. 만약 그가 미각능력을 잘 다스리지 않으면, 탐욕, 근심, 악하고 불건전한 상태가 그를 침범할 것이므로, 절제의

길을 따르고, 미각능력을 보호하고, 미각능력을 수호한다.

76. 그는 촉각으로 감촉을 느끼지만 그 인상에 집착하지 않고 그 특징에 집착하지 않습니다. 만약 그가 촉각능력을 잘 다스리지 않으면, 탐욕과 근심, 그리고 악하고 불건전한 상태가 그를 침범할 것이므로, 절제의 길을 따르고, 촉각능력을 보호하고, 촉각능력을 수호한다.

77. 그는 정신으로 사물을 인식하지만 그 인상에 집착하지 않고 그 특징에 집착하지 않는다. 만약 그가 정신능력을 잘 다스리지 않으면, 탐욕과 근심, 그리고 악하고 불건전한 상태가 그를 침범할 것이므로, 절제의 길을 따르고, 정신능력을 보호하고, 정신능력을 수호한다. 그는 이 고귀한 감각능력을 보호하고, 안으로 허물이 없는 행복을 느낀다.

78. 그는 나아가는 것과 돌아오는 것을 올바로 알고, 앞을 바라보는 것과 뒤를 바라보는 것을 올바로 알고, 굽히는 것과 펼치는 것을 올바로 알고, 가사와 발우를 간수하는 것을 올바로 알고, 먹고 마시고 씹고 맛보는 것을 올바로 알고, 대변과 소변을 보는 것을 올바로 알고, 가고 서고 앉고 잠자고 깨어나고 말하고 침묵하는 것을 올바로 안다.

79. 그는 이 고귀한 여러 계율을 갖추고 이 고귀한 감각능력을 수호하여 갖추고, 이 고귀한 올바른 앎을 갖추고, 한적한 숲이나 나무 아래나 산이나 계곡이나 동굴이나 묘지나 숲속이나 노천이나 짚더미가 있는 곳과 같은 격리된 처소를 벗으로 삼는다.

80. 그는 식사를 마친 뒤, 탁발에서 돌아와 앉아서 가부좌를 틀고,

몸을 곧게 세우고, 얼굴 앞으로 새김을 일으킨다.

1) 세상에 대한 탐욕을 버리고, 탐욕을 여읜 마음으로 지내며, 탐욕에서 마음을 정화시킨다.
2) 세상에 대한 분노를 버리고, 분노를 여읜 마음으로 지내며, 모든 뭇삶을 가엽게 여기며, 분노에서 마음을 정화시킨다.
3) 해태와 혼침을 버리고, 해태와 혼침을 떠나서 빛을 지각하고 새김을 확립하고 올바로 알아차리며 해태와 혼침에서 마음을 정화시킵니다.
4) 흥분과 회한을 버리고, 차분하게 지내며 안으로 마음을 고요히 하여, 흥분과 회한으로부터 마음을 정화시킨다.
5) 의심을 버리고 의심을 극복하여 착하고 건전한 것에 의혹을 품지 않고 의심으로부터 마음을 정화한다.

81. 그리고,

1) 그는 이들 다섯 가지 장애, 즉 지혜를 허약하게 만드는 마음의 오염을 버리고, 감각적 쾌락의 욕망을 버리고 악하고 불건전한 상태를 떠나서, 사유를 갖추고 숙고를 갖추어, 멀리 떠남에서 생겨난 희열과 행복을 갖춘 첫 번째 선정을 성취한다.
2) 수행승들이여, 다시 수행승은 사유와 숙고를 멈춘 뒤, 안으로 고요하게 하여 마음을 통일하고, 사유를 뛰어넘고 숙고를 뛰어넘어, 삼매에서 생겨나는 희열과 행복을 갖춘 두 번째 선정을 성취한다.
3) 수행승들이여, 다시 수행승은 희열이 사라진 뒤, 아직 신체적으로 즐거움을 느끼지만, 새김을 확립하고 올바로 알아차리며 평정하게 지낸다. 그래서 고귀한 이들이 '평정하고 새김이 깊고 행복을 느낀다'고 말하는 세 번째 선정을 성취한다.
4) 수행승들이여, 다시 수행승은 행복을 버리고 고통을 버려서, 이전

의 쾌락과 근심을 사라지게 하고, 괴로움도 뛰어넘고 즐거움도 뛰어넘어, 평정하고 새김이 깊고 청정한 네 번째 선정을 성취한다.

82. 그리고 그는 시각으로 형상을 보고 사랑스런 형상에는 애착하지 않고 사랑스럽지 않은 형상에는 혐오하지 않는다. 그는 몸에 대한 새김을 확립하고 한량 없는 마음을[309] 갖는다. 그래서 그는 악하고 불건전한 상태가 남김없이 제거되는 마음에 의한 해탈과 지혜에 의한 해탈을 있는 그대로 잘 안다. 그는 호감과 혐오에 따라 그가 경험하는 어떠한 느낌이든지, 즐겁거나 괴롭거나 즐겁지도 괴롭지도 않은 느낌이거나 그 느낌을 기뻐하지 않고 환영하지 않고 탐닉하지 않는다. 그 느낌을 기뻐하지 않고 환영하지 않고 탐닉하지 않는 자에게 환락이 소멸된다. 그 환락이 소멸함으로써 집착이 소멸한다. 집착이 소멸함으로써 존재가 소멸하고 존재가 소멸함으로써 태어남이 소멸한다. 태어남이 소멸함으로써 늙고 죽음, 우울, 슬픔, 고통, 근심, 불안이 소멸한다. 이와 같이 모든 괴로움의 다발이 함께 소멸한다.

83. 그리고 그는 청각으로 소리를 듣고 사랑스런 소리에는 애착하지 않고 사랑스럽지 않은 소리에는 혐오하지 않는다. 그는 몸에 대한 새김을 확립하고 한량 없는 마음을 갖는다. 그래서 그는 악하고 불건전한 상태가 남김없이 제거되는 마음에 의한 해탈과 지혜에 의한 해탈을 있는 그대로 잘 안다. 그는 호감과 혐오에 따라 그가 경험하는 어떠한 느낌이든지, 즐겁거나 괴롭거나 즐겁지도 괴롭지도 않은 느낌이거나 그 느낌을 기뻐하지 않고 환영하지 않고 탐닉하지 않는다. 그 느낌을 기뻐하지 않고 환영하지 않고 탐닉하지 않

309) appamāṇacetaso : Pps. II. 311에 따르면, 無量한 마음은 出世間的인 마음이다.

는 자에게 환락은 소멸된다. 그 환락이 소멸함으로써 집착이 소멸한다. 집착이 소멸함으로써 존재가 소멸하고 존재가 소멸함으로써 태어남이 소멸한다. 태어남이 소멸함으로써 늙고 죽음, 우울, 슬픔, 고통, 근심, 불안이 소멸한다. 이와 같이 모든 괴로움의 다발이 함께 소멸한다.

84. 그리고 그는 후각으로 냄새를 맡고 사랑스런 냄새에는 애착하지 않고 사랑스럽지 않은 냄새에는 혐오하지 않는다. 그는 몸에 대한 새김을 확립하고 한량 없는 마음을 갖는다. 그래서 그는 악하고 불건전한 상태가 남김없이 제거되는 마음에 의한 해탈과 지혜에 의한 해탈을 있는 그대로 잘 안다. 그는 호감과 혐오에 따라 그가 경험하는 어떠한 느낌이든지, 즐겁거나 괴롭거나 즐겁지도 괴롭지도 않은 느낌이거나 그 느낌을 기뻐하지 않고 환영하지 않고 탐닉하지 않는다. 그 느낌을 기뻐하지 않고 환영하지 않고 탐닉하지 않는 자에게 환락은 소멸된다. 그 환락이 소멸함으로써 집착이 소멸한다. 집착이 소멸함으로써 존재가 소멸하고 존재가 소멸함으로써 태어남이 소멸한다. 태어남이 소멸함으로써 늙고 죽음, 우울, 슬픔, 고통, 근심, 불안이 소멸한다. 이와 같이 모든 괴로움의 다발이 함께 소멸한다.

85. 그리고 그는 미각으로 맛을 맛보고 사랑스런 맛에는 애착하지 않고 사랑스럽지 않은 맛에는 혐오하지 않는다. 그는 몸에 대한 새김을 확립하고 한량 없는 마음을 갖는다. 그래서 그는 악하고 불건전한 상태가 남김없이 제거되는 마음에 의한 해탈과 지혜에 의한 해탈을 있는 그대로 잘 안다. 그는 호감과 혐오에 따라 그가 경험하는 어떠한 느낌이든지, 즐겁거나 괴롭거나 즐겁지도 괴롭지도 않은

느낌이거나 그 느낌을 기뻐하지 않고 환영하지 않고 탐닉하지 않는다. 그 느낌을 기뻐하지 않고 환영하지 않고 탐닉하지 않는 자에게 환락은 소멸된다. 그 환락이 소멸함으로써 집착이 소멸한다. 집착이 소멸함으로써 존재가 소멸하고 존재가 소멸함으로써 태어남이 소멸한다. 태어남이 소멸함으로써 늙고 죽음, 우울, 슬픔, 고통, 근심, 불안이 소멸한다. 이와 같이 모든 괴로움의 다발이 함께 소멸한다.

86. 그리고 그는 촉각으로 감촉을 느끼고 사랑스런 감촉에는 애착하지 않고 사랑스럽지 않은 감촉에는 혐오하지 않는다. 그는 몸에 대한 새김을 확립하고 한량 없는 마음을 갖는다. 그래서 그는 악하고 불건전한 상태가 남김없이 제거되는 마음에 의한 해탈과 지혜에 의한 해탈을 있는 그대로 잘 안다. 그는 호감과 혐오에 따라 그가 경험하는 어떠한 느낌이든지, 즐겁거나 괴롭거나 즐겁지도 괴롭지도 않은 느낌이거나 그 느낌을 기뻐하지 않고 환영하지 않고 탐닉하지 않는다. 그 느낌을 기뻐하지 않고 환영하지 않고 탐닉하지 않는 자에게 환락은 소멸된다. 그 환락이 소멸함으로써 집착이 소멸한다. 집착이 소멸함으로써 존재가 소멸하고 존재가 소멸함으로써 태어남이 소멸한다. 태어남이 소멸함으로써 늙고 죽음, 우울, 슬픔, 고통, 근심, 불안이 소멸한다. 이와 같이 모든 괴로움의 다발이 함께 소멸한다.

87. 그리고 그는 정신으로 사물을 인식하고 사랑스런 사물에는 애착하지 않고 사랑스럽지 않은 사물에는 혐오하지 않는다. 그는 몸에 대한 새김을 확립하고 한량 없는 마음을 갖는다. 그래서 그는 악하고 불건전한 상태가 남김없이 제거되는 마음에 의한 해탈과

지혜에 의한 해탈을 있는 그대로 잘 안다. 그는 호감과 혐오에 따라 그가 경험하는 어떠한 느낌이든지, 즐겁거나 괴롭거나 즐겁지도 괴롭지도 않은 느낌이거나 그 느낌을 기뻐하지 않고 환영하지 않고 탐닉하지 않는다. 그 느낌을 기뻐하지 않고 환영하지 않고 탐닉하지 않는 자에게 환락은 소멸된다. 그 환락이 소멸함으로써 집착이 소멸한다. 집착이 소멸함으로써 존재가 소멸하고 존재가 소멸함으로써 태어남이 소멸한다. 태어남이 소멸함으로써 늙고 죽음, 우울, 슬픔, 고통, 근심, 불안이 소멸한다. 이와 같이 모든 괴로움의 다발이 함께 소멸한다.

88. 수행승들이여, 그대들은 내가 간략하게 설한 갈애의 부숨에 대한 큰 경을 받아 지녀라. 그러나 어부의 아들 수행승 싸띠는 커다란 갈애의 그물, 갈애의 족쇄에 사로잡혀있다."

89. 세존께서는 이와 같이 말씀하셨다. 그들 수행승들은 만족하여 세존께서 말씀하신 것을 기뻐게 받아들였다.

12. 현재 괴롭더라도 미래에는 행복할 수 있을까?

[Mahādhammasamādānasutta][310)]

이 세상의 배우지 못한 대부분의 사람은 거룩한 이를 인정하지 않고, 거룩한 가르침을 알지 못하고, 거룩한 가르침에 이끌리지 않고, 참사람을 인정하지 않고, 참사람을 알지 못하고, 참사람에 이끌리지 않는다.

1. 이와 같이 나는 들었다. 한 때 세존께서 싸밧티 시의 제따바나에 있는 아나타삔디까 승원에 계셨다.

2. 그 때 세존께서 "수행승들이여"라고 수행승들을 부르셨다. 수행승들은 "세존이시여"라고 세존께 대답했다. 세존께서는 이와 같이 말씀하셨다.

3. [세존] "수행승들이여, 대부분 뭇삶들은 이와 같이 욕망하고 이와 같이 욕구하고 이와 같이 의도하고 있다. '아, 참으로 원하지 않고 사랑하지 않고 좋아하지 않는 것들은 쇠퇴할 것이고, 원하고 사랑하고 좋아하는 것들은 번영할 것이다.' 수행승들이여, 그러나 대부분 뭇삶들이 이와 같이 욕망하고 이와 같이 욕구하고 이와 같이 의도하더라도 그들이 원하지 않고 사랑하지 않고 좋아하지 않는

---

310) 이 경의 원래 제목은 「삶의 수용에 대한 큰 경[Mahādhammasamādānasutta]」이다. 우리말 『맛지마니까야』 2권 299쪽에 있다. MN. I. 309; 中阿含 175, 受法經(大正 1, 712), 應法經(大正 1, 902) 참조.

것들은 번영할 것이고, 원하고 사랑하고 좋아하는 것들은 쇠퇴할 것이다. 수행승들이여, 그대들은 그 원인이 무엇이라고 생각하는가?"

4. [수행승들] "세존이시여, 저희들의 법은 세존을 뿌리로 하고 세존을 스승으로 하고 세존을 귀의처로 합니다. 세존이시여, 세존께서는 그 말씀하신 바의 의미를 밝혀주시면 감사하겠습니다. 수행승들은 세존으로부터 듣고 받아 지닐 것입니다."

5. [세존] "수행승들이여, 그렇다면, 듣고 잘 새겨라. 내가 설명할 것이다."
[수행승들] "세존이시여, 그렇게 하겠습니다."
세존께서는 이와 같이 말씀하셨다.

6. [세존] "수행승들이여, 이 세상의 배우지 못한 대부분의 사람은 거룩한 이를 인정하지 않고, 거룩한 가르침을 알지 못하고, 거룩한 가르침에 이끌리지 않고, 참사람을 인정하지 않고, 참사람을 알지 못하고, 참사람에 이끌리지 않는다. 그는 길들여져야 할 것을 모르고, 길들여지지 않아야 할 것을 모르고, 준수해야 할 것을 모르고, 준수하지 않아야 할 것을 모른다. 그는 길들여지지 않아야 할 것을 길들이고, 길들여야 할 것을 길들이지 않고, 준수하지 않아야 할 것을 준수하고, 준수해야 할 것을 준수하지 않는다. 길들여지지 않아야 할 것을 길들이고, 길들여야 할 것을 길들이지 않고, 준수하지 않아야 할 것을 준수하고, 준수해야 할 것을 준수하지 않으므로, 그에게 원하지 않고 사랑하지 않고 좋아하지 않는 것들은 번영하고, 원하고 사랑하고 좋아하는 것들은 쇠퇴한다. 그것은 무슨 까닭인가? 수행승들이여, 그것은 알지 못하는 자에게 일어난 것이기 때문이다.

7. 수행승들이여, 이 세상의 잘 배운 고귀한 제자는 거룩한 이를 인정하고, 거룩한 가르침을 알고, 거룩한 가르침에 이끌리고, 참사람을 인정하고, 참사람을 알고, 참사람에 이끌린다. 그는 길들여져야 할 것을 분명히 알고, 길들여지지 않아야 할 것을 분명히 알고 준수해야 할 것을 분명히 알고 준수하지 않아야 할 것을 분명히 안다. 그는 길들여야 할 것을 길들이고, 길들이지 말아야 할 것을 길들이지 않고, 준수해야 할 것을 준수하고, 준수하지 말아야 할 것을 준수하지 않는다. 길들여야 할 것을 길들이고, 길들이지 말아야 할 것을 길들이지 않고, 준수해야 할 것을 준수하고, 준수하지 말아야 것을 준수하지 않으므로, 그에게 원하지 않고 사랑하지 않고 좋아하지 않는 것들은 쇠퇴하고, 원하고 사랑하고 좋아하는 것들은 번영한다. 그것은 무슨 까닭인가? 수행승들이여, 그것은 아는 자에게 일어난 것이기 때문이다.

8. 수행승들이여, 이와 같은 네 가지 종류의 삶의 수용이 있다. 네 가지란 어떠한 것인가?

1) 수행승들이여, 현재에도 괴롭지만 미래에도 괴로운 결과를 초래하는 삶의 수용이 있다.
2) 수행승들이여, 현재에 즐겁지만 미래에 괴로운 결과를 초래하는 삶의 수용이 있다.
3) 수행승들이여, 현재에 괴롭지만 미래에 즐거운 결과를 초래하는 삶의 수용이 있다.
4) 수행승들이여, 현재에도 즐겁지만 미래에도 즐거운 결과를 초래하는 삶의 수용이 있다.

9. 수행승들이여, 현재에도 괴롭지만 미래에도 괴로운 결과를 초래

하는 삶의 수용이 있다. 그것에 대하여 인식하지 못하고 알지 못하는 자는 '이것이 현재에도 괴롭지만 미래에도 괴로운 결과를 초래하는 삶의 수용이다'고 있는 그대로 분명히 알지 못한다. 그것에 대하여 인식하지 못하고 알지 못하여, 있는 그대로 분명히 알지 못하는 자는 그것에 길들여지고, 그것에서 벗어나지 못한다. 그것에 길들여지고, 그것에서 벗어나지 못하므로, 그에게 원하지 않고 사랑하지 않고 좋아하지 않는 것들은 번영하고, 원하고 사랑하고 좋아하는 것들은 쇠퇴한다. 그것은 무슨 까닭인가? 수행승들이여, 그것은 알지 못하는 자에게 일어난 것이기 때문이다.

10. 수행승들이여, 현재에 즐겁지만 미래에 괴로운 결과를 초래하는 삶의 수용이 있다. 그것에 대하여 인식하지 못하고 알지 못하는 자는 '이것이 현재에는 즐겁지만 미래에는 괴로운 결과를 초래하는 삶의 수용이다'고 있는 그대로 분명히 알지 못한다. 그것에 대하여 인식하지 못하고 알지 못하여, 있는 그대로 분명히 알지 못하는 자는 그것에 길들여지고, 그것에서 벗어나지 못한다. 그것에 길들여지고, 그것에서 벗어나지 못하므로, 그에게 원하지 않고 사랑하지 않고 좋아하지 않는 것들은 번영하고, 원하고 사랑하고 좋아하는 것들은 쇠퇴한다. 그것은 무슨 까닭인가? 수행승들이여, 그것은 알지 못하는 자에게 일어난 것이기 때문이다.

11. 수행승들이여, 현재에 괴롭지만 미래에 즐거운 결과를 초래하는 삶의 수용이 있다. 그것에 대하여 인식하지 못하고 알지 못하는 자는 '이것이 현재에는 괴롭지만 미래에는 즐거운 결과를 초래하는 삶의 수용이다'고 있는 그대로 분명히 알지 못한다. 그것에 대하여 인식하지 못하고 알지 못하여, 있는 그대로 분명히 알지 못하는 자

는 그것에 길들여지고, 그것에서 벗어나지 못한다. 그것에 길들여지고, 그것에서 벗어나지 못하므로, 그에게 원하지 않고 사랑하지 않고 좋아하지 않는 것들은 번영하고, 원하고 사랑하고 좋아하는 것들은 쇠퇴한다. 그것은 무슨 까닭인가? 수행승들이여, 그것은 알지 못하는 자에게 일어난 것이기 때문이다.

12. 수행승들이여, 현재에도 즐겁지만 미래에도 즐거운 결과를 초래하는 삶의 수용이 있다. 그것에 대하여 인식하지 못하고 알지 못하는 자는 '이것이 현재에도 즐겁지만 미래에도 즐거운 결과를 초래하는 삶의 수용이다'고 있는 그대로 분명히 알지 못한다. 그것에 대하여 인식하지 못하고 알지 못하여, 있는 그대로 분명히 알지 못하는 자는 그것에 길들여지고, 그것에서 벗어나지 못한다. 그것에 길들여지고, 그것에서 벗어나지 못하므로, 그에게 원하지 않고 사랑하지 않고 좋아하지 않는 것들은 번영하고, 원하고 사랑하고 좋아하는 것들은 쇠퇴한다. 그것은 무슨 까닭인가? 수행승들이여, 그것은 알지 못하는 자에게 일어난 것이기 때문이다.

13. 수행승들이여, 현재에도 괴롭지만 미래에도 괴로운 결과를 초래하는 삶의 수용이 있다. 그것에 대하여 인식하고 아는 자는 '이것이 현재에도 괴롭지만 미래에도 괴로운 결과를 초래하는 삶의 수용이다'고 있는 그대로 분명히 안다. 그것에 대하여 인식하고 알아서, 있는 그대로 분명히 아는 자는 그것에 길들여지지 않고, 그것에서 벗어난다. 그것에 길들여지지 않고, 그것에서 벗어나므로, 그에게 원하지 않고 사랑하지 않고 좋아하지 않는 것들은 쇠퇴하고, 원하고 사랑하고 좋아하는 것들은 번영한다. 그것은 무슨 까닭인가? 수행승들이여, 그것은 아는 자에게 일어난 것이기 때문이다.

14. 수행승들이여, 현재에는 즐겁지만 미래에는 괴로운 결과를 초래하는 삶의 수용이 있다. 그것에 대하여 인식하고 아는 자는 '이것이 현재에는 즐겁지만 미래에는 괴로운 결과를 초래하는 삶의 수용이다'고 있는 그대로 분명히 안다. 그것에 대하여 인식하고 알아서, 있는 그대로 분명히 아는 자는 그것에 길들여지지 않고, 그것에서 벗어난다. 그것에 길들여지지 않고, 그것에서 벗어나므로, 그에게 원하지 않고 사랑하지 않고 좋아하지 않는 것들은 쇠퇴하고, 원하고 사랑하고 좋아하는 것들은 번영한다. 그것은 무슨 까닭인가? 수행승들이여, 그것은 아는 자에게 일어난 것이기 때문이다.

15. 수행승들이여, 현재에는 괴롭지만 미래에는 즐거운 결과를 초래하는 삶의 수용이 있다. 그것에 대하여 인식하고 아는 자는 '이것이 현재에는 괴롭지만 미래에는 즐거운 결과를 초래하는 삶의 수용이다'고 있는 그대로 분명히 안다. 그것에 대하여 인식하고 알아서, 있는 그대로 분명히 아는 자는 그것에 길들여지지 않고, 그것에서 벗어난다. 그것에 길들여지지 않고, 그것에서 벗어나므로, 그에게 원하지 않고 사랑하지 않고 좋아하지 않는 것들은 쇠퇴하고, 원하고 사랑하고 좋아하는 것들은 번영한다. 그것은 무슨 까닭인가? 수행승들이여, 그것은 아는 자에게 일어난 것이기 때문이다.

16. 수행승들이여, 현재에도 즐겁지만 미래에도 즐거운 결과를 초래하는 삶의 수용이 있다. 그것에 대하여 인식하고 아는 자는 '이것이 현재에도 즐겁지만 미래에도 즐거운 결과를 초래하는 삶의 수용이다'고 있는 그대로 분명히 안다. 그것에 대하여 인식하고 알아서, 있는 그대로 분명히 아는 자는 그것에 길들여지지 않고, 그것에서 벗어난다. 그것에 길들여지지 않고, 그것에서 벗어나므로, 그에

게 원하지 않고 사랑하지 않고 좋아하지 않는 것들은 쇠퇴하고, 원하고 사랑하고 좋아하는 것들은 번영한다. 그것은 무슨 까닭인가? 수행승들이여, 그것은 아는 자에게 일어난 것이기 때문이다.

17. 수행승들이여, 어떠한 것이 현재에도 괴롭지만 미래에도 괴로운 결과를 초래하는 삶의 수용인가?
수행승들이여, 이 세상에 어떤 사람은,

1) 괴로워하고 불쾌해 하며 살아있는 생명을 죽이고 그 살아있는 생명을 죽이는 것을 조건으로 괴롭고 불쾌한 것을 체험한다.
2) 괴로워하고 불쾌해 하며 주지 않는 것을 빼앗고 그 주지 않는 것을 빼앗는 것을 조건으로 괴롭고 불쾌한 것을 체험한다.
3) 괴로워하고 불쾌해 하며 사랑을 나눔에 잘못을 저지르고 그 사랑을 나눔에 잘못을 저지르는 것을 조건으로 괴롭고 불쾌한 것을 체험한다.
4) 괴로워하고 불쾌해 하며 어리석은 거짓말을 하고 그 어리석은 거짓말을 조건으로 괴롭고 불쾌한 것을 체험한다.
5) 괴로워하고 불쾌해 하며 이간질하는 말을 하고 그 이간질하는 말을 조건으로 괴롭고 불쾌한 것을 체험한다.
6) 괴로워하고 불쾌해 하며 욕지거리하는 말을 하고 그 욕지거리하는 말을 조건으로 괴롭고 불쾌한 것을 체험한다.
7) 괴로워하고 불쾌해 하며 꾸며대는 말을 하고 그 꾸며대는 말을 조건으로 괴롭고 불쾌한 것을 체험한다.
8) 괴로워하고 불쾌해 하며 탐욕을 부리고 그 탐욕을 부리는 것을 조건으로 괴롭고 불쾌한 것을 체험한다.
9) 괴로워하고 불쾌해 하며 성내는 마음을 지니고 그 성내는 마음을 조건으로 괴롭고 불쾌한 것을 체험한다.

10) 괴로워하고 불쾌해 하며 잘못된 견해를 지니고 그 잘못된 견해를 조건으로 괴롭고 불쾌한 것을 체험한다.

그래서 그는 몸이 파괴되고 죽은 뒤에 괴로운 곳, 나쁜 곳, 타락한 곳, 지옥에 태어난다. 수행승들이여, 이러한 것이 현재에도 괴롭지만 미래에도 괴로운 결과를 초래하는 삶의 수용이다.

18. 수행승들이여, 어떠한 것이 현재에는 즐겁지만 미래에는 괴로운 결과를 초래하는 삶의 수용인가?

수행승들이여, 이 세상에 어떤 사람은

1) 즐거워하고 유쾌해 하며 살아있는 생명을 죽이고 그 살아있는 생명을 죽이는 것을 조건으로 괴롭고 불쾌한 것을 체험한다.
2) 즐거워하고 유쾌해 하며 주지 않는 것을 빼앗고 그 주지 않는 것을 빼앗는 것을 조건으로 괴롭고 불쾌한 것을 체험한다.
3) 즐거워하고 유쾌해 하며 사랑을 나눔에 잘못을 저지르고 그 사랑을 나눔에 잘못을 저지르는 것을 조건으로 괴롭고 불쾌한 것을 체험한다.
4) 즐거워하고 유쾌해 하며 어리석은 거짓말을 하고 그 어리석은 거짓말을 조건으로 괴롭고 불쾌한 것을 체험한다.
5) 즐거워하고 유쾌해 하며 이간질하는 말을 하고 그 이간질하는 말을 조건으로 괴롭고 불쾌한 것을 체험한다.
6) 즐거워하고 유쾌해 하며 욕지거리하는 말을 하고 그 욕지거리하는 말을 조건으로 괴롭고 불쾌한 것을 체험한다.
7) 즐거워하고 유쾌해 하며 꾸며대는 말을 하고 그 꾸며대는 말을 조건으로 괴롭고 불쾌한 것을 체험한다.
8) 즐거워하고 유쾌해 하며 탐욕을 부리고 그 탐욕을 부리는 것을 조건으로 괴롭고 불쾌한 것을 체험한다.

9) 즐거워하고 유쾌해 하며 성내는 마음을 지니고 그 성내는 마음을 조건으로 괴롭고 불쾌한 것을 체험한다.
10) 즐거워하고 유쾌해 하며 잘못된 견해를 지니고 그 잘못된 견해를 조건으로 괴롭고 불쾌한 것을 체험한다.

그러나 그는 몸이 파괴되고 죽은 뒤에 괴로운 곳, 나쁜 곳, 타락한 곳, 지옥에 태어난다. 수행승들이여, 이러한 것이 현재에는 즐겁지만 미래에도 괴로운 결과를 초래하는 삶의 수용이다.

19. 수행승들이여, 어떠한 것이 현재에는 괴롭지만 미래에는 즐거운 결과를 초래하는 삶의 수용인가?
수행승들이여, 이 세상에 어떤 사람은

1) 괴로워하고 불쾌해 하며 살아있는 생명을 죽이는 것을 삼가고 그 살아있는 생명을 죽이는 것을 삼가는 조건으로 즐겁고 유쾌한 것을 체험한다.
2) 괴로워하고 불쾌해 하며 주지 않는 것을 빼앗는 것을 삼가고 그 주지 않는 것을 빼앗는 것을 삼가는 조건으로 즐겁고 유쾌한 것을 체험한다.
3) 괴로워하고 불쾌해 하며 사랑을 나눔에 잘못을 저지르는 것을 삼가고 그 사랑을 나눔에 잘못을 저지르는 것을 삼가는 조건으로 즐겁고 유쾌한 것을 체험한다.
4) 괴로워하고 불쾌해 하며 어리석은 거짓말을 삼가고 그 어리석은 거짓말을 삼가는 조건으로 즐겁고 유쾌한 것을 체험한다.
5) 괴로워하고 불쾌해 하며 이간질하는 것을 삼가고 그 이간질하는 말을 삼가는 조건으로 즐겁고 유쾌한 것을 체험한다.
6) 괴로워하고 불쾌해 하며 욕지거리하는 말을 하는 것을 삼가고 그 욕지거리하는 말을 삼가는 조건으로 즐겁고 유쾌한 것을 체험한다.

7) 괴로워하고 불쾌해 하며 꾸며대는 말을 하는 것을 삼가고 그 꾸며대는 말을 삼가는 조건으로 즐겁고 유쾌한 것을 체험한다.
8) 괴로워하고 불쾌해 하며 탐욕을 부리는 것을 삼가고 그 탐욕을 부리는 것을 삼가는 조건으로 즐겁고 유쾌한 것을 체험한다.
9) 괴로워하고 불쾌해 하며 성내는 마음을 지니는 것을 삼가고 그 성내는 마음을 삼가는 조건으로 즐겁고 유쾌한 것을 체험한다.
10) 괴로워하고 불쾌해 하며 잘못된 견해를 지니는 것을 삼가고 그 잘못된 견해를 삼가는 조건으로 즐겁고 유쾌한 것을 체험한다.

그러나 그는 몸이 파괴되고 죽은 뒤에 좋은 곳, 하늘나라에 태어난다. 수행승들이여, 이러한 것이 현재에는 괴롭지만 미래에는 즐거운 결과를 초래하는 삶의 수용이다.

20. 수행승들이여, 어떠한 것이 현재에도 즐겁지만 미래에도 즐거운 결과를 초래하는 삶의 수용인가?

수행승들이여, 이 세상에 어떤 사람은

1) 즐거워하고 유쾌해 하며 살아있는 생명을 죽이는 것을 삼가고 그 살아있는 생명을 죽이는 것을 삼가는 조건으로 즐겁고 유쾌한 것을 체험한다.
2) 즐거워하고 유쾌해 하며 주지 않는 것을 빼앗는 것을 삼가고 그 주지 않는 것을 빼앗는 것을 삼가는 조건으로 즐겁고 유쾌한 것을 체험한다.
3) 즐거워하고 유쾌해 하며 사랑을 나눔에 잘못을 저지르는 것을 삼가고 그 사랑을 나눔에 잘못을 저지르는 것을 삼가는 조건으로 즐겁고 유쾌한 것을 체험한다.
4) 즐거워하고 유쾌해 하며 어리석은 거짓말을 삼가고 그 어리석은 거짓말을 삼가는 조건으로 즐겁고 유쾌한 것을 체험한다.

5) 즐거워하고 유쾌해 하며 이간질하는 것을 삼가고 그 이간질하는 말을 삼가는 조건으로 즐겁고 유쾌한 것을 체험한다.
6) 즐거워하고 유쾌해 하며 욕지거리하는 말을 하는 것을 삼가고 그 욕지거리하는 말을 삼가는 조건으로 즐겁고 유쾌한 것을 체험한다.
7) 즐거워하고 유쾌해 하며 꾸며대는 말을 하는 것을 삼가고 그 꾸며대는 말을 삼가는 조건으로 즐겁고 유쾌한 것을 체험한다.
8) 즐거워하고 유쾌해 하며 탐욕을 부리는 것을 삼가고 그 탐욕을 부리는 것을 삼가는 조건으로 즐겁고 유쾌한 것을 체험한다.
9) 즐거워하고 유쾌해 하며 성내는 마음을 지니는 것을 삼가고 그 성내는 마음을 삼가는 조건으로 즐겁고 유쾌한 것을 체험한다.
10) 즐거워하고 유쾌해 하며 잘못된 견해를 지니는 것을 삼가고 그 잘못된 견해를 삼가는 조건으로 즐겁고 유쾌한 것을 체험한다.

그래서 그는 몸이 파괴되고 죽은 뒤에 좋은 곳, 하늘나라에 태어난다. 수행승들이여, 이러한 것이 현재에는 즐겁지만 미래에도 즐거운 결과를 초래하는 삶의 수용이다.

수행승들이여, 이와 같은 네 가지 종류의 삶의 수용이 있다.

21. 수행승들이여, 예를 들어, 여기 쓴 호박에 독이 섞여있다고 하자. 그런데 오래 살길 바라고, 죽지 않길 바라고, 즐거움을 바라고 괴로움을 싫어하는 사람이 왔다고 하자. 그에게 이와 같이 말했다고 하자. '이 사람아, 여기 쓴 호박에 독이 섞여있다. 원한다면 마시라. 그대가 그것을 마실 때에 그 색깔 · 향기 · 냄새 · 맛이 그대에게 즐거움을 주지 않을 것이다. 그래도 마시면 그대는 죽음에 이르거나 죽음에 이르는 고통에 시달릴 것이다.' 그러자 그는 생각하지 않고 그것을 마시고, 물리치지 않았다고 하자. 그 마신 자에게 그 색깔 · 향기 · 냄새 · 맛이 즐거움을 주지 않지만, 마신다면 죽음에

이르거나 죽음에 이르는 고통에 시달릴 것이다. 수행승들이여, 나는 이와 같은 비유로써 현재에도 괴로워하고 미래에도 괴로운 결과를 초래하는 삶의 수용을 설한다.

22. 수행승들이여, 예를 들어, 색깔을 갖추고, 향기를 갖추고, 맛을 갖춘 청동의 잔에 마실 것이 있는데, 독으로 섞여있다고 하자. 그런데 오래 살길 바라고, 죽지 않길 바라고, 즐거움을 바라고 괴로움을 싫어하는 사람이 왔다고 하자. 그에게 이와 같이 말했다고 하자. '이 사람아, 여기 색깔을 갖추고, 향기를 갖추고, 맛을 갖춘 청동의 잔에 마실 것이 있는데, 독으로 섞여있다. 원한다면 마시라. 그대가 그것을 마실 때에 그 색깔·향기·냄새·맛이 그대에게 즐거움을 줄 것이다. 그래도 마시면 그대는 죽음에 이르거나 죽음에 이르는 고통에 시달릴 것이다.' 그러자 그는 생각하지 않고 그것을 마시고, 물리치지 않았다고 하자. 그것을 마신 자에게 그 색깔·향기·냄새·맛이 즐거움을 주지만, 마신다면 죽음에 이르거나 죽음에 이르는 고통에 시달릴 것이다. 수행승들이여, 나는 이와 같은 비유로써 현재에는 즐겁지만 미래에는 괴로운 결과를 초래하는 삶의 수용을 설한다.

23. 수행승들이여, 예를 들어, 썩은 오줌에 갖가지 약물이 섞여있다고 하자. 이 때에 황달에 걸린 사람이 왔다고 하자. 그에게 이와 같이 말했다고 하자. '이 사람아, 여기 썩은 오줌에 갖가지 약물이 섞여있다. 원한다면 마시라. 그대가 그것을 마실 때에 그 색깔·향기·냄새·맛이 그대에게 즐거움을 주지 않을 것이다. 그래도 마시면 쾌차할 것이다.' 그러자 그는 생각하여 그것을 마시고, 물리치지 않았다고 하자. 그 마신 자에게 그 색깔·향기·냄새·맛이 즐

거움을 주지 않지만, 마신다면 쾌차하게 될 것이다. 수행승들이여, 나는 이와 같은 비유로써 현재에는 괴롭지만 미래에는 즐거운 결과를 초래하는 삶의 수용을 설한다.

24. 수행승들이여, 예를 들어, 응유, 꿀, 버터, 당밀이 함께 섞여있다고 하자. 마침 붉은 피를 보이는 이질에 걸린 사람이 왔다고 하자. 그에게 이와 같이 말했다고 하자. '이 사람아, 여기 응유, 꿀, 버터, 당밀이 함께 섞여있다. 원한다면 마시라. 그대가 그것을 마실 때에 그 색깔 · 향기 · 냄새 · 맛이 그대에게 즐거움을 줄 것이다. 그래서 마시면 쾌차할 것이다.' 그러자 그는 생각하여 그것을 마시고, 물리치지 않았다고 하자. 그 마신 자에게 그 색깔 · 향기 · 냄새 · 맛도 즐거움을 주지만, 마신다면 쾌차하게 될 것이다. 수행승들이여, 나는 이와 같은 비유로써 현재에도 즐겁지만 미래에도 즐거운 결과를 초래하는 삶의 수용을 설한다.

25. 수행승들이여, 마치 우기의 마지막 달에, 가을에 맑고 구름 한 점 없는 날에 태양이 하늘로 떠올라 모든 허공의 암흑을 몰아내고 빛나고 작열하고 널리 빛을 비추듯, 수행승들이여, 이와 같이 현재에도 즐겁지만 미래에도 즐거운 결과를 초래하는 삶의 수용은 다른 많은 수행자 성직자들의 학설들을 물리치고 빛나고 작열하고 널리 빛을 비춘다."

26. 세존께서 이와 같이 말씀하셨다. 그들 수행승들은 만족하여 세존께서 말씀하신 것에 대하여 크게 기뻐했다.

13. 병아리가 안전하게 껍질을 깨고 나오다

[Sekhasutta][311]

이 세상에 고귀한 제자가 계행을 지키고 감각능력의 문을 수호하고, 식사하는데 분량을 알고, 항상 깨어있으면, 그 고귀한 제자는 학인으로서 길을 가는 자이다. 그의 알이 썩지 않았다면, 그는 껍질을 깨고 나올 수 있으며, 올바로 깨달을 수 있으며, 위없는 안온을 얻을 수 있다.

1. 이와 같이 나는 들었다. 한 때 세존께서는 싸끼야 국의 까삘라밧투에 있는 니그로다 승원에 계셨다.[312]

2. 그 때에 까삘라밧투의 싸끼야 족이 새로 회당을 건립한 지 오래되지 않아서 수행자나 성직자 혹은 그 어떠한 사람도 아직 그곳에 들어가 보지 않았다. 그래서 까삘라밧투의 싸끼야 족은 세존께서 계신 곳을 찾았다. 가까이 가서 세존께 인사를 드리고 한 쪽으로 물러 앉았다. 한 쪽으로 물러 앉아 그들 싸끼야 족은 세존께 이와 같이 말씀드렸다.

[싸끼야 족] "세존이시여, 여기 까삘라밧투의 싸끼야 족은 새로 회당을 건립한 지 오래지 않아서 수행자나 성직자 혹은 그 어떠한 사람도 아직 그 곳에 들어가 보지 않았습니다. 세존이시여, 세존께서

---

311) 이 경의 원래 제목은 「학인의 경[Sekhasutta]」이다. 우리말 『맛지마니까야』 2권 397쪽에 있다. MN. I. 353; 雜阿含43(大正 2, 316) 참조.

312) MN. 14. 「괴로움의 다발에 대한 작은 경[Cūḷadukkhakkhandhasutta]」의 註釋 참조

제일 먼저 사용하십시오. 세존께서 제일 먼저 사용하신 뒤에 싸끼야 족이 사용하려 합니다. 그것은 까삘라밧투의 싸끼야 족에게 영원히 이익이 되고 행복이 될 것입니다.313)"

3. 세존께서는 침묵으로 허락하셨다. 그래서 까삘라밧투의 싸끼야 족은 세존께서 허락하신 것으로 알고 자리에서 일어나 세존께 인사를 드리고 오른 쪽으로 돌아 회당이 있는 곳을 찾았다. 다가가서 모든 것이 준비되도록 회당을 장식하고 자리를 개설하고 물병을 준비하고 등잔불을 밝히고 세존께서 계신 곳을 찾았다. 다가가서 세존께 인사를 드리고 한 쪽으로 물러섰다. 한 쪽으로 물러서서 그들 까삘라밧투의 싸끼야 족은 세존께 말씀드렸다.
[싸끼야 족] "세존이시여, 모든 것이 준비되도록 회당을 장식하고 자리를 개설하고 물병을 준비하고 등잔불을 밝혔습니다. 세존이시여, 생각하건대 지금이 그 때입니다."

4. 그래서 세존께서는 옷을 입고 발우와 가사를 들고 수행승들과 함께 회당이 있는 곳을 찾았다. 가까이 가서 발을 씻고 회당으로 들어가 중앙의 기둥 가까이에서 동쪽을 향하여 앉았다. 수행승들도 발을 씻고 회당으로 들어가 서쪽의 벽 가까이에서 세존을 앞에 모시고 동쪽을 향하여 앉았다. 까삘라밧투의 싸끼야 족은 발을 씻고 회당으로 들어가 동쪽의 벽 가까이에서 세존께 인사를 드리고 서쪽을 향하여 앉았다.

5. 이 때에 세존께서는 밤늦게 까지 진리에 관한 담론으로 까삘라밧투의 싸끼야 족들을 훈계하고 격려하고 고무하고 기쁘게 한 뒤

313) 오늘날도 南方에서는 새집을 지으면, 새집에 들어가기 전에 스님을 招待하여 밤새도록 paritta라는 護經을 외우는 習慣이 있다.

에 존자 아난다에게 말씀하셨다.
[세존] "아난다여, 까삘라밧투의 싸끼야 족들에게 학인으로서 길을 가는 자에 대하여 설명하라. 나는 등이 불편하여 쉬려고 한다."
[아난다] "세존이시여, 그렇게 하겠습니다."
그래서 세존께서는 큰 옷을 네 겹으로 깔고 오른쪽 옆구리를 밑으로 하여 사자의 형상을 취한 채 한 발을 다른 발에 포개고 깊이 새겨 올바로 알아차리며 다시 일어남에 주의를 기울여 누우셨다.

6. 그래서 존자 아난다는 싸끼야 족의 마하나마에게 말했다.
[아난다] "마하나마여, 이 세상에 고귀한 제자는 계행을 지키고 감각능력의 문을 수호하고 식사하는데 분량을 알고, 항상 깨어있으며, 일곱 가지 올바른 성품을 갖추고, 보다 훌륭한 마음을 보여주는, 그리고 지금 여기에서의 행복을 제공하는, 네 가지 선정을 뜻대로 곤란 없이 어려움 없이 성취하는 자입니다.

7. 마하나마여, 어떻게 고귀한 제자가 계행을 지킵니까? 이 세상에서 고귀한 제자는 계행을 닦고 계율을 갖춥니다. 계율을 수호하고 지켜서 행동의 규범를 완성합니다. 미세한 죄악에서 두려움을 보고 수행규범을 받아 배웁니다. 마하나마여, 이와 같이 고귀한 제자가 계행을 지킵니다.

8. 마하나마여, 어떻게 고귀한 제자가 감각능력의 문을 수호합니까?
1) 그는 시각으로 형상을 보지만 그 인상에 집착하지 않고 그 특징에 집착하지 않습니다. 그가 시각능력을 잘 다스리지 않으면, 탐욕, 근심, 악하고 불건전한 상태가 그를 침범할 것이므로, 절제의 길을 따르고, 시각능력을 보호하고, 시각능력을 수호합니다.[314]

---

314) Vism. I. 53-59에 따르면, 印象(相, nimitta)은 注意力을 기울이지 않고 사실을 파악할

2) 그는 청각으로 소리를 듣지만 그 인상에 집착하지 않고 그 특징에 집착하지 않습니다. 그가 청각능력을 잘 다스리지 않으면, 탐욕, 근심, 악하고 불건전한 상태가 그를 침범할 것이므로, 절제의 길을 따르고, 청각능력을 보호하고, 청각능력을 수호합니다.

3) 그는 후각으로 냄새를 맡지만 그 인상에 집착하지 않고 그 특징에 집착하지 않습니다. 그가 후각능력을 잘 다스리지 않으면, 탐욕, 근심, 악하고 불건전한 상태가 그를 침범할 것이므로, 절제의 길을 따르고, 후각능력을 보호하고, 후각능력을 수호합니다.

4) 그는 미각으로 맛을 맛보지만 그 인상에 집착하지 않고 그 특징에 집착하지 않습니다. 그가 미각능력을 잘 다스리지 않으면, 탐욕, 근심, 악하고 불건전한 상태가 그를 침범할 것이므로, 절제의 길을 따르고, 미각능력을 보호하고, 미각능력을 수호합니다.

5) 그는 촉각으로 감촉을 느끼지만 그 인상에 집착하지 않고 그 특징에 집착하지 않습니다. 그가 촉각능력을 잘 다스리지 않으면, 탐욕과 근심, 그리고 악하고 불건전한 상태가 그를 침범할 것이므로, 절제의 길을 따르고, 촉각능력을 보호하고, 촉각능력을 수호합니다.

6) 그는 정신으로 사물을 인식하지만 그 인상에 집착하지 않고 그 특징에 집착하지 않습니다. 그가 정신능력을 잘 다스리지 않으면, 탐욕과 근심, 그리고 악하고 불건전한 상태가 그를 침범할 것이므로, 절제의 길을 따르고, 정신능력을 보호하고, 정신능력을 수호합니다.

마하나마여, 고귀한 제자가 감각능력의 문을 수호하는 것은 이와

때에 오염된 思惟에 불을 지필 수 있는 對象의 가장 두드러지는 特質이다. 特徵(隨相, anubyañjana)은 첫 知覺의 接觸이 節制되지 않을 때에, 그 다음으로 注意를 붙잡아 둘 수 있는 상세한 特質이다.

같습니다.

9. 마하나마여, 어떻게 고귀한 제자가 식사하는데 분량을 압니까? 마하나마여, 이 세상에서 고귀한 제자는 유희를 위해서가 아니고 허영을 위해서가 아니고 장식을 위해서가 아니고 치장을 위해서가 아니라 오로지 이 몸을 유지하기 위해서, 연명하기 위해서, 상해를 제거하기 위해서, 청정한 삶을 이루기 위해서 '나는 이전의 괴로움을 끊고 새로운 괴로움이 생겨나지 않게 할 것이다. 그래서 나는 건강하고 허물이 없고 안온하게 살 것이다'고 이치에 맞게 사유하며 음식을 먹습니다. 마하나마여, 이와 같이 고귀한 제자가 식사하는데 분량을 압니다.

10. 마하나마여, 어떻게 고귀한 제자가 항상 깨어있습니까? 마하나마여, 이 세상에서 고귀한 제자는 낮에는 거닐거나 앉아서 장애가 되는 것으로부터 마음을 청정하게 하고, 초저녁에도 거닐거나 앉아서 장애가 되는 것으로부터 마음을 청정하게 합니다. 한밤중에는 오른쪽 옆구리를 밑으로 하여 사자의 형상을 취한 채 한 발을 다른 발에 포개고 깊이 새겨 올바로 알아차리며 다시 일어남에 주의를 기울여 눕습니다. 그리고 새벽녘에는, 다시 일어난 뒤에 거닐거나 앉아서 장애가 되는 것으로부터 마음을 청정하게 합니다. 마하나마여, 이와 같이 고귀한 제자가 항상 깨어있습니다.

11. 마하나마여, 어떻게 고귀한 제자가 일곱 가지 올바른 성품을 갖춥니까? 마하나마여, 이 세상에서 고귀한 제자는

1) 믿음을 갖춥니다. 여래의 깨달음에 대하여 '세존께서는 공양 받을 만한 님, 올바로 원만히 깨달은 님, 명지와 덕행을 갖추신 님, 바른 길로 잘 가신 님, 세상을 이해하는 님, 가장 높은 자리에 오르

신 님, 사람들을 길들이시는 님, 신들과 인간의 스승이신 님, 부처 님, 세상에 존귀한 님입니다'라고 믿음을 갖춥니다.

2) 부끄러워할 줄 압니다. 그는 신체적 악행, 언어적 악행, 정신적 악행에 대하여 부끄러워합니다. 그는 악하고 불건전한 상태에 있는 것을 부끄러워합니다.

3) 창피스러워할 줄 압니다. 그는 신체적 악행, 언어적 악행, 정신적 악행에 대하여 창피스러워합니다. 그는 악하고 불건전한 상태에 있는 것을 창피스러워합니다.

4) 많이 배웁니다. 그는 배운 것을 기억하고 배운 것을 저장합니다. 처음도 착하고, 중간도 착하고, 끝도 착하고, 의미를 갖추고, 표현을 갖추고, 충만하고 순결하고 청정한 삶을 설하는 그러한 가르침에 대하여 많이 배우고 기억하고 언어로 외우고 마음으로 탐구하고 올바른 견해로써 꿰뚫어 봅니다.

5) 열심히 노력합니다. 그는 악하고 불건전한 것을 버리고 선하고 건전한 것을 갖춥니다. 확고하고 용맹정진하고 선하고 건전한 것에 멍에를 짊어집니다.

6) 새김을[315] 지닙니다. 그는 최상의 새김과 분별을[316] 갖춥니다. 그는 오래 전에 행한 것이나 오래 전에 말한 것을 기억하고 회상합니다.

7) 지혜를 지닙니다. 그는 괴로움의 소멸로 이끄는 생멸에 대한 고귀하고 꿰뚫어보는 지혜를 갖춥니다.[317]

---

315) sati : 譯者가 '새김'으로 飜譯하고 있는 sati의 語源的으로 '記憶'이라는 말이지만, '주의 깊음, 알아차림'등의 뜻을 함께 지니고 있다. 정확한 過去에 대한 記憶을 기초로 現在에 細密한 注意力을 기울이는 것을 말한다. Pps. III. 30에 따르면, 여기서 '새김'은 일곱 가지 깨달음 고리(七覺支) 全體를 代表하는 그 첫 번째 고리로서 言及된 것이다.

316) satinepakkena : neppaka는 '技巧, 分別, 슬기.'등의 뜻을 지니고 있다.

317) Pps. III. 30에 따르면, 다섯 가지 存在의 다발의 生成과 消滅을 貫通할 수 있는 洞察과

마하나마여, 고귀한 제자가 일곱 가지 올바른 성품을 갖추는 것은 이와 같습니다.

12. 마하나마여, 어떻게 보다 훌륭한 마음을 보여주는, 그리고 지금 여기에서의 행복을 제공하는, 네 가지 선정을 뜻대로 곤란 없이 어려움 없이 성취합니까? 마하나마여, 이 세상에서 고귀한 제자는

1) 감각적 쾌락의 욕망을 버리고 악하고 불건전한 상태를 떠나서, 사유를 갖추고 숙고를 갖추어, 멀리 떠남에서 생겨난 희열과 행복을 갖춘 첫 번째 선정을 성취합니다.
2) 사유와 숙고를 멈춘 뒤, 안으로 고요하게 하여 마음을 통일하고, 사유를 뛰어넘고 숙고를 뛰어넘어, 삼매에서 생겨나는 희열과 행복을 갖춘 두 번째 선정을 성취합니다.
3) 희열이 사라진 뒤, 아직 신체적으로 즐거움을 느끼지만, 새김을 확립하고 올바로 알아차리며 평정하게 지냅니다. 그래서 고귀한 이들이 '평정하고 새김이 깊고 행복을 느낀다'고 말하는 세 번째 선정을 성취합니다.
4) 행복을 버리고 고통을 버려서, 이전의 쾌락과 근심을 사라지게 하고, 괴로움을 뛰어넘고 즐거움을 뛰어넘어, 평정하고 새김이 깊고 청정한 네 번째 선정을 성취합니다.

마하나마여, 이와 같이 보다 훌륭한 마음을 보여주는, 그리고 지금 여기에서의 행복을 제공하는, 네 가지 선정을 뜻대로 곤란 없이 어려움 없이 성취합니다.

13. 마하나마여, 이 세상에 고귀한 제자는 계행을 지키고 감각능력

길의 智慧를 말한다. 길을 통한 智慧는 꿰뚫어서 貪瞋痴의 덩어리를 제거하기 때문에 꿰뚫는 것이라고 불리고, 洞察을 통한 智慧는 순간적으로 貪瞋痴의 덩어리를 꿰뚫어서 길을 통한 智慧로 이끌기 때문에 꿰뚫는 것이라고 불린다.

의 문을 수호하고 식사하는데 분량을 알고, 항상 깨어있으며, 일곱 가지 올바른 성품을 갖추고, 보다 훌륭한 마음을 보여주는, 그리고 지금 여기에서의 행복을 제공하는 네 가지 선정을 뜻대로 곤란 없이 어려움 없이 성취한다면, 그 고귀한 제자는 학인으로서 길을 가는 자라고 불립니다. 그의 알이 썩지 않았다면, 그는 껍질을 깨고 나올 수 있으며, 올바로 깨달을 수 있으며, 위없는 안온을 얻을 수 있습니다.

14. 마하나마여, 예를 들어, 한 마리의 암탉이 있는데 여덟 개나 열 개나 열두 개나 계란을 올바로 품고 올바로 온기를 주고 올바로 부화시키면, 그 암탉은 '오! 나의 병아리들이 발톱이나 부리의 끝으로 껍질을 쪼아서 안전하게 껍질을 깨고 나와야 할텐데'라고 원하지 않더라도 병아리들이 발톱이나 부리의 끝으로 껍질을 쪼아서 안전하게 껍질을 깨고 나올 수 있듯이,[318] 마하나마여, 이 세상에 고귀한 제자는 계행을 지키고 감각능력의 문을 수호하고 식사하는데 분량을 알고, 항상 깨어있으며, 일곱 가지 올바른 성품을 갖추고, 보다 훌륭한 마음을 보여주는, 그리고 지금 여기에서의 행복을 제공하는 네 가지 선정을 뜻대로 곤란 없이 어려움 없이 성취한다면, 그 고귀한 제자는 학인으로서 길을 가는 자라고 불립니다. 그의 알이 썩지 않았다면, 그는 껍질을 깨고 나올 수 있으며, 올바로 깨달을 수 있으며, 위없는 안온을 얻을 수 있습니다.

15. 마하나마여, 이 세상에 고귀한 제자가 평정하고 새김이 깊고 청정한 최상의 경지를[319] 얻어, 자신의 전생의 여러 가지 삶의 형태를 구체적으로 상세히 기억합니다. 예를 들어, '한 번 태어나고

318) MN. 16「마음의 荒蕪地에 대한 경[Cetokhilasutta]」에서도 同一한 內容이 있다.
319) upekkhāsatipārisuddhiṃ : '捨念淸淨'으로 四禪의 특징을 말한다.

두 번 태어나고 세 번 태어나고 네 번 태어나고 다섯 번 태어나고 열 번 태어나고 스무 번 태어나고 서른 번 태어나고 마흔 번 태어나고 쉰 번 태어나고 백 번 태어나고 천 번 태어나고 십만 번 태어나고, 수많은 세계가 파괴되고 수많은 세계가 생성되고 수많은 세계가 파괴되고 생성되는 시간을 지나면서, 당시에 나는 이러한 이름과 이러한 성을 지니고 이러한 용모를 지니고 이러한 음식을 먹고 이러한 괴로움과 즐거움을 맛보고 이러한 목숨을 지녔고, 나는 그 곳에서 죽은 뒤에 나는 다른 곳에 태어났는데, 거기서 나는 이러한 이름과 이러한 성을 지니고 이러한 용모를 지니고 이러한 음식을 먹고 이러한 괴로움과 즐거움을 맛보고 이러한 목숨을 지녔었다. 그 곳에서 죽은 뒤에 여기에 태어났다'고 이와 같이 그는 자신의 전생의 여러 가지 삶의 형태를 구체적으로 상세히 기억합니다. 이것이 병아리들이 알껍질을 깨고 나오듯, 첫 번째 껍질을 깨고 나오는 것입니다.

16. 마하나마여, 이 세상에 고귀한 제자가 평정하고 새김이 깊고 청정한 최상의 경지를 얻어, 청정해서 인간을 뛰어넘는 하늘눈으로 뭇삶을 관찰하여 죽거나 다시 태어나거나, 천하거나 귀하거나 불행하거나 업보에 따라서 뭇삶을 봅니다. 예를 들어 '이 뭇삶들은 신체적으로 악행을 저지르고, 언어적으로 악행을 저지르고, 정신적으로 악행을 저질렀다. 그들은 고귀한 분들을 비난하고 잘못된 견해를 지니고 잘못된 견해에 따른 행동을 저질렀다. 그래서 이들은 육체가 파괴된 뒤 죽어서 괴로운 곳, 나쁜 곳, 타락한 곳, 지옥에 태어났다. 그러나 이 뭇삶들은 신체적으로 선행을 하고, 언어적으로 선행을 하고, 정신적으로 선행을 하였다. 그들은 고귀한 분들을 비난하지 않고 올바른 견해를 지니고 올바른 견해에 따른 행동을 하였다.

그래서 이들은 육체가 파괴된 뒤 죽어서 좋은 곳, 하늘나라에 태어났다'고 이와 같이 그는 청정해서 인간을 뛰어넘는 하늘눈으로 뭇 삶을 관찰하여 죽거나 다시 태어나거나, 천하거나 귀하거나 불행하거나 업보에 따라서 뭇삶을 봅니다. 이것이 병아리들이 알껍질을 깨고 나오듯, 두 번째 껍질을 깨고 나오는 것입니다.

17. 그리고 마하나마여, 이 세상에 고귀한 제자가 평정하고 새김이 깊고 청정한 최상의 경지를 얻어, 번뇌를 부수어 번뇌 없이 마음에 의한 해탈과 지혜에 의한 해탈을 지금 여기에서 스스로 알고 깨달아 성취합니다. 이것은 병아리들이 알껍질을 깨고 나오듯, 세 번째 껍질을 깨고 나옴입니다.

18. 마하나마여, 이 세상에 고귀한 제자가 계행을 지키면, 그것이 그의 덕행입니다. 마하나마여, 이 세상에 고귀한 제자가 감각능력의 문을 수호하고 식사하는데 분량을 알면, 그것이 그의 덕행입니다. 마하나마여, 이 세상에 고귀한 제자가 항상 깨어있으면, 그것이 그의 덕행입니다. 마하나마여, 이 세상에 고귀한 제자가 일곱 가지 올바른 성품을 갖추면, 그것이 그의 덕행입니다. 마하나마여, 이 세상에 고귀한 제자가 보다 훌륭한 마음을 보여주는, 그리고 지금 여기에서의 행복을 제공하는 네 가지 선정을 뜻대로 곤란 없이 어려움 없이 성취한다면, 그것이 그의 덕행입니다.[320)]

19. 마하나마여, 이 세상에 고귀한 제자가 자신의 전생의 여러 가지 삶의 형태를 구체적으로 상세히 기억하는데, 예를 들어, '한 번 태어나고 두 번 태어나고 세 번 태어나고 네 번 태어나고 다섯 번

---

320) 여기서 15 가지의 德行(caraṇa)이 언급되고 있는데 다음에 등장하는 세 가지 明智(vijjā)와 더불러 부처님의 칭호인 '明智와 德行을 갖춘 님(明行足; vijjācaraṇasampanna)'을 構成한다. Vism. VII. 30-31 참조.

태어나고 열 번 태어나고 스무 번 태어나고 서른 번 태어나고 마흔 번 태어나고 쉰 번 태어나고 백 번 태어나고 천 번 태어나고 십만 번 태어나고 수많은 세계가 파괴되고 수많은 세계가 생성되고 수많은 세계가 파괴되고 생성되는 시간을 지나면서, 당시에 나는 이러한 이름과 이러한 성을 지니고 이러한 용모를 지니고 이러한 음식을 먹고 이러한 괴로움과 즐거움을 맛보고 이러한 목숨을 지녔고, 나는 그 곳에서 죽은 뒤에 나는 다른 곳에 태어났는데, 거기서 나는 이러한 이름과 이러한 성을 지니고 이러한 용모를 지니고 이러한 음식을 먹고 이러한 괴로움과 즐거움을 맛보고 이러한 목숨을 지녔었다. 그 곳에서 죽은 뒤에 여기에 태어났다'고 이와 같이 그는 자신의 전생의 여러 가지 삶의 형태를 구체적으로 상세히 기억한다면, 이것이 그의 명지입니다.

20. 마하나마여, 이 세상에 고귀한 제자가 청정해서 인간을 뛰어넘는 하늘눈으로 뭇삶을 관찰하여, 죽거나 다시 태어나거나, 천하거나 귀하거나 불행하거나 업보에 따라서 뭇삶을 보는데, 예를 들어 '이 뭇삶들은 신체적으로 악행을 저지르고, 언어적으로 악행을 저지르고, 정신적으로 악행을 저질렀다. 그들은 고귀한 분들을 비난하고 잘못된 견해를 지니고 잘못된 견해에 따른 행동을 저질렀다. 그래서 이들은 육체가 파괴된 뒤 죽어서 괴로운 곳, 나쁜 곳, 타락한 곳, 지옥에 태어났다. 그러나 이 뭇삶들은 신체적으로 선행을 하고, 언어적으로 선행을 하고, 정신적으로 선행을 하였다. 그들은 고귀한 분들을 비난하지 않고 올바른 견해를 지니고 올바른 견해에 따른 행동을 하였다. 그래서 이들은 육체가 파괴된 뒤 죽어서 좋은 곳, 하늘나라에 태어났다'라고 이와 같이 그는 청정해서 인간을 뛰어넘는 하늘눈으로 뭇삶을 관찰하여 죽거나 다시 태어나거나, 천하

거나 귀하거나 불행하거나 업보에 따라서 뭇삶을 본다면, 이것이 그의 명지입니다.

21. 마하나마여, 이 세상에 고귀한 제자가 평정하고 새김이 깊고 청정한 최상의 경지를 얻어, 번뇌를 부수어 번뇌 없이 마음에 의한 해탈과 지혜에 의한 해탈을 지금 여기에서 스스로 알고 깨달아 성취한다면, 이것이 그의 명지입니다.

22. 마하나마여, 이러한 고귀한 제자는 명지를 갖추었고, 덕행을 갖추었고, 명지와 덕행을 갖추었다고 불립니다."

23. 그러자 하느님 싸낭꾸마라가[321] 이러한 시를 읊었다.

[하느님] "가문의 계보가 이어지는
사람 가운데 왕족이 최상이다.
신들과 인간들 가운데
명지와 덕행을 갖춘 자가 최상이다.

24. [아난다] "마하나마여, 그 하느님 싸낭꾸마라는 그 시를 잘 읊었지 잘못 읊은 것이 아닙니다. 잘 말했지 잘못 말한 것이 아닙니다. 그 시는 의미가 있는 것이지 무의미하지 않습니다. 세존께서 인가하신 것입니다."

25. 그러자 세존께서 일어나시어 존자 아난다에게 말씀하셨다.
[세존] "아난다여, 훌륭하다. 훌륭하다. 까빨라밧투의 싸끼야 족들에게 학인으로서 길을 가는 자에 대해 설명한 것은 매우 훌륭하다."

---

321) Sanaṅkumārena : DN. I. 99에서 부처님이 이 詩를 認可한다. 하느님 Sanaṅkumāra(永遠한 젊은이)는 Pps. III. 33에 따르면, 젊어서 禪定을 성취했는데 바로 죽어서, 그 젊은 모습으로 하느님 세계(梵天界)에 태어났다.

26. 존자 아난다는 이와 같이 말했고 스승께서는 그것을 인가하셨다. 까삘라밧투의 싸끼야 족들은 존자 아난다의 말씀에 만족하여 매우 기뻐했다.

14. 땅과 물과 불과 바람에 대한 명상이란?

[Mahārāhulovādasutta][322]

땅에 대한 명상을 닦으면, 이미 생겨난 즐겁고 괴로운 감촉은 마음을 사로잡지 못한다. 마치 땅에 깨끗한 것을 버리더라도, 더러운 것을 버리더라도, 똥을 버리더라도, 오줌을 버리더라도, 침을 버리더라도, 고름을 버리더라도, 피를 버리더라도, 그 때문에 땅이 번민하거나 수치스러워하거나 기피하는 것이 없다.

1. 이와 같이 나는 들었다.[323] 한 때에 세존께서는 싸밧티 시의 제따바나에 있는 아나타삔디까 승원에 계셨다.

2. 그 때 세존께서는 아침 일찍 옷을 걸치고 가사와 발우를 들고 탁발하러 싸밧티 시로 들어가셨다. 존자 라훌라 또한 아침 일찍 법의를 걸치고 가사와 발우를 들고 세존의 뒤를 따라 나섰다.[324] 이 때에 세존께서는 고개를 돌려 존자 라훌라를 불러 말씀하셨다.

---

322) 이 경의 원래 제목은 「라훌라를 가르친 큰 경[Mahārāhulovādasutta]」이다. 우리말 『맛지마니까야』 3권 56쪽에 있다. MN. I. 420 ; 增壹阿含 17, 羅云(大正 2, 581)

323) Pps. III. 130에 따르면, 이 경은 在家生活과 관련된 欲望에서 벗어나게 하기 위해 Rāhula가 열여덟 살 때에 설해진 경이다.

324) Pps. III. 130-131에 따르면, Rāhula는 이와 같이 '나도 아버지 世尊과 같이 잘생겼다. 부처님의 모습은 아름답다. 나도 그럴 것이다'라고 생각했다. 부처님은 Rāhula의 생각을 읽고 그러한 虛榮의 생각이 큰 苦痛을 가져오기 전에 즉시 그에게 가르침을 설했다. 그래서 부처님은 몸을 自我로 여기거나 몸을 自我의 所有라고 여겨서는 안 된다는 說法을 한 것이다.

3. [세존] "라훌라여, 어떠한 물질이든지 과거이건, 미래이건, 현재이건, 내적인 것이건, 외적인 것이건, 거친 것이건, 미세한 것이든, 열등한 것이건, 수승한 것이건, 먼 것이건, 가까이 있는 것이건, '이것은 나의 것이 아니고, 이것이야말로 내가 아니고, 이것은 나의 자아가 아니다'라고 이와 같이 올바른 지혜로써 있는 그대로 관찰해야 한다."

[라훌라] "세존께서는 오직 물질만을, 세존께서는 오직 물질만을 언급하신 것입니까?"

[세존] "라훌라여 느낌도 마찬가지이다. 라훌라여, 지각도 마찬가지이다. 라훌라여, 형성도 마찬가지이다. 라훌라여, 의식도 마찬가지이다."

4. 그래서 존자 라훌라는 '세존으로부터 친히 가르침을 받았을 때에, 누가 오늘 마을로 탁발하러 들어가겠는가?'라고 생각했다.[325] 그래서 돌아와서 한 나무 밑에 앉아서 몸을 바로 세우고 얼굴 앞으로 새김을 확립하고 가부좌했다. 존자 싸리뿟다는 존자 라훌라가 한 나무 밑에 앉아서 몸을 바로 세우고 얼굴 앞으로 새김을 확립하고 가부좌한 것을 보고 존자 라훌라에게 말했다.[326]

[싸리뿟따] "라훌라여, 호흡새김을 닦으십시오. 호흡새김을 닦고 반복하면 커다란 과보와 커다란 공덕이 있습니다."

5. 그후 존자 라훌라는 저녁 무렵에 홀로 명상하다가 일어나 세존

---

325) ko n'ajja bhagavatā sammukhā ovādena ovadito gāmaṃ piṇḍāya pavissati : 가르침을 받고 感動해서 食事도 거르고 돌아와서 冥想할 準備를 한 것이다.

326) addasā kho āyasmā Sāriputto...disvāna āyasmantaṃ Rāhulaṃ āmantesi : Pps. III. 135에 따르면, 尊者 Sāriputta는 Rāhula의 스승으로서 부처님께서 다른 가르침을 이미 가르쳤다는 것을 알지 못하고 忠告하는 것이다. 그는 Rāhula가 跏趺坐를 한 것을 보고 호흡 새김을 닦고 있다고 잘못 생각한 것이다.

께서 계신 곳을 찾았다. 가까이 가서 세존께 인사드리고 한 쪽으로 물러 앉았다. 한 쪽으로 앉아서 존자 라훌라는 세존께 말했다.

[라훌라] "세존이시여, 어떻게 호흡새김을 닦고 어떻게 반복하면 커다란 과보와 커다란 공덕이 있습니까?"

6. [세존] "라훌라여, 무엇이 땅의 세계인가? 안에 있는 땅의 세계와 밖에 있는 땅의 세계가 있다.[327] 라훌라여, 안에 있는 각각의 거칠고 견고한 것과 그것에서 파생된 것, 예를 들어 머리카락, 몸털, 손톱, 이빨, 피부, 고기, 근육, 뼈, 골수, 신장, 심장, 간장, 늑막, 비장, 폐, 창자, 장간막, 위장, 똥, 그리고 기타의 개체적이고 거칠고 견고한 것과 그것에서 파생된 것은 무엇이든지[328] 그것을, 라훌라여, 안에 있는 땅의 세계라고 한다. 이와 같이 안에 있는 땅의 세계와 밖에 있는 땅의 세계를 땅의 세계라고 한다. 그것을 '이것은 나의 것이 아니고, 이것이야말로 내가 아니고, 이것은 나의 자아가 아니다'라고 이와 같이 올바른 지혜로써 있는 그대로 관찰해야 한다. 이와 같이 그것을 올바른 지혜로써 있는 그대로 관찰하여 땅의 세계를 멀리 떠나 땅의 세계로부터 마음을 정화시켜야 한다.

7. 라훌라여, 물의 세계란 어떠한 것인가? 안에 있는 물의 세계와 밖에 있는 물의 세계가 있다. 라훌라여, 안에 있는 것으로 각각의 액체나 액체적인 것과 그것에서 파생된 것, 예를 들어 담즙, 가래, 고름, 피, 땀, 지방, 눈물, 임파액, 침, 점액, 관절액, 오줌, 그리고 기

327) MN. I. 421의 빠알리 原文에서 이 文章이 생략되어 있으나 文脈上 집어넣어야 뜻이 잘 통한다.

328) yaṃ kiñci Rāhulo : Pps. III. 138에 따르면, 세존은 호흡새김에 대하여 물었으나 몸에 대한 欲望과 貪欲을 제거시키기 위해 '몸을 인식하는 冥想(rūpakammaṭṭhānaṃ)'에 관하여 이야기했다. 物質등이 나의 것이 아니라는 간략한 가르침에 의해 除去되지 않은 몸에 대한 執着을 除去시키기 위해, 호흡새김보다 몸을 구성하는 네 가지 위대한 世界에 대한 冥想에 관하여 설명하고 있다.

타의 액체나 액체적인 것과 그것에서 파생된 것은 무엇이든지 그것을 라훌라여, 안에 있는 물의 세계라고 한다. 이와 같이 안에 있는 물의 세계와 밖에 있는 물의 세계를 물의 세계라고 한다. 그것을 '이것은 나의 것이 아니고, 이것이야말로 내가 아니고, 이것은 나의 자아가 아니다'라고 이와 같이 올바른 지혜로써 있는 그대로 관찰해야 한다. 이와 같이 그것을 올바른 지혜로써 있는 그대로 관찰하여 물의 세계를 멀리 떠나 물의 세계로부터 마음을 정화시켜야 한다.

8. 라훌라여, 불의 세계란 어떠한 것인가? 안에 있는 불의 세계와 밖에 있는 불의 세계가 있다. 라훌라여, 안에 있는 것으로 내부에 있는 각각의 열 및 열에 관계된 것과 그것에서 파생된 것, 예를 들어 열을 내거나 노쇠하거나 화를 내거나[329] 먹고 마시고 씹고 맛본 것을 완전히 소화시키는 것, 그리고 기타 각각의 열 및 열에 관계된 것과 그것에서 파생된 것은 무엇이든지 그것을 라훌라여, 안에 있는 불의 세계라고 한다. 이와 같이 안에 있는 불의 세계와 밖에 있는 불의 세계를 불의 세계라고 한다. 그것을 '이것은 나의 것이 아니고, 이것이야말로 내가 아니고, 이것은 나의 자아가 아니다'라고 이와 같이 올바른 지혜로써 있는 그대로 관찰해야 한다. 이와 같이 그것을 올바른 지혜로써 있는 그대로 관찰하여 불의 세계를 멀리 떠나 불의 세계로부터 마음을 정화시켜야 한다.

9. 라훌라여, 바람의 세계란 어떠한 것인가? 안에 있는 바람의 세계와 밖에 있는 바람의 세계가 있다. 라훌라여, 안에 있는 것으로 내부에 있는 각각 기체나 기체적인 것과 그것에서 파생된 것, 예를

329) yena ca pariḍayihati : 원래는 '불탄다. 消耗된다'라는 말인데 Pps. II. 227에 따르면, '화를 내기 때문에 몸이 탄다(yena kupitena ayaṃ kāyo ḍayhati)'라는 뜻이다.

들어 상방으로 부는 바람, 하방으로 부는 바람, 창자에 부는 바람, 위에 부는 바람, 사지로 부는 바람, 날숨, 들숨, 그리고 기타 각각의 기체나 기체적인 것, 그것에서 파생된 것은 무엇이든지 그것을 라훌라여, 안에 있는 바람의 세계라고 한다. 이와 같이 안에 있는 바람의 세계와 밖에 있는 바람의 세계를 바람의 세계라고 한다. 그것을 '이것은 나의 것이 아니고, 이것이야말로 내가 아니고, 이것은 나의 자아가 아니다.'라고 이와 같이 올바른 지혜로써 있는 그대로 관찰해야 한다. 이와 같이 그것을 올바른 지혜로써 있는 그대로 관찰하여 바람의 세계를 멀리 떠나 바람의 세계로부터 마음을 정화시켜야 한다.

10. 라훌라여, 공간의 세계란 어떠한 것인가?[330] 안에 있는 공간의 세계와 밖에 있는 공간의 세계가 있다. 라훌라여, 안에 있는 것으로 개체적인 것이나, 공간이나, 공간과 같은 것이나, 그것에서 파생된 것으로 예를 들어 귓구멍, 콧구멍, 구강과 그것을 통해 먹고 마시고 씹고 맛을 본 것을 삼키고, 그것을 통해 먹고 마시고 씹고 맛을 보고 삼킨 것을 하복부에서 배설하는 것 및 기타의 다른 안에 있는 것으로 개체적인 것이나, 공간이나, 공간과 같은 것이나, 그것에서 파생된 것은 무엇이든지 그것을 라훌라여, 안에 있는 공간의 세계라고 한다. 이와 같이 안에 있는 공간의 세계와 밖에 있는 공간의 세계를 공간의 세계라고 한다. 그것을 '이것은 나의 것이 아니고, 이것이야말로 내가 아니고, 이것은 나의 자아가 아니다'라고 이와 같이 올바른 지혜로써 있는 그대로 관찰해야 한다. 이와 같이 그것

330) ākāsadhātu : Pps. III. 138에 따르면, 空間(ākāsa)은 일차적인 物質은 아니지만 二次的인 誘導된 物質(upādārūpa)이다. DN. III. 247, AN. I. 176에서는 여기에 引用된 다섯 가지의 世界에 意識의 世界(viññāṇadhātu)가 추가된다.

을 올바른 지혜로써 있는 그대로 관찰하여 공간의 세계를 멀리 떠나 공간의 세계로부터 마음을 정화시켜야 한다.

11. 라훌라여, 땅에 대한 명상을 닦아라. 라훌라여, 땅에 대한 명상을 닦으면, 이미 생겨난 즐겁고 괴로운 감촉은 마음을 사로잡지 못한다. 라훌라여, 마치 땅에 깨끗한 것을 버리더라도, 더러운 것을 버리더라도, 똥을 버리더라도, 오줌을 버리더라도, 침을 버리더라도, 고름을 버리더라도, 피를 버리더라도, 그 때문에 땅이 번민하거나 수치스러워하거나 기피하는 것이 없다.[331] 이와 같이 라훌라여, 그대는 땅에 대한 명상을 닦아라. 라훌라여, 땅에 대한 명상을 닦으면, 이미 생겨난 즐겁거나 괴로운 감촉이 마음을 사로잡지 못한다.

12. 라훌라여, 물에 대한 명상을 닦아라. 라훌라여, 물에 대한 명상을 닦으면, 이미 생겨난 즐겁고 괴로운 감촉은 마음을 사로잡지 못한다. 라훌라여, 마치 물에 깨끗한 것을 씻더라도, 더러운 것을 씻더라도, 똥을 씻더라도, 오줌을 씻더라도, 침을 씻더라도, 고름을 씻더라도, 피를 씻더라도, 그 때문에 물이 번민하거나 수치스러워하거나 기피하는 것이 없다. 이와 같이 라훌라여, 그대는 물에 대한 명상을 닦아라. 라훌라여, 물에 대한 명상을 닦으면, 이미 생겨난 즐겁거나 괴로운 감촉이 마음을 사로잡지 못한다.

13. 라훌라여, 불에 대한 명상을 닦아라. 라훌라여, 불에 대한 명상을 닦으면, 이미 생겨난 즐겁고 괴로운 감촉은 마음을 사로잡지 못한다. 라훌라여, 마치 불에 깨끗한 것을 태우더라도, 더러운 것을 태우더라도, 똥을 태우더라도, 오줌을 태우더라도, 침을 태우더라도, 고름을 태우더라도, 피를 태우더라도, 그 때문에 불이 번민하거

331) Pps. III. 139에 따르면, 이하의 修行은 不偏不黨性(tādibhāva)을 보여주는 것이다.

나 수치스러워하거나 기피하는 것이 없다. 이와 같이 라훌라여, 그대는 불에 대한 명상을 닦아라. 라훌라여, 불에 대한 명상을 닦으면, 이미 생겨난 즐겁거나 괴로운 감촉이 마음을 사로잡지 못한다.

14. 라훌라여, 바람에 대한 명상을 닦아라. 라훌라여, 바람에 대한 명상을 닦으면, 이미 생겨난 즐겁고 괴로운 감촉은 마음을 사로잡지 못한다. 라훌라여, 마치 바람에 깨끗한 것을 날리더라도, 더러운 것을 날리더라도, 똥을 날리더라도, 오줌을 날리더라도, 침을 날리더라도, 고름을 날리더라도, 피를 날리더라도, 그 때문에 바람이 번민하거나 수치스러워하거나 기피하는 것이 없다. 이와 같이 라훌라여, 그대는 바람에 대한 명상을 닦아라. 라훌라여, 바람에 대한 명상을 닦으면, 이미 생겨난 즐겁거나 괴로운 감촉이 마음을 사로잡지 못한다.

15. 라훌라여, 공간에 대한 명상을 닦아라. 라훌라여, 공간에 대한 명상을 닦으면, 이미 생겨난 즐겁고 괴로운 감촉은 마음을 사로잡지 못한다. 라훌라여, 마치 공간이 아무 것에도 한정지어지지 않는 것처럼, 이와 같이 라훌라여, 그대는 공간에 대한 명상을 닦아라. 라훌라여, 공간에 대한 명상을 닦으면, 이미 생겨난 즐겁거나 괴로운 감촉이 마음을 사로잡지 못한다.

16. 라훌라여, 자애에 대한 명상을 닦아라. 라훌라여, 자애에 대한 명상을 닦으면, 무릇 성냄이 소멸한다. 라훌라여, 연민에 대한 명상을 닦아라. 라훌라여, 연민에 대한 명상을 닦으면, 무릇 적의가 소멸한다. 라훌라여, 기쁨에 대한 명상을 닦아라. 라훌라여, 기쁨에 대한 명상을 닦으면, 무릇 불쾌가 소멸한다. 라훌라여, 평정에 대한 명상을 닦아라. 라훌라여, 평정에 대한 명상을 닦으면, 무릇 장애가

소멸한다. 라훌라여, 부정을 인식하는 명상을 닦아라. 라훌라여, 부정을 인식하는 명상을 닦으면, 무릇 탐욕이 소멸한다. 라훌라여, 무상을 인식하는 명상을 닦아라. 라훌라여, 무상을 인식하는 명상을 닦으면, 무릇 '나는 있다'는 자만이[332] 소멸한다.

17. 라훌라여, 호흡새김에 대한 명상을 닦아라. 라훌라여, 호흡새김을 수행하고 반복하면, 커다란 과보와 커다란 공덕이 생겨난다. 라훌라여, 어떻게 호흡새김을 닦고 어떻게 반복하면 커다란 과보와 커다란 공덕이 있는가?

18. 라훌라여, 이 세상에서 수행승은,

1) 숲으로 가고 나무 밑으로 가고 한가한 곳으로 가서 앉아 가부좌를 틀고 몸을 바로 세우고 얼굴 앞으로 새김을 확립하여 깊이 새겨 숨을 들이쉬고 깊이 새겨 숨을 내쉰다.
2) 길게 숨을 들이 쉴 때는 나는 길게 숨을 들이쉰다고 분명히 알고, 길게 숨을 내 쉴 때는 나는 길게 숨을 내쉰다고 분명히 안다. 짧게 숨을 들이 쉴 때는 나는 짧게 숨을 들이쉰다고 분명히 알고, 짧게 숨을 내 쉴 때는 나는 짧게 숨을 내쉰다고 분명히 안다. 온 몸을 경험하면서 나는 숨을 들이쉰다고 전념하고, 온 몸을 경험하면서 나는 숨을 내쉰다고 전념한다. 몸의 형성을 고요하게 하면서 나는 숨을 들이쉰다고 전념하고, 몸의 형성을 고요하게 하면서 나는 숨을 내쉰다고 전념한다.
3) 기쁨을 경험하면서 나는 숨을 들이쉰다고 전념하며, 기쁨을 경험하면서 나는 숨을 내쉰다고 전념한다. 즐거움을 경험하면서 나는 숨을 들이쉰다고 전념하며, 즐거움을 경험하면서 나는 숨을 내쉰

---

332) asmimāna : MN. I. 139에 따르면, '나는 物質的인 形態 등의 가운데 있다'라고 생각하는 것은 自慢이다.

다고 전념한다. 마음의 형성을 경험하면서 나는 숨을 들이쉰다고 전념하며, 마음의 형성을 경험하면서 나는 숨을 내쉰다고 전념한다. 마음의 형성을 고요히 하면서 나는 숨을 들이쉰다고 전념하며, 마음의 형성을 고요히 하면서 나는 숨을 내쉰다고 전념한다.

4) 마음을 경험하면서 나는 숨을 들이쉰다고 전념하며, 마음을 경험하면서 나는 숨을 내쉰다고 전념한다. 마음을 기쁘게 하면서 나는 숨을 들이쉰다고 전념하며, 마음을 기쁘게 하면서 나는 숨을 내쉰다고 전념한다. 마음을 집중하면서 나는 숨을 들이쉰다고 전념하며, 마음을 집중하면서 나는 숨을 내쉰다고 전념한다. 마음을 놓아버리면서 나는 숨을 들이쉰다고 전념하며, 마음을 놓아버리면서 나는 숨을 내쉰다고 전념한다.

5) 무상을 관찰하면서 나는 숨을 들이쉰다고 전념하며, 무상을 관찰하면서 나는 숨을 내쉰다고 전념한다. 욕망이 사라지는 것을 관찰하면서 나는 숨을 들이쉰다고 전념하며, 욕망이 사라지는 것을 관찰하면서 나는 숨을 내쉰다고 전념한다. 소멸하는 것을 관찰하면서 나는 숨을 들이쉰다고 전념하며, 소멸하는 것을 관찰하면서 나는 숨을 내쉰다고 전념한다. 보내버리는 것을 관찰하면서 나는 숨을 들이쉰다고 전념하며, 보내버리는 것을 관찰하면서 나는 숨을 내쉰다고 전념한다.

19. 라훌라여, 이렇게 호흡새김을 닦고 이렇게 반복하면 커다란 과보와 커다란 공덕이 있다. 라훌라여, 이렇게 호흡새김을 닦고 이렇게 반복하면, 심지어 마지막 들숨과 날숨이 사라질 때에도 알아차려지는 것이고 모른 채 사라지는 것이 아니다.[333)]"

---

333) ye te pi carimakā assāsapassāsā te pi viditā va nirujjhanti no aviditā : Vism. 291에도 이 文章이 引用되어 있다. 이것은 죽음을 最後로 하는 入出息이다. 修行者가 죽을

20. 이처럼 말씀하시자 존자 라훌라는 만족하여 세존께서 가르치신 말씀을 기뻐하여 받아들였다.

때에 새김과 알아차림으로 고요히 죽는 것을 말한다.

15. 독묻은 화살을 맞으면 어떻게 해야하는가?

[Cūḷamāluṅkyaputtasutta][334)]

'세상은 영원하다든가, 세상은 영원하지 않다든가, 세상은 유한하다든가, 세상은 유한하지 않다든가, 영혼은 육체와 같다든가, 영혼은 육체와 다르다든가, 여래는 사후에 존재한다든가, 여래는 사후에 존재하지 않는다든가, 여래는 사후에 존재하기도 하고 존재하지 않기도 하다든가, 여래는 사후에 존재하는 것도 아니고 존재하지 않는 것도 아니다든가'라는 논쟁은 유익하지 않고, 청정한 삶과는 관계가 없으며, 멀리 떠나고 사라지고 소멸하고 멈추고 삼매에 들고 올바로 원만히 깨닫고 열반에 이르는데 도움이 되지 않는다.

1. 이와 같이 나는 들었다. 한 때 세존께서 싸밧티 시의 제따바나에 있는 아나타삔디까 승원에 계셨다.

2. 그 때 존자 말룽끼야뿟따[335)]가 홀로 명상하다가 마음에 이와 같은 생각이 일어났다.

[말룽끼야뿟따] '여래께서는 이와 같은 사변적인 견해들에 대해 답

---

334) 이 경의 원래 제목은 「말룽끼야뿟따에 대한 작은 경[Cūḷamāluṅkyaputtasutta]」이다. 우리말 『맛지마니까야』 3권 65쪽에 있다. MN. I. 426; 中阿含 221, 箭喩經 (大正 1. 804, 917)

335) Māluṅkyāputta : Kosala왕의 評價官(agghāpanika)의 아들, 그의 어머니의 이름이 Māluṅkiyā였다. 그는 원래 宗敎的인 人物이어서 어려서 出家했다가 나중에 부처님의 說法을 듣고 僧團에 들어와 거룩한 이(阿羅漢)가 되었다. 부처님과 나눈 대화가운데 독 묻은 화살의 비유는 너무도 유명하다. Thag. 399-404, 794-817에 그의 시들이 있다.

변하지 않고 제쳐두고 배척하셨다. 즉 세상은 영원하다든가, 세상은 영원하지 않다든가, 세상은 유한하다든가, 세상은 유한하지 않다든가, 영혼은 육체와 같다든가, 영혼은 육체와 다르다든가, 여래는 사후에 존재한다든가,[336] 여래는 사후에 존재하지 않는다든가, 여래는 사후에 존재하기도 하고 존재하지 않기도 하다든가, 여래는 사후에 존재하는 것도 아니고 존재하지 않는 것도 아니다든가, 여래께서는 이러한 것에 대하여 내게 말씀하지 않았다. 나는 이것이 못마땅하고, 나는 이것을 이해할 수 없다. 내가 세존께서 계신 곳을 찾아 그 의미를 여쭈어보아야겠다. 만약에 세존께서 '세상은 영원하다든가, 세상은 영원하지 않다든가, 세상은 유한하다든가, 세상은 유한하지 않다든가, 영혼은 육체와 같다든가, 영혼은 육체와 다르다든가, 여래는 사후에 존재한다든가, 여래는 사후에 존재하지 않는다든가, 여래는 사후에 존재하기도 하고 존재하지 않기도 하다든가, 여래는 사후에 존재하는 것도 아니고 존재하지 않는 것도 아니다든가.'에 대하여 내게 설명하면, 나는 세존 밑에서 청정한 삶을 영위할 것이다. 그러나 만약에 세존께서 '세상은 영원하다든가, 세상은 영원하지 않다든가, 세상은 유한하다든가, 세상은 유한하지 않다든가, 영혼은 육체와 같다든가, 영혼은 육체와 다르다든가, 여래는 사후에 존재한다든가, 여래는 사후에 존재하지 않는다든가, 여래는 사후에 존재하기도 하고 존재하지 않기도 한다든가, 여래는 사후에 존재하는 것도 아니고 존재하지 않는 것도 아니다든가.'에 대하여 내게 설명하지 않는다면, 나는 배움을 포기하고 세속으로 돌아갈 것이다.'

---

336) Pps. III. 141에서는 tathāgata를 '存在 또는 有情(satta)'으로 설명하고 있다. UdA. 340에서는 '自我(attā)'로 설명하고 있다.

3. 그래서 존자 말룽끼야뿟따는 저녁 무렵 홀로 명상하다가 일어나 세존께서 계신 곳으로 가까이 갔다. 다가가서 세존께 인사를 드리고 한 쪽으로 물러 앉았다. 한 쪽으로 물러 앉아서 세존께 이와 같이 말했다.

4. [말룽끼야뿟따] "세존이시여, 제가 홀로 명상하다가 마음에 이와 같은 생각이 일어났습니다. '여래께서는 이와 같은 사변적인 견해들에 대해 답변하지 않고 제쳐두고 버려 두셨다. 세상은 영원하다든가, 세상은 영원하지 않다든가, 세상은 유한하다든가, 세상은 유한하지 않다든가, 영혼은 육체와 같다든가, 영혼은 육체와 다르다든가, 여래는 사후에 존재한다든가, 여래는 사후에 존재하지 않는다든가, 여래는 사후에 존재하기도 하고 존재하지 않기도 한다든가, 여래는 사후에 존재하는 것도 아니고 존재하지 않는 것도 아니다든가, 여래께서는 이러한 것에 대하여 말씀하지 않았다. 나는 이것이 못마땅하고, 나는 이것을 이해할 수 없다. 내가 세존께서 계신 곳을 찾아 그 의미를 여쭈어보아야겠다. 만약에 세존께서 '세상은 영원하다든가, 세상은 영원하지 않다든가, 세상은 유한하다든가, 세상은 유한하지 않는다든가, 영혼은 육체와 같다든가, 영혼은 육체와 다르다든가, 여래는 사후에 존재한다든가, 여래는 사후에 존재하지 않는다든가, 여래는 사후에 존재하기도 하고 존재하지 않기도 한다든가, 여래는 사후에 존재하는 것도 아니고 존재하지 않는 것도 아니다든가.'에 대하여 설명하면, 나는 세존 밑에서 청정한 삶을 영위할 것이다. 그러나 만약에 세존께서 '세상은 영원하다든가, 세상은 영원하지 않는다든가, 세상은 유한하다든가, 세상은 유한하지 않다든가, 영혼은 육체와 같다든가, 영혼은 육체와 다르다든가,

여래는 사후에 존재한다든가, 여래는 사후에 존재하지 않는다든가, 여래는 사후에 존재하기도 하고 존재하지 않기도 한다든가, 여래는 사후에 존재하는 것도 아니고 존재하지 않는 것도 아니다든가.'에 대하여 설명하지 않는다면, 나는 배움을 포기하고 세속으로 돌아갈 것이다.'

5. 만약에 세존께서 '세상은 영원하다'라고 아신다면, '세상은 영원하다'라고 설명해주십시오. 만약에 세존께서 '세상은 영원하지 않다'라고 아신다면, '세상은 영원하지 않다'라고 설명해주십시오. 만약에 세존께서 '세상이 영원하다든가 세상이 영원하지 않다든가.' 알지 못하신다면, 알지 못하고 보지 못하기 때문에 나는 알지 못하고 나는 보지 못한다고 말씀하시는 것이 솔직할 것입니다.

6. 만약에 세존께서 '세상은 유한하다'라고 아신다면, '세상은 유한하다'라고 설명해주십시오. 만약에 세존께서 '세상은 유한하지 않다'라고 아신다면, '세상은 유한하지 않다'라고 설명해주십시오. 만약에 세존께서 '세상이 유한하다든가 세상이 유한하지 않다든가.' 알지 못하신다면, 알지 못하고 보지 못하기 때문에 나는 알지 못하고 나는 보지 못한다고 말씀하시는 것이 솔직할 것입니다.

7. 만약에 세존께서 '영혼은 육체와 같다'라고 아신다면, '영혼은 육체와 같다'라고 설명해주십시오. 만약에 세존께서 '영혼은 육체와 다르다'라고 아신다면, '영혼은 육체와 다르다'라고 설명해주십시오. 만약에 세존께서 '영혼은 육체와 같다든가, 영혼은 육체와 다르다든가.' 알지 못하신다면, 알지 못하고 보지 못하기 때문에 '나는 알지 못하고 나는 보지 못한다'고 말씀하시는 것이 솔직할 것입니다.

8. 만약에 세존께서 '여래는 사후에 존재한다'라고 아신다면, '여래는 사후에 존재한다'라고 설명해주십시오. 만약에 세존께서 '여래는 사후에 존재하지 않는다'라고 아신다면, '여래는 사후에 존재하지 않는다'라고 설명해주십시오. 만약에 세존께서 '여래는 사후에 존재한다든가, 여래는 사후에 존재하지 않는다든가.' 알지 못하신다면, 알지 못하고 보지 못하기 때문에 '나는 알지 못하고 나는 보지 못한다'고 말씀하시는 것이 솔직할 것입니다.

9. 만약에 세존께서 '여래는 사후에 존재하기도 하고 존재하지 않기도 한다'라고 아신다면, '여래는 사후에 존재하기도 하고 존재하지 않기도 한다'라고 설명해주십시오. 만약에 세존께서 '여래는 사후에 존재하는 것도 아니고 존재하지 않는 것도 아니다'라고 아신다면, '여래는 사후에 존재하는 것도 아니고 존재하지 않는 것도 아니다'라고 설명해주십시오. 만약에 세존께서 '사후에 존재하기도 하고 존재하지 않기도 하든가, 여래는 사후에 존재하는 것도 아니고 존재하지 않는 것도 아니다든가.' 알지 못하신다면, 알지 못하고 보지 못하기 때문에 나는 알지 못하고 나는 보지 못한다고 말씀하시는 것이 솔직할 것입니다."

10. [세존] "말룽끼야뿟따여, 내가 그대에게 '말룽끼야뿟따여, 와서 내 밑에서 청정한 삶을 영위하라. 나는 그대에게 세상은 영원하다든가, 세상은 영원하지 않다든가, 세상은 유한하다든가, 세상은 유한하지 않다든가, 영혼은 육체와 같다든가, 영혼은 육체와 다르다든가, 여래는 사후에 존재한다든가, 여래는 사후에 존재하지 않는다든가, 여래는 사후에 존재하기도 하고 존재하지 않기도 한다든가, 여래는 사후에 존재하는 것도 아니고 존재하지 않는 것도 아니

다든가.'에 대하여 설명할 것이다'라고 말한 적이 있는가?"
[말룽끼야뿟다] "세존이시여, 그렇지 않습니다."

11. [세존] "말룽끼야뿟따여, 그대가 나에게 '세존이시여, 저는 여래 밑에서 청정한 삶을 영위할 것입니다. 여래께서는 세상은 영원하다든가, 세상은 영원하지 않다든가, 세상은 유한하다든가, 세상은 유한하지 않다든가, 영혼은 육체와 같다든가, 영혼은 육체와 다르다든가, 여래는 사후에 존재한다든가, 여래는 사후에 존재하지 않는다든가, 여래는 사후에 존재하기도 하고 존재하지 않기도 한다든가, 여래는 사후에 존재하는 것도 아니고 존재하지 않는 것도 아니다든가에 대하여 설명해주십시오'라고 말한 적이 있는가?"
[말룽끼야뿟다] "세존이시여, 그렇지 않습니다."

12. [세존] "말룽끼야뿟따여, 나는 '오라. 그리고 내 밑에서 청정한 삶을 영위하라. 내가 그대에게 세상은 영원하다든가, 세상은 영원하지 않다든가, 세상은 유한하다든가, 세상은 유한하지 않다든가, 영혼은 육체와 같다든가, 영혼은 육체와 다르다든가, 여래는 사후에 존재한다든가, 여래는 사후에 존재하지 않는다든가, 여래는 사후에 존재하기도 하고 존재하지 않기도 한다든가, 여래는 사후에 존재하는 것도 아니고 존재하지 않는 것도 아니다든가에 대하여 설명하리라'라고 말한 적이 없다. 그리고 그대가 나에게 '세존이시여, 저는 여래 밑에서 청정한 삶을 영위할 것입니다. 여래께서는 세상은 영원하다든가, 세상은 영원하지 않다든가, 세상은 유한하다든가, 세상은 유한하지 않다든가, 영혼은 육체와 같다든가, 영혼은 육체와 다르다든가, 여래는 사후에 존재한다든가, 여래는 사후에 존재하지 않는다든가, 여래는 사후에 존재하기도 하고 존재하지 않기

도 한다든가, 여래는 사후에 존재하는 것도 아니고 존재하지 않는 것도 아니다든가에 대하여 설명해주십시오'라고 말한 적이 없다. 어리석은 자여, 이러한 상황에서 누가 누구를 거절하겠는가?[337]

13. 말룽끼야뿟따여, 어떤 사람이 '나는 여래가 세상은 영원하다든가, 세상은 영원하지 않다든가, 세상은 유한하다든가, 세상은 유한하지 않다든가, 영혼은 육체와 같다든가, 영혼은 육체와 다르다든가, 여래는 사후에 존재한다든가, 여래는 사후에 존재하지 않는다든가, 여래는 사후에 존재하기도 하고 존재하지 않기도 한다든가, 여래는 사후에 존재하는 것도 아니고 존재하지 않는 것도 아니다든가에 대하여 설명해야 비로소 여래 밑에서 청정한 삶을 영위할 것이다'라고 말한다면, 그는 여래에게서 대답을 못들은 채 이러한 문제와 더불어 죽어갈 것이다.

14. 말룽끼야뿟따여, 어떤 사람이 독이 짙게 묻은 화살을 맞았다고 하자. 그의 친구들이나 동료들이나 친지들이나 친척들이 와서 그를 외과의사에게 데리고 갔다. 그런데, 그가

1) '나는 나를 쏜 사람이 왕족계층인지 사제계층인지 평민인지 노예인지 알아야 화살을 뽑을 것이다'라고 말했다고 하자.
2) '나는 나를 쏜 사람의 이름과 성이 무엇인지 알아야 화살을 뽑을 것이다'라고 말했다고 하자.
3) '나는 나를 쏜 사람의 키가 큰지 작은지 중간인지 알아야 화살을 뽑을 것이다'라고 말했다고 하자.
4) '나는 나를 쏜 사람이 어떤 마을이나 부락이나 도시에서 왔는지 알아야 화살을 뽑을 것이다'라고 말했다고 하자.

---

337) ko santo kaṃ paccācikkhasi : 양쪽 모두가 自由로우며 누구도 다른 자에게 義務를 지니고 있지 않다.

5) '나는 나를 쏜 사람의 피부색이 검은지 푸른지 노란지 알아야 화살을 뽑을 것이다'라고 말했다고 하자.
6) '나는 나를 쏜 사람의 활이 보통의 활인지 석궁인지 알아야 화살을 뽑을 것이다'라고 말했다고 하자.
7) '나는 나를 쏜 사람의 활줄이 섬유인지 갈대인지 힘줄인지 마인지 유엽수338)인지 알아야 화살을 뽑을 것이다'라고 말했다고 하자.
8) '나는 나를 쏜 사람의 화살대가 거친 갈대인지 잘 다듬어진 갈대인지 알아야 화살을 뽑을 것이다'라고 말했다고 하자.
9) '나는 나를 쏜 사람의 화살의 깃털이 독수리의 것인지 까마귀의 것인지 콘도르의 것인지 공작새의 것인지 황새의 것인지 알아야 화살을 뽑을 것이다'라고 말했다고 하자.
10) '나는 나를 쏜 사람의 화살대가 어떠한 힘줄로 감겨졌는지 소인지 물소인지 사슴인지 원숭이 힘줄인지 알아야 화살을 뽑을 것이다'라고 말했다고 하자.
11) '나는 나를 쏜 사람의 화살이 보통의 화살인지 뾰족한 화살인지 굽어진 화살인지 가시가 있는 화살인지 송아지의 이빨 모양의 화살인지 협죽도 나뭇잎 모양의 화살인지 알아야 화살을 뽑을 것이다'라고 말했다고 하자.

15. 말룽끼야뿟따여, 이 사람은 그러한 사실을 알기도 전에 죽을 것이다. 이와 같이 말룽끼야뿟따여, 만약 어떤 사람이 '세상은 영원하다든가, 세상은 영원하지 않다든가, 세상은 유한하다든가, 세상은 유한하지 않다든가, 영혼은 육체와 같다든가, 영혼은 육체와 다르다든가, 여래는 사후에 존재한다든가, 여래는 사후에 존재하지

338) khīrapaṇṇiṃ : Eulotropis gigantea, 나뭇잎에 牛乳色의 즙을 가진 나무이다.

않는다든가, 여래는 사후에 존재하기도 하고 존재하지 않기도 한다든가, 여래는 사후에 존재하는 것도 아니고 존재하지 않는 것도 아니다든가'하는 것에 대하여 설명을 얻고서야 비로소 나는 여래 밑에서 청정한 삶을 영위할 것이라고 한다면, 그는 여래로부터 그 설명을 얻기 전에 죽어갈 것이다."

16. 말룽끼야뿟따여, '세상은 영원하다'라는 견해가 있어도, 청정한 삶을 영위할 수가 없다. 말룽끼야뿟따여, '세상은 영원하지 않다'라는 견해가 있어도, 청정한 삶을 영위할 수가 없다. 말룽끼야뿟따여, '세상은 영원하다'라는 견해나 '세상은 영원하지 않다'라는 견해가 있어도, 태어남이 있고 늙음이 있고 죽음이 있고 우울, 슬픔, 고통, 근심, 불안이 있다. 나는 그 태어남, 늙음, 죽음, 우울, 슬픔, 고통, 근심, 불안들을 지금 여기서 파괴할 것을 가르친다.

17. 말룽끼야뿟따여, '세상은 유한하다'라는 견해가 있다면, 청정한 삶을 영위할 수가 없다. 말룽끼야뿟따여, '세상은 유한하지 않다'라는 견해가 있어도, 청정한 삶을 영위할 수가 없다. 말룽끼야뿟따여, '세상은 유한하다'라는 견해나 '세상은 유한하지 않다'라는 견해가 있어도, 태어남이 있고 늙음이 있고 죽음이 있고 우울, 슬픔, 고통, 근심, 불안이 있다. 나는 그 태어남, 늙음, 죽음, 우울, 슬픔, 고통, 근심, 불안들을 지금 여기서 파괴할 것을 가르친다.

18. 말룽끼야뿟따여, '영혼은 육체와 같다'라는 견해가 있다면, 청정한 삶을 영위할 수가 없다. 말룽끼야뿟따여, '영혼은 육체와 다르다'라는 견해가 있어도, 청정한 삶을 영위할 수가 없다. 말룽끼야뿟따여, '영혼은 육체와 같다'라는 견해나 '영혼은 육체와 다르다'라는 견해가 있어도, 태어남이 있고 늙음이 있고 죽음이 있고 우울, 슬

픔, 고통, 근심, 불안이 있다. 나는 그 태어남, 늙음, 죽음, 우울, 슬픔, 고통, 근심, 불안들을 지금 여기서 파괴할 것을 가르친다.

19. 말룽끼야뿟따여, '여래는 사후에 존재한다'라는 견해가 있다면, 청정한 삶을 영위할 수가 없다. 말룽끼야뿟따여, '여래는 사후에 존재하지 않는다'라는 견해가 있어도, 청정한 삶을 영위할 수가 없다. 말룽끼야뿟따여, '여래는 사후에 존재한다'라는 견해나 '여래는 사후에 존재하지 않는다'라는 견해가 있어도, 태어남이 있고 늙음이 있고 죽음이 있고 우울, 슬픔, 고통, 근심, 불안이 있다. 나는 그 태어남, 늙음, 죽음, 우울, 슬픔, 고통, 근심, 불안들을 지금 여기서 파괴할 것을 가르친다.

20. 말룽끼야뿟따여, '여래는 사후에 존재하기도 하고 존재하지 않기도 한다'라는 견해가 있다면, 청정한 삶을 영위할 수가 없다. 말룽끼야뿟따여, '여래는 사후에 존재하는 것도 아니고 존재하지 않는 것도 아니다'라는 견해가 있어도, 청정한 삶을 영위할 수가 없다. 말룽끼야뿟따여, '여래는 사후에 존재하기도 하고 존재하지 않기도 한다'라는 견해나 '여래는 사후에 존재하는 것도 아니고 존재하지 않는 것도 아니다'라는 견해가 있어도, 태어남이 있고 늙음이 있고 죽음이 있고 우울, 슬픔, 고통, 근심, 불안이 있다. 나는 그 태어남, 늙음, 죽음, 우울, 슬픔, 고통, 근심, 불안들을 지금 여기서 파괴할 것을 가르친다.

21. 말룽끼야뿟따여, 그러므로 나는 설명해야 할 것은 설명했고 설명하지 않아야 할 것은 설명하지 않았다는 사실을 명심하라. 내가 설명하지 않은 것은 무엇인가? '세상은 영원하다'고 나는 설명하지 않았다. '세상은 영원하지 않다'고 나는 설명하지 않았다. '세상은 유

한하다'고 나는 설명하지 않았다. '세상은 유한하지 않다'고 나는 설명하지 않았다. '영혼은 육체와 같다'고 나는 설명하지 않았다. '영혼은 육체와 다르다'고 나는 설명하지 않았다. '여래는 사후에 존재한다'고 나는 설명하지 않았다. '여래는 사후에 존재하지 않는다'고 나는 설명하지 않았다. '여래는 사후에 존재하기도 하고 존재하지 않기도 한다'고 나는 설명하지 않았다. '여래는 사후에 존재하는 것도 아니고 존재하지 않는 것도 아니다'고 나는 설명하지 않았다.

22. 말룽끼야뿟따여, 내가 왜 그것을 설명하지 않았는가? 그것은 유익하지 않고, 청정한 삶과는 관계가 없으며, 멀리 떠나고 사라지고 소멸하고 멈추고 삼매에 들고 올바로 원만히 깨닫고 열반에 이르는데 도움이 되지 않기 때문이다. 그러한 이유로 그대에게 그것에 대하여 설명하지 않은 것이다.

23. 그렇다면, 말룽끼야뿟따여, 내가 설명한 것은 무엇인가? 말룽끼야뿟따여, '이것은 괴로움이다'라고 나는 설명했다. 말룽끼야뿟따여, '이것은 괴로움의 생성이다'라고 나는 설명했다. 말룽끼야뿟따여, '이것은 괴로움의 소멸이다'라고 나는 설명했다. 말룽끼야뿟따여, '이것은 괴로움의 소멸에 이르는 길이다'라고 나는 설명했다. 말룽끼야뿟따여, 나는 왜 그러한 것들을 설명했는가? 말룽끼야뿟따여, 그것은 유익하고 청정한 삶과 관계가 있으며, 멀리 떠나고 사라지고 소멸하고 멈추고 삼매에 들고 올바로 원만히 깨닫고 열반에 이르는 데 도움이 되기 때문이다. 그러므로 나는 그 태어남, 늙음, 죽음, 우울, 슬픔, 고통, 근심, 불안들을 설명했다."

24. 세존께서는 이와 같이 말씀하셨다. 존자 말룽끼야뿟따는 만족하여 세존께서 말씀하신 것을 기쁘게 받아들였다.[339]

16. 불이 꺼진다면, 그 불은 어디로 간 것인가? [Aggivacchagottasutta][340]

사변적 견해는 견해의 정글이고 견해의 광야이고 견해의 왜곡이고 견해의 동요이고 견해의 결박입니다. 그것은 고통을 수반하고 파멸을 수반하고 번뇌를 수반하고 고뇌를 수반합니다.

1. 이와 같이 나는 들었다. 한 때 세존께서 싸밧티 시의 제따바나에 있는 아나타삔디까 승원에 계셨다.

2. 그 때 유행자 밧차곳따는 세존께서 계신 곳을 찾았다. 가까이 가서 세존께 인사를 드리고 안부를 주고 받은 뒤에 한 쪽으로 물러 앉았다. 한 쪽으로 물러 앉은 유행자 밧차곳따는 세존께 이와 같이 말했다.

3. [밧차곳따] "존자 고따마여, 존자 고따마께서는 '세상은 영원하다.[341] 이것만이 진실이고 다른 것은 거짓이다'라는 견해를 갖고

---

339) Mdb. 1264에서 Bikkhu Bodhi는 '대부분 形而上學的인 疑問을 만족시키기 위하여 부처님을 떠난 수행승들의 運命에 대하여 疑問을 가진 자들은 Māluṅkyaputta가 그의 늙은 나이에 부처님으로부터 여섯 感官에 대한 간략한 法門을 받아들이고 홀로 떨어져 冥想하여 거룩한 이(阿羅漢)의 境地를 얻었다는 사실을 알고 기뻐했을 것이다'라고 적고 있다.

340) 이 경의 원래 제목은 「불의 비유와 밧차곳따의 경[Aggivacchagottasutta]」이다. 우리말 『맛지마니까야』 3권 183쪽에 있다. MN. I. 483 ; 雜阿含 962(大正 2. 245), 別譯雜阿含 195(大正 2. 444) 참조.

341) Jayatilleke(『The Theory of Knowlege』 248)에 따르면, 이것은 우빠니샤드의 梵我一如나 小宇宙(adhyātma)인 자아와 大宇宙(adhidevatā)인 세계가 일치한다는 형이상학적 사상을 토대로 성립한 것이다.

계십니까?"342)

[세존] "밧차여, 나는 '세상은 영원하다. 이것만이 진실이고 다른 것은 거짓이다'라는 그와 같은 견해를 갖고 있지 않습니다."

4. [밧차곳따] "존자 고따마여, 존자 고따마께서는 '세상은 영원하지 않다.343) 이것만이 진실이고 다른 것은 거짓이다'라는 견해를 갖고 계십니까?"

[세존] "밧차여, 나는 '세상은 영원하지 않다. 이것만이 진실이고 다른 것은 거짓이다'라는 그와 같은 견해를 갖고 있지 않습니다."

5. [밧차곳따] "존자 고따마여, 존자 고따마께서는 '세상은 유한하다.344) 이것만이 진실이고 다른 것은 거짓이다'라는 견해를 갖고 계십니까?"

---

342) SN. IV. 391에서는 Vacchagotta의 이 모든 質問이 Moggallāna를 향해서 提示된 것으로 기술되어 있다.

343) 세계는 '永遠하지 않다(asassato)'와 '無常하다(anicco)'는 다른 용어로 쓰였다. 이것은 DN. I. 21에 Brahmajālasutta의 '自我와 世界의 一部는 永遠하고 一部는 永遠하지 않다'는 견해를 반영하는데, 이러한 自我의 永遠性과 世界의 非永遠性 또는 自我의 非永遠性과 世界의 永遠性을 결합하는 견해를 동시대의 문헌에서 발견하기는 힘들다. 단지 Jayatilleke(『The Theory of Knowlege』 245)는 '세계는 영원하지 않다'는 주장은 唯物論者들이 觀察 가능한 世界의 時間的 空間的 有限性 때문에 世界는 時間的으로 有限하므로 永遠하지 않다고 주장했을 것이라고 추론하고 있다. AN. IV. 428에 따르면, Pūraṇa Kassapa는 '무한한 지식으로 유한한 세계를 알고 또한 본다.(ahaṃ anantena ñāṇena antavantaṃ lokaṃ jānaṃ passaṃ viharamīti)'라고 주장했다. UdA. 334에서 Dhammapala는 이 견해는 唯物論者의 見解라고 밝히고 있다.

344) 唯物論者들의 觀察可能한 세계의 時空間的 有限性에서 由來되었다고 추측할 수 있으나 확실한 증거는 없다. DN. I. 21에 Brahmajālasutta에서는 有限論者인 사문, 바라문이 요가적 三昧에 들어 有限性에 관해 知覺한 것에 근거를 둔 견해로 보고 있다. AN. IV. 428에서 뿌라나 깟싸빠(Puraṇa Kassapa)는 '나는 무한한 지혜로써 유한한 세상을 알고 본다(aham anantena ñāṇena antavantaṁ lokaṁ jānaṁ passaṁ viharāmi)'고 말했다. 그는 육사외도(六邪外道)의 한 사람으로, 道德否定論者로 알려졌다. 그는 살생, 도둑질, 간음, 거짓말 등을 해도 악을 행한다고 할 수 없으며 惡의 果報도 없다고 주장했다. 또한 祭祀, 布施, 克己, 眞實語를 행하여도 善을 행한다고 할 수 없고 善의 果報도 없다고 주장하였다. 이러한 주장은 세계의 유한성과 관계되는 데 바탕을 둔 道德否定論과 관계가 있다고 볼 때 論理的인 一貫性을 발견할 수도 있다.

[세존] "밧차여, 나는 '세상은 유한하다. 이것만이 진실이고 다른 것은 거짓이다'라는 그와 같은 견해를 갖고 있지 않습니다."

6. [밧차곳따] "존자 고따마여, 존자 고따마께서는 '세상은 유한하지 않다.[345] 이것만이 진실이고 다른 것은 거짓이다'라는 견해를 갖고 계십니까?"
[세존] "밧차여, 나는 '세상은 유한하지 않다. 이것만이 진실이고 다른 것은 거짓이다'라는 그와 같은 견해를 갖고 있지 않습니다."

7. [밧차곳따] "존자 고따마여, 존자 고따마께서는 '영혼과 육체는 같은 것이다.[346] 이것만이 진실이고 다른 것은 거짓이다'라는 견해를 갖고 계십니까?"

---

345) 經典 상에서는 자이나교의 主張으로 나타나 있다. AN. IV. 429에 따르면, 자이나교의 교조 Nigaṇṭha Nāṭaputta는 '나는 無限한 智慧로써 無限한 世界를 본다(aham anantena ñāṇena anantaṁ lokaṁ jānaṁ passaṁ viharāmi)'고 했다. 이 주장은 앞의 뿌라나 깟싸빠와 같은 一切知, 一切見을 주장하면서도 서로 矛盾되는 결론에 도달한 것을 보여주고 있다. 이러한 견해도 DN. I. 21에 Brahmajālasutta에서는 요가 수행의 산물로 보고 있으나 자이나교의 이론에 바탕을 두고 있다. 자이나교에서는 靈魂[命 : jīva]은 地水火風이나 동식물에 각각 그 個體的 形態로 내재하는 다양한 것이며 非靈魂[非命 : ajīva]은 法(dhamma : 운동의 조건)과 非法(adhamma : 정지의 조건)과 虛空(ākāsa), 物質(pudgala)로 이루어졌다고 한다. 특히 物質은 知覺되지 않고 分割할 수 없는 元子(aṇu)로 구성되어 있다. 이러한 세계는 世界 밖에 있는 非世界와 합쳐 全宇宙를 構成한다고 보는데, 여기 경전에서 주장하는 世界의 無限性은 世界와 非世界를 합한 全宇宙의 無限性을 언급하고 있는 것 같다.

346) 붓다고싸(Suv. I. 319)에 의하면, 이러한 견해는 분명히 唯物論者들의 중요한 이론이었다. 이 견해는 肉體와 別途로 관찰할 수 있는 靈魂은 없고 오직 觀察可能한 것만이 存在한다는 唯物論的인 認識基盤에 근거한다. 그러나 거기에는 邪命外道(Ājīvika)가 포함되었던 것 같다. DN. I. 53~54에 따르면, Makkhali Gosala는 宿命論者(邪命外道)였다. 輪廻와 解脫은 無條件的 必然에 의해 이루어지므로 살아가는 데 인간의 自由意志는 없으며 모든 것은 자연의 본성에 의해 결정될 뿐이다. 그는 輪廻의 主體로서의 靈魂(命我 : jīva)을 인정했으나 물질적 원리인 地水火風과 虛空 등의 원소와 동일한 원리로 파악하고 있었다. MN. 76「싼다까의 경[Sandakasutta]」(MN. I. 515)에 따르면 또한 Ajita Kesakambalin은 印度의 가장 오래된 唯物論者로서 땅・물・불・바람만이 참된 實在라고 주장하여 靈魂의 存在를 否定했다. 인간이 죽으면 斷滅하고 신체는 모두 네 가지 원소로 還元된다. 그는 현세가 인생의 전부이며 내세에 과보가 없다고 주장하여 唯物論的 快樂主義의 입장에 섰는데, 그를 따르는 무리를 順世外道(lokāyata) 또는 짜르바까(carvaka)라고 불렀다.

[세존] "밧차여, 나는 '영혼과 육체는 같은 것이다. 이것만이 진실이고 다른 것은 거짓이다'라는 그와 같은 견해를 갖고 있지 않습니다."

8. [밧차곳따] "존자 고따마여, 존자 고따마께서는 '영혼과 육체는 다른 것이다. 이것만이 진실이고 다른 것은 거짓이다'라는 견해를 갖고 계십니까[347]?"

[세존] "밧차여, 나는 '영혼과 육체는 다른 것이다. 이것만이 진실이고 다른 것은 거짓이다'라는 그와 같은 견해를 갖고 있지 않습니다."

9. [밧차곳따] "존자 고따마여, 존자 고따마께서는 '여래는 사후에 존재한다.[348] 이것만이 진실이고 다른 것은 거짓이다'라는 견해를

---

347) 이러한 견해는 당시의 여러 외도(外道)들의 견해였다. MN. 76「싼다까의 경[Sandakasutta]」(MN. I. 517)에 따르면, Pakudha Kaccayana는 유물론적 경향의 사상가로서 땅[地], 물[水], 불[火], 바람[風]의 네 가지 원소 이외에 괴로움[苦], 즐거움[樂], 영혼[命我]의 세 가지 원소를 추가해서 일곱 가지 요소의 실재를 주장했다. 그러나 빠꾸다가 인정하는 靈魂은 物質的인 것으로 지극히 唯物論的인 것이며, 이를테면 칼로 사람을 죽여도 다만 날카로운 칼날이 七要素 사이를 통과한 데 불과하다고 주장한다. Jayatilleke(『The Theory of Knowlege』, 246)에 의하면, 이러한 견해는 근본적으로 唯物論에 바탕을 둔 허무주의적[斷滅論的]인 주장이다. 그와는 반대로 梵我一如를 주장하는 우빠니샤드 철학의 영원주의적[常住論的]인 견해도 이러한 肉體와 靈魂의 비동일성을 대변한다. 영혼은 眞我로서 영원하며 無所不在한 존재로 肉體와 區別되는 것이다. 이를테면 과거에 대한 회상은 과거의 존재의 사실성에 근거해 볼 때 永遠한 自我를 필연적으로 요청하는 것이다. DN. I. 21에 Brahmajālasutta에는 반영원론자[一分常住一分無常論者]들의 다음과 같은 견해가 나온다.이 눈이라고도 귀라고도 코라고도 혀라고도 몸이라고도 불리는 이 자아는 무릇 無常, 不堅固, 無永遠이며 轉變하는 것이다. 그러나 마음[心]이라고 또는 정신[意]이라고 또는 의식[識]이라고 불리는 자아는 무릇 常住, 堅固, 永遠이며 轉變하지 않는 것이다. 이러한 半永遠論者의 주장은 바로 몸이라는 自我와 意識이라는 自我의 差別性을 나타내고 있다. 이것은 영혼으로 생각되는 마음이나 의식은 육체와 다르다는 입장을 구체적으로 밝히고 있는 것이다. 이러한 주장은 앞의 다섯 번 째 명제와 더불어 一異中道의 緣起思想에 모순되는 모두 경험적인 전제에서 추론한 形而上學的인 견해들이다.

348) Jayatilleke(『The Theory of Knowelege』, 248)에 따르면, 이 命題는 초기 Upaniṣad의 학파 가운데 一部에 의해 주장된 것이다. 여기서 如來는 깨달은 이의 靈魂이나 眞我로 바꾸어 생각하면 쉬울 것이다. Bṛhadāraṇyaka-Upaniṣad(Bṛhad. IV. 4)에서는 인간에게 欲心이 없을 경우 肉體를 떠난 不死의 生氣인 眞我는 梵 자체이기 때문에 운명한 뒤 곧바로 梵 속에 沒入하여 영원히 산다고 묘사되어 있다. 또한 Chandogya-Upaniṣad(Ch

갖고 계십니까?"
[세존] "밧차여, 나는 '여래는 사후에 존재한다. 이것만이 진실이고 다른 것은 거짓이다'라는 그와 같은 견해를 갖고 있지 않습니다."

10. [밧차곳따] "존자 고따마여, 존자 고따마께서는 '여래는 사후에 존재하지 않는다.[349] 이것만이 진실이고 다른 것은 거짓이다'라는 견해를 갖고 계십니까?"
[세존] "밧차여, 나는 '여래는 사후에 존재하지 않는다. 이것만이 진실이고 다른 것은 거짓이다'라는 그와 같은 견해를 갖고 있지 않습니다."

11. [밧차곳따] "존자 고따마여, 존자 고따마께서는 '여래는 사후에 존재하기도 하고 존재하지 않기도 한다.[350] 이것만이 진실이고 다른 것은 거짓이다'라는 견해를 갖고 계십니까?"
[세존] "밧차여, 나는 '여래는 사후에 존재하기도 하고 존재하지 않

---

and. III. 14. 3)의 心臟 내부에 있는 眞我는 쌀알 내지 기장보다도 작은 것이지만 대지 내지는 一切의 世界 全體보다도 크며 一切의 行爲를 품고 一切의 所望을 包容하고 一切의 感覺을 갖춘 것으로 言語를 떠나고 愛着을 떠난 것으로 그것이 바로 브라흐만이며, 肉體가 이 세상을 떠난 후에는 眞我는 브라흐만과 합한다는 思想은 如來가 死後에 存在함을 대변한다고 볼 수 있다.

349) 이것은 틀림없이 唯物論者들의 主張이다. Ajita Kesakambalin은 人間은 앞서 지적했듯이 地水火風의 네 元素로부터 생겼으며 현명한 聖子나 어리석은 자나 누구든지 身體가 破滅되면 아무 것도 남는 것이 없다는 허무주의[斷滅論]를 주장했으며 死後의 세계를 부정했다. DN. I. 55에 따르면, 그는 '사람은 네 가지 세계로 구성되어 있으며 죽을 때에 땅은 땅의 세계로 돌아가고 물은 물의 세계로 돌아가며 불은 불의 세계로 돌아가고 바람은 바람의 세계로 돌아가며 感官은 虛空으로 돌아간다..... 어리석은 자나 현명한 자나 몸이 파괴되어 斷滅하여 消失되어 죽은 뒤에는 아무 것도 存在하지 않는다'라고 주장했다.

350) 이 견해는 Makkhali Gosala의 추종자였던 Trairāśika Ājīvika에 의해 천명되었다. 그는 Basham(『History and Doctrines of Ājivikas』(London : 1951, 275)에 의하면, 어떤 靈魂들은 심지어 열반(涅槃)에서 되돌아와야 한다고 생각했으므로 그 理論의 論理的 基礎로서 제3의 範疇인 '存在와 非存在(sadasat)'란 항목을 설정했던 것이다. 이 靈魂들은 輪廻로부터는 解脫되었으나 아직 완전히 해탈하지는 못한 '存在와 非存在'의 範疇로 분류된다.

기도 한다. 이것만이 진실이고 다른 것은 거짓이다'라는 그와 같은 견해를 갖고 있지 않습니다."

12. [밧차곳따] "존자 고따마여, 존자 고따마께서는 '여래는 사후에 존재하는 것도 아니고 존재하지 않는 것도 아니다.[351] 이것만이 진실이고 다른 것은 거짓이다'라는 견해를 갖고 계십니까?"
[세존] "밧차여, 나는 '여래는 사후에 존재하는 것도 아니고 존재하지 않는 것도 아니다. 이것만이 진실이고 다른 것은 거짓이다'라는 그와 같은 견해를 갖고 있지 않습니다."

13. [밧차곳따]

1) "존자 고따마여, 존자 고따마께서는 '세상은 영원하다. 이것만이 진실이고 다른 것은 거짓이다라는 견해를 갖고 계십니까?'라고 물어도, '밧차여, 나는 그와 같은 '세상은 영원하다. 이것만이 진실이고 다른 것은 거짓이다'라는 견해를 갖고 있지 않다'라고 어떻게 말씀하십니까?

2) 존자 고따마여, 존자 고따마께서는 '세상은 영원하지 않다. 이것만이 진실이고 다른 것은 거짓이다라는 견해를 갖고 계십니까?' 라고 물어도, '밧차여, 나는 그와 같은 '세상은 영원하지 않다. 이것만이 진실이고 다른 것은 거짓이다'라는 견해를 갖고 있지 않

351) 이러한 견해는 懷疑主義者인 산자야 벨랏티뿟따(Sañjaya Belaṭṭhiputta)의 主張이라고 할 수도 있으나 명확한 根據는 없다. Jayatilleke(『The Theory of Knowlege』 249~250)에 의하면, 이러한 견해는 存在도 非存在도 死後의 聖人을 서술할 수 없다고 주장하는 학파의 학설이다. 그에 의하면 이러한 주장을 한 사람은 Yājñavalkya와 중기, 후기 우빠니샤드의 사상가들이다. 그들은 人格的인 存在를 수식하는 형용사는 '아니다, 아니다'의 자아와 같은 非人格的 存在者를 수식할 수 없다는 非人格主義에 바탕을 두고 있는 것이다. Bṛhad. III. 4. 2에서 Yājñavalkya는 다음과 같이 주장한다. '당신은 보는 作用의 주체인 見者를 볼 수 없다. 당신은 듣는 作用의 주체인 聞者를 듣지 못한다. 당신은 생각하는 作用의 주체인 意者를 생각할 수 없다. 당신은 안다는 作用의 주체인 識者를 알 수는 없다. 그러나 萬有內在의 自我이다.'

다'라고 어떻게 말씀하십니까?

3) 존자 고따마여, 존자 고따마께서는 '세상은 유한하다. 이것만이 진실이고 다른 것은 거짓이다라는 견해를 갖고 계십니까?'라고 물어도, '밧차여, 나는 그와 같은 '세상은 유한하다. 이것만이 진실이고 다른 것은 거짓이다'라는 견해를 갖고 있지 않다'라고 어떻게 말씀하십니까?

4) 존자 고따마여, 존자 고따마께서는 '세상은 유한하지 않다. 이것만이 진실이고 다른 것은 거짓이다라는 견해를 갖고 계십니까?'라고 물어도, '밧차여, 나는 그와 같은 '세상은 유한하지 않다. 이것만이 진실이고 다른 것은 거짓이다'라는 견해를 갖고 있지 않다'라고 어떻게 말씀하십니까?

5) 존자 고따마여, 존자 고따마께서는 '영혼과 육체는 같은 것이다. 이것만이 진실이고 다른 것은 거짓이다라는 견해를 갖고 계십니까?'라고 물어도, '밧차여, 나는 그와 같은 '영혼과 육체는 같은 것이다. 이것만이 진실이고 다른 것은 거짓이다'라는 견해를 갖고 있지 않다'라고 어떻게 말씀하십니까?

6) 존자 고따마여, 존자 고따마께서는 '영혼과 육체는 다른 것이다. 이것만이 진실이고 다른 것은 거짓이다라는 견해를 갖고 계십니까?'라고 물어도, '밧차여, 나는 그와 같은 '영혼과 육체는 다른 것이다. 이것만이 진실이고 다른 것은 거짓이다'라는 견해를 갖고 있지 않다'라고 어떻게 말씀하십니까?

7) 존자 고따마여, 존자 고따마께서는 '여래는 사후에 존재한다. 이것만이 진실이고 다른 것은 거짓이다라는 견해를 갖고 계십니까?'라고 물어도, '밧차여, 나는 그와 같은 '여래는 사후에 존재한다. 이것만이 진실이고 다른 것은 거짓이다'라는 견해를 갖고 있지 않

다'라고 어떻게 말씀하십니까?

8) 존자 고따마여, 존자 고따마께서는 '여래는 사후에 존재하지 않는다. 이것만이 진실이고 다른 것은 거짓이다라는 견해를 갖고 계십니까?'라고 물어도, '밧차여, 나는 그와 같은 '여래는 사후에 존재하지 않는다. 이것만이 진실이고 다른 것은 거짓이다'라는 견해를 갖고 있지 않다'라고 어떻게 말씀하십니까?

9) 존자 고따마여, 존자 고따마께서는 '여래는 사후에 존재하기도 하고 존재하지 않기도 한다. 이것만이 진실이고 다른 것은 거짓이다라는 견해를 갖고 계십니까?'라고 물어도, '밧차여, 나는 그와 같은 '여래는 사후에 존재하기도 하고 존재하지 않기도 한다. 이것만이 진실이고 다른 것은 거짓이다'라는 견해를 갖고 있지 않다'라고 어떻게 말씀하십니까?

10) 존자 고따마여, 존자 고따마께서는 '여래는 사후에 존재하는 것도 아니고 존재하지 않는 것도 아니다. 이것만이 진실이고 다른 것은 거짓이다라는 견해를 갖고 계십니까?'라고 물어도, '밧차여, 나는 그와 같은 '여래는 사후에 존재하는 것도 아니고 존재하지 않는 것도 아니다. 이것만이 진실이고 다른 것은 거짓이다'라는 견해를 갖고 있지 않다'라고 어떻게 말씀하십니까?"

14. [밧차곳따] "존자 고따마여, 어떠한 위험을 보기에 일체의 이러한 사변적 견해를 가까이 하시지 않는 것입니까?"

15. [세존]

1) "밧차여, '세상은 영원하다.'는 이러한 사변적 견해는 견해의 정글이고 견해의 광야이고 견해의 왜곡이고 견해의 동요이고 견해의 결박입니다. 그것은 고통을 수반하고 파멸을 수반하고 번뇌를 수

반하고 고뇌를 수반합니다. 그것은 싫어하여 떠나게 하기 위한 것도, 사라지게 하기 위한 것도, 소멸하게 하기 위한 것도, 고요하게 하기 위한 것도, 곧바로 알게 하기 위한 것도, 올바로 깨닫게 하기 위한 것도, 열반을 성취하기 위한 것도 아닙니다.

2) 밧차여, '세상은 영원하지 않다.'는 이러한 사변적 견해는 견해의 정글이고 견해의 광야이고 견해의 왜곡이고 견해의 동요이고 견해의 결박입니다. 그것은 고통을 수반하고 파멸을 수반하고 번뇌를 수반하고 고뇌를 수반합니다. 그것은 싫어하여 떠나게 하기 위한 것도, 사라지게 하기 위한 것도, 소멸하게 하기 위한 것도, 고요하게 하기 위한 것도, 곧바로 알게 하기 위한 것도, 올바로 깨닫게 하기 위한 것도, 열반을 성취하기 위한 것도 아닙니다.

3) 밧차여, '세상은 유한하다.'는 이러한 사변적 견해는 견해의 정글이고 견해의 광야이고 견해의 왜곡이고 견해의 동요이고 견해의 결박입니다. 그것은 고통을 수반하고 파멸을 수반하고 번뇌를 수반하고 고뇌를 수반합니다. 그것은 싫어하여 떠나게 하기 위한 것도, 사라지게 하기 위한 것도, 소멸하게 하기 위한 것도, 고요하게 하기 위한 것도, 곧바로 알게 하기 위한 것도, 올바로 깨닫게 하기 위한 것도, 열반을 성취하기 위한 것도 아닙니다.

4) 밧차여, '세상은 유한하지 않다.'는 이러한 사변적 견해는 견해의 정글이고 견해의 광야이고 견해의 왜곡이고 견해의 동요이고 견해의 결박입니다. 그것은 고통을 수반하고 파멸을 수반하고 번뇌를 수반하고 고뇌를 수반합니다. 그것은 싫어하여 떠나게 하기 위한 것도, 사라지게 하기 위한 것도, 소멸하게 하기 위한 것도, 고요하게 하기 위한 것도, 곧바로 알게 하기 위한 것도, 올바로 깨닫게 하기 위한 것도, 열반을 성취하기 위한 것도 아닙니다.

5) 밧차여, '영혼과 육체는 같은 것이다.'는 이러한 사변적 견해는 견해의 정글이고 견해의 광야이고 견해의 왜곡이고 견해의 동요이고 견해의 결박입니다. 그것은 고통을 수반하고 파멸을 수반하고 번뇌를 수반하고 고뇌를 수반합니다. 그것은 싫어하여 떠나게 하기 위한 것도, 사라지게 하기 위한 것도, 소멸하게 하기 위한 것도, 고요하게 하기 위한 것도, 곧바로 알게 하기 위한 것도, 올바로 깨닫게 하기 위한 것도, 열반을 성취하기 위한 것도 아닙니다.
6) 밧차여, '영혼과 육체는 다른 것이다.'는 이러한 사변적 견해는 견해의 정글이고 견해의 광야이고 견해의 왜곡이고 견해의 동요이고 견해의 결박입니다. 그것은 고통을 수반하고 파멸을 수반하고 번뇌를 수반하고 고뇌를 수반합니다. 그것은 싫어하여 떠나게 하기 위한 것도, 사라지게 하기 위한 것도, 소멸하게 하기 위한 것도, 고요하게 하기 위한 것도, 곧바로 알게 하기 위한 것도, 올바로 깨닫게 하기 위한 것도, 열반을 성취하기 위한 것도 아닙니다.
7) 밧차여, '여래는 사후에 존재한다.'는 이러한 사변적 견해는 견해의 정글이고 견해의 광야이고 견해의 왜곡이고 견해의 동요이고 견해의 결박입니다. 그것은 고통을 수반하고 파멸을 수반하고 번뇌를 수반하고 고뇌를 수반합니다. 그것은 싫어하여 떠나게 하기 위한 것도, 사라지게 하기 위한 것도, 소멸하게 하기 위한 것도, 고요하게 하기 위한 것도, 곧바로 알게 하기 위한 것도, 올바로 깨닫게 하기 위한 것도, 열반을 성취하기 위한 것도 아닙니다.
8) 밧차여, '여래는 사후에 존재하지 않는다.'는 이러한 사변적 견해는 견해의 정글이고 견해의 광야이고 견해의 왜곡이고 견해의 동요이고 견해의 결박입니다. 그것은 고통을 수반하고 파멸을 수반하고 번뇌를 수반하고 고뇌를 수반합니다. 그것은 싫어하여 떠나

게 하기 위한 것도, 사라지게 하기 위한 것도, 소멸하게 하기 위한 것도, 고요하게 하기 위한 것도, 곧바로 알게 하기 위한 것도, 올바로 깨닫게 하기 위한 것도, 열반을 성취하기 위한 것도 아닙니다.

9) 밧차여, '여래는 사후에 존재하기도 하고 존재하지 않기도 한다.'는 이러한 사변적 견해는 견해의 정글이고 견해의 광야이고 견해의 왜곡이고 견해의 동요이고 견해의 결박입니다. 그것은 고통을 수반하고 파멸을 수반하고 번뇌를 수반하고 고뇌를 수반합니다. 그것은 싫어하여 떠나게 하기 위한 것도, 사라지게 하기 위한 것도, 소멸하게 하기 위한 것도, 고요하게 하기 위한 것도, 곧바로 알게 하기 위한 것도, 올바로 깨닫게 하기 위한 것도, 열반을 성취하기 위한 것도 아닙니다.

10) 밧차여, '여래는 사후에 존재하는 것도 아니고 존재하지 않는 것도 아니다.'는 이러한 사변적 견해는 견해의 정글이고 견해의 광야이고 견해의 왜곡이고 견해의 동요이고 견해의 결박입니다. 그것은 고통을 수반하고 파멸을 수반하고 번뇌를 수반하고 고뇌를 수반합니다. 그것은 싫어하여 떠나게 하기 위한 것도, 사라지게 하기 위한 것도, 소멸하게 하기 위한 것도, 고요하게 하기 위한 것도, 곧바로 알게 하기 위한 것도, 올바로 깨닫게 하기 위한 것도, 열반을 성취하기 위한 것도 아닙니다.

밧차곳따여, 이러한 위험을 보기에 일체의 이러한 사변적 견해를 가까이 하지 않는 것입니다."

16. [밧차곳따] "그러나, 존자 고따마께서도 조금은 어떤 사변적인 견해를 갖고 있지 않겠습니까?"

[세존] "밧차여, 사변적인 견해는 여래가 멀리하는 것입니다. 밧차여, 왜냐하면 여래는 참으로 이와 같이 '이것이 물질이고, 이것이

물질의 생성이고, 이것이 물질의 소멸이다. 이것이 느낌이고, 이것이 느낌의 생성이고, 이것이 느낌의 소멸이다. 이것이 지각이고, 이것이 지각의 생성이고, 이것이 지각의 소멸이다. 이것이 형성이고, 이것이 형성의 생성이고, 이것이 형성의 소멸이다. 이것이 의식이고, 이것이 의식의 생성이고, 이것이 의식의 소멸이다'라고 관찰합니다.[352] 그러므로 여래는 모든 환상, 모든 혼란, 모든 '나'를 만드는 것, 모든 '나의 것'을 만드는 것, 자만의 잠재의식을 부수고, 사라지게 하고, 소멸시키고, 버려 버리고, 놓아 버려서, 집착 없이 해탈한다고 나는 말합니다."

17. [밧차곳따] "그렇다면, 존자 고따마여, 수행승이 그와 같이 마음이 해탈했다면, 사후에[353] 어디에 태어납니까?"

[세존] "밧차여, 사후에 다시 태어난다는 말은 타당하지 않습니다."

[밧차곳따] "그러면, 존자 고따마여, 사후에 다시 태어나지 않습니까?"

[세존] "밧차여, 사후에 다시 태어나지 않는다[354]는 말은 타당하지 않습니다."

[밧차곳따] "그러면, 존자 고따마여, 사후에 다시 태어나기도 하고 다시 태어나지 않기도 하는 것입니까?"

[세존] "밧차여, 사후에 다시 태어나기도 하고 다시 태어나지 않기도 한다는 말은 타당하지 않습니다."

---

352) 思辨的인 見解에는 diṭṭhigata가 사용되었고 '관찰한다.'는 말에는 diṭṭha란 用語가 쓰였다. diṭṭhigata는 버려져야 할 것이지만 diṭṭha는 生成과 消滅을 觀察하는 것으로 버려서는 안 될 중요한 修行이라는 의미로 쓰였다.

353) 原文에 이 말은 없지만 譯者가 補完한 것이다.

354) na upapajjati : 거룩한 이(阿羅漢)는 다시 태어나지 않는다는 意味에서 適用된 것이다. 그러나 Vacchagotta가 이것을 들었다면, 틀림없이 虛無主義(ucchedavāda : 斷滅論)라고 誤解했을 것이다.

[밧차곳따] "그러면, 존자 고따마여, 사후에 다시 태어나는 것도 아니고 태어나지 않는 것도 아닙니까?"
[세존] "밧차여, 사후에 다시 태어나는 것도 아니고 태어나지 않는 것도 아니란 말은 타당하지 않습니다."

18. [밧차곳따] "'그렇다면, 존자 고따마여, 수행승이 그와 같이 마음이 해탈했다면, 사후에 어디에 태어납니까?'라고 물어도, 그대는 '밧차여, 사후에 다시 태어난다는 말은 타당하지 않다'라고 말씀하셨습니다. '그러면, 존자 고따마여, 사후에 다시 태어나지 않습니까?'라고 물어도, '밧차여, 사후에 다시 태어나지 않는다는 말도 타당하지 않다'라고 말씀하셨습니다. '그러면, 존자 고따마여, 사후에 다시 태어나기도 하고 다시 태어나지 않기도 하는 것입니까?'라고 물어도, '밧차여, 사후에 다시 태어나기도 하고 다시 태어나지 않기도 하다는 말은 타당하지 않다'라고 말씀하셨습니다. '그러면, 존자 고따마여, 사후에 다시 태어나는 것도 아니고 태어나지 않는 것도 아닙니까?'라고 물어도, '밧차여, 사후에 다시 태어나는 것도 아니고 태어나지 않는 것도 아니란 말은 타당하지 않다'라고 말씀하셨습니다. 존자 고따마여, 이러한 것 때문에 저는 의혹에 떨어졌고, 이러한 것 때문에 저는 혼란에 빠졌습니다. 이전에는 존자 고따마와 대화하면서 제가 얻은 신뢰의 척도가 있었으나 지금은 사라져 버렸습니다."

19. [세존] "밧차여, 그러한 말들이 그대를 의혹에 떨어지게 하고, 그대를 혼란에 빠지게 하기에 충분합니다. 밧차여, 이 가르침은 깊고, 심오하여, 깨닫기 어렵고, 고요하고, 탁월하고, 사유의 영역을 뛰어 넘고, 미묘하고, 슬기로운 자만이 알 수 있는 것입니다. 그대

와 같이 다른 견해를 갖고, 다른 가르침을 수용하고, 다른 경향을 가지고, 다른 수행을 하고, 다른 스승을 따르는 자는 알기가 어렵습니다. 그러므로 밧차여, 내가 다시 그것에 관하여 거꾸로 묻겠습니다. 밧차여, 이해하는 대로 설명하십시오."

20. [세존] "밧차여, 그대는 어떻게 생각하십니까? 만약 그대 앞에 불이 타오르면, 그대는 '내 앞에 불이 타오른다'라고 아십니까?"
[밧차곳따] "존자 고따마여, 내 앞에 불이 타오르면, 나는 '내 앞에 불이 타오른다'라고 압니다."

21. [세존] "밧차여, 그대 앞에 불이 타오르는데, 그 불은 무엇을 조건으로 타오르는가?'라고 묻는다면, 밧차여, 그 물음에 대하여 그대는 어떻게 설명하겠습니까?"
[밧차곳따] "존자 고따마여, 내 앞에 불이 타오르는데, '그 불은 무엇을 조건으로 타오르는가?'라고 물으신다면, 존자 고따마여, 나는 '내 앞에 불이 타오르는데, 그 불은 풀과 섶이라는 땔감을 조건으로 하여 타오릅니다'라고 대답할 것입니다."

22. [세존] "밧차여, 그대 앞에 불이 꺼진다면, 밧차여, 그대는 '내 앞에서 불이 꺼진다'라고 압니까?"
[밧차곳따] "존자 고따마여, 내 앞에 불이 꺼진다면, 존자 고따마여, 나는 '내 앞에서 불이 꺼진다'라고 압니다."

23. [세존] "밧차여, 그대 앞에 불이 꺼질 때, '그 불은 이 곳에서 동쪽이나 서쪽이나 남쪽이나 북쪽의 어느 방향으로 간 것인가?'라고 묻는다면, 밧차여, 그 물음에 대하여 그대는 어떻게 설명하겠습니까?"
[밧차곳따] "존자 고따마여, 그것은 타당하지 않습니다. 그 불은 풀과

섶의 땔감을 조건으로 하여 타오르고, 그 땔감이 사라지고 다른 땔감이 공급되지 않으면, 자양이 없으므로 꺼져버린다고 여겨집니다.”

24. [세존] “밧차여, 이와 마찬가지로 사람들은 물질로써 여래를 묘사하려고 하지만[355], 여래는 그 물질을 버렸습니다. 여래는 물질의 뿌리를 끊고, 밑둥치가 잘려진 야자수처럼 만들고, 존재하지 않게 하여, 미래에 다시 생겨나지 않게 합니다. 밧차여, 참으로 여래는 물질이라고 여겨지는 것에서 해탈하여, 심오하고, 측량할 수 없고, 바닥을 알 수 없어 마치 커다란 바다와 같습니다. 그러므로 여래에게는 사후에 다시 태어난다는 말도 타당하지 않으며, 사후에 다시 태어나지 않는다는 말도 타당하지 않으며, 사후에 다시 태어나기도 하고 다시 태어나지 않기도 한다는 말도 타당하지 않으며, 사후에 다시 태어나는 것도 아니고 태어나지 않는 것도 아니란 말도 타당하지 않습니다.[356]

25. 밧차여, 이와 마찬가지로 사람들은 느낌으로 여래를 묘사하려고 하지만, 여래는 그 느낌을 버렸습니다. 여래는 느낌의 뿌리를 끊고, 밑둥치가 잘려진 야자수처럼 만들고, 존재하지 않게 하여, 미래에 다시 생겨나지 않게 합니다. 밧차여, 참으로 여래는 느낌이라고 여겨지는 것에서 해탈하여, 심오하고, 측량할 수 없고, 바닥을 알

355) yena rūpena tathāgataṃ paññāpayamāno : Pps. III. 487에 따르면, 如來를 ‘物質을 所有하는 自我로서(sattasaṅkhātaṃ)’ 描寫하는 것을 말한다. 그리고 復註에 의하면, 物質은 物質과 관련된 束縛이나 障碍를 버림으로써 없어지고, 그렇게 되면 未來에 다시 태어날 수 없게 된다.

356) 이 경에서 “섶과 나무라는 燃料를 條件으로 불탔는데, 그것이 消耗됨으로써 다른 것이 供給되지 않으면 燃料가 떨어져 꺼졌다고 불린다.”라는 말은 역시 燃料의 供給을 조건으로 불이 타오르는 것이지 燃料의 供給에서 불의 타오름이 오는 것이 아니며, 연료의 떨어짐을 조건으로 불이 꺼지는 것이지 꺼진 불이 어디로 가는 것은 아니다라는 뜻인데, 그것은 因果性에 時間的 空間的 近接性이 수반되지 않는다는 것을 보여주는 것임과 동시에 涅槃은 敍述될 수 없다는 超越性을 보여주는 것이다.

수 없어 마치 커다란 바다와 같습니다. 그러므로 여래에게는 사후에 다시 태어난다는 말도 타당하지 않으며, 사후에 다시 태어나지 않는다는 말도 타당하지 않으며, 사후에 다시 태어나기도 하고 다시 태어나지 않기도 한다는 말도 타당하지 않으며, 사후에 다시 태어나는 것도 아니고 태어나지 않는 것도 아니란 말도 타당하지 않습니다.

26. 밧차여, 이와 마찬가지로 사람들은 지각으로 여래를 묘사하려고 하지만, 여래는 그 지각을 버렸습니다. 여래는 지각의 뿌리를 끊고, 밑둥치가 잘려진 야자수처럼 만들고, 존재하지 않게 하여, 미래에 다시 생겨나지 않게 합니다. 밧차여, 참으로 여래는 지각이라고 여겨지는 것에서 해탈하여, 심오하고, 측량할 수 없고, 바닥을 알 수 없어 마치 커다란 바다와 같습니다. 그러므로 여래에게는 사후에 다시 태어난다는 말도 타당하지 않으며, 사후에 다시 태어나지 않는다는 말도 타당하지 않으며, 사후에 다시 태어나기도 하고 다시 태어나지 않기도 한다는 말도 타당하지 않으며, 사후에 다시 태어나는 것도 아니고 태어나지 않는 것도 아니란 말도 타당하지 않습니다.

27. 밧차여, 이와 마찬가지로 사람들은 형성으로 여래를 묘사하려고 하지만, 여래는 그 형성을 버렸습니다. 여래는 형성의 뿌리를 끊고, 밑둥치가 잘려진 야자수처럼 만들고, 존재하지 않게 하여, 미래에 다시 생겨나지 않게 합니다. 밧차여, 참으로 여래는 형성이라고 여겨지는 것에서 해탈하여, 심오하고, 측량할 수 없고, 바닥을 알 수 없어 마치 커다란 바다와 같습니다. 그러므로 여래에게는 사후에 다시 태어난다는 말도 타당하지 않으며, 사후에 다시 태어나지

않는다는 말도 타당하지 않으며, 사후에 다시 태어나기도 하고 다시 태어나지 않기도 한다는 말도 타당하지 않으며, 사후에 다시 태어나는 것도 아니고 태어나지 않는 것도 아니란 말도 타당하지 않습니다.

28. 밧차여, 이와 마찬가지로 사람들은 의식으로 여래를 묘사하지만, 여래는 그 의식을 버렸습니다. 여래는 의식의 뿌리를 끊고, 밑둥치가 잘려진 야자수처럼 만들고, 존재하지 않게 하여, 미래에 다시 생겨나지 않게 합니다. 밧차여, 참으로 여래는 의식이라고 여겨지는 것에서 해탈하여, 심오하고, 측량할 수 없고, 바닥을 알 수 없어 마치 커다란 바다와 같습니다. 그러므로 여래에게는 사후에 다시 태어난다는 말도 타당하지 않으며, 사후에 다시 태어나지 않는다는 말도 타당하지 않으며, 사후에 다시 태어나기도 하고 다시 태어나지 않기도 한다는 말도 타당하지 않으며, 사후에 다시 태어나는 것도 아니고 태어나지 않는 것도 아니란 말도 타당하지 않습니다."

29. 이처럼 말씀하시자 유행자 밧차곳따는 세존께 이와 같이 말했다.

[밧차곳따] "세존이신 고따마여, 예를 들어 마을이나 부락에서 멀지 않은 곳에 커다란 쌀라나무가 있는데, 끊임없이 그 가지와 잎들이 떨어지고 그 겉껍질과 속껍질도 떨어지고, 그 백목질도 떨어졌다고 합시다. 그 쌀라나무가 가지와 잎들이 다 떨어지고, 겉껍질과 속껍질도 다 떨어지고, 백목질도 다 떨어져서, 나무심으로만 순수하게 이루어진 것과 같이, 존자 고따마의 이러한 말씀도 가지와 잎들이 다 떨어지고, 겉껍질과 속껍질도 다 떨어지고, 백목질도 다 떨

어져서, 나무심으로만 순수하게 이루어졌습니다.

30. 세존이신 고따마여, 훌륭하십니다. 세존이신 고따마여, 훌륭하십니다. 세존이신 고따마여, 마치 넘어진 것을 일으켜 세우듯이, 가려진 것을 열어 보이듯이, 어리석은 자에게 길을 가리켜주듯이, 눈 있는 자는 형상을 보라고 어둠 속에 등불을 들어 올리듯이, 세존이신 고따마께서는 이와 같이 여러 가지 방법으로 진리를 밝혀주셨습니다. 그러므로 이제 세존이신 고따마께 귀의합니다. 또한 그 가르침에 귀의합니다. 또한 그 수행승의 모임에 귀의합니다. 세존이신 고따마께서는 재가신자로서 저희들을 받아주십시오. 오늘부터 목숨 바쳐 귀의하겠습니다.”

17. 숯불구덩이에 몸을 태워도 그 쾌감에 만족하랴

[Māgandiyasutta][357]

감각적 쾌락의 탐욕을 버리지 못하고 감각적 쾌락의 갈애에 사로잡혀, 감각적 쾌락의 타는 듯한 고뇌에 불타, 감각적 쾌락을 추구할수록, 점점 더 그들 뭇삶들에게 더욱 더 감각적 쾌락의 갈애가 증가하고, 더욱 더 감각적 쾌락의 타는 듯한 고뇌에 불타게 된다.

1. 이와 같이 나는 들었다. 한 때 세존께서 꾸루 국, 깜맛싸담마[358]라고 하는 꾸루 족의 마을에 바라문 바라드와자곳따[359]의 불을 섬기는 제당 안에서 풀로 만든 깔개 위에 계셨다.

2. 그 때 세존께서는 아침 일찍 옷을 입고 발우와 가사를 들고 깜맛싸담마로 탁발하러 들어 가셨다. 깜맛싸담마에서 탁발을 하고 식후에 탁발에서 돌아와 대낮을 보내기 위해 어떤 숲 속을 찾았다. 그 숲 속에 도착해서 어떤 나무 밑에서 대낮을 보냈다.

3. 마침 유행자 마간디야[360]가 산책하며 거닐다가 바라드와자곳따

---

357) 이 경의 원래 제목은 「마간디야의 경[Māgandiyasutta]」이다. 우리말 『맛지마니까야』 3권 225쪽에 있다. MN. I. 501; 中阿含 153, 鬚閑提經(大正 1, 670) 참조

358) Kammāssadhamma : 10. 새김의 토대에 대한 경[Satipaṭṭhānasutta] 참조.

359) Bhāradvājagotta : Rājagaha에 살던 婆羅門 家門인 바라드와자 가문의 사람이라는 뜻이다.

의 불을 섬기는 제당을 찾았다. 유행자 마간디야는 불을 섬기는 제당 361)안에 풀로 만든 깔개가 펼쳐진 것을 보았다. 보고 나서 바라드와자곳따에게 이와 같이 말했다.

[마간디야] "존자 바라드와자의 불을 섬기는 제당 안에 풀로 만든 깔개가 펼쳐져 있는데, 누구를 위한 것입니까? 생각컨대 수행자의 잠자리 같습니다."

[바라드와자곳따] "존자 마간디야여, 싸끼야 족의 아들로서 싸끼야 족에서 출가한 수행자 고따마가 있는데, 그 존자 고따마는 '공양 받을만한 님, 올바로 원만히 깨달은 님, 명지와 덕행을 갖추신 님, 바른 길로 잘 가신 님, 세상을 이해하는 님, 가장 높은 자리에 오르신 님, 사람들을 길들이시는 님, 신들과 인간의 스승이신 님, 부처님, 세존'이라는 훌륭한 평판을 갖고 있습니다. 그 존자 고따마를 위해서 이 깔개를 마련한 것입니다."

4. [마간디야] "존자 바라드와자여, 우리가 참으로 성숙의 파괴자362)인 존자 고따마의 깔개를 본 것은 재수 없는 것을363) 본 것입니다."

[바라드와자곳따] "존자 마간디야여, 그러한 말을 삼가하십시오. 존자 마간디야여, 그러한 말을 삼가하십시오. 참으로 그 존자 고따

360) Māgandiya : Kuru 국의 婆羅門으로 그에게 절세의 美女인 딸 Māgandiyā가 있었다. 그는 부처님에게 相好에 감동 받아 자신의 딸을 바치고 結婚시키려고 했다.

361) agyāgāre : Pps. III. 209에 따르면, 祭火堂(aggihottasālaya)의 뜻이다.

362) bhūnahuno : 成熟의 파괴자. 成熟(bhūna)-理論은 Māgandiya의 思想을 잘 보여준다. Pps. III. 211에 따르면, 成熟(bhūna)이라는 것은 이미 經驗한 것에 執着하지 않고 예전에 결코 經驗하지 못한 어떤 感覺對象을 經驗함으로써 여섯 感官의 領域에서 '智慧의 成長(vaḍḍhipaññā)'이 이루어질 수 있다는 見解를 말한다. 그러므로 그의 관점은 判斷中止를 통해서 모든 가능한 經驗을 기술하면서 體驗의 强度와 多樣性이 禁止나 制限없이 追求될 수 있다는 것을 보여주는 現象學的인 態度와 가깝다.

363) duddiṭṭhaṃ : 原義는 '惡하게 보이는 것'이라는 뜻을 지닌다.

마에게 많은 왕족의 현자들, 많은 바라문의 현자들, 많은 재가 신자의 현자들, 많은 수행자의 현자들이 믿음을 일으켜, 그의 성스러운 길을 따르고 그의 착하고 건전한 가르침을 실천합니다."

5. [마간디야] "존자 바라드와자여, 제가 만약에 존자 고따마를 보면, 저는 그 앞에서 '수행자 고따마는 성숙의 파괴자이다'라고 말할 것입니다. 그것은 무슨 까닭입니까? 우리의 경전 가운데 그와 같이 기록되어 있기 때문입니다."
[바라드와자곳따] "존자 마간디야의 반대가 없다면, 내가 존자 고따마에게 그것에 대하여 말해도 되겠습니까?"
[마간디야] "존자 바라드와자께서는 안심하십시오. 그에게 제가 말한 바를 말하십시오."

6. 이 때에 세존께서는 인간을 뛰어 넘은 청정한 하늘귀의 세계를 통하여 바라문 바라드와자곳따와 유행자 마간디야의 이러한 대화를 들으셨다. 그래서 세존께서는 저녁 무렵 명상에서 일어나 바라드와자곳따의 불을 섬기는 제당을 찾았다. 다가가서 펼쳐놓은 풀로 만든 자리에 앉으셨다. 그러자 바라문 바라드와자곳따는 세존께서 계신 곳으로 다가왔다. 가까이 다가와서 세존께 인사를 드리고 안부를 주고 받은 뒤에 한 쪽으로 물러 앉았다.

7. 한 쪽으로 물러 앉은 바라드와자곳따에게 세존께서는 이와 같이 말씀하셨다.
[세존] "바라드와자여, 그대는 유행자 마간디야와 이 펼쳐 놓은 풀로 만든 깔개에 관하여 어떠한 대화를 나누었습니까?"
이와 같이 말씀하시자 바라문 바라드와자곳따는 갑자기 몸의 털을 곤두세우며 이와 같이 말했다.

[바라드와자곳따] "우리는 모든 것을 존자 고따마에게 말씀드리려고 했습니다. 그러나 존자 고따마께서는 우리가 나눈 이야기를 미리 아시고 계시는군요."

8. 그런데 그 세존과 바라문 바라드와자곳따 사이에 대화가 아직 끝나지도 않았는데 그 때에 유행자 마간디야가 산책하며 이리저리 거닐다가 바라드와자곳따의 불을 섬기는 제당에 계신 세존을 찾았다. 가까이 다가와서 세존께 인사를 드리고 안부를 주고 받은 뒤에 한 쪽으로 물러 앉았다. 한 쪽으로 물러 앉은 유행자 마간디야에게 세존께서는 이와 같이 말씀하셨다.[364]

9. [세존] "마간디야여, 형상에 기뻐하고 형상에 즐거워하고 형상에 환희하는 시각이 있는데, 여래는 그것을 제어하고 지키고 수호하고 다스렸고, 그것을 다스릴 수 있는 가르침을 설합니다. 마간디야여, 이것과 관련하여 그대는 '수행자 고따마는 성숙의 파괴자이다'라고 말했습니다."
[마간디야] "존자 고따마여, 나는 그것과 관련하여 '수행자 고따마는 성숙의 파괴자이다'라고 말했습니다. 그것은 무슨 까닭입니까? 우리의 경전 가운데는 그와 같이 기록되어 있기 때문입니다."

10. [세존] "마간디야여, 소리에 기뻐하고 소리에 즐거워하고 소리에 환희하는 청각이 있는데, 여래는 그것을 제어하고 지키고 수호하고 다스렸고, 그것을 다스릴 수 있는 가르침을 설합니다. 마간디야여, 이것과 관련하여 그대는 '수행자 고따마는 성숙의 파괴자이다'라고 말했습니다."

---

364) Pps. III. 213에 따르면, 遊行者가 부처님에게 말하도록 하지 않고 부처님이 직접 가르침을 설하기 시작했다.

[마간디야] "존자 고따마여, 나는 그것과 관련하여 '수행자 고따마는 성숙의 파괴자이다'라고 말했습니다. 그것은 무슨 까닭입니까? 우리의 경전 가운데는 그와 같이 기록되어 있기 때문입니다."

11. [세존] "마간디야여, 냄새에 기뻐하고 냄새에 즐거워하고 냄새에 환희하는 후각이 있는데, 여래는 그것을 제어하고 지키고 수호하고 다스렸고, 그것을 다스릴 수 있는 가르침을 설한다. 마간디야여, 이것과 관련하여 그대는 '수행자 고따마는 성숙의 파괴자이다'라고 말했습니다."

[마간디야] "존자 고따마여, 나는 그것과 관련하여 '수행자 고따마는 성숙의 파괴자이다'라고 말했습니다. 그것은 무슨 까닭입니까? 우리의 경전 가운데는 그와 같이 기록되어 있기 때문입니다."

12. [세존] "마간디야여, 맛에 기뻐하고 맛에 즐거워하고 맛에 환희하는 미각이 있는데, 여래는 그것을 제어하고 지키고 수호하고 다스렸고, 그것을 다스릴 수 있는 가르침을 설합니다. 마간디야여, 이것과 관련하여 그대는 '수행자 고따마는 성숙의 파괴자이다'라고 말했습니다."

[마간디야] "존자 고따마여, 나는 그것과 관련하여 '수행자 고따마는 성숙의 파괴자이다'라고 말했습니다. 그것은 무슨 까닭입니까? 우리의 경전 가운데는 그와 같이 기록되어 있기 때문입니다."

13. [세존] "마간디야여, 감촉에 기뻐하고 감촉에 즐거워하고 감촉에 환희하는 촉각이 있는데, 여래는 그것을 제어하고 지키고 수호하고 다스렸고, 그것을 다스릴 수 있는 가르침을 설합니다. 마간디야여, 이것과 관련하여 그대는 '수행자 고따마는 성숙의 파괴자이다'라고 말했습니다."

[마간디야] "존자 고따마여, 나는 그것과 관련하여 '수행자 고따마는 성숙의 파괴자이다'라고 말했습니다. 그것은 무슨 까닭입니까? 우리의 경전 가운데는 그와 같이 기록되어 있기 때문입니다."

14. [세존] "마간디야여, 어떻게 생각합니까? 이 세상에 어떤 사람이 예전에 시각에 의해서 인식되는, 그가 원하고, 욕망하고, 좋아하고, 사랑하고, 애착하고, 즐길만한 형상에 탐닉했다고 합시다. 그가 그 후에 그 형상의 생성이나 소멸이나 유혹이나 재난이나 그것에서 벗어남을 있는 그대로 알아서 형상에 대하여 갈애를 버리고 형상에 대하여 타는 듯한 고뇌를 버리고 형상에 대한 갈증을 버려서 안으로 마음의 고요를 성취했다고 합시다. 마간디야여, 그 사람에게 그대는 무엇을 말하겠습니까?"
[마간디야] "존자 고따마여, 아무 할 말이 없습니다."

15. [세존] "마간디야여, 어떻게 생각합니까? 이 세상에 어떤 사람이 예전에 청각에 의해서 인식되는, 그가 원하고, 욕망하고, 좋아하고, 사랑하고, 애착하고, 즐길 만한 소리에 탐닉했다고 합시다. 그 후에 그 소리의 생성이나 소멸이나 유혹이나 재난이나 그것에서 벗어남을 있는 그대로 알아서 소리에 대하여 갈애를 버리고 소리에 대하여 타는 듯한 고뇌를 버리고 소리에 대한 갈증을 버려서 안으로 마음의 고요를 성취했다고 합시다. 마간디야여, 그 사람에게 그대는 무엇을 말하겠습니까"
[마간디야] "존자 고따마여, 아무 할 말이 없습니다."

16. [세존] "마간디야여, 어떻게 생각합니까? 이 세상에 어떤 사람이 예전에 후각에 의해서 인식되는, 그가 원하고, 욕망하고, 좋아하고, 사랑하고, 애착하고, 즐길만한 냄새에 탐닉했다고 합시다. 그

후에 그 냄새의 생성이나 소멸이나 유혹이나 재난이나 그것에서 벗어남을 있는 그대로 알아서 냄새에 대하여 갈애를 버리고 냄새에 대하여 타는 듯한 고뇌를 버리고 냄새에 대한 갈증을 버려서 안으로 마음의 고요를 성취했다고 합시다. 마간디야여, 그 사람에게 그대는 무엇을 말하겠습니까"

[마간디야] "존자 고따마여, 아무 할 말이 없습니다."

17. [세존] "마간디야여, 어떻게 생각합니까? 이 세상에 어떤 사람이 예전에 미각에 의해서 인식되는, 그가 원하고, 욕망하고, 좋아하고, 사랑하고, 애착하고, 즐길만한 맛에 탐닉했다고 합시다. 그 후에 그 맛의 생성이나 소멸이나 유혹이나 재난이나 그것에서 벗어남을 있는 그대로 알아서 맛에 대하여 갈애를 버리고 맛에 대하여 타는 듯한 고뇌를 버리고 맛에 대한 갈증을 버려서 안으로 마음의 고요를 성취했다고 합시다. 마간디야여, 그 사람에게 그대는 무엇을 말하겠습니까?"

[마간디야] "존자 고따마여, 아무 할 말이 없습니다."

18. [세존] "마간디야여, 어떻게 생각합니까? 이 세상에 어떤 사람이 예전에 촉각에 의해서 인식되는, 그가 원하고, 욕망하고, 좋아하고, 사랑하고, 애착하고, 즐길만한 감촉에 탐닉했다고 합시다. 그 후에 그 감촉의 생성이나 소멸이나 유혹이나 재난이나 그것에서 벗어남을 있는 그대로 알아서 감촉에 대하여 갈애를 버리고 감촉에 대하여 타는 듯한 고뇌를 버리고 감촉에 대한 갈증을 버려서 안으로 마음의 고요를 성취했다고 합시다. 마간디야여, 그 사람에게 그대는 무엇을 말하겠습니까?"

[마간디야] "존자 고따마여, 아무 할 말이 없습니다."

19. [세존] "마간디야여, 나는 일찍이 재가에서 살 때에 다섯 가지 감각적 쾌락의 종류, 즉

1) 시각에 의해서 인식되는, 우리가 원하고, 욕망하고, 좋아하고, 사랑하고, 애착하고, 즐길만한 형상
2) 청각에 의해서 인식되는, 우리가 원하고, 욕망하고, 좋아하고, 사랑하고, 애착하고, 즐길만한 소리
3) 후각에 의해서 인식되는, 우리가 원하고, 욕망하고, 좋아하고, 사랑하고, 애착하고, 즐길만한 냄새
4) 미각에 의해서 인식되는, 우리가 원하고, 욕망하고, 좋아하고, 사랑하고, 애착하고, 즐길만한 맛
5) 촉각에 의해서 인식되는, 우리가 원하고, 욕망하고, 좋아하고, 사랑하고, 애착하고, 즐길만한 감촉

이와 같은 다섯 가지 감각적 쾌락을 갖추고 구족하여 즐기며 살았습니다.

20. 마간디야여, 그러한 나에게는 세 개의 궁전이 있어 하나는 우기를 위한 것이고, 하나는 겨울을 위한 것이고, 하나는 여름을 위한 것이었습니다. 마간디야여, 그러한 나는 우기의 궁전에서 사는 사개월 동안 궁녀들의 음악에 탐닉하여365) 밑에 있는 궁전으로는 내려오지 않았습니다. 그 후에 나는 감각적 쾌락의 생성이나 소멸이나 유혹이나 재난이나 그것에서 벗어남을 있는 그대로 알아서 감각적 쾌락의 갈애를 버리고 감각적 쾌락의 타는 듯한 고뇌를 버려서 감각적 쾌락의 갈증을 버리고 안으로 마음의 고요를 성취했습니다. 나는 감각적 쾌락의 탐욕을 버리지 못하고 감각적 쾌락의 갈

365) nippurisehi turiyehi paricāriyamāno : Pps. III. 215-216에 따르면, 女人들은 모든 곳에 있었다. 그녀들은 音樂家일 뿐만 아니라 문지기나 이발사였다.

애에 사로잡혀, 감각적 쾌락의 타는 듯한 고뇌에 불타, 감각적 쾌락을 추구하는 다른 뭇삶들을 봅니다. 나는 그들을 부러워하지 않고 그 속에 있는 것들을 즐기지 않습니다. 그것은 무슨 까닭입니까? 마간디야여, 참으로 그 감각적 쾌락의 착하고 건전하지 못한 것들을 떠나면, 천상의 즐거움을 능가하는 기쁨이 있기 때문입니다.[366] 나는 그 속에서 기쁨을 누리므로 그 보다 못한 것을[367] 부러워하지 않고 그 속에서 즐거워하지도 않습니다.

21. 마간디야여, 예를 들어 장자 또는 장자의 아들이 부유하고, 재물이 많고, 가진 것이 많아 다섯 가지의 감각적 쾌락의 종류, 즉
1) 시각에 의해서 인식되는, 우리가 원하고, 욕망하고, 좋아하고, 사랑하고, 애착하고, 즐길만한 형상,
2) 청각에 의해서 인식되는, 우리가 원하고, 욕망하고, 좋아하고, 사랑하고, 애착하고, 즐길만한 소리,
3) 후각에 의해서 인식되는, 우리가 원하고, 욕망하고, 좋아하고, 사랑하고, 애착하고, 즐길만한 냄새,
4) 미각에 의해서 인식되는, 우리가 원하고, 욕망하고, 좋아하고, 사랑하고, 애착하고, 즐길만한 맛,
5) 촉각에 의해서 인식되는, 우리가 원하고, 욕망하고, 좋아하고, 사랑하고, 애착하고, 즐길만한 감촉,
이와 같은 다섯 가지 감각적 쾌락을 구족하여 즐기며 살았다고 합시다. 그가 몸으로 선행을 행하고 말로 선행을 행하고 마음으로 선

---

366) ayaṃ rati aññatr'eva kāmehi aññatr'eva akusalehi dhammehi dibbaṃ sukhaṃ sa madhiggayha tiṭṭhati Pps. III. 216에 따르면, 네 번째 禪定(四禪)의 境地를 얻은 기쁨을 말한다.

367) hīnassa : Pps. III. 217에 따르면, '卑俗한 것에서 생기는 즐거움(hīnajanasukha)'으로 다섯 가지의 感覺的 快樂(五欲樂)의 種類를 말한다.

행을 행해서 몸이 파괴되어 죽은 후에 좋은 곳, 하늘나라에 태어나 서른 셋 신들의 하늘나라의 신들과 함께 산다고 합시다. 그는 그 곳에서 환희의 숲에서 요정의 무리에 둘러싸여 천상의 다섯 가지 감각적 쾌락을 즐기게 될 것입니다.
이렇게 그가 세상에서 다섯 가지 감각적 쾌락을 갖추고 구족하고 즐기며 사는 장자나 장자의 아들을 보았다고 합시다.

22. 마간디야여, 어떻게 생각합니까? 그 환희의 숲에서 요정의 무리에 둘러싸여 천상의 다섯 가지 감각적 쾌락을 즐기는 하늘아들이 세상에서 인간의 다섯 가지 감각적 쾌락을 갖추고 구족하여 즐기며 사는 장자나 장자의 아들을 부러워하거나 인간적인 감각적 쾌락으로 돌아갈 것입니까?"
[마간디야] "존자 고따마여, 그렇지 않습니다. 그것은 무슨 까닭입니까? 존자 고따마여, 인간의 감각적 쾌락 보다 하늘나라의 감각적 쾌락이 훨씬 탁월하고 훨씬 수승하기 때문입니다."

23. [세존] "마간디야여, 이와 같이 나는 일찍이 재가에서 살 때에 다섯 가지 감각적 쾌락의 종류, 즉

1) 시각에 의해서 인식되는, 우리가 원하고, 욕망하고, 좋아하고, 사랑하고, 애착하고, 즐길만한 형상,
2) 청각에 의해서 인식되는, 우리가 원하고, 욕망하고, 좋아하고, 사랑하고, 애착하고, 즐길만한 소리,
3) 후각에 의해서 인식되는, 우리가 원하고, 욕망하고, 좋아하고, 사랑하고, 애착하고, 즐길만한 냄새,
4) 미각에 의해서 인식되는, 우리가 원하고, 욕망하고, 좋아하고, 사랑하고, 애착하고, 즐길만한 맛

5) 촉각에 의해서 인식되는, 우리가 원하고, 욕망하고, 좋아하고, 사랑하고, 애착하고, 즐길만한 감촉,
이와 같은 감각적 쾌락을 갖추고 구족하여 즐기며 살았습니다.

24. 그 후에 나는 감각적 쾌락의 생성이나 소멸이나 유혹이나 재난이나 그것에서 벗어남을 있는 그대로 알아서 감각적 쾌락의 갈애를 버리고 감각적 쾌락의 타는 듯한 고뇌를 버리고 갈증 없이 안으로 마음의 고요를 성취했습니다. 나는 감각적 쾌락의 탐욕을 버리지 못하고 감각적 쾌락의 갈애에 사로잡혀, 감각적 쾌락의 타는 듯한 고뇌에 불타, 감각적 쾌락을 추구하는 다른 뭇삶들을 봅니다. 나는 그들을 부러워하지 않고 그 속에 있는 것들을 즐기지 않습니다. 그것은 무슨 까닭입니까? 마간디야여, 참으로 그 감각적 쾌락의 착하고 건전하지 못한 것들을 떠나면, 천상의 즐거움을 능가하는 기쁨이 있기 때문입니다. 나는 그 속에서 기쁨을 누리므로 그 보다 못한 것을 부러워하지 않고 그 속에서 즐거워하지도 않습니다.

25. 마간디야여, 예를 들어 한 나병환자가 사지가 헐고, 사지가 썩어 들어가고, 벌레에 먹혀 들어가고, 손톱으로 상처의 구멍이 할퀴어져서, 숯불구덩이에 몸을 태운다고 합시다. 그래서 그를 위해 친구나 동료나 친지나 친척이 외과의사를 초빙해서, 그 외과의사가 그를 치료하게 한다고 합시다. 그는 그를 치료해서 나병에서 해방되면, 병이 없고 안락하게 자유자재로 그가 가고 싶은 곳으로 갈 수 있습니다. 그런데 그가 다른 나병환자가 사지가 헐고, 사지가 썩어 들어가고, 벌레에 먹혀 들어가고, 손톱으로 상처의 구멍이 할퀴어져서, 숯불구덩이에 몸을 태우는 것을 보았다고 합시다. 마간디야여, 어떻게 생각합니까? 그 사람은 그 나병환자가 숯불구덩이에

몸을 태우는 것이나 치료를 받는 것을 부러워하겠습니까?"
[마간디야] "존자 고따마여, 그렇지 않습니다. 그것은 무슨 까닭입니까? 병이 들었을 때에 치료가 필요한 것이지 병이 없을 때에는 치료가 필요 없는 것이기 때문입니다."

26. [세존] "마간디야여, 이와 같이 나는 일찍이 재가에서 살 때에 다섯 가지 감각적 쾌락의 종류, 즉
1) 시각에 의해서 인식되는, 우리가 원하고, 욕망하고, 좋아하고, 사랑하고, 애착하고, 즐길만한 형상,
2) 청각에 의해서 인식되는, 우리가 원하고, 욕망하고, 좋아하고, 사랑하고, 애착하고, 즐길만한 소리,
3) 후각에 의해서 인식되는, 우리가 원하고, 욕망하고, 좋아하고, 사랑하고, 애착하고, 즐길만한 냄새,
4) 미각에 의해서 인식되는, 우리가 원하고, 욕망하고, 좋아하고, 사랑하고, 애착하고, 즐길만한 맛
5) 촉각에 의해서 인식되는, 우리가 원하고, 욕망하고, 좋아하고, 사랑하고, 애착하고, 즐길만한 감촉
이와 같은 다섯 가지 감각적 쾌락을 갖추고 구족하여 즐기며 살았습니다.

27. 그 후에 나는 감각적 쾌락의 생성이나 소멸이나 유혹이나 재난이나 그것에서 벗어남을 있는 그대로 알아서 감각적 쾌락의 갈애를 버리고 감각적 쾌락의 타는 듯한 고뇌를 버리고 갈증 없이 안으로 마음의 고요를 성취했습니다. 나는 감각적 쾌락의 탐욕을 버리지 못하고 감각적 쾌락의 갈애에 사로잡혀, 감각적 쾌락의 타는 듯한 고뇌에 불타, 감각적 쾌락을 추구하는 다른 뭇삶들을 봅니다. 나

는 그들을 부러워하지 않고 그 속에 있는 것들을 즐기지 않습니다. 그것은 무슨 까닭입니까? 마간디야여, 참으로 그 감각적 쾌락의 착하고 건전하지 못한 것들을 떠나면, 천상의 즐거움을 능가하는 기쁨이 있기 때문입니다. 나는 그 속에서 기쁨을 누리므로 그 보다 못한 것을 부러워하지 않고 그 속에서 즐거워하지도 않습니다.

28. 마간디야여, 예를 들어 한 나병환자가 사지가 헐고, 사지가 썩어 들어가고, 벌레에 먹혀 들어가고, 손톱으로 상처의 구멍이 할퀴어져서, 숯불구덩이에 몸을 태운다고 합시다. 그래서 그를 위해 친구나 동료나 친지나 친척이 외과의사를 초빙해서, 그 외과의사가 그를 치료하게 한다고 합시다. 그는 그를 치료해서 나병에서 해방되면, 병이 없고 안락하게 자유자재로 그가 가고 싶은 곳으로 갈 수 있습니다. 그런데 그러한 그를 두 명의 힘센 사람이 각각 팔을 붙잡고 숯불구덩이에 끌어넣는다고 합시다. 마간디야여, 어떻게 생각합니까? 그 때에 그 사람은 이리 저리로 몸을 피하며 뒤틉니까?"
[마간디야] "존자 고따마여, 그렇습니다. 그것은 무슨 까닭입니까? 참으로 그 불은 닿으면 괴로운 것으로 커다란 열기, 커다란 타는 듯한 고뇌를 가져오기 때문입니다."

29. [세존] "마간디야여, 어떻게 생각합니까? 그 불은 지금만 닿으면 괴롭고 커다란 열기, 커다란 타는 듯한 고뇌를 가져온 것입니까 혹은 이전에도 닿으면 괴로운 것으로 커다란 열기, 커다란 타는 듯한 고뇌를 가져온 것입니까?"
[마간디야] "존자 고따마여, 그 불은 지금만 닿으면 괴로운 것으로 커다란 열기, 커다란 타는 듯한 고뇌를 가져온 것이 아니라, 이전에도 닿으면 괴로운 것으로 커다란 열기, 커다란 타는 듯한 고뇌를

가져왔습니다. 그러나 존자 고따마여, 그 나병환자는 사지가 헐고, 사지가 썩어 들어가고, 벌레에 먹혀 들어가고, 손톱으로 상처의 구멍이 할퀴어져서, 모든 감각능력이 파괴되었습니다. 그래서 불이 실제로 닿으면 괴로울 텐데 즐겁다고 느끼는 거꾸로 된 지각[368]을 갖고 있습니다."

30. [세존] "마간디야여, 이와 같이 참으로 과거에도 감각적 쾌락의 욕망은 닿으면 괴로운 것으로 커다란 열기, 커다란 타는 듯한 고뇌를 가져온 것이며, 미래에도 닿으면 괴로운 것으로 커다란 열기, 커다란 타는 듯한 고뇌를 가져올 것이고, 현재에도 닿으면 괴로운 것으로 커다란 열기, 커다란 타는 듯한 고뇌를 가져오는 것입니다. 그러나 마간디야여, 이들 뭇삶들이 감각적 쾌락의 탐욕을 버리지 못하고 감각적 쾌락의 갈애에 사로잡혀, 감각적 쾌락의 타는 듯한 고뇌에 불타, 모든 감각능력이 파괴되었습니다. 그래서 감각적 쾌락이 실제로 닿으면 괴로울 텐데 즐겁다고 느끼는 거꾸로 된 지각을 갖고 있습니다.

31. 마간디야여, 예를 들어 한 나병환자가 사지가 헐고, 사지가 썩어 들어가고, 벌레에 먹혀 들어가고, 손톱으로 상처의 구멍을 할키고, 숯불구덩이에 몸을 태우는 것과 같습니다. 마간디야여, 그 나병환자가 사지가 헐고, 사지가 썩어 들어가고, 벌레에 먹혀 들어가고, 손톱으로 상처의 구멍을 긁고, 숯불구덩이에 몸을 태울수록, 점점 더 그 상처 구멍은 더욱 더럽고 더욱 악취가 나며 더욱 썩어 들어가지만, 상처 구멍의 가려움 때문에 그 쾌감에만 만족하는 것입니

368) kuṭṭhi... dukkhasamphasse yeva aggismiṁ sukhaṁ iti viparītasaññaṁ paccatattha) : 불과의 接觸은 일반적으로 괴로운 事態지만 우리는 實際로 괴로운 것을 문둥병 患者처럼 즐거운 것이라고 느끼며, 그것에 대하여 顚倒된 知覺을 갖는다.

다. 마간디야여, 이와 같이 뭇삶들은 감각적 쾌락의 탐욕을 버리지 못하고 감각적 쾌락의 갈애에 사로잡혀, 감각적 쾌락의 타는 듯한 고뇌에 불타, 감각적 쾌락을 추구합니다. 마간디야여, 뭇삶들은 감각적 쾌락의 탐욕을 버리지 못하고 감각적 쾌락의 갈애에 사로잡혀, 감각적 쾌락의 타는 듯한 고뇌에 불타, 감각적 쾌락을 추구할수록, 점점 더 그들 뭇삶들에게 더욱 더 감각적 쾌락의 갈애가 증가하고, 더욱 더 감각적 쾌락의 타는 듯한 고뇌에 불타게 되지만, 다섯 가지 감각적 쾌락 때문에 그 쾌감에만 만족하는 것입니다.

32. 마간디야여, 그대는 어떻게 생각합니까? 왕이나 왕의 재상으로서 다섯 가지 감각적 쾌락을 갖추고 구족하여 즐기며 감각적 쾌락의 갈애를 버리지 못하고 감각적 쾌락의 타는 듯한 고뇌를 버리지 못하였으나, 갈증 없이 안으로 마음의 고요를 성취했거나 성취하고 있거나 성취할 자를 당신은 보거나 들은 적이 있습니까?"

[마간디야] "존자 고따마여, 없습니다."

[세존] "마간디야여, 훌륭합니다. 나도 역시 왕이나 왕의 재상으로서 다섯 가지 감각적 쾌락을 갖추고 구족하여 즐기며 감각적 쾌락의 갈애를 버리지 못하고 감각적 쾌락의 타는 듯한 고뇌를 버리지 못하였으나, 갈증 없이 안으로 마음의 고요를 성취했거나 성취하고 있거나 성취할 자를 나는 보거나 들은 적이 없습니다.

33. 그러므로 마간디야여, 무릇 수행자나 성직자로서 갈증 없이 안으로 마음의 고요를 성취했거나 성취하고 있거나 성취할 자라면, 누구든지 감각적 쾌락의 생성이나 소멸이나 유혹이나 재난이나 그것에서 벗어남을 있는 그대로 알아서 감각적 쾌락의 갈애를 버리고 감각적 쾌락의 타는 듯한 고뇌를 버려서 갈증 없이 안으로 마음

의 고요를 성취했거나 성취하고 있거나 성취할 것입니다."

34. 그리고 이 때 세존께서 이와 같은 감탄의 말씀을 읊으셨다.

[세존] "병이 없음이 최상의 이익이며,
열반이 최상의 즐거움이다.
여덟가지 성스러운 길은
불사(不死)의 안온에 이르는 길이다."369)

이와 같이 읊으시자 유행자 마간디야는 세존께 이와 같이 말했다.

35. [마간디야] "존자 고따마여, 참으로 놀라운 일입니다. 존자 고따마여, 예전에 없었던 일입니다. 존자 고따마께서는 이와 같이 '병이 없음이 최상의 이익이며, 열반이 최상의 즐거움이네'라고 잘 말씀하셨습니다. 존자 고따마여, 저도 역시 그 전의 유행자 스승이나 그의 스승으로부터 '병이 없음이 최상의 이익이며, 열반이 최상의 즐거움이네'라고 말씀하신 것을 들었습니다. 존자 고따마여, 그것과 이것은 일치합니다."

36. [세존] "마간디야여, 그대도 역시 그 전의 유행자 스승이나 그의 스승으로부터 '병이 없음이 최상의 이익이며, 열반이 최상의 즐거움이네'라고 말하는 것을 들었는데, 어떠한 것이 병이 없는 것이고 어떠한 것이 열반입니까?"
이와 같이 말씀하시자 유행자 마간디야는 자신의 사지를 손으로

369) ārogyaparamā lābhā, nibbānaṃ paramaṃ sukhaṃ, aṭṭhaṅgiko ca maggānaṃ khemaṃ amatagāminanti : 이 시는 Dhp. 204에도 나온다. 여기서 불사(不死)는 감로(甘露)와 동일한 어원 즉 amata를 갖는다. Pps. III. 218에 따르면, 財物을 얻는 것이나 名聲을 얻는 것이나 아들을 얻는 자들 가운데 健康이 최상은 아니지만 健康은 이러한 것들보다는 最上이다. 禪定이나 길(道)이나 境地를 성취한 누구에게나 涅槃보다 더한 幸福은 없다.

비비며 말했다.

[마간디야] "존자 고따마여, 이것이 그 병이 없음이고, 이것이 그 열반입니다. 왜냐하면, 존자 고따마여, 나는 참으로 병이 없이 안락하며 아무것도 저를 괴롭히지 않기 때문입니다.[370]"

37. [세존] "마간디야여, 예를 들어 태어날 때부터 눈 먼 사람이 있는데 그가 검은 색과 흰 색을 보지 못하고, 푸른 색을 보지 못하고, 황색을 보지 못하고, 적색을 모지 못하고, 핑크 색을 보지 못하고, 요철을 보지 못하고, 별이나 해나 달을 보지 못한다고 합시다. 그때 눈을 가진 자가 '오! 이 흰 옷은 정교하고 아름답고 때가 없고 깨끗하다'라고 말하는 것을 듣고는 그래서 그가 흰 옷을 구하러 나갔다고 합시다. 그는 다른 사람이 기름과 때가 묻은 거친 옷을 속여 '벗이여, 이것이 그대가 구하는 아름답고 때가 없고 청정한 흰 옷이다'라고 말했다고 합시다. 그는 그것을 받을 것입니다. 받아서 입어볼 것입니다. 입어서 기뻐하고 이와 같이 '오! 참으로 이 흰 옷은 정교하고 아름답고 때가 없고 깨끗하다'라고 환성을 지를 것입니다. 마간디야여, 그대는 어떻게 생각합니까? 예를 들어 태어날 때부터 눈 먼 사람은 알고 또한 보아서 그 기름과 때가 묻은 거친 옷을 받고 '오! 참으로 이 흰 옷은 정교하고 아름답고 때가 없고 깨끗하다'라고 말한 것입니까 아니면, 눈 있는 자를 믿고 그렇게 말한 것입니까?"

[마간디야] "존자 고따마여, 태어날 때부터 눈 먼 사람은 알지 못하고 또한 보지 못해서 그 기름과 때가 묻은 거친 옷을 받고 '오! 참

---

370) Māgandiya는 분명히 Brahmajāla경의 58가지 잘못된 見解의 하나 - "自我가 다섯 가지의 感覺的 快樂의 종류을 갖추고 具足하여 그들 속에 나타날 때에, 그 점에서 自我는 지금 여기에서 最上의 涅槃을 성취한다.(DN. I. 36)" - 로 이 시를 解釋하고 있다.

으로 이 흰 옷은 정교하고 아름답고 때가 없고 깨끗하다'라고 말한 것이니, 그것은 단지 눈 있는 자를 믿고 그렇게 말한 것입니다."

38. [세존] "마간디야여, 이와 같이 이교도의 출가자들은 눈이 멀고 눈이 없어 병이 없음을 알지 못하고 열반을 알지 못함에도 이와 같이 시를 읊습니다.

'병이 없음이 최상의 이익이며,
열반이 최상의 즐거움이다.'

마간디야여, 이전에 거룩한 이들, 올바로 원만히 깨달은 이들이 이와 같이 시를 읊었습니다.

'병이 없음이 최상의 이익이며,
열반이 최상의 즐거움이다.
여덟 가지 성스러운 길은
불사의 안온에 이르는 길이다.'

이 시는 이제 배우지 못한 대부분의 사람에게도 알려지게 되었습니다.371) 마간디야여, 이 신체는 질병이고 종기이고 화살이고 재난이고 고통인데, 그대는 이 질병이고 종기이고 화살이고 재난이고 고통인 신체를 두고 '존자 고따마여, 이것이 그 질병이 없음이고 그 열반이다'라고 말합니다. 마간디야여, 참으로 질병 없음을 알고, 열반을 보게 되는 그러한 고귀한 눈이 그대에게 있습니까?"
[마간디야] "존자 고따마여, 저는 '존자 고따마께서 제가 질병 없음을 알고 열반을 볼 수 있도록 제게 가르침을 주실 것이다'라고 믿습

371) 이 전체 시가 四部大衆 속에 앉아 있던 過去佛들이 외운 것이다. 大衆들은 善하고 健全한 것에 관련된 시로써 그것을 배웠다. 마지막 부처님이 涅槃에 들자 遊行者들 사이에 퍼져 났는데, 그들 詩의 첫 두 行만이 保存될 수 있었다.

니다."

39. [세존] "마간디야여, 예를 들어 태어날 때부터 눈 먼 사람이 있는데 그가 검은 색과 흰 색을 보지 못하고, 푸른 색을 보지 못하고, 황색을 보지 못하고, 적색을 모지 못하고, 핑크 색을 보지 못하고, 요철을 보지 못하고, 별이나 해나 달을 보지 못한다고 합시다. 그래서 그를 위해 친구나 동료나 친지나 친척이 외과의사를 초빙해서, 그 외과의사가 그를 치료하게 한다고 합시다. 그는 치료받고도 시력이 생겨나게 하지 못하고 눈이 밝아지지 않았다고 합시다. 마간디야여, 그대는 어떻게 생각합니까? 그 외과의사는 피곤하고 실망할 것이 아닙니까?"

[마간디야] "존자 고따마여, 참으로 그렇습니다."

[세존] "마간디야여, 나는 그대에게 이와 같이 '이것이 그 질병이 없음이고 그 열반이다'라고 말하더라도 그대는 질병 없음을 알지 못하고 열반을 보지 못한다면, 그래서 나는 피곤하고 괴로울 것입니다."

[마간디야] "존자 고따마에게 저는 '존자 고따마께서 제가 질병 없음을 알고 열반을 볼 수 있도록 제게 가르침을 주실 수 있다'라고 믿습니다."

40. [세존] "마간디야여, 예를 들어 태어날 때부터 눈 먼 사람이 있는데 그가 검은 색과 흰 색을 보지 못하고, 푸른 색을 보지 못하고, 황색을 보지 못하고, 적색을 보지 못하고, 핑크 색을 보지 못하고, 요철을 보지 못하고, 별이나 해나 달을 보지 못한다고 합시다. 눈을 가진 자가 '이 흰 옷은 정교하고 아름답고 때가 없고 청정하다'라고 말하는 것을 듣고는 그가 흰 옷을 구하러 나갔다고 합시다. 그런데

다른 사람이 기름과 때가 묻은 거친 옷을 속여 '벗이여, 이것이 그대가 구하는 아름답고 때가 없고 청정한 흰 옷이다'라고 그에게 말했다고 합시다. 그는 그것을 받을 것입니다. 받아서 입어볼 것입니다. 그런데 그를 위해 친구나 동료나 친지나 친척이 외과의사를 초빙해서, 그 외과의사가 그를 치료하게 한다고 합시다. 그 외과의사가 토사를 시키고 하제를 복용하게 하고 기름으로 관장하고 고약을 바르고 코를 씻어냅니다. 그는 그 치료를 받고 시력이 생겨나고 눈이 밝아졌습니다. 그에게 눈이 생겨나 그 기름과 때가 묻은 거친 옷에 대한 탐욕을 버리자, 그 사람에 대하여 '실로 오랜 세월 나는 이 사람에 의해서 기름과 때가 묻은 거친 옷을 두고 '벗이여, 이것이 그대가 구하는 아름답고 때가 없고 청정한 흰 옷이다'라고 속고 기만당하고 미혹되었다'라고 분노를 불태우고 적의를 불태우고 상대방의 목숨을 빼앗아야겠다고 생각할 것입니다.

41. 마간디야여, 이와 같이 나는 그대에게 '이것이 질병이 없는 것이고 이것이 열반이다'라고 가르침을 설한다고 합시다. 그대는 그 질병 없음을 알고 그 열반을 볼 것입니다. 그대에게 눈이 생겨나면, 다섯 가지 집착의 다발에 대한 탐욕이 버려질 것입니다. 그대에게 이와 같이 '참으로 나는 오랜 세월 이 마음에 의해서 속고 기만당하고 미혹되었다. 나는 물질을 취해서 집착하고, 느낌을 취해서 집착하고, 지각을 취해서 집착하고, 형성을 취해서 집착하고, 의식을 취해서 집착했다. 그러한 나에게 집착을 조건으로[372] 존재가, 존재를

372) upādānapaccaya : 집착(取)이란 무엇인가. SN. II. 3에 따르면, "수행승들이여, 집착이란 무엇인가? 이들 가운데 수행승들이여, 네 가지 執着 즉, ① 감각적 쾌락에의 집착, ② 견해에의 집착, ③ 미신과 터부에의 집착, ④ 자아이론에의 집착이 있다. 이것을 수행승들이여, 집착이라고 부르는 것이다."네 가지 집착(四取) 가운데 감각적 쾌락에의 집착[欲取 : kāmupādāna]은 형태[色], 소리[聲], 냄새[香], 맛[味], 감촉[觸]에의 감각적 쾌락 즉, 오욕락(五欲樂)에의 집착을 뜻하는데, 그것은 본질적으로 快樂을 유지하고자 하는 存在

조건으로 태어남이, 태어남을 조건으로 늙음, 죽음, 우울, 슬픔, 고통, 근심, 불안이 생겨나며, 이와 같이 이 모든 괴로움의 다발이 생겨난다'라는 생각이 떠오를 것입니다."

42. [마간디야] "존자 고따마에 관하여, 저는 '존자 고따마는 제가 맹인이 아니므로 이 자리에서 일어설 수 있도록, 제게 가르침을 설해주실 것이다'라는 믿음을 갖고 있습니다."

[세존] "마간디야여, 그렇다면 그대는 참사람과 사귀십시오. 마간

에의 渴愛(有愛 : bhavataṇhā)와 不快를 회피하려는 非存在에의 渴愛(無有愛 : vibhava taṇhā)를 함축하고 있는 만큼 見解에의 執着(見取 : diṭṭhupādāna)을 필연적으로 수반한다. 이 때 수반되는 견해에 대한 집착은 있는 그대로의 변화의 속성을 직시하는 것이 아닌 잘못된 견해에의 집착일 수밖에 없다. 즉 선입견[先入見 : purimadiṭṭhi]이나 증상견[增上見 : uttaradiṭṭhi]에의 집착을 의미한다. 붓다고싸(Srp. II. 14)에 의하면 '자아와 세계는 영원하다. 이것이야말로 진리이고 다른 것은 거짓이다'와 같은 진술에서 '이것이야말로 진리'라는 주장은 先入見이고 '다른 것은 거짓'이라는 입증은 增上見이라고 할 수 있다. 더욱 존재하고자 하는 존재에의 갈애에 토대를 두고 있는 自我와 世界가 영원하다는 견해(常見)는 우빠니샤드적인 梵我一如의 사상을 先入見으로 하고 唯物論的 虛無主義의 否定을 增上見으로 하는 것으로, 궁극적으로 因果同一論에 귀착되며 객관적이고 실재적인 세계의 생성과 소멸의 원리를 부정하는 잘못된 極端的인 眞理觀이라고 할 수 있다. 또한 이러한 잘못된 진리관인 邪見에 의한 執着 가운데 더 이상 존재하고자 하지 않는 非存在에의 渴愛에 토대를 두고 있는 죽은 다음에 자아는 지속하지 않는다는 견해[斷見]는 唯物論的인 사상을 선입견으로 하고 虛無主義를 그 증상견으로 하는 극단적 진리관이 포함되어 있다. 이러한 사견은 불교 이전의 형이상학적인 인과론인 內部原因說(自作 : sayaṁ kataṁ)이나 外部原因說(他作 : paraṁ kataṁ) 또는 그들의 절충과 부정에 기초를 두고 있는 비중도적인 인과론이다. 요컨대 中道的 緣起觀을 성립시키지 못하는 일체의 극단적인 견해나 사견이 잘못된 진리관이며, 이러한 삿된 진리관에 따른 집착이 見解에의 執着이다. 잘못된 진리관에는 MN. 63 「말룽끼야뿟따에 대한 작은 경[Cūḷamālunkyaputtasutta]」에 따르면, 五種惡見 내지는 六十二見 등을 모두 망라해볼 수 있다. 이와 같은 見解에 執着된 사람이 있다면 그의 行動樣式은 執着된 見解에 지배된다. 따라서 견해에의 집착을 토대로 행동양식인 미신과 터부에 의한 집착(戒禁取 : sīlabbatupādana)이 성립한다. 예를 들어 개나 소 따위가 죽은 뒤에 천상에 태어난다고 믿어서 개나 소처럼 똥을 먹고 풀을 뜯으면서 天上에 태어난다고 집착하는 것을 말한다. 여기서 天上에 태어나 欲樂을 즐기고자 하는 데서 '소처럼 똥을 먹는' 實際的 行爲에의 집착이 일어남을 살펴볼 수 있다. 그러나 자아에 대한 긍정과 부정을 先入見이나 增上見으로 하는 견해를 토대로 하는 行動樣式은 궁극적으로 自我觀念을 존재의 다발과 동일시하는 자아이론에 대한 집착[我語取 : attavādupādāna]을 유발한다. 그것은 존재의 다발(五蘊和合)로 구성된 신체를 즐기기 위해 그것을 自我와 동일시하는 견해[有身見 : sakkāyadiṭṭhi)에의 집착을 의미한다.

디야여, 그대가 참사람과 사귄다면, 그대는 올바른 가르침을 듣게 됩니다. 마간디야여, 그대가 올바른 가르침을 듣게 되면, 그대는 그 모든 가르침을 실천하게 됩니다. 마간디야여, 그대가 모든 가르침을 실천하게 되면, 그대는 '이것들은[373] 질병이고 종기이고 화살이다. 여기서 이 질병이고 종기이고 화살인 것들은 남김없이 소멸한다. 나에게 집착이 소멸함으로써 존재가 소멸하고, 존재가 소멸함으로써 태어남이 소멸하고, 태어남이 소멸함으로써 늙음, 죽음, 우울, 슬픔, 고통, 근심, 불안이 소멸하며, 이와 같이 이 모든 괴로움의 다발이 소멸한다'라고 생각하게 될 것입니다."

43. 이처럼 말씀하시자 유행자 마간디야는 세존께 이와 같이 말씀드렸다.

[마간디야] "세존이신 고따마여, 훌륭하십니다. 세존이신 고따마여, 훌륭하십니다. 세존이신 고따마여, 마치 넘어진 것을 일으켜 세우듯이, 가려진 것을 열어 보이듯이, 어리석은 자에게 길을 가리켜주듯이, 눈 있는 자는 형상을 보라고 어둠 속에 등불을 들어 올리듯이, 세존이신 고따마께서는 이와 같이 여러 가지 방법으로 진리를 밝혀주셨습니다. 그러므로 이제 세존이신 고따마께 귀의합니다. 또한 그 가르침에 귀의합니다. 또한 그 수행승의 참모임에 귀의합니다. 저는 세존이신 고따마에게 출가하여 구족계를 받길 원합니다."

44. [세존] "마간디야여, 예전에 이교도였던 사람이 이 가르침과 계율에 출가하여 구족계를 받기 원하면, 그는 넉 달 동안 시험삼아 머물러야 했습니다. 넉 달이 지나 수행승들이 그에게 만족하면, 그들은 그에게 출가를 허락하고 수행승임을 인정하는 구족계를 줍니

373) ime : 여기서 이것들이란 당연히 앞에서 言及한 다섯 가지 존재의 다발(五蘊 : pañcakkhandhā)을 말한다.

다. 그러나 나는 이 일에서 개인간의 차별을 인정합니다.”
[마간디야] “세존이시여, 예전에 이교도였던 사람이 이 가르침과 계율에 출가하여 구족계를 받기 원하면, 그는 넉 달 동안 시험삼아 머물러야 하고, 넉 달이 지나 수행승들이 그에게 만족하면, 그들은 그에게 출가를 허락하고 수행승임을 인정하는 구족계를 준다고 한다면, 저는 사 년 동안 시험삼아 머물 것입니다. 사 년이 지나 수행승들이 제게 만족하면, 그들이 저에게 출가를 허락하고 구족계를 주도록 해주십시오.”

45. 유행자 마간디야는 세존의 앞에 출가하여 구족계를 받았다. 존자 마간디야는 구족계를 받은 지 얼마 되지 않아 홀로 떨어져서 게으르지 않고 열심히 정진하였다. 그는 오래지 않아 훌륭한 가문의 자제들이 그러기 위해 올바로 집에서 집 없는 곳으로 출가했듯이 위없이 청정한 삶을 지금 여기에서 스스로 알고 깨달아 성취했다. 그는 ‘태어남은 부서지고 청정한 삶은 이루어졌다. 해야 할 일을 다 마치고 더 이상 윤회하지 않는다’라고 분명히 알았다. 마침내 존자 마간디야는 거룩한 님 가운데 한 분이 되었다.

18. 그대여, 나는 멈추었다. 너도 멈추어라!

[Aṅgulimālasutta][374]

수행자여, 그대는 가면서 '나는 멈추었다'고 말하고 멈춘 나에게 '그대는 멈추어라'라고 말한다. 수행자여 나는 그대에게 그 의미를 묻는다. 어찌하여 그대는 멈추었고 나는 멈추지 않았는가? 앙굴리말라여, 나는 언제나 일체의 살아있는 존재에 폭력을 멈추고 있다. 그러나 그대는 살아있는 생명에 자제함이 없다. 그러므로 나는 멈추었고 그대는 멈추지 않았다.

1. 이와 같이 나는 들었다. 한 때 세존께서는 싸밧티 시의 제따바나에 있는 아나타삔디까 승원에 계셨다.

2. 그 때 꼬살라 국왕 빠쎄나디의 영토에 앙굴리말라[375]라는 이름

374) 이 경의 원래 제목은 「앙굴리말라의 경[Aṅgulimālasutta]」이다. 우리말 『맛지마니까야』 3권 462쪽에 있다. MN. II. 97; 佛說鴦掘摩經(大正 2. 508), 佛說鴦崛髻經(大正 2. 510), 雜阿含 1077(大正 2. 280), 別譯雜阿含 16(大正 2. 378), 增壹阿含 31 · 6(大正 2. 719) 참조.

375) Aṅgulimāla : 그는 꼬쌀라 국의 法庭職員이었던 아버지 Bhaggava의 아들이었다. 그는 도둑의 星座 아래서 태어났으나 그 凶兆가 아무에게도 해를 끼치지 않자, 아버지는 그에게 Ahiṃsaka(不害者)란 이름을 주었다. 그는 Takkasilā의 大學에서 지적인 교육을 받은 엘리트였고 스승이 가장 寵愛하는 제자였다. 그러나 동료학생들이 시기한 나머지 Ahimsaka가 스승의 아내와 관계를 맺었다고 誣告하는 바람에 運命이 바뀌었다. 스승은 그를 破滅시키기 위해 천명의 사람의 오른쪽 손가락을 잘라 가져오라고 명했다. Ahimsaka는 Jālinī 숲에서 살면서 旅行者를 공격하여 손가락뼈로 목걸이를 만들었기 때문에 Aṅgulimāla라고 불렸다. 드디어 그는 하나가 모자라는 천개의 손가락을 확보했다. 그는 그 다음 사람을 죽이려고 기다리고 있었다. 부처님은 Aṅgulimāla의 어머니 Mantāni가 그를 訪問하는 도중이라는 것을 알았다. 그리고 부처님은 Aṅgulimāla가 조건이 갖추어지면 거룩한 이가 될 수 있다는 것도 알았다. 그래서 그의 어머니가 도착하기 전에 그에게

의 흉적이 있었다. 그는 잔인하여 손에 피를 묻히고 살육을 일삼고, 살아있는 존재에 대한 자비가 없었다. 그 때문에 마을은 마을이 아니게 되었고 도시는 도시가 아니게 되었고 나라는 나라가 아니게 되었다. 그는 사람을 죽이고 또 죽여서 그 손가락 뼈로 목걸이를 만들었다.

3. 이 때에 세존께서는 아침 일찍 옷을 입고 발우와 가사를 들고 싸밧티로 탁발을 하러 들어가셨다. 싸밧티에서 탁발을 마치고 식후에 탁발에서 돌아와 깔개를 정리하고 발우와 가사를 들고 흉적 앙굴리말라가 있는 곳을 향해서 큰 길을 걸었다.

4. 길을 지나던 소치는 자, 가축을 키우는 자, 경작하는 자들이 세존께서 흉적 앙굴리말라가 있는 곳을 향해서 큰 길을 걸어가는 것을 보았다. 보고 나서 세존께 이와 같이 말했다.

[소치는 자 등] "수행자여, 이 길로 가지 마십시오. 수행자여, 이 길에는 앙굴리말라라는 흉적이 있습니다. 그는 잔인하여 손에 피를 묻히고 살육을 일삼고 생명에 대한 자비가 없습니다. 그는 마을과 도시와 지방을 황폐하게 만듭니다. 그는 사람을 죽여서 손가락 뼈로 목걸이를 만들고 있습니다. 수행자여, 이 길을 열 사람, 스무 사람, 서른 사람, 마흔 사람, 쉰 사람이 모이고 모여서 가도, 오히려 그들은 흉적인 앙굴리말라의 손아귀에 놓일 것입니다."
그러나 이와 같이 말했음에도 세존께서는 묵묵히 앞으로 나아갔다.

5. 그러자 두 번째에도 길을 지나던 소치는 자, 가축을 키우는 자, 경작하는 자들이 세존께서 흉적 앙굴리말라가 있는 곳을 향해서 큰 길을 걸어가는 것을 보았다. 보고서 세존께 이와 같이 말했다.

다가간 것이다.

[소치는 자 등] "수행자여, 이 길로 가지 마십시오. 수행자여, 이 길에는 앙굴리말라라는 흉적이 있습니다. 그는 잔인하여 손에 피를 묻히고 살육을 일삼고 생명에 대한 자비가 없습니다. 그는 마을과 도시와 지방을 황폐하게 만듭니다. 그는 사람을 죽여서 손가락 뼈로 목걸이를 만들고 있습니다. 수행자여, 이 길을 열 사람, 스무 사람, 서른 사람, 마흔 사람, 쉰 사람이 모이고 모여서 가도, 오히려 그들은 흉적인 앙굴리말라의 손아귀에 놓일 것입니다."
그러나 이와 같이 말했음에도 두 번째에도 세존께서는 묵묵히 앞으로 나아갔다.

6. 그러자 세 번째에도 길을 지나던 소치는 자, 가축을 키우는 자, 경작하는 자들이 세존께서 흉적 앙굴리말라가 있는 곳을 향해서 큰 길을 걸어가는 것을 보았다. 보고서 세존께 이와 같이 말했다.
[소치는 자 등] "수행자여, 이 길로 가지 마십시오. 수행자여, 이 길에는 앙굴리말라라는 흉적이 있습니다. 그는 잔인하여 손에 피를 묻히고 살육을 일삼고 생명에 대한 자비가 없습니다. 그는 마을과 도시와 지방을 황폐하게 만듭니다. 그는 사람을 죽여서 손가락 뼈로 목걸이를 만들고 있습니다. 수행자여, 이 길을 열 사람, 스무 사람, 서른 사람, 마흔 사람, 쉰 사람이 모이고 모여서 가도, 오히려 그들은 흉적인 앙굴리말라의 손아귀에 놓일 것입니다."
그러나 이와 같이 말했음에도 세존께서는 세 번째에도 묵묵히 앞으로 나아갔다.

7. 흉적 앙굴리말라는 세존께서 멀리 오고 있는 것을 보았다. 보고 나서 이와 같이 생각했다.
[앙굴리말라] '참으로 놀라운 일이다. 참으로 이전에 없었던 일이다.

이 길을 열 사람, 스무 사람, 서른 사람, 마흔 사람, 쉰 사람이 모이고 모여서 가도, 오히려 그들은 나의 손아귀에 놓인다. 그런데 이 수행자는 혼자서 동료도 없이 생각컨대 운명에 이끌린 듯이 오고 있다.[376] 내가 어찌 이 수행자의 목숨을 빼앗지 않겠는가?'

8. 흉적 앙굴리말라는 칼과 방패를 잡고 활과 화살을 메고 세존을 뒤쪽으로 바싹 좇아왔다. 그 때에 세존께서는 초월적인 힘을 행사하여 흉적 앙굴리말라는 온 힘을 다해 달려도 보통 걸음으로 걷고 있는 세존을 따라잡을 수 없었다. 그래서 흉적 앙굴리말라는 이와 같이 생각했다.

[앙굴리말라] '참으로 놀라운 일이다. 참으로 이전에 없었던 일이다. 나는 일찍이 질주하는 코끼리를 따라 잡을 수 있었다. 나는 일찍이 질주하는 말을 따라 잡을 수 있었다. 나는 일찍이 질주하는 수레를 따라 잡을 수 있었다. 그런데 나는 온 힘으로 달려도 보통 걸음으로 걷고 있는 이 수행자를 따라잡을 수 없다.'

9. 그는 멈추어서 세존께 이와 같이 말했다.

[앙굴리말라] "수행자여, 멈추어라. 수행자여, 멈추어라."

[세존] "앙굴리말라여, 나는 멈추었다. 너도 멈추어라."

그러자 흉적 앙굴리말라는 이와 같이 생각했다.

[앙굴리말라] '이 수행자는 싸끼야 족의 아들로 진실을 말하고 진실을 주장하는 자이다. 그런데 이 수행자는 자신은 걸으면서 '나는 멈추었다. 앙굴리말라여, 너도 멈춰라'라고 말한다. 내가 이 수행자에게 그것에 대하여 물어보면 어떨까?'

---

376) pasayha maññe āgacchati : pasayha는 '强制的으로, 억지로'의 뜻이다. 여기서는 '모든 警告에도 불구하고 듣기를 거부하고 온다'는 의미가 있을 것이다. 여기서 적절한 번역으로 Mdb. 711의 '運命에 좇긴(driven by fate)'을 採擇한다.

10. 그래서 앙굴리말라는 세존께 시로써 이와 같이 물었다.
[앙굴리말라]
"수행자여, 그대는 가면서 '나는 멈추었다'고 말하고
멈춘 나에게 '그대는 멈추어라'라고 말한다.
수행자여 나는 그대에게 그 의미를 묻는다.
어찌하여 그대는 멈추었고 나는 멈추지 않았는가?"[377]

11. [세존]
"앙굴리말라여, 나는 언제나
일체의 살아있는 존재에 폭력을 멈추고 있다.
그러나 그대는 살아있는 생명에 자제함이 없다.
그러므로 나는 멈추었고 그대는 멈추지 않았다."

12. [앙굴리말라]
"오! 드디어 이 수행자가 위대한 선인으로
나를 위해 이 커다란 숲에 나타나셨다.[378]
나에게 진리를 가르쳐 준 그대의 시를 듣고
나는 참으로 영원히 악함을 버렸습니다."

13. [송출자]
"이와 같이 해서 흉적 앙굴리말라는 칼과 흉기를
깊이 갈라진 틈의 구덩이에 던져 버리고
흉적은 바르게 잘 가신 님의 두 발에 예경하니
거기서 그는 출가를 요청했다.

---

377) Aṅgulimāla의 詩들은 Thag. 866에 있다.

378) me... mahāvanaṃ... paccavādi : Pps. III. 333에 따르면, Aṅgulimāla는 비로소 자신의 앞에 있는 修行僧이 부처님이라는 것과 그가 자신을 教化시키기 위해 숲 속으로 왔다는 사실을 깨달았다.

부처님은 참으로 자비로운 위대한 선인
신들과 사람들의 스승이시다.
이 때에 '오라! 수행승이여'라고 말씀하시니
그는 수행승이 되어 있었다.379)"

14. 그리고 세존께서는 앙굴리말라를 수행자로 데리고 싸밧티로 떠났다. 차츰 유행하면서 싸밧티에 도착했다. 거기서 세존께서는 싸밧티 제따바나의 아나타삔디까 승원에 머무셨다.

15. 그런데 그 때에 꼬쌀라의 국왕 빠쎄나디의 내궁에 많은 사람들이 모여 시끄럽게 떠들었다.

[세존] "대왕이여, 흉적 앙굴리말라가 그대의 영토에 있습니다. 그는 잔인하여 손에 피를 묻히고 살육을 일삼고 생명에 대한 자비가 없습니다. 그는 마을과 도시와 지방을 황폐하게 만듭니다. 그는 사람을 죽여서 손가락 뼈로 목걸이를 만들고 있습니다. 대왕은 그를 막으십시오."

16. 그래서 꼬쌀라 국왕 빠쎄나디는 대낮에 오백 명의 기마부대를 데리고 싸밧티를 나서서 승원이 있는 곳으로 출발했다. 수레로 갈 수 있는 곳까지 가고 그 후에는 수레에서 내려서 걸어서 세존께서 계신 곳을 찾았다. 가까이 다가가서 세존께 인사를 하고 한 쪽으로 물러 앉았다. 한 쪽으로 물러 앉은 꼬쌀라 국왕 빠쎄나디에게 세존께서는 이와 같이 말했다.

[세존] "대왕이여, 왕께서는 어쩐 일입니까? 마가다국의 왕 쎄니야

---

379) es' eva tassa ahu bhikkhubhāvo : Pps. III. 100에 따르면, 過去生의 功德으로 Aṅgulimāla는 부처님이 '오라 수행승이여'라고 말하자, 그는 그 부처님의 威力으로 발우와 袈裟를 얻었다.

빔비싸라가 그대를 공격했습니까? 또는 베쌀리의 리차비 족들이이나 다른 적대적인 왕들이 그대를 공격했습니까?"
[빠쎄나디] "세존이시여, 마가다국의 왕 쎄니야 빔비싸라가 나를 공격한 것도 베쌀리의 리차비 족들이나 다른 적대적인 왕들이 나를 공격한 것도 아닙니다. 세존이시여, 흉적 앙굴리말라가 나의 영토에 있습니다. 그는 잔인하여 손에 피를 묻히고 살육을 일삼고 생명에 대한 자비가 없습니다. 그는 마을과 도시와 지방을 황폐하게 만듭니다. 그는 사람을 죽여서 손가락 뼈로 목걸이를 만들고 있습니다. 세존이시여, 나는 그를 막을 수 없습니다."

17. [세존] "그러나 대왕이여, 앙굴리말라가 머리와 수염을 깎고 가사를 입고 집에서 집없는 곳으로 출가하여 살아있는 생명을 죽이는 것을 삼가고, 주지 않는 것을 빼앗는 것을 삼가고, 어리석은 거짓말을 하는 것을 삼가고, 하루 한 끼 식사를 하고, 청정한 삶을 살고, 계율을 지키고, 착하고 건전한 가르침을 따른다면, 그대는 그를 어떻게 할 것입니까?"
[빠쎄나디] "세존이시여, 우리는 그에게 경의를 표하고 일어서서 환영하고 자리를 내어 초대하고 그에게 의복과 음식과 깔개와 필수약품을 선물하고 그를 법답게 보살피고 보호하고 수호할 것입니다. 그러나 세존이시여, 그와 같이 계행이 없고 악하고 불건전한 자에게 이와 같은 계행에 의한 절제가 어떻게 있을 수 있겠습니까?"380)

18. 이 때에 존자 앙굴리말라가 세존으로부터 멀지 않은 곳에 앉아 있었다. 그래서 세존께서는 오른 쪽 팔을 펴며 꼬쌀라 국왕 빠쎄나디에게 이와 같이 말했다.

---

380) 이 두 개의 文段은 MN. II. 89 「진실에 대한 장엄의 경[Dhammacetiyasutta]」에도 登場한다.

[세존] "대왕이여, 이 수행승이 앙굴리말라입니다."
그러자 꼬쌀라 국왕 빠쎄나디는 두려움에 떨고 전율하였고 그에게 몸의 털이 솟구쳤다. 이 때에 세존은 꼬쌀라 국왕 빠쎄나디가 두려움에 떨고 전율하며 그에게 몸의 털이 솟구치는 것을 알고 꼬쌀라 국왕 빠쎄나디에게 이와 같이 말했다.
[세존] "대왕이여, 두려워 마십시오. 대왕이여, 두려워 마십시오. 그대가 그를 두려워해야 할 것은 없습니다."

19. 그러자 왕에게서 두려움과 전율과 몸의 털이 솟구침이 진정되었다. 그는 존자 앙굴리마라에게 가서 이와 같이 말했다.
[빠쎄나디] "세존이시여, 이 존귀한 자가 정말 앙굴리말라입니까?"
[세존] "대왕이여, 그렇습니다."
[빠쎄나디] "세존이시여, 이 존귀한 자의 아버지는 어떠한 성을 가졌고 그 어머니은 어떠합니까?"
[세존] "대왕이여, 아버지는 각가이고 어머니는 만따니입니다."
[빠쎄나디] "세존이시여, 이 존귀한 자, 각가 만따니뿟따를 만족하게 하여주십시오. 나는 이 존귀한 자, 각가 만따니뿟따를 위하여 의복과 음식과 깔개와 필수약품을 제공하도록 노력하겠습니다."

20. 이 때에 존자 앙굴리말라는 숲에서 거주하고 탁발을 하며 누더기 옷을 입고 세벌 옷을 가지고 살았다. 존자 앙굴리말라는 꼬쌀라 국왕 빠쎄나디에게 이와 같이 말했다.
[앙굴리말라] "대왕이여, 충분합니다. 저는 단지 세 벌 옷으로 만족합니다."

21. 그러자 꼬쌀라 국왕 빠쎄나디는 세존께서 계신 곳을 찾았다. 가까이 다가가서 세존께 인사를 하고 한 쪽으로 물러 앉았다. 한

쪽으로 물러 앉은 그 꼬쌀라 국왕 빠쎄나디는 세존께 이와 같이 말했다.

[빠쎄나디] "세존이시여, 아주 놀라운 일입니다. 세존이시여, 예전에 없었던 일입니다. 세존께서는 다스릴 수 없는 자를 다스리고, 고요하게 할 수 없는 자를 고요하게 하시고, 열반에 들 수 없는 자를 열반에 들게 만듭니다. 세존이시여, 우리들이 몽둥이와 칼로 다스리는 자를 세존께서는 몽둥이도 없이, 칼도 없이 다스립니다. 세존이시여, 우리들은 이만 가보겠습니다. 우리들은 할 일이 많고 바쁩니다."

[세존] "대왕이여, 그렇다면, 그대는 지금 그대가 생각하는 대로 때를 따르십시오."

그러자 꼬쌀라 국왕 빠쎄나디는 자리에서 일어나 세존께 인사를 드리고 오른 쪽을 돌아 그 곳을 떠났다.

22. 존자 앙굴리말라는 아침 일찍 옷을 입고 발우와 가사를 들고 싸밧티로 탁발을 하러 들어갔다. 존자 앙굴리말라는 싸밧티에서 차례로 탁발을 하면서 유행할 때에 어떤 부인이 난산하여 아기가 불구가 된 것을 보았다.[381] 보고 나서 그는 생각했다.

[앙굴리말라] '오 뭇삶들은 얼마나 괴로운가? 참으로 뭇삶들은 얼마나 괴로운가?'

---

381) addsaṃ kho ahaṃ, bhante, Sāvatthiyaṃ sapadānaṃ piṇḍāya caramāno aññataraṃ itthiṃ mūḷhagabbhaṃ visatagabbhaṃ : 이 문장만으로는 女人이 Aṅgulimāla를 보고 難產을 했는지 알 수가 없다. 그러나 전체 文脈으로 보아 女人이 Aṅgulimāla를 보고 難產한 것은 아니다. 이 경에서 그 女人의 Aṅgulimāla에 대한 憤怒는 찾아 볼 수 없기 때문이다. Pps. III. 337에서 붓다고싸는 '女人이 출산할 때에는 남자들이 접근 할 수가 없는데 장로는 무엇을 했는가(itthīnam gabbhavuṭṭhānam nāma na sakkā purisena upasaṅkamituṃ, thero kiṃ karosī ti?)'라고 疑問을 제기하고 있다. 물론 이 文章은 출산을 한 女人을 慰勞하러 갈 때에 提起하긴 했지만 여기에도 適用할 수가 있다. 慰勞하러 갔을 때에는 帳幕을 치고 그 밖에서 椅子에 앉아서 부처님의 말씀대로 말했다고 한다.

23. 그리고 존자 앙굴리말라는 싸밧티에서 탁발을 하고 식후에 탁발에서 돌아와 세존께서 계신 곳을 찾았다. 가까이 다가가서 세존께 인사를 드리고 한 쪽으로 물러 앉았다. 한 쪽으로 물러 앉아 존자 앙굴리말라는 세존께 이와 같이 말했다.

[앙굴리말라] "세존이시여, 저는 아침 일찍 옷을 입고 발우와 가사를 들고 싸밧티로 탁발을 하러 들어갔습니다. 저는 싸밧티에서 차례로 탁발을 하면서 유행할 때에 어떤 부인이 난산하여 아기가 불구가 된 것을 보았습니다. 보고 나서 저는 '오 뭇삶들은 얼마나 괴로운가? 참으로 뭇삶들은 얼마나 괴로운가?'라고 생각했습니다."

24. [세존] "앙굴리말라여, 그렇다면, 그대는 지금 싸밧티로 가라. 가서 그 부인에게 '자매여, 내가 태어난 이래 나는 의도적으로 뭇삶의 생명을 빼앗은 적이 없습니다. 이 진실로 당신이 잘 되고 당신의 아이가 잘 되길 바랍니다'라고 말하라."

[앙굴리말라] "세존이시여, 저는 의도적으로 뭇삶의 생명을 빼앗았는데, 저보고 의도적으로 거짓말을 하라는 말입니까?"

25. [세존] "앙굴리말라여, 그렇다면, 그대는 지금 싸밧티로 가라. 가서 그 부인에게 '자매여, 내가 고귀한 태어남으로 거듭난 이래 나는 의도적으로 뭇삶의 생명을 빼앗은 적이 없습니다. 이 진실로 당신이 잘 되고 당신의 아이가 잘 되길 바랍니다.382)'라고 이와 같이 말하라."

[앙굴리말라] "세존이시여, 알겠습니다."

---

382) yato ahaṃ bhagini, ariyāya jātiyā jāto nābhijānāmi sañcicca pāṇaṃ jīvitā voropetā, tena saccena sotthi te hotu sotthi gabbhassa : 오늘날에도 南方에서는 이 陳述은 分娩에 가까운 姙娠한 女人을 위한 守護呪文(paritta)으로 스님들이 자주 외우는 말이다.

26. 존자 앙굴리말라는 세존께 대답하고 싸밧티를 찾아 갔다. 가서 그 부인에게 이와 같이 말했다.

[앙굴리말라] "자매여, 내가 고귀한 태어남으로 거듭난 이래 내가 의도적으로 뭇삶의 생명을 빼앗은 적이 없습니다. 이 진실로 당신이 잘되고 당신의 아이가 잘되길 바랍니다."

그래서 그 부인도 잘 되고 태아도 잘 되었다.

27. 그 후 존자 앙굴리말라는 홀로 떨어져서 게으르지 않고 열심히 정진하였다. 그는 오래지 않아 훌륭한 가문의 자제들이 그러기 위해 올바로 집에서 집 없는 곳으로 출가했듯이 위없이 청정한 삶을 지금 여기에서 스스로 알고 깨달아 성취했다. 그는 '태어남은 부서지고 청정한 삶은 이루어졌다. 해야 할 일을 다 마치고 더 이상 윤회하지 않는다'라고 분명히 알았다. 마침내 존자 앙굴리말라는 거룩한 님 가운데 한 분이 되었다.

28. 한 때에 존자 앙굴리말라는 아침 일찍 옷을 입고 발우와 가사를 들고 싸밧티로 탁발을 하러 들어갔다. 그 때에 어떤 사람이 던진 흙덩이가 존자 앙굴리말라의 몸에 날아 왔고, 어떤 사람이 던진 몽둥이가 존자 앙굴리말라의 몸에 날아 왔고, 어떤 사람이 던진 돌덩이가 존자 앙굴리말라의 몸에 날아 왔다.383) 그래서 존자 앙굴리말라는 머리에 상처를 입고 피를 흘리며, 발우가 부서지고 옷이 찢어진 채 세존께서 계신 곳을 찾았다. 세존께서는 존자 앙굴리말라가 멀리서 오는 것을 보았다. 보고 나서 존자 앙굴리말라에게 이와 같이 말했다.

---

383) aññena pi leḍḍu khitto : Pps. III. 338에 따르면, 까마귀, 개, 고양이들이 掠奪하는 現場에 던져진 것들이 長老에게 우연히 맞은 것이다. 그러나 다음 文脈에서 부처님께서 因果를 이야기하면서 참으라고 한 것으로 보아 이러한 註釋은 타당하지 않은 것이다.

[세존] "수행승이여, 그대는 인내하라. 수행승이여, 그대는 인내하라. 그대가 업의 과보로 수 년, 아니 수백 년, 아니 수천 년을 지옥에서 받을 업보를 그대가 지금 여기서 받는 것이다.384)"

29. 그러자 존자 앙굴리말라는 홀로 떨어져 명상을 하며 해탈의 즐거움을 누렸다. 그 때에 그는 다음과 같은 시를 읊었다.

[앙굴리말라] "예전에는 방일하여도
지금은 방일하지 않은 자
그는 세상을 비추네
구름을 벗어난 달처럼.

저질러진 악한 일을
선한 일로 덮으니
그는 세상을 비추네
구름을 벗어난 달처럼.

참으로 젊은 수행승이
부처님의 가르침을 따르면
그는 세상을 비추네
구름을 벗어난 달처럼.

나의 적들은 법문을 들어라.

---

384) yassa kho tvaṃ brāhamaṇa kammassa vipākena...tassa kho tvaṃ brāhamaṇa kammassa vipākaṃ diṭṭhe va dhamme paṭsaṃvedesi : Pps. III. 339에 따르면, 어떠한 意圖的인 行動이든지 세 가지 유형의 結果를 가져온다. 그 사람의 輪廻의 旅行이 지속되는 한, 지금 여기 行爲가 이루어진 現世에서 體驗될 수 있는 果報, 다음 생에서 체험될 수 있는 果報, 다음 생에 이어지는 어떤 생에서 체험되는 果報가 있다. Agulimāla는 거룩한 이의 경지(阿羅漢果)를 얻었으므로 뒤의 두 가지 果報를 피할 수 있었으나 첫 번째 果報는 피할 수 없었다. 거룩한 이는 거룩한 이의 경지를 얻기 전에 행한 行爲의 現在的인 果報를 감지하는데 敏感하기 때문이다. 그리고 여기서 역자가 修行僧이라는 말은 원전에 婆羅門이라고 된 것을 문맥상 修行僧이라고 한 것이다.

나의 적들은 부처님의 가르침을 따르라.
나의 적들은 가르침으로 이끄는
훌륭한 사람들과 사귀어라.

나의 적들은 인욕을 설하고
원한이 없는 것을 찬양하는 자에게
올바른 때에 가르침을 듣고
그것을 따라 수행하라.

이와 같이 하면 반드시
나를 해치지 않고 남을 해치지 않는다.
그는 최상의 평온을 얻어
약자이건 강자이건 수호한다.

관개하는 사람은 물꼬를 트고
활 만드는 자는 화살촉을 바로잡고
목수는 나무를 바로잡고
현자는 자신을 다스린다.

어떤 사람들은 몽둥이나
갈구리나 채찍으로 다스린다.
그러나 나는 이와 같이
몽둥이 없이 칼 없이 다스려졌다.

예전에 살해하는 자였던 나는
이제는 살해하지 않는 자이다.
오늘 나에게 진실한 이름이 있으니
아무도 '해치지 않는 자'이다.385)

예전에 나는 흉적으로서
앙굴리말라라고 알려졌다.
커다란 폭류에 휩쓸렸으나
부처님께 안식처를 얻었다.

예전에 나는 손에 피를 묻히는
앙굴리말라라고 알려졌다.
그러나 존재의 그물을[386] 끊고
내가 귀의한 것을 보라.

이와 같이 나쁜 곳으로 이끄는
많은 악업을 짓고
아직 그 업보에 맞닥뜨리지만
부채 없이 음식을 즐긴다.[387]

어리석어 무지한 사람들은
오로지 방일에 탐닉한다.
슬기로운 자는 방일하지 않기를
마치 최상의 보물을 수호하듯 한다.

---

385) Pps. III. 341에서는 'Ahiṃsaka(해치지 않는 자)'가 Aṅgulimāla의 주어진 이름이었음에도 불구하고 Theragāthā 의 주석서는 그의 원래의 이름이 'Hiṃsaka(해치는 자)'였다고 기술했다고 말한다.

386) bhavanetti : Pps. III. 342에 따르면, *存在*의 밧줄(bhavarajju)를 말하며, 그것은 渴愛(taṇhā)라고 말한다. 황소들처럼 목에 밧줄로 묶여 있는 것처럼, 뭇삶들은 心臟에 밧줄로 묶여 있다. 이것이 *存在*로 이끌기 때문에 *存在*의 밧줄 즉 渴愛라고 한다.

387) anaṇo bhuñjāmi bhojanaṃ : Pps. III. 343에 따르면, 네 가지의 즐김이 있다. ① 도둑질한 것을 즐김(theyyaparibhogo), ② 빚진 것을 즐김(iṇaparibhogo), ③ 遺産의 즐김(dāyajjaparibhogo), ④ 자기 것을 즐김(sāmiparibhogo)이다. 번뇌가 부수어진 즐김은 자기 것을 즐기는 것이다. 그리고 負債가 없는 즐김은 煩惱가 부수어진 즐김을 말한다. Vism. I. 125-127에 따르면, 거룩한 이(阿羅漢)는 제외로 하더라도 계행을 지키는 수행승들은 지방에서 托鉢한 飮食에 대하여 부처님의 遺産이라고 생각하고 먹었다. 거룩한 이들은 음식을 供養받을 만하게 자신을 수행했으므로 '負債 없이' 먹는다

방일에 빠지지 말라
감각적인 쾌락에서 기쁨을 찾지 말라.
방일하지 않고 명상하는 자
크고 한없는 즐거움을 얻으리라.

밝혀진 가르침들 가운데
그 최상의 것에 나는 도달했다.
내가 나쁘게 생각하지 않는 것을
나는 환영하여 거절하지 않는다.

나는 세 가지 밝은 지혜를 얻어
부처님의 가르침을 성취했다.
내가 나쁘게 생각하지 않는 것을
나는 환영하여 거절하지 않는다.[388)]

388) 이 一連의 詩의 一部는 法句經에도 나오고 長老偈(Thag. 866-891)에는 완전히 동일하게 모든 詩가 등장한다.

19. 귀족만이 아름다운 불꽃을 지필 수 있는가?

[Assalāyanasutta][389]

귀족 가문에서 태어난 자들이 사라수, 사라라수, 전단수, 또는 발담미수의 부싯목을 가져와서 불을 지펴서 불빛을 밝힌다면, 바로 그 불꽃만이 화염이 있고, 광채와 광명이 있어, 바로 그 불꽃으로만 불을 지필 수 있는가? 천민 가문에서 태어난 자들도 개먹이통, 돼지먹이통, 세탁통이나 엘란다나무의 부싯목을 가져와서 불을 지펴서 불빛을 밝힌다면, 바로 그 불꽃만이 화염이 없고, 광채와 광명이 없어, 그 불꽃으로는 불을 지필 수 없는가?

1. 이와 같이 나는 들었다. 한 때 세존께서 싸밧티 시의 제따바나에 있는 아나타삔디까 승원에 계셨다.

2. 그 때에 여러 이국의 오백 명의 바라문들이 어떤 해야 할 일이 있어 싸밧티 시에 모여들었다. 그 바라문들은 이와 같이 생각했다. [바라문들] '수행자 고따마는 모든 계급의 평등에[390] 관하여 말했다. 누가 수행자 고따마와 이 일에 관하여 대론할 수 있겠는가?'

3. 마침 아쌀라야나[391]라고 불리는 바라문 청년이 싸밧티 시에 살

---

389) 이 경의 원래 제목은 「아쌀라야나의 경[Assalāyanasutta]」이다. 우리말 『맛지마니까야』 4권 76쪽에 있다. MN. II. 147 ; 中阿含 151, 阿攝和(+心)經(大正 1. 663) 참조

390) catuvaṇṇiṃ suddhiṃ : 원래는 '네 가지 階級의 淸淨'이라는 뜻이다.

391) Assalāyana : Ppn. 228에 따르면, Sāvatthi의 젊은 바라문이었고 베다와 그 연관된 학문에 博學한 學者였다. 이 경에 나와있듯이 500명의 바라문을 대표하여 부처님과 論爭한 뒤에 부처님을 따르는 信者가되었다. 붓다고싸에 의하면, 그는 경건한 在家信者가 되어

고 있었다. 그는 젊고 머리는 삭발했으며, 나이는 십육세였고, 세 가지 베다와 그 어휘론, 의궤론, 음운론, 어원론 그리고 다섯 번째로 고전설에 통달했으며, 관용구에 능하고, 문법에 밝고, 세간의 철학과 위대한 사람의 특징에 숙달했다.

4. 그래서 그들 바라문들은 이와 같이 생각했다.
[바라문들] '아쌀라야나라고 불리는 바라문 청년이 싸밧티 시에 살고 있다. 그는 젊고 머리는 삭발했으며, 나이는 십육세이고, 세 가지 베다와 그 어휘론, 의궤론, 음운론, 어원론 그리고 다섯 번째로 고전설에 통달했으며, 관용구에 능하고, 문법에 밝고, 세간의 철학과 위대한 사람의 특징에 숙달했다. 그라면 수행자 고따마와 이 일에 관하여 대론할 수 있을 것이다.'

5. 그래서 그 바라문들은 바라문 청년 아쌀라야나가 있는 곳을 찾았다. 가까이 다가가서 바라문 청년 아쌀라야나에게 이와 같이 말했다.
[바라문들] '존자 아쌀라야나여, 수행자 고따마가 모든 계급의 평등에[392] 관하여 말했습니다. 존자 아쌀라야나께서는 고따마와 이 일에 관하여 대론하러 가주십시오.'

6. 이처럼 말하자, 존자 아쌀라야나는 그 바라문들에게 이와 같이 말했다.
[아쌀라야나] "존자들이여, 존자 고따마는 참으로 진리를 설하는

자신의 집에 塔墓를 세워 禮拜했고 그의 후손들도 붓다고싸 당시까지도 자신의 집에 塔墓를 세워 禮拜드렸다고 한다. 이 Assalāyana는 Candavatī라는 아내를 가진 Mahākoṭṭhita의 아버지일 가능성이 있으나 나이로 보아 일치하지 않는 측면도 있다.

392) MN. 90. 「깐나깟탈라의 경[Kaṇṇakatthalasutta]」에서 階級에 平等에 관하여 설한 것을 참고하기 바란다.

분이므로 진리를 설하는 분에게 대론하기가 어렵습니다. 저는 수행자 고따마와 이 일에 관하여 대론할 수가 없습니다."

7. 두 번째, 그 바라문들은 바라문 청년 아쌀라야나에게 이와 같이 말했다.

[바라문들] '존자 아쌀라야나여, 수행자 고따마가 모든 계급의 평등에 관하여 말했습니다. 존자 아쌀라야나께서는 고따마와 이 일에 관하여 대론하러 가주십시오. 존자 아쌀라야나께서는 유행자의 삶에 능숙하지 않습니까?'393)

8. 두 번째에도 역시 존자 아쌀라야나는 그 바라문들에게 이와 같이 말했다.

[아쌀라야나] "존자들이여, 존자 고따마는 참으로 진리를 설하는 분이므로 진리를 설하는 분에게 대론하기가 어렵습니다. 저는 수행자 고따마와 이 일에 관하여 대론할 수가 없습니다."

9. 세 번째, 그 바라문들은 바라문 청년 아쌀라야에게 이와 같이 말했다.

[바라문들] '존자 아쌀라야나여, 수행자 고따마가 모든 계급의 평등에 관하여 말했습니다. 존자 아쌀라야나께서는 고따마와 이 일에 관하여 대론하러 가주십시오. 존자 아쌀라야나께서는 유행자의 삶에 능숙하지 않습니까? 존자 아쌀라야나께서는 싸우지도 않고 패배해서는 안됩니다.'394)

10. 이처럼 말하자, 존자 아쌀라야나는 그 바라문들에게 이와 같이

---

393) Pps. III. 408에 따르면, 세 가지 베다를 공부하고 당신은 眞言(manta)으로 나아가서 眞言을 공부하고 遊行者들이 眞言을 외우는데 能熟하다는 뜻이다.

394) Pps. III. 408에 따르면, 遊行者는 眞言(mantra)을 외우면서 遊行하므로 결코 敗北하지 않고 勝利할 것이라는 뜻이 포함되어 있다.

말했다.

[아쌀라야나] "존자들이여, 저는 참으로 할 수가 없습니다. 수행자 고따마는 참으로 진리를 설하는 분이므로 진리를 설하는 분에게 대론하기가 어렵습니다. 저는 수행자 고따마와 이 일에 관하여 대론할 수가 없습니다. 그러나 저는 당신들의 말대로 가보기는 하겠습니다."

11. 그래서 바라문 청년 아쌀라야나는 많은 바라문들의 무리와 함께 세존께서 계신 곳을 찾았다. 가까이 다가가서 세존께 인사를 드리고 서로 안부를 주고 받은 뒤에 한 쪽으로 물러 앉았다. 한 쪽으로 물러 앉은 바라문 청년 아쌀라야나는 세존께 이와 같이 여쭈었다.

[아쌀라야나] "존자 고따마여, 바라문들이 이와 같이 '바라문들이야말로 최상의 계급이고, 다른 계급은 저열하다. 바라문들이야말로 밝은 계급이고, 다른 계급은 어둡다. 바라문들이야말로 청정하고, 다른 계급은 그렇지 못하다. 바라문들이야말로 하느님의 적자이고, 그의 입에서 태어난 자이고, 하느님이 만든 자이고, 하느님의 상속자이다.'395)라고 말했습니다. 이것에 관하여 존자 고따마께서는 어

---

395) 『리그 베다(Ṛg-veda)』의 「뿌루샤찬가 (puruṣa-sukta)」를 보면 창조신에 의한 사회제도의 기원에 관해 다음과 같이 언급하고 있다. '그 [절대신]의 입이 聖職者階級(婆羅門)이고 두 팔은 王族階級(끄샤뜨리야)이고 두 다리는 平民階級(바이샤)이고 두 발은 奴隷階級(수드라)이다.(Ṛg. X. 90. 12 brahmaṇo'sya mukham āsīd, bāhū rājaniaḥ kṛtaḥ, ūrū tad asya yad vaiśyaḥ padbhyāmṁ śudro ajāyata)' 이것은 바라문교에서 절대적 권위를 갖는 『리그 베다』에 언급되어 있는 최초의 명문화된 계급의 서열이다. 여기서 절대신은 범신론적인 신—'뿌루샤신은 과거에 존재했고 또 앞으로 존재할 모든 것이다(puruṣa evedaṁ sarvaṁ yad bhūtaṁ yac ca bhaviaṁ)'—으로 사회현상이 그에게서 인과동일적으로 유출되어 나왔음을 나타내고 있다.베다 시대 이후에 형성된 『마누법전(Manusmṛti : BC 200~AD 200년경)』은 이 『리그 베다』의 찬가를 계승하지만 계급현상을 자연현상과 동일시해서 절대신 브라흐만에서부터 생성된 것으로 각 계급은 다음과 같은 고유한 의무를 지니고 있음을 명시하고 있다.(Bharga, D., 『Manusmṛti』(Jaipur : Ashok Bhargava Rajendra Printers, 1989, pp. 33~39) ① 聖職者階級 : 절대신의 입으로 바

떻게 생각하십니까?"

12. [세존] "그런데 아쌀라야나여, 그 바라문의 아내에게도 월경, 임신, 출산, 수유가 존재합니다.396) 이렇게 그 바라문들이 동일한 자궁으로부터 태어났는데도, '바라문들이야말로 최상의 계급이고, 다른 계급은 저열하다. 바라문들이야말로 밝은 계급이고, 다른 계급은 어둡다. 바라문들이야말로 청정하고, 다른 계급은 그렇지 못하다. 바라문들이야말로 하느님의 적자이고, 그의 입에서 태어난 자이고, 하느님이 만든 자이고, 하느님의 상속자이다'라고 말합니까?"

라문계급이 생겨났으며 그들의 의무는 자신 또는 타인을 위해 제사를 행하고 베다성전을 학습하고 교수하며 보시와 수시를 하는 것이다.② 王族階級 : 절대신의 두 팔로부터 귀족계급이 생겨났으며 그들의 의무는 정치나 전투를 통해서 백성을 보호하고 또는 처벌하며 자신을 위한 제사를 행하고 베다성전을 학습하고 보시를 행하는 것이다. ③ 平民階級 : 절대신의 두 다리로부터 평민계급이 생겨났으며 그들의 의무는 사회에 필요한 물질적 부를 생산하는 것으로 농업, 목축, 산업, 금융에 종사하며 자신을 위한 제사를 행하고 베다성전을 학습하고 보시를 행하는 것이다.④ 奴隸階級 : 노예계급은 절대신의 발에서 태어났으며 다른 세 신분에 봉사하는 것이 의무이다. 이러한 계급에 대한 정의는 불교경전인 『본생경』에서도 베다성전에 언급되어 있다고 말한 정의와 일치한다. '공부를 위해서 바라문 계급이, 국토를 위해서 왕족계급이, 농사를 위해 평민계급이, 봉사를 위해 노예계급이 창조되었다. 이렇게 신은 누구에게나 삶의 지위를 부여했다.(Jātaka, 543. vi. p.207 ajjhenaṁ ariyā paṭhaviṁ janindā vessā kasiṁ pāricariyañ ca suddā upāgu paccekaṁ yathā padesaṁ katāhu ete vasinā ti āhu)

396) Pps. III. 408에 따르면, 바라문의 女人들도 바라문 아들을 얻기 위해서는 結婚을 하지 않으면 안 된다. 역자는 이것이 곧 生物學的인 階級平等의 사상을 논증하는 것이라고 본다. 바라문교에서는 月經, 姙娠, 出產, 授乳 등을 부정한 것이라고 보아서 심지어 女兒를 初潮 이전에 더럽혀지기 전에 시집을 보냈다. 붓다가 '月經, 姙娠, 出產, 授乳를 갖는 女人' 이란 말을 강조한 것은 당시 바라문교의 淨·不淨의 思想의 不當性을 지적하고 그것이 인간적인 현상임을 강조한 것이다. 또한 인간은 누구나 여인에게서 태어난다는 주장은 상층계급의 聖職權의 神授說이나 王權神授說을 否認하는 것이다. 인간은 결코 신으로부터 태어나지 않는다. 아무도 그것을 본 사람이 없다. 따라서 汎神論的 永久法的 自然法思想은 虛構이며 거기에 근거하는 上層階級의 特權的, 또는 先民的인 사상은 거짓이다. 인간은 신으로부터 자유롭다. 명백한 것은 인간은 어느 계급이건 인간적인 여인에게서 태어난다는 사실이다. 따라서 출생에 의한 社會的 不平等은 있을 수가 없다. 이것은 누구든 부정할 수 없는 經驗的 事實이다.

13. 세존이신 고따마께서 이와같이 말씀하셨는데도, 그들 바라문들은 여전히 이와 같이 생각했다.

[바라문들] '바라문들이야말로 최상의 계급이고, 다른 계급은 저열하다. 바라문들이야말로 밝은 계급이고, 다른 계급은 어둡다. 바라문들이야말로 청정하고, 다른 계급은 그렇지 못하다. 바라문들이야말로 하느님의 적자이고, 그의 입에서 태어난 자이고, 하느님이 만든 자이고, 하느님의 상속자이다.'

14. [세존] "아쌀라야나여, 그대는 어떻게 생각합니까? 그대는 '요나,[397] 깜보자,[398] 그리고 다른 변경 지방의 백성들에게는 귀족과 노예란 두 계급이 있는데, 귀족으로 있다가 노예가 되기도 하고, 노예로 있다가 귀족이 되기도 한다'[399]라고 들은 적이 있습니까?"

---

397) Yona : 요나는 후세에 yavana 또는 yonaka라고 불리었다. 그리스의 박트리아인과 관련된 이오니아를 뜻하며, 그 地方과 地方民을 모두 뜻한다. 이 지방은 第三結集 후에 Mahārakkhita 長老에 의해서 敎化된 지방이다. 밀린다 왕 때에 요나의 首都는 Sagala였고, 佛敎僧侶의 거주지는 Alasanda로 알려져 있는데 이것은 Alexander 大王이 만든 Alexandrie와 일치한다. 지금의 카불 근처이다.

398) Kamboja : 부처님 당시에 16大國의 하나로 印度의 북쪽나라(Uttarapatha)에 있었다. 北쪽나라라고 하면 東으로 앙가에서 西北쪽의 간다라, 北쪽 히말라야 산맥에 南쪽의 빈디야 산맥의 이르기까지의 地域인데 정확한 위치는 불분명하다. 이 北印度의 중심지가 Kasmira-Gandhara와 Kamboja였다.

399) Pps. III. 409에 따르면, 붓다고싸는 '한 바라문이 이 지역에 아내를 데리고 장사하러 갔는데, 거기서 아들 없이 죽었다. 살아남은 아내가 奴隸와 관계를 맺어 태어난 아들이 노예라 해도 어머니 쪽에서 보면 청정하다. 이 아들이 中印度로 장사하러 가서 바라문의 소녀와 결혼하여 어떤 아들이 나오든지 어머니 쪽에서 보면, 청정하다'라고 기록하고 있다. 한편 Pps. II. 784에서는 한 바라문이 아내를 데리고 Kamboja지방으로 장사하러 가서 거기서 죽었으며, 그의 아내는 생계를 위하여 일해야 했으며, 그의 아들은 奴隸가 되었다고 기록하고 있다. 또한 한 바라문이 Yona지방으로 가서 죽었는데, 그의 아이들이 奴隸와 사귀어 奴隸가 되었다고 기록하고 있다. 여기서 Yona는 이오니아, 그리이스의 박트리아 지역을 뜻하고 Kamboja는 북인도(Uttarāpatha)의 변경 지방의 하나였다. 부처님은 印度와 階級制度가 다른 나라의 예를 들고 있다. 붓다가 이 이야기를 통해서 언급하고자 했던 것은 분명하다. 貴族이나 奴隸도 수레라는 명칭처럼 고정된 실체가 있는 것이 아니며 貴族이 奴隸가 되기도 하고 奴隸가 貴族이 될 수도 있는 것으로 계급의 명칭은 단지 사회적인 기능개념 내지는 관계개념일 뿐 계급 자체는 固定不變하는 것이 아니라 流動的으로 변화될 수 있는 것임을 시사하고 있다. 물론 당시의 인도사회는 일종의 社會變動期에 처

[아쌀라야나] "존자 고따마여, 저는 '요나, 깜보자, 그리고 다른 변경 지방의 백성들에게는 귀족과 노예란 두 계급이 있는데, 귀족으로 있다가 노예가 되기도 하고, 노예로 있다가 귀족이 되기도 한다'라고 들은 적이 있습니다."

15. [세존] "그렇다면 아쌀라야나여, 바라문들이 이와 같이 '바라문들이야말로 최상의 계급이고, 다른 계급은 저열하다. 바라문들이야말로 밝은 계급이고, 다른 계급은 어둡다. 바라문들이야말로 청정하고, 다른 계급은 그렇지 못하다. 바라문들이야말로 하느님의 적자이고, 그의 입에서 태어난 자이고, 하느님이 만든 자이고, 하느님의 상속자이다'라고 말하는 데에 어떠한 권위과 어떠한 확신을 갖고 있습니까?"

16. 세존이신 고따마께서 이와 같이 말씀하셨는데도, 그들 바라문들은 여전히 이와 같이 생각했다.
[바라문들] '바라문들이야말로 최상의 계급이고, 다른 계급은 저열하다. 바라문들이야말로 밝은 계급이고, 다른 계급은 어둡다. 바라문들이야말로 청정하고, 다른 계급은 그렇지 못하다. 바라문들이야말로 하느님의 적자이고, 그의 입에서 태어난 자이고, 하느님이 만든 자이고, 하느님의 상속자이다.'

해 있었으므로 階級間의 變動이 언급되고 있었음은 앞에서 설명한 바와 같다. 그러나 당시 계급변동은 계급을 지지하는 강력한 내혼제도 때문에 이루어지기 힘들었으며 같은 계급끼리 결혼하는 내혼제도를 어기는 不淨한 逆毛婚이나 順毛婚의 경우에도 강력한 규제 및 淨化儀禮 때문에 계급에 영향을 끼칠 만큼 되지는 못했다. 『마누법전』에 나와 있듯이 계급의 변동은 신으로부터 부여받은 계급의 의무를 충실히 함으로써 그 행위에 의해 내세에 보다 상위의 계급으로 태어나는 내세에서의 계급변동이 약속되었을 정도였다. 그럼에도 불구하고 부처님이 '貴族으로 있다가 奴隷가 되고 奴隷로 있다가 貴族이 되는' 사회에 대한 언급은 당시 인도사회에서 財產, 權力, 分業, 世襲 등에 의한 계급간의 갈등을 암시하고 있다고 볼 수 있는 것이다. 이러한 계급갈등이 곧 고정적인 계급관을 허구적인 것으로 만들었으며 佛敎의 社會平等論의 온상이 되었던 것이다.

17. [세존] "아쌀라야나여, 또한 그대는 어떻게 생각합니까? 왕족들이 살아있는 생명을 죽이고, 주지 않는 것을 빼앗고, 사랑을 나눔에 잘못된 행위를 하고, 거짓말을 하고, 이간질하고, 욕지거리하고, 꾸며대는 말을 하고, 탐욕을 부리고, 분노하는 마음을 지니고, 삿된 견해를 갖는다면, 몸이 파괴되고 죽은 뒤에 괴로운 곳, 나쁜 곳, 타락한 곳, 지옥에 태어날 것입니다. 그런데 바라문들은 그렇지 않습니까? 평민이나 노예들도 살아있는 생명을 죽이고, 주지 않는 것을 빼앗고, 사랑을 나눔에 잘못된 행위를 하고, 거짓말을 하고, 이간질하고, 욕지거리하고, 꾸며대는 말을 하고, 탐욕을 부리고, 분노하는 마음을 지니고, 삿된 견해를 갖는다면, 몸이 파괴되고 죽은 뒤에 괴로운 곳, 나쁜 곳, 타락한 곳, 지옥에 태어날 것입니다. 그런데 바라문들은 그렇지 않습니까?"400)

18. [아쌀라야나] "존자 고따마여, 그렇지는 않습니다. 존자 고따마여, 왕족들이 살아있는 생명을 죽이고, 주지 않는 것을 빼앗고, 사랑을 나눔에 잘못된 행위를 하고, 거짓말을 하고, 이간질하고, 욕지거리하고, 꾸며대는 말을 하고, 탐욕을 부리고, 분노하는 마음을 지니고, 삿된 견해를 갖는다면, 몸이 파괴되고 죽은 뒤에 괴로운 곳, 나쁜 곳, 타락한 곳, 지옥에 태어날 것이며, 존자 고따마여, 바라문들도, 존자 고따마여, 평민들도, 존자 고따마여, 노예들도, 존자 고따마여, 모든 네 계급이 살아있는 생명을 죽이고, 주지 않는 것을 빼앗고, 사랑을 나눔에 잘못된 행위를 하고, 거짓말을 하고, 이간질하고, 욕지거리하고, 꾸며대는 말을 하고, 탐욕을 부리고, 분노하는 마음을 지니고, 삿된 견해를 갖는다면, 몸이 파괴되고 죽은 뒤에 괴

400) 이러한 階級平等의 이론은 MN. 84.「마두라 설법의 경[Madhurāsutta]」에도 등장한다.

로운 곳, 나쁜 곳, 타락한 곳, 지옥에 태어날 것입니다."

19. [세존] "그렇다면 아쌀라야나여, 바라문들이 이와 같이 '바라문들이야말로 최상의 계급이고, 다른 계급은 저열하다. 바라문들이야말로 밝은 계급이고, 다른 계급은 어둡다. 바라문들이야말로 청정하고, 다른 계급은 그렇지 못하다. 바라문들이야말로 하느님의 적자이고, 그의 입에서 태어난 자이고, 하느님이 만든 자이고, 하느님의 상속자이다'라고 말하는 데에 어떠한 권위와 어떠한 확신을 갖고 있습니까?"

20. 세존이신 고따마께서 이와 같이 말씀하셨는데도, 그들 바라문들은 여전히 이와 같이 생각했다.
[바라문들] '바라문들이야말로 최상의 계급이고, 다른 계급은 저열하다. 바라문들이야말로 밝은 계급이고, 다른 계급은 어둡다. 바라문들이야말로 청정하고, 다른 계급은 그렇지 못하다. 바라문들이야말로 하느님의 적자이고, 그의 입에서 태어난 자이고, 하느님이 만든 자이고, 하느님의 상속자이다.'

21. [세존] "아쌀라야나여, 또한 그대는 어떻게 생각합니까? 바라문들이 살아있는 생명을 죽이지 않고, 주지 않는 것을 빼앗지 않고, 사랑을 나눔에 잘못을 범하지 않고, 어리석은 거짓말을 하지 않고, 이간질을 하지 않고, 욕지거리를 하지 않고, 꾸며대는 말을 하지 않고, 탐욕을 부리지 않고, 분노하는 마음을 품지 않고, 올바른 견해를 갖는다면, 몸이 파괴되어 죽은 뒤에 좋은 곳, 하늘나라에 태어날 것입니다. 그런데 왕족들이나 평민들이나 노예들은 그렇지 않습니까?"401)

---

401) 이러한 反問의 背景에는 바라문교 사상의 業報에 의한 輪廻轉生의 思想이 담겨 있다. 그

22. [아쌀라야나] "존자 고따마여, 그렇지는 않습니다. 존자 고따마여, 바라문들이 살아있는 생명을 죽이지 않고, 주지 않는 것을 빼앗지 않고, 사랑을 나눔에 잘못을 범하지 않고, 어리석은 거짓말을 하지 않고, 이간질을 하지 않고, 욕지거리를 하지 않고, 꾸며대는 말을 하지 않고, 탐욕을 부리지 않고, 분노하는 마음을 품지 않고, 올바른 견해를 갖는다면, 몸이 파괴되어 죽은 뒤에 좋은 곳, 하늘나라에 태어날 것입니다. 존자 고따마여, 왕족들도, 존자 고따마여, 평민들도, 존자 고따마여, 노예들도, 존자 고따마여, 모든 네 계급이 살아있는 생명을 죽이지 않고, 주지 않는 것을 빼앗지 않고, 사랑을 나눔에 잘못을 범하지 않고, 어리석은 거짓말을 하지 않고, 이간질을 하지 않고, 욕지거리를 하지 않고, 꾸며대는 말을 하지 않고, 탐욕을 부리지 않고, 분노하는 마음을 품지 않고, 올바른 견해를 갖는다면, 몸이 파괴되어 죽은 뒤에 좋은 곳, 하늘나라에 태어날 것입니다."

23. [세존] "그렇다면 아쌀라야나여, 바라문들이 이와 같이 '바라문

것은『우빠니샤드(Chand. V. 10. 7)』에 언급되어 있는 五火二道의 설에서 祖道(pitṛyāna)에 의한 輪廻轉生의 思想과 흡사하다. 여기서 '행위가 선한 사람들은 곧 좋은 태(胎), 즉 바라문의 태, 왕족의 태, 또는 평민의 태를 얻을 것이지만 행위가 악한 사람들은 나쁜 태, 즉 개의 태, 돼지의 태, 또는 짠달라(Caṇḍāla : 不可觸賤民)의 태를 얻을 것이다.' 붓다는『아쌀라야나경』에서 이러한 바라문의 고유한 사상을 가지고 그들이 스스로 주장하는 階級說의 矛盾을 유도하기 위해 이러한 질문을 바라문교의 바라문들에게 한 것이라고 볼 수 있다. 그러나 그 善行이나 惡行의 倫理的인 내용이 바라문교에서는 祭祀中心인데 비해 불교에서는 도덕적이며 合理的인 法의 개념에 입각하고 있는 것이 다르다. 또한 바라문교에서는 사람이 각자의 카스트로 태어난 것은 前生의 行爲의 結果이므로 각자 자신의 카스트의 固有한 義務에 전념하지 않으면 안되며 이것에 의해서만 내생의 행복이 약속되며 보다 上層階級으로의 輪廻가 가능하지만, 부처님이 강조하는 것은 각자의 카스트의 의무보다도 모든 階級이 平等하다는 휴머니즘적 입장에서의 道德的 倫理的 行爲이며 특히 누구든지 도덕적으로 機會均等하다는 사실을 강조하고 있다. 아무리 上層階級이라도 도덕적으로 잘못을 저지르면 다음 순간 惡趣에 떨어질 수 있고 아무리 下層階級이라도 도덕적으로 탁월하면 다음 순간 善趣에 태어날 수 있다.

들이야말로 최상의 계급이고, 다른 계급은 저열하다. 바라문들이야말로 밝은 계급이고, 다른 계급은 어둡다. 바라문들이야말로 청정하고, 다른 계급은 그렇지 못하다. 바라문들이야말로 하느님의 적자이고, 그의 입에서 태어난 자이고, 하느님이 만든 자이고, 하느님의 상속자이다'라고 말하는 데에 어떠한 권위와 어떠한 확신을 갖고 있습니까?"

24. 세존이신 고따마께서 이와 같이 말씀하셨는데도, 그들 바라문들은 여전히 이와 같이 생각했다.
[바라문들] '바라문들이야말로 최상의 계급이고, 다른 계급은 저열하다. 바라문들이야말로 밝은 계급이고, 다른 계급은 어둡다. 바라문들이야말로 청정하고, 다른 계급은 그렇지 못하다. 바라문들이야말로 하느님의 적자이고, 그의 입에서 태어난 자이고, 하느님이 만든 자이고, 하느님의 상속자이다.'

25. [세존] "아쌀라야나여, 또한 그대는 어떻게 생각합니까? 이 나라에서 바라문들만이 원한을 품지 않고, 성내지 않고, 자애로운 마음을 닦을 수 있고, 왕족이나 평민이나 노예는 그렇지 못합니까?"

26. [아쌀라야나] "존자 고따마여, 그렇지는 않습니다. 존자 고따마여, 이 나라에서 왕족들도 원한을 품지 않고, 성내지 않고, 자애로운 마음을 닦을 수 있습니다. 존자 고따마여, 바라문들도, 존자 고따마여, 평민들도, 존자 고따마여, 노예들도, 존자 고따마여, 이 나라에서 모든 네 계급이 원한을 품지 않고, 성내지 않고, 자애로운 마음을 닦을 수 있습니다."

27. [세존] "그렇다면 아쌀라야나여, 바라문들이 이와 같이 '바라문들이야말로 최상의 계급이고, 다른 계급은 저열하다. 바라문들이야

말로 밝은 계급이고, 다른 계급은 어둡다. 바라문들이야말로 청정하고, 다른 계급은 그렇지 못하다. 바라문들이야말로 하느님의 적자이고, 그의 입에서 태어난 자이고, 하느님이 만든 자이고, 하느님의 상속자이다'라고 말하는 데에 어떠한 권위와 어떠한 확신을 갖고 있습니까?"

28. 세존이신 고따마께서 이와 같이 말씀하셨는데도, 그들 바라문들은 여전히 이와 같이 생각했다.
[바라문들] '바라문들이야말로 최상의 계급이고, 다른 계급은 저열하다. 바라문들이야말로 밝은 계급이고, 다른 계급은 어둡다. 바라문들이야말로 청정하고, 다른 계급은 그렇지 못하다. 바라문들이야말로 하느님의 적자이고, 그의 입에서 태어난 자이고, 하느님이 만든 자이고, 하느님의 상속자이다.'

29. [세존] "아쌀라야나여, 또한 그대는 어떻게 생각합니까? 바라문들만이 세면도구와 세분을 가지고 강으로 가서 먼지와 때를 제거할 수 있고, 왕족들이나 평민들이나 노예들은 그렇게 할 수 없습니까?"

30. [아쌀라야나] "존자 고따마여, 그렇지는 않습니다. 존자 고따마여, 왕족들도 세면도구와 세분을 가지고 강으로 가서 먼지와 때를 제거할 수 있습니다. 존자 고따마여, 바라문들도, 존자 고따마여, 평민들도, 존자 고따마여, 노예들도, 존자 고따마여, 모든 네 계급이 세면도구와 세분을 가지고 강으로 가서 먼지와 때를 제거할 수 있습니다."

31. [세존] "그렇다면 아쌀라야나여, 바라문들이 이와 같이 '바라문들이야말로 최상의 계급이고, 다른 계급은 저열하다. 바라문들이야

말로 밝은 계급이고, 다른 계급은 어둡다. 바라문들이야말로 청정하고, 다른 계급은 그렇지 못하다. 바라문들이야말로 하느님의 적자이고, 그의 입에서 태어난 자이고, 하느님이 만든 자이고, 하느님의 상속자이다'라고 말하는 데에 어떠한 권위와 어떠한 확신을 갖고 있습니까?"

32. 세존이신 고따마께서 이와 같이 말씀하셨는데도, 그들 바라문들은 여전히 이와 같이 생각했다.
[바라문들] '바라문들이야말로 최상의 계급이고, 다른 계급은 저열하다. 바라문들이야말로 밝은 계급이고, 다른 계급은 어둡다. 바라문들이야말로 청정하고, 다른 계급은 그렇지 못하다. 바라문들이야말로 하느님의 적자이고, 그의 입에서 태어난 자이고, 하느님이 만든 자이고, 하느님의 상속자이다.'

33. [세존] "아쌀라야나여, 또한 그대는 어떻게 생각합니까? 여기 왕위를 이어 받은 왕족계급의 왕이 여러 출신의 사람 백여 명을 모아놓고 '존자들이여, 귀족 가문, 왕족 가문, 바라문 가문에서 태어난 당신들이 사라수, 사라라수, 전단수, 또는 발담마수[402]의 부싯목을 가져와서 불을 지펴서 불빛을 밝혀라. 존자들이여, 짠달라 가문, 사냥꾼 가문, 죽세공 가문, 마차수리공 가문, 도로청소부 가문에서 태어난 당신들도 개먹이통, 돼지먹이통, 세탁통이나 엘란다[403]나무의 부싯목을 가져와서 불을 지펴서 불빛을 밝혀라.'고 했다고 합시다. 아쌀라야나여, 어떻게 생각합니까? 아쌀라야나여, 만약에 귀족 가문, 왕족 가문, 바라문 가문에서 태어난 자들이 사라수, 사라라수,

402) sāla, salaḷa, candana, padumaka : 각각 沙羅樹(Shorea robusta), 芳香樹의 一種, 栴檀樹, 鉢曇摩樹를 말한다.

403) elaṇḍa : 피마자나 아주까리 나무를 말한다.

전단수, 또는 발담마수의 부싯목을 가져와서 불을 지펴서 불빛을 밝힌다면, 바로 그 불꽃만이 화염이 있고, 광채와 광명이 있어, 바로 그 불꽃으로만 불을 만들 수 있습니까? 그리고 만약에 짠달라 가문, 사냥꾼 가문, 죽세공 가문, 마차수리공 가문, 도로청소부 가문에서 태어난 자들도 개먹이통, 돼지먹이통, 세탁통이나 엘란다나무의 부싯목을 가져와서 불을 지펴서 불빛을 밝힌다면, 바로 그 불꽃만이 화염이 없고, 광채와 광명이 없어, 그 불꽃으로는 불을 만들 수 없습니까?"404)

34. [아쌀라야나] "존자 고따마여, 그렇지는 않습니다. 존자 고따마여, 만약에 귀족 가문, 왕족 가문, 바라문 가문에서 태어난 자들이 사라수, 사라라수, 전단수, 또는 발담마수의 부싯목을 가져와서 불을 지펴서 불빛을 밝힌다면, 그 불꽃은 화염이 있고, 광채와 광명이 있어, 바로 그 불꽃으로 불을 만들 수 있습니다. 또한 만약에 짠달라 가문, 사냥꾼 가문, 죽세공 가문, 차수리공 가문, 도로청소부 가문에서 태어난 자들도 개먹이통, 돼지 먹이통, 세탁통이나 엘란다나무의 부싯목을 가져와서 불을 지펴서 불빛을 밝힌다면, 그 불꽃도 화염이 있고, 광채와 광명이 있어, 그 불꽃으로도 불을 만들 수 있습니다. 존자 고따마여, 모든 불꽃이 화염이 있고, 광채와 광명이 있어, 어떠한 불꽃으로도 불을 만들 수 있습니다."

35. [세존] "그렇다면 아쌀라야나여, 바라문들이 이와 같이 '바라문

404) 聖職者는 聖典을 도구로 해서 그 聖典을 남에게 가르치는 勞動을 통해서 生計를 유지하고 王族階級은 領土라는 生産手段을 소유하고 勸力을 수단으로 百姓을 보호하고 처벌하는 역할의 노동을 행하고 平民은 農器具나 貨幣를 수단으로 삼아 農業, 牧畜, 商業, 金融에 종사하고 奴隷는 자신의 몸을 수단으로 여러 가지 奉仕나 單純勞動에 종사했다. 그리고 賤民들에게는 각각의 고유한 職業이 주어졌다.『아쌀라야나경』은 먼저 어떠한 生産手段을 사용하느냐에 따라 계급이 機能的으로 분화될 수 있으나 同一한 手段—여기서는 세면도구와 세분—이 주어지면 階級間의 差別은 소멸될 수 있다고 보고 있다.

들이야말로 최상의 계급이고, 다른 계급은 저열하다. 바라문들이야말로 밝은 계급이고, 다른 계급은 어둡다. 바라문들이야말로 청정하고, 다른 계급은 그렇지 못하다. 바라문들이야말로 하느님의 적자이고, 그의 입에서 태어난 자이고, 하느님이 만든 자이고, 하느님의 상속자이다'라고 말하는 데에 어떠한 권위와 어떠한 확신을 갖고 있습니까?"

36. 세존이신 고따마께서 이와 같이 말씀하셨는데도, 그들 바라문들은 여전히 이와 같이 생각했다.

[바라문들] '바라문들이야말로 최상의 계급이고, 다른 계급은 저열하다. 바라문들이야말로 밝은 계급이고, 다른 계급은 어둡다. 바라문들이야말로 청정하고, 다른 계급은 그렇지 못하다. 바라문들이야말로 하느님의 적자이고, 그의 입에서 태어난 자이고, 하느님이 만든 자이고, 하느님의 상속자이다.'

37. [세존] "아쌀라야나여, 또한 어떻게 생각합니까? 귀족의 아들이 바라문의 딸과 동거하는데, 그 동거의 결과로 한 아들을 낳았다고 합시다. 귀족의 아들과 바라문의 딸 사이에 태어난 바로 그 아들은 어머니도 닮고 아버지도 닮았을 텐데, 귀족이라고 불리겠습니까, 바라문라고 불리겠습니까?"[405]

---

405) 이 反問은 부처님이 아쌀라야나에게 한 것으로 印度社會에서는 이러한 生物學的 平等論은 중대한 의미를 지니고 있었다. 애초에 백색 피부의 아리안족이 征服者로서 인도를 침입하여 유색인종인 被征服民을 동화시키면서 社會經濟的 要因에 의해 계급이 발생하였다고 할 경우 피부색이란 의미의 바르나(階級)란 말이 곧 정복민과 피정복민을 가르는 의미로 쓰여지다가 混血이 진행되면서 社會的인 階級概念으로 바뀐 것이다. 부처님 당시에는 과도기로 이미 상당한 혼혈이 진행되었지만 上層 聖職者階級은 아쌀라야나의 주장처럼 흰색 피부를 지닌(brāhmāṇā va sukko vaṇṇo) 征服者로서의 순수한 혈통을 보존하려는 경향이 남아 있었을 것이다. 그러나 계급간의 혼혈은 이루어지고 있었고 중요한 사회문제가 되었다. 階級의 血統의 순수성을 유지하기 위한 계급끼리의 결혼인 內婚制度에 어긋나는 결혼에는 두 가지가 있는데, 하나는 上位階級의 남자가 하위계급의 여자와 결혼하는 順毛婚이고 또 하나는 상위계급의 여자가 下位階級의 남자와 결혼하는 逆毛婚이다.

38. [아쌀라야나] "존자 고따마여, 귀족의 아들과 바라문의 딸 사이에 태어난 바로 그 아들은 어머니도 닮고 아버지도 닮았으므로, 귀족이라고 불릴 수도 있고, 바라문라고도 불릴 수 있습니다."

39. [세존] "아쌀라야나여, 또한 어떻게 생각합니까? 바라문의 아들이 귀족의 딸과 동거하는데, 그 동거의 결과로 한 아들을 낳았다고 합시다. 바라문의 아들과 귀족의 딸 사이에 태어난 바로 그 아들은 어머니도 닮고 아버지도 닮았을 텐데, 바라문라고 불리겠습니까, 귀족이라고 불리겠습니까?"

40. [아쌀라야나] "존자 고따마여, 바라문의 아들과 귀족의 딸 사이에 태어난 바로 그 아들은 어머니도 닮고 아버지도 닮았으므로, 바라문라고 불릴 수도 있고, 귀족이라고도 불릴 수 있습니다."

41. [세존] "아쌀라야나여, 또한 어떻게 생각합니까? 여기 조랑말이 당나귀와 교배했는데, 그 교배의 결과로 망아지가 태어났다고 합시다. 만약 조랑말과 당나귀 사이에 망아지가 태어났다면, 바로 그 망아지는 어머니도 닮고 아버지도 닮았을 텐데, 조랑말이라고 불리겠습니까, 당나귀라고 불리겠습니까?"406)

『마누법전(Bharga, D. Manusmṛti. 38)』에는 順毛婚에 대해서 상반된 주장, 즉 順毛婚을 하는 남자는 자기 계급의 지위를 유지할 수 있다는 관대한 주장과 여자의 지위로 계급이 하락되어야 한다는 주장이 모두 피력되어 있다. 오늘날에 이르기까지 이러한 順毛婚의 경우는 매우 관대하게 다루어지고 있으며 그것으로 인해 남성의 계급하락까지 유발하지는 않는다. 그러나 逆毛婚의 경우는 아주 부정하게 여겨지며 여자의 계급하락은 물론 가장 금기시되는 바라문계급의 여인과 노예계급의 남자가 결혼한 경우 그 逆毛婚의 당사자는 천민으로 카스트에서 추방되었다. 여기 『아쌀라야나경』에 언급된 것은 聖職者階級과 貴族階級 사이의 逆毛婚과 順毛婚의 문제이다. 부처님은 逆毛婚과 順毛婚에 의해 아무런 계급적 문제가 발생하지 않는다고 보았다. 왜냐하면 인간에게는 계급이란 독특한 遺傳形質이 있어 그것이 遺傳되는 것이 아니기 때문이다. 階級은 전혀 生物學的 근거를 갖고 있지 않으며 출생에 의해서 규정지어질 수 없는 것이다. 따라서 逆毛婚과 順毛婚에 의해 계급적 差別을 받아야 할 이유가 전혀 없는 것이다.

406) 쑷따니빠다(Stn. 600~607)』에 다음과 같은 종(種)의 분류가 언급되어 있다. '세존께서

42. [아쌀라야나] "존자 고따마여, 그것은 어느 쪽도 아닌 결과로[407] 망아지가 되었습니다. 존자 고따마여, 바로 여기서 저는 그 차이를 봅니다. 그러나 앞의 경우에서는 어떠한 차이도 발견하지 못합니다."

43. [세존] "아쌀라야나여, 또한 어떻게 생각합니까? 여기 어머니는 같고 아버지는 다른 바라문 형제가 있다고 합시다. 한 사람은 성전에 숙달하고 통달했으나 한 사람은 성전에 숙달하지 못하고 통달하지도 못했다면, 바라문들은 그들 가운데 누구에게 먼저 사자의 공물, 제사의 음식, 공희물, 손님을 위한 향응물을 바칠 것입니까?"[408]

말씀하셨다. '바쎗타여, 너희들에게 生命體들에 대한 種의 구별을 차례로 있는 그대로 설명해주리라. 種들은 서로 다르기 때문이다. 풀이나 나무를 알아야 한다. 비록 그들이 인식하지 못하더라도 그들에게 種으로 이루어진 特徵이 있다. 종들이 서로 다르기 때문이다. 그 다음에 메뚜기에서 작은 개미에 이르기까지의 昆蟲들이 있다. 작은 것이나 큰 것이나 네 발 달린 動物들이 있음을 알아야 한다. 그리고 배로 기어다니는 爬蟲類나 뱀도 알아야 한다. 그리고 물에 사는 물고기와 水中生物을 알아야 한다. 그리고 날개로 하늘을 나는 새들을 알아야 한다. 이처럼 이러한 출생에서는 출생에 기인하는 特徵이 각기 다르지만 인간들 사이에서는 出生의 特徵이 서로 다르지 않다.(tesaṁ vo'haṁ vyakkhissaṁ Vāseṭṭhā ti Bhagavā anupubbaṁ yat-hātathaṁ jātivibhaṅgaṁ pāṇānaṁ, aññamaññā hi jātiyo. tiṇarukkhe pi jānātha, na cāpi paṭijānake, liṅgam jātimayaṁ tesaṁ, aññamaññā hi jātiyo. tato kīṭe paṭaṅge ca yāva kunthakipillike··· catuppade pi jānātha khuddake ca mahallake··· pādūdare pi jānātha urage dīghapiṭṭhike··· tato macche pi jānātha odake vārigocare··· tato pakkhī pi jānātha pattayāne vihaṅgame··· yathā etāsu jātisu liṅgaṁ jātimayaṁ puthu, evaṁ n'atthi manussesu liṅgaṁ jātimayaṁ puthu)' 이 인용에 따르면 붓다가 인식한 생명체의 종(jāti)은 나무와 풀(tiṇarukkha), 昆蟲(kīṭa), 네 발 달린 動物(catuppada), 爬蟲類(pādūdara), 물고기(maccha), 새(pakkhī)와 人間(manussa)이었다. 그리고 인간은 다른 下位種에 비해서 다른 모든 종을 대표하는 最上位의 生命體로 묘사되고 있다. 중요한 것은 植物도 분명히 生命體(pāṇa)로서 간주되고 있다는 사실이다. 그러나 동물보다는 下位種으로 나타나고 있다.

407) nānākaraṇaṃ : '異種의 結果로'라는 뜻이다. 異種交配의 結果라고 해석할 수도 있다.

408) 붓다의 이 階級不平等論에 대한 반문에서 同母異夫란 말은 문맥상으로 보아서 다른 계급의 아버지와 同一한 階級의 한 어머니를 뜻하는 것 같다. 설사 그렇지 않더라도 즉 동일한 바라문계급의 서로 다른 아버지라고 하더라도 여기서 聖典에 숙달한 아들은 聖職者의 階級을 암시하고 聖典에 숙달하지 못한 아들은 聖典을 教授할 권한이 없는 여타의 다른

44. [아쌀라야나] "존자 고따마여, 한 청년 바라문이 성전에 숙달하고 통달했다면, 바로 그에게 먼저 사자의 공물, 제사의 음식, 공희물, 손님을 위한 향응물을 바칠 것입니다. 존자 고따마여, 어떻게 성전에 숙달하지 못하고 통달하지 못한 자에게 많은 열매를 거두어들이는 공양이 있겠습니까?"

45. [세존] "아쌀라야나여, 또한 어떻게 생각합니까? 여기 어머니는 같고 아버지는 다른 바라문 형제가 있다고 합시다. 한 사람은 성전에 숙달하고 통달했고, 한 사람은 성전에 숙달하지 못하고 통달하지도 못했으나 계율을 지키고 행실이 바르다면, 바라문들은 그들 가운데 누구에게 먼저 사자의 공물, 제사의 음식, 공희물, 손님을 위한 향응물을 대접할 것입니까?"

46. [아쌀라야나] "존자 고따마여, 한 청년 바라문이 성전에 숙달하지 못하고 통달하지도 못했으나 계행을 지키고 행실이 바르다면, 바로 그에게 먼저 사자의 공물, 제사의 음식, 공희물, 손님을 위한 향응물을 대접할 것입니다. 계행을 지키지 않고 행실이 바르지 않

계급을 암시하고 있음이 분명하다. 그래야만 社會的 平等論의 입지가 서기 때문이다. 여기서 아쌀라야나는 붓다의 이러한 질문에 대해 당연히 聖典에 숙달하지 못한 자보다는 聖典에 숙달한 자에게, 聖典에 숙달했으나 戒律을 지키지 않고 행실이 없는 자보다는 聖典에 숙달하지 않았더라도 戒律을 지키고 행실이 있는 자에게 使者의 공물, 祭祀의 음식, 供犧物, 손님을 위한 饗應物 등을 주는 社會的 評價가 이루어져야 한다고 대답한다. 성전의 숙달, 즉 베다 聖典의 學習이나 教示와 戒律이나 행실의 실천은 社會的 行爲이다. 이러한 사회적 행위에는 그에 상응하는 社會的 評價가 내려진다. 그러나 社會的 行爲가 중요시되었던 붓다 당시의 社會變動期에 있어서는 여러 價値體系가 충돌하면서 인간적이며 道德的 共同體로서의 社會的, 普遍的 價値體系에 대한 자각이 이루어지기 시작했다. 불교의 僧伽共同體는 이러한 바탕 위에서 이루어진 것이다. 따라서 여기서 階級의 고유한 義務보다는 그 고유한 義務와 연결되어 있는 계급의 사슬을 끊을 수 있는 道德的 價値—戒律과 행실—의 실천을 사회적 행위로서 보다 높게 평가하게 된 것이다. 이것은 모든 階級의 社會的 義務가 기본적으로 그의 道德的이고 社會的 評價 속에 내포된다고 볼 때 그의 총체적 행위는 기본적으로 道德的인 것이며 道德的인 한 사회적으로 平等한 評價의 對象이 된다는 결론에 도달하게 된다. 따라서 社會的 行爲와 그 評價에서 階級은 平等하다.

은 사람에게 대접한다면, 그것이 어떻게 커다란 과보를 낳겠습니까?"

47. [세존] "아쌀라야나여, 그대는 내가 말한 바에 따라 먼저 태생에 관해 언급했고, 태생에 관해 언급한 뒤에 성전에 관하여 언급했고 성전에 관해 언급한 뒤에 그대는 내가 설한 모든 계급이 평등하다는 사실에 동의한 것입니다."

48. 이처럼 말씀하시자 바라문 청년 아쌀라야나는 침묵하며, 얼굴을 붉히고, 어깨를 떨구고, 고개를 숙인 채, 생각에 잠겨, 대꾸도 없이 앉아 있었다.

49. 세존께서는 바라문 청년 아쌀라야나는 침묵하며, 얼굴을 붉히고, 어깨를 떨구고, 고개를 숙인 채, 생각에 잠겨, 대꾸도 없이 앉아 있는 것을 아시고, 아쌀라야나에게 이와 같이 말씀하셨다.
[세존] "옛날에 일곱명의 바라문 선인들이 숲 속의 아슈람에서 회의할 때에 '바라문들이야말로 최상의 계급이고, 다른 계급은 저열하다. 바라문들이야말로 밝은 계급이고, 다른 계급은 어둡다. 바라문들이야말로 청정하고, 다른 계급은 그렇지 못하다. 바라문들이야말로 하느님의 적자이고, 그의 입에서 태어난 자이고, 하느님이 만든 자이고, 하느님의 상속자이다'라는 삿된 견해를 일으켰습니다.

50. 아쌀라야나여, 아씨따 데발라[409]라는 선인은 옛날에 일곱 명의 바라문 선인들이 숲속의 아슈람에서 회의할 때에 '바라문들이야말로 최상의 계급이고, 다른 계급은 저열하다. 바라문들이야말로

409) Asita Devala : Pps. III. 411에 따르면, 아씨따 데발라는 過去生에 부처님이었다. 부처님은 이러한 가르침 - '過去에 그대가 높은 階級에 태어났을 때에 나는 낮은 階級이었다. 그대는 階級과 관련된 주장에 대하여 質問하면 對答을 하지 못할 것이다. 지금 그대는 낮고 나는 깨달은 이가 되었는데 그대가 어떻게 할 수 있겠는가?' -을 보여주고 싶었다.

밝은 계급이고, 다른 계급은 어둡다. 바라문들이야말로 청정하고, 다른 계급은 그렇지 못하다. 바라문들이야말로 하느님의 적자이고, 그의 입에서 태어난 자이고, 하느님이 만든 자이고, 하느님의 상속자이다'라는 삿된 견해를 일으킨 것을 들었습니다.

51. 그래서 선인 아씨따 데발라는 머리와 수염을 가지런히 하고 붉은 색 가사를 걸치고 견고한 줄무늬 신발을 신고 황금색의 지팡이를 들고 일곱 명의 바라문 선인들의 아슈람에 나타났습니다. 아쌀라야나여, 이 때에 선인 아씨따 데발라라는 일곱 명의 선인들의 아슈람을 배회하면서 이와 같이 말했습니다.
[아씨따 데발라] '그런데, 바라문 선인들은 어디로 갔는가? 그런데, 바라문 선인들은 어디로 갔는가?'
아쌀라야나여, 그러자 일곱명의 바라문 선인들은 이와 같이 말했습니다.
[바라문 선인들] '소치는 사람처럼, 아슈람을 배회하면서 '그런데, 바라문 선인들은 어디로 가셨는가? 그런데, 바라문 선인들은 어디로 가셨는가?'라고 말하는 자는 도대체 누구인가? 우리는 실로 그를 저주한다.'

52. 아쌀라야나여, 그리고 나서 일곱명의 바라문 선인들은 '천한 놈아, 재나 되어라!'라고 저주했습니다. 아쌀라야나여, 그런데 일곱 명의 바라문 선인들이 저주하면 할 수록 선인 아씨따 데발라는 아름답고, 보기 좋고, 훌륭하게 변했습니다. 그래서 일곱명의 바라문 선인들은 '우리의 고행은 헛되었고 우리의 청정한 삶은 성과가 없다. 우리가 예전에 '천한 놈아, 재나 되어라!'라고 저주하면, 누구나 재가 되었다. 그런데 우리가 그를 저주하면 할수록 그는 아름답고,

보기 좋고, 훌륭하게 변한다'라고 생각했습니다.

53. [아씨따 데발라] '그대들의 고행은 헛되지 않습니다. 그대들의 청정한 삶도 성과가 없는 것이 아닙니다. 이제 그대들이 나에 대하여 악의가 있다면 그것을 버리시오.'
[바라문 선인들] '악의가 있으나 우리는 그것을 버립니다. 존자는 도대체 누구십니까?'
[아씨따 데발라] '존자들은 아씨따 데발라라는 선인에 관해 들은 적이 있습니까?'
[바라문 선인들] '존자여, 그렇습니다.'
[아씨따 데발라] '존자들이여, 그가 바로 나입니다.'

54. 아쌀라야나여, 그래서 일곱명의 바라문 선인들은 선인 아씨따 데발라에게 인사를 드리려고 가까이 갔습니다. 아쌀라야나여, 선인 아씨따 데발라는 이와 같이 일곱명의 바라문 선인들에게 말했습니다.
[아씨따 데발라] '존자들이여, 일곱명의 바라문 선인들이 숲속의 아슈람에서 회의할 때에 '바라문들이야말로 최상의 계급이고, 다른 계급은 저열하다. 바라문들이야말로 밝은 계급이고, 다른 계급은 어둡다. 바라문들이야말로 청정하고, 다른 계급은 그렇지 못하다. 바라문들이야말로 하느님의 적자이고, 그의 입에서 태어난 자이고, 하느님이 만든 자이고, 하느님의 상속자이다'라는 삿된 견해를 일으켰다고 들었습니다.'
[바라문 선인들] '존자여, 그렇습니다.'

55. [아씨따 데발라] '존자들께서는 그대들의 친어머니가 바라문 가문의 남자와 교제했는지, 바라문이 아닌 가문의 남자와 교제했는

지 확실히 압니까?'
[바라문 선인들] '존자여, 알지 못합니다.'

56. [아씨따 데발라] '존자들께서는 그대들의 친어머니의 칠대조 할머니에 이르기까지 바라문 가문의 남자와만 교제하고, 바라문이 아닌 가문의 남자와만 교제하지 않았는지 확실히 압니까?'
[바라문 선인들] '존자여, 알지 못합니다.'

57. [아씨따 데발라] '존자들께서는 친아버지가 바라문 가문의 여인과 교제했는지, 바라문이 아닌 가문의 여인과 교제했는지 확실히 압니까?'
[바라문 선인들] '존자여, 알지 못합니다.'

58. [아씨따 데발라] '존자들께서는 친아버지의 칠대조 할아버지에 이르기까지 바라문 가문의 여인과만 교제하고, 바라문이 아닌 가문의 여인과만 교제하지 않았는지 확실히 압니까?'
[바라문 선인들] '존자여, 알지 못합니다.'

59. [아씨따 데발라] '존자들께서는 어떻게 입태되는지 확실히 압니까?'
[바라문 선인들] '존자여, 우리는 어떻게 입태되는지 압니다. 이 세상에서 부모가 교합해야 하며, 어머니가 경수를 가져야 하며, 태어날 준비가 된 존재가 있어야 하는데, 이처럼 세 가지가 모이면 입태가 이루어집니다.'[410]

60. [아씨따 데발라] '존자들께서는 그 태어날 준비가 된 존재가 귀족인지, 바라문인지, 평민인지, 노예인지 확실히 압니까?"

---

410) MN. 38. 「갈애의 부숨에 대한 큰 경[Mahātaṇhāsaṅkhayasutta]」을 보라.

[바라문 선인들] '존자여, 우리는 그 태어날 준비가 된 존재가 귀족인지, 바라문인지, 평민인지, 노예인지 확실히 알지 못합니다.'

61. [아씨따 데발라] '그렇다면 존자들께서는 자신들이 누구인지를 압니까?"

[바라문 선인들] '존자여, 우리는 자신들이 누구인지를 알지 못합니다.'

62. 아쌀라야나여, 참으로 그 일곱명의 바라문 선인들일지라도 선인 아씨따 데발라가 그들의 태생에 대한 주장에 대하여 추궁하고 질문하고 역으로 질문했을 때에 해명할 수 없었습니다. 그런데 그대가 어찌 태생에 대한 그대의 주장에 대해 추궁하고 질문하고 역으로 질문했을 때에 해명할 수가 있겠습니까? 그대는 스승의 가르침에 의존하지만, 스승에게 국자로 봉사하는 자였던 뿐나[411]에게도 미치지 못합니다."

63. 이처럼 말씀하시자 바라문 청년 아쌀라야나는 세존께 이와 같이 말씀하셨다.

[아쌀라야나] "세존이신 고따마시여, 훌륭하십니다. 세존이신 고따마시여, 훌륭하십니다. 세존이신 고따마께서는 재가신자로서 저를 받아 주십시오. 오늘부터 목숨 바쳐 귀의하겠습니다."

---

411) Puṇṇa : Pps. Ⅲ. 412에 따르면, 일곱명의 仙人의 下人의 이름이다. 그는 국자를 들고 푸성귀를 요리하여 그들에게 대접했다. 그는 국자를 다루는 법을 알았다. 그러나 아쌀라야나는 對論에 패하여 자신의 스승조차 모시지 못하게 되었다. 국자를 다루는 법조차 모른다는 것은 이러한 의미이다.

20. 이것이야말로 진리이고 다른 것은 거짓인가?

[Caṅkīsutta][412]

'이것이야말로 진리이고 다른 것은 거짓이다'라고 결정적으로 말하는 것은 봉사들이 줄을 선 것과 같이, 앞선 자도 보지 못하고 가운데 선 자도 보지 못하고 뒤에 선 자도 보지 못하는 것과 같다.

1. 이와 같이 나는 들었다.[413] 한 때 세존께서 많은 수행승의 무리들과 꼬쌀라 국을 유행하시면서 오빠싸다[414]라고 하는 꼬쌀라국의 바라문 마을에 도착하셨다. 그곳에서 세존께서는 오빠싸다 북쪽으로 싸라나무 숲인 데바바나[415]에 머무셨다.

2. 그 때에 짱끼[416]라고 불리는 바라문이 오빠싸다를 다스리고 있었다. 그곳은 사람들이 몰려들고 건초나 땔감이나 불이 풍부하고 곡물이 많이 나고 왕이 하사한 곳으로서 빠쎄나디 국왕이 그에게

---

412) 이 경의 원래 제목은 「짱끼의 경[Caṅkīsutta]」이다. 우리말『맛지마니까야』 4권 119쪽에 있다. MN. II. 164. 漢譯에는 없다.

413) 이 경전의 앞부분은 DN. 4. 쏘나단다경[Soṇadaṇḍasutta]과 같다.

414) Opāsada : Caṅki가 살던 Kosala의 바라문 마을이다. 이 경전에만 등장한다.

415) devavana : Pps. III. 414에 따르면, 이 숲에 신들에게 祭物이 바쳐졌기 때문에 이와 같이 불렸다.

416) Caṅkī : 부처님과 同時代人이자 大富豪인 바라문의 이름이다. Icchānaṅgala와 Manasākaṭa에서의 바라문 모임에서 높게 평가를 받았던 위대한 學者였다. 그는 Tārukkha, Pokkharasādi, Jāṇussoni, Todeyya와 같은 著名하고 富裕한 바라문의 대열에 끼였다. 그는 Opasāda 마을에서 Pasenadi 王의 封土를 하사 받아 그 곳에서 살았다.

기증한 최승지였다.[417]

3. 마침 오빠싸다의 바라문 장자들은 이와 같은 소문을 들었다. [오빠싸다의 사람들] "싸끼야 족의 아들로서 싸끼야 족에서 출가한 수행자 고따마가 많은 수행승의 무리들과 꼬쌀라 국을 유행하시면서 오빠싸다라고 하는 꼬쌀라국의 바라문 마을에 도착하셨다. 그곳에서 세존께서는 오빠싸다 북쪽의 싸라나무 숲인 데바바나에 계신다. 그 세존이신 고따마께서는 이와 같이 '거룩한 님, 올바로 원만히 깨달은 님, 명지와 덕행을 갖추신 님, 바른 길로 잘 가신 님, 세상을 이해하는 님, 가장 높은 자리에 오르신 님, 사람들을 길들이시는 님, 신들과 인간의 스승이신 님, 부처님이신 세존이다'라고 명성이 자자하다. 그는 이 하늘사람들의 세계, 악마들의 세계, 하느님들의 세계, 성직자들과 수행자들의 세계, 그리고 하늘과 인간의 세계에 관해 스스로 알고 깨달아 가르친다. 그는 처음도 착하고, 중간도 착하고, 끝도 착하고, 의미를 갖추고, 표현을 갖춘 가르침을 설하고, 충만하고 순결하고 청정한 삶을 가르친다. 이와 같은 거룩한 분을 만나 뵙는 것은 행복한 일이다."

4. 그래서 오빠싸다의 바라문 장자들은 무리지워 오빠싸다 마을을 출발하여 북쪽으로 향해서 싸라나무 숲인 데바바나가 있는 곳으로 갔다.

5. 이 때에 바라문 짱끼는 자신의 궁전의 위층에서 대낮의 휴식을 취하고 있다가 오빠싸다의 바라문 장자들이 무리 지어 오빠싸다 마을을 출발하여 북쪽으로 향해서 싸라나무 숲인 데바바나가 있는

417) brahmadeyya : Pps. III. 415에 따르면, 最上의 膳物(seṭṭhadeyya)로서, 그는 그곳에서 日傘을 쓰고 왕처럼 즐기며 살았는데, 한번 下賜된 것은 다시 返還되는 법이 없었다.

곳으로 가려는 것을 보았다. 보고 나서 대신에게 말했다.
[짱끼] "경이여, 왜 오빠싸다의 바라문 장자들이 무리 지어 오빠싸다 마을을 출발하여 북쪽으로 향해서 싸라나무 숲인 데바바나가 있는 곳으로 가려고 하는가?"

6. [대신] "존자 짱끼여, 싸끼야 족의 아들로서 싸끼야 족에서 출가한 수행자 고따마가 많은 수행승의 무리들과 꼬쌀라 국을 유행하시면서 오빠싸다라고 하는 꼬쌀라국의 바라문 마을에 도착했습니다. 그곳에서 세존께서는 오빠싸다 북쪽의 싸라나무 숲인 데바바나에 계십니다. 그 세존이신 고따마께서는 이와 같이 '거룩한 님, 올바로 원만히 깨달은 님, 명지와 덕행을 갖추신 님, 바른 길로 잘 가신 님, 세상을 이해하는 님, 가장 높은 자리에 오르신 님, 사람들을 길들이시는 님, 신들과 인간의 스승이신 님, 부처님이신 세존이다'라고 명성이 자자합니다. 그는 이 하늘사람들의 세계, 악마들의 세계, 하느님들의 세계, 성직자들과 수행자들의 세계, 그리고 하늘과 인간의 세계에 관해 스스로 알고 깨달아 가르칩니다. 그는 처음도 착하고, 중간도 착하고, 끝도 착하고, 의미를 갖추고, 표현을 갖춘 가르침을 설하고, 충만하고 순결하고 청정한 삶을 가르칩니다. 이와 같은 거룩한 분을 만나 뵙는 것은 행복한 일이라고 합니다. 그들은 그 세존이신 고따마를 만나 뵈러 가려는 것입니다."

7. [짱끼] "경이여, 그렇다면 오빠싸다의 바라문 장자들이 있는 곳을 찾아라. 가까이 다가가서 오빠싸다의 바라문 장자들에게 '존자들께서는 기다리십시오. 바라문 짱끼도 수행자 고따마를 만나뵈러 갈 것입니다'라고 전하라."
[대신] "존자여, 그렇게 하겠습니다."

8. 그 대신은 바라문 짱끼에게 대답하고 오빠싸다의 바라문 장자들이 있는 곳을 찾았다. 가까이 다가가서 오빠싸다의 바라문 장자들에게 이와 같이 말했다.
[문지기] "존자들께서는 기다리십시오. 바라문 짱끼도 역시 수행자 고따마를 만나 뵈러 갈 것입니다."

9. 그런데 마침 여러 다른 나라에서 온 오백명의 성직자들이 오빠싸다에 뭔가 할 일이 있어 모여 있었다. 그들 바라문들은 '바라문 짱끼도 수행자 고따마를 만나 뵈러 갈 것이다'라는 소식을 들었다. 그래서 그들 바라문들은 바라문 짱끼가 있는 곳을 찾았다. 다가가서 그 바라문 짱끼에게 물었다.
[바라문들] "참으로 존자 짱끼께서도 수행자 고따마를 뵈러 간다는 것이 사실입니까?"
[짱끼] "존자들이여, 그렇습니다. 나도 수행자 고따마를 만나 뵈러 갈 것입니다."

10. [바라문들] "짱끼 존자께서는 수행자 고따마를 만나 뵈러 가지 마십시오. 짱끼 존자께서 수행자 고따마를 만나 뵈러 가는 것은 옳지 않습니다. 오히려 수행자 고따마가 짱끼 존자를 뵈러 오는 것이 옳습니다. 짱끼 존자께서는 혈통이 청정하여 칠대의 조부대에 이르기까지 출생에 관해 논란되거나 비난받지 않는 양쪽이 모두 훌륭한 부모님에게서 태어났습니다. 바로 이러한 점들 때문에 짱끼 존자께서 수행자 고따마를 만나 뵈러 가는 것은 옳지 않습니다. 오히려 수행자 고따마가 짱끼 존자를 뵈러 오는 것이 옳습니다.

11. 짱끼 존자께서는 참으로 부자이고 대부호이고 대자산가이십니다. 짱끼 존자께서는 참으로 세 가지 베다와 함께 그 어휘론, 의궤

론, 음운론, 어원론 그리고 다섯 번째로 고전설에 통달했으며, 관용구에 능하고, 문법에 밝고, 세간의 철학과 위대한 사람의 특징에 숙달했습니다. 짱끼 존자께서는 참으로 수려하고, 기품 있으며, 청정하고, 빼어난 용모를 갖추고, 뛰어난 외모를 지니고,[418] 뛰어난 위엄을 지니고,[419] 보기에 훌륭하십니다. 짱끼 존자께서는 참으로 덕성을 갖추고, 덕성을 키우고, 키운 덕성을 성취했습니다. 짱끼 존자께서는 참으로 훌륭한 연사이고 훌륭한 대화자로 예의바르고, 유창하고, 흠잡을 데 없고, 의미가 분명한 말을 하십니다. 짱끼 존자께서는 참으로 많은 스승들의 스승으로서 삼백명의 바라문 청년에게 성전을 가르치셨습니다. 짱끼 존자께서는 참으로 꼬쌀라 국왕 빠쎄나디에게 존경받고 존중받고 공경받고 숭배받고 외경받습니다. 짱끼 존자께서는 참으로 바라문 뽀까라싸띠[420]에게서도 존경받고 존중받고 공경받고 숭배받고 외경받습니다. 짱끼 존자께서는 참으로 사람들이 번영하고 건초나 땔감이나 물이 풍부하고 곡물이 많이 나고 왕이 하사한 곳으로서 빠쎄나디 국왕에 의해서 그에게 기증된 최승지인 오빠싸다에 살고 있습니다. 바로 이러한 점들 때문에 짱끼 존자께서 수행자 고따마를 만나 뵈러 가는 것은 옳지 않습니다. 오히려 수행자 고따마가 짱끼 존자를 뵈러 오는 것이 옳습니다.

12. 이처럼 말하자 바라문 짱끼는 그들 바라문들에게 이와 같이 말했다.

[짱끼] "존자들이여, 그렇다면, 우리가 왜 그 존자 고따마를 만나

418) brahmavaṇṇī : Pps. Ⅲ. 418에 따르면, 청정한 계급의 黃金色 容貌를 지닌 것을 말한다.

419) brahmavaccasī : Pps. Ⅲ. 418에 따르면, 그의 몸은 위대한 하느님(大梵天)처럼 위대한 사람의 서른 두 가지 특징(三十二相)을 갖추고 있다.

420) Pokkarasāti : DN. I. 87에 따르면, Ukkaṭṭhā사는 富裕한 다른 바라문으로 Psanadi왕으로부터 下賜 받은 財產을 소유하고 있었다. 그는 부처님으로부터 법문을 듣고 진리의 흐름에 든 님이 되어 家族과 함께 부처님에게 귀의했다.

뵈러 가는 것은 옳으며, 오히려 존자 고따마가 우리를 만나러 오는 것이 옳지 않은 지를 내게서 들어보십시오.

13. 존자들이여, 수행자 고따마는 혈통이 청정하여 칠대의 조부대에 이르기까지 출생에 관해 논란되거나 비난받지 않는 양쪽이 모두 훌륭한 부모님에게서 태어났습니다. 바로 이러한 점들 때문에 존자 고따마가 우리를 만나러 오는 것은 옳지 않습니다. 오히려 우리가 존자 고따마를 뵈러 가는 것이 옳습니다.

14. 존자들이여, 수행자 고따마는 참으로 금고에 넣어두고 창고에 쌓아둔 많은 금괴를 버리고 출가했습니다. 존자들이여, 수행자 고따마는 아직 나이가 젊고 청년으로서 머리가 칠흑같고 젊음의 축복으로 가득 찬 인생의 초년기에 출가했습니다. 존자들이여, 수행자 고따마는 부모가 바라지 않는데도, 그들이 눈물을 흘리고 통곡하는 가운데, 머리를 삭발하고 가사를 입고 집에서 집없는 곳으로 출가했습니다.

15. 존자들이여, 수행자 고따마는 참으로 수려하고, 기품 있으며, 청정하고, 빼어난 용모를 갖추고, 뛰어난 외모를 지니고, 뛰어난 위엄을 지니고, 보기에 훌륭합니다. 존자들이여, 수행자 고따마는 참으로 계행을 갖추고, 고귀한 계행을 갖추고, 착하고 건전한 계행을 갖춘 자로서 착하고 건전한 계행을 성취했습니다. 존자들이여, 수행자 고따마는 참으로 훌륭한 연사이고 훌륭한 대화자로 예의바르고, 유창하고, 흠잡을 데 없고, 의미가 분명한 말을 합니다.

16. 존자들이여, 수행자 고따마는 참으로 많은 스승들의 스승이십니다. 존자들이여, 수행자 고따마는 참으로 감각적 쾌락에 대한 탐욕을 부수고 허영을 떠났습니다. 존자들이여, 수행자 고따마는 참

으로 행위에 대한 도덕적인 과보를 가르치고 행위의 과보에 대한 믿음을 가르치며, 바라문의 자손들에게 어떠한 해악도 끼치지 않습니다.421) 존자들이여, 수행자 고따마는 참으로 최상의 가문, 최상의 왕족 가문에서 출가하였습니다. 존자들이여, 수행자 고따마는 부자이고 대부호이고 대자산가인 집안에서 출가했습니다. 존자들이여, 수행자 고따마에게 먼 국가로부터 먼 나라로부터 사람들이 논의하러 옵니다.

17. 존자들이여, 수행자 고따마에게 수천명의 하늘사람들이 귀의했습니다. 존자들이여, 수행자 고따마는 참으로 '거룩한 님, 올바로 원만히 깨달은 님, 명지와 덕행을 갖추신 님, 바른 길로 잘 가신 님, 세상을 이해하는 님, 가장 높은 자리에 오르신 님, 사람들을 길들이시는 님, 신들과 인간의 스승이신 님, 부처님이신 세존이다'라고 훌륭한 명성을 드날리고 있습니다. 존자들이여, 수행자 고따마는 참으로 서른 두 가지의 위대한 사람의 특징을 갖추고 계십니다. 존자들이여, 수행자 고따마에게 참으로 마가다 국의 왕 쎄니야 빔비싸라가 처자와 함께 목숨 다해 귀의했습니다. 존자들이여, 수행자 고따마에게 참으로 꼬쌀라 국의 왕 빠쎄나디가 처자와 함께 목숨 다해 귀의했습니다. 존자들이여, 수행자 고따마에게 참으로 바라문 뽀까라싸띠가 처자와 함께 목숨 다해 귀의했습니다.

18. 존자들이여, 수행자 고따마는 오빠싸다 마을에 도착해서 오빠싸다 마을의 북쪽에 있는 싸라나무 숲인 데바바나에 머물고 계십니다. 존자들이여, 무릇 어떤 수행자들이든지 성직자들이든지 우리의 마을에 오면, 우리의 손님입니다. 우리는 그 손님들을 존경하고

421) apāpapurekkhāro brahmaññāya pajāya : Pps. III. 422에 따르면, Sāriputta, Moggallāna, Mahākassapa가 여기에 속한다.

존중하고 공경하고 숭배하고 외경해야 합니다. 존자들이여, 수행자 고따마는 참으로 오빠싸다 마을에 도착해서 오빠싸다 마을의 북쪽에 있는 싸라나무 숲인 데바바나에 머물고 계시므로 수행자 고따마는 우리의 손님입니다. 우리는 그 손님들을 존경하고 존중하고 공경하고 숭배하고 외경해야 합니다. 바로 이러한 점들 때문에 우리가 존자 고따마를 만나 뵈러 가는 것은 옳으며, 오히려 존자 고따마가 우리를 만나러 오는 것이 옳지 않습니다."

19. 그래서 바라문 짱끼는 많은 바라문의 무리와 함께 세존께서 계신 곳을 찾았다. 가까이 다가가서 세존께 인사를 드리고 서로 안부를 주고 받은 뒤에 한 쪽으로 물러 앉았다. 그러는 동안 세존께서는 다른 원로 바라문들과 함께 안부를 주고 받으며 앉아 계셨다.

20. 그런데, 이 때에 까빠티까[422]라는 바라문 청년이 있었다. 그는 젊고 머리는 삭발했으며, 나이는 십육세였고, 세 가지 베다와 함께 그 어휘론, 의궤론, 음운론, 어원론 그리고 다섯 번째로 고전설에 통달했으며, 관용구에 능하고, 문법에 밝고, 세간의 철학과 위대한 사람의 특징에 숙달했다. 그가 그 무리 가운데 앉아 있었다. 그는 원로 바라문들이 세존과 대화하는 도중에 끼어 들어 이따끔 이야기를 방해했다. 그래서 세존께서는 바라문 청년 까빠티까에게 이와 같이 꾸짖었다.

[세존] "존자 바라드와자[423]는 원로 바라문들과 대화하는 도중에 끼어 들어 이따끔 이야기를 방해하지 마십시오. 존자 바라드와자는 대화가 끝날 때까지 기다려주면 좋겠습니다."

---

422) Kāpaṭhika : 베다에 능통한 젊은 바라문으로 이 경에만 등장한다.
423) Bhāradvāja : 바라드와자는 바라문 청년 Kāpaṭhika의 성씨이다.

21. 이처럼 말씀하시자 바라문 짱끼가 세존께 이와 같이 말했다.
[짱끼] "존자 고따마께서는 바라문 청년 까빠티까를 꾸짖지 마십시오. 바라문 청년 까빠티까는 훌륭한 가문의 아들이며, 바라문 청년 까빠티까는 박학하고, 바라문 청년 까빠티까는 말하는 바가 착하고 건전하며, 바라문 청년 까빠티까는 슬기롭습니다. 바라문 청년 까빠티까는 존자 고따마와 대화하는데 한 몫을 할 수 있습니다."

22. 그래서 세존께서는 이와 같이 생각했다.
[세존] '바라문 청년 까빠티까는 세 가지 베다의 성전에 숙달했을 것이다. 바라문들이 이처럼 그를 따르지 않는가.'
그런데 바라문 청년 까빠티까는 이와 같이 생각했다.
[까빠티까] '수행자 고따마가 눈으로 나를 주시하면, 그때에 나는 수행자 고따마에게 질문할 것이다.'
마침 세존께서는 바라문 청년 까빠티까의 마음을 헤아리시고 바라문 청년 까빠티까를 향해서 주시했다. 그러자 바라문 청년 까빠티까는 이와 같이 생각했다.
[까빠티까] '수행자 고따마가 눈으로 나를 주시하고 계신데, 내가 수행자 고따마에게 질문하면 어떨까?'

23. 그래서 바라문 청년 까빠티까는 세존께 이와 같이 질문했다.
[까빠티까] "존자 고따마여, 입으로 외워서 서로 전하는 옛날 성직자들의 성전 구절을 담은 경장에 의거하여, 성직자들은 그것에 관해 '이것이야말로 진리이고 다른 것은 거짓이다'라고 결정적으로 규정하였는데, 이것에 대해 존자 고따마께서는 어떻게 말씀하시겠습니까?"

24. [세존] "그런데 바라드와자[424]여, 모든 성직자들 가운데 단 한

분의 성직자라도 '나는 이것을 안다. 나는 이것을 본다. 이것이야말로 진리이고 다른 것은 거짓이다'라고 말한 분이 있습니까?"
[까빠티까] "존자여, 없습니다."

25. [세존] "그런데 바라드와자여, 모든 성직자들 가운데 한 스승으로서 스승들의 스승인 칠대의 스승 세대에 이르기까지 단 한 분의 성직자라도 '나는 이것을 안다. 나는 이것을 본다. 이것이야말로 진리이고 다른 것은 거짓이다'라고 말한 분이 있습니까?"
[까빠티까] "존자여, 없습니다."

26. [세존] "그렇다면 바라드와자여, 성직자들 가운데 옛 선인들이 성전을 만들어 전했는데, 지금의 성직자들은 그 성전이 외어지고 설해져서 모아진 것을 따라서 외우고 따라서 설하고, 그 설해진 것을 따라서 설하고 가르쳐진 것을 따라서 가르친다. 이를테면, 앗타까, 바마까, 바마데바, 벳싸밋따, 야마딱기, 앙기라싸, 바라드와자, 바쎗따, 깟싸빠, 바구[425]와 같은 이들이라도 '나는 이것을 안다. 나는 이것을 본다. 이것이야말로 진리이고 다른 것은 거짓이다'라고 말한 적이 있습니까?"
[까빠티까] "존자여, 없습니다."

27. [세존] "바라드와자여, 이처럼 모든 성직자들 가운데 단 한 분의 성직자라도 '나는 이것을 안다. 나는 이것을 본다. 이것이야말로 진리이고 다른 것은 거짓이다'라고 말한 분이 결코 없습니다. 모든 성직자들 가운데 한 스승으로서 스승들의 스승인 칠대의 스승 세

424) Kāpaṭḥika : 그의 성이 Bhāradvāja였으므로 부처님이 이렇게 부르는 것이다.
425) Aṭṭhaka, Vāmaka, Vāmadeva, Vessāmitta, Yamataggi, Aṅgirasa, Bhāradvāja, Vāseṭṭha, Kassapa, Bḥagu : 바라문들이 베다의 著作者들로 여기는 古代의 仙人들이다. Vin. I. 245; DN. I. 104, 238, 242; AN. III. 224, 229; MN. II. 200에도 등장한다.

대에 이르기까지 단 한 분의 성직자라도 '나는 이것을 안다. 나는 이것을 본다. 이것이야말로 진리이고 다른 것은 거짓이다'라고 말한 분이 결코 없습니다. 성직자들 가운데 옛 선인들이 성전을 만들어 전했는데, 지금의 성직자들은 그 성전이 외어지고 설해져서 모아진 것을 따라서 외우고 따라서 설하고, 그 설해진 것을 따라서 설하고 가르쳐진 것을 따라서 가르칩니다. 이를테면, 앗타까, 바마까, 바마데바, 벳싸밋따, 야마딱기, 앙기라싸, 바라드와자, 바쎗따, 깟싸빠, 바구와 같은 이들이라도 '나는 이것을 안다. 나는 이것을 본다. 이것이야말로 진리이고 다른 것은 거짓이다'라고 말한 적이 결코 없습니다. 바라드와자여, 마치 봉사들이 줄을 섰는데, 앞선 자도 보지 못하고 가운데 선 자도 보지 못하고 뒤에 선 자도 보지 못하는 것과 같이, 이와 같이 바라드와자여, 모든 성직자들이 설한 것은 봉사들이 줄을 선 것과 같이 앞선 자도 보지 못하고 가운데 선 자도 보지 못하고 뒤에 선 자도 보지 못하는 것과 같다고 나는 생각합니다."

28. [세존] "바라드와자여, 어떻게 생각합니까? 그렇다면 성직자들의 믿음은 근거가 없는 것이 아닙니까?"

[까빠티까] "존자 고따마여, 성직자들은 이것에 대하여 믿음으로만 경의를 표하는 것이 아니라, 성직자들은 이것에 대하여 입으로 외워서 전승된 것이기 때문에 경의를 표합니다."

29. [세존] "바라드와자여, 그대는 먼저 믿음에 관하여 언급했고 지금은 전승에 관하여 언급했습니다. 바라드와자여, 이와 같은 다섯 가지의 현상은 지금 여기에서 두 종류의 과보가 있습니다. 다섯 가지란 어떠한 것입니까? 믿음, 만족, 전승, 형상에 대한 분별,

견해에 대한 이해입니다.[426] 바라드와자여, 이와 같은 다섯 가지의 현상은 지금 여기에서 두 종류의 과보를 갖습니다. 바라드와자여, 잘 믿어지더라도 그것이 공허한 것, 거짓된 것, 허망한 것이 되기도 하고, 잘 믿어지지 않더라도 그것이 실재하는 것, 사실인 것, 진실한 것이 되기도 합니다. 바라드와자여, 아주 만족스럽더라도 그것이 공허한 것, 거짓된 것, 허망한 것이 되기도 하고, 아주 만족스럽지 않더라도 그것이 실재하는 것, 사실인 것, 진실한 것이 되기도 합니다. 바라드와자여, 잘 전승되더라도 그것이 공허한 것, 거짓된 것, 허망한 것이 되기도 하고, 잘 전승되지 않더라도 그것이 실재하는 것, 사실인 것, 진실한 것이 되기도 합니다. 바라드와자여, 잘 형상이 분별되더라도 그것이 공허한 것, 거짓된 것, 허망한 것이 되기도 하고, 잘 형상이 분별되지 않더라도 그것이 실재하는 것, 사실인 것, 진실한 것이 되기도 합니다. 바라드와자여, 견해가 잘 이해되더라도 그것이 공허한 것, 거짓된 것, 허망한 것이 되기도 하고, 견해가 잘 이해되지 않더라도 그것이 실재하는 것, 사실인 것, 진실한 것이 되기도 합니다. 바라드와자여, 진리를 수호하는 현자라면, '이것은 진리이고 다른 것은 거짓이다'라고 말하는 것은 불가능합니다."[427]

30. [까빠티까] "존자 고따마여, 그렇다면, 어떠한 방법으로 진리가 수호됩니까? 어떠한 방법으로 진리를 수호합니까? 저는 존자 고따마에게 진리의 수호에 대하여 여쭙니다."

---

426) saddhā, ruci, anussava, ākāraparivitakka, diṭṭhinijjhānakkhanti : 한역은 각각 信, 喜, 隨聞, 相省慮, 見歡受이다. 이것들은 確信에 도달하기 위한 다섯 가지의 根據이다. 첫 두 가지는 情緖的인 것이고 세 번째는 傳承을 盲目的으로 받아들이는 것이고, 나머지 두 가지는 合理的이거나 認識的인 것이다. 두 가지 다른 길은 진실이거나 거짓이다.

427) Mdb. 1297에 따르면, 그가 자신이 確信하는 것이라도 實際로 確認하지 않고 證明이 불가능하다는 土臺 위에 그것을 받아들여 이러한 結論에 到達하는 것은 옳지 않다.

[세존]

1) "바라드와자여, 만약 사람이 믿음을 받아들인다면, '이와 같이 나는 믿는다'라고 말하고, '이것이야말로 진리이고 다른 것은 거짓이다'라고 결정적으로 규정하지 않는 것이 진리를 수호하는 것입니다. 바라드와자여, 이와 같은 방법으로 진리가 수호되고, 이와 같은 방법으로 진리를 수호합니다. 이와 같이 나는 진리의 수호에 관해 말합니다. 그때까지는 진리가 깨달아진 것이 아닙니다.

2) 바라드와자여, 만약 사람이 만족을 받아들인다면, '이와 같이 나는 만족한다'라고 말하고, '이것이야말로 진리이고 다른 것은 거짓이다'라고 결정적으로 규정하지 않는 것이 진리를 수호하는 것입니다. 바라드와자여, 이와 같은 방법으로 진리가 수호되고, 이와 같은 방법으로 진리를 수호합니다. 이와 같이 나는 진리의 수호에 관해 말합니다. 그때까지는 진리가 깨달아진 것이 아닙니다.

3) 바라드와자여, 만약 사람이 전승을 받아들인다면, '이와 같이 나는 전승한다'라고 말하고, '이것이야말로 진리이고 다른 것은 거짓이다'라고 결정적으로 규정하지 않는 것이 진리를 수호하는 것입니다. 바라드와자여, 이와 같은 방법으로 진리가 수호되고, 이와 같은 방법으로 진리를 수호합니다. 이와 같이 나는 진리의 수호에 관해 말합니다. 그때까지는 진리가 깨달아진 것이 아닙니다.

4) 바라드와자여, 만약 사람이 형상을 분별한다면, '이와 같이 나는 형상을 분별한다'라고 말하고, '이것이야말로 진리이고 다른 것은 거짓이다'라고 결정적으로 규정하지 않는 것이 진리를 수호하는 것입니다. 바라드와자여, 이와 같은 방법으로 진리가 수호되고, 이와 같은 방법으로 진리를 수호합니다. 이와 같이 나는 진리의 수호에 관해 말합니다. 그때까지는 진리가 깨달아진 것이 아닙니다.

5) 바라드와자여, 만약 사람이 견해를 이해한다면, '이와 같이 나는 견해를 이해한다'라고 말하고, '이것이야말로 진리이고 다른 것은 거짓이다'라고 결정적으로 규정하지 않는 것이 진리를 수호하는 것입니다. 바라드와자여, 이와 같은 방법으로 진리가 수호되고, 이와 같은 방법으로 진리를 수호합니다. 이와 같이 나는 진리의 수호에 관해 말합니다. 그때까지는 진리가 깨달아진 것이 아닙니다."

31. [까빠티까] "존자 고따마여, 과연 그렇게 해서 진리가 수호되고, 그렇게 해서 우리는 진리를 수호합니다. 저도 그렇게 해서 진리를 수호할 수 있다고 인정합니다. 존자 고따마여, 그런데 어떻게 진리가 깨닫게 됩니까? 어떻게 진리를 깨닫습니까? 저는 진리의 깨달음428)에 관하여 존자 고따마께 여쭙니다."

[세존] "바라드와자여, 이 세상에서 한 수행승이 어떤 마을 또는 동네 근처에 머무는데, 장자 또는 장자의 아들이 접근해서 세 가지 현상, 탐욕에 기초한 현상, 성냄에 기초한 현상, 어리석음에 기초한 현상에 대하여 조사했습니다.

32. '이 존자는 탐욕의 상태에 있으면서 탐욕의 상태에 사로잡혀 알지 못하면서 '나는 안다'라고 말하고, 보지 못하면서 '나는 본다'라고 말하며, 또한 오랜 세월 불행과 고통을 가져올 길로 다른 사람을 이끄는 것은 아닌가?' 그는 그를 조사하여 이와 같이 '그가 탐욕의 상태에 있으면서 탐욕의 상태에 사로잡혀 알지 못하면서 '나는 안다'라고 말하고, 보지 못하면서 '나는 본다'라고 말하며, 또한 오랜 세월 불행과 고통을 가져올 길로 다른 사람을 이끄는 것은 아니다. 또한 이 존자의 신체적 행위와 언어적 행위는 탐욕을 지닌 자가

428) saccānubodha : Mdb. 780은 '眞理에 대한 發見(discovery of truth)'란 飜譯을 택했다. MN. 47 「관찰자의 경[Vīmaṃsakasutta]」에 眞理의 깨달음에 관해 상세히 나온다.

행하는 것들이 아니다. 그래서 이 존자가 설한 법은 매우 깊고, 보기 어렵고, 이해하기 어렵고, 고요하고, 탁월하고, 사유를 뛰어넘고, 미묘해서 슬기로운 이 하나 하나에게 알려지는 것으로 탐욕에 사로잡힌 자가 쉽게 가르칠 수 있는 것이 아니다'라고 알았습니다.

33. 그는 그를 조사해서 탐욕의 상태에서 벗어나 청정한 것을 알았으므로 계속 해서 성냄의 현상에 관해 조사했습니다. '이 존자가 성냄의 상태에 있으면서 성냄의 상태에 사로잡혀 알지 못하면서 '나는 안다'라고 말하고, 보지 못하면서 '나는 본다'라고 말하며, 또한 오랜 세월 불행과 고통을 가져올 길로 다른 사람을 이끄는 것은 아닌가?' 그는 그를 조사하여 이와 같이 '그가 성냄의 상태에 있으면서 성냄의 상태에 사로잡혀 알지 못하면서 '나는 안다'라고 말하고, 보지 못하면서 '나는 본다'라고 말하며, 또한 오랜 세월 불행과 고통을 가져올 길로 다른 사람을 이끄는 것은 아니다. 또한 이 존자의 신체적 행위와 언어적 행위는 성냄을 지닌 자가 행하는 것들이 아니다. 그래서 이 존자가 설한 법은 매우 깊고, 보기 어렵고, 이해하기 어렵고, 고요하고, 탁월하고, 사유를 뛰어넘고, 미묘해서 슬기로운 이 하나 하나에게 알려지는 것으로 성냄에 사로잡힌 자가 쉽게 가르칠 수 있는 것이 아니다'라고 알았습니다.

34. 그는 그를 조사해서 성냄의 상태에서 벗어나 청정한 것을 알았으므로 계속 해서 어리석음의 상태에 관해 조사했습니다. '이 존자가 이 존자가 어리석음의 상태에 있으면서 어리석음의 상태에 사로잡혀 알지 못하면서 '나는 안다'라고 말하고, 보지 못하면서 '나는 본다'라고 말하며, 또한 오랜 세월 불행과 고통을 가져올 길로 다른 사람을 이끄는 것은 아닌가?' 그는 그를 조사하여 이와 같이 '그가

어리석음의 상태에 있으면서 어리석음의 상태에 사로잡혀 알지 못하면서 '나는 안다'라고 말하고, 보지 못하면서 '나는 본다'라고 말하며, 또한 오랜 세월 불행과 고통을 가져올 길로 다른 사람을 이끄는 것은 아니다. 또한 이 존자의 신체적 행위와 언어적 행위는 어리석음을 지닌 자가 행하는 것들이 아니다. 그래서 이 존자가 설한 법은 매우 깊고, 보기 어렵고, 이해하기 어렵고, 고요하고, 탁월하고, 사유를 뛰어넘고, 미묘해서 슬기로운 이 하나 하나에게 알려지는 것으로 어리석음에 사로잡힌 자가 쉽게 가르칠 수 있는 것이 아니다'라고 알았습니다.

35. 그는 그를 조사해서 어리석음의 현상에서 벗어나 청정한 것을 알았으므로, 그에게 믿음이 확립되고, 믿음이 확립되면 존중하게 되고,[429] 존중하면 섬기게 되고, 섬기면 청문하게 되고, 청문하게 되면 가르침을 배우게 되고, 배우게 되면, 가르침에 대한 새김이 생겨나고, 새김이 생겨나면, 가르침에 대한 의미를 고찰하게 되고, 의미를 고찰하게 되면 가르침에 대한 성찰을 수용하게 되고,[430] 가르침에 대한 성찰을 수용하게 되면, 의욕이 생겨나게 되고, 의욕이 생겨나면 노력하게 되고, 노력하면 깊이 관찰하게 되고,[431] 깊이 관찰하면 정근하게 되고,[432] 정근하면 몸으로 최상의 진리를 깨닫게 되며, 마침내 지혜로써 꿰뚫어 보게 됩니다.[433] 바라드와자여, 이렇

429) saddhājāto upasaṃkamanto : 원래의 뜻은 '믿음이 생겨나면 接近하게 되고'이다. 接近하다는 恭敬한다는 의미로 갖고 있다.

430) dhammā nijjhānaṃ khamanti : Pps. III. 426에 따르면, 觀察을 受容하는 것(olokanaṃ khamanti)을 말한다.

431) tūleti : tūleti는 ;'저울로 재는 것'을 의미한다. 여기서는 審察이라고 번역한다. Pps. III. 426에 따르면, 無常 등과 관련하여(aniccādivasena) 측정하는 것이다. 이것은 통찰수행에 속한다.

432) padahati : 努力하다(ussahati)와 精勤하다(padahati)는 차이가 있다. 전자는 통찰 수행에 앞서 실행되는 努力을 말하고 精勤은 出世間的인 길에 대한 洞察을 키우는 努力이다.

게 진리는 깨달아지고, 이렇게 진리를 깨닫습니다. 이렇게 진리를 이해한다고 나는 말합니다. 그러나 이것만으로는 궁극적인 진리를 성취하지는 못합니다."434)

36. [까빠티까] "존자 고따마여, 과연 그렇게 해서 진리가 깨달아지고 그렇게 해서 진리를 깨닫습니다. 저도 그렇게 해서 진리를 깨달을 수 있다고 봅니다. 그러나 존자 고따마여, 어떻게 진리가 성취되고 어떻게 진리를 성취합니까? 우리는 진리의 성취에 관하여 존자 고따마에게 여쭙니다."

[세존] "바라드와자여, 그 모든 진리를 섬기고 닦아나가고 키워나가면 진리의 성취가 있게 된다. 바라드와자여, 이러한 한 진리가 성취되고 이러한 한 진리를 성취한다. 이러한 한 나는 진리의 성취에 관하여 시설한다."

37. [까빠티까] "존자 고따마여, 과연 그렇게 해서 진리가 성취되고 그렇게 해서 진리를 성취합니다. 저도 그렇게 해서 진리를 성취할 수 있다고 봅니다. 그러나 존자 고따마여, 진리의 성취를 위하여 어떠한 것이 도움이 됩니까? 우리는 진리의 성취에 도움이 되는 것에 관하여 존자 고따마에게 여쭙니다."

[세존] "바라드와자여, 진리의 성취를 위하여 정근이 도움이 됩니다. 만약 정근하지 않으면, 진리를 성취할 수가 없습니다. 정근 하는 까닭에 진리를 성취합니다. 그러므로 진리의 성취를 위하여 정근이 도움이 됩니다."

---

433) kāyena c′eva paramasaccam sacchikaroti, paññāya ca taṃ ativijjha passati : Pps. III. 426에 따르면, 同時的으로 생겨나는 精神的인 몸으로(sahjātanāmakāyena) 涅槃을 깨닫고, 煩惱를 꿰뚫어 智慧로서 분명히 안다.

434) 이 문맥에서 진리에 대한 이해는 眞理의 흐름에 든 境地(預流果)에 대한 것이므로 阿羅漢의 경지 즉 窮極的 成就를 의미하지는 않는다.

38. [까빠티까] "존자 고따마여, 그렇다면, 정근을 위하여 어떠한 것이 도움이 됩니까? 우리는 정근에 도움이 되는 것에 관하여 존자 고따마에게 여쭙니다."
[세존] "바라드와자여, 정근를 위하여 깊이 관찰하는 것이 도움이 됩니다. 만약 깊이 관찰하지 않으면, 정근할 수가 없습니다. 깊이 관찰하는 까닭에 정근합니다. 그러므로 정근를 위하여 깊이 관찰하는 것이 도움이 됩니다."

39. [까빠티까] "존자 고따마여, 그렇다면, 깊이 관찰하는 것을 위하여 어떠한 것이 도움이 됩니까? 우리는 깊이 관찰하는 것에 도움이 되는 것에 관하여 존자 고따마에게 여쭙니다."
[세존] "바라드와자여, 깊이 관찰하는 것을 위하여 노력이 도움이 됩니다. 만약 노력이 없다면, 깊이 관찰할 수가 없습니다. 노력이 있는 까닭에 성찰합니다. 그러므로 깊이 관찰하는 것을 위하여 노력이 도움이 됩니다."

40. [까빠티까] "존자 고따마여, 그렇다면, 노력을 위하여 어떠한 것이 도움이 됩니까? 우리는 노력에 도움이 되는 것에 관하여 존자 고따마에게 여쭙니다."
[세존] "바라드와자여, 노력을 위하여 의욕이 도움이 됩니다. 만약 의욕이 없다면, 노력을 할 수가 없습니다. 의욕이 있는 까닭에 노력을 합니다. 그러므로 노력을 위하여 의욕이 도움이 됩니다."

41. [까빠티까] "존자 고따마여, 그렇다면, 의욕를 위하여 어떠한 것이 도움이 됩니까? 우리는 의욕에 도움이 되는 것에 관하여 존자 고따마에게 여쭙니다."
[세존] "바라드와자여, 의욕을 위하여 가르침에 대한 성찰의 수용

이 도움이 됩니다. 만약 가르침에 대한 성찰의 수용이 없다면, 의욕를 낼 수가 없습니다. 가르침에 대한 성찰의 수용이 있는 까닭에 의욕를 냅니다. 그러므로 의욕을 위하여 가르침에 대한 성찰의 수용이 도움이 됩니다."

42. [까빠티까] "존자 고따마여, 그렇다면, 가르침에 대한 성찰의 수용을 위하여 어떠한 것이 도움이 됩니까? 우리는 가르침에 대한 성찰의 수용에 도움이 되는 것에 관하여 존자 고따마에게 여쭙니다."

[세존] "바라드와자여, 가르침에 대한 성찰의 수용을 위하여 의미의 고찰이 도움이 됩니다. 만약 가르침에 대한 성찰의 수용이 없다면, 의미를 고찰할 수가 없습니다. 의미의 고찰이 있는 까닭에 가르침에 대한 성찰을 수용합니다. 그러므로 가르침에 대한 성찰을 수용을 위하여 의미의 고찰이 도움이 됩니다."

43. [까빠티까] "존자 고따마여, 그렇다면, 의미의 고찰을 위하여 어떠한 것이 도움이 됩니까? 우리는 의미의 고찰에 도움이 되는 것에 관하여 존자 고따마에게 여쭙니다."

[세존] "바라드와자여, 의미에 대한 고찰을 위하여 가르침에 대한 새김이 도움이 됩니다. 만약 가르침에 대한 새김이 없다면, 가르침의 의미에 대한 고찰을 할 수가 없습니다. 가르침에 대한 새김이 있는 까닭에 가르침의 의미를 고찰을 합니다. 그러므로 가르침에 대한 의미의 고찰을 위하여 가르침에 대한 새김이 도움이 됩니다."

44. [까빠티까] "존자 고따마여, 그렇다면, 가르침에 대한 새김을 위하여 어떠한 것이 도움이 됩니까? 우리는 가르침에 대한 새김에 관하여 존자 고따마에게 여쭙니다."

[세존] "바라드와자여, 가르침에 대한 새김을 위하여 가르침에 대한 배움이 도움이 됩니다. 만약 가르침에 대한 배움이 없다면, 가르침에 대해 새길 수가 없습니다. 가르침에 대한 배움이 있는 까닭에 가르침에 대한 새김을 합니다. 그러므로 가르침에 대한 새김을 위하여 가르침에 대한 배움이 도움이 됩니다."

45. [까빠티까] "존자 고따마여, 그렇다면, 가르침에 대한 배움을 위하여 어떠한 것이 도움이 됩니까? 우리는 가르침에 대한 배움에 관하여 존자 고따마에게 여쭙니다."

[세존] "바라드와자여, 가르침에 대한 배움을 위하여 청문이 도움이 됩니다. 만약 청문이 없다면, 가르침에 대해 배울 수가 없습니다. 청문이 있는 까닭에 가르침에 대해 배웁니다. 그러므로 가르침에 대한 배움을 위하여 청문이 도움이 됩니다."

46. [까빠티까] "존자 고따마여, 그렇다면, 청문을 위하여 어떠한 것이 도움이 됩니까? 우리는 청문에 관하여 존자 고따마에게 여쭙니다."

[세존] "바라드와자여, 청문을 위하여 섬김이 도움이 됩니다. 만약 섬김이 없다면, 청문할 수가 없습니다. 섬김이 있는 까닭에 가르침에 대해 청문합니다. 그러므로 청문을 위하여 섬김이 도움이 됩니다."

47. [까빠티까] "존자 고따마여, 그렇다면, 섬김을 위하여 어떠한 것이 도움이 됩니까? 우리는 섬김에 관하여 존자 고따마에게 여쭙니다."

[세존] "바라드와자여, 섬김을 위하여 존중이 도움이 됩니다. 만약 존중이 없다면, 섬길 수가 없습니다. 존중이 있는 까닭에 섬깁니다.

그러므로 섬김을 위하여 존중이 도움이 됩니다.”

48. [까빠티까] “존자 고따마여, 그렇다면, 존중을 위하여 어떠한 것이 도움이 됩니까? 우리는 존중에 관하여 존자 고따마에게 여쭙니다.”

[세존] “바라드와자여, 존중을 위하여 믿음이 도움이 됩니다. 만약 믿음이 없다면, 존중할 수가 없습니다. 믿음이 있는 까닭에 가르침을 존중합니다. 그러므로 존중을 위하여 믿음이 도움이 됩니다.”

49. [까빠티까] “우리는 존자 고따마에게 진리의 수호에 관하여 여쭈었는데 존자 고따마께서는 진리의 수호에 대해 대답하셨고, 우리는 그것을 찬성하고 수용하고, 그것에 만족합니다. 우리는 존자 고따마에게 진리의 깨달음에 관하여 여쭈었는데 존자 고따마께서는 진리의 깨달음에 대해 대답하셨고, 우리는 그것을 찬성하고 수용하고, 그것에 만족합니다. 우리는 존자 고따마에게 진리의 성취에 관하여 여쭈었는데 존자 고따마께서는 진리의 성취에 대해 대답하셨고, 우리는 그것을 찬성하고 수용하고, 그것에 만족합니다. 우리는 존자 고따마에게 여쭙는 것이 무엇이든지 존자 고따마께서는 대답하셨고, 우리는 그것을 찬성하고 수용하고, 그것에 만족합니다.

50. 존자 고따마여, 우리는 예전에 이와 같이 생각하곤 했습니다. [바라문들] ‘빡빡 깎은 수행자, 천한 노예, 검은 노예, 하느님의 다리에서 생겨난 자들이 누구인가, 그들이 진리를 아는 자들일까?’

51. 그러나 존자 고따마께서는 우리에게 수행자의 수행자에 대한 사랑, 수행자의 수행자에 대한 믿음, 수행자의 수행자에 대한 존경을 불러일으켰습니다.

52. [까빠티까] "세존이신 고따마여, 훌륭하십니다. 세존이신 고따마여, 훌륭하십니다. 세존이신 고따마여, 마치 넘어진 것을 일으켜 세우듯이, 가려진 것을 열어 보이듯이, 어리석은 자에게 길을 가리켜주듯이, 눈 있는 자는 형상을 보라고 어둠 속에 등불을 들어 올리듯이, 세존이신 고따마께서는 이와 같이 여러 가지 방법으로 진리를 밝혀주셨습니다. 그러므로 이제 세존이신 고따마께 귀의합니다. 또한 그 가르침에 귀의합니다. 또한 그 수행승의 모임에 귀의합니다. 세존이신 고따마께서는 재가신자로서 저를 받아주십시오. 오늘부터 목숨 바쳐 귀의하겠습니다."

21. 괴롭거나 즐겁거나 모두 전생의 업 때문인가?

[Devadahasutta][435]

> 한 남자가 강열한 욕구와 강열한 관심을 갖고 한 여자에게 마음이 묶여 그녀를 사랑하는데, 그녀가 다른 남자와 수다를 떨고 농담하고 웃고 있는 것을 본다고 하자. 그는 강열한 욕구와 강열한 관심을 갖고 한 여자에게 마음이 묶여 그녀를 사랑하고 있기 때문에, 그녀가 다른 남자와 수다를 떨고 농담하고 웃고 있는 것을 본다면, 그에게 슬픔, 비탄, 고통, 우울, 절망이 생겨날 것이다.

1. 이와 같이 나는 들었다. 한 때 세존께서 싸끼야 국의 데바다하[436]라는 마을에 계셨다.

2. 그 때에 세존께서는 "수행승들이여"라고 수행승들을 불렀다. 수행승들은 세존께 "세존이시여"라고 대답했다.

3. 그러자 세존께서는 이와 같이 말씀하셨다.

[세존] "수행승들이여, 어떤 수행자나 성직자는 이와 같은 교리와 이와 같은 견해를 갖고 있다. '무릇 어떤 사람이 즐거움이나 괴로움이나 즐겁지도 괴롭지도 않은 것을 경험하는 것은 그 모든 것은 전

---

435) 이 경의 원래 제목은 「데바다하의 경[Devadahasutta]」이다. 우리말 『맛지마니까야』 4권 241쪽에 있다. MN. II. 214 ; 中阿含 19, 尼乾經(大正 1. 442) 참조

436) Devadaha : 부처님의 生母의 고향으로 그녀는 그곳으로 가다가 Lumbinī 숲에서 아들을 출산했다. Srp. II. 256은 '吉祥湖水(Maṅgaladaha)'라고 표현했는데 바로 王立湖水를 뜻한다. 그 이유는 王들은 신 곧 deva라고 불리었고 湖水는 인간이 만든 것이 아니라 自然的으로 생겨난 것으로 神의 創造物이기 때문이다.

생의 업에 기인하는 것이다.[437] 그래서 전생의 업을 고행으로 없애버리고 새로운 업을 만들지 않음으로써 미래에 영향을 주지 않고 미래에 영향을 주지 않음으로 업을 파괴하고, 업을 파괴함으로써 괴로움을 부수고 괴로움을 부숨으로써 감수를 부수고 감수를 부숨으로 모든 고통이 사라진다.' 수행승들이여, 니간타[438]들이 이와 같이 말한다.

4. 수행승들이여, 이와 같이 말하는 니간타들에게 가서 나는 이와 같이 말한다. '벗이여 니간타들이여, 그대들이 '무릇 어떤 사람이 즐거움이나 괴로움이나 즐겁지도 괴롭지도 않은 것을 경험하는 것은 모두 전생의 업에 기인하는 것이다. 그래서 전생의 업을 고행으로 없애버리고 새로운 업을 만들지 않음으로써 미래에 영향을 주지 않고 미래에 영향을 주지 않음으로써 업을 파괴하고, 업을 파괴함으로써 괴로움을 부수고 괴로움을 부숨으로써 감수를 부수고 감수를 부숨으로써 모든 고통이 사라진다'라는 이와 같은 교리와 이와 같은 견해를 갖고 있는 것이 사실인가?

5. 수행승들이여, 이와 같이 질문해서 니간타들이 동의하면, 나는 그들에게 이와 같이 말한다.
[세존] '벗이여 니간타들이여, 그대들은 '우리는 전생에 존재했는지

---

437) 이러한 宿命論에 대하여 부처님은 SN. IV. 230-231, AN. 1. 173-174에서 비난하고 있다. 부처님의 가르침은 느낌의 존재는 過去의 行爲의 결과 때문만이 아니라 現在의 行爲와 同時에 일어나는 것이다. 그리고 느낌은 業의 作用만도 아니고 業의 結果만도 아니다라고 말씀하셨다.

438) 자이나교의 敎祖(Nigaṇṭha Nāthaputta)를 추종하는 무리들을 말한다. 그의 가르침의 중심은 DN. I. 57와 MN. I. 377에 의하면 '네 가지의 禁戒에 의한 制御(cātuyāmasusaṁvara)'이다. cātuyāmasu-saṁvara는 ① 모든 물을 사용하지 않고, ② 모든 惡을 떠나는 것에 따르고, ③ 모든 惡을 떠나는 것을 책임으로 하고, ④ 모든 惡을 떠나는 것에 도달한다. 이 네 가지 禁戒 가운데 첫 번째 sabbavārivārito만이 우리가 이해할 수 없다. 붓다고싸에 의하면 이 단어는 生命이 있을지 모르는 차가운 물에 대한 禁慾을 뜻한다.

존재하지 않았는지'를 압니까?'
[니간타들] '벗이여, 모른다.'
[세존] '벗이여 니간타들이여, 그런데 그대들은 '우리는 전생에 악업을 저질렀는지 저지르지 않았는지'를 압니까?'
[니간타들] '벗이여, 모릅니다.'
[세존] '벗이여 니간타들이여, 그러면 그대들은 '우리는 이러이러해서 악업을 짓는다'라고 압니까?'
[니간타들] '벗이여, 모릅니다.'
[세존] '벗이여 니간타들이여, 그러면 그대들은 '이와 같이 악업이 소멸되었고, 이와 같이 악업이 소멸될 것이고, 이와 같이 괴로움이 소멸되었고, 이와 같이 괴로움이 소멸될 것이다'라고 압니까?'
[니간타들] '벗이여, 모릅니다.'
[세존] '벗이여 니간타들이여, 그러면 그대들은 지금 여기에서 악하고 건전하지 못한 법을 버리고 착하고 건전한 법을 성취하는 것에 대하여 압니까?'
[니간타들] '벗이여, 모릅니다.'

6. [세존] '벗이여 니간타들이여, 그렇다면 그대들은 '우리는 전생에 존재했는지 존재하지 않았는지'도 모르고, 그대들은 '우리는 전생에 악업을 저질렀는지 저지르지 않았는지'도 모르고, 그대들은 '우리는 이러이러 해서 악업을 짓는다'는 것도 모르고, 그대들은 '이와 같이 악업이 소멸되었고, 이와 같이 악업이 소멸될 것이고, 이와 같이 괴로움이 소멸되었고, 이와 같이 괴로움이 소멸될 것이다'라는 것도 모르고, 그대들은 지금 여기에서 악하고 건전하지 못한 법을 버리고 착하고 건전한 법을 성취하는 것에 대하여도 모릅니다. 그렇다면, 그대 니간타들이 이와 같이 '무릇 어떤 사람이 즐거움이나

괴로움이나 즐겁지도 괴롭지도 않은 것을 경험하는 것은 그 모든 것은 전생의 업에 기인하는 것이다. 그래서 전생의 업을 고행으로 없애버리고 새로운 업을 만들지 않음으로써 미래에 영향을 주지 않고 미래에 영향을 주지 않음으로써 업을 파괴하고, 업을 파괴함으로써 괴로움을 부수고 괴로움을 부숨으로서 감수를 부수고 감수를 부숨으로써 모든 고통이 사라진다'라고 설명하는 것은 타당하지 않습니다.

7. 벗이여 니간타들이여, 그대들이 '우리는 전생에 존재했는지 존재하지 않았는지'도 알고, 그대들이 '우리는 전생에 악업을 저질렀는지 저지르지 않았는지'도 알고, 그대들이 '우리는 이와 같이 이와 같이 해서 악업을 짓는다'는 것도 알고, 그대들이 '이와 같이 악업이 소멸되었고, 이와 같이 악업이 소멸될 것이고, 이와 같이 괴로움이 소멸되었고, 이와 같이 괴로움이 소멸될 것이다'라는 것도 알고, 그대들이 지금 여기에서 악하고 건전하지 못한 법을 버리고 착하고 건전한 법을 성취하는 것에 대하여도 안다면, 그렇다면, 그대 니간타들이 이와 같이 '무릇 어떤 사람이 즐거움이나 괴로움이나 즐겁지도 괴롭지도 않은 것을 경험하는 것은 그 모든 것은 전생의 업에 기인하는 것이다. 그래서 전생의 업을 고행으로 없애버리고 새로운 업을 만들지 않음으로써 미래에 영향을 주지 않고 미래에 영향을 주지 않음으로써 업을 파괴하고, 업을 파괴함으로써 괴로움을 부수고 괴로움을 부숨으로서 감수를 부수고 감수를 부숨으로써 모든 고통이 사라진다'라고 설명하는 것은 타당합니다.

8. 이를테면 벗이여, 니간타여, 어떤 사람이 독극물이 진하게 칠해진 화살에 맞았다면, 그는 화살에 의한 통증 때문에 고통스럽고 아

프고 찌르는 듯한 느낌을 느낍니다. 그래서 그의 친구나 동료나 친지나 친척이 외과의사를 데려옵니다. 그 외과의사가 칼로 그 상처구멍을 도려낸다면, 그는 상처구멍을 도려내는 것 때문에 고통스럽고 아프고 찌르는 듯한 느낌을 느낍니다. 그 외과의사가 시험삼아 화살을 조사하면, 그는 시험삼아 화살을 조사하는 것 때문에 고통스럽고 아프고 찌르는 듯한 느낌을 느낍니다. 그 외과의사가 화살을 뽑으면, 그는 화살을 뽑는 것 때문에 고통스럽고 아프고 찌르는 듯한 느낌을 느낍니다. 그 외과의사가 상처구멍에 숯가루 약을 바르면, 그는 상처구멍에 숯가루의 약을 바르는 것 때문에 고통스럽고 아프고 찌르는 듯한 느낌을 느낍니다. 그러나 나중에 상처가 치유되고 피부가 덮이면, 건강하고 행복하고 자유롭고 자재하여 가고 싶은 데로 갈 수 있습니다.

9. 그는 아마도 이와 같이 생각할 것입니다. '예전에 나는 독극물이 진하게 칠해진 화살에 맞았다. 나는 화살에 의한 통증 때문에 고통스럽고 아프고 찌르는 듯한 느낌을 느꼈다. 그래서 나의 친구나 동료나 친지나 친척이 외과의사를 데려왔다. 그 외과의사가 칼로 그 상처구멍을 도려냈는데, 나는 상처구멍을 도려내는 것 때문에 고통스럽고 아프고 찌르는 듯한 느낌을 느꼈다. 그 외과의사가 시험삼아 화살을 조사했는데, 나는 시험삼아 화살을 조사하는 것 때문에 고통스럽고 아프고 찌르는 듯한 느낌을 느꼈다. 그 외과의사가 화살을 뽑으면, 그는 화살을 뽑는 것 때문에 고통스럽고 아프고 찌르는 듯한 느낌을 느꼈다. 그 외과의사가 상처구멍에 탄화의 약을 바르면, 그는 상처구멍에 탄화의 약을 바르는 것 때문에 고통스럽고 아프고 찌르는 듯한 느낌을 느꼈다. 그러나 지금은 상처가 치유되고 피부가 덮였는데, 건강하고 행복하고 자유롭고 자재하여 가고

싶은 데로 갈 수 있다.'

10. 벗이여 니간타들이여, 이와 같이 그대들이 '우리는 전생에 존재했는지 존재하지 않았는지'를 알고, 그대들이 '우리는 전생에 악업을 저질렀는지 저지르지 않았는지'도 알고, 그대들이 '우리는 이와 같이 이와 같이 해서 악업을 짓는다'는 것도 알고, 그대들이 '이와 같이 악업이 소멸되었고, 이와 같이 악업이 소멸될 것이고, 이와 같이 괴로움이 소멸되었고, 이와 같이 괴로움이 소멸될 것이다'라는 것도 알고, 그대들이 지금 여기에서 악하고 건전하지 못한 법을 버리고 착하고 건전한 법을 성취하는 것에 대하여도 안다면, 그렇다면, 그대 니간타들이 이와 같이 '무릇 어떤 사람이 즐거움이나 괴로움이나 즐겁지도 괴롭지도 않은 것을 경험하는 것은 그 모든 것은 전생의 업에 기인하는 것이다. 그래서 전생의 업을 고행으로 없애버리고 새로운 업을 만들지 않음으로써 미래에 영향을 주지 않고 미래에 영향을 주지 않음으로써 업을 파괴하고, 업을 파괴함으로써 괴로움을 부수고 괴로움을 부숨으로서 감수를 부수고 감수를 부숨으로써 모든 고통이 사라진다'라고 설명하는 것은 타당합니다.

11. 벗이여 니간타들이여, 그러나 그대들이 '우리는 전생에 존재했는지 존재하지 않았는지'도 모르고, 그대들이 '우리는 전생에 악업을 저질렀는지 저지르지 않았는지'도 모르고, 그대들이 '우리는 이와 같이 이와 같이 해서 악업을 짓는다'는 것도 모르고, 그대들이 '이와 같이 악업이 소멸되었고, 이와 같이 악업이 소멸될 것이고, 이와 같이 괴로움이 소멸되었고, 이와 같이 괴로움이 소멸될 것이다'라는 것도 모르고, 그대들이 지금 여기에서 악하고 건전하지 못한 법을 버리고 착하고 건전한 법을 성취하는 것에 대하여도 모릅

니다. 그렇다면, 그대 니간타들이 이와 같이 '무릇 어떤 사람이 즐거움이나 괴로움이나 즐겁지도 괴롭지도 않은 것을 경험하는 것은 그 모든 것은 전생의 업에 기인하는 것이다. 그래서 전생의 업을 고행으로 없애버리고 새로운 업을 만들지 않음으로써 미래에 영향을 주지 않고 미래에 영향을 주지 않음으로써 업을 파괴하고, 업을 파괴함으로써 괴로움을 부수고 괴로움을 부숨으로서 감수를 부수고 감수를 부숨으로써 모든 고통이 사라진다'라고 설명하는 것은 타당하지 않습니다.'

12. 수행승들이여, 이처럼 말하자 그들 니간타들은 나에게 말했다.
[니간타들] '벗이여, 니간타 나따뿟따는 모든 것을 아는 자이고 모든 것을 보는 자로 이와 같이 완전한 앎과 봄을 주장합니다. '나에게는 가거나 서있거나 자거나 깨어있거나 언제나 항상 앎과 봄이 나타난다.' 그는 이와 같이 말했습니다. '니간타들이여, 그대들은 전생에 악업을 저질렀다. 그것을 이 고통스러운 고행으로 파괴하라. 또한 지금 여기서 신체로써 막아내고 언어로써 막아내고 정신으로써 막아내면 미래에 악업은 생겨나지 않는다. 그래서 전생의 업을 고행으로 없애버리고 새로운 업을 만들지 않음으로써 미래에 영향을 주지 않고 미래에 영향을 주지 않음으로써 업을 파괴하고, 업을 파괴함으로써 괴로움을 부수고 괴로움을 부숨으로서 감수를 부수고 감수를 부숨으로써 모든 고통이 사라진다.' 우리는 그것을 찬성하고 이해하고 그것에 만족해합니다.'

13. 수행승들이여, 이처럼 말하자 나는 그들 니간타들에게 이와 같이 말했다.
[세존] '니간타들이여, 이와 같은 다섯 가지의 현상은 지금 여기에

서 두 종류의 과보가 있다. 다섯 가지란 어떠한 것인가? 믿음, 만족, 전승, 형상에 대한 분별, 견해에 대한 이해이다.439) 니간타들이여, 이와 같은 다섯 가지의 현상은 지금 여기에서 두 종류의 과보가 있다. 여기 존자 니간타들의 스승에게는 과거에 어떠한 믿음, 어떠한 만족, 어떠한 전승, 어떠한 형상에 대한 분별, 어떠한 견해에 대한 이해를 갖고 있었는가?'

수행승들이여, 내가 이처럼 설하였지만 니간타들에게서 어떤 법다운 대론를 보지 못했다.

14. 수행승들이여, 나는 거듭 니간타들에게 이와 같이 말했다.

[세존] '벗이여 니간타들이여, 어떻게 생각합니까? 지독한 활동, 지독한 노력이 있으면, 고통스럽고 아프고 찌르는 듯한 느낌을 느낍니까? 그러나 지독한 활동, 지독한 노력이 없으면, 고통스럽고 아프고 찌르는 듯한 느낌을 느끼지 않습니까?'

[니간타들] '벗이여 고따마여, 지독한 활동, 지독한 노력이 있으면, 고통스럽고 아프고 찌르는 듯한 느낌을 느낍니다. 그러나 지독한 활동, 지독한 노력이 없으면, 고통스럽고 아프고 찌르는 듯한 느낌을 느끼지 않습니다.'

15. [세존] '벗이여 니간타들이여, 정말 그렇습니다. 지독한 활동, 지독한 노력이 있으면, 고통스럽고 아프고 찌르는 듯한 느낌을 느낍니다. 그러나 지독한 활동, 지독한 노력이 없으면, 고통스럽고 아프고 찌르는 듯한 느낌을 느끼지 않습니다. 그렇다면, 그대 니간타들이 이와 같이 '무릇 어떤 사람이 즐거움이나 괴로움이나 즐겁지도 괴롭지도 않은 것을 경험하는 것은 그 모든 것은 전생의 업에

---

439) MN. 95. 「짱끼의 경[Caṅkīsutta]」을 보라.

기인하는 것이다. 그래서 전생의 업을 고행으로 없애버리고 새로운 업을 만들지 않음으로써 미래에 영향을 주지 않고 미래에 영향을 주지 않음으로써 업을 파괴하고, 업을 파괴함으로써 괴로움을 부수고 괴로움을 부숨으로서 감수를 부수고 감수를 부숨으로써 모든 고통이 사라진다'라고 설명하는 것은 타당하지 않습니다.'440)

16. '벗이여 니간타들이여, 그러나 만약에 지독한 활동, 지독한 노력이 있으면, 고통스럽고 아프고 찌르는 듯한 느낌을 느낄 뿐만 아니라 지독한 활동, 지독한 노력이 없어도, 고통스럽고 아프고 찌르는 듯한 느낌을 느낀다고 한다면, 그대 니간타들이 이와 같이 '무릇 어떤 사람이 즐거움이나 괴로움이나 즐겁지도 괴롭지도 않은 것을 경험하는 것은 그 모든 것은 전생의 업에 기인하는 것이다. 그래서 전생의 업을 고행으로 없애버리고 새로운 업을 만들지 않음으로써 미래에 영향을 주지 않고 미래에 영향을 주지 않음으로써 업을 파괴하고, 업을 파괴함으로써 괴로움을 부수고 괴로움을 부숨으로서 감수를 부수고 감수를 부숨으로써 모든 고통이 사라진다'라고 설명하는 것은 타당할 수 있습니다.'

17. '그러나 벗이여 니간타들이여, 지독한 활동, 지독한 노력이 있으면, 고통스럽고 아프고 찌르는 듯한 느낌을 느낍니다. 그러나 지독한 활동, 지독한 노력이 없으면, 고통스럽고 아프고 찌르는 듯한 느낌을 느끼지 못합니다. 그러니까 자신의 활동을 통해서 고통스럽고 아프고 찌르는 듯한 느낌만을 느낀다면, 무명, 무지, 미혹을 통해서 잘못 파악한 것입니다. '무릇 어떤 사람이 즐거움이나 괴로움이나 즐겁지도 괴롭지도 않은 것을 경험하는 것은 그 모든 것은 전

440) 부처님께서 說明했듯이 지독한 苦行은 苦痛스러운 느낌의 原因이므로 이러한 說明은 妥當하지 않은 것이다.

생의 업에 기인하는 것이다. 그래서 전생의 업을 고행으로 없애버리고 새로운 업을 만들지 않음으로써 미래에 영향을 주지 않고 미래에 영향을 주지 않음으로써 업을 파괴하고, 업을 파괴함으로써 괴로움을 부수고 괴로움을 부숨으로서 감수를 부수고 감수를 부숨으로써 모든 고통이 사라집니까?'라고 반문하지만, 나는 니간타들 가운데 법다운 대론을 보지 못합니다.'
또한 수행승들이여, 나는 니간타들에게 이와 같이 말했다.

18. [세존] '니간타들이여, 어떻게 생각합니까? 무릇 현세에 경험되는 이 업이 활동에 의해서나 정진에 의해서 미래세에 경험될 수 있습니까?'
[니간타들] '벗이여, 그렇지 않습니다.'
[세존] '그러나 무릇 미래세에 경험되는 이 업이 활동에 의해서나 정진에 의해서 현세에 경험될 수 있습니까?'
[니간타들] '벗이여, 그렇지 않습니다.'

19. [세존] '니간타들이여, 어떻게 생각합니까? 무릇 즐거운 경험의 업이 활동에 의해서나 정진에 의해서 괴로운 경험의 업이 될 수 있습니까?'
[니간타들] '벗이여, 그렇지 않습니다.'
[세존] '그러나 무릇 괴로운 경험의 업이 활동에 의해서나 정진에 의해서 즐거운 경험의 업이 될 수 있습니까?'
[니간타들] '벗이여, 그렇지 않습니다.'

20. [세존] '니간타들이여, 어떻게 생각합니까? 무릇 이미 성숙한 것으로 경험되는 업이 활동에 의해서나 정진에 의해서 아직 성숙하지 않은 것으로 경험되는 업이 될 수 있습니까?'[441]

[니간타들] '벗이여, 그렇지 않습니다.'
[세존] '그러나 무릇 아직 성숙하지 않은 것으로 경험되는 업이 활동에 의해서나 정진에 의해서 이미 성숙한 것으로 경험되는 업이 될 수 있습니까?'
[니간타들] '벗이여, 그렇지 않습니다.'

21. [세존] '니간타들이여, 어떻게 생각합니까? 무릇 많이 경험되는 업이 활동에 의해서나 정진에 의해서 적게 경험되는 업이 될 수 있습니까?'
[니간타들] '벗이여, 그렇지 않습니다.'
[세존] '그러나 무릇 적게 경험되는 업이 활동에 의해서나 정진에 의해서 많게 경험되는 업이 될 수 있습니까?'
[니간타들] '벗이여, 그렇지 않습니다.'

22. [세존] '니간타들이여, 어떻게 생각합니까? 무릇 경험될 수 있는 업이 활동에 의해서나 정진에 의해서 경험될 수 없는 업이 될 수 있습니까?'442)
[니간타들] '벗이여, 그렇지 않습니다.'
[세존] '그러나 무릇 경험될 수 없는 업이 활동에 의해서나 정진에 의해서 경험될 수 있는 업이 될 수 있습니까?'
[니간타들] '벗이여, 그렇지 않습니다.'

23. [세존] '니간타들이여, 정말 그렇습니다. 어떻게 생각합니까?

---

441) Pps. IV. 9에 따르면, 行爲의 結果가 成熟된 個性(attabhāva) 속에서 그것이 체험된다 것은 行爲의 結果가 現世에서 체험된다는 것과 같은 말이다. 行爲의 結果가 成熟되지 못한 個人 속에서 그것이 체험된다 것은 行爲의 結果가 未來世에서 체험된다는 것과 같은 말이다. 같은 生에서 결과를 낳는 행위는 이 現世에서 체험되지는 것이지만 오직 7일 以內에 그 結果를 낳은 行爲만이 성숙된 個性 속에서 체험되어지는 것이라 불린다.
442) 이것은 그 結果를 낳을 기회를 얻지 못한 업을 말한다. 따라서 現存하지 않는 것이다.

무릇 현세에 경험되는 이 업은 활동에 의해서나 정진에 의해서 미래에 경험될 수 없습니다. 또한 무릇 미래세에 경험되는 업도 활동에 의해서나 정진에 의해서 현재에 경험될 수 없습니다. 무릇 즐거운 경험의 업이 활동에 의해서나 정진에 의해서 괴로운 경험의 업이 될 수 없습니다. 또한 무릇 괴로운 경험의 업도 활동에 의해서나 정진에 의해서 즐거운 경험의 업이 될 수 없습니다. 무릇 이미 성숙한 것으로 경험된 업이 활동에 의해서나 정진에 의해서 아직 성숙하지 않은 것으로 경험되는 업이 될 수 없습니다. 또한 무릇 아직 성숙하지 않은 것으로 경험된 업이 활동에 의해서나 정진에 의해서 이미 성숙한 것으로 경험되는 업이 될 수 없습니다. 무릇 많이 경험되는 업이 활동에 의해서나 정진에 의해서 적게 경험되는 업이 될 수 없습니다. 또한 무릇 적게 경험되는 업도 활동에 의해서나 정진에 의해서 많게 경험되는 업이 될 수 없습니다. 무릇 경험될 수 있는 업이 활동에 의해서나 정진에 의해서 경험될 수 없는 업도 될 수 없습니다. 또한 무릇 경험될 수 없는 업이 활동에 의해서나 정진에 의해서 경험될 수 있는 업이 될 수 없습니다. 따라서, 니간타들의 활동은 헛되고 정진은 헛된 것입니다.

24. 수행승들이여, 니간타들이 항상 말하는 바가 있는데, 니간타들이 그와 같이 말할 때, 이와 같은 열 가지 법다운 논거가 그들을 비난할 근거를 제공한다.

1) 수행승들이여, 뭇삶들이 전생에 지은 업 때문에 즐거움이나 괴로움을 경험한다면, 지금 이와 같이 고통스럽고 아프고 찌르는 듯한 느낌만을 느끼는 니간타들은 전생에 악한 행위를 한 자들이다.

2) 수행승들이여, 뭇삶들이 주재자의 창조적 활동 때문에[443] 즐거움

443) issaranimmānahetu : 부처님은 AN. I. 174에서 이 理論을 批判하고 있다.

이나 괴로움을 경험한다면, 지금 이와 같이 고통스럽고 아프고 찌르는 듯한 느낌만을 느끼는 니간타들은 악한 주재자에 의해서 만들어진 자들이다.

3) 수행승들이여, 뭇삶들이 환경과 본성에 의해서 만들어졌기 때문에[444] 즐거움이나 괴로움을 경험한다면, 지금 이와 같이 고통스럽고 아프고 찌르는 듯한 느낌만을 느끼는 니간타들은 나쁜 운명을 타고난 자들이다.

4) 수행승들이여, 뭇삶들이 생겨난 태생 때문에[445] 즐거움이나 괴로움을 경험한다면, 지금 이와 같이 고통스럽고 아프고 찌르는 듯한 느낌만을 느끼는 니간타들은 나쁜 태생에 의해서 생겨난 자들이다.

5) 수행승들이여, 뭇삶들이 지금 여기에서의 활동의 결과 때문에 즐거움이나 괴로움을 경험한다면, 지금 이와 같이 고통스럽고 아프고 찌르는 듯한 느낌만을 느끼는 니간타들은 지금 여기에서 나쁜 활동을 한 자들이다.

6) 수행승들이여, 뭇삶들이 전생에 지은 악업 때문에 즐거움이나 괴로움을 경험한다면, 니간타들은 비난받아야 한다. 수행승들이여, 뭇삶들이 전생에 지은 악업 때문에 즐거움이나 괴로움을 경험하지 않는다고 하더라도, 니간타들은 비난받아야 한다.

7) 수행승들이여, 뭇삶들이 주재자의 창조적 활동 때문에 즐거움이나 괴로움을 경험한다면, 니간타들은 비난받아야 한다. 수행승들이여, 뭇삶들이 주재자의 창조적 활동 때문에 즐거움이나 괴로움을 경험하지 않는다고 하더라도, 니간타들은 비난받아야 한다.

---

444) saṅgatibhāvahetu : 이것은 MN. 60 「논파할 수 없는 가르침에 대한 경[Apaṇṇakasutta]」과 AN. 1. 175에서 批判되고 있는 Makkhali Gosala의 教說과 동일하다.

445) abhjātihetu : 이것도 Makkhali Gosāla의 주장과 관계된다.

8) 수행승들이여, 뭇삶들이 환경과 자연 때문에 즐거움이나 괴로움을 경험한다면, 니간타들은 비난받아야 한다. 수행승들이여, 뭇삶들이 환경과 자연 때문에 즐거움이나 괴로움을 경험하지 않는다고 하더라도, 니간타들은 비난받아야 한다.

9) 수행승들이여, 뭇삶들이 태생 때문에 즐거움이나 괴로움을 경험한다면, 니간타들은 비난받아야 한다. 수행승들이여, 뭇삶들이 태생 때문에 즐거움이나 괴로움을 경험하지 않는다고 하더라도, 니간타들은 비난받아야 한다.

10) 수행승들이여, 뭇삶들이 지금 여기서 지은 악업 때문에 즐거움이나 괴로움을 경험한다면, 니간타들은 비난받아야 한다. 수행승들이여, 뭇삶들이 지금 여기서 지은 악업 때문에 즐거움이나 괴로움을 경험하지 않는다고 하더라도, 니간타들은 비난받아야 한다.

수행승들이여, 니간타들은 말하는 바가 있는데 니간타들이 그와 같이 말하기 때문에, 이와 같은 열 가지 법다운 논거가 그들을 비난할 근거를 제공한다. 수행승들이여, 이와 같이 그들의 활동은 헛되고 그들의 정진은 헛되다.

25. 수행승들이여, 어떻게 하면, 활동이 효과가 있고 정진이 효과가 있는가? 수행승들이여, 수행승이 고통에 압도되지 않고 스스로를 고통으로 압도시키지 않고 가르침과 일치하는 즐거움을 버리지도 않고 그 즐거움에 몰입하지도 않는다.[446] 그는 이와 같이 '내가 고통의 원인에 대하여 노력을 기울일 때에 노력을 기울임으로써, 나에게 그 고통의 원인이 사라진다. 그리고 내가 고통의 원인에 대

446) dhammikaṃ ca sukhaṃ na paricajjati, tasmiñ ca sukhe anadhimucchite hoti : 이것은 極端的인 苦行이나 極端的인 快樂에 沒入하는 것을 피하는 부처님의 中道的인 길을 보여주고 있다.

하여 평정하게 관찰할 때에 평정의 계발을 통해, 내게서 그 괴로움의 원인이 사라진다.[447]'라고 안다. 그래서 그가 고통의 원인에 대하여 노력을 기울일 때에 노력을 기울임으로써, 그에게서 그 고통의 원인이 사라진다. 그리고 그가 괴로움의 원인에 대하여 평정하게 관찰할 때에 평정의 계발을 통해, 그에게서 그 괴로움의 원인이 사라진다. 이와 같이 그에게서 괴로움이 소멸된다.

26. 수행승들이여, 이를테면, 한 남자가 강열한 욕구와 강열한 관심을 가지고 한 여자에게 마음이 묶여 그녀를 사랑하는데, 그녀가 다른 남자와 수다를 떨고 농담하고 웃고 있는 것을 본다고 하자. 수행승들이여, 어떻게 생각하는가? 그녀가 다른 남자와 수다를 떨고 농담하고 웃고 있는 것을 본다면, 그에게 슬픔, 비탄, 고통, 우울, 불안이 생겨날 것인가"

[수행승들] "세존이시여, 그렇습니다. 그것은 무슨 까닭입니까? 그 남자가 강열한 욕구와 강열한 관심을 가지고 한 여자에게 마음이 묶여 그녀를 사랑하고 있기 때문에, 그녀가 다른 남자와 수다를 떨고 농담하고 웃고 있는 것을 본다면, 그에게 슬픔, 비탄, 고통, 우울, 불안이 생겨날 것입니다."

27. [세존] "수행승들이여, 그러나 이 남자가 이와 같이 '나는 강열한 욕구와 강열한 관심을 가지고 한 여자에게 마음이 묶여 그녀를 사랑하고 있기 때문에, 그녀가 다른 남자와 수다를 떨고 농담하고

447) imassa kho me dukkhanidānassa saṃkhāraṃ padahato saṃkhārappadhānā virāgo hoti; imassa pana me dukkhanidānassa ajjhupekkhato upekham bhāvayato virāgo virāgo hoti; Pps. IV. 11에 따르면, 괴로움의 근원은 갈애(taṇhā)이다. 그것은 다섯 가지 존재의 다발(五蘊)속에 포함된 괴로움의 뿌리이기 때문에 그렇게 보인다. 南傳(中部 III. 290)의 "我此等の 苦因の諸行に念を向けるとき、 諸行に念を向けるによりて 無欲となれり。復た我此等の 苦因に捨となれるとき捨の修習によりて無欲となㄹれり'은 virāgo를 '사라짐'으로 해석하지 않고 無欲이라고 해석해서 빚어진 전형적인 오류이다.

웃고 있는 것을 보면, 나에게 슬픔, 비탄, 고통, 우울, 불안이 생겨난다. 내가 그녀에 대한 욕망과 탐욕을 버리면 어떨까?'라고 생각한다. 그래서 그가 그녀에 대한 욕망과 탐욕을 버렸다고 하자. 그가 다른 때에 그녀가 다른 남자와 수다를 떨고 농담하고 웃고 있는 것을 보고 그에게 슬픔, 비탄, 고통, 우울, 불안이 생겨날 것인가?"

[수행승들] "세존이시여, 그렇지 않습니다. 그 남자는 그녀에 대한 탐욕을 버렸습니다. 그러므로 그녀가 다른 남자와 수다를 떨고 농담하고 웃고 있는 것을 보고 그에게 슬픔, 비탄, 고통, 우울, 불안이 생겨나지 않습니다."

28. [세존] "수행승들이여, 이와 같이 수행승이 고통에 압도되지 않고 스스로를 고통으로 압도시키지 않고 가르침과 일치하는 즐거움을 버리지도 않고 그 즐거움에 몰입하지도 않는다. 그는 이와 같이 '내가 고통의 원인에 대하여 노력을 기울일 때에 노력을 기울임으로써, 나에게서 그 고통의 원인이 사라진다. 그리고 내가 고통의 원인에 대하여 평정하게 관찰할 때에 평정의 계발을 통해, 내게서 그 괴로움의 원인이 사라진다'라고 안다. 그래서 그가 고통의 원인에 대하여 노력을 기울일 때에 노력을 기울임으로써, 그에게서 그 고통의 원인이 사라진다. 그리고 그가 괴로움의 원인에 대하여 평정하게 관찰할 때에 평정의 계발을 통해, 그에게서 그 괴로움의 원인이 사라진다. 이와 같이 그에게 괴로움이 소멸된다. 수행승들이여, 이와 같이, 노력이 효과가 있고 정진이 효과가 있다.

29. 수행승들이여, 또한 한 수행승이 '내가 즐겁게 사는 동안 나에게 악하고 불건전한 상태가 증가하고 착하고 선한 상태가 줄어들지만, 내가 괴로움 속에서도 스스로 노력하면, 나에게 악하고 불건

전한 상태가 줄어들고 착하고 건전한 상태가 늘어난다. 내가 괴로움 속에서도 스스로 노력하면 어떨까?'라고 성찰한다. 그래서 그가 괴로움 속에서도 스스로 노력하여, 그에게 악하고 불건전한 상태가 줄어들고 착하고 건전한 상태가 늘어난다.[448] 그러나 그는 그 후에 괴로움 속에서 스스로 노력할 필요가 없다. 그것은 무슨 까닭인가? 수행승들이여, 그 수행승은 괴로움 속에서 스스로 노력한 그 목적이 실현된 것이다. 그러므로 그는 그 후에 괴로움 속에서 노력하지 않는다.

30. 수행승들이여, 이를테면, 활 만드는 자가 두 불꽃 사이에, 화살촉를 가열하고 달구어, 곧게 하고 사용할 수 있도록 한다고 하자. 수행승들이여, 활 만드는 자가 두 불꽃 사이에서 화살촉을 가열하고 달구어 곧게 하고 사용할 수 있도록 하면, 그 후에 활 만드는 자는 두 불꽃 사이에 화살촉을 다시 가열하거나 달구어 곧게 하고 사용할 수 있도록 하지 않는다. 그것은 무슨 까닭인가? 수행승들이여, 활 만드는 자가 두 불꽃 사이에, 화살촉를 가열하고 달구어, 곧게 하고 사용할 수 있도록 하는 목적이 성취되었으므로 그 후에 활 만드는 자는 두 불꽃 사이에 화살촉을 다시 가열하거나 달구어 곧게 하고 사용할 수 있도록 할 필요가 없기 때문이다.

31. 수행승들이여, 이와 같이 한 수행승이 '내가 즐겁게 사는 동안 나에게 악하고 불건전한 상태가 증가하고 착하고 선한 상태가 줄

448) so dukkhāya attānaṃ padahati, tassa dukkhāya attānam padahato akusalā dhammā parihāyanti kusalā dhammā abhivaḍḍhanti : 이 구절은 부처님이 수행승들에게 苦行的인 실천인 頭陀行(dhutaṅga)을 허용한 이유에 해당한다. 苦行을 적절히 함으로써 煩惱를 극복할 수 있다. 그러나 자이나나 다른 異教徒들이 믿듯이 苦行을 통해서 過去世의 業을 제거하고 靈魂을 淸淨하게 하려는 것은 아니다. Pps. IV. 15에 따르면, 이 구절은 '다소 遲鈍한 通達의 苦行道(dukkhapaṭipadā dandhābhiññā)'이다.

어들지만, 내가 괴로움 속에서도 스스로 노력하면, 나에게서 악하고 불건전한 상태가 줄어들고 착하고 건전한 상태가 늘어난다. 내가 괴로움 속에서도 스스로 노력하면 어떨까?'라고 성찰한다. 그래서 그가 괴로움 속에서도 스스로 노력하여, 그에게 악하고 불건전한 상태가 줄어들고 착하고 건전한 상태가 늘어난다. 그러나 그는 그 후에 괴로움 속에서 스스로 노력할 필요가 없다. 그것은 무슨 까닭인가? 수행승들이여, 그 수행승은 괴로움 속에서 스스로 노력한 그 목적이 실현된 것이다. 그러므로 그는 그 후에 괴로움 속에서 스스로 노력할 필요가 없다. 이와 같이 수행승들이여, 노력은 효과가 있고 정진은 효과가 있다.

32. 수행승들이여, 이 세상에 이렇게 오신 님, 올바로 원만히 깨달은 님, 명지와 덕행을 갖추신 님, 바른 길로 잘 가신 님, 세상을 이해하는 님, 가장 높은 자리에 오르신 님, 사람들을 길들이시는 님, 신들과 인간의 스승이신 님, 부처님이신 세존께서 나타난다. 그는 신들의 세계에서, 악마들의 세계에서, 하느님들의 세계에서, 성직자들과 수행자들의 후예 가운데, 그리고 왕들과 백성들의 세계에서 스스로 잘 알고 깨달아 가르침을 설한다. 그는 처음도 착하고, 중간도 착하고, 끝도 착하고, 의미를 갖추고, 표현을 갖추고, 충만하고 순결하고 청정한 삶을 설한다.

33. 장자나 장자의 아들 또는 다른 종족에서 태어난 자가 그 가르침을 듣는다. 그는 그 가르침을 듣고 여래에게 믿음을 낸다. 그는 여래에게 믿음을 낸 뒤에 다음과 같이 생각한다. '집에서 사는 것은 번잡하고 티끌로 가득 차 있지만 출가는 자유로운 공간과 같다. 집에서 사는 자는 충만하고 순결한 소라껍질처럼 잘 연마된 청정한

삶을 살기가 어렵다. 자, 나는 머리를 깎고 가사를 입고 집에서 집없는 곳으로 출가하여 수행승이 되는 것이 어떨까?'라고 이와 같이 생각한다. 그는 나중에 작은 재물을 버리고, 또는 큰 재물을 버리고, 그리고 적은 친지를 버리고, 또는 많은 친지를 버리고, 집에서 집없는 곳으로 출가하여 수행승이 된다.

34. 이와 같이, 그는 출가해서 수행승이 배워야 할 생활규칙을 갖추어 살아있는 생명을 죽이는 것을 버리고, 살아있는 생명을 죽이는 것을 떠나고, 몽둥이를 버리고 칼을 버리고, 부끄러워하고, 자비로운 마음으로 모든 살아있는 생명을 가엾고 불쌍히 여긴다. 주지 않은 것을 빼앗는 것을 버리고, 주지 않은 것을 빼앗는 것을 떠나고, 주는 것을 받고, 주는 것에 따르고, 훔치지 않은 깨끗한 것으로 살아간다. 순결하지 못한 삶을 버리고, 청정하지 못한 삶을 멀리하고, 음욕을 일삼는 세속적인 것을 떠난다.

35. 그는 거짓말을 버리고, 거짓말을 떠나고, 진실을 말하고, 신뢰할 만하고, 의지할 만하고, 세상을 속이지 않는다. 중상을 버리고, 중상에서 떠나고, 여기서 듣고 저기에 옮겨 사람들 사이를 이간함이 없이, 저기서 듣고 여기에 옮겨서 사람들 사이를 이간함이 없이, 그래서 사이가 멀어진 자를 화해시키고, 화해한 자를 돕고, 화해에 흐뭇해하고, 화해를 즐기고, 화해를 기뻐하고, 화해하는 말을 한다. 욕지거리를 버리고 욕지거리에서 떠나고 온화하여 귀에 듣기 좋고 사랑스럽고 흐뭇하고 우아하고 많은 사람이 좋아하고 많은 사람이 마음에 들어하는 그러한 말을 한다. 꾸며대는 말을 버리고, 꾸며대는 말을 떠나고, 적당한 때에 말하고, 사실을 말하고, 유익한 말을 하고, 가르침을 말하고, 계율을 말하고, 새길 가치가 있고, 이유가

있고, 신중하고, 이익을 가져오는 말을 때에 맞춰 한다.

36. 그는 종자나 식물을 해치는 것에서도 떠난다. 하루 한 번 식사하고, 밤에는 식사하지 않으며, 때 아닌 때에 먹는 것을 떠난다. 노래·춤·음악·연극 등을 보는 것에서 떠난다. 꽃다발·향료·크림을 가지고 화장하고 장식하는 것에서 떠난다. 높은 침대, 큰 침대에서 떠난다. 금은을 받는 것에서 떠난다. 날곡식을 받는 것에서 떠난다. 날고기를 받는 것에서 떠난다. 여인이나 여자아이를 받는 것에서 떠난다. 하녀나 하인을 받는 것에서 떠난다. 산양이나 양을 받는 것에서 떠난다. 닭이나 돼지를 받는 것에서 떠난다. 코끼리나 소나 암말, 수말을 받는 것에서 떠난다. 전답이나 땅을 받는 것에서 떠난다. 심부름을 보내거나 가는 것에서 떠난다. 사고 파는 것을 떠난다. 저울을 속이고, 화폐를 속이고, 도량을 속이는 것에서 떠난다. 사기·기만·간계·부정에서 떠난다. 절단하고 살육하고 포박하고 노략하고 약탈하고 폭행하는 것에서 떠난다.

37. 그는 옷은 몸을 보호하는 것으로 족하게 걸치고, 식사는 배를 유지하는 것으로 족하게 하고, 어디에 가든지 오로지 이것들만을 가지고 간다. 마치 날개를 가진 새가 어디로 날든지 날개를 유일한 짐으로 하늘을 날듯이, 수행승은 이와 같이 옷은 몸을 보호하는 것으로 족하게 걸치고, 식사는 배를 유지하는 것으로 족하게 하고, 어디에 가든지 오로지 이것들만 가지고 간다. 그는 고귀한 여러 가지 계율을 갖추고 안으로 허물이 없는 행복을 느낀다.

38. 그는 시각으로 형상을 보지만 그 인상에 집착하지 않고 그 특징에 집착하지 않는다. 만약 그가 시각능력을 잘 다스리지 않으면, 탐욕, 근심, 악하고 불건전한 상태가 그를 침범할 것이므로, 절제의

길을 따르고, 시각능력을 보호하고, 시각능력을 수호한다.

39. 그는 청각으로 소리를 듣지만 그 인상에 집착하지 않고 그 특징에 집착하지 않는다. 만약 그가 청각능력을 잘 다스리지 않으면, 탐욕, 근심, 악하고 불건전한 상태가 그를 침범할 것이므로, 절제의 길을 따르고, 청각능력을 보호하고, 청각능력을 수호한다.

40. 그는 후각으로 냄새를 맡지만 그 인상에 집착하지 않고 그 특징에 집착하지 않는다. 만약 그가 후각능력을 잘 다스리지 않으면, 탐욕, 근심, 악하고 불건전한 상태가 그를 침범할 것이므로, 절제의 길을 따르고, 후각능력을 보호하고, 후각능력을 수호한다.

41. 그는 미각으로 맛을 보지만 그 인상에 집착하지 않고 그 특징에 집착하지 않는다. 만약 그가 미각능력을 잘 다스리지 않으면, 탐욕, 근심, 악하고 불건전한 상태가 그를 침범할 것이므로, 절제의 길을 따르고, 미각능력을 보호하고, 미각능력을 수호한다.

42. 그는 촉각으로 감촉을 느끼지만 그 인상에 집착하지 않고 그 특징에 집착하지 않는다. 만약 그가 촉각능력을 잘 다스리지 않으면, 탐욕과 근심, 그리고 악하고 불건전한 상태가 그를 침범할 것이므로, 절제의 길을 따르고, 촉각능력을 보호하고, 촉각능력을 수호한다.

43. 그는 정신으로 사물을 인식하지만 그 인상에 집착하지 않고 그 특징에 집착하지 않는다. 만약 그가 정신능력을 잘 다스리지 않으면, 탐욕과 근심, 그리고 악하고 불건전한 상태가 그를 침범할 것이므로, 절제의 길을 따르고, 정신능력을 보호하고, 정신능력을 수호한다. 그는 이러한 고귀한 감각능력을 수호하고, 안으로 허물이 없는[449] 행복을 느낀다.

44. 그는 나아가는 것과 돌아오는 것을 올바로 알고, 앞을 바라보는 것과 뒤를 바라보는 것을 올바로 알고, 굽히는 것과 펼치는 것을 올바로 알고, 가사와 발우를 간수하는 것을 올바로 알고, 먹고 마시고 씹고 맛보는 것을 올바로 알고, 대변과 소변을 보는 것을 올바로 알고, 가고 서고 앉고 잠자고 깨어나고 말하고 침묵하는 것을 올바로 안다.

45. 그는 이 고귀한 여러 계율을 갖추고 이러한 고귀한 감각능력을 수호하여 갖추고, 이 고귀한 올바른 앎을 갖추고, 한적한 숲이나 나무 아래나 산이나 계곡이나 동굴이나 묘지나 숲속이나 노천이나 짚더미가 있는 곳과 같은 격리된 처소를 벗으로 삼는다.

46. 그는 식사를 마친 뒤, 탁발에서 돌아와 앉아서 가부좌를 틀고, 몸을 곧게 세우고, 얼굴 앞으로 새김을 일으킨다. 그는 세상에 대한 탐욕을 버리고, 탐욕을 여읜 마음으로 지내며, 탐욕에서 마음을 정화시킨다. 그는 세상에 대한 분노를 버리고 분노를 여읜 마음으로 지내며, 모든 뭇삶을 가엾게 여기며, 분노에서 마음을 정화시킨다. 해태와 혼침을 버리고 해태와 혼침을 떠나서 빛을 지각하고 새김을 확립하고 올바로 알아차리며 해태와 혼침에서 마음을 정화시킨다. 흥분과 회한을 버리고 차분하게 지내며, 안으로 마음을 고요히 하여, 흥분과 회한으로부터 마음을 정화시킨다. 의심을 버리고 의심을 극복하여 착하고 건전한 것에 의혹을 품지 않고 의심으로부터 마음을 정화시킨다.

47. 그는 지혜를 약화시키는 마음의 번뇌인 다섯 가지 장애를 버리

---

449) 원래는 '雜穢가 없는'이라는 뜻이다.

고 감각적 쾌락의 욕망을 떠나고 악하고 불건전한 상태를 떠나서, 사유를 갖추고 숙고를 갖추고, 멀리 떠남에서 생겨난 희열과 행복을 갖춘 첫 번째 선정을 성취한다. 이와 같이 수행승들이여, 노력에 효과가 있고 정진에 효과가 있다.

48. 또한 그는 사유와 숙고를 멈춘 뒤, 안으로 고요하게 하여 마음을 통일하고, 사유를 뛰어넘고 숙고를 뛰어넘어, 삼매에서 생겨나는 희열과 행복을 갖춘 두 번째 선정을 성취한다. 수행승들이여, 이와 같이 활동에 효과가 있고 정진에 효과가 있다.

49. 또한 그는 희열이 사라진 뒤, 아직 신체적으로 즐거움을 느끼지만, 새김을 확립하고 올바로 알아차리며 평정에 머물렀다. 그래서 고귀한 이들이 '평정하고 새김이 깊고 행복을 느낀다'고 말하는 세 번째 선정을 성취한다. 이와 같이 수행승들이여, 노력에 효과가 있고 정진에 효과가 있다.

50. 또한 그는 행복을 버리고 고통을 버려서, 이전의 쾌락과 근심을 사라지게 하고, 괴로움도 뛰어넘고 즐거움도 뛰어넘어, 평정하고 새김이 깊고 청정한 네 번째 선정을 성취한다. 이와 같이 수행승들이여, 노력에 효과가 있고 정진에 효과가 있다.

51. 또한 그는 이와 같이 마음이 통일되어 청정하고 순결하고 때묻지 않고 오염되지 않고 유연하고 유능하고 확립되고 흔들림이 없게 되자, 마음을 전생의 삶에 대한 관찰의 지혜로 향하게 한다. 그는 이와 같이 전생의 여러 가지 삶의 형태를 기억한다. 예를 들어 '한 번 태어나고 두 번 태어나고 세 번 태어나고 네 번 태어나고 다섯 번 태어나고 열 번 태어나고 스무 번 태어나고 서른 번 태어나고 마흔 번 태어나고 쉰 번 태어나고 백 번 태어나고 천 번 태어

나고 십만 번 태어나고, 수많은 세계가 파괴되고 수많은 세계가 생성되고 수많은 세계가 파괴되고 생성되는 시간을 지나면서, 당시에 나는 이러한 이름과 이러한 성을 지니고 이러한 용모를 지니고 이러한 음식을 먹고 이러한 괴로움과 즐거움을 맛보고 이러한 목숨을 지녔고, 나는 그 곳에서 죽은 뒤에 나는 다른 곳에 태어났는데, 거기서 나는 이러한 이름과 이러한 성을 지니고 이러한 용모를 지니고 이러한 음식을 먹고 이러한 괴로움과 즐거움을 맛보고 이러한 목숨을 지녔었다. 그 곳에서 죽은 뒤에 여기에 태어났다'고 이와 같이 그는 그의 전생의 여러 가지 삶의 형태를 구체적으로 상세히 기억한다. 이와 같이 수행승들이여, 노력에 효과가 있고 정진에 효과가 있다.

52. 또한 그는 이와 같이 마음이 통일되어 청정하고 순결하고 때묻지 않고 오염되지 않고 유연하고 유능하고 확립되고 흔들림이 없게 되자 마음을 뭇삶들의 삶과 죽음에 대한 관찰의 지혜로 향하게 한다. 그는 이와 같이 청정한, 인간을 뛰어넘는 하늘눈으로 뭇삶들을 관찰하여, 죽거나 다시 태어나거나 천하거나 귀하거나 아름답거나 추하거나 행복하거나 불행하거나 업보에 따라서 등장하는 뭇삶들을 본다. 예를 들어 '어떤 뭇삶들은 몸으로 악행을 저지르고 입으로 악행을 저지르고 마음으로 악행을 저질렀다. 그들은 고귀한 분들을 비난하고 잘못한 견해를 지니고 잘못된 견해에 따라 행동했다. 그래서 그들은 몸이 파괴되고 죽은 뒤에 괴로운 곳, 나쁜 곳, 타락한 곳, 지옥에 태어났다. 그러나 다른 뭇삶들은 몸으로 선행을 하고 입으로 선행을 하고 마음으로 선행을 하였다. 그들은 고귀한 분들을 비난하지 않고 올바른 견해를 지니고 올바른 견해에 따라 행동했다. 그래서 그들은 육체가 파괴되고 죽은 뒤에 좋은 곳, 하늘

나라에 태어났다'라고 이와 같이 그는 청정한, 인간을 뛰어넘는 하늘눈으로 뭇삶들을 본다. 죽거나 다시 태어나거나 천하거나 귀하거나 아름답거나 추하거나 행복하거나 불행하거나 업보에 따라서 등장하는 뭇삶들을 본다. 이와 같이 수행승들이여, 노력에 효과가 있고 정진에 효과가 있다.

53. 그는 이와 같이 마음이 통일되어 청정하고 순결하고 때묻지 않고 오염되지 않고 유연하고 유능하고 확립되고 흔들림이 없게 되자 마음을 번뇌의 소멸에 대한 관찰의 지혜로 향하게 한다. 그는 '이것이 괴로움이다'라고 있는 그대로 알고, '이것이 괴로움의 생성이다'라고 있는 그대로 알고, '이것이 괴로움의 소멸이다'라고 있는 그대로 알고, '이것이 괴로움의 소멸에 이르는 길이다'라고 있는 그대로 알고, '이것이 번뇌이다'라고 있는 그대로 알고, '이것이 번뇌의 생성이다'라고 있는 그대로 알고, '이것이 번뇌의 소멸이다'라고 있는 그대로 알고, '이것이 번뇌의 소멸에 이르는 길이다'라고 있는 그대로 안다.

54. 이와 같이 알고 이와 같이 보았을 때, 그는 감각적 쾌락에 대한 욕망의 번뇌에서 마음을 해탈하고 존재의 번뇌에서 마음을 해탈하고 무명의 번뇌에서 마음을 해탈한다. 해탈하면 그에게 '나는 해탈했다.'는 앎이 생겨난다. 그는 '태어남은 부서지고 청정한 삶은 이루어졌다. 해야 할 일은 다 마치고 더 이상 윤회하는 일이 없다'고 분명히 안다. 이와 같이 수행승들이여, 노력에 효과가 있고 정진에 효과가 있다.

55. 수행승들이여, 여래는 이와 같이 말한다. 여래가 그와 같이 말하기 때문에, 이와 같은 열 가지 법다운 논거가 여래를 찬탄할 근거

를 제공한다.

1) 수행승들이여, 뭇삶들이 전생에 지은 업 때문에 즐거움이나 괴로움을 경험한다면, 지금 이와 같이 번뇌 없는 즐거운 느낌만을 느끼는 여래는 전생에 훌륭한 행위를 한 자이다.

2) 수행승들이여, 뭇삶들이 주재자의 창조적 활동 때문에 즐거움이나 괴로움을 경험한다면, 지금 이와 같이 번뇌 없는 즐거운 느낌만을 느끼는 여래는 훌륭한 주재자에 의해서 만들어진 자이다.

3) 수행승들이여, 뭇삶들이 환경과 자연에 의해서 만들어졌기 때문에 즐거움이나 괴로움을 경험한다면, 지금 이와 같이 번뇌 없는 즐거운 느낌만을 느끼는 여래는 좋은 환경에 의해서 만들어진 자들이다.

4) 수행승들이여, 뭇삶들이 태생 때문에 즐거움이나 괴로움을 경험한다면, 지금 이와 같이 번뇌 없는 즐거운 느낌만을 느끼는 여래는 훌륭한 태생에 의해서 만들어진 자이다.

5) 수행승들이여, 뭇삶들이 지금 여기에서의 활동에 의해서 만들어졌기 때문에 즐거움이나 괴로움을 경험한다면, 지금 이와 같이 번뇌 없는 즐거운 느낌만을 느끼는 여래는 지금 여기에서 훌륭하게 행동해야 한다.

6) 수행승들이여, 뭇삶들이 전생에 지는 악업 때문에 즐거움이나 괴로움을 경험한다면, 여래는 칭찬 받아야 한다. 수행승들이여, 뭇삶들이 전생에 악업 때문에 즐거움이나 괴로움을 경험하지 않는다고 하더라도, 여래는 칭찬 받아야 한다.

7) 수행승들이여, 뭇삶들이 주재자의 창조적 활동 때문에 즐거움이나 괴로움을 경험한다면, 여래는 칭찬 받아야 한다. 수행승들이여, 뭇삶들이 주재자의 창조적 활동 때문에 즐거움이나 괴로움을 경

험하지 않는다고 하더라도, 여래는 칭찬 받아야 한다.

8) 수행승들이여, 뭇삶들이 환경과 자연 때문에 즐거움이나 괴로움을 경험한다면, 여래는 칭찬 받아야 한다. 수행승들이여, 뭇삶들이 환경과 자연 때문에 즐거움이나 괴로움을 경험하지 않는다고 하더라도, 여래는 칭찬 받아야 한다.

9) 수행승들이여, 뭇삶들이 태생 때문에 즐거움이나 괴로움을 경험한다면, 여래는 칭찬 받아야 한다. 수행승들이여, 뭇삶들이 태생 때문에 즐거움이나 괴로움을 경험하지 않는다고 하더라도, 여래는 칭찬 받아야 한다.

10) 수행승들이여, 뭇삶들이 지금 여기서 지은 악업 때문에 즐거움이나 괴로움을 경험한다면, 여래는 칭찬 받아야 한다. 수행승들이여, 뭇삶들이 지금 여기서 지은 악업 때문에 즐거움이나 괴로움을 경험하지 않는다고 하더라도, 여래는 칭찬 받아야 한다.

수행승들이여, 여래는 이와 같이 말한다. 여래가 그와 같이 말하기 때문에, 이와 같은 열 가지 법다운 논거가 여래를 찬탄할 근거를 제공한다."

56. 이와 같이 세존께서 말씀하시자, 그들 수행승들은 만족하여 세존께서 말씀하신 것을 기쁘게 받아 지녔다.

22. 어떻게 분열을 막고 평화를 가져올 것인가?

[Sāmagāmasutta][450]

대면하게 함으로써 송사를 그치게 할 수 있고, 기억을 환기시킴으로써 송사를 그치게 할 수 있고, 과거의 착란을 인식하게 함으로써 송사를 그치게 할 수 있고, 그밖에 스스로 잘못을 인정하게 함으로써, 대중의 의견을 따름으로써, 상대에 죄악을 물음으로써, 풀로 덮어둠으로써 송사를 그치게 할 수 있다.

1. 이와 같이 나는 들었다. 한 때 세존께서는 싸끼야 국의 싸마가마[451] 마을에 계셨다.

2. 그 때에 바로 니간타 나타뿟따가 빠바에서 목숨을 다했다.[452] 그가 죽자 니간타들은 나뉘어져 두 파로 분열되어 말다툼이 생겨나고 싸움이 생겨나고 논쟁이 생겨나고 서로 입안에 품은 칼로 찔렀다. '너는 이러한 가르침과 계율을[453] 잘 알지 못하지만 나는 이러한 가르침과 계율을 잘 안다. 네가 어떻게 이러한 가르침과 계율을

---

450) 이 경의 원래 제목은 「싸마가마 마을의 경[Sāmagāmasutta]」이다. 우리말 맛지마니까야 4권 301쪽에 있다. MN. II. 243; 中阿含 19, 周那經(大正 1, 752)

451) sāmagāmasutta : 싸끼야 족의 마을로 AN. III. 309에 따르면, 그 마을에는 연못이 있었다. Vedaññā가 그곳에 살았고 부처님은 이곳에서 자이나교의 教條가 죽은 뒤에 法門을 설했다.

452) 이 경의 導入部는 DN. III. 117-118과 同一하다. Nigaṇṭha Nātaputta의 죽음은 DN. III. 210에도 登場한다.

453) dhammavinaya : 부처님의 두가지 手段으로 가르침(dhamma)는 '해야할 것'을 戒律(vinaya)은 '하지 말아야 할 것'을 나타낸다.

잘 알 수 있겠는가? 너는 잘못된 길에 들어섰다. 나는 바른 길에 들어섰다. 나는 일관되지만[454] 너는 일관되지 않다. 너는 앞에 설해야 할 것을 뒤에 설하고 뒤에 설해야 할 것을 앞에 설한다. 네가 생각해낸 것은 전도된 것이고,[455] 너의 주장은 논파되었고, 너는 패배한 것이다. 너의 주장을 해명하기 위해 더 유행하거나[456] 할 수 있다면 해명해 보라.'[457]

3. 니간타의 제자들 가운데는 오로지 살인자만이 있는 것 같았다. 재가의 흰옷을 입은 니간타 나따뿟따의 제자들은 잘못 선포되고 잘못 해설된 가르침과 계율을 지닌 니간타 나따뿟따의 제자들에 대하여 혐오하고 기피하고 실망하였다. 그의 가르침과 계율은 해탈로 이끌지 못하고 적정으로 이끌지 못하는 것으로 올바로 원만히 깨닫지 못한 자에 의하여 설해진 것이므로 지금은 탑묘마저 부서져 의지처를 찾지 못했다.

4. 그때에 새내기 수행자 쭌다가 빠바에서 여름 안거를 마치고 싸마가마에 존자 아난다가 있는 곳을 찾았다. 가까이 다가가서 존자 아난다에게 인사를 드리고 한 쪽으로 물러 앉았다. 한 쪽으로 앉아

---

454) sahitam : Srp. II. 261에 따르면, '부착된(siliṭṭhaṃ)'이란 뜻이다.

455) adhicinnaṃ te viparāvattaṃ : SN. V. 419에서는 adhicinnaṃ을 '실천된 것(āciṇṇaṃ)'이라고 읽는다.

456) cara vādappamokkhāya : MN. IV. 33에 따르면, '걸망에 음식을 가지고 그 사람에게 接近해서 論駁을 하면서 따라다니는 것'을 말한다. Suv. I. 91에 따르면, '憤怒에서 벗어나 자유롭게 떠나 떠돌며 자신을 닦아나가라'는 뜻이다.

457) 이것에 대해 SN. V. 419에서는 부처님은 다음과 같이 말씀하신다: "수행승들이여, 그러한 討論은 바른 理致에 맞지 않고, 청정한 삶을 시작하는데 맞지 않고, 싫어하여 떠나기 위한 것이 아니고, 사라지기 위한 것이 아니고, 消滅하기 위한 것이 아니고, 그치기 위한 것도 아니고, 잘 알기 위한 것도 아니고, 올바로 깨닫기 위한 것도 아니고, 涅槃에 드는데 도움이 되는 것도 아니다. 수행승들이여, 그대들은 討論할 때에 '이것은 괴로움이다'라고 討論하고 '이것은 괴로움의 생성이다'라고 討論하고 '이것은 괴로움의 소멸이다'라고 討論하고 '이것은 괴로움의 소멸에 이르는 길이다'라고 토론해야한다."

서 새내기 수행자 쭌다는 존자 아난다에게 이와 같이 말했다.
[쭌다] "존자여, 니간타 나타뿟따가 빠바에서 목숨을 다했습니다. 그가 죽자 니간타들은 나뉘어져 두 파로 분열되어 말다툼이 생겨나고 싸움이 생겨나고 논쟁이 생겨나고 서로 입안에 품은 칼로 찔렀습니다. '너는 이러한 가르침과 계율을 잘 알지 못하지만 나는 이러한 가르침과 계율을 잘 안다. 네가 어떻게 이러한 가르침과 계율을 잘 알 수 있겠는가? 너는 잘못된 길에 들어섰다. 나는 바른 길에 들어섰다. 나는 일관되지만 너는 일관되지 않다. 너는 앞에 설해야 할 것을 뒤에 설하고 뒤에 설해야 할 것을 앞에 설한다. 네가 생각해낸 것은 전도된 것이고, 너의 주장은 논파되었고, 너는 패배한 것이다. 너의 주장을 해명하기 위해 더 유행하거나 할 수 있다면 해명해 보라.' 니간타의 제자들 가운데는 오로지 살인자만이 있는 것 같았습니다. 재가의 흰옷을 입은 니간타 나따뿟따의 제자들은 잘못 선포되고 잘못 해설된 가르침과 계율을 지닌 니간타 나따뿟따의 제자들에 대하여 혐오하고 기피하고 실망하였습니다. 그의 가르침과 계율은 해탈로 이끌지 못하고 적정으로 이끌지 못하는 것으로 올바로 원만히 깨닫지 못한 자에 의하여 설해진 것이므로 지금은 탑묘마저 부서져 의지처를 찾지 못합니다."

5. 이와 같이 말하자 존자 아난다는 새내기 수행자 쭌다에게 이와 같이 말했다.
[아난다] "벗이여 쭌다여, 그것은 세존께 알려드려야 할 소식이다. 벗이여 쭌다여, 우리는 세존께서 계신 곳으로 갑시다. 가서 이 사연을 세존께 전합시다."
[쭌다] "존자여, 그렇게 합시다."
새내기 수행자 쭌다는 존자 아난다에게 대답했다.

6. 그래서 존자 아난다와 새내기 수행자 쭌다는 세존께서 계신 곳을 찾았다. 다가가서 세존께 인사를 드리고 한 쪽으로 물러 앉았다. 한 쪽으로 물러 앉아서 존자 아난다는 세존께 이와 같이 말했다.
[아난다] "세존이시여, 새내기 수행자 쭌다는 이와 같이 말했습니다. '존자여, 니간타 나타뿟따가 빠바에서 목숨을 다했습니다. 그가 죽자 니간타들은 나뉘어져 두 파로 분열되어 말다툼이 생겨나고 싸움이 생겨나고 논쟁이 생겨나고 서로 입안에 품은 칼로 찔렀습니다. '너는 이러한 가르침과 계율을 잘 알지 못하지만 나는 이러한 가르침과 계율을 잘 안다. 네가 어떻게 이러한 가르침과 계율을 잘 알 수 있겠는가? 너는 잘못된 길에 들어섰다. 나는 바른 길에 들어섰다. 나는 일관되지만 너는 일관되지 않다. 너는 앞에 설해야 할 것을 뒤에 설하고 뒤에 설해야 할 것을 앞에 설한다. 네가 생각해낸 것은 전도된 것이고, 너의 주장은 논파되었고, 너는 패배한 것이다. 너의 주장을 해명하기 위해 더 유행하거나 할 수 있다면 해명해 보라.' 니간타의 제자들 가운데는 오로지 살인자만이 있는 것 같았습니다. 재가의 흰옷을 입은 니간타 나따뿟따의 제자들은 잘못 선포되고 잘못 해설된 가르침과 계율을 지닌 니간타 나따뿟따의 제자들에 대하여 혐오하고 기피하고 실망하였습니다. 그의 가르침과 계율은 해탈로 이끌지 못하고 적정으로 이끌지 못하는 것으로 올바로 원만히 깨닫지 못한 자에 의하여 설해진 것이므로 지금은 탑묘마저 부서져 의지처를 찾지 못합니다.' 세존이시여, 저는 '세존께서 가신 뒤에는 참모임에 다툼이 생겨나지 말아야 한다. 그 다툼은 많은 사람에게 불이익을 가져오고 많은 사람에게 불행을 가져오고 신들과 인간의 손해, 해악, 고통을 가져올 것이다'라고 생각했습니다.

7. [세존] “아난다여, 그대는 어떻게 생각하는가? 내가 깨달아 설한 법, 즉 네 가지 새김의 토대, 네 가지 올바른 노력, 네 가지 신통의 기초, 다섯 가지 능력, 다섯 가지 힘, 일곱 가지 깨달음의 고리, 여덟 가지 성스러운 길,[458] 이들 법들에 대하여, 아난다여, 심지어 두 수행승이라도 서로 다른 주장을 하는 것을 보았는가?”[459]
[아난다] “세존이시여, 세존께서 깨달아 설한 법 즉 네 가지 새김의 토대, 네 가지 올바른 노력, 네 가지 신통의 기초, 다섯 가지 능력, 다섯 가지 힘, 일곱 가지 깨달음의 고리, 여덟 가지 성스러운 길, 이들 법들에 대하여, 세존이시여, 심지어 두 수행승이라도 서로 다른 주장을 하는 것을 보지 못했습니다. 그렇지만 세존이시여, 세존을 존경하는 사람들도 세존께서 가신 뒤에는 승단에서 수행생활에 대하여, 계율의 수행규칙에 대하여[460] 다툼이 있을 것입니다. 그 다툼은 많은 사람에게 불이익을 가져오고 많은 사람에게 불행을 가져오고 신들과 인간의 손해, 해악, 고통을 가져올 것입니다.”

8. [세존] “아난다여, 수행생활에 대하여, 계율의 수행규칙에 대하여 다툼이 있을 것이라면 오히려 사소한 것이다. 아난다여, 참모임

458) 서른 일곱가지의 깨달음에 도움이 되는 길(三十七助道品: sattatiṃsa bodhipakkhiyā dhammā)을 말한다. cattāro satipaṭṭhānā (四念處)는 신체·느낌·마음·사실에 대한 관찰을 말하고 cattāro sammappadhānā (四正勤)은 (악에 대한) 방지·버림과 (선에 대한) 닦음·수호의 노력을 말한다. cattāro iddhipādā (四神足)은 의욕·정진·마음·사유의 집중과 노력에 의해 형성되는 신통을 말하고, pañc'indriyā(五根)과 pañcan balāni(五力)은 믿음·정진·새김·집중·지혜를 말하고, satta bojjhaṅgā(七覺支)는 새김·탐구·정진·희열·안온·집중·평정의 깨달음 고리를 말한다. ariya aṭṭhaṅgika magga(八聖道)는 올바른 견해·사유·언어·행위·생활·정진·새김·집중을 말한다.

459) Pps. IV. 37에 따르면, 두 수행승 사이의 論爭은 Vin. I. 352(Kosambakkhandhaka)에 기록되어 있다. 사람들이 두 파로 갈라질 정도로 큰 論爭이었다.

460) adhipātimokkha : 여기서 戒律의 項目이란 Pps. IV. 38에 따르면, 승단에서 추방되는 무거운 죄인 斷頭罪(pārājika)나 律藏의 附隨(parivāra)에 언급된 罪에 대한 項目이 아닌 나머지 修行規則을 말한다.

에서 깨달음에 이르는 길에 관하여, 방도에 관하여 다툼이 생긴다면, 그 다툼은 많은 사람에게 불이익을 가져오고 많은 사람에게 불행을 가져오고 신들과 인간의 손해, 해악, 고통을 가져올 것이다.

9. 아난다여, 이러한 것들을 여섯 가지 다툼의 뿌리라고 한다. 어떠한 것이 여섯 가지인가?

10. 아난다여, 여기 어떤 수행승이 분노하고 적의를 가지고 있다. 아난다여, 이 세상에서 수행승이 분노하고 적의를 갖고 있게 되면, 그는 스승을 공경하지 않게 되고, 존경하지 않게 되고, 가르침을 공경하지 않게 되고, 존경하지 않게 되고, 참모임을 공경하지 않게 되고, 존경하지 않게 되고, 배움도 원만히 이루지 못하게 된다. 아난다여, 그가 스승을 공경하지 않게 되고, 존경하지 않게 되고, 가르침을 공경하지 않게 되고, 존경하지 않게 되고, 참모임을 공경하지 않게 되고, 존경하지 않게 되고, 배움도 원만히 이루지 못하게 되면, 그로 인해 참모임에 다툼이 생겨난다. 그 다툼은 많은 사람에게 불이익을 가져오고 많은 사람에게 불행을 가져오고 신들과 인간의 손해, 해악, 고통을 가져올 것이다. 아난다여, 그대들은 혹은 안으로 혹은 밖으로 이와 같은 다툼의 뿌리를 보게 되면, 그 때에 아난다여, 그대들은 그러한 악한 다툼의 뿌리를 끊어버리도록 정진해야 한다. 아난다여, 그대들은 혹은 안으로 혹은 밖으로 이와 같은 다툼의 뿌리를 찾지 못하게 되면, 그 때에 아난다여, 그대들은 그러한 악한 다툼의 뿌리가 미래에 생겨나지 않도록 수행해야 한다. 이와 같이 해서 그러한 악한 다툼의 뿌리를 제거하고, 그러한 악한 다툼의 뿌리가 미래에 생겨나지 않게 한다.

11. 아난다여, 여기 어떤 수행승이 오만하고 불손하다. 아난다여,

이 세상에서 수행승이 오만하고 불손하게 되면, 그는 스승을 공경하지 않게 되고, 존경하지 않게 되고, 가르침을 공경하지 않게 되고, 존경하지 않게 되고, 참모임을 공경하지 않게 되고, 존경하지 않게 되고, 배움도 원만히 이루지 못하게 된다. 아난다여, 그는 스승을 공경하지 않게 되고, 존경하지 않게 되고, 가르침을 공경하지 않게 되고, 존경하지 않게 되고, 참모임을 공경하지 않게 되고, 존경하지 않게 되고, 배움도 원만히 이루지 못하게 되면, 그로 인해 참모임에 다툼이 생겨난다. 그 다툼은 많은 사람에게 불이익을 가져오고 많은 사람에게 불행을 가져오고 신들과 인간의 손해, 해악, 고통을 가져올 것이다. 아난다여, 그대들은 혹은 안으로 혹은 밖으로 이와 같은 다툼의 뿌리를 보게 되면, 그 때에 아난다여, 그대들은 그러한 악한 다툼의 뿌리를 끊어버리도록 정진해야 한다. 아난다여, 그대들은 혹은 안으로 혹은 밖으로 이와 같은 다툼의 뿌리를 찾지 못하게 되면, 그 때에 아난다여, 그대들은 그러한 악한 다툼의 뿌리가 미래에 생겨나지 않도록 수행해야 한다. 이와 같이 해서 그러한 악한 다툼의 뿌리를 제거하고, 그러한 악한 다툼의 뿌리가 미래에 생겨나지 않게 한다.

12. 아난다여, 여기 어떤 수행승이 시기가 많고 인색하다. 아난다여, 이 세상에서 수행승이 시기가 많고 인색하다면, 그는 스승을 공경하지 않게 되고, 존경하지 않게 되고, 가르침을 공경하지 않게 되고, 존경하지 않게 되고, 참모임을 공경하지 않게 되고, 존경하지 않게 되고, 배움도 원만히 이루지 못하게 된다. 아난다여, 그가 스승을 공경하지 않게 되고, 존경하지 않게 되고, 가르침을 공경하지 않게 되고, 존경하지 않게 되고, 참모임을 공경하지 않게 되고, 존경하지 않게 되고, 배움도 원만히 이루지 못하게 되면, 그로 인해

참모임에 다툼이 생겨난다. 그 다툼은 많은 사람에게 불이익을 가져오고 많은 사람에게 불행을 가져오고 신들과 인간의 손해, 해악, 고통을 가져올 것이다. 아난다여, 그대들은 혹은 안으로 혹은 밖으로 이와 같은 다툼의 뿌리를 보게 되면, 그 때에 아난다여, 그대들은 그러한 악한 다툼의 뿌리를 끊어버리도록 정진해야 한다. 아난다여, 그대들은 혹은 안으로 혹은 밖으로 이와 같은 다툼의 뿌리를 찾지 못하게 되면, 그 때에 아난다여, 그대들은 그러한 악한 다툼의 뿌리가 미래에 생겨나지 않도록 수행해야 한다. 이와 같이 해서 그러한 악한 다툼의 뿌리를 제거하고, 그러한 악한 다툼의 뿌리가 미래에 생겨나지 않게 한다.

13. 아난다여, 여기 어떤 수행승이 속이고 거짓을 행한다. 아난다여, 이 세상에서 수행승이 속이고 거짓을 행하면, 그는 스승을 공경하지 않게 되고, 존경하지 않게 되고, 가르침을 공경하지 않게 되고, 존경하지 않게 되고, 참모임을 공경하지 않게 되고, 존경하지 않게 되고, 배움도 원만히 이루지 못하게 된다. 아난다여, 그가 스승을 공경하지 않게 되고, 존경하지 않게 되고, 가르침을 공경하지 않게 되고, 존경하지 않게 되고, 참모임을 공경하지 않게 되고, 존경하지 않게 되고, 배움도 원만히 이루지 못하게 되면, 그로 인해 참모임에 다툼이 생겨난다. 그 다툼은 많은 사람에게 불이익을 가져오고 많은 사람에게 불행을 가져오고 신들과 인간의 손해, 해악, 고통을 가져올 것이다. 아난다여, 그대들은 혹은 안으로 혹은 밖으로 이와 같은 다툼의 뿌리를 보게 되면, 그 때에 아난다여, 그대들은 그러한 악한 다툼의 뿌리를 끊어버리도록 정진해야 한다. 아난다여, 그대들은 혹은 안으로 혹은 밖으로 이와 같은 다툼의 뿌리를 찾지 못하게 되면, 그 때에 아난다여, 그대들은 그러한 악한 다툼의

뿌리가 미래에 생겨나지 않도록 수행해야 한다. 이와 같이 해서 그러한 악한 다툼의 뿌리를 제거하고, 그러한 악한 다툼의 뿌리가 미래에 생겨나지 않게 한다.

14. 아난다여, 이 세상에 수행승이 악을 원하고 잘못된 견해를 가지면서 그러한 자신의 견해에 집착하고 그 울타리를 치고 놓아버리기 어렵게 된다고 하자. 아난다여, 이 세상에서 수행승이 자신의 견해에 집착하고 그 울타리를 치고 놓아버리기 어렵게 되면, 그는 스승을 공경하지 않게 되고, 존경하지 않게 되고, 가르침을 공경하지 않게 되고, 존경하지 않게 되고, 참모임을 공경하지 않게 되고, 존경하지 않게 되고, 배움도 원만히 이루지 못하게 된다. 아난다여, 그가 스승을 공경하지 않게 되고, 존경하지 않게 되고, 가르침을 공경하지 않게 되고, 존경하지 않게 되고, 참모임을 공경하지 않게 되고, 존경하지 않게 되고, 배움도 원만히 이루지 못하게 되면, 그로 인해 참모임에 다툼이 생겨난다. 그 다툼은 많은 사람에게 불익을 가져오고 많은 사람에게 불행을 가져오고 신들과 인간의 손해, 해악, 고통을 가져올 것이다. 아난다여, 그대들은 혹은 안으로 혹은 밖으로 이와 같은 다툼의 뿌리를 보게 되면, 그 때에 아난다여, 그대들은 그러한 악한 다툼의 뿌리를 끊어버리도록 정진해야 한다. 아난다여, 그대들은 혹은 안으로 혹은 밖으로 이와 같은 다툼의 뿌리를 보지 못하게 되면, 그 때에 아난다여, 그대들은 그러한 악한 다툼의 뿌리가 미래에 생겨나지 않도록 조치를 취해야 한다. 이와 같이 해서 그러한 악한 다툼의 뿌리를 제거하고, 그러한 악한 다툼의 뿌리가 미래에 생겨나지 않게 한다. 아난다여, 이러한 것들이 여섯 가지 다툼의 뿌리이다.

15. 아난다여, 이와 같은 네 가지의 송사가 있다. 네 가지란 어떠한 것인가? 논쟁으로 인한 송사, 고발로 인한 송사, 범죄로 인한 송사, 절차로 인한 송사가 있다.461)

16. 아난다여, 이미 생겨난 송사를 해결하고 그치게 하기 위해 일곱 가지의 송사해결책이 있다. 대면하게 함으로써 송사를 그치게 할 수 있고, 기억을 환기시킴으로써 송사를 그치게 할 수 있고, 과거의 착란을 인식하게 함으로써 송사를 그치게 할 수 있고, 그밖에 스스로 잘못을 인정하게 함으로써, 대중의 의견을 따름으로써, 상대에 죄악을 물음으로써, 풀로 덮어둠으로써 송사를 그치게 할 수 있다.462)

17. 아난다여, 대면함으로써 송사를 그치게 하는 것이란 무엇인가? 이 세상에서 수행승이 '이것이 가르침이다. 이것은 가르침이 아니다. 이것은 계율이고 이것은 계율이 아니다'라고 다툰다. 아난다여, 그러한 수행승들은 모두 화합하여 모여야 할 것이다. 함께 만나서 가르침에 따른 원칙을 마련해야 할 것이다. 가르침에 따른 원칙을 적용하면 그에 따라 송사를 그치게 할 수 있을 것이다. 아난다여, 어떤 송사는 이와 같이 대면함으로써 그쳐지게 된다.

18. 아난다여, 대중의 의견을 따르는 것은 어떠한 것인가? 만약 그들 수행승들이 주처에서 송사를 해결할 수 없으면, 그들은 보다 많

461) 四諍事(cattār'imāni adhikaraṇāni) : ① 論爭事(vivādādhikaraṇaṃ), ② 非難事(anuvādādhikaraṇaṃ), ③ 罪諍事(āpattādhikaraṇaṃ) ④ 行諍事(kiccādhikaraṇaṃ). Vin. II. 88에 이 네 가지 訟事가 상세히 언급되어 있다.

462) 七滅諍(satta adhikaraṇasamathā) : ① 現前毘奈耶(sammukhāvinayo), ② 憶念毘奈耶(sativinayo), ③ 不痴毘奈耶(amūḷhavinayo), ④ 自認(paṭiññāya), ⑤ 多人語(yebhuyyassikā), ⑥ 求彼罪(tassapāpiyyasikā), ⑦ 如草覆地(tiṇavatthārako). 이러한 滅諍에 관하여 Vin. II. 79-100을 살펴 보라.

은 대중들이 있는 곳으로 가야 한다. 그곳에서 아난다여, 그러한 수행승들은 모두 화합하여 모여야 할 것이다. 함께 만나서 가르침에 따른 원칙을 마련해야 할 것이다. 가르침에 따른 원칙을 적용하면 그에 따라 송사를 그치게 할 수 있을 것이다. 아난다여, 어떤 송사는 이와 같이 대중의 의견을 따름으로써 그쳐지게 된다.

19. 아난다여, 기억을 환기시킴으로써 송사를 그치게 하는 것이란 무엇인가? 이 세상에서 수행승들이 승단추방죄[463]나 승단추방죄에 준하는 이러이러한 중죄를 범해서 한 수행승을 '존자는 승단추방죄나 승단추방죄에 준하는 이러이러한 중죄를 범한 것을 기억하는가?'라고 문책한다고 하자. 그는 이와 같이 '존자들이여, 나는 승단추방죄나 승단추방죄에 준하는 이러이러한 중죄를 범한 기억이 없다'라고 답변한다. 아난다여, 이와 같이 한다면, 그 비구에 대하여 기억을 환기시킴으로써 송사를 그치게 할 수 있을 것이다. 아난다여, 이와 같이 기억을 환기시킨다. 아난다여, 이와 같이 어떤 송사는 기억을 환기시킴으로써 그쳐지게 된다.

20. 아난다여, 과거의 착란을 인식하게 함으로써 송사를 그치게 하는 것이란 무엇인가? 이 세상에서 수행승들이 승단추방죄나 승단추방죄에 준하는 이러이러한 중죄를 범해서 한 수행승을 '존자는 승단추방죄나 승단추방죄에 준하는 이러이러한 중죄를 범한 것을 기억하는가?'라고 문책한다고 하자. 그는 이와 같이 '존자들이여, 나는 승단추방죄나 승단추방죄에 준하는 이러이러한 중죄를 범한 것을 기억이 없다'라고 답변한다. 그들은 그의 자백에도 불구하고 '존자는 승단추방죄나 승단추방죄에 준하는 이러이러한 중죄를 범

463) pārājika : 派羅夷罪 또는 斷頭罪라고 한다.

한 것을 기억하는지 못하는지 잘 생각해보라'라고 추궁한다. 그들은 이와 같이 '존자여, 나는 착란되어 정신이 나갔었다. 내가 착란되었을 때에 수행자에게 부적절한 많은 짓을 했다. 나는 기억하지 못한다. 내가 그러한 짓을 했을 때에 나는 착란되어 있었다'라고 답변한다. 아난다여, 이와 같이 착란을 인식시킨다. 아난다여, 이와 같이 어떤 송사는 착란을 인식시킴으로써 그쳐지게 된다.

21. 아난다여, 스스로의 잘못을 인정함으로써 송사를 그치게 하는 것이란 무엇인가? 이 세상에서 수행승이 가책을 느끼거나 가책을 받아서 죄를 기억하고 고백하고 자백한다고 하자. 그는 자신보다 나이가 많은 수행승이 있는 곳을 찾아서 한 쪽 어깨에 옷을 걸치고 두 발에 예배를 드리고 무릎을 꿇고 합장하여 이와 같이 말하여야 한다 '존자여, 저는 이와 같은 계율을 범했습니다. 저는 그것을 고백합니다.' 그는 질문하여 말한다. '그대는 그것을 보는가?' '저는 그것을 봅니다.' '앞으로는 계율을 지킬 것인가?' '저는 계율을 지킬 것입니다.' 아난다여, 이와 같이 스스로의 잘못을 인정한다. 아난다여. 이와 같이 어떤 송사는 스스로의 잘못을 인정함으로써 그쳐지게 된다.

22. 아난다여, 상대방이 죄악을 자인하게 함으로써 송사를 그치게 하는 것이란 무엇인가? 이 세상에서 수행승들이 승단추방죄나 승단추방죄에 준하는 중죄를 범해서 한 수행승을 '존자는 승단추방죄나 승단추방죄에 준하는 이러이러한 중죄를 범한 것을 기억하는가?'라고 문책한다고 하자. 그는 이와 같이 '존자들이여, 나는 승단추방죄나 승단추방죄에 준하는 이러이러한 중죄를 범한 기억이 없다'라고 답변한다. 그는 그의 자백에도 불구하고 '존자는 승단추방

죄나 승단추방죄에 준하는 이러이러한 중죄를 범한 것을 기억하는지 못하는지 잘 생각해 보라'라고 추궁한다. 그는 이와 같이 '존자여, 나는 승단추방죄나 승단추방죄에 준하는 중죄를 범한 기억이 없다. 존자여, 나는 이와 같은 가벼운 죄를 범한 것을 기억한다'라고 답변한다. 그는 그의 자백에도 불구하고 다시 이와 같이 '존자는 승단추방죄나 승단추방죄에 준하는 이러이러한 중죄를 범한 것을 기억하는지 못하는지 다시 잘 생각해 보라'라고 추궁한다. 그는 이와 같이 '존자들이여, 묻지 않아도 나는 이러이러한 가벼운 죄를 범한 것을 자인했는데, 묻는데 내가 왜 내가 승단추방죄나 승단추방죄에 준하는 이러이러한 중죄를 범한 것을 자인하지 않겠는가?'라고 답변한다. 다른 자가 '존자여, 그야말로 묻지 않았다면 그대는 이러이러한 가벼운 죄를 범한 것을 자인하지 않았을 것이다. 묻는다고 왜 그대가 승단추방죄나 승단추방죄에 준하는 중죄를 범한 것을 자인하겠는가? 존자는 승단추방죄나 승단추방죄에 준하는 이러이러한 중죄를 범한 것을 기억하는지 못하는지 또 다시 잘 생각해보라'라고 말한다. 그제서야 그는 '존자들이여, 참으로 승단추방죄나 승단추방죄에 준하는 이러이러한 중죄를 범한 것을 기억한다. 내가 승단추방죄나 승단추방죄에 준하는 이러이러한 중죄를 범한 것을 기억하지 못한다고 말했던 것은 조급하고 혼란스러웠기 때문이다'라고 답변한다. 아난다여, 이와 같이 상대방이 죄악을 자인하게 한다. 아난다여, 이와 같이 어떤 송사는 상대방이 죄악을 자인하게 함으로써 그쳐지게 된다.

23. 아난다여, 풀로 덮어둠으로써 송사를 그치게 하는 것이란 무엇인가? 아난다여, 이 세상에서 수행승들에게 말다툼이 생겨나고 싸움이 생겨나고 논쟁이 생겨나면, 수행자에게 어울리지 않는 많은

행위와 언행이 생겨난다. 아난다여, 그러한 수행승들은 모두 화합하여 모여야 할 것이다. 어느 한 쪽 편에 앉아 있는 수행승들 가운데 보다 합리적이라고 생각되는 한 수행승이 자리에서 일어나 윗옷을 한 쪽 어깨에 걸치고 합장하여 참모임에 '참모임은 원컨대 저의 말을 들어주십시오. 우리들에게 말다툼이 생겨나고 싸움이 생겨나고 논쟁이 생겨나, 수행자에게 어울리지 않는 많은 행위와 언행이 생겨났습니다. 만약 참모임에서 기회를 주시면, 이 존자들이 계를 범한 것과 우리가 계를 범한 것을 이들 존자들을 위하여, 그리고 우리 자신을 위하여 참모임과 관계된 중대한 죄악[464]과 재가신자와 관계된 죄악을[465] 제외한 어떠한 이들 존자들의 잘못이나 저의 잘못이든 풀을 덮어두는 방식으로 고백합니다'라고 알려야 할 것이다. 그리고 나서 반대편에 앉아 있는 자들 가운데 보다 합리적이라고 생각되는 한 수행승이 자리에서 일어나 위옷을 한 쪽 어깨에 걸치고 합장하여 참모임에 입법을 위해 소집해야 할 것이다. '참모임은 원컨대 저의 말을 들어주십시오. 우리들에게 말다툼이 생겨나고 싸움이 생겨나고 논쟁이 생겨나, 수행자에게 어울리지 않는 많은 행위와 언행이 생겨났습니다. 만약 참모임에서 기회를 주시면, 이 존자들이 계를 범한 것과 우리가 계를 범한 것을 이들 존자들을 위하여, 그리고 우리 자신을 위하여 참모임과 관계된 중대한 죄악과 재가신자와 관계된 것을 제외한 어떠한 이들 존자들의 잘못이나 저의 잘못이든 풀로 덮어두는 방법으로 고백합니다'라고 알려야 할 것이다. 아난다여, 이와 같이 풀로 덮어둔다. 아난다여, 이와 같이 풀로 덮어둠으로써 어떤 송사는 그쳐지게 된다.

464) Pps. IV. 50에 따르면, 승단에서 추방되는 죄[斷頭罪 : pārajika]나 대중에 참회하고 승단에 남아있을 수 있는 죄[僧殘罪 : saṅghādisesa]를 말한다.

465) Pps. IV. 50에 따르면, 修行僧이 在家의 信者를 욕하고 모욕하는 것을 말한다.

24. 아난다여, 사랑과 존경을 낳고 협조, 평화, 조화, 일치로 이끄는 여섯 가지 새김의 원리가 있다. 여섯 가지란 어떠한 것인가?

1) 이 세상에서 수행승이 동료수행자에게 공적으로나 사적으로 자애로운 신체적인 행위를 유지한다. 이것이 사랑과 존경을 만들어내어 협조, 평화, 조화, 일치로 이끄는 새김의 원리이다.

2) 이 세상에서 수행승이 동료수행자에게 공적으로나 사적으로 자애로운 언어적인 행위를 유지한다. 이것이 사랑과 존경을 만들어내어 협조, 평화, 조화, 일치로 이끄는 새김의 원리이다.

3) 또한 수행승이 동료수행자에게 공적으로나 사적으로 자애로운 정신적인 행위를 유지한다. 이것이 사랑과 존경을 만들어내어 협조, 평화, 조화, 일치로 이끄는 새김의 원리이다.

4) 또한 수행승이 동료수행자와 함께, 법답고 여법하게 얻은 어떠한 것이든지 아래로는 발우에 받는 것에 이르기까지 계행을 지키는 동료수행자와 함께 수용하여 남김없이 나눈다. 이것이 사랑과 존경을 만들어내어 협조, 평화, 조화, 일치로 이끄는 새김의 원리이다.

5) 또한 수행승이 파괴되지 않고, 찢기지 않고, 얼룩지지 않고, 오점이 없고, 장애가 없고, 현자가 칭찬하고, 집착이 없고, 집중으로 이끄는 계행에 일치하도록 계행을 갖추고 사적으로나 공적으로 동료수행자와 함께 지낸다. 이것이 사랑과 존경을 만들어내어 협조, 평화, 조화, 일치로 이끄는 새김의 원리이다.

6) 또한 수행승이 고귀하고, 해탈로 이끌고, 그렇게 수행하는 자를 완전한 괴로움의 소멸로 이끄는 견해에 일치하도록 견해를 갖추고 사적으로나 공적으로 동료수행자와 함께 지낸다. 이것이 사랑과 존경을 만들어내어 협조, 평화, 조화, 일치로 이끄는 새김의 원리이다.

아난다여, 이와 같이 사랑과 존경을 만들어내어 협조, 평화, 조화, 일치로 이끄는 여섯 가지 새김의 원리가 있다.

25. 아난다여, 그대들이 이러한 여섯 가지 새김의 원리를 지니고 실천한다면, 사소하거나 크거나 간에 그대들이 참을 수 없는 불화를 만나겠는가?"

[아난다] "세존이시여, 그렇지 않습니다."

[세존] "그러므로 아난다여, 여섯 가지 새김의 원리를 지니고 실천하라. 그것이 오랜 세월 그대들을 번영과 행복으로 이끌 것이다."

26. 세존께서는 이와 같이 말씀하셨다. 존자 아난다는 만족하여 세존께서 말씀하신 것에 대해 기뻐했다.

23. 무엇을 계발하고, 계발하지 말아야 하는가?

[Sevitabbāsevitabbasutta][466]

그것을 원인으로 악하고 불건전한 것이 늘어나고 착하고 건전한 것이 줄어들면 그러한 신체적인 행위는 계발하지 말아야 한다. 그러나 그것을 원인으로 악하고 불건전한 것이 줄어들고 착하고 건전한 것이 늘어나면 그러한 신체적인 행위는 계발해야 한다.

1. 이와 같이 나는 들었다. 한 때 세존께서 싸밧티 시의 제따바나에 있는 아나타삔디까 승원에 계셨다.

2. 그 때에 세존께서는 "수행승들이여"라고 수행승들을 불렀다. 수행승들은 세존께 "세존이시여"라고 대답했다.

3. 그러자 세존께서는 이와 같이 말씀하셨다.
[세존] "수행승들이여, 나는 그대들에게 계발해야 할 것과 계발하지 말아야 할 것에 관한 법문을 설하겠다. 내가 설하는 것을 듣고 잘 새겨라."
[수행승들] "세존이시여, 그렇게 하겠습니다."
수행승들은 대답했다. 세존께서는 이와 같이 말씀하셨다.

---

466) 이 경의 원래 제목은 「계발해야 할 것과 계발하지 말아야 할 것의 경[Sevitabbāsevitabbasutta]」이다. 우리말 『맛지마니까야』 4권 423쪽에 있다.MN. III. 45; 漢譯에는 없다. 이 경전에서 싸리뿟따의 對答을 부처님께서 認可하시며 다시 反復하는 부분은 省略했다.

4. [세존]

1) "수행승들이여, 신체적인 행위에는 두 종류가 있다. 이를테면, 계발해야 할 것과 계발하지 말아야 할 것이다. 이것은 상호 상반되는 신체적 행위이다.[467]

2) 수행승들이여, 언어적인 행위에는 두 종류가 있다. 이를테면, 계발해야 할 것과 계발하지 말아야 할 것이다. 이것은 상호 상반되는 언어적 행위이다.

3) 수행승들이여, 정신적인 행위에는 두 종류가 있다. 이를테면, 계발해야 할 것과 계발하지 말아야 할 것이다. 이것은 상호 상반되는 정신적 행위이다.

4) 수행승들이여, 마음의 경향에는 두 종류가 있다. 이를테면, 계발해야 할 것과 계발하지 말아야 할 것이다. 이것은 상호 상반되는 마음의 경향이다.

5) 수행승들이여, 지각의 획득에는 두 종류가 있다. 이를테면, 계발해야 할 것과 계발하지 말아야 할 것이다. 이것은 상호 상반되는 지각의 획득이다.

6) 수행승들이여, 견해의 획득에는 두 종류가 있다. 이를테면, 계발해야 할 것과 계발하지 말아야 할 것이다. 이것은 상호 상반되는 견해의 획득이다.

7) 수행승들이여, 개성의 획득에는 두 종류가 있다. 이를테면, 계발해야 할 것과 계발하지 말아야 할 것이다. 이것은 상호 상반되는 개성의 획득이다.

---

467) aññamaññaṃ : Pps. IV. 100에 따르면, 이 두 가지는 相互排他的인 行爲이고 하나가 다른 것으로 여겨질 수 없는 것이다.

5. 이처럼 말씀하시자 존자 싸리뿟따는 세존께 이와 같이 말씀드렸다.

[싸리뿟따] "세존이시여, 세존께서 간략하게 말씀하셨을 뿐 상세히 말씀하시지 않은 것의 상세한 뜻을 저는 이와 같이 알고 있습니다.

6. 세존께서는 '수행승들이여, 신체적인 행위에는 두 종류가 있다. 이를테면, 계발해야 할 것과 계발하지 말아야 할 것이 있다. 이것은 상호 상반되는 신체적 행위이다'라고 말씀하셨습니다. 무엇과 관련해서 이와 같이 설해졌습니까?

7. 세존이시여, 그것을 원인으로 악하고 불건전한 것이 늘어나고 착하고 건전한 것이 줄어들면 그러한 신체적인 행위는 계발하지 말아야 할 것입니다. 그러나 세존이시여, 그것을 원인으로 악하고 불건전한 것이 줄어들고 착하고 건전한 것이 늘어나면 그러한 신체적인 행위는 계발해야 할 것입니다.

8. 세존이시여, 어떠한 신체적 행위가 악하고 불건전한 것을 늘어나게 하고 착하고 건전한 것을 줄어들게 합니까? 세존이시여, 이 세상에서 어떤 사람은[468]

1) 살아있는 생명을 죽입니다. 그는 잔인하여 손에 피를 묻히고 살육에 전념하고 살아있는 존재에 대하여 자비심이 없습니다.
2) 주지 않는 것을 빼앗습니다. 그는 마을이나 숲에 있는 다른 사람의 부와 재산을 주지 않은 것임에도 남몰래 훔칩니다.
3) 사랑을 나눔에 잘못된 행위를 합니다. 어머니의 보호를 받고 있고, 아버지의 보호를 받고 있고, 부모의 보호를 받고 있고, 형제의

468) 이하 상당부분은 MN. 41. 「쌀라 마을 장자들에 대한 경[Sāleyyakasutta]」과 동일하므로 그곳에서 주석을 살펴보라.

보호를 받고 있고, 자매의 보호를 받고 있고, 친족의 보호를 받고 있고, 이미 혼인했거나, 주인이 있거나, 법의 보호를 받거나, 심지어 약혼의 표시로 꽃다발을 쓴 여인과 관계합니다.

세존이시여, 이러한 신체적 행위가 악하고 불건전한 것을 늘어나게 하고 착하고 건전한 것을 줄어들게 합니다.

9. 세존이시여, 어떠한 신체적 행위가 악하고 불건전한 것을 줄어들게 하고 착하고 건전한 것을 늘어나게 합니까? 세존이시여, 이 세상에서 어떤 사람은

1) 살아있는 생명을 죽이는 것을 떠나고, 살아있는 생명을 죽이는 것을 삼갑니다. 그는 몽둥이를 버리고, 칼을 버리고, 부끄러워하고, 자비로워서, 모든 뭇삶을 가엾게 여깁니다.
2) 주지 않는 것을 빼앗는 것을 떠나고, 주지 않는 것을 빼앗는 것을 삼갑니다. 그는 마을에나 또는 숲에 있는 다른 사람의 부와 재산에 대하여, 그 주지 않은 것을 남몰래 훔치지 않습니다.
3) 사랑을 나눔에 잘못된 행위를 떠나고 사랑을 나눔에 잘못된 행위를 삼갑니다. 어머니의 보호를 받고 있고, 아버지의 보호를 받고 있고, 부모의 보호를 받고 있고, 형제의 보호를 받고 있고, 자매의 보호를 받고 있고, 친족의 보호를 받고 있거나, 이미 혼인했거나, 주인이 있거나, 법의 보호를 받거나, 더구나 약혼의 표시로 꽃다발을 쓴 여인과 관계하지 않습니다.

세존이시여, 이러한 신체적 행위가 악하고 불건전한 것을 줄어들게 하고 착하고 건전한 것을 늘어나게 합니다.

10. 세존이시여, 이것과 관련하여 세존께서는 '수행승들이여, 신체적인 행위에는 두 종류가 있다. 이를테면, 계발해야 할 것과 계발하

지 말아야 할 것이 있다. 이것은 상호 상반되는 신체적 행위이다'라고 말씀하셨습니다."

11. 세존께서는 '수행승들이여, 언어적인 행위에는 두 종류가 있다. 이를테면, 계발해야 할 것과 계발하지 말아야 할 것이 있다. 이것은 상호 상반되는 언어적 행위이다'라고 말씀하셨습니다. 무엇과 관련해서 이와 같이 설해졌습니까?

12. 세존이시여, 그것을 원인으로 악하고 불건전한 것이 늘어나고 착하고 건전한 것이 줄어들면 그러한 언어적인 행위는 계발하지 말아야 할 것입니다. 그러나 세존이시여, 그것을 원인으로 악하고 불건전한 것이 줄어들고 착하고 건전한 것이 늘어나면 그러한 언어적인 행위는 계발해야 할 것입니다.

13. 세존이시여, 어떠한 언어적 행위가 악하고 불건전한 것을 늘어나게 하고 착하고 건전한 것을 줄어들게 합니까? 세존이시여, 이 세상에서 어떤 사람은

1) 거짓말을 합니다. 법정에 불려가거나 모임에 나아가거나 친지 가운데 있거나 조합에 참여하거나 왕족 가운데 있거나 증인으로서 질문을 받아, '오, 이 사람아, 그대가 아는 것을 말하라'라고 하면, 그는 모르면서도 '나는 안다'고 대답하고, 알면서도 '나는 모른다'고 대답합니다. 보지 못하면서도 '나는 본다'고 말하며, 보면서도 '나는 보지 못한다'고 말합니다. 이와 같이 그는 자신을 위하여, 혹은 타인을 위하여, 혹은 뭔가 이득을 위하여 고의로 거짓말을 합니다.
2) 이간질을 합니다. 여기서 듣고 저기에 말하여 이들의 사이를 파괴하고, 혹은 저기서 듣고 여기에 말하여 저들의 사이를 파괴하

며, 화합을 파괴하고, 사이를 갈라놓는 것을 돕고, 파란을 좋아하고, 파란을 기뻐하고, 파란을 일으키는 말을 합니다.

3) 욕지거리를 합니다. 거칠고 난폭한 말로서 다른 사람을 괴롭히고, 다른 사람을 화나게 하고, 다른 사람을 분노하게 하며, 스스로 분노하여, 삼매에 도움이 되지 않는 이와 같은 말을 행합니다.

4) 꾸며대는 말을 합니다. 때맞추어 말하지 않고, 사실을 말하지 않고, 의미를 말하지 않고, 가르침을 말하지 않고, 계율을 말하지 않고, 때아닌 때에 근거가 없고, 이치에 맞지 않고, 무절제하고, 유익하지 않은 말을 합니다.

세존이시여, 이러한 언어적 행위가 악하고 불건전한 것을 늘어나게 하고 착하고 건전한 것을 줄어들게 합니다.

14. 세존이시여, 어떠한 언어적 행위가 악하고 불건전한 것을 줄어들게 하고 착하고 건전한 것을 늘어나게 합니까? 세존이시여, 이 세상에서 어떤 사람은

1) 거짓말을 떠나고 거짓말을 삼갑니다. 그는 법정에 불려가거나 모임에 나아가거나 친지 가운데 있거나 조합에 참여하거나 왕족 가운데 있거나 증인으로서 질문을 받아, '오! 이 사람아, 그대가 아는 것을 말하라'라고 하면, 그는 모르면 '나는 모른다'고 대답하고, 알면 '나는 안다'고 대답합니다. 보지 못하면 '나는 보지 못한다'고 말하며, 보면 '나는 본다'고 말합니다. 이와 같이 그는 자신을 위하여, 혹은 타인을 위하여, 혹은 뭔가 이득을 위하여 고의로 거짓말을 하지 않습니다.

2) 이간질을 버리고 이간질을 삼갑니다. 여기서 들어서 저기에 말하여 이들을 파괴하지 않고, 혹은 저기서 들어서 여기에 말하여 저들을 파괴하지 않으며, 화합을 파괴하지 않고, 사이를 갈라놓는

것을 돕지 않고, 화합을 좋아하고, 화합을 기뻐하고, 화합을 일으키는 말을 합니다.

3) 욕지거리를 버리고 욕지거리를 삼갑니다. 부드러워, 귀에 듣기 좋고, 사랑스럽고, 유쾌하고, 우아하고, 많은 사람이 좋아하고, 많은 사람이 바라고, 많은 사람이 좋아하는, 이와 같은 말을 행합니다.

4) 꾸며대는 말을 버리고 꾸며대는 말을 삼갑니다. 때맞추어 말하고, 사실을 말하고, 의미를 말하고, 가르침을 말하고, 계율을 말하고, 올바른 때에 근거가 있고, 이치에 맞고, 절제가 있고, 유익한 말을 합니다.

세존이시여, 이러한 언어적 행위가 악하고 불건전한 것을 줄어들게 하고 착하고 건전한 것을 늘어나게 합니다.

15. 세존이시여, 이것과 관련하여 '수행승들이여, 언어적인 행위에는 두 종류가 있다. 이를테면, 계발해야 할 것과 계발하지 말아야 할 것이 있다. 이것은 상호 상반되는 언어적 행위이다'라고 세존께서 말씀하셨습니다.

16. 세존께서는 '수행승들이여, 정신적인 행위에는 두 종류가 있다. 이를테면, 계발해야 할 것과 계발하지 말아야 할 것이 있습니다. 이것은 상호 상반되는 정신적 행위이다'라고 말씀하셨습니다. 무엇과 관련해서 이와 같이 설해졌습니까?

17. 세존이시여, 그것을 원인으로 악하고 불건전한 것이 늘어나고 착하고 건전한 것이 줄어들면 그러한 정신적인 행위는 계발하지 말아야 할 것입니다. 그러나 세존이시여, 그것을 원인으로 악하고 불건전한 것이 줄어들고 착하고 건전한 것이 늘어나면 그러한 정신적인 행위는 계발해야 할 것입니다.

18. 세존이시여, 어떠한 정신적 행위가 악하고 불건전한 것을 늘어나게 하고 착하고 건전한 것을 줄어들게 합니까? 세존이시여, 이 세상에서 어떤 사람은

1) 탐욕스럽습니다. 그는 '아, 다른 사람의 것이라도 나의 것이면 정말 좋겠다'라고 다른 사람의 부와 재산을 탐합니다.
2) 악의가 있습니다. 그는 '이 뭇삶들은 살해되고, 피살되고, 도살되고, 파멸되어, 존재하지 않길 바란다'고 해칠 의도를 갖습니다.

세존이시여, 이러한 정신적 행위가 악하고 불건전한 것을 늘어나게 하고, 착하고 건전한 것을 줄어들게 합니다.

19. 세존이시여, 어떠한 정신적 행위가 악하고 불건전한 것을 줄어들게 하고 착하고 건전한 것을 늘어나게 합니까? 세존이시여, 이 세상에서 어떤 사람은

1) 탐욕스럽지 않습니다. 그는 '아, 다른 사람의 것이라도 나의 것이면 정말 좋겠다'라고 다른 사람의 부와 재산을 탐하지 않습니다.
2) 악의가 없습니다. 그는 '이 뭇삶들은 원한 없고 악의 없고 근심없이 스스로 행복하게 살길 바란다'고 해칠 의도를 갖지 않습니다.

세존이시여, 이러한 정신적 행위가 악하고 불건전한 것을 줄어들게 하고 착하고 건전한 것을 늘어나게 합니다.

20. 세존이시여, 이것과 관련하여 '수행승들이여, 정신적인 행위에는 두 종류가 있다. 이를테면, 계발해야 할 것과 계발하지 말아야 할 것이 있다. 이것은 상호 상반되는 정신적 행위이다'라고 세존께서 말씀하셨습니다.469)

---

469) 잘못된 見解와 올바른 見解도 일반적으로 精神的인 行爲 속에 포함되어야 하지만 이 경

21. 세존께서는 '수행승들이여, 마음의 경향에는 두 종류가 있다. 이를테면, 계발해야 할 것과 계발하지 말아야 할 것이 있다. 이것은 상호 상반되는 마음의 경향이다'라고 말씀하셨습니다. 무엇과 관련해서 이와 같이 설해졌습니까?

22. 세존이시여, 그것을 원인으로 악하고 불건전한 것이 늘어나고 착하고 건전한 것이 줄어들면 그러한 마음의 경향은 계발하지 말아야 할 것입니다. 그러나 세존이시여, 그것을 원인으로 악하고 불건전한 것이 줄어들고 착하고 건전한 것이 늘어나면 그러한 마음의 경향은 계발해야 할 것입니다.

23. 세존이시여, 어떠한 마음의 경향이 악하고 불건전한 것을 늘어나게 하고, 착하고 건전한 것을 줄어들게 합니까? 세존이시여, 이 세상에서 어떤 사람은

1) 탐욕을 지니고 탐욕에 물든 마음으로 지낸다.
2) 악의를 지니고 악의에 물든 마음으로 지낸다.
3) 폭력을 지니고 폭력에 물든 마음으로 지낸다.470)

세존이시여, 이러한 마음의 경향이 악하고 불건전한 것을 늘어나게 하고 착하고 건전한 것을 줄어들게 합니다.

24. 세존이시여, 어떠한 마음의 경향이 악하고 불건전한 것을 줄어들게 하고, 착하고 건전한 것을 늘어나게 합니까? 세존이시여, 이 세상에서 어떤 사람은

1) 탐욕을 지니지 않고 탐욕에서 떠난 마음으로 지낸다.

에서는 後半部에 別途로 논의되고 있다.

470) 貪欲과 惡意는 정신적 行爲에서도 擧論된 것으로 業의 길(kammapatha)에 속하지만, 여기서는 그것이 妄想으로 자라지 않고 단지 아직 마음의 性向(cittuppāda)으로만 존재하는 것을 말한다.

2) 악의를 지니지 않고 악의에서 떠난 마음으로 지낸다.
3) 폭력을 지니지 않고 폭력에서 떠난 마음으로 지낸다.
세존이시여, 이러한 정신적 행위가 악하고 불건전한 것을 줄어들게 하고 착하고 건전한 것을 늘어나게 합니다.

25. 세존이시여, 이것과 관련하여 '수행승들이여, 마음의 경향에는 두 가지 종류가 있다. 이를테면, 계발해야 할 것과 계발하지 말아야 할 것이 있다. 이것은 상호 상반되는 마음의 경향이다'라고 세존께서 말씀하셨습니다.

26. 세존께서는 '수행승들이여, 지각의 획득에는 두 종류가 있다. 이를테면, 계발해야 할 것과 계발하지 말아야 할 것이 있다. 이것은 상호 상반되는 지각의 획득이다'라고 말씀하셨습니다. 무엇과 관련해서 이와 같이 설해졌습니까?

27. 세존이시여, 그것을 원인으로 악하고 불건전한 것이 늘어나고 착하고 건전한 것이 줄어들면 그러한 마음의 경향은 계발하지 말아야 할 것입니다. 그러나 세존이시여, 그것을 원인으로 악하고 불건전한 것이 줄어들고 착하고 건전한 것이 늘어나면 그러한 지각의 획득은 계발해야 할 것입니다.

28. 세존이시여, 어떠한 지각의 획득이 악하고 불건전한 것을 늘어나게 하고 착하고 건전한 것을 줄어들게 합니까? 세존이시여, 이 세상에서 어떤 사람은
1) 탐욕을 지니고 탐욕에 물든 지각으로 지냅니다.
2) 악의를 지니고 악의에 물든 지각으로 지냅니다.
3) 폭력을 지니고 폭력에 물든 지각으로 지냅니다.
세존이시여, 이러한 지각의 획득이 악하고 불건전한 것을 늘어나게

하고 착하고 건전한 것을 줄어들게 합니다.

29. 세존이시여, 어떠한 지각의 획득이 악하고 불건전한 것을 줄어들게 하고 착하고 건전한 것을 늘어나게 합니까? 세존이시여, 이 세상에서 어떤 사람은

1) 탐욕을 지니지 않고 탐욕에서 떠난 지각으로 지냅니다.
2) 악의를 지니지 않고 악의에서 떠난 지각으로 지냅니다.
3) 폭력을 지니지 않고 폭력에서 떠난 지각으로 지냅니다.

세존이시여, 이러한 지각의 획득이 악하고 불건전한 것을 줄어들게 하고 착하고 건전한 것을 늘어나게 합니다.

30. 세존이시여, 이것과 관련하여 '수행승들이여, 지각의 획득에는 두 가지 종류가 있다. 이를테면, 계발해야 할 것과 계발하지 말아야 할 것이 있다. 이것은 상호 상반되는 지각의 획득이다'라고 세존께서 말씀하셨습니다.

31. 세존께서는 '수행승들이여, 견해의 획득에는 두 종류가 있다. 이를테면, 계발해야 할 것과 계발하지 말아야 할 것이 있다. 이것은 상호 상반되는 견해의 획득이다'라고 말씀하셨습니다. 무엇과 관련해서 이와 같이 설해졌습니까?

32. 세존이시여, 그것을 원인으로 악하고 불건전한 것이 늘어나고 착하고 건전한 것이 줄어들면 그러한 견해의 획득은 계발하지 말아야 할 것입니다. 그러나 세존이시여, 그것을 원인으로 악하고 불건전한 것이 줄어들고 착하고 건전한 것이 늘어나면 그러한 견해의 획득은 계발해야 할 것입니다.

33. 세존이시여, 어떠한 견해의 획득이 악하고 불건전한 것을 늘어

나게 하고 착하고 건전한 것을 줄어들게 합니까? 세존이시여, 이 세상에서 어떤 사람은 '보시에는 공덕이 없다. 제사의 공덕도 없다. 공양의 공덕도 없다. 선악의 과보도 없다. 이 세상도 없고 저 세상도 없다. 어머니도 없고 아버지도 없다. 마음에서 홀연히 생겨나는 존재도 없다. 이 세상과 저 세상을 알며 스스로 깨달아 가르치는 올바로 도달된 수행자 성직자는 세상에 없다'라는 견해를 갖습니다. 세존이시여, 이러한 견해의 획득이 악하고 불건전한 것을 늘어나게 하고 착하고 건전한 것을 줄어들게 합니다.

34. 세존이시여, 어떠한 견해의 획득이 악하고 불건전한 것을 줄어들게 하고 착하고 건전한 것을 늘어나게 합니까? 세존이시여, 이 세상에서 어떤 사람은 '보시에는 공덕이 있다. 제사의 공덕도 있다. 공양의 공덕도 있다. 선악의 과보도 있다. 이 세상도 있고 저 세상도 있다. 어머니도 있고 아버지도 있다. 마음에서 홀연히 생겨나는 존재도 있다. 이 세상과 저 세상을 알며 스스로 깨달아 가르치는 올바로 도달된 수행자 성직자는 세상에 있다'라는 견해를 갖습니다. 세존이시여, 이러한 견해의 획득이 악하고 불건전한 것을 줄어들게 하고 착하고 건전한 것을 늘어나게 합니다.

35. 세존이시여, 이것과 관련하여 '수행승들이여, 견해의 획득에는 두 가지 종류가 있다. 이를테면, 계발해야 할 것과 계발하지 말아야 할 것이 있다. 이것은 상호 상반되는 견해의 획득이다'라고 세존께서 말씀하셨습니다.

36. 세존께서는 '수행승들이여, 개성의 획득에는471) 두 종류가 있다. 이를테면, 계발해야 할 것과 계발하지 말아야 할 것이 있다. 이

471) attabhāvapaṭiilābha : 개성의 획득은 윤회의 형태를 띠는 것이다.

것은 상호 상반되는 개성의 획득이다'라고 말씀하셨습니다. 무엇과 관련해서 이와 같이 설해졌습니까?

37. 세존이시여, 그것을 원인으로 악하고 불건전한 것이 늘어나고, 착하고 건전한 것이 줄어들면[472] 그러한 개성의 획득은 계발하지 말아야 할 것입니다. 그러나 세존이시여, 그것을 원인으로 악하고 불건전한 것이 줄어들고, 착하고 건전한 것이 늘어나면, 그러한 개성의 획득은 계발해야 할 것입니다.

38. 세존이시여, 어떠한 개성의 획득이 악하고 불건전한 것을 늘어나게 하고, 착하고 건전한 것을 줄어들게 합니까? 세존이시여, 고통을 초래하는 유해한 개성의 획득이 생겨나면, 악하고 불건전한 것은 늘어나게 되고, 착하고 건전한 것은 줄어들게 됩니다.

39. 세존이시여, 어떠한 개성의 획득이 악하고 불건전한 것을 줄어들게 하고, 착하고 건전한 것을 늘어나게 합니까? 세존이시여, 세존이시여, 고통을 초래하지 않는 무해한 개성의 획득이[473] 생겨나면, 악하고 불건전한 것은 줄어들게 되고, 착하고 건전한 것을 늘어나게 됩니다.

40. 세존이시여, 이것과 관련하여 '수행승들이여, 개성의 획득에는 두 가지 종류가 있다. 이를테면, 계발해야 할 것과 계발하지 말아야 할 것이 있다. 이것은 상호 상반되는 개성의 획득이다'라고 세존께서 말씀하셨습니다."

---

472) Pps. IV. 100에 따르면, 이러한 狀態에서 대부분의 일반 사람은 完成을 성취하기 어렵다. 대부분의 일반 사람은 結生하면서부터 그에게 惡하고 不健全한 것이 증가하고 착하고 健全한 것이 줄어들기 때문이다. 그들은 苦痛을 招來하는 個性을 획득한다.

473) Pps. IV. 101에 따르면, 흐름에 든 경지를 성취한 자(預流者)등 4가지 유형의 개성을 말한다.

41. [싸리뿟따] "세존이시여, 세존께서 간략하게 말씀하셨을 뿐 상세히 말씀하시지 않은 것의 상세한 뜻을 저는 이와 같이 알고 있습니다."

[세존] "싸리뿟따여, 훌륭하다. 훌륭하다. 싸리뿟따여, 그대는 훌륭하다. 내가 간략하게 말하였을 뿐 상세히 말하지 않은 것의 상세한 뜻을 그대는 이와 같이 알고 있다.

42. [세존]

1) 싸리뿟따여, 시각에 의해 인식되는 형상에는 두 가지 종류가 있다. 이를테면, 계발해야 할 것과 계발하지 말아야 할 것이 있다.[474]

2) 싸리뿟따여, 청각에 의해 인식되는 소리에는 두 가지 종류가 있다. 이를테면, 계발해야 할 것과 계발하지 말아야 할 것이 있다.

3) 싸리뿟따여, 후각에 의해 인식되는 냄새에는 두 가지 종류가 있다. 이를테면, 계발해야 할 것과 계발하지 말아야 할 것이 있다.

4) 싸리뿟따여, 미각에 의해 인식되는 맛에는 두 가지 종류가 있다. 이를테면, 계발해야 할 것과 계발하지 말아야 할 것이 있다. .

5) 싸리뿟따여, 촉각에 의해 인식되는 감촉에는 두 가지 종류가 있다. 이를테면, 계발해야 할 것과 계발하지 말아야 할 것이 있다.

6) 싸리뿟따여, 정신에 의해 인식되는 사물에는 두 가지 종류가 있다. 이를테면, 계발해야 할 것과 계발하지 말아야 할 것이 있다."

43. 이처럼 말씀하시자 존자 싸리뿟따는 세존께 이와 같이 말씀드

---

474) Pps. IV. 101-102에 따르면, 여기서는 '이것들은 相互相反되는 形象이다'라는 말이 適用되지 않는다. 그 區別은 對象自體에 있는 것이 아니라 거기에 接近하는 態度에 달려있기 때문이다. 어떤 特殊한 形象에 대하여 어떤 사람은 貪欲을 일으키지만 다른 사람은 그렇지 않기 대문이다.

렸다.

[싸리뿟따] "세존이시여, 세존께서 간략하게 말씀하셨을 뿐 상세히 말씀하시지 않는 것의 상세한 뜻을 저는 이와 같이 알고 있습니다.

44. 세존께서는 '싸리뿟따여, 시각에 의해 인식되는 형상에는 두 가지 종류가 있다. 이를테면, 계발해야 할 것과 계발하지 말아야 할 것이 있다'라고 말씀하셨습니다. 무엇과 관련해서 이와 같이 설해 졌습니까?

45. 세존이시여, 그것을 원인으로 악하고 불건전한 것이 늘어나고 착하고 건전한 것이 줄어들면 그러한 시각에 의해 인식되는 형상은 계발하지 말아야 할 것입니다. 그러나 세존이시여, 그것을 원인으로 악하고 불건전한 것이 줄어들고 착하고 건전한 것이 늘어나면 그러한 시각에 의해 인식되는 형상은 계발해야 할 것입니다.

46. 세존이시여, 이것과 관련하여 세존께서는 '싸리뿟따여, 시각에 의해 인식되는 형상에는 두 종류가 있다. 이를테면, 계발해야 할 것과 계발하지 말아야 할 것이 있다'라고 말씀하셨습니다.

47. 세존께서는 '싸리뿟따여, 청각에 의해 인식되는 소리에는 두 가지 종류가 있다. 이를테면, 계발해야 할 것과 계발하지 말아야 할 것이 있다'라고 말씀하셨습니다. 무엇과 관련해서 이와 같이 설해 졌습니까?

48. 세존이시여, 그것을 원인으로 악하고 불건전한 것이 늘어나고 착하고 건전한 것이 줄어들면 그러한 청각에 의해 인식되는 소리는 계발하지 말아야 할 것입니다. 그러나 세존이시여, 그것을 원인으로 악하고 불건전한 것이 줄어들고 착하고 건전한 것이 늘어나

면 그러한 청각에 의해 인식되는 소리는 계발해야 할 것입니다.

49. 세존이시여, 이것과 관련하여 세존께서는 '싸리뿟따여, 청각에 의해 인식되는 소리에는 두 가지 종류가 있다. 이를테면, 계발해야 할 것과 계발하지 말아야 할 것이 있다'라고 말씀하셨습니다.

50. 세존께서는 '싸리뿟따여, 후각에 의해 인식되는 냄새에는 두 가지 종류가 있다. 이를테면, 계발해야 할 것과 계발하지 말아야 할 것이 있다'라고 말씀하셨습니다. 무엇과 관련해서 이와 같이 설해졌습니까?

51. 세존이시여, 그것을 원인으로 악하고 불건전한 것이 늘어나고 착하고 건전한 것이 줄어들면 그러한 후각에 의해 인식되는 냄새는 계발하지 말아야 할 것입니다. 그러나 세존이시여, 그것을 원인으로 악하고 불건전한 것이 줄어들고 착하고 건전한 것이 늘어나면 그러한 후각에 의해 인식되는 냄새는 계발해야 할 것입니다.

52. 세존이시여, 이것과 관련하여 세존께서는 '싸리뿟따여, 후각에 의해 인식되는 냄새에는 두 종류가 있다. 이를테면, 계발해야 할 것과 계발하지 말아야 할 것이 있다'라고 말씀하셨습니다.

53. 세존께서는 '싸리뿟따여, 미각에 의해 인식되는 맛에는 두 가지 종류가 있다. 이를테면, 계발해야 할 것과 계발하지 말아야 할 것이 있다'라고 말씀하셨습니다. 무엇과 관련해서 이와 같이 설해졌습니까?

54. 세존이시여, 그것을 원인으로 악하고 불건전한 것이 늘어나고 착하고 건전한 것이 줄어들면 그러한 미각에 의해 인식되는 맛은 계발하지 말아야 할 것입니다. 그러나 세존이시여, 그것을 원인으

로 악하고 불건전한 것이 줄어들고 착하고 건전한 것이 늘어나면 그러한 미각에 의해 인식되는 맛은 계발해야 할 것입니다.

55. 세존이시여, 이것과 관련하여 세존께서는 '싸리뿟따여, 미각에 의해 인식되는 맛에는 두 종류가 있다. 이를테면, 계발해야 할 것과 계발하지 말아야 할 것이 있다'라고 말씀하셨습니다.

56. 세존께서는 '싸리뿟따여, 촉각에 의해 인식되는 감촉에는 두 가지 종류가 있다. 이를테면, 계발해야 할 것과 계발하지 말아야 할 것이 있다'라고 말씀하셨습니다. 무엇과 관련해서 이와 같이 설해졌습니까?

57. 세존이시여, 그것을 원인으로 악하고 불건전한 것이 늘어나고 착하고 건전한 것이 줄어들면 그러한 촉각에 의해 인식되는 감촉은 계발하지 말아야 할 것입니다. 그러나 세존이시여, 그것을 원인으로 악하고 불건전한 것이 줄어들고 착하고 건전한 것이 늘어나면 그러한 촉각에 의해 인식되는 감촉은 계발해야 할 것입니다.

58. 세존이시여, 이것과 관련하여 세존께서는 '싸리뿟따여, 촉각에 의해 인식되는 감촉에는 두 종류가 있다. 이를테면, 계발해야 할 것과 계발하지 말아야 할 것이 있다'라고 말씀하셨습니다.

59. 세존께서는 '싸리뿟따여, 정신에 의해 인식되는 사물에는 두 가지 종류가 있다. 이를테면, 계발해야 할 것과 계발하지 말아야 할 것이 있다'라고 말씀하셨습니다. 무엇과 관련해서 이와 같이 설해졌습니까?

60. 세존이시여, 그것을 원인으로 악하고 불건전한 것이 늘어나고 착하고 건전한 것이 줄어들면 그러한 정신에 의해 인식되는 사물

은 계발하지 말아야 할 것입니다. 그러나 세존이시여, 그것을 원인으로 악하고 불건전한 것이 줄어들고 착하고 건전한 것이 늘어나면 그러한 정신에 의해 인식되는 사물은 계발해야 할 것입니다.

61. 세존이시여, 이것과 관련하여 세존께서는 '싸리뿟따여, 정신에 의해 인식되는 사물에는 두 종류가 있다. 이를테면, 계발해야 할 것과 계발하지 말아야 할 것이 있다'라고 말씀하셨습니다.

62. [싸리뿟따] "세존이시여, 세존께서 간략하게 말씀하셨을 뿐 상세히 말씀하시지 않은 것의 상세한 뜻을 저는 이와 같이 알고 있습니다."

[세존] "싸리뿟따여, 훌륭하다. 훌륭하다. 싸리뿟따여, 그대는 훌륭하다. 내가 간략하게 말하였을 뿐 상세히 말하지 않는 것의 상세한 뜻을 그대는 이와 같이 알고 있다."

63. 싸리뿟따여, 내가 간략하게 말했을 뿐 상세히 말하지 않은 것의 상세한 뜻을 그대는 이와 같이 보아야 한다.

1) 싸리뿟따여, 의복에는 두 가지 종류가 있다. 이를테면, 계발해야 할 것과 계발하지 말아야 할 것이 있다.
2) 싸리뿟따여, 음식에는 두 가지 종류가 있다. 이를테면, 계발해야 할 것과 계발하지 말아야 할 것이 있다.
3) 싸리뿟따여, 마을에는 두 가지 종류가 있다. 이를테면, 계발해야 할 것과 계발하지 말아야 할 것이 있다.
4) 싸리뿟따여, 부락에는 두 가지 종류가 있다. 이를테면, 계발해야 할 것과 계발하지 말아야 할 것이 있다. .
5) 싸리뿟따여, 도시에는 두 가지 종류가 있다. 이를테면, 계발해야 할 것과 계발하지 말아야 할 것이 있다.

6) 싸리뿟따여, 지방에는 두 가지 종류가 있다. 이를테면, 계발해야 할 것과 계발하지 말아야 할 것이 있다.

6) 싸리뿟따여, 사람에는 두 가지 종류가 있다. 이를테면, 계발해야 할 사람과 계발하지 말아야 할 사람이 있다."

64. 이처럼 말씀하시자 존자 싸리뿟따는 세존께 이와 같이 말씀드렸다.

[싸리뿟따] "세존이시여, 세존께서 간략하게 말씀하셨을 뿐 상세히 말씀하시지 않는 것의 상세한 뜻을 저는 이와 같이 알고 있습니다.

65. 세존께서는 '싸리뿟따여, 의복에는 두 가지 종류가 있다. 이를테면, 계발해야 할 것과 계발하지 말아야 할 것이 있다'라고 말씀하셨습니다. 무엇과 관련해서 이와 같이 설해졌습니까?

66. 세존이시여, 그것을 원인으로 악하고 불건전한 것이 늘어나고 착하고 건전한 것이 줄어들면 그러한 의복은 계발하지 말아야 할 것입니다. 그러나 세존이시여, 그것을 원인으로 악하고 불건전한 것이 줄어들고 착하고 건전한 것이 늘어나면 그러한 의복은 계발해야 할 것입니다.

67. 세존이시여, 이것과 관련하여 세존께서는 '싸리뿟따여, 의복에는 두 가지 종류가 있다. 이를테면, 계발해야 할 것과 계발하지 말아야 할 것이 있다'라고 말씀하셨습니다.

68. 세존께서는 '싸리뿟따여, 음식에는 두 가지 종류가 있다. 이를테면, 계발해야 할 것과 계발하지 말아야 할 것이 있다'라고 말씀하셨습니다. 무엇과 관련해서 이와 같이 설해졌습니까?

69. 세존이시여, 그것을 원인으로 악하고 불건전한 것이 늘어나고

착하고 건전한 것이 줄어들면 그러한 음식은 계발하지 말아야 할 것입니다. 그러나 세존이시여, 그것을 원인으로 악하고 불건전한 것이 줄어들고 착하고 건전한 것이 늘어나면 그러한 음식은 계발해야 할 것입니다.

70. 세존이시여, 이것과 관련하여 세존께서는 '싸리뿟따여, 음식에는 두 가지 종류가 있다. 이를테면, 계발해야 할 것과 계발하지 말아야 할 것이 있다'라고 말씀하셨습니다.

71. 세존께서는 '싸리뿟따여, 마음에는 두 가지 종류가 있다. 이를테면, 계발해야 할 것과 계발하지 말아야 할 것이 있다'라고 말씀하셨습니다. 무엇과 관련해서 이와 같이 설해졌습니까?

72. 세존이시여, 그것을 원인으로 악하고 불건전한 것이 늘어나고 착하고 건전한 것이 줄어들면 그러한 마음은 계발하지 말아야 할 것입니다. 그러나 세존이시여, 그것을 원인으로 악하고 불건전한 것이 줄어들고 착하고 건전한 것이 늘어나면 그러한 마음은 계발해야 할 것입니다.

73. 세존이시여, 이것과 관련하여 세존께서는 '싸리뿟따여, 마음에는 두 가지 종류가 있다. 이를테면, 계발해야 할 것과 계발하지 말아야 할 것이 있다'라고 말씀하셨습니다.

74. 세존께서는 '싸리뿟따여, 부락에는 두 가지 종류가 있다. 이를테면, 계발해야 할 것과 계발하지 말아야 할 것이 있다'라고 말씀하셨습니다. 무엇과 관련해서 이와 같이 설해졌습니까?

75. 세존이시여, 그것을 원인으로 악하고 불건전한 것이 늘어나고 착하고 건전한 것이 줄어들면 그러한 부락은 계발하지 말아야 할

것입니다. 그러나 세존이시여, 그것을 원인으로 악하고 불건전한 것이 줄어들고 착하고 건전한 것이 늘어나면 그러한 부락은 계발해야 할 것입니다.

76. 세존이시여, 이것과 관련하여 세존께서는 '싸리뿟따여, 부락에는 두 가지 종류가 있다. 이를테면, 계발해야 할 것과 계발하지 말아야 할 것이 있다'라고 말씀하셨습니다.

77. 세존께서는 '싸리뿟따여, 도시에는 두 가지 종류가 있다. 이를테면, 계발해야 할 것과 계발하지 말아야 할 것이 있다'라고 말씀하셨습니다. 무엇과 관련해서 이와 같이 설해졌습니까?

78. 세존이시여, 그것을 원인으로 악하고 불건전한 것이 늘어나고 착하고 건전한 것이 줄어들면 그러한 도시는 계발하지 말아야 할 것입니다. 그러나 세존이시여, 그것을 원인으로 악하고 불건전한 것이 줄어들고 착하고 건전한 것이 늘어나면 그러한 도시는 계발해야 할 것입니다.

79. 세존이시여, 이것과 관련하여 세존께서는 '싸리뿟따여, 도시에는 두 가지 종류가 있다. 이를테면, 계발해야 할 것과 계발하지 말아야 할 것이 있다'라고 말씀하셨습니다.

80. 세존께서는 '싸리뿟따여, 지방에는 두 가지 종류가 있다. 이를테면, 계발해야 할 것과 계발하지 말아야 할 것이 있다'라고 말씀하셨습니다. 무엇과 관련해서 이와 같이 설해졌습니까?

81. 세존이시여, 그것을 원인으로 악하고 불건전한 것이 늘어나고 착하고 건전한 것이 줄어들면 그러한 지방은 계발하지 말아야 할 것입니다. 그러나 세존이시여, 그것을 원인으로 악하고 불건전한

것이 줄어들고 착하고 건전한 것이 늘어나면 그러한 지방은 계발해야 할 것입니다.

82. 세존이시여, 이것과 관련하여 세존께서는 '싸리뿟따여, 지방에는 두 가지 종류가 있다. 이를테면, 계발해야 할 것과 계발하지 말아야 할 것이 있다'라고 말씀하셨습니다.

83. 세존께서는 '싸리뿟따여, 사람에는 두 가지 종류가 있다. 이를테면, 계발해야 할 사람과 계발하지 말아야 할 사람이 있다'라고 말씀하셨습니다. 무엇과 관련해서 이와 같이 설해졌습니까?

84. 세존이시여, 그를 원인으로 악하고 불건전한 것이 늘어나고 착하고 건전한 것이 줄어들면 그러한 사람은 계발하지 말아야 할 것입니다. 그러나 세존이시여, 그를 원인으로 악하고 불건전한 것이 줄어들고 착하고 건전한 것이 늘어나면 그러한 사람은 계발해야 할 것입니다.

85. 세존이시여, 이것과 관련하여 세존께서는 '싸리뿟따여, 사람에는 두 가지 종류가 있다. 이를테면, 계발해야 할 것과 계발하지 말아야 할 것이 있다'라고 말씀하셨습니다.

86. 세존이시여, 세존께서 간략하게 말씀하셨을 뿐 상세히 말씀하시지 않은 것의 상세한 뜻을 저는 이와 같이 알고 있습니다."

[세존] "싸리뿟따여, 훌륭하다. 훌륭하다. 싸리뿟따여, 그대는 훌륭하다. 내가 간략하게 말씀하셨을 뿐 상세히 말씀하시지 않은 것의 상세한 뜻을 그대는 그와 같이 알고 있다.

87. 싸리뿟따여, 모든 왕족들이 내가 간략하게 말했을 뿐 상세히 말하지 않은 것의 상세한 뜻을 이해한다면, 그것이 오랜 세월 그들

을 이익과 행복으로 이끌 것이다.[475] 싸리뿟따여, 모든 바라문들이 내가 간략하게 말했을 뿐 상세히 말하지 않은 것의 상세한 뜻을 이해한다면, 그것이 오랜 세월 그들을 이익과 행복으로 이끌 것이다. 싸리뿟따여, 모든 평민들이 내가 간략하게 말했을 뿐 상세히 말하지 않은 것의 상세한 뜻을 이해한다면, 그것이 오랜 세월 그들을 이익과 행복으로 이끌 것이다. 싸리뿟따여, 모든 노예들이 내가 간략하게 말했을 뿐 상세히 말하지 않은 것의 상세한 뜻을 이해한다면, 그것이 오랜 세월 그들을 이익과 행복으로 이끌 것이다. 싸리뿟따여, 신들의 세계, 악마들의 세계, 하느님들의 세계, 성직자들과 수행자들의 후예, 그리고 왕들과 백성들의 세계가 내가 간략하게 말했을 뿐 상세히 말하지 않은 것의 상세한 뜻을 이해한다면, 그것이 오랜 세월 그들을 이익과 행복으로 이끌 것이다."

88. 세존께서는 이와 같이 말씀하셨다. 존자 싸리뿟따는 만족하여 세존께서 하신 말씀을 기쁘게 받아들였다.

---

475) Pps. III. 102에 따르면, 이와 같은 이 法門과 이 經典을 理解하지 못하는 자들은 그 詳細한 意味를 理解한다고 할 수 없다.

24. 공(空)은 있는 그대로 관찰하면 저절로 드러난다

[Cūḷasuññatasutta][476]

> 거기에 없는 것을 공으로 관찰한다. 하지만 거기에 남아 있는 것은 있으므로 '있다'고 분명히 안다. 아난다여, 이것이 진실한 것이며 전도되지 않은 것이며 청정한 것이며 공의 현현이다.

1. 이와 같이 나는 들었다. 한 때 세존께서는 싸밧티 시의 뿝빠라마[477]에 있는 미가라마뚜[478] 강당에 계셨다.

2. 그 때에 존자 아난다가 아침 일찍 홀로 명상하다가 일어나 세존께서 계신 곳으로 가까이 갔다. 가까이 가서 세존께 인사를 드리고 한 쪽으로 물러 앉았다. 한 쪽으로 물러 앉은 존자 아난다는 세존께 이와 같이 말씀드렸다.

3. [아난다] "세존이시여, 한 때에 세존께서는 싸끼야 국, 나가라까[479]라는 이름의 싸끼야 족의 마을에 계셨습니다. 세존이시여, 그곳에서 저는 '아난다여, 나는 요즈음 자주 공에 든다.[480]'라고 세존의

---

476) 이 경의 원래 제목은 「공(空)에 대한 작은 경[Cūḷasuññatasutta]」이다. 우리말 『맛지마니까야』 5권 45쪽에 있다. MN. III. 104 ; 中阿含 190, 小空經 (大正 1, 736) 참조

477) Pubbārāma : 싸밧티 시의 東門 밖의 僧院이었다.

478) AN. I. 26에 따르면 Migāramatu(鹿子母)는 佛敎僧團의 施主者로 유명한 淸信女 Visākhā의 이름이다. Migāramatu 講堂은 그녀가 세우고 寄贈한 것이다.

479) Nagaraka : Medataḷumpa 近處의 싸끼야 마을, MN. II. 118에 따르면, 그곳에서 Pasenadi 王은 Dīgha-Kārāyaṇa를 隨行員으로 부처님을 마지막으로 뵈었다.

480) suññatāvihārenā'haṃ... etarahi bahulaṃ viharāmī'ti : 이 法門은 涅槃의 空的인 樣相

앞에서 직접 듣고 세존의 앞에서 직접 배웠습니다. 세존이시여, 제가 올바로 듣고 올바로 파악하고 올바로 정신을 기울여 올바로 기억한 것입니까?"

4. [세존] "아난다여, 그렇다. 그대는 그것을 올바로 듣고 올바로 파악하고 올바로 정신을 기울여 잘 기억한 것이다. 아난다여, 이전에도 지금도 나는 자주 공에 든다. 예를 들면 이 미가라마뚜 강당과 같다. 이 미가라마뚜 강당에는 코끼리들, 소들, 말들, 암말들이 공하고 금이나 은도 공하고 여자나 남자들의 모임도 공하다. 그러나 단지 공하지 않은 것(不空)이 있다. 즉, 수행승들의 참모임을 조건으로 하는 유일한 것이다.

5. 그와 마찬가지로 아난다여, 어떤 수행승은 마을에 대한 지각에 정신을 기울이지 않고, 사람들에 대한 지각에 정신을 기울이지 않고, 숲에 대한 지각 하나만을 조건으로 정신을 기울인다.[481] 그의 마음은 숲에 대해 지각에 뛰어들어 그것을 신뢰하고 정립하고 결정한다. 그는 다음과 같이 '마을에 대한 지각을 조건으로 하는 어떠한 고뇌도 여기에는 없다. 사람들에 대한 지각을 조건으로 하는 어떠한 고뇌도 여기에는 없다. 그러나 단지 이러한 고뇌가 있다. 즉, 숲에 대한 지각을 조건으로 하는 유일한 것이다.[482]'라고 분명히 안다. 그는 '이 지각의 세계는 마을에 대한 지각에 관하여 공하다'고 분명히 알며, '이 지각의 세계는 사람들에 대한 지각에 관하여

에 초점을 맞춘 '空의 境地의 成就(suññataphalasamāpatti)' 즉 거룩한 경지(阿羅漢果)의 成就에 대한 점차적인 설명이다. MN. III. 294, Vin. II. 304 참조.

481) Pps. VI. 151에 따르면, 단 하나의 숲에 依存한 숲에 대한 지각 – '이것이 숲이고, 이것은 나무이고, 이것은 산이고, 이것은 수풀이다.' – 에 注意를 기울인다.

482) Pps. VI. 151에 따르면, 사람에 대한 知覺을 통해 일어나는 煩惱의 苦惱 – 誘惑과 災難 – 여기에 存在하지 않는다. 그러나 충분한 寂滅이 없는데서 기인하는 거치른 狀態가 야기하는 苦惱가 있다.

공하다'고 분명히 안다. 그러나 '공하지 않은 것이 있다. 즉 숲에 대한 지각을 조건으로 하는 유일한 것이다'라고 분명히 안다. 그는 거기에 없는 것을 공이라고 여긴다. 하지만 거기에 남아 있는 것은 있으므로 '이것은 있다'라고 분명히 안다. 그러므로 아난다여, 이것은 그에게 진실하고 전도되지 않고 청정한 공이 현현된 것으로 나타난다.

6. 그런데 또한 아난다여, 어떤 수행승은 사람들에 대한 지각에 정신을 기울이지 않고, 숲에 대한 지각에 정신을 기울이지 않고, 땅에 대한 지각 하나만을 조건으로 정신을 기울인다.483) 그의 마음은 땅에 대해 지각에 뛰어들어 그것을 신뢰하고 정립하고 결정한다. 예를 들어, 아난다여, 소의 가죽을 백 개의 막대기로 주름이 없이 잘 펴는 것과 같이, 아난다여, 마치 이와 같이 수행승은 이 땅위에 있는 평지와 패인 곳,484) 하천과 골짜기, 그루터기와 가시덤불, 산과 구릉 그 모든 것에 정신을 기울이지 않고, 땅에 대한 지각 하나만을 조건으로 정신을 기울인다. 그의 마음은 땅에 대해 지각에 뛰어들어 그것을 신뢰하고 정립하고 결정한다. 그는 다음과 같이 '사람들에 대한 지각을 조건으로 하는 어떠한 고뇌도 여기에는 없다. 숲에 대한 지각을 조건으로 하는 어떠한 고뇌도 여기에는 없다. 그러나 유일한 고뇌가 있다. 즉, 땅에 대한 지각을 조건으로 하는 유일한 것이다.'라고 분명히 안다. 그는 '이 지각의 세계는 사람들에 대한

---

483) Pps. VI. 152에 따르면, 그는 숲에 대한 知覺을 버리고 땅에 대한 知覺에 注意를 기울인다. 왜냐하면 숲에 대한 知覺을 통해서 冥想에서 어떠한 分析도 성취할 수가 없고 완전한 禪定에 대한 集中에도 도달할 수가 없기 때문이다. 그러나 땅은 禪定을 위한 기초인 두루채움의 冥想(遍處 : kasiṇa)의 一次的인 對象으로 사용되어, 洞察을 啓發시키고 거룩한 境地에 이르게 하기 때문이다.

484) ukkūlavikūlan : Pps. IV. 153에 따르면, 높고 낮은, 平地와 낮게 드리워진 땅(uccanīcaṃ thalaṭṭhāṇam ninnaṭṭhānaṃ)을 말한다.

지각에 관하여 공하다'고 분명히 알며, '이 지각의 세계는 숲에 대한 지각에 관하여 공하다'고 분명히 안다. 그러나 '지금은 공하지 않은 것이 있다. 즉 땅에 대한 지각을 조건으로 하는 유일한 것이다'라고 분명히 안다. 그는 거기에 없는 것을 공이라고 여긴다. 하지만 거기에 남아 있는 것은 있으므로 '이것은 있다'고 분명히 안다. 그러므로 아난다여, 이것은 그에게 진실하고 전도되지 않고 청정한 공이 현현된 것으로 나타난다.

7. 그런데 또한 아난다여, 어떤 수행승은 숲에 대한 지각에 정신을 기울이지 않고, 땅에 대한 지각에 정신을 기울이지 않고, 무한공간의 세계에 대한 지각 하나만을 조건으로 정신을 기울인다.[485] 그의 마음은 무한공간의 세계에 대해 지각에 뛰어들어 그것을 신뢰하고 정립하고 결정한다. 그는 다음과 같이 '숲에 대한 지각을 조건으로 하는 어떠한 고뇌도 여기에는 없다. 땅에 대한 지각을 조건으로 하는 어떠한 고뇌도 여기에는 없다. 그러나 유일한 고뇌가 있다. 즉, 무한공간의 세계에 대한 지각을 조건으로 하는 유일한 것이다'라고 분명히 안다. 그는 '이 지각의 세계는 숲에 대한 지각에 관하여 공하다'고 분명히 알며, '이 지각의 세계는 땅에 대한 지각에 관하여 공하다'고 분명히 안다. 그러나 '지금은 공하지 않은 것이 있다. 즉 무한공간의 세계에 대한 지각을 조건으로 하는 유일한 것이다'라고 분명히 안다. 그는 거기에 없는 것을 공이라고 여긴다. 하지만 거기에 남아 있는 것은 있으므로 '이것은 있다'라고 분명히 안다. 그러므로 아난다여, 이것은 그에게 진실하고 전도되지 않고 청정한 공

485) Pps. IV. 153에 따르면, 네 가지 禪定을 成就하기 위한 땅에 대한 知覺을 계발하고 나서 그는 땅에 대한 두루 채움의 冥想(遍處: kasiṇa)을 擴張하고 두루 채움의 冥想을 멈추고 無限한 空間의 世界를 성취한다. Vism. X. 6-7을 보라.

이 현현된 것으로 나타난다.

8. 그런데 또한 아난다여, 어떤 수행승은 땅에 대한 지각에 정신을 기울이지 않고, 무한공간의 세계에 대한 지각에 정신을 기울이지 않고, 무한의식의 세계에 대한 지각 하나만을 조건으로 정신을 기울인다. 그의 마음은 무한의식의 세계에 대해 지각에 뛰어들어 그것을 신뢰하고 정립하고 결정한다. 그는 다음과 같이 '땅에 대한 지각을 조건으로 하는 어떠한 고뇌도 여기에는 없다. 무한공간의 세계에 대한 지각을 조건으로 하는 어떠한 고뇌도 여기에는 없다. 그러나 유일한 고뇌가 있다. 즉, 무한의식의 세계에 대한 지각을 조건으로 하는 유일한 것이다'라고 분명히 안다. 그는 '이 지각의 세계는 땅에 대한 지각에 관하여 공하다'고 분명히 알며, '이 지각의 세계는 무한공간의 세계에 대한 지각에 관하여 공하다'고 분명히 안다. 그러나 '지금은 공하지 않은 것이 있다. 즉 무한의식의 세계에 대한 지각을 조건으로 하는 유일한 것이다'라고 분명히 안다. 그는 거기에 없는 것을 공이라고 여긴다. 하지만 거기에 남아 있는 것은 있으므로 '이것은 있다'라고 분명히 안다. 그러므로 아난다여, 이것은 그에게 진실하고 전도되지 않고 청정한 공이 현현된 것으로 나타난다.

9. 그런데 또한 아난다여, 어떤 수행승은 무한공간의 세계에 대한 지각에 정신을 기울이지 않고, 무한의식의 세계에 대한 지각에 정신을 기울이지 않고, 아무것도 없는 세계에 대한 지각 하나만을 조건으로 정신을 기울인다. 그의 마음은 아무것도 없는 세계에 대해 지각에 뛰어들어 그것을 신뢰하고 정립하고 결정한다. 그는 다음과 같이 '무한공간의 세계에 대한 지각을 조건으로 하는 어떠한 고뇌

도 여기에는 없다. 무한의식의 세계에 대한 지각을 조건으로 하는 어떠한 고뇌도 여기에는 없다. 그러나 유일한 고뇌가 있다. 즉, 아무것도 없는 세계에 대한 지각을 조건으로 하는 유일한 것이다'라고 분명히 안다. 그는 '이 지각의 세계는 무한공간의 세계에 대한 지각에 관하여 공하다'고 분명히 알며, '이 지각의 세계는 무한의식의 세계에 대한 지각에 관하여 공하다'고 분명히 안다. 그러나 '지금은 공하지 않은 것이 있다. 즉 아무것도 없는 세계에 대한 지각을 조건으로 하는 유일한 것이다'라고 분명히 안다. 그는 거기에 없는 것을 공이라고 여긴다. 하지만 거기에 남아 있는 것은 있으므로 '이것은 있다'라고 분명히 안다. 그러므로 아난다여, 이것은 그에게 진실하고 전도되지 않고 청정한 공이 현현된 것으로 나타난다.

10. 그런데 또한 아난다여, 어떤 수행승은 무한의식의 세계에 대한 지각에 정신을 기울이지 않고, 아무것도 없는 세계에 대한 지각에 정신을 기울이지 않고, 지각하는 것도 아니고 지각하지 않는 것도 아닌 세계에 대한 지각 하나만을 조건으로 정신을 기울인다. 그의 마음은 지각하는 것도 아니고 지각하지 않는 것도 아닌 세계에 대한 지각에 뛰어들어 그것을 신뢰하고 정립하고 결정한다. 그는 다음과 같이 '무한의식의 세계에 대한 지각을 조건으로 하는 어떠한 고뇌도 여기에는 없다. 아무것도 없는 세계에 대한 지각을 조건으로 하는 어떠한 고뇌도 여기에는 없다. 그러나 유일한 고뇌가 있다. 즉, 지각하는 것도 아니고 지각하지 않는 것도 아닌 세계에 대한 지각을 조건으로 하는 유일한 것이다'라고 분명히 안다. 그는 '이 지각의 세계는 무한의식의 세계에 대한 지각에 관하여 공하다'고 분명히 알며, '이 지각의 세계는 아무것도 없는 세계에 대한 지각에 관하여 공하다'고 분명히 안다. 그러나 '지금은 공하지 않은 것이

있다. 즉 지각하는 것도 아니고 지각하지 않는 것도 아닌 세계에 대한 지각을 조건으로 하는 유일한 것이다'라고 분명히 안다. 그는 거기에 없는 것을 공이라고 여긴다. 하지만 거기에 남아 있는 것은 있으므로 '이것은 있다'라고 분명히 안다. 그러므로 아난다여, 이것은 그에게 진실하고 전도되지 않고 청정한 공이 현현된 것으로 나타난다.

11. 그런데 또한 아난다여, 어떤 수행승은 아무것도 없는 세계에 대한 지각에 정신을 기울이지 않고, 지각하는 것도 아니고 지각하지 않는 것도 아닌 세계에 대한 지각에 정신을 기울이지 않고, 인상 없는 마음의 삼매[486]에 대한 지각 하나만을 조건으로 정신을 기울인다. 그의 마음은 인상 없는 마음의 삼매에 대한 지각에 뛰어들어 그것을 신뢰하고 정립하고 결정한다. 그는 다음과 같이 '아무것도 없는 세계에 대한 지각을 조건으로 하는 어떠한 고뇌도 여기에는 없다. 지각하는 것도 아니고 지각하지 않는 것도 아닌 세계에 대한 지각을 조건으로 하는 어떠한 고뇌도 여기에는 없다. 그러나 유일한 고뇌가 있다. 즉, 인상 없는 마음의 삼매에 대한 지각을 조건으로 하는 유일한 것이다'라고 분명히 안다. 그는 '이 지각의 세계는 아무것도 없는 세계에 대한 지각에 관하여 공하다'고 분명히 알며, '이 지각의 세계는 지각하는 것도 아니고 지각하지 않는 것도 아닌 세계에 대한 지각에 관하여 공하다'고 분명히 안다. 그러나 '지금은 공하지 않은 것이 있다. 즉 인상 없는 마음의 삼매에 대한 지각을 조건으로 하는 유일한 것이다'라고 분명히 안다. 그는 거기에 없는

486) animitta cetosamādhi : Pps. IV. 153에 따르면, 이것이 洞察에 의한 마음의 集中(vipassanācittasamādhi)이다. 그것은 永遠하고 즐겁고 實體가 있다 등의 印象이 없기 때문에 印象이 없음이라고 불린다.

것을 공이라고 여긴다. 하지만 거기에 남아 있는 것은 있으므로 '이것은 있다'라고 분명히 안다. 그러므로 아난다여, 이것은 그에게 진실하고 전도되지 않고 청정한 공이 현현된 것으로 나타난다.

12. 그런데 또한 아난다여, 어떤 수행승은 아무것도 없는 세계에 대한 지각에 정신을 기울이지 않고, 지각하는 것도 아니고 지각하지 않는 것도 아닌 세계에 대한 지각에 정신을 기울이지 않고, 인상 없는 마음의 삼매에 대한 지각 하나만을 조건으로 정신을 기울인다. 그의 마음은 인상 없는 마음의 삼매에 대한 지각에 뛰어들어 그것을 신뢰하고 정립하고 결정한다. 그는 다음과 같이 '이 인상 없는 마음의 삼매도 조건지어진 것으로서 사유된 것이다. 이 조건지어진 것으로서 사유된 것은 무상하고 괴멸하는 것이다'라고 분명히 안다.487) 그는 이와 같이 알고 또한 이와 같이 보아서 그 마음이 욕망의 번뇌에서 해탈되고 존재의 번뇌에서 해탈되고 무명의 번뇌에서 해탈된다. 해탈되면 그에게 '나는 해탈했다.'는 앎이 생겨난다. 그는 '태어남은 부수어지고 청정한 삶은 이루어졌다. 해야 할 일은 다 마치고 더 이상 윤회하는 일이 없다'라고 분명히 안다. 그는 '욕망의 번뇌를 조건으로 고뇌가 있지만, 여기에는 없다. 존재의 번뇌를 조건으로 고뇌가 있지만, 여기에는 없다. 무명의 번뇌를 조건으로 고뇌가 있지만, 여기에는 없다. 그러나 유일한 고뇌가 있다. 즉, 생명을 조건으로 여섯 가지 감각 영역을 지닌 몸 그 자체를 조건으로 하는 것이다'라고 분명히 안다. 그는 '이 지각의 세계는 욕망의 번뇌에 관하여 공하다'고 분명

487) ayaṃ pi kho animitto cetosamādhi abhisaṃkhato abhsañcatayito, yaṃ kho pana kiñci abhisaṃkhataṃ abhsañcatayitaṃ, tad anicaṃ nirodhadhammaṃ ti pajānāti : Pps. VI. 154에 따르면, 洞察에 대한 洞察(vipassanāya paṭivipassanā)이라고 불린다. 洞察의 機能을 하는 意識의 活動에 洞察의 原則을 적용하는 것이다. 이것을 基盤으로 거룩한 이의 境地를 성취한다.

히 알고, 그는 '이 지각의 세계는 존재의 번뇌에 관하여 공하다'고 분명히 알고, 그는 '이 지각의 세계는 무명의 번뇌에 관하여 공하다'고 분명히 안다. 그러나 '여기에는 공하지 않은 것이 있다. 즉 생명을 조건으로 여섯 가지 감각 영역을 지닌 몸 그 자체를 조건으로 하는 것이다'라고 분명히 안다. 그는 거기에 없는 것을 공이라고 여긴다. 하지만 거기에 남아 있는 것은 있으므로 '이것은 있다'라고 분명히 안다. 그러므로 아난다여, 이것은 그에게 진실하고 전도되지 않고 청정한 공이 현현된 것으로 나타난다.

13. 그래서 아난다여, 과거세의 어떠한 수행자들이나 성직자들이 구경의 위없이 청정한 공을 성취하였다고 한다면, 그들은 모두 이와 같은 구경의 위없이 청정한 공을 성취한 것이다. 아난다여, 미래세의 어떠한 수행자들이나 성직자들이 구경의 위없이 청정한 공을 성취한다면, 그들도 모두 이와 같은 구경의 위없이 청정한 공을 성취하는 것이다. 아난다여, 현세의 어떠한 수행자들이나 성직자들이 구경의 위없이 청정한 공을 성취한다고 해도, 그들은 모두 이와 같은 구경의 위없이 청정한 공을 성취하는 것이다. 아난다여, 그러므로 그대들은 '나도 이와 같은 구경의 위없이[488] 청정한 공을 성취하리라'라고 배워야 한다.

14. 세존께서는 이와 같이 말씀하셨다. 존자 아난다는 세존께서 하신 말씀에 만족하여 기뻐했다.

---

488) paramānuttarā : Pps. Ⅳ. 154에 따르면, 이것은 거룩한 이의 境地인 空에 대한 成就를 말한다.

25. 아주 놀랍고 예전에 없었던 것이란 어떠한 것인가?

[Acchariyabbhūtasutta][489]

세상에서 여래에게는 느낌이 자각적으로 일어나고 자각적으로 지속되고 자각적으로 사라진다. 지각이 자각적으로 일어나고 자각적으로 지속되고 자각적으로 사라진다. 사유가 자각적으로 일어나고 자각적으로 지속되고 자각적으로 사라진다.

1. 이와 같이 나는 들었다. 한 때 세존께서 싸밧티 시의 제따바나에 있는 아나타삔디까 승원에 계셨다.

2. 그 때에 많은 수행승들이 식후에 탁발행각에서 돌아와 집회장에 모여 앉아 이와 같은 한담을 나누었다.

[수행승들] "벗들이여, 아주 놀랍습니다. 벗들이여, 예전에 없었던 일입니다. 벗들이여, 여래는 커다란 신통력을 행사하시고 커다란 위신력을 행사하십니다. 여래는 완전한 열반에 들고 희론을 끊고 미로를 끊고 윤회를 끝내고[490] 모든 괴로움을 뛰어넘은 과거의 부처님들에 대하여 '그 세존들은 이와 같이 태어났으며, 그 세존들은 이와 같은 이름을 지녔으며, 그 세존들은 이와 같은 성을 지녔으며,

---

489) 이 경의 원래 제목은 「아주 놀랍고 예전에 없었던 것의 경[Acchariyabbhūtasutta]」이다. 우리말 『맛지마니까야』 5권 72에 있다. MN. III. 118 ; 中阿含 32, 未曾有法經(大正 1. 469) 참조

490) chinnapapañce chinnavaṭume pariyādinnavaṭṭe : 戲論은 妄想을 의미하고, 迷路(vaṭuma)는 輪廻(vaṭṭa)와 동의로, Pps. IV. 167에 따르면, 善惡의 業의 輪廻(kusalākusalavaṭṭa)를 말한다.

그 세존들은 이와 같은 계행을 지녔으며, 그 세존들은 이와 같은 상태를 지녔으며, 그 세존들은 이와 같은 지혜를 지녔으며, 그 세존들은 이와 같이 성취했으며, 그 세존들은 이와 같은 해탈을 이루었다.[491]'라고 알 수가 있습니다."[492]

3. 이처럼 말하자 존자 아난다는 그들 수행승들에게 이와 같이 말했다.
[아난다] "벗들이여, 아주 놀랍습니다. 여래께서는 아주 놀라운 법을 갖추고 계십니다. 벗들이여, 예전에 없었던 일입니다. 여래께서는 예전에 없었던 일을 갖추고 계십니다."

4. 그런데 그 수행승들의 이와 같은 한담은 중단되었다. 세존께서 저녁 무렵 명상에서 일어나 집회장으로 와서 마련된 자리에 앉으셨기 때문이다. 세존께서는 자리에 앉으신 후에 수행승들에게 이와 같이 말씀하셨다.
[세존] "수행승들이여, 지금 여기 함께 앉아서 어떤 이야기를 하고 있는가? 그리고 어떤 이야기를 하다가 말았는가?"

5. [수행승들] "세존이시여, 저희들은 식후에 탁발에서 돌아와 집회장에 모여서 이와 같이 '벗들이여, 여래는 커다란 신통력을 행사하

---

491) evaṃ-sīla....evaṃ-dhammā....evaṃ-paññā....evaṃ-vihārī.....evaṃ-vimuttā Pps. IV. 167-168, Suv. II. 426에 따르면, 여기서 이와 같은 狀態(evaṃ-dhammā.)란 三昧(samādhi)를 말하고, 이와 같은 成就(evaṃ-vihārī)란 소멸의 성취(滅盡定 : nirodhasamāpatti)를 말한다. 이와 같은 解脫(evaṃ-vimuttā)이란 다섯 가지의 解脫(pañcavidhā vimutti)을 말한다. 여덟가지의 성취를 통한 [장애의] 除去에 의한 解脫(vikkhambhanavimutti), 무상에 대한 관찰 등 일곱 가지 관찰을 통해 그것의 반대 관념인 영원 등에서 벗어나게 되는 反對觀念에 의한 解脫(tadaṅgavimutti), 네가지 고귀한 길을 통해 煩惱가 끊어짐에 의한 解脫(samucchedavimutti), 네가지 수행자의 경지로서 번뇌가 제거된 安息에 의한 解脫(paṭippassaddhivimutti), 열반을 뜻하며 모든 번뇌에서 벗어나 멀리 떨어지는 出離에 의한 解脫(nisaraṇavimutti)이 있다.

492) DN. 14에 이러한 Gotama를 앞서간 여섯 過去佛에 대한 상세한 이야기가 등장한다.

시고 커다란 위신력을 행사하십니다. 여래는 완전한 열반에 들고 희론을 끊고 미로를 끊고 윤회를 끝내고 모든 괴로움을 뛰어넘은 과거의 부처님들에 대하여 '그 세존들은 이와 같이 태어났으며, 그 세존들은 이와 같은 이름을 지녔으며, 그 세존들은 이와 같은 성을 지녔으며, 그 세존들은 이와 같은 계행을 지녔으며, 그 세존들은 이와 같은 상태를 지녔으며, 그 세존들은 이와 같은 지혜를 지녔으며, 그 세존들은 이와 같이 성취했으며, 그 세존들은 이와 같은 해탈을 이루었다.'라고 알 수가 있습니다'라고 한담을 나누었습니다. 이와 같이 말하자 존자 아난다는 우리들에게 '벗들이여, 아주 놀랍습니다. 여래께서는 아주 놀라운 일을 갖추고 계십니다. 벗들이여, 예전에 없었던 일입니다. 여래께서는 예전에 없었던 일을 갖추고 계십니다'라고 말했습니다. 세존이시여, 지금 여기 함께 앉아서 이러한 이야기를 하고 있었습니다. 이러한 이야기를 하다가 말았습니다."

6. 그러자 세존께서는 존자 아난다에게 말씀하셨다.
[세존] "아난다여, 그렇다면 여래의 그 아주 놀랍고 예전에 없었던 일에 관하여 좀더 상세히 설명해 보라."

7. [아난다] "세존이시여, 저는 '아난다여, 보살은 새김을 확립하고 올바로 알아차리며 만족을 아는 신들의 하늘나라[493]에 태어났다'라고 세존의 앞에서 직접 듣고 세존의 앞에서 직접 배웠습니다. 세존이시여, 저는 '보살은 새김을 확립하고 올바로 알아차리며 만족을 아는 신들의 하늘나라에 태어났다'는 사실을 세존께 일어난 아주 놀랍고 예전에 없었던 일로 기억합니다.

493) tusitaṃ kāyaṃ : 兜率天의 무리라는 뜻이다. Vessantara라는 전생의 인간 이후에 그리고 Siddhattha Gotama로서 인간 세상에 태어나지 전에 兜率天에 태어난 것이다.

8. 세존이시여, 저는 '아난다여, 보살은 새김을 확립하고 올바로 알아차리며 만족을 아는 신들의 하늘나라에서 지냈다'라고 세존의 앞에서 직접 듣고 세존의 앞에서 직접 배웠습니다. 세존이시여, 저는 '보살은 새김을 확립하고 올바로 알아차리며 만족을 아는 신들의 하늘나라에서 지냈다'는 사실을 세존께 일어난 아주 놀랍고 예전에 없었던 일로 기억합니다.

9. 세존이시여, 저는 '아난다여, 보살은 새김을 확립하고 올바로 알아차리며 목숨이 다할 때까지, 만족을 아는 신들의 하늘나라 무리 가운데 지냈다'라고 세존의 앞에서 직접 듣고 세존의 앞에서 직접 배웠습니다. 세존이시여, 저는 '보살은 새김을 확립하고 올바로 알아차리며 목숨이 다할 때까지, 만족을 아는 신들의 하늘나라 무리 가운데 지냈다'는 사실을 세존께 일어난 아주 놀랍고 예전에 없었던 일로 기억합니다.

10. 세존이시여, 저는 '아난다여, 보살은 새김을 확립하고 올바로 알아차리며 만족을 아는 신들의 하늘나라 무리에서 죽어서 어머니의 자궁으로 들어왔다'라고 세존의 앞에서 직접 듣고 세존의 앞에서 직접 배웠습니다. 세존이시여, 저는 '보살이 새김을 확립하고 올바로 알아차리며 만족을 아는 신들의 하늘나라 무리에서 죽어서 어머니의 자궁으로 들어왔다'는 사실을 세존께 일어난 아주 놀랍고 예전에 없었던 일로 기억합니다.

11. 세존이시여, 저는 '아난다여, 보살이 만족을 아는 신들의 하늘나라 무리에서 죽어서 어머니의 자궁으로 들었을 때에, 신들의 세계에, 악마들의 세계에, 하느님들의 세계에, 성직자들과 수행자들의 후예 가운데에, 그리고 왕들과 백성들의 세계에 신들의 위력을

능가하는 측량할 수 없는 광대한 빛이 나타났다. 그리고 이 달도 태양도 그와 같은 커다란 신통력 그와 같은 커다란 위신력으로도 빛을 비출 수 없는, 어둡고 바닥을 알 수 없는 캄캄한 심연의 감추어진 세계에도[494] 신들의 위력을 능가하는 측량할 수 없는 광대한 빛이 나타났다. 그곳에 태어난 존재들은 그 빛으로 '벗이여, 다른 존재들도 참으로 여기에 태어났다.'라고 서로를 알아보았다. 그리고 이 일만 세계가 흔들리고 동요하고 격동하면서, 신들의 위력을 능가하는 측량할 수 없는 광대한 빛이 나타났다.'라고 세존의 앞에서 직접 듣고 세존의 앞에서 직접 배웠습니다. 세존이시여, 저는 '보살이 만족을 아는 신들의 하늘나라 무리에서 죽어서 어머니의 자궁으로 들었을 때에, 신들의 세계에, 악마들의 세계에, 하느님들의 세계에, 성직자들과 수행자들의 후예 가운데에, 그리고 왕들과 백성들의 세계에 신들의 위력을 능가하는 측량할 수 없는 광대한 빛이 나타났다. 그리고 달도 태양도 그와 같은 커다란 신통력 그와 같은 커다란 위신력으로도 빛을 비출 수 없는, 어둡고 바닥을 알 수 없는 캄캄한 심연의 감추어진 세계에도 신들의 위력을 능가하는 측량할 수 없는 광대한 빛이 나타났다. 그곳에 태어난 존재들은 그 빛으로 '벗이여, 다른 존재들도 참으로 여기에 태어났다.'라고 서로를 알아보았다. 그리고 이 일만 세계가 흔들리고 동요하고 격동하면서, 신들의 위력을 능가하는 측량할 수 없는 광대한 빛이 나

---

494) lokantarikā aghā asaṃvutā andhakāratimisā : Pps. IV. 178에 따르면, lokantarikā는 세계의 사이-空間으로서 地獄을 말하고 aghā는 어둡다는 뜻인데 '완전히 감추어진(niccavivaṭa)'의 뜻이다. asaṃvutā는 '밑에서 지지되지 않는(heṭṭhāpi appatiṭṭhā)'의 뜻이다. andhakāratimisā은 시각의식의 장애에 의한 눈먼 상태에 의한 어둠(andhabhāvakaraṇatimisā)을 말한다. 세 世界 사이에는 8000 요자나에 해당하는 空間이 있다. 서로 닿는 수레바퀴나 발우 그릇 사이의 공간과 같다. 그곳에 사는 자들은 父母를 죽이거나 올바른 修行者나 聖職者를 죽이거나 習慣的으로 살아있는 생명을 죽이는 것과 같은 무거운 罪를 지었기 때문이다.

타났다.'는 사실을 세존께 일어난 아주 놀랍고 예전에 없었던 일로 기억합니다.

12. 세존이시여, 저는 '아난다여, 보살이 어머니의 자궁으로 들어왔을 때에 네 명의 하늘아들이[495] 사방에서 그를 수호하였으므로 인간이나 인간이 아닌 자나 어떤 누구를 막론하고 보살이나 그 어머니를 해칠 수가 없었다'라고 세존의 앞에서 직접 듣고 세존의 앞에서 직접 배웠습니다. 세존이시여, 저는 '보살이 어머니의 자궁으로 들어왔을 때에 네 명의 하늘아들이 사방에서 그를 수호하였으므로 인간이나 인간이 아닌 자나 어떤 누구를 막론하고 보살이나 그 어머니를 해칠 수가 없었다'는 사실을 세존께 일어난 아주 놀랍고 예전에 없었던 일로 기억합니다.

13. 세존이시여, 저는 '아난다여, 보살이 어머니의 자궁으로 들어왔을 때에, 보살의 어머니는 본래 계행을 갖추고 있어, 살아있는 생명을 죽이는 것을 삼가고, 주지 않는 것을 빼앗는 것을 삼가고, 사랑을 나눔에 잘못된 행위를 하는 것을 삼가고, 어리석은 거짓말을 하는 것을 삼가고, 곡주나 과즙주 등의 취기가 있는 것을 삼갔다.'라고 세존의 앞에서 직접 듣고 세존의 앞에서 직접 배웠습니다. 세존이시여, 저는 '보살이 어머니의 자궁으로 들어왔을 때에, 보살의 어머니는 본래 계행을 갖추고 있어, 살아있는 생명을 죽이는 것을 삼가고, 주지 않는 것을 빼앗는 것을 삼가고, 사랑을 나눔에 잘못된 행위를 하는 것을 삼가고, 어리석은 거짓말을 하는 것을 삼가고, 곡주나 과즙주 등의 취기가 있는 것을 삼갔다.'는 사실을 세존께 일어난 아주 놀랍고 예전에 없었던 일로 기억합니다.

---

495) Pps. IV. 179에 따르면, 네 위대한 왕들의 하늘나라의 신들(四天王 : cātummahārājikā devā)을 말한다.

14. 세존이시여, 저는 '아난다여, 보살이 어머니의 자궁으로 들어왔을 때에, 보살의 어머니는 감각적 쾌락에 대한 욕망 때문에 남자에 대하여 생각을 일으키지 않았고, 보살의 어머니에게 어떠한 남자라도 욕정을 즐기기 위해 접근할 수가 없었다'라고 세존의 앞에서 직접 듣고 세존의 앞에서 직접 배웠습니다. 세존이시여, 저는 '보살이 어머니의 자궁으로 들어왔을 때에, 보살의 어머니는 감각적 쾌락에 대한 욕망 때문에 남자에 대하여 생각을 일으키지 않았고, 보살의 어머니에게 어떠한 남자라도 욕정을 즐기기 위해 접근할 수가 없었다.'는 사실을 세존께 일어난 아주 놀랍고 예전에 없었던 일로 기억합니다.

15. 세존이시여, 저는 '아난다여, 보살이 어머니의 자궁으로 들어왔을 때에, 보살의 어머니는 다섯 가지 감각적 쾌락의 대상을 얻게되었으며, 다섯 가지 감각적 쾌락의 대상들을 얻고 부여받아 그것들을 향유했다.'496)라고 세존의 앞에서 직접 듣고 세존의 앞에서 직접 배웠습니다. 세존이시여, 저는 '보살이 어머니의 자궁으로 들어왔을 때에, 보살의 어머니는 다섯 가지 감각적 쾌락의 대상을 얻게되었으며, 다섯 가지 감각적 쾌락의 대상들을 얻고 부여받아 그것들을 향유했다.'는 사실을 세존께 일어난 아주 놀랍고 예전에 없었던 일로 기억합니다.

496) lābhinī bodhisattamātā hoti pañcannaṃ kāmaguṇānaṃ, sā pañcahi kāmaguṇehi samappitā samaṅgibhūtā parivāreti : Pps. IV. 181에 따르면, '다섯 가지 感覺的 快樂의 對象을 갖추었다는 것은 사람들의 기대와는 正反對가 되는 것이지만, 여기서는 對象을 獲得했다는 것을 보여준다. 실제로는 그 때에, '王妃가 이러한 아들을 孕胎했다.'는 이야기를 듣고 四方에서 왕들이 값비싼 장식품과 악기 등으로 다섯 感官의 對象에 해당하는 膳物을 보냈다. 보살과 보살의 어머니의 利益과 名聲을 측량할 수는 없다'고 말하고 있다.

16. 세존이시여, 저는 '아난다여, 보살이 어머니의 자궁으로 들어왔을 때에, 보살의 어머니는 어떠한 고통도 일으키지 않았고 보살의 어머니는 몸에 피로를 모르는 안락함을 즐겼고, 보살의 어머니는 모태를 통해서 보살이 모든 지체를 갖추고 감관이 완전하다는 것을 보았다. 이를테면, 아난다여, 에머랄드가 아름답고 품질이 좋고 팔면으로 잘 깎이고 투명하고 청정하고 일체의 모습을 갖추어, 거기에 푸른 색이나 노란 색이나 붉은 색이나 흰 색이나 갈색의 실로 꿰뚫어져 있어, 눈 있는 사람이 그것을 보고 손에 올려놓고 '에머랄드가 아름답고 품질이 좋고 팔면으로 잘 깎이고 투명하고 청정하고 일체의 모습을 갖추어, 거기에 푸른 색이나 노란 색이나 붉은 색이나 흰 색이나 갈색의 실로 꿰뚫어져 있다.'라고 관찰하는 것과 같았다.'라고 세존의 앞에서 직접 듣고 세존의 앞에서 직접 배웠습니다. 세존이시여, 저는 '아난다여, 보살이 어머니의 자궁으로 들어왔을 때에, 보살의 어머니는 어떠한 고통도 일으키지 않았고 보살의 어머니는 몸에 피로를 모르는 안락함을 즐겼고, 보살의 어머니는 모태를 통해서 보살이 모든 지체를 갖추고 감관이 완전하다는 것을 보았다. 이를테면, 아난다여, 에머랄드가 아름답고 품질이 좋고 팔면으로 잘 깎이고 투명하고 청정하고 일체의 모습을 갖추어, 거기에 푸른 색이나 노란 색이나 붉은 색이나 흰 색이나 갈색의 실로 꿰뚫어져 있어, 눈 있는 사람이 그것을 보고 손에 올려놓고 '에머랄드가 아름답고 품질이 좋고 팔면으로 잘 깎이고 투명하고 청정하고 일체의 모습을 갖추어, 거기에 푸른 색이나 노란 색이나 붉은 색이나 흰 색이나 갈색의 실로 꿰뚫어져 있다.'라고 관찰하는 것과 같았다'는 사실을 세존께 일어난 아주 놀랍고 예전에 없었던 일로 기억합니다.

17. 세존이시여, 저는 '아난다여, 보살이 태어난 지, 칠 일만에 어머니가 돌아가시어[497] 만족을 아는 신들의 하늘나라에 태어났다'라고 세존의 앞에서 직접 듣고 세존의 앞에서 직접 배웠습니다. 세존이시여, 저는 '아난다여, 보살이 태어난 지, 칠 일만에 어머니가 돌아가시어 만족을 아는 신들의 하늘나라에 태어났다'는 사실을 세존께 일어난 아주 놀랍고 예전에 없었던 일로 기억합니다.

18. 세존이시여, 저는 '아난다여, 다른 여인들이 출산하기 전에 아홉 달이나 열 달 동안[498] 어린아이를 잉태하지만, 보살의 어머니는 그렇게 해서 출산하지 않았다. 보살의 어머니는 출산하기 전에 정확히 열 달 동안 보살을 잉태했다.'라고 세존의 앞에서 직접 듣고 세존의 앞에서 직접 배웠습니다. 세존이시여, 저는 '아난다여, 다른 여인들이 출산하기 전에 아홉 달이나 열달 동안 어린아이를 잉태하지만, 보살의 어머니는 그렇게 해서 출산하지 않았다. 보살의 어머니는 출산하기 전에 정확히 열 달 동안 보살을 잉태했다.'는 사실을 세존께 일어난 아주 놀랍고 예전에 없었던 일로 기억합니다.

19. 세존이시여, 저는 '아난다여, 다른 여인들이 앉거나 누워서 출산하는 것처럼, 보살의 어머니는 보살을 출산하지 않았다. 보살의 어머니는 보살을 서서 출산하였다'라고 세존의 앞에서 직접 듣고 세존께 앞에서 직접 배웠습니다. 세존이시여, 저는 '다른 여인들이 앉거나 누워서 출산하는 것처럼, 보살의 어머니는 보살을 출산하지

497) kālaṃ karoti : Pps. IV. 182에 따르면, 이것은 出產의 缺陷 때문이 아니라 그녀의 壽命의 기간이 다했기 때문에 일어난 일이다. 왜냐하면 그 母胎는 塔墓 안의 密室처럼 他人에 의해 사용될 수 없고 菩薩 만이 占有하고 있었기 때문이다.

498) nava vā dasa māse : Pps. IV. 182에 따르면, 일곱 달이나 여덟 달 또는 열한 달이나 열 두 달로 理解될 수 있는데, 일곱 달 만에 出生한 早產兒는 추위와 더위를 참아낼 수 없고 여덟 달만에 出生한 아이는 살지 못하고 나머지는 살아남는다고 한다.

않았다. 보살의 어머니는 보살을 서서 출산하였다'는 사실을 세존께 일어난 아주 놀랍고 예전에 없었던 일로 기억합니다.

20. 세존이시여, 저는 '아난다여, 보살이 모태에서 태어날 때에, 신들이 먼저 받았으며 나중에 사람들이 받았다.'라고 세존의 앞에서 직접 듣고 세존의 앞에서 직접 배웠습니다. 세존이시여, 저는 '보살이 모태에서 나올 때에, 하늘사람들이 먼저 받았으며 나중에 사람들이 받았다'는 사실을 세존께 일어난 아주 놀랍고 예전에 없었던 일로 기억합니다.

21. 세존이시여, 저는 '아난다여, 보살이 모태에서 나올 때에, 보살은 땅에 닿지 않았다. 네 하늘아들이 받아서 '왕비여, 기뻐하십시오. 그대에게 위대한 능력이 있는 아들이 태어났습니다'[499]라고 어머니 앞에 놓았다.'라고 세존의 앞에서 직접 듣고 세존의 앞에서 직접 배웠습니다. 세존이시여, 저는 '보살이 모태에서 나올 때에, 보살은 땅에 닿지 않았다. 네 하늘아들이 받아서 '왕비여, 기뻐하십시오. 그대에게 위대한 능력이 있는 아들이 태어났습니다'라고 어머니 앞에 놓았다.'는 사실을 세존께 일어난 아주 놀랍고 예전에 없었던 일로 기억합니다.

22. 세존이시여, 저는 '아난다여, 보살이 모태에서 태어날 때에, 보살은 청정하여 물에 오염되지 않고 점액에 오염되지 않고 피에 오염되지 않고 고름에 오염되지 않고 어떠한 부정한 것에 오염되지 않고 아름답고 청정하게 태어났다. 이를테면, 아난다여, 보석을 베나레스의 비단포에 놓아두면, 보석은 베나레스의 비단을 더럽히지 않고 베나레스의 비단은 보석을 더럽히지 않는 것과 같다. 그것은

499) Mhvu. I. 149-150 참조.

무슨 까닭인가? 그 둘다가 청정하기 때문이다. 아난다여, 이와 같이 보살이 모태에서 태어날 때에, 보살은 청정하여 물에 오염되지 않고 점액에 오염되지 않고 피에 오염되지 않고 고름에 오염되지 않고 어떠한 부정한 것에 오염되지 않고 아름답고 청정하게 태어났다.'라고 세존의 앞에서 직접 듣고 세존의 앞에서 직접 배웠습니다. 세존이시여, 저는 '아난다여, 보살이 모태에서 태어날 때에, 보살은 청정하여 물에 오염되지 않고 점액에 오염되지 않고 피에 오염되지 않고 고름에 오염되지 않고 어떠한 부정한 것에 오염되지 않고 아름답고 청정하게 태어났다. 이를테면, 아난다여, 보석을 베나레스의 비단포에 놓아두면, 보석은 베나레스의 비단을 더럽히지 않고 베나레스의 비단은 보석을 더럽히지 않는 것과 같다. 그것은 무슨 까닭인가? 그 둘다가 청정하기 때문이다. 아난다여, 이와 같이 보살이 모태에서 태어날 때에, 보살은 청정하여 물에 오염되지 않고 점액에 오염되지 않고 피에 오염되지 않고 고름에 오염되지 않고 어떠한 부정한 것에 오염되지 않고 아름답고 청정하게 태어났다.'는 사실을 세존께 일어난 아주 놀랍고 예전에 없었던 일로 기억합니다.

23. 세존이시여, 저는 '아난다여, 보살이 모태에서 태어날 때에, 하나는 차갑고 하나는 따뜻한 두 가지 물이 공중에서 쏟아져서,[500] 그것으로 보살과 어머니가 목욕을 했다'라고 세존의 앞에서 직접 듣고 세존의 앞에서 직접 배웠습니다. 세존이시여, 저는 '보살이 모태에서 태어날 때에, 하나는 차갑고 하나는 따뜻한 두 가지 물이

500) dve udakassa dhārā antarikā pātubhavanti : Pps. II. 184; Suv. II. 438에 따르면, 두 가지 물이 공중에서 쏟아진 것은 어떤 煩惱를 除去하기 위한 물이 아니라 따뜻한 물은 놀이를 위한 것이고 찬 물은 마시기 위한 것이었다.

공중에서 쏟아져서 그것으로 보살과 어머니가 목욕을 했다'는 사실을 세존께 일어난 아주 놀랍고 예전에 없었던 일로 기억합니다.

24. 세존이시여, 저는 '아난다여, 보살이 태어나자마자 단단하게 발을 땅위에 딛고 서서 북쪽으로 일곱 발을 내딛고 흰 양산에 둘러싸여 모든 방향을 바라보며, '나는 세상에서 가장 뛰어난 님이다. 나는 세상에서 가장 훌륭한 님이다. 나는 세상에서 가장 선구적인 님이다. 이것은 나의 최후의 태어남이다. 나에게 더 이상 다시 태어남은 없다'라고 무리의 우두머리인 것을 선언했다'[501]라고 세존의 앞에서 직접 듣고 세존의 앞에서 직접 배웠습니다. 세존이시여, 저는 '보살이 태어나자마자 단단하게 발을 땅위에 딛고 서서 북쪽으로 일곱 발을 내딛고 흰 양산에 둘러싸여 모든 방향을 바라보며, '나는 세상에서 가장 뛰어난 님이다. 나는 세상에서 가장 훌륭한 님이다. 나는 세상에서 가장 선구적인 님이다. 이것은 나의 최후의 태어남이다. 나에게 더 이상 다시 태어남은 없다'라고 무리의 우두머리인 것을 선언했다'는 사실을 세존께 일어난 아주 놀랍고 예전에 없었던 일로 기억합니다.

---

501) samehi pādehi patiṭṭhahitvā uttarābhimukho sattapadavītihāre gacchati, setamhi chatte anubhīramāne sabbā ca disā viloketi, āsabhiñ ca vācaṃ bhāsati. aggo'ham asmi lokassa, seṭṭho'ham asmi lokassa, jeṭṭho'ham asmi lokassa, ayam antimā jāti, na'tthi dāni punabbhavo : Pps. IV. 185에 따르면, 이 事件의 각각의 樣相은 부처님의 最後의 成就들의 前兆로서 설명된 것이다. 그러므로 '단단하게 발을 땅위에 딛고 서서'라는 것은 네 가지 신통력의 기초(四神足 : catu-iddhipāda)에 대한 전조였다. '북쪽으로'라는 것은 대중을 뛰어넘는 것(mahājanaṃ ajjhotaritvā gamana)을 말하고, '일곱 발자욱'은 일곱 가지 깨달음의 고리(七覺支 : sattabhojjhaṅga)를 성취하는 것을 말하고, '흰 양산'은 해탈의 우산을 성취하는 것을 말하고, '모든 방향을 바라보며'는 장애 없는 전지의 지혜의 획득(aṇāvaraṇañāṇapaṭilābha)를 말한다. '나는 세상에서 가장 뛰어난 님이다. 나는 세상에서 가장 훌륭한 님이다. 나는 세상에서 가장 선구적인 님이다.'라고 '무리의 우두머리인 것을 선언'한 것은 가르침의 퇴전할 수 없는 수레를 굴리는 것(appativattiyadhammacakkappavattana)을 말한다. '이것이 최후의 태어남이다'라는 것은 '남김이 없는 열반의 세계(無餘涅槃 : anupādisesa-parinibbāna)'에 드는 것을 말한다.

25. 세존이시여, 저는 '아난다여, 보살이 모태에서 태어났을 때에, 신들의 세계에, 악마들의 세계에, 하느님들의 세계에, 성직자들과 수행자들의 후예 가운데에, 그리고 왕들과 백성들의 세계에 신들의 위력을 능가하는 측량할 수 없는 광대한 빛이 나타났다. 그리고 이 달도 태양도 그와 같은 커다란 신통력, 그와 같은 커다란 위신력으로도 빛을 비출 수 없는, 크고 텅비고 어둡고 캄캄한 심연의 감추어진 세계에도 신들의 위력을 능가하는 측량할 수 없는 광대한 빛이 나타났다. 그곳에 태어난 존재들은 그 빛으로 '벗이여, 다른 존재들도 참으로 여기에 태어났다.'라고 서로를 알아보았다. 그리고 이 일만 세계가 흔들리고 동요하고 격동하면서, 신들의 위력을 능가하는 측량할 수 없는 광대한 빛이 나타났다.'라고 세존의 앞에서 직접 듣고 세존의 앞에서 직접 배웠습니다. 세존이시여, 저는 '보살이 모태에서 태어났을 때에, 신들의 세계에, 악마들의 세계에, 하느님들의 세계에, 성직자들과 수행자들의 후예 가운데에, 그리고 왕들과 백성들의 세계에 신들의 위력을 능가하는 측량할 수 없는 광대한 빛이 나타났다. 그리고 이 달도 태양도 그와 같은 커다란 신통력, 그와 같은 커다란 위신력으로도 빛을 비출 수 없는, 크고 텅비고 어둡고 캄캄한 심연의 감추어진 세계에도 신들의 위력을 능가하는 측량할 수 없는 광대한 빛이 나타났다. 그곳에 태어난 존재들은 그 빛으로 '벗이여, 다른 존재들도 참으로 여기에 태어났다.'라고 서로를 알아보았다. 그리고 이 일만 세계가 흔들리고 동요하고 격동하면서, 신들의 위력을 능가하는 측량할 수 없는 광대한 빛이 나타났다.'는 사실을 세존께 일어난 아주 놀랍고 예전에 없었던 일로 기억합니다."

26. [세존] "그렇다면, 아난다여, 그대는 이와 같은 것도 여래에게 일어난 아주 놀랍고 예전에 없었던 일로 새겨라. 아난다여, 이 세상에서 여래에게는 느낌이 자각적으로 일어나고 자각적으로 지속되고 자각적으로 사라진다. 지각이 자각적으로 일어나고 자각적으로 지속되고 자각적으로 사라진다. 사유가 자각적으로 일어나고 자각적으로 지속되고 자각적으로 사라진다.502) 그대는 이러한 사실을 여래에게 일어나는 아주 놀랍고 예전에 없었던 특징으로 새겨라."

27. [아난다] "세존이시여, 세존에게는 느낌이 자각적으로 일어나고 자각적으로 지속되고 자각적으로 사라집니다. 지각이 자각적으로 일어나고 자각적으로 지속되고 자각적으로 사라집니다. 사유가 자각적으로 일어나고 자각적으로 지속되고 자각적으로 사라집니다. 저는 이러한 사실도 세존에게 일어나는 아주 놀랍고 예전에 없었던 일로 기억합니다."

28. 존자 아난다는 이와 같이 말했다. 스승께서는 동의하셨다. 그들 수행승들은 만족하여 존자 아난다가 말씀드린 것에 대해 기뻐했다.

---

502) tasmātiha tvaṁ, Ananda, idam pi tathāgatassa acchariyaṁ abbhutadhammaṁ dhārehi. idh', Ananda, tathāgatassa viditā vedanā uppajjanti, viditā upaṭṭhahanti, viditā abbhatthaṁ gacchanti ; viditā saññā : viditā vitakkā uppajjanti, viditā upaṭṭhahanti, viditā abbhatthaṁ gacchanti : 이 진술은 부처님의 가르침이 경험적이고 놀랍고 경이로운 것임을 나타낸다. SN. II. 92에도 등장한다.

26. 자신을 길들이는데 어떤 길라잡이가 있는가?

[Dantabhūmisutta][503)]

깨어있음에 전념하라. 낮에는 경행과 좌선으로 모든 장애에서 마음을 청정히 하라. 밤의 초야에는 경행과 좌선으로 모든 장애에서 마음을 청정히 하라. 밤의 중야에는 오른쪽으로 사자와 같이 누워 발에 발을 겹치고 일어날 때를 생각하며 새김을 확립하고 올바로 알아차린다. 그리고 밤의 후야에는 일어나서 경행과 좌선으로 모든 장애에서 마음을 청정히 하라.

1. 이와 같이 나는 들었다. 한 때 세존께서 라자가하 시의 벨루바나에 있는 깔란다까니바빠에 계셨다.

2. 그 때에 새내기 수행자 아찌라바따[504)]가 숲 속의 암자에서 지내고 있었다. 마침 왕자 자야쎄나[505)]가 이리저리 산책하다가 수행자 아찌라바따의 숲 속 암자가 있는 곳을 찾았다. 가까이 다가가서 새내기 수행자 아찌라바따에게 인사를 하고 안부를 주고 받은 뒤에 한 쪽으로 물러 앉았다. 한 쪽으로 물러 앉아서 왕자 자야쎄나는 새내기 수행자 아찌라바따에게 이와 같이 말했다.

---

503) 이 경의 원래 제목은 「길들임의 단계에 대한 경[Dantabhūmisutta]」이다. 우리말 『맛지마니까야』 5권 99쪽에 있다. MN. III. 128; 中阿含 198, 調御地經(大正 1, 757) 참조

504) Aciravata : 王子 Jayasena와 함께 대화하는 새내기 수행승(沙彌)으로 오직 이 經에만 登場한다.

505) Jayasena : Bimbisāra 王의 아들로 이 經典과 다음 經典에만 登場한다.

3. [자야쎄나] “존자 악기베싸나[506]여, 나는 ‘이 세상에서 수행승들이 방일하지 않고 열심히 노력하고 정진하면, 마음의 통일을 경험할 수 있다’라고 들었습니다.”
[아찌라바따] “왕자여, 그렇습니다. 왕자여, 그렇습니다. 이 세상에서 수행승들이 방일하지 않고 열심히 노력하고 정진하면, 마음의 통일을 경험할 수 있습니다.”

4. [자야쎄나] “존자 악기베싸나가 들은 바대로 터득한 바대로 제게 가르침을 설하여주시면 감사하겠습니다.”
[아찌라바따] “왕자여, 저는 들은 바대로 터득한 바대로 그대에게 가르침을 설할 수가 없습니다. 왕자여, 제가 들은 바대로 터득한 바대로 그대에게 가르침을 설하더라도 그대는 내 말의 의미를 알 수가 없을 것입니다. 그것이 저를 피곤하게 만들고 곤란하게 만들 것입니다.”[507]

5. [자야쎄나] “존자 악기베싸나가 들은 바대로 터득한 바대로 제게 가르침을 설하여주십시오. 아마도 존자 악기베싸나가 말한 것의 의미를 알 수 있을 것입니다.”
[아찌라바따] “그렇다면 왕자여, 제가 들은 바대로 터득한 바대로 그대에게 가르침을 설하겠습니다. 왕자여, 그대가 내가 말한 것의 의미를 그대가 알 수 있다면, 그야말로 훌륭한 일입니다. 그러나 그대가 내가 말한 것의 의미를 알 수 없다면, 그냥 그대로 두어 나에게 더 이상 그것에 대해 묻지 마십시오.”

---

506) Aggivessana : Aciravata에 대한 呼稱으로 그의 種族의 이름이다

507) Aciravata는 여기서 부처님이 깨달음을 이루고 나서 처음 가르침을 설하기를 躊躇할 때의 Vin. I. 5에 나오는 그 表現을 사용하고 있다.

6. [자야쎄나] "존자 악기베싸나가 들은 바대로 터득한 바대로 제게 가르침을 설하여주십시오. 존자 악기베싸나가 말한 것의 의미를 제가 알 수 있다면, 그야말로 좋은 일입니다. 그러나 제가 존자 악기베싸나가 말한 것의 의미를 알 수 없다면, 그냥 그대로 두어 존자 악기베싸나에게 더 이상 그것에 대해 묻지 않을 것입니다."

7. 그래서 새내기 수행자 아찌라바따는 왕자 자야쎄나에게 자신이 들은 바대로 터득한 바대로 가르침을 설했다. 이와 같이 설하고 나자 왕자 자야쎄나는 새내기 수행자 아찌라바따에게 이와 같이 말했다.
[자야쎄나] "존자 악기베싸나여, '이 세상에서 수행승들이 방일하지 않고 열심히 노력하고 정진하면, 마음의 통일을 경험할 수 있다'는 것이 불가능하고, 있을 수 없습니다."
왕자 자야쎄나는 새내기 수행자 아찌라바따에게 '불가능하고 있을 수 없다'고 말하고는 자리에서 일어나 그곳을 떠났다.

8. 그러자 새내기 수행자 아찌라바따는 왕자 자야쎄나가 그곳을 떠난지 얼마 되지 않아 세존께서 계신 곳을 찾았다. 가까이 다가가서 세존께 인사를 드리고 한 쪽으로 물러 앉았다. 한 쪽으로 물러 앉은 새내기 수행자 아찌라바따는 왕자 자야쎄나와 이야기했던 그 모든 것을 세존께 말씀드렸다.

9. 그렇게 말씀드리자 세존께서는 새내기 수행자 아찌라바따에게 이와 같이 말씀하셨다.
[세존] "악기베싸나여, 왕자 자야쎄나는 감각적 쾌락 속에서 살면서, 감각적 쾌락을 즐기면서, 감각적 쾌락의 생각에 사로잡혀 있으면서, 감각적 쾌락의 열기에 불타면서, 감각적 쾌락을 추구하고 있

는데, 그러한 자가 욕망을 떠나야 알 수 있고, 욕망을 떠나야 볼 수 있고, 욕망을 떠나야 도달할 수 있고, 욕망을 떠나야 실현할 수 있는 그것을 알고 또한 본다는 것이 어떻게 가능하겠는가? 그것은 불가능한 것이다.

10. 이를테면, 존자 악기베싸나여, 두 마리의 길들일 수 있는 코끼리나 길들일 수 있는 말이나 길들일 수 있는 소가 있는데 그들은 잘 길들여지고 잘 훈련되었다.[508] 그리고 두 마리의 길들일 수 있는 코끼리나 길들일 수 있는 말이나 길들일 수 있는 소가 있는데 그들은 잘 길들여지지 않고 훈련되지 않았다. 존자 악기베싸나여, 그대는 어떻게 생각하는가? 두 마리의 길들일 수 있는 코끼리나 길들일 수 있는 말이나 길들일 수 있는 소가 있는데 잘 길들여지고 잘 훈련되었다면, 그들 길들여진 것들은 길들여진 행동을 성취하고 길들여진 경지에 이르겠는가?"
[아찌라바따] "세존이시여, 그렇습니다."

11. [세존] "존자 악기베싸나여, 두 마리의 길들일 수 있는 코끼리나 길들일 수 있는 말이나 길들일 수 있는 소가 있는데 잘 길들여지지 않고 훈련되지 않았다면, 그들 길들여지지 않은 것들은 길들여진 행동을 성취하고 길들여진 경지에 이르겠는가?"
[아찌라바따] "세존이시여, 그렇지 않습니다."
[세존] "악기베싸나여, 이와 마찬가지로 왕자 자야쎄나는 감각적 쾌락 속에서 살면서, 감각적 쾌락을 즐기면서, 감각적 쾌락의 생각에 사로잡혀 있으면서, 감각적 쾌락의 열기에 불타면서, 감각적 쾌락을 추구하고 있는데, 그러한 자가 욕망을 떠나야 알 수 있고, 욕

---

508) 이 코끼리의 譬喩는 MN. 90「깐나깟탈라의 경[Kaṇṇakatthalasutta]」에도 登場한다. MN. II. 129 참조.

망을 떠나야 볼 수 있고, 욕망을 떠나야 도달할 수 있고, 욕망을 떠나야 실현할 수 있는 그것을 알고 또한 본다는 것이 어떻게 가능하겠는가? 그것은 불가능한 것이다."

12. 이를테면, 존자 악기베싸나여, 마을이나 도시에서 멀지 않은 곳에 높은 산이 있는데, 두 친구가 마을이나 도시를 떠나 손에 손을 잡고 산을 찾았다. 가까이 가서 한 친구는 산록에 머물고 한 친구는 산꼭대기까지 올라갔다. 그 산록에 머문 친구가 산꼭대기에 올라간 친구에게 이와 같이 말했다. '벗이여, 산꼭대기에 서서 무엇을 보는가?' 다른 친구가 말했다. '벗이여, 산꼭대기에 서서 나는 사랑스러운 공원, 사랑스러운 숲, 사랑스러운 초원, 사랑스러운 호수를 본다.' 그 친구가 말했다. '벗이여, 산꼭대기에 서서 나는 사랑스러운 공원, 사랑스러운 숲, 사랑스러운 초원, 사랑스러운 호수를 보는 것이 불가능하고, 있을 수 없다.' 그러자 다른 친구가 산록으로 내려와서 친구의 팔을 잡아끌고 산에 오른 뒤에 잠시 휴식을 취하며 말했다. '벗이여, 산꼭대기에 서서 무엇을 보는가?' 그 친구가 말했다. '벗이여, 산꼭대기에 서서 나는 사랑스러운 공원, 사랑스러운 숲, 사랑스러운 초원, 사랑스러운 호수를 본다.' 다른 친구가 말했다. '벗이여, 조금 전에 우리는 그대가 '산꼭대기에 서서 나는 사랑스러운 공원, 사랑스러운 숲, 사랑스러운 초원, 사랑스러운 호수를 보는 것이 불가능하고, 있을 수 없다.'라고 말하는 것을 들었다. 그러나 지금 우리는 그대가 '산꼭대기에 서서 나는 사랑스러운 공원, 사랑스러운 숲, 사랑스러운 초원, 사랑스러운 호수를 본다.'라고 말하는 것을 듣는다.' 그러자 그 친구는 대답했다. '벗이여, 높은 산에 가리워서, 나는 산록에서 볼 수 있는 것을 볼 수가 없었다.'

13. 악기베싸나여, 그 왕자 자야쎄나는 이보다 훨씬 큰 무지의 다발에 가려지고 덮이고 막히고 싸여 있다. 그러므로 왕자 자야쎄나는 감각적 쾌락 속에서 살면서, 감각적 쾌락을 즐기면서, 감각적 쾌락의 생각에 사로잡혀 있으면서, 감각적 쾌락의 열기에 불타면서, 감각적 쾌락을 추구하고 있는데, 그러한 자가 욕망을 떠나야 알 수 있고, 욕망을 떠나야 볼 수 있고, 욕망을 떠나야 도달할 수 있고, 욕망을 떠나야 실현할 수 있는 그것을 알고 또한 본다는 것이 어떻게 가능하겠는가? 그것은 불가능한 것이다.

14. 악기베싸나여, 그대가 이 두 가지 비유를 들어 왕자 자야쎄나에게 설명했다면, 그는 즉시 믿음을 갖게 되었을 것이고, 그대에게 믿음을 갖고 그대에게 믿음을 보여주었을 것이다."
[아찌라바따] "세존이시여, 세존께서 설명하신, 즉각적이고[509] 예전에는 들어본 적이 없는 두 가지 비유를 제가 어떻게 왕자 자야쎄나에게 설명할 수 있었겠습니까?"

15. [세존] "이를테면, 악기베싸나여, 통치권을 부여받은 왕이 그의 코끼리 조련사에게 말했다.
[왕] '코끼리 조련사여, 왕의 코끼리를 타고 코끼리 숲으로 들어가라. 그래서 숲 속의 코끼리를 보면, 왕의 코끼리에 그 코끼리의 목을 붙잡아 매어라.'
[조련사] '폐하, 그렇게 하겠습니다.'

16. 그래서 악기베싸나여, 코끼리 조련사는 통치권을 부여받은 왕에게 대답하고는 왕의 코끼리를 타고 코끼리 숲으로 들어갔다. 그

---

509) anacchariyā : '稀有하지 않은, 놀랍지 않은, 必然的인, 卽刻的'이라는 뜻을 지니고 있다.

리고 숲 속의 코끼리를 보았을 때에, 왕의 코끼리에 그 목을 붙잡아 매었다. 그리고 왕의 코끼리는 그 코끼리를 공터로 끌어내었다. 악기베싸나여, 숲 속의 코끼리는 공터로 끌어내려면 이러한 방법이 있다. 왜냐하면, 악기베싸나여, 숲속의 코끼리는 코끼리 숲에 집착하고 있기 때문이다.

17. 코끼리 조련사는 통치권을 부여받은 왕에게 보고했다.
[조련사] '폐하, 숲속의 코끼리가 공터에 도착했습니다.'
그 통치권을 부여받은 왕은 코끼리 조련사에게 말했다.
[왕] '여보게, 조련사여, 그대가 이 숲속의 코끼리를 길들이게. 그래서 숲 속의 습관을 제거하고, 숲 속의 기억과 생각을 없애버리고, 숲 속의 근심과 피곤과 고뇌를 제거하고, 마을에서 즐기며 사람들에 맞는 습관을 길들이게.'
[조련사] '폐하, 그렇게 하겠습니다.'

18. 그래서 코끼리 조련사는 통치권을 부여받은 왕에게 대답하고는 숲 속의 습관을 제거하고, 숲 속의 기억과 생각을 없애버리고, 숲 속의 근심과 피곤과 고뇌를 제거하고, 마을에서 즐기며 사람들에게 맞는 습관을 길들이기 위해 땅위에 큰 기둥을 박고 숲 속의 코끼리의 목을 붙잡아 매었다. 그리고 코끼리 조련사는 온화하고, 귀에 즐겁고, 사랑스럽고, 가슴에 와 닿고, 아름답고, 많은 사람이 좋아하고, 많은 사람의 마음에 드는, 그와 같은 말로서 그 코끼리를 대했다.

19. 악기베싸나여, 숲속의 코끼리는 그 코끼리 조련사가 온화하고, 귀에 즐겁고, 사랑스럽고, 가슴에 와 닿고, 아름답고, 많은 사람이 좋아하고, 많은 사람의 마음에 드는, 그와 같은 말로서 대하자, 잘

듣고 귀를 기울이고 이해하려고 노력했다. 그래서 그 코끼리 조련사는 그 코끼리에게 건초와 물로 보상을 했다. 악기베싸나여, 그 숲속의 코끼리가 그에게서 건초와 물을 받아먹을 때에 그 코끼리 조련사는 '이제 왕의 코끼리로 살 것이다.'라고 생각했다.

20. 그래서 그 코끼리 조련사는 '들어 올려라. 내려 놓아라'라고 그를 더욱 길들였다. 악기뻬싸나여, 왕의 코끼리가 코끼리 조련사의 '들어 올려라. 내려 놓아라'라는 명령을 잘 지키고 그의 가르침에 응답하자, 코끼리 조련사는 '앞으로 가라. 뒤로 돌아 오라'라고 그를 더욱 길들였다.

21. 악기뻬싸나여, 왕의 코끼리가 코끼리 조련사의 '앞으로 가라. 뒤로 돌아 오라'라는 명령을 잘 지키고 그의 가르침에 응답하자, 코끼리 조련사는 '일어서라. 앉아라'라고 그를 더욱 길들였다.

22. 악기뻬싸나여, 왕의 코끼리가 코끼리 조련사의 '일어서라. 앉아라'라는 명령을 잘 지키고 그의 가르침에 응답하자, 코끼리 조련사는 부동이라는 훈련을 행했다. 그는 커다란 판자를 그의 코에 묶어 창을 손에 든 사람이 그의 목에 타고 손에 창을 든 사람들이 사방에서 그를 둘러싼다. 그리고 코끼리 조련사 자신은 긴 창의 막대기를 들고 그 앞에 선다. 그 코끼리는 부동이라는 훈련을 받을 때에 앞발을 움직이지 않고, 뒷발도 움직이지 않고, 상반신도 움직이지 않고 하반신도 움직이지 않고 머리도 움직이지 않고 귀도 움직이지 않고 상아도 움직이지 않고 꼬리도 움직이지 않고 몸통도 움직이지 않는다. 그 왕의 코끼리는 창에 찔려도, 칼에 베어도, 화살에 맞아도, 다른 생물로부터 공격당해도, 커다란 북, 작은 북, 소라고동, 트럼펫의 천둥같은 소리를 들어도, 참아낸다. 모든 결점과 단점

이 제거되면, 그 코끼리는 왕으로서의 가치가 있고, 왕으로서 시중 받게 되고, 왕이 갖춘 요소들 가운데 하나로 취급된다.

23. 악기베싸나여, 이와 마찬가지로 이 세상에 이렇게 오신 님, 올바로 원만히 깨달으신 님, 명지와 덕행을 갖추신 님, 바른 길로 잘 가신 님, 세상을 이해하시는 님, 가장 높은 자리에 오르신 님, 사람들을 길들이시는 님, 신들과 인간의 스승이신 님, 부처님이신 세존께서 나타난다. 그는 신들의 세계에서, 악마들의 세계에서, 하느님들의 세계에서, 성직자들과 수행자들의 후예 가운데, 그리고 왕들과 백성들의 세계에서 스스로 잘 알고 깨달아 가르침을 설한다. 그는 처음도 착하고, 중간도 착하고, 끝도 착하고, 의미를 갖추고, 표현을 갖추고, 충만하고 순결하고 청정한 삶을 설한다.[510] 장자나 장자의 아들 또는 다른 종족에서 태어난 자가 그 가르침을 듣는다. 그는 그 가르침을 듣고 여래에게 믿음을 낸다. 그는 여래에게 믿음을 낸 뒤에 다음과 같이 생각한다. '집에서 사는 것은 번잡하고 티끌로 가득 차 있지만 출가는 자유로운 공간과 같다. 집에서 사는 자는 충만하고 순결한 소라껍질처럼 잘 연마된 청정한 삶을 살기가 어렵다. 자, 나는 머리를 깎고 가사를 입고 집에서 집없는 곳으로 출가하여 수행승이 되는 것이 어떨까?'라고 이와 같이 생각한다. 그는 나중에 작은 재물을 버리고, 또는 큰 재물을 버리고, 그리고 적은 친지를 버리고, 또는 많은 친지를 버리고, 머리를 깎고 가사를 입고 집에서 집없는 곳으로 출가하여 수행승이 된다. 악기베싸나여, 이렇게 해서 고귀한 제자를 공터로 끌어내려면 이러한 방법이 있다. 왜냐하면, 악기베싸나여, 신들과 인간들은 다섯 가지 감각적 쾌락의 대상을 원하기 때문이다.

---

510) 以下는 MN. I. 53 「학인의 경[Sekhasutta]」에서도 同一한 內容으로 展開된다.

24. 여래는 그를 더욱 길들인다.
[세존] '오라 수행승이여, 모름지기 계행을 지키고 계율의 조항에 따라 자제하라. 행동과 처신을 바로 하라. 사소한 잘못에서도 두려움을 보고, 수행규범을 취하여 배우라.'

25. 악기베싸나여, 수행승이 감각능력의 문들을 수호하면, 여래는 그를 더욱 이와 같이 길들인다.
[세존] '오라 수행승이여, 그대는 감각능력의 문들을 수호하라.
1) 시각으로 형상을 보고 그 인상에 사로잡히지 말고 그 특징에 사로잡히지 말라. 그대가 시각능력을 수호하지 않으면, 탐욕과 근심과 악하고 불건전한 상태가 그대에게 침입할 것이므로 자제의 길을 닦고 시각능력을 수호하고 시각능력의 제어를 행하라.
2) 청각으로 소리를 듣고 그 인상에 사로잡히지 말고 그 특징에 사로잡히지 말라. 그대가 청각능력을 수호하지 않으면, 탐욕과 근심과 악하고 불건전한 상태가 그대에게 침입할 것이므로 자제의 길을 닦고 청각능력을 수호하고 청각능력의 제어를 행하라.
3) 후각으로 냄새를 맡고 그 인상에 사로잡히지 말고 그 특징에 사로잡히지 말라. 그대가 후각능력을 수호하지 않으면, 탐욕과 근심과 악하고 불건전한 상태가 그대에게 침입할 것이므로 자제의 길을 닦고 후각능력을 수호하고 후각능력의 제어를 행하라.
4) 미각으로 맛을 보고 그 인상에 사로잡히지 말고 그 특징에 사로잡히지 말라. 그대가 미각능력을 수호하지 않으면, 탐욕과 근심과 악하고 불건전한 상태가 그대에게 침입할 것이므로 자제의 길을 닦고 미각능력을 수호하고 미각능력의 제어를 행하라.
5) 촉각으로 감촉을 보고 그 인상에 사로잡히지 말고 그 특징에 사

로잡히지 말라. 그대가 촉각능력을 수호하지 않으면, 탐욕과 근심과 악하고 불건전한 상태가 그대에게 침입할 것이므로 자제의 길을 닦고 촉각능력을 수호하고 촉각능력의 제어를 행하라.

6) 정신으로 사실을 인식하고 그 인상에 사로잡히지 말고 그 특징에 사로잡히지 말라. 그대가 정신능력을 수호하지 않으면, 탐욕과 근심과 악하고 불건전한 상태가 그대에게 침입할 것이므로 자제의 길을 닦고 정신능력을 수호하고 정신능력의 제어를 행하라.'

26. 악기베싸나여, 수행승이 감각능력의 문들을 수호하면, 여래는 그를 더욱 이와 같이 길들인다.

[세존] '오라 수행승이여, 식사하는데 분량을 알아라. 이치에 맞게 숙고해서 유희를 위해서나 도취를 위해서나 아름다움이나 매력을 위해서 음식을 취하지 말고, '이전의 고통을 제거하고 새로운 고통이 생겨나지 않게 하리라. 그래서 나는 허물없이 안온한 삶을 지탱하리라.'라고 이 육신을 견디어내고 지속하게 하고 상해를 일으키지 말고 청정한 삶을 수호하기 위해 음식을 취하라.'

27. 악기베싸나여, 수행승이 식사하는데 분량을 알면, 여래는 그를 더욱 이와 같이 길들인다.

[세존] '오라 수행승이여, 깨어있음에 전념하라. 낮에는 경행과 좌선으로 모든 장애에서 마음을 청정히 하라. 초저녁에도 경행과 좌선으로 모든 장애에서 마음을 청정히 하라. 한밤중에는 오른쪽으로 사자와 같이 누워 발에 발을 겹치고 일어날 때를 생각하며 새김을 확립하고 올바로 알아차린다. 그리고 새벽녘에는 일어나서 경행과 좌선으로 모든 장애에서 마음을 청정히 하라.'

28. 악기베싸나여, 수행승이 깨어있음을 닦으면, 여래는 그를 더욱

이와 같이 길들인다.
[세존] '오라 수행승이여, 새김을 확립하고 올바로 알아차림을 성취하라. 앞으로 가건 뒤로 돌아오건, 올바로 알아차려라. 앞으로 바라보건 뒤로 바라보건, 올바로 알아차려라. 몸을 굽히건 몸을 펴건, 올바로 알아차려라. 옷을 입고 발우와 가사를 지닐 때에도, 올바로 알아차려라. 먹거나 마시거나 삼키거나 소화시킬 때에도, 올바로 알아차려라. 대소변을 볼 때에도, 올바로 알아차려라. 가거나 서거나 앉거나 눕거나 깨거나 말하거나 침묵할 때에도, 올바로 알아차려라.'511)

29. 악기베싸나여, 수행승이 새김을 확립하고 올바로 알아차림을 성취하면, 여래는 그를 다시 이와 같이 길들인다.
[세존] '오라 수행승이여, 그대는 멀리 떨어진 수행처, 숲, 나무밑, 산위, 동굴, 암굴, 묘지, 숲속, 공터, 짚더미가 있는 곳에서 수행하라.'

30. 그는 멀리 떨어진 수행처, 숲, 나무밑, 산위, 동굴, 암굴, 묘지, 숲속, 공터, 짚더미가 있는 곳에서 수행한다. 그는 식사를 한 뒤에 탁발행각에서 돌아와 가부좌를 하고 몸을 곧게 펴고 앞으로 새김을 확립하고 앉는다. 그는 세간에 대한 탐욕을 끊어 정신적으로 탐욕에서 벗어나고 탐욕에서 마음을 청정하게 한다. 그는 분노와 원한을 끊어 악의 없는 마음을 지니고 모든 살아있는 존재의 이익을 위해 그들을 애민히 여기며, 분노와 원한에서 마음을 청정하게 한다. 그는 해태와 혼침을 끊고 해태와 혼침에서 멀리떠나 광명에 대한 지각을 갖고 새김을 확립하고 올바로 알아차리며, 해태와 혼침

511) 以下는 MN. 39 「앗싸뿌라 설법의 큰 경[Mahāassapurasutta]」에도 同一한 內容으로 登場한다.

에서 마음을 청정하게 한다. 그는 흥분과 회한을 끊고 혼란되지 않아 안으로 마음을 고요히 해서 흥분과 회한에서 마음을 청정하게 한다. 의심을 끊고 의심을 뛰어넘어 착하고 건전한 것에 대한 의혹에 흔들리지 않고 착하고 건전한 것들에 대한 의심에서 마음을 청정하게 한다.

31. 그는 이와 같이 지혜를 약화시키는 마음의 번뇌인 다섯 가지 장애를 끊고 나서, 그는[512]

1) 열심히 노력하고 올바로 알고 깊이 새겨 세상의 탐욕과 근심을 제거하며, 몸에 대해 몸을 관찰한다.
2) 열심히 노력하고 올바로 알고 깊이 새겨 세상의 탐욕과 근심을 제거하며, 느낌에 대해 느낌을 관찰한다.
3) 열심히 노력하고 올바로 알고 깊이 새겨 세상의 탐욕과 근심을 제거하며, 마음에 대해 마음을 관찰한다.
4) 열심히 노력하고 올바로 알고 깊이 새겨 세상의 탐욕과 근심을 제거하며, 사실에 대해 사실을 관찰한다.

32. 악기베싸나여, 마치, 코끼리 조련사가 숲 속의 습관을 제거하고, 숲 속의 기억과 생각을 없애버리고 숲 속의 근심과 피곤과 고뇌를 제거하고 마을에서 즐기며, 사람들에게 맞는 습관을 길들이기 위해 땅위에 큰 기둥을 박고 숲 속의 코끼리의 그 목을 붙잡아 매듯, 네 가지 새김의 토대는 재가 생활의 습관을 제거하고, 재가 생활의 기억과 생각을 없애버리고, 재가 생활의 근심과 피곤과 고뇌를 제거하고 바른 길을 얻게 하고 열반을 실현시키기 위해 고귀한

---

512) 여기서 脈絡으로 보아 네 가지 禪定(四禪定)에 대한 설명이 기대되는 곳인데 네 가지 새김의 토대[四念處]가 설명되고 있다. 이것은 이 경의 後半部의 文脈으로 보아 네 가지 새김의 토대가 첫 번째의 선정[初禪]으로 대체될 수 있기 때문이다.

제자의 마음을 붙잡아 맨다.

33. 여래는 그를 더욱 길들인다.

[세존] '오라 수행승이여,

1) 몸에 대하여 몸을 관찰하지만 몸과 관련된 사유를 하지 말라. 느낌에 대하여 느낌을 관찰하지만 느낌과 관련된 사유를 하지 말라. 마음에 대하여 마음을 관찰하지만 마음과 관련된 사유를 하지 말라. 사실에 대하여 사실을 관찰하지만 사실과 관련된 사유를 하지 말라.'

2) 그는 사유와 숙고를 멈춘 뒤, 안으로 고요하게 하여 마음을 통일하고, 사유를 뛰어넘고 숙고를 뛰어넘어, 삼매에서 생겨나는 희열과 행복을 갖춘 두 번째 선정을 성취한다.513)

3) 그는 희열이 사라진 뒤, 아직 신체적으로 즐거움을 느끼지만, 새김을 확립하고 올바로 알아차리며 평정에 머물러 고귀한 이들이 '평정하고 새김이 깊고 행복을 느낀다.'고 말하는 세 번째 선정을 성취한다.

4) 그는 행복을 버리고 고통을 버려서, 이전의 쾌락과 근심을 사라지게 하고, 괴로움도 뛰어넘고 즐거움도 뛰어넘어, 평정하고 새김이 깊고 청정한 네 번째 선정을 성취한다.

34. 이와 같이 마음이 통일되어 청정하고 순결하고 때묻지 않고 오염되지 않고 유연하고 유능하고 확립되고 흔들림이 없게 되자, 그는 마음을 전생의 삶에 대한 관찰의 지혜로 향하게 한다. 이와 같이 그는 전생의 여러 가지 삶의 형태를 기억한다. 예를 들어 '한 번 태어나고 두 번 태어나고 세 번 태어나고 네 번 태어나고 다섯 번 태

513) 여기서 첫 번째 禪定이 생략되고 곧바로 두 번째 禪定에서 시작된다. 이것은 앞에서 설명한 네 가지 새김의 토대(四念處)가 첫 번째 禪定으로 取扱될 수 있음을 나타낸다.

어나고 열 번 태어나고 스무 번 태어나고 서른 번 태어나고 마흔 번 태어나고 쉰 번 태어나고 백 번 태어나고 천 번 태어나고 십만 번 태어나고, 수많은 세계가 파괴되고 수많은 세계가 생성되고 수많은 세계가 파괴되고 생성되는 시간을 지나면서, 당시에 나는 이러한 이름과 이러한 성을 지니고 이러한 용모를 지니고 이러한 음식을 먹고 이러한 괴로움과 즐거움을 맛보고 이러한 목숨을 지녔고, 나는 그 곳에서 죽은 뒤에 다른 곳에 태어났는데, 거기서 나는 이러한 이름과 이러한 성을 지니고 이러한 용모를 지니고 이러한 음식을 먹고 이러한 괴로움과 즐거움을 맛보고 이러한 목숨을 지녔었다. 그 곳에서 죽은 뒤에 여기에 태어났다.'고 이와 같이 나는 나의 전생의 여러 가지 삶의 형태를 구체적으로 상세히 기억한다.

35. 이와 같이 마음이 통일되어 청정하고 순결하고 때묻지 않고 오염되지 않고 유연하고 유능하고 확립되고 흔들림이 없게 되자 그는 마음을 뭇삶들의 삶과 죽음에 대한 관찰의 지혜로 향하게 한다. 이와 같이 그는 청정한, 인간을 뛰어넘는 하늘눈으로 뭇삶들을 관찰하여, 죽거나 다시 태어나거나 천하거나 귀하거나 아름답거나 추하거나 행복하거나 불행하거나 업보에 따라서 등장하는 뭇삶들을 본다. 예를 들어 '어떤 뭇삶들은 몸으로 악행을 저지르고 입으로 악행을 저지르고 마음으로 악행을 저질렀다. 그들은 고귀한 분들을 비난하고 잘못한 견해를 지니고 잘못된 견해에 따라 행동했다. 그래서 그들은 몸이 파괴되고 죽은 뒤에 괴로운 곳, 나쁜 곳, 타락한 곳, 지옥에 태어났다. 그러나 다른 뭇삶들은 몸으로 선행을 하고 입으로 선행을 하고 마음으로 선행을 하였다. 그들은 고귀한 분들을 비난하지 않고 올바른 견해를 지니고 올바른 견해에 따라 행동했다. 그래서 그들은 육체가 파괴되고 죽은 뒤에 좋은 곳, 하늘나라

에 태어났다.'라고 이와 같이 그는 청정한, 인간을 뛰어넘는 하늘눈으로 뭇삶들을 본다. 죽거나 다시 태어나거나 천하거나 귀하거나 아름답거나 추하거나 행복하거나 불행하거나 업보에 따라서 등장하는 뭇삶들을 본다.

36. 이와 같이 마음이 통일되어 청정하고 순결하고 때묻지 않고 오염되지 않고 유연하고 유능하고 확립되고 흔들림이 없게 되자 그는 마음을 번뇌의 소멸에 대한 관찰의 지혜로 향하게 한다. 그는 '이것이 괴로움이다.'고 있는 그대로 알고, '이것이 괴로움의 발생이다.'고 있는 그대로 알고, '이것이 괴로움의 소멸이다.'고 있는 그대로 알고, '이것이 괴로움의 소멸에 이르는 길이다.'고 있는 그대로 알고, '이것이 번뇌이다.'고 있는 그대로 알고, '이것이 번뇌의 발생이다.'고 있는 그대로 알고, '이것이 번뇌의 소멸이다.'고 있는 그대로 알고, '이것이 번뇌의 소멸에 이르는 길이다.'고 있는 그대로 안다.

37. 이와 같이 알고 이와 같이 보았을 때, 그는 감각적 쾌락에 대한 욕망의 번뇌에서 마음을 해탈하고, 존재의 번뇌에서 마음을 해탈하고, 무명의 번뇌에서 마음을 해탈한다. 해탈하면 그에게 '나는 해탈했다.'는 앎이 생겨난다. 그는 '태어남은 부서지고 청정한 삶은 이루어졌다. 해야 할 일은 다 마치고 더 이상 윤회하는 일이 없다.'고 분명히 안다.

38. 그 수행승은 추위와 더위, 굶주림과 목마름, 등에, 모기, 바람, 열기, 뱀과의 접촉을 견디어낼 수 있고,[514] 잘못 표현되고 악의적으로 표현된 말을 견디어 낼 수 있고, 괴롭고 아프고 저리고 찌르고

514) MN. 2. 「모든 번뇌의 경[Sabbāsavasutta]」에 따르면, 修行僧은 省察에 의해서 理致에 맞게 추위를 막고 더위를 막거나 등에, 모기, 바람, 열기, 뱀과의 接觸을 막는다는 뜻이다.

불쾌하고 치명적인 신체적인 느낌이 생겨난 것을 참아낼 수 있다. 모든 탐욕과 성냄과 어리석음을 제거하고 모든 결점을 제거하여, 공양받을 만하고, 대접받을 만하고, 보시받을 만하고, 합장받을 만하고, 세상에서 위없는 공덕의 밭이 된다.

39. 악기베싸나여, 왕의 코끼리가 늙은 나이에 길들여지지 않고 훈련받지 않고 죽으면, 그는 길들여지지 않은 죽음을 맞이한 늙은 코끼리로 여겨질 것이다. 악기베싸나여, 왕의 코끼리가 장년의 나이에 길들여지지 않고 훈련받지 않고 죽으면, 그는 길들여지지 않은 죽음을 맞이한 장년의 코끼리로 여겨질 것이다. 악기베싸나여, 왕의 코끼리가 젊은 나이에 길들여지지 않고 훈련받지 않고 죽으면, 그는 길들여지지 않은 죽음을 맞이한 젊은 코끼리로 여겨질 것이다. 이와 마찬가지로 악기베싸나여, 장로의 수행승이 번뇌를 부수지 못하고 죽으면, 그는 길들여지지 않은 죽음을 맞이한 장로 수행승으로 여겨질 것이다. 악기베싸나여, 중년의 수행승이 번뇌를 부수지 못하고 죽으면, 그는 길들여지지 않은 죽음을 맞이한 중년의 수행승으로 여겨질 것이다. 악기베싸나여, 새내기 수행승이 번뇌를 부수지 못하고 죽으면, 그는 길들여지지 않은 죽음을 맞이한 새내기 수행승으로 여겨질 것이다.

40. 악기베싸나여, 왕의 코끼리가 늙은 나이에 길들여지고 훈련받고 죽으면, 그는 길들여진 죽음을 맞이한 늙은 코끼리로 여겨질 것이다. 악기베싸나여, 왕의 코끼리가 장년의 나이에 길들여지고 훈련받고 죽으면, 그는 길들여진 죽음을 맞이한 장년의 코끼리로 여겨질 것이다. 악기베싸나여, 왕의 코끼리가 젊은 나이에 길들여지고 훈련받고 죽으면, 그는 길들여진 죽음을 맞이한 젊은 코끼리로

여겨질 것이다. 이와 마찬가지로 악기베싸나여, 장로의 수행승이 번뇌를 부수고 죽으면, 그는 길들여진 죽음을 맞이한 장로 수행승으로 여겨질 것이다. 악기베싸나여, 중년의 수행승이 번뇌를 부수고 죽으면, 그는 길들여진 죽음을 맞이한 중년의 수행승으로 여겨질 것이다. 악기베싸나여, 새내기 수행승이 번뇌를 부수고 죽으면, 그는 길들여진 죽음을 맞이한 새내기 수행승으로 여겨질 것이다."

41. 이와 같이 세존께서 말씀하셨다. 새내기 수행승 아찌라바따는 만족하여 세존께서 말씀하신 것을 기쁘게 받아들였다.

27. 그대는 하늘에서 온 천사를 보지 못했는가?

[Devadūtasutta][515)]

갓난아이로서 침대에서 스스로의 똥과 오줌으로 분칠하고 누워 있는 자를 본 적이 있는가? 팔십이나 구십이나 백세가 되어 늙고, 허리가 서까래처럼 구부러지고, 지팡이를 집고, 몸을 흔들며 걷고, 병들고, 젊음을 잃고, 이빨이 빠지고, 머리카락은 희어지고, 머리카락이 빠지고, 대머리가 되고, 주름이 지고, 검버섯이 나고, 사지에 얼룩이 진 자를 본 적이 있는가? 병들고 괴로워하는데 중태이고, 스스로의 똥과 오줌으로 분칠을 하고 다른 사람이 일으켜 주어야하고 다른 사람이 앉혀 주어야 하는 자를 본 적이 있는가? 죽은 지 하루나 이틀이나 사흘이 되어서 부풀게 되고 푸르게 되고 고름이 생겨난 시체를 본 적이 있는가?

1. 이와 같이 나는 들었다. 한 때 세존께서 싸밧티 시의 제따바나에 있는 아나타삔디까 승원에 계셨다.

2. 그 때에 세존께서는 "수행승들이여"라고 수행승들을 불르셨다. 수행승들은 세존께 "세존이시여"라고 대답했다.

3. 그러자 세존께서는 이와 같이 말씀하셨다.
[세존] "수행승들이여, 이를테면 문이 달린 두 채의 집이 있는데,

---

515) 이 경의 원래 제목은 「천사의 경[Devadūtasutta]」이다. 우리말 『맛지마니까야』 5권 187쪽에 있다. MN. III. 178; 中阿含 64, 天使經(大正 1, 503); 鐵城泥犁經(大正 1, 826), 閻羅王五天使者經(大正 1, 828); 增壹阿含 32. 4. 天子經(大正 2, 674) 참조

거기에 눈 있는 자가 가운데 서서 사람들이 집에 들어오고 나가고 찾아오고 떠나는 것을 보듯이,[516] 수행승들이여, 이와 같이 나는 청정해서 인간을 뛰어넘는 하늘눈으로 죽거나 태어나고 비천하거나 존귀하고, 아름답거나 추하고, 행복하거나 불행한 모든 뭇삶을 본다.

4. 존귀한 존재들 가운데 참으로 신체적으로 선행을 하고 언어적으로 선행을 하고 정신적으로 선행을 하고 고귀한 이들을 비난하지 않으며, 올바른 견해를 지니고 있고, 올바른 견해로 남에게 영향을 미치는 이들 존재들은 몸이 파괴되어 죽은 뒤에 좋은 곳, 하늘나라에 태어난다. 또한 존귀한 존재들 가운데 참으로 신체적으로 선행을 하고 언어적으로 선행을 하고 정신적으로 선행을 하고 고귀한 이들을 비난하지 않으며, 올바른 견해를 지니고 있고, 올바른 견해로 남에게 영향을 미치는 이들 존재들은 몸이 파괴되어 죽은 뒤에 인간의 세계에 태어난다.

5. 그러나 존귀한 존재들이더라도 참으로 신체적으로 악행을 하고 언어적으로 악행을 하고 정신적으로 악행을 하고 고귀한 이들을 비난하며, 잘못된 견해를 지니고 있고, 잘못된 견해로 남에게 영향을 미치는 이들 존재들은 몸이 파괴되어 죽은 뒤에 아귀의 세계에 태어난다. 또한 존귀한 존재들이더라도 참으로 신체적으로 악행을 하고 언어적으로 악행을 하고 정신적으로 악행을 하고 고귀한 이들을 비난하며, 잘못된 견해를 지니고 있고, 잘못된 견해로 남에게 영향을 미치는 이들 존재들은 몸이 파괴되어 죽은 뒤에 축생의 세계에 태어난다. 또한 존귀한 존재들이더라도 참으로 신체적으로 악

516) 이 비유는 MN. 39「앗싸뿌라 설법의 큰 경[Mahāassapurasutta]」과 MN. 77「훌륭한 가문의 우다인에 대한 큰 경[Mahāsakuludāyisutta]」에도 등장한다.

행을 하고 언어적으로 악행을 하고 정신적으로 악행을 하고 고귀한 이들을 비난하며, 잘못된 견해를 지니고 있고, 잘못된 견해로 남에게 영향을 미치는 이들 존재들은 몸이 파괴되어 죽은 뒤에 괴로운 곳, 나쁜 곳, 타락한 곳, 지옥에 태어난다.

6. 수행승들이여, 지옥의 옥졸들은 그러한 뭇삶을 양팔로 붙잡아 야마왕517)에게 '대왕이여, 이 사람은 자애심이 없고, 수행자답지 못하고, 성직자답지 못하고, 집안에서는 장자에게 공경심이 없습니다. 대왕께서는 그에게 태형을 가해주십시오.'라고 보여준다.

7. 수행승들이여, 야마왕은 그에게 첫 번째 천사에 관하여, 추궁하고 심문하고 반대심문을 한다.
[야마왕] '이보게, 그대는 이 세상에서 첫 번째 천사518)가 나타난 것을 보지 못했는가?'
그는 말한다.
[뭇삶] '대왕이여, 보지 못했습니다.'

8. 야마왕은 그에게 말한다.
[야마왕] '이보게, 인간 가운데 갓난아이가 침대에서 스스로 똥과 오줌으로 분칠하고 누워있는 것을 본 적이 있는가?'
[뭇삶] '대왕이여, 보았습니다.'
수행승들이여, 그에게 야마왕은 이와 같이 말한다.

---

517) Yama : Yama왕은 죽음의 神이다. Pps. IV. 231에 따르면, 그는 또한 '축복 받는 신들의 하늘나라(Yāmā devā : 夜摩天)'를 지배하는 신이다. 때때로 죽음의 신은 이 천상의 세계에서 지내며 본래 正義로운 신으로서의 自身의 業의 果報를 즐긴다. 이 Yama신은 하나가 아니라, 地獄의 네 문을 지키기 때문에, 네 명이다.

518) 이 경전의 천사들과는 달리, 세 天使들 - 늙은 사람, 병든 사람, 죽은 사람 -은 菩薩(고따마 붓다)이 宮殿에 살면서 世俗的인 生活의 魅力을 부수고 解脫의 길을 追求하려는 決斷을 불러일으킨 存在였다.

[야마왕] '이보게, 지성적이고 성숙한 사람인 그대에게 이와 같이 '나도 태어나야만 하고 태어남을 뛰어넘을 수 없다. 나는 신체적으로나 언어적으로나 정신적으로 선행을 하는 것이 좋겠다.'라는 생각이 떠오르지 않았는가?'
그는 이와 같이 말한다.
[뭇삶] '대왕이여, 저는 할 수 없었습니다. 대왕이여, 저는 방일하였습니다.'

9. 수행승들이여, 그에게 야마왕은 이와 같이 말한다.
[야마왕] '이보게, 그대는 방일한 탓으로 신체적으로나 언어적으로나 정신적으로 선행을 하지 못했다. 어찌 그들은 그대의 방일함에 걸맞게 그대를 처리하지 않겠는가? 그러나 그대의 악한 행위는 그대의 어머니나 아버지나 형제나 자매나 친구나 동료나 친지나 친척이나 수행자나 성직자나 신들에 의해서 행해진 것이 아니라, 악한 행위는 그대가 스스로 행한 것이다. 그대가 그 과보를 겪어야 한다.'

10. 수행승들이여, 야마왕은 그에게 첫 번째 천사에 관하여, 추궁하고 심문하고 반대심문을 하고 난 뒤, 야마왕은 그에게 세 번째 천사에 관하여, 추궁하고 심문하고 반대심문을 한다.
[야마왕] '이보게, 그대는 이 세상에서 두 번째 천사가 나타난 것을 보지 못했는가?'
그는 말했다.
[뭇삶] '대왕이여, 보지 못했습니다.'

11. 야마왕은 그에게 말한다.
[야마왕] '이 사람아, 인간 가운데 여자나 남자가 태어나 팔십이나

구십이나 백세가 되어 늙고, 허리가 서까래처럼 구부러지고, 지팡이를 집고, 몸을 떨며 걷고, 병들고, 젊음을 잃고, 이빨이 빠지고, 머리가 희어지고, 머리카락이 빠지고, 대머리가 되고, 주름이 지고, 검버섯이 피어나고, 사지가 얼룩이 진 것을 본 적이 있는가?'

[뭇삶] '대왕이여, 보았습니다.'

수행승들이여, 그에게 야마왕은 이와 같이 말한다.

[야마왕] '이 사람아, 지성적이고 성숙한 사람인 그대에게 이와 같이 '나도 늙어나야만 하고 늙음을 뛰어넘을 수 없다. 나는 신체적으로나 언어적으로나 정신적으로 선행을 하는 것이 좋겠다.'라는 생각이 떠오르지 않았는가?'

그는 이와 같이 말한다.

[뭇삶] '대왕이여, 저는 할 수 없었습니다. 대왕이여, 저는 방일하였습니다.'

12. 수행승들이여, 그에게 야마왕은 이와 같이 말한다.

[야마왕] '이보게, 그대는 방일한 탓으로 신체적으로나 언어적으로나 정신적으로 선행을 하지 못했다. 어찌 그들은 그대의 방일함에 걸맞게 그대를 처리하지 않겠는가? 그러나 그대의 악한 행위는 그대의 어머니나 아버지나 형제나 자매나 친구나 동료나 친지나 친척이나 수행자나 성직자나 신들에 의해서 행해진 것이 아니라, 악한 행위는 그대가 스스로 행한 것이다. 그대가 그 과보를 겪어야 한다.'

13. 수행승들이여, 야마왕은 그에게 두 번째 천사에 관하여, 추궁하고 심문하고 반대심문을 하고 난 뒤, 야마왕은 그에게 세 번째 천사에 관하여, 추궁하고 심문하고 반대심문을 한다.

[야마왕] '이 사람아, 그대는 이 세상에서 세 번째 천사가 나타난 것을 보지 못했는가?'
그는 말했다.
[뭇삶] '대왕이여, 보지 못했습니다.'

14. 야마왕은 그에게 말한다.
[야마왕] '이 사람아, 인간 가운데 여자나 남자가 병들고 괴로워하는데 중태이고, 스스로 똥과 오줌으로 분칠을 하고, 다른 사람이 일으켜 주어야 하고, 다른 사람이 앉혀 주어야 하는 것을 본 적이 있는가?'
[뭇삶] '대왕이여, 보았습니다.'
수행승들이여, 그에게 야마왕은 이와 같이 말한다.
[야마왕] '이 사람아, 지성적이고 성숙한 사람인 그대에게 이와 같이 '나도 병들어야만 하고 질병을 뛰어넘을 수 없다. 나는 신체적으로나 언어적으로나 정신적으로 선행을 하는 것이 좋겠다.'라는 생각이 떠오르지 않았는가?'
그는 이와 같이 말한다.
[뭇삶] '대왕이여, 저는 할 수 없었습니다. 대왕이여, 저는 방일하였습니다.'

15. 수행승들이여, 그에게 야마왕은 이와 같이 말한다.
[야마왕] '이보게, 그대는 방일한 탓으로 신체적으로나 언어적으로나 정신적으로 선행을 하지 못했다. 어찌 그들은 그대의 방일함에 걸맞게 그대를 처리하지 않겠는가? 그러나 그대의 악한 행위는 그대의 어머니나 아버지나 형제나 자매나 친구나 동료나 친지나 친척이나 수행자나 성직자나 신들에 의해서 행해진 것이 아니라, 악

한 행위는 그대가 스스로 행한 것이다. 그대가 그 과보를 겪어야 한다.'

16. 수행승들이여, 야마왕은 그에게 세 번째 천사에 관하여, 추궁하고 심문하고 반대심문을 하고 난 뒤, 야마왕은 그에게 네 번째 천사에 관하여, 추궁하고 심문하고 반대심문을 하였다.

[야마왕] '이 사람아, 그대는 이 세상에서 네 번째 천사가 나타난 것을 보지 않았는가?'

그는 말한다.

[뭇삶] '대왕이여, 보지 못했습니다.'

17. 야마왕은 그에게 말한다.

[야마왕] '이보게, 왕들이 인간 가운데 도둑이나 범죄자를 잡으면 갖가지 형벌로 다스리는 것, 즉 ① 채찍으로 때리고, ② 몽둥이로 때리고, ③ 곤장으로 때리고, ④ 손을 자르기도 하고, ⑤ 발을 자르기도 하고, ⑥ 손발을 함께 자르기도 하고, ⑦ 귀를 자르기도 하고, ⑧ 코를 자르기도 하고, ⑨ 귀와 코를 함께 자르기도 하고, ⑩ 두개골을 자르고 뜨거운 쇳덩이를 넣어 죽이고, ⑪ 살점을 떼어내고 모래로 씻어내어 소라모양으로 빛나는 해골을 만들어 죽이고, ⑫ 막대기로 입을 벌리게 하고 귀를 뚫어 죽이고, ⑬ 몸을 기름에 적셔 불 위에 태워 죽이고, ⑭ 손에 기름을 적셔 불로 태워 죽이고, ⑮ 목에서부터 다리까지 피부를 벗겨 스스로 밟게 하여 죽이고, ⑯ 상반신의 피부를 벗겨 하반신에 입혀 죽이고, ⑰ 양 팔꿈치와 양 무릎에 쇠고리를 채우고 철봉으로 고정하고 사방에 불을 놓아 죽이고, ⑱ 양쪽의 갈고리를 잡아당겨 피부와 살과 근육을 찢어 죽이고, ⑲ 동전 모양으로 살점을 떼어내어 죽이고, ⑳ 신체를 흉기로 찌르

고 회즙을 넣어 분리시키고 뼈만 남겨 죽이고, ㉑ 양쪽 귓구멍을 철봉으로 뚫고 그것을 회전시켜 죽이고, ㉒ 외피를 자르고 뼈를 절구에 갈아 모발에 싸서 짚으로 둥글게 한 발판처럼 하여 죽이고, ㉓ 뜨거운 기름에 끓여 죽이고, ㉔ 개에 먹히게 해서 죽이고, ㉕ 산 채로 꼬챙이에 끼워 죽이고, ㉖ 칼로 머리를 잘라 죽이는 것을 보지 못했는가?'
[뭇삶] '대왕이여, 보았습니다.'
수행승들이여, 그에게 야마왕은 이와 같이 말한다.
[야마왕] '이 사람아, 지성적이고 성숙한 사람인 그대에게 이와 같이 '참으로 악을 행하는 자들은 현세에서도 이와 같은 여러 종류의 형벌을 받는다. 하물며 다른 세상에서이랴? 나는 신체적으로나 언어적으로나 정신적으로 선행을 하는 것이 좋겠다.'라는 생각이 떠오르지 않았는가?'
그는 이와 같이 말한다.
[뭇삶] '대왕이여, 저는 할 수 없었습니다. 대왕이여, 저는 방일하였습니다.'

18. 수행승들이여, 그에게 야마왕은 이와 같이 말한다.
[야마왕] '이보게, 그대는 방일한 탓으로 신체적으로나 언어적으로나 정신적으로 선행을 하지 못했다. 어찌 그들은 그대의 방일함에 걸맞게 그대를 처리하지 않겠는가? 그러나 그대의 악한 행위는 그대의 어머니나 아버지나 형제나 자매나 친구나 동료나 친지나 친척이나 수행자나 성직자나 신들에 의해서 행해진 것이 아니라, 악한 행위는 그대가 스스로 행한 것이다. 그대가 그 과보를 겪어야 한다.'

19. 수행승들이여, 야마왕은 그에게 네 번째 천사에 관하여, 추궁하고 심문하고 반대심문을 하고 난 뒤, 야마왕은 그에게 다섯 번째 천사에 관하여, 추궁하고 심문하고 반대심문을 하였다.

[야마왕] '이 사람아, 그대는 이 세상에서 다섯 번째 천사가 나타난 것을 보지 않았는가?'

그는 말했다.

[뭇삶] '대왕이여, 보지 못했습니다.'

20. 야마왕은 그에게 말한다.

[야마왕] '이 사람아, 인간 가운데 여자나 남자가 죽은 지 하루나 이틀이나 사흘이 되어서 부풀게 되고 푸르게 되고 고름이 생겨난 것을 본 적이 있는가?'

[뭇삶] '대왕이여, 보았습니다.'

수행승들이여, 그에게 야마왕은 이와 같이 말한다.

[야마왕] '이 사람아, 지성적이고 성숙한 사람인 그대에게 이와 같이 '나도 죽어야만 하고 죽음을 뛰어넘을 수가 없다. 나는 신체적으로나 언어적으로나 정신적으로 선행을 하는 것이 좋겠다.'라는 생각이 떠오르지 않았는가?'

그는 이와 같이 말한다.

[뭇삶] '대왕이여, 저는 할 수 없었습니다. 대왕이여, 저는 방일했습니다.'

21. 수행승들이여, 그에게 야마왕은 이와 같이 말한다.

[야마왕] '이보게, 그대는 방일한 탓으로 신체적으로나 언어적으로나 정신적으로 선행을 하지 못했다. 어찌 그들은 그대의 방일함게 걸맞게 그대를 처리하지 않겠는가? 그러나 그대의 악한 행위는 그

대의 어머니나 아버지나 형제나 자매나 친구나 동료나 친지나 친척이나 수행자나 성직자나 신들에 의해서 행해진 것이 아니라, 악한 행위는 그대가 스스로 행한 것이다. 그대가 그 과보를 겪어야 한다.'

22. 수행승들이여, 야마왕은 그에게 다섯 번째 천사에 관하여, 추궁하고 심문하고 반대심문을 하고 난 뒤, 침묵한다.

23. 수행승들이여, 그에게 지옥의 옥졸들은 다섯 가지 종류의 계박[519]이라는 이름의 형벌을 가한다. 시뻘겋게 달궈진 쇠막대로 한 손을 지지고, 시뻘겋게 달궈진 쇠막대로 다른 손을 지지고, 시뻘겋게 달궈진 쇠막대로 한 발을 지지고, 시뻘겋게 달궈진 쇠막대로 다른 발을 지지고, 시뻘겋게 달궈진 쇠막대로 가슴 한 가운데를 지진다. 그때에 그는 괴롭고 아프고 격렬한 고통을 느낀다. 그렇지만 그에게 악업이 다하지 않는 한, 그는 죽지도 못한다.

24. 수행승들이여, 그 다음에 지옥의 옥졸들은 그를 눕혀놓고 도끼로 내려친다. 그때에 그는 괴롭고 아프고 격렬한 고통을 느낀다. 그렇지만 그에게 악업이 다하지 않는 한, 그는 죽지도 못한다.

25. 수행승들이여, 그 다음에 지옥의 옥졸들은 그의 발을 위로 하고 머리를 아래로 매달아 손도끼로 내려친다. 그때에 그는 괴롭고 아프고 격렬한 고통을 느낀다. 그렇지만 그에게 악업이 다하지 않는 한, 그는 죽지도 못한다.

26. 수행승들이여, 그 다음에 지옥의 옥졸들은 그를 수레에 묶어 뜨겁고 불타고 시뻘겋게 달궈진 땅위로 달려가고 달려온다. 그때에

519) 이하의 형벌에 관하여 MN. 12 「어리석은 자와 현명한 자의 경[Bālapaṇḍitasutta]」을 보라. MN. III. 166-167 참조.

그는 괴롭고 아프고 격렬한 고통을 느낀다. 그렇지만 그에게 악업이 다하지 않는 한, 그는 죽지도 못한다.

27. 수행승들이여, 그 다음에 지옥의 옥졸들은 그를 뜨겁고 불타고 시뻘겋게 달궈진 커다란 숯불 산에서 오르내리게 한다. 그때에 그는 괴롭고 아프고 격렬한 고통을 느낀다. 그렇지만 그에게 악업이 다하지 않는 한, 그는 죽지도 못한다.

28. 수행승들이여, 그 다음에 지옥의 옥졸들은 그의 발을 위로하고 머리를 아래로 매달아 뒤끓고 뜨겁고 불타고 시뻘겋게 달궈진 가마솥에 던져 넣는다. 그는 거기서 끓어서 삶아진다. 그는 한번은 위로 떠오르고 한번은 가라앉고 한번은 옆으로 간다. 그 때에 그는 괴롭고 아프고 격렬한 고통을 느낀다. 그렇지만 그에게 악업이 다하지 않는 한, 그는 죽지도 못한다.

29. 수행승들이여, 그 다음에 지옥의 옥졸들은 그를 대지옥에 던져 넣는다. 그런데 수행승들이여, 대지옥은 이와 같다.

사각으로 되어 있고 각각의 변에 세워진 네 문이 있고
철벽으로 둘러싸여 있고, 쇠지붕으로 덮혀 있다.
그 바닥도 쇠로 되어 있는데 작열할 때까지 데워진다.
그 경계가 백 요자나에 이르며, 어느 때나 존속한다.

30. 수행승들이여, 대지옥에서는 동쪽의 벽에서 화염이 솟아올라 서쪽의 벽에 부딪친다. 서쪽의 벽에서 화염이 솟아올라 동쪽의 벽에 부딪친다. 북쪽의 벽에서 화염이 솟아올라 남쪽의 벽에 부딪친다. 남쪽의 벽에서 화염이 솟아올라 북쪽의 벽에 부딪친다. 아래쪽의 벽에서 화염이 솟아올라 윗쪽의 벽에 부딪친다. 윗쪽의 벽에서

화염이 솟아올라 아래쪽의 벽에 부딪친다. 그 때에 그는 괴롭고 아프고 격렬한 고통을 느낀다. 그렇지만 그에게 악업이 다하지 않는 한, 그는 죽지도 못한다.

31. 수행승들이여, 언제 어느 곳에선가 오랜 세월이 지나 그 대지옥의 동쪽 문이 열릴 때가 있다. 그는 그곳으로 재빨리 달려간다. 그는 재빨리 달려가지만 가죽을 태우고, 피부를 태우고, 살도 태우고, 근육도 태우고, 뼈도 연기로 만들뿐만 아니라,[520] 빠져나오려 해도 이와 같은 상황을 벗어날 수 없다.[521] 오랜 세월이 지나 그가 문에 도착하더라도, 그 문은 잠겨 버린다.[522] 그 때에 그는 괴롭고 아프고 격렬한 고통을 느낀다. 그렇지만 그에게 악업이 다하지 않는 한, 그는 죽지도 못한다.

32. 수행승들이여, 언제 어느 곳에선가 오랜 세월이 지나 그 대지옥의 서쪽 문이 열릴 때가 있다. 그는 그곳으로 재빨리 달려간다. 그는 재빨리 달려가지만 가죽을 태우고, 피부를 태우고, 살도 태우고, 근육도 태우고, 뼈도 연기로 만들뿐만 아니라, 빠져나오려 해도 이와 같은 상황을 벗어날 수 없다. 오랜 세월이 지나 그가 문에 도착하더라도, 그 문은 잠겨 버린다. 그 때에 그는 괴롭고 아프고 격렬한 고통을 느낀다. 그렇지만 그에게 악업이 다하지 않는 한, 그는 죽지도 못한다.

---

520) aṭṭhīni pi sampadhūmāyanti : Mls. III. 227에서는 aṭṭhīni를 akkhīni라고 읽어 '두 눈이 煙氣로 가득 차고'라고 飜譯했다. Suv. I. 45에 akkhīni me dhūmāyanti라는 表現이 등장한다.

521) ubbhataṃ tādisaṃ eva hoti : '뽑아내는 것도 이와 같다.'는 뜻이다.

522) yato ca kho so, bhikkhave, bahusampatto hoti, atha taṃ dvāram pithīyati : Pps. IV. 235는 그가 악한 果報를 없애기 위해 수 십만년을 阿鼻地獄(Avīci)에서 보낸다고 설명하면서 苦痛을 받는데 간격이 없다는 의미의 이름인 阿鼻地獄의 여섯 불길 속에 Devadatta가 苦痛을 당하는 것을 描寫하고 있다.

33. 수행승들이여, 언제 어느 곳에선가 오랜 세월이 지나 그 대지옥의 북쪽 문이 열릴 때가 있다. 그는 그곳으로 재빨리 달려간다. 그는 재빨리 달려가지만 가죽을 태우고, 피부를 태우고, 살도 태우고, 근육도 태우고, 뼈도 연기로 만들뿐만 아니라, 빠져나오려 해도 이와 같은 상황을 벗어날 수 없다. 오랜 세월이 지나 그가 문에 도착하더라도, 그 문은 잠겨 버린다. 그 때에 그는 괴롭고 아프고 격렬한 고통을 느낀다. 그렇지만 그에게 악업이 다하지 않는 한, 그는 죽지도 못한다.

34. 수행승들이여, 언제 어느 곳에선가 오랜 세월이 지나 그 대지옥의 남쪽 문이 열릴 때가 있다. 그는 그곳으로 재빨리 달려간다. 그는 재빨리 달려가지만 가죽을 태우고, 피부를 태우고, 살도 태우고, 근육도 태우고, 뼈도 연기로 만들뿐만 아니라, 빠져나오려 해도 이와 같은 상황을 벗어날 수 없다. 오랜 세월이 지나 그가 문에 도착하더라도, 그 문은 잠겨 버린다. 그 때에 그는 괴롭고 아프고 격렬한 고통을 느낀다. 그렇지만 그에게 악업이 다하지 않는 한, 그는 죽지도 못한다.

35. 수행승들이여, 언제 어느 곳에선가 오랜 세월이 지나 그 대지옥의 동쪽 문이 열릴 때가 있다. 그는 그곳으로 재빨리 달려간다. 그는 재빨리 달려가기 위해 가죽을 태우고, 피부를 태우고, 살도 태우고, 근육도 태우고, 뼈도 연기로 만들뿐만 아니라, 빠져나오려 해도 이와 같은 상황을 벗어날 수 없다. 그러나 그는 마침내 그 문을 빠져나온다.

36. 그러나 수행승들이여, 그 대지옥이 끝남과 동시에 똥이 가득 찬 대지옥[523]이 전개된다. 그는 거기에 빠진다. 그런데 수행승들이

여, 그 똥이 가득 찬 대지옥에서 많은 바늘이 솟아난 입을 가진 동물이 그의 가죽을 자르고, 가죽을 자르고 나서 피부도 자르고, 피부를 자르고 나서 살도 자르고, 살을 자르고 나서 근육도 자르고, 근육을 자르고 나서 뼈도 자르고 뼈를 자르고 나서 골수를 먹는다. 그 때에 그는 괴롭고 아프고 격렬한 고통을 느낀다. 그렇지만 그에게 악업이 다하지 않는 한, 그는 죽지도 못한다.

37. 그러나 수행승들이여, 그 똥이 가득 찬 대지옥이 끝남과 동시에 숯불이 시뻘겋게 달궈진 대지옥[524]이 전개된다. 그는 거기에 빠진다. 그 때에 그는 괴롭고 아프고 격렬한 고통을 느낀다. 그렇지만 그에게 악업이 다하지 않는 한, 그는 죽지도 못한다.

38. 그러나 수행승들이여, 그 숯불이 시뻘겋게 달궈진 대지옥이 끝남과 동시에 커다란 가시나무숲[525]이 전개된다. 그 가시나무는 높이가 일 요자나이고 가시가 십육 손가락 크기이고 뜨겁고 불타고 작열한다. 그는 그 나무를 오르고 내린다. 그 때에 그는 괴롭고 아프고 격렬한 고통을 느낀다. 그렇지만 그에게 악업이 다하지 않는 한, 그는 죽지도 못한다.

39. 그러나 수행승들이여, 그 가시나무숲이 끝남과 동시에 커다란 칼잎나무숲[526]이 전개된다. 그는 거기에 빠진다. 바람이 불 때마다, 나뭇잎이 그의 손을 자르고 다리를 자르고 수족을 자르고 귀를 자르고 코를 자르고 귀와 코를 자른다. 그 때에 그는 괴롭고 아프고 격렬한 고통을 느낀다. 그렇지만 그에게 악업이 다하지 않는 한, 그

---

523) mahanto gūthanirayo : 大糞尿地獄을 말한다.
524) mahanto kukkuḷanirayo : 大熱灰地獄을 말한다.
525) mahantaṃ simbalivanaṃ : 大絹綿樹地獄을 말한다.
526) mahantaṃ asipattvanaṃ : 大劍葉地獄을 말한다.

는 죽지도 못한다.

40. 그러나 수행승들이여, 그 칼잎나무숲이 끝남과 동시에 커다란 잿물이 흐르는 강[527]이 전개된다. 그는 거기에 빠진다. 그는 거기에서 흐름을 따라 운반되기도 하고 흐름을 거슬러 운반되기도 하고 흐름을 따르고 흐름을 거슬러 운반되기도 한다. 그 때에 그는 괴롭고 아프고 격렬한 고통을 느낀다. 그렇지만 그에게 악업이 다하지 않는 한, 그는 죽지도 못한다.

41. 수행승들이여, 지옥의 옥졸들은 그를 낚시바늘로 건져 올려 땅에 내려놓고 이와 같이 묻는다. '이 사람아, 무엇을 원하는가?' 그는 이와 같이 대답한다. '존자여, 나는 배가 고프다.' 수행승들이여, 지옥의 옥졸들은 뜨겁고 불타고 시뻘겋게 달궈진 쇠막대로 그 입을 벌리고, 뜨겁고 불타고 시뻘겋게 달궈진 쇳덩이를 그 입에 집어넣는다. 그것은 입술도 태우고 입도 태우고 목구멍도 태우고 가슴도 태우고 대장도 태우고 소장도 태우고 항문으로 나온다. 그 때에 그는 괴롭고 아프고 격렬한 고통을 느낀다. 그렇지만 그에게 악업이 다하지 않는 한, 그는 죽지도 못한다.

42. 수행승들이여, 지옥의 옥졸들은 이와 같이 묻는다. '이 사람아, 무엇을 원하는가?' 그는 이와 같이 대답한다. '존자여, 나는 목이 마르다.' 수행승들이여, 지옥의 옥졸들은 뜨겁고 불타고 시뻘겋게 달궈진 쇠막대로 그 입을 벌리고, 뜨겁고 불타고 시뻘겋게 달궈진 청동을 그 입에 집어넣는다. 그것은 입술도 태우고 입도 태우고 목구

527) mahantī khārodakā nādī : 大灰河地獄을 말한다. Pps. Ⅲ. 237에 따르면, Vetaraṇī 江을 말한다. Mhvu. I. 7에서는 이 江을 Vaitaraṇī라고 하는데, 二次地獄(utsada-niraya)에 소속된다고 보고있다. 二次地獄은 각각의 八代地獄의 곁에 붙어있는 16가지의 地獄을 말한다.

멍도 태우고 가슴도 태우고 대장도 태우고 소장도 태우고 항문으로 나온다. 그 때에 그는 괴롭고 아프고 격렬한 고통을 느낀다. 그에게 악업이 다하지 않는 한, 그는 죽지도 못한다.

43. 그리고 수행승들이여, 지옥의 옥졸들은 그를 다시 대지옥에 던져 넣는다.

44. 수행승들이여, 옛날에 야마왕은 '참으로 세상에서 갖가지 악업을 저지르는 자는 이와 같은 갖가지 형벌을 받는다. 내가 인간의 지위를 얻어, 이렇게 오신 님, 거룩한 님, 올바로 깨달은 님이 세상에 출현하면, 그 세존을 기다렸다가 세존께서 가르침을 주셔서, 그 가르침을 알 수 있다면!'하고 생각했다.

45. 수행승들이여, 나는 다른 수행자나 성직자로부터 듣고 말하는 것이 아니라 내가 실제로 알고, 실제로 보고. 실제로 발견한 바로 그것을 말하는 것이다.

46. 이처럼 세상에 존경받는 님께서는 말씀하셨다. 이와 같이 말씀하시고 나서 바른 길로 잘 가신 님께서는 스승으로서 다시 이와 같이 읊으셨다.

천사의 경고에도 불구하고
어리석은 자는 방일하네
비속한 몸을 받는 사람들
그들은 오랜 세월 슬퍼한다

천사의 경고를 받고 나서야
이 세상에서 참사람들은
언제나 고귀한 가르침에

교훈을 찾고 방일하지 않는다.

집착에서 두려움을 보고
태어남과 죽음의 원인에
집착하지 않아 해탈하고
태어남과 죽음을 부수었다.

안온에 도달하여 행복하고
지금 여기에서 열반을 얻어
모든 원한과 두려움을 뛰어넘어
모든 괴로움에서 벗어났다.

28. 과거로 거슬러 올라가지 말고 미래를 바라지도 말라

[Bhaddekarattasutta][528]

이미 지나간 것, 그것은 이미 버려졌고 또한 미래는 아직 오지 않았다. 그러므로 현재 일어나는 상태를 그때 그때 잘 관찰하라. 정복되지 않고 흔들림이 없이 그것을 알고 수행하라. 이와 같이 열심히 밤낮으로 피곤을 모르고 수행하는 자는 한 밤의 슬기로운 님 고요한 해탈의 님이라 불리리.

1. 이와 같이 나는 들었다. 한 때 세존께서 싸밧티 시의 제따바나에 있는 아나타삔디까 승원에 계셨다.

2. 그 때에 세존께서는 "수행승들이여"라고 수행승들을 불렀다. 수행승들은 세존께 "세존이시여"라고 대답했다.

3. 그러자 세존께서는 이와 같이 말씀하셨다.
[세존] "수행승들이여, 나는 그대들에게 한 밤의 슬기로운 님[529]에

528) 이 경의 원래 제목은 「한 밤의 슬기로운 님의 경[Bhaddekarattasutta]」이다. 우리말 『맛지마니까야』 5권 205쪽에 있다. MN. III. 187; 漢譯에는 없다. Pps. V. I에 따르면, 冥想으로 얻어지는 洞察로 주어지는 一夜賢善의 經이다.

529) bhaddekaratta : 이 經에 대해서는 Rgb. 977에 幸福한 孤獨(Glückseligeinsam)이라는 말이 있고 Mls. III. 233에는 至福을 느끼는 자(The Auspicious)라고 번역했다. Bhikkhu Ñāṇananda의 飜譯本 理想的인 孤獨(Ideal Solitude)이 있는데, 거기서 bhaddekaratta를 '幸福한 執着(one fortunate attachment)'이라고 번역했다. 그러나 Mdb. 1337에서는 Bhikkhu Bodhi는 '한 탁월한 밤(one excellent night)'이라고 번역했다. 그것은 ratta의 어원을 *sk.* rakta 또는 rakti로 보느냐 아니면, *sk.* rātra 또는 rātri로 보느냐에 달려있다. Pps. IV. 1에 따르면, 洞察修行을 갖추었기 때문에(vipassanānuyogasamannāgatatā) 그렇게 불린다. 따라서 Bhikkhu Ñāṇananda의 번역이 맞고, 티베트본의 이본의 서

대하여 그 대강과 각론을 설하겠다. 잘 듣고 마음에 새겨라. 나는 그대들에게 설하겠다.
[수행승들] "세존이시여, 그렇게 하겠습니다."

4. 세존께서는 이와 같이 말씀하셨다.
[세존]
"과거로 거슬러 올라가지 말고530)
미래를 바라지도 말라.
과거는 이미 버려졌고
또한 미래는 아직 오지 않았다.

그러므로 현재 일어나는 상태를
그때 그때 잘 관찰하라.531)
정복되지 않고 흔들림이 없이532)
그것을 알고 수행하라.

오늘 해야할 일에 열중해야지
내일 죽을지 어떻게 알 것인가?
대군을 거느린 죽음의 신

두에 인용된 중앙아시아의 梵語에 따르면, bhadraka-rātri이므로 Bhikkhu Bodhi의 번역이 맞는다. 그러나 譯者는 단지 '한 탁월한 밤'이 아니라 관련된 시에서 나타나듯 '한 탁월한 밤을 지닌 자'로서 '한 밤의 슬기로운 님'이라고 飜譯한다. 여기서 밤은 一般的으로 歲月을 상징하므로 洞察修行으로 精進하는 자는 歲月을 슬기롭게 보내는 자로서 아래의 관련 詩句와 연결하면 時間을 征服한 자의 意味를 지닌 것이다.

530) nānvāgameyya : '되돌아 가지 말라'는 뜻이다. 갈애(taṇhā)와 사견(diṭṭhi) 때문에 과거로 되돌아가는 것은 옳지 않다는 뜻이다. Pps. V. I에 따르면, 따라가지 말아야한다(nāna nugaccheyya)는 뜻이다.

531) tattha tattha vipassati : Pps. V. 1에 따르면, 각각의 현재 일어나는 狀態를 바로 일어나는 곳에서 洞察을 통해 무상하고 괴롭고 實體가 없는 것으로 觀察해야 한다.

532) asaṃhīraṃ asaṅkuppaṃ : Pps. V. 2에 따르면, 洞察을 하면, 貪欲 등에 의해 征服되거나 흔들리지 않는다. Stn. 1149에서는 이 用語가 涅槃에 사용되고 Thag. 649에서는 解脫한 마음에 사용된다. 그러나 여기서는 洞察을 닦는데 사용되고 있다.

그에게 결코 굴복하지 말라.

이와 같이 열심히 밤낮으로
피곤을 모르고 수행하는 자는
한 밤의 슬기로운 님
고요한 해탈의 님[533]이라 불리리.

5. 수행승들이여, 그렇다면, 어떻게 과거로 거슬러 올라가는가? 이와 같이 '나는 과거에 이러한 물질을 갖고 있었다'라고 생각하면서 그것에 즐거워하고,[534] '나는 과거에 이러한 느낌을 갖고 있었다'라고 생각하면서 그것에 즐거워하고, '나는 과거에 이러한 지각을 갖고 있었다'라고 생각하면서 그것에 즐거워하고, '나는 과거에 이러한 형성을 갖고 있었다'라고 생각하면서 그것에 즐거워하고, '나는 과거에 이러한 의식을 갖고 있었다'라고 생각하면서 그것에 즐거워하는 것이다. 이와 같이 수행승이여, 과거로 거슬러 올라간다.

6. 수행승들이여, 그렇다면, 어떻게 과거로 거슬러 올라가지 않는가? 이와 같이 '나는 과거에 이러한 물질을 갖고 있었다'라고 생각하면서 그것에 즐거워하지 않고, '나는 과거에 이러한 느낌을 갖고 있었다'라고 생각하면서 그것에 즐거워하지 않고, '나는 과거에 이러한 지각을 갖고 있었다'라고 생각하면서 그것에 즐거워하지 않고, '나는 과거에 이러한 형성을 갖고 있었다'라고 생각하면서 그것에 즐거워하지 않고, '나는 과거에 이러한 의식을 갖고 있었다'라고

533) santo muni : 幸福한 聖者는 부처님이다.

534) Pps. V. 3에 따르면, 過去의 渴愛(taṇhā)나 渴愛와 연관된 見解(taṇhādiṭṭhi)를 가져와서 기뻐하는 것이다. 束縛을 가져오는 것은 단지 記憶을 통해서가 아니라 渴愛에 대한 思惟로서 과거의 體驗을 되살림으로서 생겨난다는 것에 注意해야한다. Mdb. 1338에서, Bhikkhu Bodhi는, 그렇기 때문에 부처님의 가르침은 Krishnamurti가 記憶을 무대 뒤에 숨은 惡漢이라고 여기는 것과는 그 深度가 다르다고 주장했다.

생각하면서 그것에 즐거워하지 않는 것이다. 이와 같이 수행승이여, 과거로 거슬러 올라가지 않는다.

7. 수행승들이여, 그렇다면, 어떻게 미래를 바라는가? 이와 같이 '나는 미래에 이러한 물질을 가질 것이다.[535]'라고 생각하면서 그것에 즐거워하고, '나는 미래에 이러한 느낌을 가질 것이다'라고 생각하면서 그것에 즐거워하고, '나는 미래에 이러한 지각을 가질 것이다'라고 생각하면서 그것에 즐거워하고, '나는 미래에 이러한 형성을 가질 것이다'라고 생각하면서 그것에 즐거워하고, '나는 미래에 이러한 의식을 가질 것이다'라고 생각하면서 그것에 즐거워하는 것이다. 이와 같이 수행승이여, 미래를 바란다.

8. 수행승들이여, 그렇다면, 어떻게 미래를 바라지 않는가? 이와 같이 '나는 미래에 이러한 물질을 가질 것이다'라고 생각하면서 그것에 즐거워하지 않고, '나는 미래에 이러한 느낌을 가질 것이다'라고 생각하면서 그것에 즐거워하지 않고, '나는 미래에 이러한 지각을 가질 것이다'라고 생각하면서 그것에 즐거워하지 않고, '나는 미래에 이러한 형성을 가질 것이다'라고 생각하면서 그것에 즐거워하고, '나는 미래에 이러한 의식을 가질 것이다'라고 생각하면서 그것에 즐거워하지 않는 것이다. 이와 같이 수행승이여, 미래를 바라지 않는다.

9. 수행승들이여, 그렇다면, 어떻게 현재의 상태에 정복되는가? 수행승들이여, 이 세상의 배우지 못한 대부분의 사람은 거룩한 이를 인정하지 않고, 거룩한 가르침을 알지 못하고, 거룩한 가르침에 이끌리지 않고, 참사람을 인정하지 않고, 참사람을 알지 못하고, 참사

535) 이 文章은 '내가 미래에 이러한 물질을 가졌으면!'이라고 感歎文으로 번역해도 좋다.

람에 이끌리지 않아서,

1) 물질을 자아로 여기고, 자아가 물질을 소유하는 것으로 여기고, 자아 가운데 물질이 있다고 여기고, 물질 가운데 자아가 있다고 여긴다.

2) 느낌을 자아로 여기고, 자아가 느낌을 소유하는 것으로 여기고, 자아 가운데 느낌이 있다고 여기고, 느낌 가운데 자아가 있다고 여긴다.

3) 지각을 자아로 여기고, 자아가 지각을 소유하는 것으로 여기고, 자아 가운데 지각이 있다고 여기고, 지각 가운데 자아가 있다고 여긴다.

4) 형성을 자아로 여기고, 자아가 형성을 소유하는 것으로 여기고, 자아 가운데 형성이 있다고 여기고, 형성 가운데 자아가 있다고 여긴다.

5) 의식을 자아로 여기고, 자아가 의식을 소유하는 것으로 여기고, 자아 가운데 의식이 있다고 여기고, 의식 가운데 자아가 있다고 여긴다.

이와 같이 수행승들이여, 현재의 상태에 정복된다.

10. 수행승들이여, 그렇다면, 어떻게 현재의 상태에 정복[536]되지 않는가? 수행승들이여, 이 세상의 많이 배운 거룩한 제자는 거룩한 이를 인정하고, 거룩한 가르침을 알고, 거룩한 가르침에 이끌리고, 참사람을 인정하고, 참사람을 알고, 참사람에 이끌려서,

1) 물질을 자아로 여기지 않고, 자아가 물질을 소유하는 것으로 여기

---

536) kathañca paccuppannesu dhammesu saṅhīrati : Pps. V. 3에 따르면, 洞察의 不足 때문에, 渴愛나 그 渴愛와 관계된 見解에 끌려 다니는 것(taṇhādiṭṭhīhi ākaḍḍhīyati)을 뜻한다.

지 않고, 자아 가운데 물질이 있다고 여기지 않고, 물질 가운데 자아가 있다고 여기지 않는다.

2) 느낌을 자아로 여기지 않고, 자아가 느낌을 소유하는 것으로 여기지 않고, 자아 가운데 느낌이 있다고 여기지 않고, 느낌 가운데 자아가 있다고 여기지 않는다.

3) 지각을 자아로 여기지 않고, 자아가 지각을 소유하는 것으로 여기지 않고, 자아 가운데 지각이 있다고 여기지 않고, 지각 가운데 자아가 있다고 여기지 않는다.

4) 형성을 자아로 여기지 않고, 자아가 형성을 소유하는 것으로 여기지 않고, 자아 가운데 형성이 있다고 여기지 않고, 형성 가운데 자아가 있다고 여기지 않는다.

5) 의식을 자아로 여기지 않고, 자아가 의식을 소유하는 것으로 여기지 않고, 자아 가운데 의식이 있다고 여기지 않고, 의식 가운데 자아가 있다고 여기지 않는다.

이와 같이 수행승들이여, 현재의 상태에 정복되지 않는다.

11. [세존]

과거로 거슬러 올라가지 말고
미래를 바라지도 말라.
과거는 이미 버려졌고
또한 미래는 아직 오지 않았다.

그러므로 현재 일어나는 상태를
그때 그때 잘 관찰하라.
정복되지 않고 흔들림이 없도록
그것을 알고 수행하라.

오늘 해야할 일을 열중해야지
내일 죽을지 어떻게 알 것인가?
대군을 거느린 죽음의 신
그에게 결코 굴복하지 말라.

이와 같이 열심히 밤낮으로
피곤을 모르고 수행하는 자는
한 밤의 슬기로운 님
고요한 해탈의 님이라 불리리.

12. 수행승들이여, 내가 '그대들에게 한 밤의 슬기로운 자에 대하여 그 대강과 각론을 설하겠다'라고 말한 것은 바로 이러한 것을 두고 말한 것이다."

13. 이와 같이 세존께서 말씀하시자, 그들 수행승들은 만족하여 세존께서 말씀하신 것을 기쁘게 받아 지녔다.

29. 참다운 인식과 해탈은 우리에게 어떻게 주어지는가?

[Chachakasutta][537]

즐거운 느낌에 닿아 환락하지 않고 환영하지 않고 탐착하지 않으면, 탐욕에 대한 잠재적 경향이 잠재하지 않게 된다. 그 괴로운 느낌에 닿아 슬퍼하지 않고 상심하지 않고 비탄해하지 않고 가슴을 치며 울부짖지 않고 곤혹스러워하지 않으면, 분노의 잠재적 경향이 잠재하지 않게 된다. 즐겁지도 괴롭지도 않은 느낌에 닿아 그 느낌의 생성과 소멸과 유혹과 위험과 그것에서 벗어남을 있는 그대로 분명히 알면, 무명의 잠재적 경향이 잠재하지 않게 된다.

1. 이와 같이 나는 들었다. 한 때 세존께서 싸밧티 시의 제따바나에 있는 아나타삔디까 승원에 계셨다.

2. 그 때에 세존께서는 "수행승들이여"라고 수행승들을 부르셨다. 수행승들은 세존께 "세존이시여"라고 대답했다.

3. 그러자 세존께서는 이와 같이 말씀하셨다.
[세존] "수행승들이여, 나는 가르침을 설하겠다. 처음도 착하고, 중간도 착하고, 끝도 착하고, 의미를 갖추고, 표현을 갖추고, 충만하고 순결하고 청정한 삶을 부여하는 가르침,[538] 즉 여섯의 여섯에

---

537) 이 경의 원래 제목은 「여섯의 여섯에 대한 경[Chachakasutta]」이다. 우리말 『맛지마니까야』 5권 446쪽에 있다. MN. III. 280; 中阿含 86, 說處經(大正 1, 562); 雜阿含 13. 1(大正 2, 86) 참조

대한 가르침을 설하겠다. 잘 듣고 마음에 새겨라, 내가 설하겠다."
[수행승들] "세존이시여, 그렇게 하겠습니다."
그들 수행승들은 세존께 대답했다.

4. 세존께서는 이와 같이 말씀하셨다.
[세존] "여섯 가지 내적인 감역에 대하여 알아야 한다. 여섯 가지 외적인 감역에 대하여 알아야 한다. 여섯 가지 의식의 무리에 대하여 알아야 한다. 여섯 가지 접촉의 무리에 대하여 알아야 한다. 여섯 느낌의 무리에 대하여 알아야 한다. 여섯 가지 갈애의 무리에 대하여 알아야 한다."539)

5. '여섯 가지 내적인 감역에 대하여 알아야 한다'라고 말했는데, 이것은 무엇을 두고 말한 것인가? 시각영역, 청각영역, 후각영역, 미각영역, 촉각영역, 정신영역이 있다. '여섯 가지 내적인 감역에 대하여 알아야 한다'고 말한 것은 바로 이것을 두고 말한 것이다. 이것이 첫 번째의 여섯이다.

6. '여섯 가지 외적인 감역에 대하여 알아야 한다'라고 말했는데, 이것은 무엇을 두고 말한 것인가? 형상영역, 소리영역, 냄새영역, 맛영역, 감촉영역, 사물영역이 있다. '여섯 가지 외적인 감역에 대하여 알아야 한다'고 말한 것은 바로 이것을 두고 말한 것이다. 이것이 두 번째의 여섯이다.

538) dhammaṃ vo.....dessissāmi ādīkalyāṇaṃ majjhe kalyāṇaṃ pariyosānakalyāṇaṃ sātthaṃ sabyañjaṇam kevalaparipuṇṇaṃ parisuddhaṃ brahamacariyaṃ pakāsissāmi : 부처님의 가르침에 대한 慣用的인 表現이다.

539) cha ajjhattikāni āyatanāni, cha bāhirānii āyatanāni, cha viññāṇakāyā, cha phassakāyā, cha vedanākāyā, cha taṇhākāyā : 漢譯에서는 각각, 六內入處, 六外入處, 六識身, 六觸身, 六識身, 六愛身이라고 飜譯한다.

7. '여섯 가지 의식의 무리에 대하여 알아야 한다'라고 말했는데, 이것은 무엇을 두고 말한 것인가?

1) 시각을 조건으로 형상을 조건으로 시각의식이 생겨난다.
2) 청각을 조건으로 소리를 조건으로 청각의식이 생겨난다.
3) 후각을 조건으로 냄새를 조건으로 후각의식이 생겨난다.
4) 미각을 조건으로 맛을 조건으로 미각의식이 생겨난다.
5) 촉각을 조건으로 감촉을 조건으로 촉각의식이 생겨난다.
6) 정신을 조건으로 사물을 조건으로 정신의식이 생겨난다.

'여섯 가지 의식의 무리에 대하여 알아야 한다'고 말한 것은 바로 이것을 두고 말한 것이다. 이것이 세 번째의 여섯이다.

8. '여섯 가지 접촉의 무리에 대하여 알아야 한다'라고 말했는데, 이것은 무엇을 두고 말한 것인가?

1) 시각을 조건으로 형상을 조건으로 시각의식이 생겨나서, 이 세 가지가 만나는 것이 접촉이다.
2) 청각을 조건으로 소리를 조건으로 청각의식이 생겨나서, 이 세 가지가 만나는 것이 접촉이다.
3) 후각을 조건으로 냄새를 조건으로 후각의식이 생겨나서, 이 세 가지가 만나는 것이 접촉이다.
4) 미각을 조건으로 맛을 조건으로 미각의식이 생겨나서, 이 세 가지가 만나는 것이 접촉이다.
5) 촉각을 조건으로 감촉을 조건으로 촉각의식이 생겨나서, 이 세 가지가 만나는 것이 접촉이다.
6) 정신을 조건으로 사물을 조건으로 정신의식이 생겨나서, 이 세 가지가 만나는 것이 접촉이다.

'여섯 가지 접촉의 무리에 대하여 알아야 한다'고 말한 것은 바로 이것을 두고 말한 것이다. 이것이 네 번째의 여섯이다.

9. '여섯 가지 느낌의 무리에 대하여 알아야 한다'라고 말했는데, 이것은 무엇을 두고 말한 것인가?

1) 시각을 조건으로 형상을 조건으로 시각의식이 생겨나서, 이 세 가지가 만나는 것이 접촉인데, 접촉을 조건으로 느낌이 생겨난다.
2) 청각을 조건으로 소리를 조건으로 청각의식이 생겨나서, 이 세 가지가 만나는 것이 접촉인데, 접촉을 조건으로 느낌이 생겨난다.
3) 후각을 조건으로 냄새를 조건으로 후각의식이 생겨나서, 이 세 가지가 만나는 것이 접촉인데, 접촉을 조건으로 느낌이 생겨난다.
4) 미각을 조건으로 맛을 조건으로 미각의식이 생겨나서, 이 세 가지가 만나는 것이 접촉인데, 접촉을 조건으로 느낌이 생겨난다.
5) 촉각을 조건으로 감촉을 조건으로 촉각의식이 생겨나서, 이 세 가지가 만나는 것이 접촉인데, 접촉을 조건으로 느낌이 생겨난다.
6) 정신을 조건으로 사물을 조건으로 정신의식이 생겨나서, 이 세 가지가 만나는 것이 접촉인데, 접촉을 조건으로 느낌이 생겨난다.

'여섯 가지 느낌의 무리에 대하여 알아야 한다'고 말한 것은 바로 이것을 두고 말한 것이다. 이것이 다섯 번째의 여섯이다.

10. '여섯 가지 갈애의 무리에 대하여 알아야 한다'라고 말했는데, 이것은 무엇을 두고 말한 것인가?

1) 시각을 조건으로 형상을 조건으로 시각의식이 생겨나서, 이 세 가지가 만나는 것이 접촉인데, 접촉을 조건으로 느낌이 생겨나고, 느낌을 조건으로 갈애가 생겨난다.[540]

---

540) phassapaccayā vedanā, vedanāpaccayā taṇhā : '接觸을 條件으로 느낌이 생겨나고, 느낌을 條件으로, 渴愛가 생겨난다'는 것은 十二緣起의 고리 가운데 두 支分을 나타낸다.

2) 청각을 조건으로 소리를 조건으로 청각의식이 생겨나서, 이 세 가지가 만나는 것이 접촉인데, 접촉을 조건으로 느낌이 생겨나고, 느낌을 조건으로 갈애가 생겨난다.
3) 후각을 조건으로 냄새를 조건으로 후각의식이 생겨나서, 이 세 가지가 만나는 것이 접촉인데, 접촉을 조건으로 느낌이 생겨나고, 느낌을 조건으로 갈애가 생겨난다.
4) 미각을 조건으로 맛을 조건으로 미각의식이 생겨나서, 이 세 가지가 만나는 것이 접촉인데, 접촉을 조건으로 느낌이 생겨나고, 느낌을 조건으로 갈애가 생겨난다.
5) 촉각을 조건으로 감촉을 조건으로 촉각의식이 생겨나서, 이 세 가지가 만나는 것이 접촉인데, 접촉을 조건으로 느낌이 생겨나고, 느낌을 조건으로 갈애가 생겨난다.
6) 정신을 조건으로 사물을 조건으로 정신의식이 생겨나서, 이 세 가지가 만나는 것이 접촉인데, 접촉을 조건으로 느낌이 생겨나고, 느낌을 조건으로 갈애가 생겨난다.

'여섯 가지 갈애의 무리에 대하여 알아야 한다'고 말한 것은 바로 이것을 두고 말한 것이다. 이것이 여섯 번째의 여섯이다.

11. (시각영역의 무실체성에 대한 설명)

1) 누군가 '시각이 자아이다'라고 말한다면, 그것은 타당하지 않다.541) 그런데 그 시각의 생성과 소멸이 시설된다. 그 생성과 소멸이 시설되기 때문에, '나의 자아가 생성되고 소멸된다'라는 생각이 그에게 따라온다. 그러므로 누군가 '시각이 자아이다'라고

이것이 여섯 번째의 여섯의 法門에 암암리에 連結된 것이다.

541) upapajjati : '다시 태어나다. 다시 나타나다.'의 意味가 있으나, 여기서는 특별히 論理學에서 쓰이는 意味 즉 '可能한, 받아들일 만한'의 意味로 쓰였다.

말한다면, 그것은 타당하지 않다. 그러므로 시각은 자아가 아니다.[542]

2) 누군가 '형상이 자아이다'라고 말한다면, 그것은 타당하지 않다. 그런데 그 형상의 생성과 소멸이 시설된다. 그 생성과 소멸이 시설되기 때문에, '나의 자아가 생성되고 소멸한다'라는 생각이 그에게 따라온다. 그러므로 누군가 '형상이 자아이다'라고 말한다면, 그것은 타당하지 않다. 그러므로 형상은 자아가 아니다.

3) 누군가 '시각의식이 자아이다'라고 말한다면, 그것은 타당하지 않다. 그런데 그 시각의식의 생성과 소멸이 시설된다. 그 생성과 소멸이 시설되기 때문에, '나의 자아가 생성되고 소멸한다'라는 생각이 그에게 따라온다. 그러므로 누군가 '시각의식이 자아이다'라고 말한다면, 그것은 타당하지 않다. 그러므로 시각의식은 자아가 아니다.

4) 누군가 '시각접촉이 자아이다'라고 말한다면, 그것은 타당하지 않다. 그런데 그 시각접촉의 생성과 소멸이 시설된다. 그 생성과 소멸이 시설되기 때문에, '나의 자아가 생성되고 소멸한다'라는 생각이 그에게 따라온다. 그러므로 누군가 '시각접촉이 자아이다'라고 말한다면, 그것은 타당하지 않다. 그러므로 시각접촉은 자아가 아니다.

5) 누군가 '느낌이 자아이다'라고 말한다면, 그것은 타당하지 않다. 그런데 그 느낌의 생성과 소멸이 시설된다. 그 생성과 소멸이 시설되기 때문에, '나의 자아가 생성되고 소멸한다'라는 생각이 그

---

542) iti cakkhuṃ anattā : Mdb. 1355에 따르면, 이 진술은 無常의 變化可能한 前提로부터 無我의 原理를 찾는 것이다. 그 主張의 구조는 간단히 이와 같이 시설될 수 있다: 自我인 것은 永遠해야 한다. X는 生成과 破滅로 知覺됨으로 直接的으로 無常하다고 知覺된다. 그러므로 X는 自我가 아니다.

에게 따라온다. 그러므로 누군가 '느낌이 자아이다'라고 말한다면, 그것은 타당하지 않다. 그러므로 시각도 자아가 아니고, 형상도 자아가 아니고, 시각의식도 자아가 아니고, 시각접촉도 자아가 아니고, 느낌도 자아가 아니다.

6) 누군가 '갈애가 자아이다'라고 말한다면, 그것은 타당하지 않다. 그런데 그 갈애의 생성과 소멸이 시설된다. 그 생성과 소멸이 시설되기 때문에, '나의 자아가 생성되고 소멸한다'라는 생각이 그에게 따라온다. 그러므로 누군가 '갈애가 자아이다'라고 말한다면, 그것은 타당하지 않다. 그러므로 시각도 자아가 아니고, 형상도 자아가 아니고, 시각의식도 자아가 아니고, 시각접촉도 자아가 아니고, 느낌도 자아가 아니고, 갈애도 자아가 아니다.

12. (청각영역의 무실체성에 대한 설명)

1) 누군가 '청각이 자아이다'라고 말한다면, 그것은 타당하지 않다. 그런데 그 청각의 생성과 소멸이 시설된다. 그 생성과 소멸이 시설되기 때문에, '나의 자아가 생성되고 소멸한다'라는 생각이 그에게 따라온다. 그러므로 누군가 '청각이 자아이다'라고 말한다면, 그것은 타당하지 않다. 그러므로 청각은 자아가 아니다.

2) 누군가 '소리가 자아이다'라고 말한다면, 그것은 타당하지 않다. 그런데 그 소리의 생성과 소멸이 시설된다. 그 생성과 소멸이 시설되기 때문에, '나의 자아가 생성되고 소멸한다'라는 생각이 그에게 따라온다. 그러므로 누군가 '소리가 자아이다'라고 말한다면, 그것은 타당하지 않다. 그러므로 소리는 자아가 아니다.

3) 누군가 '청각의식이 자아이다'라고 말한다면, 그것은 타당하지 않다. 그런데 그 청각의식의 생성과 소멸이 시설된다. 그 생성과 소멸이 시설되기 때문에, '나의 자아가 생성되고 소멸한다'라는 생

각이 그에게 따라온다. 그러므로 누군가 '청각의식이 자아이다'라고 말한다면, 그것은 타당하지 않다. 그러므로 청각의식은 자아가 아니다.

4) 누군가 '청각접촉이 자아이다'라고 말한다면, 그것은 타당하지 않다. 그런데 그 청각접촉의 생성과 소멸이 시설된다. 그 생성과 소멸이 시설되기 때문에, '나의 자아가 생성되고 소멸한다'라는 생각이 그에게 따라온다. 그러므로 누군가 '청각접촉이 자아이다'라고 말한다면, 그것은 타당하지 않다. 그러므로 청각접촉은 자아가 아니다.

5) 누군가 '느낌이 자아이다'라고 말한다면, 그것은 타당하지 않다. 그런데 그 느낌의 생성과 소멸이 시설된다. 그 생성과 소멸이 시설되기 때문에, '나의 자아가 생성되고 소멸한다'라는 생각이 그에게 따라온다. 그러므로 누군가 '느낌이 자아이다'라고 말한다면, 그것은 타당하지 않다. 그러므로 청각도 자아가 아니고, 소리도 자아가 아니고, 청각의식도 자아가 아니고, 청각접촉도 자아가 아니고, 느낌도 자아가 아니다.

6) 누군가 '갈애가 자아이다'라고 말한다면, 그것은 타당하지 않다. 그런데 그 갈애의 생성과 소멸이 시설된다. 그 생성과 소멸이 시설되기 때문에, '나의 자아가 생성되고 소멸한다'라는 생각이 그에게 따라온다. 그러므로 누군가 '갈애가 자아이다'라고 말한다면, 그것은 타당하지 않다. 그러므로 청각도 자아가 아니고, 소리도 자아가 아니고, 청각의식도 자아가 아니고, 청각접촉도 자아가 아니고, 느낌도 자아가 아니고, 갈애도 자아가 아니다.

13. (후각영역의 무실체성에 대한 설명)

1) 누군가 '후각이 자아이다'라고 말한다면, 그것은 타당하지 않다.

그런데 그 후각의 생성과 소멸이 시설된다. 그 생성과 소멸이 시설되기 때문에, '나의 자아가 생성되고 소멸한다'라는 생각이 그에게 따라온다. 그러므로 누군가 '후각이 자아이다'라고 말한다면, 그것은 타당하지 않다. 그러므로 후각은 자아가 아니다.

2) 누군가 '냄새가 자아이다'라고 말한다면, 그것은 타당하지 않다. 그런데 그 냄새의 생성과 소멸이 시설된다. 그 생성과 소멸이 시설되기 때문에, '나의 자아가 생성되고 소멸한다'라는 생각이 그에게 따라온다. 그러므로 누군가 '냄새가 자아이다'라고 말한다면, 그것은 타당하지 않다. 그러므로 냄새는 자아가 아니다.

3) 누군가 '후각의식이 자아이다'라고 말한다면, 그것은 타당하지 않다. 그런데 그 후각의식의 생성과 소멸이 시설된다. 그 생성과 소멸이 시설되기 때문에, '나의 자아가 생성되고 소멸한다'라는 생각이 그에게 따라온다. 그러므로 누군가 '후각의식이 자아이다'라고 말한다면, 그것은 타당하지 않다. 그러므로 후각의식은 자아가 아니다.

4) 누군가 '후각접촉이 자아이다'라고 말한다면, 그것은 타당하지 않다. 그런데 그 후각접촉의 생성과 소멸이 시설된다. 그 생성과 소멸이 시설되기 때문에, '나의 자아가 생성되고 소멸한다'라는 생각이 그에게 따라온다. 그러므로 누군가 '후각접촉이 자아이다'라고 말한다면, 그것은 타당하지 않다. 그러므로 후각접촉은 자아가 아니다.

5) 누군가 '느낌이 자아이다'라고 말한다면, 그것은 타당하지 않다. 그런데 그 느낌의 생성과 소멸이 시설된다. 그 생성과 소멸이 시설되기 때문에, '나의 자아가 생성되고 소멸한다'라는 생각이 그에게 따라온다. 그러므로 누군가 '느낌이 자아이다'라고 말한다면,

그것은 타당하지 않다. 그러므로 후각도 자아가 아니고, 냄새도 자아가 아니고, 후각의식도 자아가 아니고, 후각접촉도 자아가 아니고, 느낌도 자아가 아니다.

6) 누군가 '갈애가 자아이다'라고 말한다면, 그것은 타당하지 않다. 그런데 그 갈애의 생성과 소멸이 시설된다. 그 생성과 소멸이 시설되기 때문에, '나의 자아가 생성되고 소멸한다'라는 생각이 그에게 따라온다. 그러므로 누군가 '갈애가 자아이다'라고 말한다면, 그것은 타당하지 않다. 그러므로 후각도 자아가 아니고, 냄새도 자아가 아니고, 후각의식도 자아가 아니고, 후각접촉도 자아가 아니고, 느낌도 자아가 아니고, 갈애도 자아가 아니다.

14. (미각영역의 무실체성에 대한 설명)

1) 누군가 '미각이 자아이다'라고 말한다면, 그것은 타당하지 않다. 그런데 그 미각의 생성과 소멸이 시설된다. 그 생성과 소멸이 시설되기 때문에, '나의 자아가 생성되고 소멸한다'라는 생각이 그에게 따라온다. 그러므로 누군가 '미각이 자아이다'라고 말한다면, 그것은 타당하지 않다. 그러므로 미각은 자아가 아니다.

2) 누군가 '맛이 자아이다'라고 말한다면, 그것은 타당하지 않다. 그런데 그 맛의 생성과 소멸이 시설된다. 그 생성과 소멸이 시설되기 때문에, '나의 자아가 생성되고 소멸한다'라는 생각이 그에게 따라온다. 그러므로 누군가 '맛이 자아이다'라고 말한다면, 그것은 타당하지 않다. 그러므로 맛은 자아가 아니다.

3) 누군가 '미각의식이 자아이다'라고 말한다면, 그것은 타당하지 않다. 그런데 그 미각의식의 생성과 소멸이 시설된다. 그 생성과 소멸이 시설되기 때문에, '나의 자아가 생성되고 소멸한다'라는 생각이 그에게 따라온다. 그러므로 누군가 '미각의식이 자아이다'라

고 말한다면, 그것은 타당하지 않다. 그러므로 미각의식은 자아가 아니다.

4) 누군가 '미각접촉이 자아이다'라고 말한다면, 그것은 타당하지 않다. 그런데 그 미각접촉의 생성과 소멸이 시설된다. 그 생성과 소멸이 시설되기 때문에, '나의 자아가 생성되고 소멸한다'라는 생각이 그에게 따라온다. 그러므로 누군가 '미각접촉이 자아이다'라고 말한다면, 그것은 타당하지 않다. 그러므로 미각접촉은 자아가 아니다.

5) 누군가 '느낌이 자아이다'라고 말한다면, 그것은 타당하지 않다. 그런데 그 느낌의 생성과 소멸이 시설된다. 그 생성과 소멸이 시설되기 때문에, '나의 자아가 생성되고 소멸한다'라는 생각이 그에게 따라온다. 그러므로 누군가 '느낌이 자아이다'라고 말한다면, 그것은 타당하지 않다. 그러므로 미각도 자아가 아니고, 맛도 자아가 아니고, 미각의식도 자아가 아니고, 미각접촉도 자아가 아니고, 느낌도 자아가 아니다.

6) 누군가 '갈애가 자아이다'라고 말한다면, 그것은 타당하지 않다. 그런데 그 갈애의 생성과 소멸이 시설된다. 그 생성과 소멸이 시설되기 때문에, '나의 자아가 생성되고 소멸한다'라는 생각이 그에게 따라온다. 그러므로 누군가 '갈애가 자아이다'라고 말한다면, 그것은 타당하지 않다. 그러므로 미각도 자아가 아니고, 맛도 자아가 아니고, 미각의식도 자아가 아니고, 미각접촉도 자아가 아니고, 느낌도 자아가 아니고, 갈애도 자아가 아니다.

15. (촉각영역의 무실체성에 대한 설명)

1) 누군가 '촉각이 자아이다'라고 말한다면, 그것은 타당하지 않다. 그런데 그 촉각의 생성과 소멸이 시설된다. 그 생성과 소멸이 시

설되기 때문에, '나의 자아가 생성되고 소멸한다'라는 생각이 그에게 따라온다. 그러므로 누군가 '촉각이 자아이다'라고 말한다면, 그것은 타당하지 않다. 그러므로 촉각은 자아가 아니다.

2) 누군가 '감촉이 자아이다'라고 말한다면, 그것은 타당하지 않다. 그런데 그 감촉의 생성과 소멸이 시설된다. 그 생성과 소멸이 시설되기 때문에, '나의 자아가 생성되고 소멸한다'라는 생각이 그에게 따라온다. 그러므로 누군가 '감촉이 자아이다'라고 말한다면, 그것은 타당하지 않다. 그러므로 감촉은 자아가 아니다.

3) 누군가 '촉각의식이 자아이다'라고 말한다면, 그것은 타당하지 않다. 그런데 그 촉각의식의 생성과 소멸이 시설된다. 그 생성과 소멸이 시설되기 때문에, '나의 자아가 생성되고 소멸한다'라는 생각이 그에게 따라온다. 그러므로 누군가 '촉각의식이 자아이다'라고 말한다면, 그것은 타당하지 않다. 그러므로 촉각의식은 자아가 아니다.

4) 누군가 '촉각접촉이 자아이다'라고 말한다면, 그것은 타당하지 않다. 그런데 그 촉각접촉의 생성과 소멸이 시설된다. 그 생성과 소멸이 시설되기 때문에, '나의 자아가 생성되고 소멸한다'라는 생각이 그에게 따라온다. 그러므로 누군가 '촉각접촉이 자아이다'라고 말한다면, 그것은 타당하지 않다. 그러므로 촉각접촉은 자아가 아니다.

5) 누군가 '느낌이 자아이다'라고 말한다면, 그것은 타당하지 않다. 그런데 그 느낌의 생성과 소멸이 시설된다. 그 생성과 소멸이 시설되기 때문에, '나의 자아가 생성되고 소멸한다'라는 생각이 그에게 따라온다. 그러므로 누군가 '느낌이 자아이다'라고 말한다면, 그것은 타당하지 않다. 그러므로 촉각도 자아가 아니고, 감촉도

자아가 아니고, 촉각의식도 자아가 아니고, 촉각접촉도 자아가 아니고, 느낌도 자아가 아니다.

6) 누군가 '갈애가 자아이다'라고 말한다면, 그것은 타당하지 않다. 그런데 그 갈애의 생성과 소멸이 시설된다. 그 생성과 소멸이 시설되기 때문에, '나의 자아가 생성되고 소멸한다'라는 생각이 그에게 따라온다. 그러므로 누군가 '갈애가 자아이다'라고 말한다면, 그것은 타당하지 않다. 그러므로 촉각도 자아가 아니고, 감촉도 자아가 아니고, 촉각의식도 자아가 아니고, 촉각접촉도 자아가 아니고, 느낌도 자아가 아니고, 갈애도 자아가 아니다.

16. (정신영역의 무실체성에 대한 설명)

1) 누군가 '정신이 자아이다'라고 말한다면, 그것은 타당하지 않다. 그런데 그 정신의 생성과 소멸이 시설된다. 그 생성과 소멸이 시설되기 때문에, '나의 자아가 생성되고 소멸한다'라는 생각이 그에게 따라온다. 그러므로 누군가 '정신이 자아이다'라고 말한다면, 그것은 타당하지 않다. 그러므로 정신은 자아가 아니다.

2) 누군가 '사물이 자아이다'라고 말한다면, 그것은 타당하지 않다. 그런데 그 사물의 생성과 소멸이 시설된다. 그 생성과 소멸이 시설되기 때문에, '나의 자아가 생성되고 소멸한다'라는 생각이 그에게 따라온다. 그러므로 누군가 '사물이 자아이다'라고 말한다면, 그것은 타당하지 않다. 그러므로 사물은 자아가 아니다.

3) 누군가 '정신의식이 자아이다'라고 말한다면, 그것은 타당하지 않다. 그런데 그 정신의식의 생성과 소멸이 시설된다. 그 생성과 소멸이 시설되기 때문에, '나의 자아가 생성되고 소멸한다'라는 생각이 그에게 따라온다. 그러므로 누군가 '정신의식이 자아이다'라고 말한다면, 그것은 타당하지 않다. 그러므로 정신의식은 자아가

아니다.

4) 누군가 '정신접촉이 자아이다'라고 말한다면, 그것은 타당하지 않다. 그런데 그 정신접촉의 생성과 소멸이 시설된다. 그 생성과 소멸이 시설되기 때문에, '나의 자아가 생성되고 소멸한다'라는 생각이 그에게 따라온다. 그러므로 누군가 '정신접촉이 자아이다'라고 말한다면, 그것은 타당하지 않다. 그러므로 정신접촉은 자아가 아니다.

5) 누군가 '느낌이 자아이다'라고 말한다면, 그것은 타당하지 않다. 그런데 그 느낌의 생성과 소멸이 시설된다. 그 생성과 소멸이 시설되기 때문에, '나의 자아가 생성되고 소멸한다'라는 생각이 그에게 따라온다. 그러므로 누군가 '느낌이 자아이다'라고 말한다면, 그것은 타당하지 않다. 그러므로 정신도 자아가 아니고, 사물도 자아가 아니고, 정신의식도 자아가 아니고, 정신접촉도 자아가 아니고, 느낌도 자아가 아니다.

6) 누군가 '갈애가 자아이다'라고 말한다면, 그것은 타당하지 않다. 그런데 그 갈애의 생성과 소멸이 시설된다. 그 생성과 소멸이 시설되기 때문에, '나의 자아가 생성되고 소멸한다'라는 생각이 그에게 따라온다. 그러므로 누군가 '갈애가 자아이다'라고 말한다면, 그것은 타당하지 않다. 그러므로 정신도 자아가 아니고, 사물도 자아가 아니고, 정신의식도 자아가 아니고, 정신접촉도 자아가 아니고, 느낌도 자아가 아니고, 갈애도 자아가 아니다.

17. 그런데 수행승들이여, 이것이 존재의 무리의 생성에 이르는 길이다.[543]

---

543) sakkāyasamudayagāminī paṭipadā : 여기서 한역에서 *有身*이라고 번역되는 sakkāya라는 이 단어가 몸이나 자아나 개성을 의미하는 것이 아니라 '존재의 무리'인 것임을 알

1) 시각을 '이것은 나의 것이고, 이것이야말로 나이고, 이것이 나의 자아이다'라고 여기고, 형상을 '이것은 나의 것이고, 이것이야말로 나이고, 이것이 나의 자아이다'라고 여기고, 시각의식을 '이것은 나의 것이고, 이것이야말로 나이고, 이것이 나의 자아이다'라고 여기고, 시각접촉을 '이것은 나의 것이고, 이것이야말로 나이고, 이것이 나의 자아이다'라고 여기고, 느낌을 '이것은 나의 것이고, 이것이야말로 나이고, 이것이 나의 자아이다'라고 여기고, 갈애를 '이것은 나의 것이고, 이것이야말로 나이고, 이것이 나의 자아이다'라고 여긴다.
2) 청각을 '이것은 나의 것이고, 이것이야말로 나이고, 이것이 나의 자아이다'라고 여기고, 소리를 '이것은 나의 것이고, 이것이야말로 나이고, 이것이 나의 자아이다'라고 여기고, 청각의식을 '이것은 나의 것이고, 이것이야말로 나이고, 이것이 나의 자아이다'라고 여기고, 청각접촉을 '이것은 나의 것이고, 이것이야말로 나이고, 이것이 나의 자아이다'라고 여기고, 느낌을 '이것은 나의 것이고, 이것이야말로 나이고, 이것이 나의 자아이다'라고 여기고, 갈애를 '이것은 나의 것이고, 이것이야말로 나이고, 이것이 나의 자아이다'라고 여긴다.
3) 후각을 '이것은 나의 것이고, 이것이야말로 나이고, 이것이 나의 자아이다'라고 여기고, 냄새를 '이것은 나의 것이고, 이것이야말로 나이고, 이것이 나의 자아이다'라고 여기고, 후각의식을 '이것은 나의 것이고, 이것이야말로 나이고, 이것이 나의 자아이다'라고

수 있다. Pps. V. 100에 따르면, 이 段落은 세 가지 執着(gāha)을 통해서 두 거룩한 眞理 - 괴로움과 그 생성(苦集) - 을 보여준다. 괴로움의 진리(苦諦)는 다른 곳에서는 다섯 가지 存在의 執着다발로 설명되는 存在의 무리(有身 : sakkāya)에 의해서 보여진다. 세 가지 집착은 渴愛, 自慢, 見解 - 각각 나의 것, 나의 存在, 나의 自我로 특징지어지는 - 를 말한다. 이 두 가지의 眞理가 存在의 輪廻를 구성한다.

여기고, 후각접촉을 '이것은 나의 것이고, 이것이야말로 나이고, 이것이 나의 자아이다'라고 여기고, 느낌을 '이것은 나의 것이고, 이것이야말로 나이고, 이것이 나의 자아이다'라고 여기고, 갈애를 '이것은 나의 것이고, 이것이야말로 나이고, 이것이 나의 자아이다'라고 여긴다.

4) 미각을 '이것은 나의 것이고, 이것이야말로 나이고, 이것이 나의 자아이다'라고 여기고, 맛을 '이것은 나의 것이고, 이것이야말로 나이고, 이것이 나의 자아이다'라고 여기고, 미각의식을 '이것은 나의 것이고, 이것이야말로 나이고, 이것이 나의 자아이다'라고 여기고, 미각접촉을 '이것은 나의 것이고, 이것이야말로 나이고, 이것이 나의 자아이다'라고 여기고, 느낌을 '이것은 나의 것이고, 이것이야말로 나이고, 이것이 나의 자아이다'라고 여기고, 갈애를 '이것은 나의 것이고, 이것이야말로 나이고, 이것이 나의 자아이다'라고 여긴다.

5) 촉각을 '이것은 나의 것이고, 이것이야말로 나이고, 이것이 나의 자아이다'라고 여기고, 감촉을 '이것은 나의 것이고, 이것이야말로 나이고, 이것이 나의 자아이다'라고 여기고, 촉각의식을 '이것은 나의 것이고, 이것이야말로 나이고, 이것이 나의 자아이다'라고 여기고, 촉각접촉을 '이것은 나의 것이고, 이것이야말로 나이고, 이것이 나의 자아이다'라고 여기고, 느낌을 '이것은 나의 것이고, 이것이야말로 나이고, 이것이 나의 자아이다'라고 여기고, 갈애를 '이것은 나의 것이고, 이것이야말로 나이고, 이것이 나의 자아이다'라고 여긴다.

6) 정신을 '이것은 나의 것이고, 이것이야말로 나이고, 이것이 나의 자아이다'라고 여기고, 사물을 '이것은 나의 것이고, 이것이야말로

나이고, 이것이 나의 자아이다'라고 여기고, 정신의식을 '이것은 나의 것이고, 이것이야말로 나이고, 이것이 나의 자아이다'라고 여기고, 정신접촉을 '이것은 나의 것이고, 이것이야말로 나이고, 이것이 나의 자아이다'라고 여기고, 느낌을 '이것은 나의 것이고, 이것이야말로 나이고, 이것이 나의 자아이다'라고 여기고, 갈애를 '이것은 나의 것이고, 이것이야말로 나이고, 이것이 나의 자아이다'라고 여긴다.

18. 그런데 수행승들이여, 이것이 존재의 무리의 소멸에 이르는 길이다.[544]

1) 시각을 '이것은 나의 것이 아니고, 이것이야말로 내가 아니고, 이것이 나의 자아가 아니다'라고 여기고, 형상을 '이것은 나의 것이 아니고, 이것이야말로 내가 아니고, 이것이 나의 자아가 아니다'라고 여기고, 시각의식을 '이것은 나의 것이 아니고, 이것이야말로 내가 아니고, 이것이 나의 자아가 아니다'라고 여기고, 시각접촉을 '이것은 나의 것이 아니고, 이것이야말로 내가 아니고, 이것이 나의 자아가 아니다'라고 여기고, 느낌을 '이것은 나의 것이 아니고, 이것이야말로 내가 아니고, 이것이 나의 자아가 아니다'라고 여기고, 갈애를 '이것은 나의 것이 아니고, 이것이야말로 내가 아니고, 이것이 나의 자아가 아니다'라고 여긴다.

2) 청각을 '이것은 나의 것이 아니고, 이것이야말로 내가 아니고, 이것이 나의 자아가 아니다'라고 여기고, 소리를 '이것은 나의 것이 아니고, 이것이야말로 내가 아니고, 이것이 나의 자아가 아니다'

544) Pps. V. 100에 따르면, 이 段落은 세 가지 執着 즉 渴愛, 自慢, 見解의 除去를 통해 다른 두 가지의 거룩한 眞理 – 消滅[滅聖諦]과 消滅에 이르는 길[道聖諦] –를 보여준다. 이 두 가지 거룩한 진리는 곧 輪廻의 終熄을 구성한다.

라고 여기고, 청각의식을 '이것은 나의 것이 아니고, 이것이야말로 내가 아니고, 이것이 나의 자아가 아니다'라고 여기고, 청각접촉을 '이것은 나의 것이 아니고, 이것이야말로 내가 아니고, 이것이 나의 자아가 아니다'라고 여기고, 느낌을 '이것은 나의 것이 아니고, 이것이야말로 내가 아니고, 이것이 나의 자아가 아니다'라고 여기고, 갈애를 '이것은 나의 것이 아니고, 이것이야말로 내가 아니고, 이것이 나의 자아가 아니다'라고 여긴다.

3) 후각을 '이것은 나의 것이 아니고, 이것이야말로 내가 아니고, 이것이 나의 자아가 아니다'라고 여기고, 냄새를 '이것은 나의 것이 아니고, 이것이야말로 내가 아니고, 이것이 나의 자아가 아니다'라고 여기고, 후각의식을 '이것은 나의 것이 아니고, 이것이야말로 내가 아니고, 이것이 나의 자아가 아니다'라고 여기고, 후각접촉을 '이것은 나의 것이 아니고, 이것이야말로 내가 아니고, 이것이 나의 자아가 아니다'라고 여기고, 느낌을 '이것은 나의 것이 아니고, 이것이야말로 내가 아니고, 이것이 나의 자아가 아니다'라고 여기고, 갈애를 '이것은 나의 것이 아니고, 이것이야말로 내가 아니고, 이것이 나의 자아가 아니다'라고 여긴다.

4) 미각을 '이것은 나의 것이 아니고, 이것이야말로 내가 아니고, 이것이 나의 자아가 아니다'라고 여기고, 맛을 '이것은 나의 것이 아니고, 이것이야말로 내가 아니고, 이것이 나의 자아가 아니다'라고 여기고, 미각의식을 '이것은 나의 것이 아니고, 이것이야말로 내가 아니고, 이것이 나의 자아가 아니다'라고 여기고, 미각접촉을 '이것은 나의 것이 아니고, 이것이야말로 내가 아니고, 이것이 나의 자아가 아니다'라고 여기고, 느낌을 '이것은 나의 것이 아니고, 이것이야말로 내가 아니고, 이것이 나의 자아가 아니다'라고

여기고, 갈애를 '이것은 나의 것이 아니고, 이것이야말로 내가 아니고, 이것이 나의 자아가 아니다'라고 여긴다.

5) 촉각을 '이것은 나의 것이 아니고, 이것이야말로 내가 아니고, 이것이 나의 자아가 아니다'라고 여기고, 감촉을 '이것은 나의 것이 아니고, 이것이야말로 내가 아니고, 이것이 나의 자아가 아니다'라고 여기고, 촉각의식을 '이것은 나의 것이 아니고, 이것이야말로 내가 아니고, 이것이 나의 자아가 아니다'라고 여기고, 촉각접촉을 '이것은 나의 것이 아니고, 이것이야말로 내가 아니고, 이것이 나의 자아가 아니다'라고 여기고, 느낌을 '이것은 나의 것이 아니고, 이것이야말로 내가 아니고, 이것이 나의 자아가 아니다'라고 여기고, 갈애를 '이것은 나의 것이 아니고, 이것이야말로 내가 아니고, 이것이 나의 자아가 아니다'라고 여긴다.

6) 정신을 '이것은 나의 것이 아니고, 이것이야말로 내가 아니고, 이것이 나의 자아가 아니다'라고 여기고, 사물을 '이것은 나의 것이 아니고, 이것이야말로 내가 아니고, 이것이 나의 자아가 아니다'라고 여기고, 정신의식을 '이것은 나의 것이 아니고, 이것이야말로 내가 아니고, 이것이 나의 자아가 아니다'라고 여기고, 정신접촉을 '이것은 나의 것이 아니고, 이것이야말로 내가 아니고, 이것이 나의 자아가 아니다'라고 여기고, 느낌을 '이것은 나의 것이 아니고, 이것이야말로 내가 아니고, 이것이 나의 자아가 아니다'라고 여기고, 갈애를 '이것은 나의 것이 아니고, 이것이야말로 내가 아니고, 이것이 나의 자아가 아니다'라고 여긴다.

19. (잠재적 경향의 생성)

1) 수행승들이여, 시각을 조건으로 형상을 조건으로 시각의식이 생겨나서, 이 세 가지가 만나는 것이 접촉인데, 접촉을 조건으로 즐

겁거나 괴롭거나 즐겁지도 괴롭지도 않은 느낌이 생겨난다. 그 즐거운 느낌에 닿아 그것을 기뻐하고 환영하고 탐착하면, 탐욕에 대한 잠재적 경향이 잠재하게 된다.[545] 그 괴로운 느낌에 닿아 슬퍼하고 우울해하고 비탄해하고 가슴을 치고 통곡하고 미혹에 빠지면, 분노의 잠재적 경향이 잠재하게 된다. 즐겁지도 괴롭지도 않은 느낌에 닿아 그 느낌의 생성과 소멸과 유혹과 위험과 그것에서 벗어남을 있는 그대로 분명히 알지 못하면, 무명의 잠재적 경향이 잠재하게 된다. 수행승들이여, 그는 즐거운 느낌의 탐욕의 잠재적 경향을 없애지 않고, 괴로운 느낌의 분노의 잠재적 경향을 제거하지 않고, 즐겁지도 괴롭지도 않은 느낌의 무명의 잠재적 경향을 근절하지 않고, 무명을 버리고[546] 명지를 일으키지 않는다면, 현세에서 괴로움의 종식을 성취하겠다는 것은 타당하지 않다.

2) 수행승들이여, 청각을 조건으로 소리를 조건으로 청각의식이 생겨나서, 이 세 가지가 만나는 것이 접촉인데, 접촉을 조건으로 즐겁거나 괴롭거나 즐겁지도 괴롭지도 않은 느낌이 생겨난다. 그 즐거운 느낌에 닿아 그것을 기뻐하고 환영하고 탐착하면, 탐욕에 대한 잠재적 경향이 잠재하게 된다. 그 괴로운 느낌에 닿아 슬퍼하고 우울해하고 비탄해하고 가슴을 치고 통곡하고 미혹에 빠지면, 분노의 잠재적 경향이 잠재하게 된다. 즐겁지도 괴롭지도 않은 느낌에 닿아 그 느낌의 생성과 소멸과 유혹과 위험과 그것에서 벗어남을 있는 그대로 분명히 알지 못하면, 무명의 잠재적 경향이

---

545) rāgānusayo anuseti : Pps. V. 100에 따르면, 이 段落은 潛在的인 傾向을 통한 存在의 輪廻를 보여준다. 潛在的 傾向과 세 가지 느낌과의 聯關에 대해서는 MN. 44「교리문답의 작은 경[Cūḷavedallasutta]」에도 등장한다.

546) avijjaṃ pahāya : Pps. V. 101에 따르면, 먼저 언급된 無明은 괴로움의 發生[集]에 대한 無知을 말하고 두 번째에 언급된 無明은 輪廻의 根本이 되는 無知(vaṭṭmūlikaṃ avijjaṃ)를 말한다.

잠재하게 된다. 수행승들이여, 그는 즐거운 느낌에 대한 탐욕의 잠재적 경향을 없애지 않고, 괴로운 느낌에 대한 분노의 잠재적 경향을 제거하지 않고, 즐겁지도 괴롭지도 않은 느낌에 대한 무명의 잠재적 경향을 근절하지 않고, 무명을 버리고 명지를 일으키지 않는다면, 현세에서 괴로움의 종식을 성취하겠다는 것은 타당하지 않다.

3) 수행승들이여, 후각을 조건으로 냄새를 조건으로 후각의식이 생겨나서, 이 세 가지가 만나는 것이 접촉인데, 접촉을 조건으로 즐겁거나 괴롭거나 즐겁지도 괴롭지도 않은 느낌이 생겨난다. 그 즐거운 느낌에 닿아 그것을 기뻐하고 환영하고 탐착하면, 탐욕에 대한 잠재적 경향이 잠재하게 된다. 그 괴로운 느낌에 닿아 슬퍼하고 우울해하고 비탄해하고 가슴을 치고 통곡하고 미혹에 빠지면, 분노의 잠재적 경향이 잠재하게 된다. 즐겁지도 괴롭지도 않은 느낌에 닿아 그 느낌의 생성과 소멸과 유혹과 위험과 그것에서 벗어남을 있는 그대로 분명히 알지 못하면, 무명의 잠재적 경향이 잠재하게 된다. 수행승들이여, 그는 즐거운 느낌에 대한 탐욕의 잠재적 경향을 없애지 않고, 괴로운 느낌에 대한 분노의 잠재적 경향을 제거하지 않고, 즐겁지도 괴롭지도 않은 느낌에 대한 무명의 잠재적 경향을 근절하지 않고, 무명을 버리고 명지를 일으키지 않는다면, 현세에서 괴로움의 종식을 성취하겠다는 것은 타당하지 않다.

4) 수행승들이여, 미각을 조건으로 맛을 조건으로 미각의식이 생겨나서, 이 세 가지가 만나는 것이 접촉인데, 접촉을 조건으로 즐겁거나 괴롭거나 즐겁지도 괴롭지도 않은 느낌이 생겨난다. 그 즐거운 느낌에 닿아 그것을 기뻐하고 환영하고 탐착하면, 탐욕에 대한

잠재적 경향이 잠재하게 된다. 그 괴로운 느낌에 닿아 슬퍼하고 우울해하고 비탄해하고 가슴을 치고 통곡하고 미혹에 빠지면, 분노의 잠재적 경향이 잠재하게 된다. 즐겁지도 괴롭지도 않은 느낌에 닿아 그 느낌의 생성과 소멸과 유혹과 위험과 그것에서 벗어남을 있는 그대로 분명히 알지 못하면, 무명의 잠재적 경향이 잠재하게 된다. 수행승들이여, 그는 즐거운 느낌에 대한 탐욕의 잠재적 경향을 없애지 않고, 괴로운 느낌에 대한 분노의 잠재적 경향을 제거하지 않고, 즐겁지도 괴롭지도 않은 느낌에 대한 무명의 잠재적 경향을 근절하지 않고, 무명을 버리고 명지를 일으키지 않는다면, 현세에서 괴로움의 종식을 성취하겠다는 것은 타당하지 않다.

5) 수행승들이여, 촉각을 조건으로 감촉을 조건으로 촉각의식이 생겨나서, 이 세 가지가 만나는 것이 접촉인데, 접촉을 조건으로 즐겁거나 괴롭거나 즐겁지도 괴롭지도 않은 느낌이 생겨난다. 그 즐거운 느낌에 닿아 그것을 기뻐하고 환영하고 탐착하면, 탐욕에 대한 잠재적 경향이 잠재하게 된다. 그 괴로운 느낌에 닿아 슬퍼하고 우울해하고 비탄해하고 가슴을 치고 통곡하고 미혹에 빠지면, 분노의 잠재적 경향이 잠재하게 된다. 즐겁지도 괴롭지도 않은 느낌에 닿아 그 느낌의 생성과 소멸과 유혹과 위험과 그것에서 벗어남을 있는 그대로 분명히 알지 못하면, 무명의 잠재적 경향이 잠재하게 된다. 수행승들이여, 그는 즐거운 느낌에 대한 탐욕의 잠재적 경향을 없애지 않고, 괴로운 느낌에 대한 분노의 잠재적 경향을 제거하지 않고, 즐겁지도 괴롭지도 않은 느낌에 대한 무명의 잠재적 경향을 근절하지 않고, 무명을 버리고 명지를 일으키지 않는다면, 현세에서 괴로움의 종식을 성취하겠다는 것은 타당하

지 않다.

6) 수행승들이여, 정신을 조건으로 사물을 조건으로 정신의식이 생겨나서, 이 세 가지가 만나는 것이 접촉인데, 접촉을 조건으로 즐겁거나 괴롭거나 즐겁지도 괴롭지도 않은 느낌이 생겨난다. 그 즐거운 느낌에 닿아 그것을 기뻐하고 환영하고 탐착하면, 탐욕에 대한 잠재적 경향이 잠재하게 된다. 그 괴로운 느낌에 닿아 슬퍼하고 우울해하고 비탄해하고 가슴을 치고 통곡하고 미혹에 빠지면, 분노의 잠재적 경향이 잠재하게 된다. 즐겁지도 괴롭지도 않은 느낌에 닿아 그 느낌의 생성과 소멸과 유혹과 위험과 그것에서 벗어남을 있는 그대로 분명히 알지 못하면, 무명의 잠재적 경향이 잠재하게 된다. 수행승들이여, 그는 즐거운 느낌에 대한 탐욕의 잠재적 경향을 없애지 않고, 괴로운 느낌에 대한 분노의 잠재적 경향을 제거하지 않고, 즐겁지도 괴롭지도 않은 느낌에 대한 무명의 잠재적 경향을 근절하지 않고, 무명을 버리고 명지를 일으키지 않는다면, 현세에서 괴로움의 종식을 성취하겠다는 것은 타당하지 않다.

20. (잠재적 경향의 소멸)

1) 수행승들이여, 시각을 조건으로 형상을 조건으로 시각의식이 생겨나서, 이 세 가지가 만나는 것이 접촉인데, 접촉을 조건으로 즐겁거나 괴롭거나 즐겁지도 괴롭지도 않은 느낌이 생겨난다. 그 즐거운 느낌에 닿아 그것을 기뻐하지 않고 환영하지 않고 탐착하지 않으면, 탐욕에 대한 잠재적 경향이 잠재하지 않게 된다. 그 괴로운 느낌에 닿아 슬퍼하지 않고 상심하지 않고 비탄해하지 않고 가슴을 치며 울부짖지 않고 곤혹스러워하지 않으면, 분노의 잠재적 경향이 잠재하지 않게 된다. 즐겁지도 괴롭지도 않은 느낌에

닿아 그 느낌의 생성과 소멸과 유혹과 위험과 그것에서 벗어남을 있는 그대로 분명히 알면, 무명의 잠재적 경향이 잠재하지 않게 된다. 수행승들이여, 그가 즐거운 느낌에 대한 탐욕의 잠재적 경향을 없애고, 괴로운 느낌에 대한 분노의 잠재적 경향을 제거하고, 즐겁지도 괴롭지도 않은 느낌에 대한 무명의 잠재적 경향을 근절하고, 무명을 버리고 명지를 일으킨다면, 현세에서 괴로움의 종식을 성취하겠다는 것이 타당하다.

2) 수행승들이여, 청각을 조건으로 소리를 조건으로 청각의식이 생겨나서, 이 세 가지가 만나는 것이 접촉인데, 접촉을 조건으로 즐겁거나 괴롭거나 즐겁지도 괴롭지도 않은 느낌이 생겨난다. 그 즐거운 느낌에 닿아 그것을 기뻐하지 않고 환영하지 않고 탐착하지 않으면, 탐욕에 대한 잠재적 경향이 잠재하지 않게 된다. 그 괴로운 느낌에 닿아 슬퍼하지 않고 상심하지 않고 비탄해하지 않고 가슴을 치며 울부짖지 않고 곤혹스러워하지 않으면, 분노의 잠재적 경향이 잠재하지 않게 된다. 즐겁지도 괴롭지도 않은 느낌에 닿아 그 느낌의 생성과 소멸과 유혹과 위험과 그것에서 벗어남을 있는 그대로 분명히 알면, 무명의 잠재적 경향이 잠재하지 않게 된다. 수행승들이여, 그가 즐거운 느낌에 대한 탐욕의 잠재적 경향을 없애고, 괴로운 느낌에 대한 분노의 잠재적 경향을 제거하고, 즐겁지도 괴롭지도 않은 느낌에 대한 무명의 잠재적 경향을 근절하고, 무명을 버리고 명지를 일으킨다면, 현세에서 괴로움의 종식을 성취하겠다는 것이 타당하다.

3) 수행승들이여, 후각을 조건으로 냄새를 조건으로 후각의식이 생겨나서, 이 세 가지가 만나는 것이 접촉인데, 접촉을 조건으로 즐겁거나 괴롭거나 즐겁지도 괴롭지도 않은 느낌이 생겨난다. 그 즐

거운 느낌에 닿아 그것을 기뻐하지 않고 환영하지 않고 탐착하지 않으면, 탐욕에 대한 잠재적 경향이 잠재하지 않게 된다. 그 괴로운 느낌에 닿아 슬퍼하지 않고 상심하지 않고 비탄해하지 않고 가슴을 치며 울부짖지 않고 곤혹스러워하지 않으면, 분노의 잠재적 경향이 잠재하지 않게 된다. 즐겁지도 괴롭지도 않은 느낌에 닿아 그 느낌의 생성과 소멸과 유혹과 위험과 그것에서 벗어남을 있는 그대로 분명히 알면, 무명의 잠재적 경향이 잠재하지 않게 된다. 수행승들이여, 그가 즐거운 느낌에 대한 탐욕의 잠재적 경향을 없애고, 괴로운 느낌에 대한 분노의 잠재적 경향을 제거하고, 즐겁지도 괴롭지도 않은 느낌에 대한 무명의 잠재적 경향을 근절하고, 무명을 버리고 명지를 일으킨다면, 현세에서 괴로움의 종식을 성취하겠다는 것이 타당하다.

4) 수행승들이여, 미각을 조건으로 맛을 조건으로 미각의식이 생겨나서, 이 세 가지가 만나는 것이 접촉인데, 접촉을 조건으로 즐겁거나 괴롭거나 즐겁지도 괴롭지도 않은 느낌이 생겨난다. 그 즐거운 느낌에 닿아 그것을 기뻐하지 않고 환영하지 않고 탐착하지 않으면, 탐욕에 대한 잠재적 경향이 잠재하지 않게 된다. 그 괴로운 느낌에 닿아 슬퍼하지 않고 상심하지 않고 비탄해하지 않고 가슴을 치며 울부짖지 않고 곤혹스러워하지 않으면, 분노의 잠재적 경향이 잠재하지 않게 된다. 즐겁지도 괴롭지도 않은 느낌에 닿아 그 느낌의 생성과 소멸과 유혹과 위험과 그것에서 벗어남을 있는 그대로 분명히 알면, 무명의 잠재적 경향이 잠재하지 않게 된다. 수행승들이여, 그가 즐거운 느낌에 대한 탐욕의 잠재적 경향을 없애고, 괴로운 느낌에 대한 분노의 잠재적 경향을 제거하고, 즐겁지도 괴롭지도 않은 느낌에 대한 무명의 잠재적 경향을

근절하고, 무명을 버리고 명지를 일으킨다면, 현세에서 괴로움의 종식을 성취하겠다는 것이 타당하다.

5) 수행승들이여, 촉각을 조건으로 감촉을 조건으로 촉각의식이 생겨나서, 이 세 가지가 만나는 것이 접촉인데, 접촉을 조건으로 즐겁거나 괴롭거나 즐겁지도 괴롭지도 않은 느낌이 생겨난다. 그 즐거운 느낌에 닿아 그것을 기뻐하지 않고 환영하지 않고 탐착하지 않으면, 탐욕에 대한 잠재적 경향이 잠재하지 않게 된다. 그 괴로운 느낌에 닿아 슬퍼하지 않고 상심하지 않고 비탄해하지 않고 가슴을 치며 울부짖지 않고 곤혹스러워하지 않으면, 분노의 잠재적 경향이 잠재하지 않게 된다. 즐겁지도 괴롭지도 않은 느낌에 닿아 그 느낌의 생성과 소멸과 유혹과 위험과 그것에서 벗어남을 있는 그대로 분명히 알면, 무명의 잠재적 경향이 잠재하지 않게 된다. 수행승들이여, 그가 즐거운 느낌에 대한 탐욕의 잠재적 경향을 없애고, 괴로운 느낌에 대한 분노의 잠재적 경향을 제거하고, 즐겁지도 괴롭지도 않은 느낌에 대한 무명의 잠재적 경향을 근절하고, 무명을 버리고 명지를 일으킨다면, 현세에서 괴로움의 종식을 성취하겠다는 것이 타당하다.

6) 수행승들이여, 정신을 조건으로 사물을 조건으로 정신의식이 생겨나서, 이 세 가지가 만나는 것이 접촉인데, 접촉을 조건으로 즐겁거나 괴롭거나 즐겁지도 괴롭지도 않은 느낌이 생겨난다. 그 즐거운 느낌에 닿아 그것을 기뻐하지 않고 환영하지 않고 탐착하지 않으면, 탐욕에 대한 잠재적 경향이 잠재하지 않게 된다. 그 괴로운 느낌에 닿아 슬퍼하지 않고 상심하지 않고 비탄해하지 않고 가슴을 치며 울부짖지 않고 곤혹스러워하지 않으면, 분노의 잠재적 경향이 잠재하지 않게 된다. 즐겁지도 괴롭지도 않은 느낌에

닿아 그 느낌의 생성과 소멸과 유혹과 위험과 그것에서 벗어남을 있는 그대로 분명히 알면, 무명의 잠재적 경향이 잠재하지 않게 된다. 수행승들이여, 그가 즐거운 느낌에 대한 탐욕의 잠재적 경향을 없애고, 괴로운 느낌에 대한 분노의 잠재적 경향을 제거하고, 즐겁지도 괴롭지도 않은 느낌에 대한 무명의 잠재적 경향을 근절하고, 무명을 버리고 명지를 일으킨다면, 현세에서 괴로움의 종식을 성취하겠다는 것이 타당하다.

21. (해탈)

1) 수행승들이여, 잘 배운 고귀한 제자는 이와 같이 보아서 시각에서 싫어하여 떠나고, 형상에서 싫어하여 떠나고, 시각의식에서 싫어하여 떠나고, 시각접촉에서 싫어하여 떠나고, 느낌에서 싫어하여 떠나고, 갈애에서 싫어하여 떠난다.
2) 수행승들이여, 잘 배운 고귀한 제자는 이와 같이 보아서 청각에서 싫어하여 떠나고, 소리에서 싫어하여 떠나고, 청각의식에서 싫어하여 떠나고, 청각접촉에서 싫어하여 떠나고, 느낌에서 싫어하여 떠나고, 갈애에서 싫어하여 떠난다.
3) 수행승들이여, 잘 배운 고귀한 제자는 이와 같이 보아서 후각에서 싫어하여 떠나고, 냄새에서 싫어하여 떠나고, 후각의식에서 싫어하여 떠나고, 후각접촉에서 싫어하여 떠나고, 느낌에서 싫어하여 떠나고, 갈애에서 싫어하여 떠난다.
4) 수행승들이여, 잘 배운 고귀한 제자는 이와 같이 보아서 미각에서 싫어하여 떠나고, 맛에서 싫어하여 떠나고, 미각의식에서 싫어하여 떠나고, 미각접촉에서 싫어하여 떠나고, 느낌에서 싫어하여 떠나고, 갈애에서 싫어하여 떠난다.
5) 수행승들이여, 잘 배운 고귀한 제자는 이와 같이 보아서 촉각에서

싫어하여 떠나고, 감촉에서 싫어하여 떠나고, 촉각의식에서 싫어하여 떠나고, 촉각접촉에서 싫어하여 떠나고, 느낌에서 싫어하여 떠나고, 갈애에서 싫어하여 떠난다.

6) 수행승들이여, 잘 배운 고귀한 제자는 이와 같이 보아서 정신에서 싫어하여 떠나고, 사물에서 싫어하여 떠나고, 정신의식에서 싫어하여 떠나고, 정신접촉에서 싫어하여 떠나고, 느낌에서 싫어하여 떠나고, 갈애에서 싫어하여 떠난다.

이와 같이 싫어하여 떠나서 사라지고, 사라져서 해탈한다. 해탈했을 때에 '나는 해탈했다.'는 지혜가 생겨난다. '태어남은 부수어지고, 청정한 삶은 이루졌다. 해야할 일은 다 마쳤고, 더 이상 윤회하지 않는다'라고 분명히 안다.

22. 세존께서는 이와 같이 말씀하셨다. 수행승들은 만족하여 세존께서 말씀하신 것을 기쁘게 받아들였다. 이러한 법문을 설하는 동안, 육십 명의 수행승들은 마음이 집착 없이 번뇌에서 해탈되었다.[547]

---

547) saṭṭhimattānaṃ hikkhūnan : Pps. V. 101-103에 따르면, 부처님이 이 경을 설하시자 육십명의 修行僧들이 거룩한 이의 경지[阿羅漢果]에 들었다는 것은 놀라운 것이 못된다. 왜냐하면 Sāriputta나 Moggallāna와 팔십명의 위대한 弟子들이 매번 이 경을 설할 때마다 육십명의 修行僧들이 거룩한 이의 경지를 얻었기 때문이다. 스리랑카에서는 長老 Maliyadeva가 이 경을 서로 다른 육십 곳에서 설했는데, 그 때마다 육십명의 修行僧들이 거룩한 이의 경지를 얻었다. 그런데, 長老 Tipiṭka Cūḷanāga가 이 경을 많은 大衆들과 神들의 무리에게 설했는데, 이 法門이 끝날 때에 천명의 修行僧이 거룩한 이의 경지를 얻었고, 神들 가운데에서는 오직 한 神을 빼고는 모두 거룩한 이의 경지를 얻었다. 이 경은 해탈로 이르는 가르침의 要諦를 담고있다.

명상수행의 바다

『맛지마니까야』 엔솔로지

부　록

약　어　표
참　고　문　헌
빠알리어 한글표기법
불교의 세계관
한글주요번역술어
빠알리주요번역술어
고유명사색인
빠알리성전협회안내

약 어 표

AN.	Aṅguttara Nikāya
Dhp.	Dhammapada
DhpA.	Dhammapada-Aṭṭhakathā
DN.	Dīgha Nikāya
DNA=Smv.	Dighanikāya-Aṭṭhakathā(Sumaṅgalavilāsinī)
ENOB.	Encyclopadia of Buddhism
Ggs.	Die in Gruppen geordnete Sammlung
Ing.	Indische Grammatik
Itv.	Itivuttaka
Jāt.	Jātaka
JātA.	Jātaka-Aṭṭhakathā
JPTS.	Journal of Pali Text Society
Kathv.	Kathāvatthu
Krs.	The Book of the Kindred Sayings
KsI.	Kosmologie der Inder
Mhv.	Mahāvaṁsa
MN.	Majjhima Nikāya
MNA.=Pps.	Majjhima-Aṭṭhakathā(Papañcasūdanī)
Mrp.	Manorathapūraṇī, Aṅguttara-aṭṭhakathā
Peb.	The Thought of Paṭiccasamuppāda in Early Buddhism 初期佛教의 緣起性 硏究
Pkd.	The Pāli Korean Dictionary
Ppn.	Dictionary of Pāli Proper Names
Psm.	Paṭisambhidāmagga

PTS	Pali Text Society, London
SN.	Saṁyutta Nikāya
Snw.	Sanskrit Wörterbuch
Srp.	Sāratthappakāsinī, Saṁyutta-Aṭṭhakathā
Stn.	Suttanipāta
StnA.	Suttanipāta-Aṭṭhakathā
Swb.	Sanskrit Wörterbuch
Thag.	Theragathā
ThagA.	Theragathā-Aṭṭhakathā
Thig.	Therīgātha
ThigA.	Therīgathā-Aṭṭhakathā
Ud.	Udāna
Vdm.	Vedic Mythology
Vibh.	Vibhaṅga
Vin.	Vinaya Piṭaka
Vism.	Visuddhimagga
잡	한글잡아함경
중	한글중아함경
雜阿含	雜阿含經
長阿含	長阿含經
中阿含	中阿含經
增一阿含	增一阿含經
相應	相應部經典
大正	大正新修大藏經

참 고 문 헌

● 원전류

『Dīgha Nikāya』 ed. by T. W. Rhys Davids & J. E. Carpenter, 3vols(London : PTS, 1890~1911) tr. by T. W. & C. A. F. Rhys Davids, 『Dialogues of the Buddha』 3vols(London : PTS, 1899~1921)

『Majjhima Nikāya』 ed. by V. Trenckner & R. Chalmers, 3vols(London : PTS, 1887~1901) tr. I. B. Homer, 『Middle Length Sayings』 3vols(London : PTS, 1954~1959)

『Saṁyutta Nikāya』 ed. by L. Feer, 6vols(London : PTS, 1884~1904) tr. by C. A. F. Rhys Davids & F. L. Woodward, 『The Book of the Kindered Sayings』 5vols(London : PTS, 1917~1930)

『Aṅguttara Nikāya』 ed. by R. Moms & E. Hardy, 5vols(London : PTS, 1885~1900) tr. by F. L. Woodward & E. M. Hare, 『The Book of the Gradual Sayings』 5vols(London : PTS, 1932~1936)

『Vinaya Piṭakaṁ』 ed. by Oldenberg, H., 5vols(London : PTS, 1984) tr. by Horner, I. B., 『The Book of the Discipline』 5vols(London : PTS, 1986)

『Thera-Theri-Gathā』 tr. by A. F. Rhys Davids, 『Psalms of the Early Buddhists』 2vols(London : PTS, 1903~1913)

『Suttanipata』 ed. by Andersen, D. & Smith, H.(London : PTS, 1984)

『Udāna』 ed. by Steinthal, P.(London : PTS, 1982) tr. by Masefield, P.(London : PTS, 1994)

『Dhammapada』 ed. by S. Sumangala(London : PTS, 1914)

『Itivuttaka』 ed. by E. Windish(London : PTS, 1889)

『長阿含經』 22권 大正新修大藏經 一卷

『中阿含經』 60권 大正新修大藏經 一卷

『雜阿含經』 50권 大正新修大藏經 二卷

『增一阿含經』 51권 大正新修大藏經 二卷
『別譯雜阿含經』 16권 大正新修大藏經 二卷
『Visuddhimagga of Buddhaghosa』 ed. by Rhcys Davids, C. A. F.(London : PTS, 1975)
『Sāratthappakāsinī : Saṁyuttanikāyaṭṭhakathā』 ed. by Woodward, F. L.(London : PTS, 1977)
『Manorathapūraṇī』 ed. by M. Walleser & H. Kopp, 5vols(London : PTS, 1924~1926)
『Milindapañha』 ed. by V Trenckner(London : PTS, 1928) tr. by I. B. Horner, 『Milinda's Questions』 2vols(London : PTS, 1963~1964)
『Papañcasūdanī』 ed. by J. H. Woods, D. Kosambi & I. B. Horner, 5vols (London : PTS, 1922~1938)
『Sumaṅgalavilāsini』 ed. by T. W. Rhys Davids, J. E. Carpenter & W. Stede, 3vols(London : PTS, 1886~1932)
『Suttanipāta-aṭṭhakathā』 ed. by H. Smith, 2vols(London : PTS, 1916~1917)
『Upanisads』 ed. & tr. by S. Radhakrishnan, 『The Principal Upaniṣads』 2nd ed.(London : George Allen & Unwin, 1953) ; tr. by R. E. Hume, 『The Thirteen Principal Upaniṣads』 2nd ed.(London : Oxford University Press, 1934)

● 일반단행본(동서양서)

Bodhi Bhikkhu, 『The Noble Eightfold Path』(Kandy : Buddhist Publication Society, 1984)
Bodhi Bhikkhu, 『Transcendental Dependent Arising』(Kandy : Buddhist Publication Society, 1980)
Bunge, M., 『Causality and Modern Science』(New York : Dover Publications Inc., 1986)
Fahs, A., 『Grammatik des Pali』(Leipzig : Verlag Enzyklopädie, 1989)
Frauwallner, E., 『Die Philosophie des Buddhismus』(Berlin : Akademie Verlag, 1958)
Glasenapp, H. V., 『Pfad zur Erleuchtung(Das Kleine, das Grosse und das

Diamant-Fahrzeug)』(Köln : Eugen Diederichs Verlag, 1956)
Goleman, D., 『The Buddha on Meditation and Higher States of Consciousness』 『The Wheel』 Publication no.189/190(Kandy : Buddhist Publication Society, 1980)
Hiriyanna, M., 『Outlines of Indian Philosophy』(London : George Allen &Unwin, 1932)
Hoffman, F. J., 『Rationality and Mind in Early Buddhism』(Delhi : Motilal Banarsidass, 1987)
Htoon, U. C., 『Buddhism and the Age of Science』 『The Wheel』 Publication no.36/37(Kandy : Buddhist Publication Society, 1981)
Jayatilleke, K. N., 『Early Buddhist Theory of Knowlege』(Delhi : Motilal Banarsidass, 1963)
Jayatilleke, K. N. etc, 『Buddhism and Science』 『The Wheel』 Publication no.3(Kandy : Buddhist Publication Society, 1980)
Johansson, R. E. A., 『The Dynamic Psychology of Early Buddhism』(London : Curzon Press Ltd., 1979)
Johansson, R. E. A., 『The Psychology of Nirvana』(London : George Allen & Unwin Ltd., 1969)
Kalupahana, D. J., 『Causality : The Central philosophy of Buddhism』(Honolulu : The University Press of Hawai, 1975)
Kalupahana, D. J., 『Buddhist Philosophy, A Historical Analysis』(Honolulu : The University Press of Hawaii, 1976)
Karunaratne, W. S., 『The Theory of Causality in Early Buddhism』(Colombo : Indumati Karunaratne, 1988)
Kim, Jaegwon., 『Supervenience and Mind』(New York : Cambridge Press, 1933)
Kirfel, W., 『Die Kosmographie der Inder』(Bonn : Schroeder, 1920)
Knight, C. F. etc, 『Concept and Meaning』 『The Wheel』 Publication no.250(Kandy : Buddhist Publication Society, 1977)
Malalasekera, G. P. & Jayatilleke, K. N., 『Buddhism and Race Question』(Paris : UNESCO, 1958)
Macdonell, A. A., 『A Vedic Reader for Students』(Oxford : Oxford University

Press, 1917)
Macy, J., 『Mutual Causality in Buddhism and General Systems Theory』(New York : State University of New York Press, 1992)
Murti, T. R. V., 『The Central Philosophy of Buddhism』(London : George Allen & Unwin Ltd., 1955)
Nyanoponika Thera, 『The Heart of Buddhist Meditation』(London : Rider, 1962)
Oldenberg, H., 『Buddha : sein Leben, seine Lehre, seine Gemeinde』(Stuttgart : Magnus Verlag, 1881)
Chakravarti, U., 『The Social Dimensions of Early Buddhism』(Oxford : Oxford University Press, 1987)
Nyanaponika, 『The Five Mental Hindrances and their Conquest』(Kandy : Buddhist Publication Society, 재연스님 옮김, 서울 : 고요한 소리, 1989)
Ñāṇananda Bhikkhu, 『Concept and Reality in Early Buddhist Thought』(Kandy : Buddhist Publication Society, 1971)
Pande, G. C., 『Studies in the Origins of Buddhism』(Allahabad : University of Allahabad, 1957)
Piyananda, D., 『The Concept of Mind in Early Buddhism』(Cathoric University of America, 1974)
Rahula, W. S., 『What the Buddha Taught』(London & Bedford : Gardon Fraser, 1978)
Sayādaw, Mahāsi, 『The Great Discourse on the Wheel of Dhamma』 tr. by U Ko Lay(Rangoon : Buddhasāsana Nuggaha Organization, 1981)
Sayādaw, Mahāsī, 『Pāticcāsamuppāda(A Discourse)』 tr. by U Aye Maung(Rangoon : Buddasāsana Nuggaha Organization, 1982)
Schumann, H. W., 『The Historical Buddha』 tr. by M. O'C Walshe Arkana(London : Penguin Group, 1989)
Stebbing, L. S., 『A Modern Introduction to Logic』(London : Metuen & Co, 1962)
Story, F., 『Dimensions of Buddhist Thought』 『The Wheel』 Publication no.212/213/214(Kandy : Buddhist Publication Society)
Varma, V. P., 『Early Buddhism and It's Origin』(Delhi : Munshiram

Monoharlal, 1973)
Watanabe, F., 『Philosophy and Its Development in the Nikāyas and Abhidhamma』(Delhi : Motilal Banarsidass, 1983)
Wettimuny, R. G. de S., 『The Buddha's Teaching』(Colombo : M. D. Gunasena & Co. Ltd., 1977)
Wettimuny, R. G. de S., 『The Buddha's Teaching and the Ambiguity of Existence』(Colombo : M. D. Gunasena & Co. Ltd., 1977)
Wijesekera, 『Knowledge & Conduct : Buddhist Contributions to Philosophy and Ethics』(Kandy : Buddhist Publication Society, 1977)
Wittgenstein, L., 『Philosophische Untersuchungen』 『Ludwig Wittgenstein Werkausgabe』 Band,I (Frankfurt am Main, 1984)
Winternitz, M., 『History of Indian Literature』 vol.2(Dheli : Motilal Banarsidass, 1963)

● 일반단행본(한국, 일본)

김동화, 『원시불교사상』(서울 : 보련각, 1988)
김재권 외, 『수반의 형이상학』(서울 : 철학과 현실사, 1994)
김재권, 『수반과 심리철학』(서울 : 철학과 현실사, 1994)
길희성, 『인도철학사』(서울 : 민음사, 1984)
원의범, 『인도철학사상』(서울 : 집문당, 1980)
이중표, 『아함의 중도체계』(서울 : 불광출판부, 1991)
전재성, 『범어문법학』(서울 : 한국빠알리성전협회, 2002)
정태혁, 『인도철학』(서울 : 학연사, 1988)
정태혁, 『인도종교철학사』(서울 : 김영사, 1985)
中村元, 『原始佛教の思想』上,下(東京 : 春秋社, 昭和45)
中村元, 『原始佛教の生活倫理』(東京 : 春秋社, 昭和47)
和什哲郎, 『原始佛教の實踐哲學』(東京 : 岩波書店, 昭和15)
木村泰賢, 『原始佛教思想論』(東京 : 大法倫閣, 昭和43)
木村泰賢, 『印度六派哲學』 『木村泰賢全集』第2卷(昭和43)
舟橋一哉, 『原始佛教思想の研究』(京都 : 法藏館, 昭和27)

水野弘元, 『原始佛教』(京都 : 平樂寺書店, 1956)

● 논문류(동서양)

Chatallian, G., 「Early Buddhism and the Nature of Philosophy」『Journal of Indian philosophy』 vol.11 no.2(1983)

Franke, R. O., 「Das einheitliche Thema des Dighanikāya : Gotama Buddha ist ein Tathāgata」「Die Verknüpfung der Dīghanikāya-Suttas untereinander」「Majjhimanikāya und Suttanipāta, Die Zusammenhänge der Majjhimanikāyasuttas」「Der einheitliche Grundgedanke des Majjhimanikāya : Die Erziehung gemass der Lehre(Dhamma-Vinaya)」「Der Dogmatische Buddha nach dem Dīghanikāya」「Die Buddhalehre in ihrer erreichbarältesten Gestalt im Dīghanikāya」「Die Buddhlehre in ihrer erreichbarältesten Gestalt」『Kleine Schliften』(Wiesbaden : Franz Steiner Verlag, 1978)

Fryba, M., 「Suññatā : Experience of Void in Buddhist Mind Training」 SJBS. vol.11(1988)

Geiger, W., 「Pāli Dhamma」『Kleine Schriften』(Wiesbaden : Franz Steiner Verlag, 1973)

Gethin, R., 「The Five Khandhas : Their Treatment in the Nikāyas and Early Abhidhamma」『Journal of Indian Philosophy』 vol.14 no.1(1986)

Heimann, B., 「The Significance of Prefixes in Sanskrit Philosophical Terminology」 RASM vol.25(1951)

Hoffman, E. J., 「Rationablity in Early Buddhist Four Fold Logic」『Journal of Indian Philosophy』 vol.10 no.4(1982)

Karunadasa, Y., 「Buddhist Doctrine of Anicca」『The Basic Facts of Existence』(Kandy : Buddhist Publication Society, 1981)

Premasiri, P. D., 「Early Buddhist Analysis of Varieties of Cognition」 SJBS vol.1(1981)

Wijesekera, O. H. de A., 「Vedic Gandharva and Pali Gandhabba」『Ceyron University Review』 vol.3 no.1(April, 1945)

● 사전류

Childers, R. C., 『A Dictionary of the Pali Language』(London : 1875)

Anderson, D., 『A Pāli Reader with Notes and Glossary』 2parts(London & Leipzig : Copenhagen, 1901~1907)
Rhys Davids, T. W. and Stede, W., 『Pali-English Dictionary』(London : PTS, 1921~1925)
Buddhadatta, A. P., 『Concise Pāli-English Dictionary』(Colombo : 1955)
Malalasekera, G. P., 『Dictionary of Pāli Proper Names』 vol.1, 2 (London : PTS, 1974)
雲井昭善, 『巴和小辭典』(京都 : 法藏館, 1961)
水野弘元, 『パーリ語辭典』(東京 : 春秋社, 1968, 二訂版 1981)
全在星, 『빠알리語辭典』(서울 : 한국불교대학 출판부, 1994)
Bothlingk, O. und Roth, R., 『Sanskrit-Wörterbuch』 7Bande(St. Petersburg : Kaiserischen Akademie der Wissenschaften, 1872~1875)
Monier Williams, M., 『A Sanskrit-English Dictionary』(Oxford, 1899)
Uhlenbeck, C. C., 『Etymologisches Wörterbuch des Alt-Indischen Sprache』(Osnabrück, 1973)
Edgerton, F., 『Buddhist Hybrid Sanskrit Grammar and Dictionary』 2vols(New Haven : Yale Univ., 1953)
V. S. Apte, 『The Practical Sanskrit-English Dictionary』(Poona : Prasad Prakshan, 1957)
鈴木學術財團, 『梵和大辭典』(東京 : 講談社, 1974, 增補改訂版 1979)
織田得能, 『佛敎大辭典』(東京 : 大藏出版株式會社, 1953)
耘虛龍夏, 『佛敎辭典』(서울 : 東國譯經院, 1961)
中村元, 『佛敎語大辭典』(東京 : 東京書籍, 1971)
弘法院 編輯部, 『佛敎學大辭典』(서울 : 弘法院, 1988)
Nyanatiloka, 『Buddhistisches Wörterbuch』(Konstanz : Christiani Konstanz, 1989)
『Encyclopadia of Buddhism』 ed. by Malalasekera, G. P.(Ceylon : The Government of Sri Lanka, 1970~)
『Oxford Latin Dictionary』 ed. by Glare(Oxford : The Clarendon Press, 1983)
『Handbuch Philosophischer Grundbegriffe』 herausgegeben von Hermann Krings usw.(München : Kösel Verlag, 1973)

빠알리어 한글표기법

빠알리어는 구전되어 오다가 각 나라 문자로 정착되었으므로 고유한 문자가 없다. 그러므로 일반적으로 빠알리성전협회(Pali Text Society)의 표기에 따라 영어 알파벳을 보완하여 사용한다. 빠알리어의 알파벳은 41개이며, 33개의 자음과 8개의 모음으로 되어 있다.

자음(子音)	폐쇄음(閉鎖音)				비음(鼻音)
	무성음(無聲音)		유성음(有聲音)		
	무기음	대기음	무기음	대기음	무기음
① 후음(喉音)	ka 까	kha 카	ga 가	gha 가	ṅa 나
② 구개음(口蓋音)	ca 짜	cha 차	ja 자	jha 자	ña 냐
③ 권설음(捲舌音)	ṭa 따	ṭha 타	ḍa 다	ḍha 다	ṇa 나
④ 치음(齒音)	ta 따	tha 타	da 다	dha 다	na 나
⑤ 순음(脣音)	pa 빠	pha 파	ba 바	bha 바	ma 마
⑥ 반모음(半母音)	ya 야, 이야 va 바, 와				
⑦ 유활음(流滑音)	ra 라 la ㄹ라 ḷa ㄹ라				
⑧ 마찰음(摩擦音)	sa 싸				
⑨ 기식음(氣息音)	ha 하				
⑩ 억제음(抑制音)	ṁ -ㅇ, -ㅁ, -ㄴ				

모음에는 단모음과 장모음이 있다. a, ā, i, ī, u, ū, e, o 모음의 발음은 영어와 같다. 단 단음은 영어나 우리말의 발음보다 짧고, 장음은 영어나 우리말보다 약간 길다. 단음에는 a, i, u가 있고, 장음에는 ā, ī, ū, e, o가 있다. 유의할 점은 e와 o는 장모음에 속하지만 종종 복자음 앞에서 짧게 발음된다 : metta, okkamati.

자음의 발음과 한글표기는 위의 도표와 같다.

ka는 '까'에 가깝게 발음되고, kha는 '카'에 가깝게 소리나므로 그대로 표기한다. ga, gha는 하나는 무기음이고 하나는 대기음이지만 우리말에는 구별이 없으므로 모두 '가'으로 표기한다. 발음에서 특히 유의해야 할 것은 aṅ은 '앙'으로, añ은 '얀'으로, aṇ은 '안, 언'으로, an은 '안'으로, aṁ은 그 다음에 오는 소리가 ①, ②, ③, ④, ⑤일 경우에는 각각 aṅ, añ, aṇ, an, am으로 소리나며, 모음일 경우에는 '암', 그 밖의 다른 소리일 경우에는 '앙'으로 소리난다. 그리고 y와 v일 경우에는 일반적으로 영어처럼 발음되지만 그 앞에 자음이 올 경우와 모음이 올 경우 각각 발음이 달라진다. 예를 들어 aya는 '아야'로 tya는 '띠야'로 ava는 '아바'로 tva는 '뜨와'로 소리난다. 또한 añña는 '앙냐'로, yya는 '이야'로 소리난다. 폐모음 ②, ③, ④가 묵음화되어 받침이 될 경우에는 ㅅ, ①은 ㄱ, ⑤는 ㅂ으로 표기한다.

글자의 사전적 순서는 위의 모음과 자음의 왼쪽부터 오른쪽으로의 순서와 일치한다. 단지 ṁ은 항상 모음과 결합하여 비모음에 소속되므로 해당 모음의 뒤에 배치된다.

이 책에서는 빠알리어나 범어를 자주 써왔던 관례에 따라 표기했으며 정확한 발음은 이 음성론을 참고하기 바란다.

불 교 의 세 계 관

불교의 세계관은 일반적으로 알려진 것처럼 단순히 신화적인 비합리성에 근거하는 것이 아니라 인간의 정신세계인 명상 수행의 차제에 대응하는 방식으로 합리적으로 조직되었다. 물론 고대 인도의 세계관을 반영하고 있는 것은 사실이지만 언어의 한계를 넘어선다면 보편적인 우주의 정신세계를 다루고 있다고 볼 수 있다.

여기서 세계의 존재(有 : bhavo)라고 하는 것은, 엄밀히 말하면 육도윤회하는 무상한 존재를 의미하며, 감각적 쾌락에 대한 욕망의 세계(欲界), 미세한 물질의 세계(色界), 비물질의 세계(無色界)라는 세 가지 세계의 존재가 언급되고 있다. 감각적 쾌락에 대한 욕망의 세계, 즉 감각적 쾌락에 사는 존재(欲有 : kāmabhava)는 지옥, 축생, 아귀, 수라, 인간과 하늘에 사는 거친 육체를 지닌 감각적 쾌락의 존재를 의미한다.

미세한 물질의 세계, 즉 색계에 사는 존재(色有 : rūpabhava)는 하느님 세계의 하느님의 권속인 신들의 하늘(梵衆天)에서 궁극적인 미세한 물질로 이루어진 신들의 하늘(有頂天)에 이르기까지 첫 번째 선정에서 네 번째 선정에 이르기까지 명상의 깊이를 조건으로 화생되는 세계를 말한다. 따라서 이들 세계는 첫 번째 선정의 하느님 세계의 신들(初禪天)에서부터 청정한 하느님 세계의 신들(Suddhāvāsa : 淨居天은 '돌아오지 않는 이인 不還者가 화생하는 하느님 세계)까지의 이름으로도 불린다. 초선천부터는 하느님 세계에 소속된다.

가장 높은 단계의 세계인 비물질의 세계, 즉 무색계에 사는 존재

(無色有 : arūpabhava)에는 '무한공간의 하느님 세계의 신들'(空無邊處天), '무한의식의 하느님 세계의 신들'(識無邊處天), '아무 것도 없는 하느님 세계의 신들'(無所有處天), '지각하는 것도 아니고 지각하지 않는 것도 아닌 하느님 세계의 신들'(非想非非想處天)이 있다. '무한공간의 세계'에서 '지각하는 것도 아니고 지각하지 않는 것도 아닌 세계'에 이르기까지는 첫번째 비물질계의 선정에서 네번째의 비물질계의 선정에 이르기까지의 명상의 깊이를 조건으로 화현하는 비물질의 세계이다.

이들 하늘나라나 하느님 세계에 사는 존재들은 인간은 태생, 축생은 태생과 난생 등을 생성방식으로 택하고 있고 그 밖에는 마음에서 홀연히 생겨나는 화생(化生)이라는 생성방식을 택하고 있다. 그것들의 형성조건은 윤리적이고 명상적인 경지를 얼마만큼 성취했는지에 달려있다.

천상의 감각적 쾌락의 세계에 태어나려면 믿음과 보시와 지계와 같은 윤리적인 덕목을 지켜야 한다. 인간으로 태어나기 위해서는 오계에 대한 인식이 있어야 한다. 그리고 아수라는 분노에 의해서, 아귀는 인색함과 집착에 의해서, 축생은 어리석음과 탐욕에 의해서, 지옥은 잔인함과 살생을 저지르는 것에 의해서 태어난다.

미세한 물질의 세계에 속해 있는 존재들은 초선에서부터 사선에 이르기까지 명상의 깊이에 따라 차별적으로 하느님 세계인 범천계에 태어난다. 미세한 물질의 세계에 태어나는 최상층의 존재들은 돌아오지 않는 자(不還者)의 경지를 조건으로 한다. 물질이 소멸한 빗물질의 세계의 존재들은 '무한공간의 세계'에서 '지각하는 것도 아니고 지각하지 않는 것도 아닌 세계'에 이르기까지 무형상의 세계의 선정의 깊이에 따라 차별적으로 각각의 세계에 태어난다.

불교에서 여섯 갈래의 길(六道)는 천상계, 인간, 아수라, 아귀, 축생, 지옥을 말하는데, 이 때 하늘나라(天上界)는 감각적 쾌락의 욕망이 있는 하늘나라(欲界天)와 하느님 세계(梵天界)로 나뉘며, 하느님 세계는 다시 미세한 물질의 세계와 비물질의 세계로 나뉜다. 그리고 부처님은 이러한 육도윤회(六道輪廻)의 세계를 뛰어넘어 불생불멸하는 자이다. 여기 소개된 천상의 세계 즉 하늘의 세계에 대하여 이 책에서는 다음과 같이 번역한다.

1) 감각적 쾌락의 세계의 여섯 하늘나라

① 네 위대한 왕들의 하늘나라(cātummahārājikā devā : 四天王), ② 서른 셋 신들의 하늘나라(tāvatiṃsā devā : 三十三天), ③ 축복 받는 신들의 하늘나라(yāmā devā : 夜摩天), ④ 만족을 아는 신들의 하늘나라(tusitā devā : 兜率天), ⑤ 창조하고 기뻐하는 신들의 하늘나라(nimmāna ratī devā : 化樂天), ⑥ 자신이 만든 존재를 지배하는 신들의 하늘나라(paranimmitavasavattino devā : 他化自在天),

2) 첫 번째 선정의 세계의 세 하느님 세계

⑦ 하느님의 권속인 신들의 하느님 세계(Brahmakāyikā devā : 梵衆天) ⑧ 하느님을 보좌하는 신들의 하느님 세계(Brahmapurohitā devā : 梵輔天) ⑨ 위대한 신들의 하느님 세계(Mahābrahmā devā : 大梵天)

3) 두 번째 선정의 세계의 세 하느님 세계

⑩ 작게 빛나는 신들의 하느님 세계(Parittābhā devā : 小光天) ⑪ 한량없이 빛나는 신들의 하느님 세계(Appamāṇābhā devā : 無量光天) ⑫ 빛이 흐르는 신들의 하느님 세계(Ābhāssarā devā : 極光天, 光音天)

4) 세 번째 선정의 세계의 세 하느님 세계

⑬ 작은 영광의 신들의 하느님 세계(Parittasubhā devā : 小淨天) ⑭ 한량없는 영광의 신들의 하느님 세계(Appamāṇasubhā devā : 無量淨天)

⑮ 영광으로 충만한 신들의 하느님 세계(Subhakiṇṇā devā : 遍淨天)

5) 네 번째 선정의 세계의 아홉 하느님 세계

⑯ 번뇌의 구름이 없는 신들의 하느님 세계(Anabbhakā devā : 無雲天「大乘佛敎」) ⑰ 공덕이 생겨나는 신들의 하느님 세계(Puññappasavā devā : 福生天「大乘佛敎」) ⑱ 탁월한 과보를 얻는 신들의 하느님 세계(Vehapphalā devā : 廣果天) ⑲ 지각을 초월한 신들의 하느님 세계(Asaññasattā devā : 無想有情天) = 승리하는 신들의 하느님 세계(Abhibhū devā : 勝者天) ⑳ 성공으로 타락하지 않는 신들의 하느님 세계(Avihā devā : 無煩天) ㉑ 타는 듯한 고뇌를 여읜 신들의 하느님 세계(Atappā devā : 無熱天) ㉒ 선정이 잘 이루어지는 신들의 하느님 세계(Sudassā devā : 善現天) ㉓ 관찰이 잘 이루어지는 신들의 하느님 세계(Sudassī devā : 善見天) ㉔ 궁극적인 미세한 물질로 이루어진 신들의 하느님 세계(Akaniṭṭhā devā : 色究竟天=有頂天) 그리고 이 가운데 ⑳-㉔의 다섯 하느님 세계는 청정한 삶을 사는 신들의 하느님 세계(Suddhāvāsa devā : 淨居天)이라고도 한다.

6) 비물질적 세계에서의 네 하느님 세계

㉕ 무한공간의 신들의 하느님 세계(Ākāsānañcāyatanūpagā devā : 空無邊處天) ㉖ 무한의식의 신들의 하느님 세계(Viññāṇañcāyatanūpagā devā : 識無邊處天) ㉗ 아무 것도 없는 신들의 하느님 세계(Ākiñcaññāyatanūpagā devā : 無所有處天) ㉘ 지각하는 것도 아니고 지각하지 않는 것도 아닌 신들의 하느님 세계(Nevasaññānāsaññāyatanūpagā devā : 非想非非想處天)

<table>
<tr><th>형성조건</th><th>발생방식</th><th colspan="2">명　　칭(漢譯 : 수명)</th><th colspan="4">분 류</th></tr>
<tr><td>無形象</td><td>化生</td><td colspan="2">nevasaññanāsaññāyatana(非想非非想處天 : 84,000劫)
akiñcaññāyatana (無所有處天 : 60,000劫)
viññāṇañcāyatana(識無邊處天 : 40,000劫)
ākāsānañcāyatana(空無邊處天 : 20,000劫)</td><td rowspan="7">梵天界</td><td>無色界</td><td rowspan="9">天上界</td><td rowspan="10">善業報界</td></tr>
<tr><td colspan="4">형 상 또는 물질의 소 멸</td><td></td></tr>
<tr><td>不還者의
淸淨
(四禪)</td><td>化生</td><td>akaniṭṭha(色究竟天=有頂天 : 16000劫)
sudassin(善見天 : 8,000劫)
sudassa(善現天 : 4,000劫)
atappa(無熱天 : 2,000劫)
aviha(無煩天 : 1,000劫)</td><td>suddhāvāsa
(淨居天)</td><td rowspan="5">色界</td></tr>
<tr><td>四禪</td><td>化生</td><td colspan="2">asaññasatta(無想有情天)=abhibhū(勝者天 : 500劫)
vehapphala(廣果天 : 500劫)
puññappasava(福生天 : 大乘)
anabhaka(無雲天 : 大乘)</td></tr>
<tr><td>三禪</td><td>化生</td><td colspan="2">subhakiṇṇa(遍淨天 : 64)
appamāṇasubha(無量淨天 : 32)
parittasubha(小淨天 : 16)</td></tr>
<tr><td>二禪</td><td>化生</td><td colspan="2">ābhassara(極光天 : 8劫)
appamāṇābha(無量光天 : 4劫)
parittābha(小光天 : 2劫)</td></tr>
<tr><td>初禪</td><td>化生</td><td colspan="2">mahābrahmā(大梵天 : 1劫)
brahmapurohita(梵輔天 : 1/2劫)
brahmapārisajja(梵衆天 : 1/3劫)</td></tr>
<tr><td colspan="6">다섯 가지 장애(五障)의 소멸</td></tr>
<tr><td>信
布施
持戒</td><td>化生</td><td colspan="2">paranimmitavasavattī
(他化自在天 : 500天上年=9,216百萬年)
nimmāṇarati(化樂天 : 8,000天上年=2,304百萬年)
tusita(兜率天 : 4,000天上年=576百萬年)
yāma(耶麻天 : 2,000天上年=144百萬年)
tāvatiṁsa(三十三天 : 1,000天上年=36百萬年)
cātumāharājikā(四天王 : 500天上年=9百萬年)</td><td>天上의欲界</td><td rowspan="7">欲界</td></tr>
<tr><td>五戒</td><td>胎生</td><td colspan="3">manussa(人間 : 非決定)</td><td>人間</td></tr>
<tr><td>瞋恚</td><td>化生</td><td colspan="3">asura(阿修羅 : 非決定)</td><td>修羅</td><td rowspan="5">惡業報界</td></tr>
<tr><td>慳嗇
執著</td><td>化生</td><td colspan="3">peta(餓鬼 : 非決定)</td><td>餓鬼</td></tr>
<tr><td>愚癡
貪欲</td><td>胎生 卵生
濕生 化生</td><td colspan="3">tiracchāna(畜生 : 非決定)</td><td>畜生</td></tr>
<tr><td>殘忍
殺害</td><td>化生</td><td colspan="3">niraya(地獄 : 非決定)</td><td rowspan="2">地獄</td></tr>
<tr><td colspan="5">※ 天上의 欲界의 하루는 四天王부터 他化自在天까지 각각 인간의 50년, 100년, 200년, 400년, 800년, 1,600년에 해당하고 人間이하의 수명은 결정되어 있지 않다.</td></tr>
</table>

한글주요번역술어

[ㄱ]

갈애(渴愛 : taṇhā)
감각적 쾌락(欲 : kāma)
감각적 쾌락에 대한 욕망에 관한 갈애(欲愛 : kāmataṇhā)
감각적 쾌락에 대한 욕망(欲貪 : kāmarāga)
감각적 쾌락에 대한 욕망에 관한 집착(愛取 : kām'upadhi)
감각적 쾌락에 대한 욕망의 거센 흐름(欲流 : kām'ogha)
감각적 쾌락에 대한 욕망의 세계(欲界 : kāmaloka)
감촉(觸 : phoṭṭhabba)
강생(降生 : okkanti)
개체(有身 : sakkāya)
개체가 있다는 견해(有身見 : sakkāyadiṭṭhi)
거룩한 님, 하느님(梵天 : Brāhmaṇa)
거룩한 님, 아라한(阿羅漢 : Arahant)
거룩한 경지의 님(阿羅漢果 : arahattaphala)
거룩한 길의 사람(阿羅漢向 : arahattamagga)
거센 흐름(暴流 : ogha)
거짓말을 하지 않음(不妄語 : musāvāda veramaṇī)
거칠거나 미세한 물질의 자양분(麤細搏食 : kabaliṅkāro āhāro oḷāriko sukhumo)
겁(劫 : kappa)
견해에 대한 이해(見審諦忍 : diṭṭhinijjhāna khanti)
견해의 거센 흐름(見流 : diṭṭh'ogha)
경장(經藏 : suttapiṭaka)
경지, 과보, 공덕(果 : phala)
계율의 다발(戒蘊 : sīlakkhandha)
고요한 몸(寂靜身 : santikāya)
고요함, 적정(寂靜 : santi)
곧바른 앎, 초월적 지혜 : 신통(神通 : abhiññā). 초범지(超凡智 : abhiññā)
공무변처천(空無邊處天 : Ākāsānañcāyatanūpagā devā)
곡주나 과즙주 등 취하게 하는 것을 마시지 않음(不飮酒 : surāmerayamajjapamādaṭṭhānā veramaṇī)
과보, 경지(果 : phala)
관찰이 잘 이루어지는 신들의 하느님 세계(善見天 : Sudassī devā)
광과천(廣果天 : Vehapphalā devā)
괴로운 곳, 괴로운 세계(苦處 : upāya)
괴로움에 대한 진리(苦聖諦 : dukkhâriyasaccāni)
괴로움의 소멸에 대한 진리(滅聖諦 : dukkhanirodhâriyasaccāni)
괴로움의 소멸에 이르는 진리(道聖諦 : dukkhanirodhagāminīpaṭipadāariyasaccāni)
괴로움의 발생에 대한 진리(集聖諦 : dukkhasamudayâriyasaccāni)
교만(慢 : māna)

규범과 금계에 대한 집착(戒禁取 : sīlabhatapatāmāsa)
기마부대(馬軍 : assakāya)
긴자까바싸타(煉瓦堂, 繁耆迦精舍 : Giñjakāvasatha)
깃자꾸따 산(靈鷲山 : Gijjhakūṭapabhata)
깔란다까니바빠(栗鼠飼養園 : Kalandakanivāpa)
깨달은 님, 부처님(佛 : Buddha)
꿰뚫는 지혜(明達慧 : nibbedhikapañña)
공무변처(空無邊處天 : Ākāsānañcāyatana)
공무변처천(空無邊處天 : Ākāsānañcāyatanūpagā devā)
궁극적인 미세한 물질로 이루어진 신들의 하느님 세계(色究竟天 : Akaniṭṭhā devā)
극광천(極光天 : Ābhāssarānā devā)

[ㄴ]

나쁜 곳, 나쁜 세계(惡處 : duggati)
난생(卵生 : aṇḍaja)
냄새(香 : gandha)
넓은 지혜(廣慧 : puthupañña)
네 가지 새김의 토대(四念處 : cattaro satipaṭṭhānā)
네 가지 거룩한 진리(四聖諦 : cattāri ariyasaccāni)
네 가지 신통변화의 기초(四神足 또는 四如意足 : cattāro iddhipādā)
네 가지 자양분(四食 : cāttāro āhārā)
네 가지 광대한 존재(四大 : cattāro mahābhūtāni)
네 쌍으로 여덟이 되는 참사람(四雙八輩 : cattāri purisayugāni aṭṭhapurisapugalā)
네 번째 선정(四禪 : catutthajjhāna)
네 위대한 왕들의 하늘나라(cātummahārājikā devā : 四天王)
논장(論藏 : abhidhammapiṭaka)
누진통(漏盡通 : āsavakkhayâbhiñña)
느낌(受 : vedāna)
느낌에 대한 관찰(受隨觀 : vedanānupassanā)
느낌의 다발(受蘊 : vedanākkhandha)
늙음과 죽음(老死 : jarāmaraṇa)
니간타(尼乾陀徒 : nigaṇṭhā[자이나교도])
니그로다라마 승원(尼俱律園 : Nigrodhārāma)

[ㄷ]

다른 신들이 만든 것을 누리는 신들의 하늘나라(他化自在天 : paranimmitavasavattino devā)
다섯 가지 감각적 쾌락(五欲樂 : pañcakāmaguṇa)
다섯 가지 계행, 오계(五戒 : pañcasīla)
다섯 가지 능력(五根 : pañca indriyāni)
다섯 가지 낮은 단계의 결박(五下分結 : orambhāgiyāni saṁyojjanāni)
다섯 가지 높은 단계의 결박(五上分結 : uddhambhāgiyāni saṁyojjanāni)
다섯 가지 장애(五障 : pañca nīvaraṇāni)
다섯 가지 존재의 다발(五蘊 : pañcakkhandha)
다섯 가지 존재의 집착다발(五取蘊 : pañca upādānakkhandā)
도리천(忉利天 : tāvatiṁsā)
도솔천(兜率天 : tusitā devā)
돌아오지 않는 경지의 님(不還果 : anāgāmīphala)
돌아오지 않는 길을 가는 님(不還向 : anāgāmīmagga)
두 번째 선정(二禪 : dutiyajjhāna)

들어섬(okkanti)
따뽀다 온천 승원(Tapodārāma)
[ㄹ]
라자가하(王舍城 : Rājagaha)
[ㅁ]
마음(心 : citta)
마음에 대한 관찰(心隨觀 : cittānupassanā)
마음에 의한 해탈(心解脫 : cetovimutti)
마음의 저촉(有對 : paṭigha)
마음의 통일, 한마음(心一境性 : ekaggacitta)
만족(欲 : ruci)
만족을 아는 신들의 하늘나라(tusitā devā : 兜率天)
맛(味 : rasa)
멀리 여읨(遠離 : viveka)
명색(名色 : nāmarūpa)
명예를 주는 보시(yasadāyakaṁ)
명쾌한 지혜(疾慧 : hāsapañña)
몸에 대한 관찰(身隨觀 : kāyānupassanā)
무량광천(無量光天 : Appamāṇābhānā devā)
무량정천(無量淨天 : Appamāṇasubhānā devā)
무명, 무지, 진리를 모르는 것(無明 : avijjā)
무번천(無煩天 : Avihā devā)
무소유처(無所有處 : Ākiñcaññāyata devā)
무소유처천(無所有處天 : Ākiñcaññāyatanūpagā devā)
무열천(無熱天 : Atappā devā)
무명의 거센 흐름(無明流 : avijj'ogha)
무한공간의 세계(空無邊處 : ākāsānañcāyatana)
무한공간의 신들의 하느님 세계(Ākāsānañcāyatanūpagā devā : 空無邊處天)
무한의식의 세계(識無邊處 : viññāṇānañcāyatana)
무한의식의 신들의 하느님 세계(識無邊處天 : Viññāṇañcāyatanūpagā devā)
물질, 형상(色 : rūpa)
물질에 대한 지각(色想 : rūpasañña)
물질의 다발(色蘊 : rūpakkhandha)
뭇삶, 생명, 존재, 사람(衆生 : satta)
미가다야(鹿野園 : Migadāya)
미가라마뚜 강당(鹿子母講堂 : Migāramatu)
미각(舌 : jihvā)
미각의 접촉(舌觸 : jihvāsamphassa)
미각의 접촉에서 생겨난 의식의 영역(舌觸識處 : jihvāsamphassaviññāṇāyatana)
미각의식(舌識 : jivhāviññāṇa)
미세한 물질의 세계(色界 : rūpaloka)
믿음(信 : saddhā)
[ㅂ]
바라문, 성직자(바라문 : brāhmaṇa)
방지의 노력(律儀勤 : saṁvarappadhāna)
배움(聞 : anussava)
버림의 노력(斷勤 : pahānappadhāna)
번뇌(煩惱 : āsavā)
번뇌를 소멸하는 능력(漏盡通 : āsavakkhaya)
번뇌에 대한 집착(煩惱取 : kiles'upadhi)
번뇌의 끊음에 관한 완전한 이해(斷遍知 : pahānapariññā)
범보천(梵輔天 : Brahmapurohitā devā)
범중천(梵衆天 : brahmakāyikā devā)
법, 원리, 성품, 사실, 가르침, 진리, 현상(法 : dhamma)
벨루 숲(竹林 : Veḷuvana)

변정천(遍淨天 : Subhakiṇṇā devā)
보다 높은 계행 배움(增上戒學 : adhisīlasikkhā)
보다 높은 마음의 배움(增上心學 : adhicitta sikkha)
보다 높은 지혜 배움(增上慧學 : adhipañña sikkhā)
보살(菩薩 : Bodhisatta)
보편에 대한 지식(類智 : anvaye ñāṇaṁ)
부끄러움(愧 : otappa)
분노(瞋恚 : vyāpāda)
비물질계에 대한 탐욕(無色貪 : arūparāga)
비물질의 세계(無色界 : arūpaloka)
불사(不死 : amaraṁ)
비상비비상처(非想非非想處 : Nevasaññānāsaññāyatana)
비상비비상처천(非想非非想處天 : Nevasaññānāsaññāyatanūpagā devā)
비존재(無 : natthi)
비존재에 대한 갈애(無有愛 : vibhavataṇhā)
빛이 흐르는 신들의 하느님 세계(極光天 : Ābhāssarānā devā)
빠른 지혜(速慧 : javanapañña)
빠쎄나디(波斯匿王 : 빠쎄나디)
뿝바라마 승원(東園 : Pubbārāma)

[ㅅ]

사라짐(離貪 : virāga)
사람, 참사람(補特伽羅 : puggala)
사람을 길들이는 님(調御丈夫 : Purisadammasārathī)
사랑을 나눔에 잘못을 범하지 않음(不邪婬 : kāmesu micchācārā veramaṇī)
사건, 사실, 사실, 현상(法 : dhamma)
사실에 대한 관찰(法隨觀 : dhammānupassanā)
사실에 대한 관찰(法隨觀 : dhammānupassanā)
사실에 대한 지식(法智 : dhamme ñāṇaṁ)
사실의 상태에 대한 지식(法住智 : dhammaṭṭhitiñāṇaṁ)
사천왕(四天王 : cātummahārājikā devā)
사유(尋 : vitakka)
살아있는 생명을 해치지 않음(不殺生戒 : pāṇātipātaveramaṇī)
삼매(定 : sāmadhi)
삼매의 다발(定蘊 : sāmadhikkhandha)
삼십삼천(三十三天 : tāvatiṁsā)
삼장(三藏 : tripiṭaka, tipiṭaka)
잘못된 길(邪道 : micchāpatipadā)
상태에 대한 숙고(行覺想 : ākāraparivitakka)
새김(念 : sati)
색(色 : rūpa)
색구경천(色究竟天 : Akaniṭṭhā devā)
생물, 존재, 귀신(鬼神 : bhūta)
서른셋 신들의 하늘나라(tāvatiṁsā devā : 三十三天)
선녀(仙女 : accharā)
선정(禪定 : dhyāna)
선정이 잘 이루어지는 신들의 하느님 세계(善現天 : Sudassā devā)
선견천(善見天 : Sudassī devā)
선현천(善現天 : Sudassā devā)
성냄(瞋 : dosa)
성공으로 타락하지 않는 신들의 하느님 세계(無煩天 : Avihā devā)
성취를 주는 보시(sampattidāyakaṁ)
세 가지 배움(三學 : tayo sikkhā)
세 번째 선정(三禪 : tatiyajjhāna)

세상에서 존귀한 님(世尊 : Bhagavant)
세상을 아는 님(世間解 : Lokavidū)
세존(世尊 : bhagavant)
소광천(小光天 : Parittābhānā devā)
소정천(小淨天 : Parittasubhānā devā)
소리(聲 : sadda)
수행승(比丘 : bhikhhu)
수행의 노력(修勤 : bhāvanāppadhāna)
수행자(沙門 : samaṇā)
수호의 노력(守護勤 : anurakkhaṇāppadhā na)
숙고(伺 : vicāra)
숙명통(宿命通 : pubbenivasānussati)
스승(師 : satthā)
습생(濕生 : saṁsedaja)
승리자(勝者 : jina)
시각(眼 : cakkhu)
시각의 접촉(眼觸 : cakkhusamphassa)
시각의 접촉에서 생겨난 의식의 영역(眼觸識處 : cakkhusamphassaviññāṇāyatana)
시각의식(眼識 : cakkhuviññāṇa)
시간을 초월하는(akālika)
신족통(神足通 : iddhi)
신통, 앎, 초월적 지혜, 초범지(超凡智, 神通 : abhiññā)
신체적 형성(身行 : kāyasaṁkhāra)
개체가 있다는 견해(有身見 : sakkāyadiṭṭh i)
싫어하여 떠남(厭離 : nibbidā)
싸끼야 족의 성자, 석가모니(釋迦牟尼 : Sā kyamuni)
싸밧티(舍衛城 : Sāvatthī)
쓸 데 없는 말을 하지 않음(不綺語 : sampha ppalāpā veramaṇī)

[ㅇ]

아나타삔디까 승원(給孤獨園 : Anāthapiṇḍ ikārāma)
아나타삔디까(給孤獨 : Anāthapiṇḍīka)
아무 것도 없는 세계(無所有處 : ākiṁcaññā yatana)
아무 것도 없는 신들의 하느님 세계(無所有處天 : Ākiñcaññāyatanūpagā devā)
아자따쌋뚜(Ajātasattu)
악마, 귀신(非人 : amanussā)
악하고 불건전한 것들, 불건전한 상태 (不善法 : akusalā dhammā)
알려진 것에 대한 완전한 이해(知遍知 : ñāt apariññā)
야차(夜叉 : yakkha)
야마천(yāmā devā : 夜摩天)
양자에 의한 해탈(俱分解脫 : ubhato bhāga vimuttā)
어리석음(痴 : moha)
언어적 형성(口行 : vacisaṁkhāra)
업, 행위(業 : kamma)
여덟 가지 고귀한 길(八正道 : ariyâṭṭhaṅgi kamagga)
여리작의(如理作意 : yoniso manasikāra)
여섯 가지 감각능력(六根 : chaindriya)
여섯 가지 감각대상(六境 : chavisaya)
여섯 가지 의식(六識 : chaviññāṇa)
여섯 감역, 여섯 가지 감각영역(六入 : saḷāy atana)
연기(緣起 : paṭiccasamuppāda)
열반(涅槃 : nibbāna)
열여덟 가지 세계(十八界 : aṭṭhadasa dhātu yo)
영광으로 충만한 신들의 하느님 세계(遍淨天 : Subhakiṇṇā devā)
영원주의(常見 : sassatadiṭṭhi)

예리한 지혜(利慧 : tikkhapañña)
올바로 원만히 깨달은 님(正等覺者 : Sammāsambudha)
올바른 가르침(正法 : saddhamma)
올바른 견해(正見 : sammādiṭṭhi)
올바른 길(正道 : sammāpaṭipadā)
올바른 길로 잘 가신 님(善逝 : Sugata)
올바른 사유(正思惟 : sammasaṅkappa)
올바른 새김(正念 : sammāsati)
올바른 생활(正命 : sammāājīva)
올바른 언어(正言 : sammāvācā)
올바른 정진(正精進 : sammāvāyāma)
올바른 집중(正定 : sammāsamādhi)
올바른 행위(正業 : sammākammanta)
와서 보라고 할 만한(ehipassika)
완전한 이해(遍知 : pariññā)
완전한 버림, 포기(捨遣 : vossagga)
요정(accharā)
위대한 영웅(大雄 : mahāvira)
위대한 신들의 하느님 세계(大梵天 : Mahābrahmā devā)
탁월한 과보를 얻는 신들의 하느님 세계(廣果天 : Vehapphalā devā)
위대한 신들의 하느님 세계(大梵天 : Mahābrahmā devā)
위없이 높으신 님(無上師 : Anuttaro)
유령(pisācā)
유신(有身 : sakkāya)
유신견(有身見 : sakkāyadiṭṭhi)
윤회(輪廻 : saṁsāra)
윤회의 바다를 건넘에 관한 완전한 이해(度遍知 : tīraṇapariññā)
율장(律藏 : vinayapiṭaka)
의도의 자양분(意思食 : manosañcetanā āhāro)
의식(識 : viññāṇa)
의식의 다발(識蘊 : viññāṇakkhandha)
의식의 자양분(識食 : viññāṇa āhāro)
의심, 의심(疑 : vicikicchā)
의지(欲 : chanda)
이간질을 하지 않음(不兩舌 : pisuṇāya vācāya veramaṇī)
이렇게 오신 님, 여래(如來 : Tathāgata)
이씨빠따나 승원(仙人墮處 : Isipatanārāma)
이치에 맞게 정신활동을 일으킴(如理作意 : yoniso masikāra)
이치에 맞지 않게 정신활동을 일으킴,(非如理作意 : ayoniso masikāra)
인간의 네 가지 자태(威儀路 : iriyāpathā)
일시적 마음에 의한 해탈(samadhikā cetovimutti)

[ㅈ]

자따까(本生譚 : Jātaka)
자만(慢 : māna)
자유(自由 : pamokkha)
작게 빛나는 신들의 하느님 세계(小光天 : Parittābhānā devā)
작은 영광의 신들의 하느님 세계(小淨天 : Parittasubhānā devā)
잘못된 견해(邪見 : diṭṭhi)
장미사과나무(閻浮樹 : jambu)
장애(對 : paṭigha)
재가신도, 청신사(淸信士, 居士, 優婆塞 : Upāsaka)
재가의 여신자, 재가의 여자신도(靑信女, 優婆夷 : Upāsikā)
재생의식(結生識 : paṭisandhiviññāṇa)
전개(展開 : okkanti)
전생(轉生 : abhinibbatti)

전지자(全知者 : sabbaññu)
접촉(觸 : phassa, samphassa)
접촉의 자양분(細觸食 : phasso āhāro)
정신(意 : mano)
정신의 접촉(意觸 : manosamphassa)
정신의 접촉에서 생겨난 의식의 영역(意觸識處 : manosamphassaviññāṇāyatana)
정신의식(意識 : manoviññāṇa)
정신적 형성(意行 : manosaṁkhāra)
정진(精進 : viriya)
제따 숲(祇陀林, 祇樹 : Jetavana)
제석천(帝釋天 : sakka)
조건적 발생(緣起 : paṭiccasamuppāda)
존재(有 : atthi, bhava)
존재에 대한 갈애(有愛 : bhavataṇhā)
존재의 거센 흐름(有流 : bhav'ogha)
존재의 다발들에 대한 집착(蘊取 : khandh' upadhi)
주지 않은 것을 빼앗지 않음(不偸盜 : adinn ādānā veramaṇī)
죽음의 신, 야마의 세계(死神 : yama)
중도(中道 : majjhimapaṭipadā)
지각(想 : saññā)
지각과 느낌의 소멸(想受滅 : saññāvedayit anirodha)
지각의 다발(想蘊 : saññākkhanda)
지각하는 것도 아니고 지각하지 않는 것도 아닌 세계(非想非非想處 : nevasaññanās aññāyatana)
지각하는 것도 아니고 지각하지 않는 것도 아닌 신들의 하느님 세계(非想非非想處天 : Nevasaññānāsaññāyatanūpagā dev ā)
지멸, 소멸(止滅 : nirodha)
지혜(慧 : pañña)
지혜에 의한 해탈(慧解脫 : paññāvimutti)
지혜와 덕행을 갖춘 님(明行足 : Vijjācaraṇ asampanna)
지혜의 다발(慧蘊 : paññakkhandha)
진리의 제왕(法王, Dammarāja)
집중(三昧 : samādhi)
집착(染著 : saṅgā, 取, 執着 : upādāna)
집착의 대상(取著 : upadhi)

[ㅊ]

참사람(善人, 善男子, 正人, 正士, 善士 : sap purisa)
창피함(愧 : ottappa)
창조하고 기뻐하는 신의 하늘나라(化樂天 : nimmānaratī devā)
천안통(天眼通 : dibbacakkhu)
천이통(天耳通 : dibbasota)
첫 번째 선정(初禪 : paṭhamajjhāna)
청각(耳 : sota)
청각의 접촉(耳觸 : sotasamphassa)
청각의 접촉에서 생겨난 의식영역(耳觸識處 : sotasamphassaviññāṇāyatana)
청각의식(耳識 : sotaviññāṇa)
초월적 능력(神足通 : iddhi)
초월적 지혜, 신통, 초범지(神通, 超凡智 : a bhiññā)
초선(初禪 : paṭhamajjhāna)
촉각(身 : kāya)
촉각의 접촉(身觸 : kāyasamphassa)
촉각의 접촉에서 생겨난 의식영역(身觸識處 : kāyasamphassaviññāṇāyatana)
촉각의식(身識 : kāyaviññāṇa)
추악한 말을 하지 않음(不惡口 : pharusāya vācāya veramaṇī)
축복의 신의 하늘나라(夜摩天 : yāmā dev ā)

[ㅋ]

커다란 지혜(大慧 : mahāpañña)

[ㅌ]

타는 듯한 고뇌를 여읜 신들의 하느님 세계(無熱天 : Atappā devā)
타락한 곳(無樂處, 墮處 : vinipāta)
타자의 마음을 꿰뚫는 앎(他心通 : parassa cetopariyañāṇa)
타화자재천(他化自在天 : paranimmitavasavattino devā)
탄생(誕生 : sañjāti)
탐구(思惟 : vimaṁsā)
탐욕(貪 : rāga)
태생(胎生 : jalābuja)
태어남(生 : jāti)

[ㅎ]

하느님을 보좌하는 신들의 하늘(梵輔天 : Brahmapurohitā devā)
하느님의 권속인 신들의 하늘(梵衆天 : brahmakāyikā devā)
하늘귀(天耳通 : dibbasota)
하늘눈(天眼通 : dibbacakkhu)
하늘사람(天人, 天神 : devatā)
신들과 인간의 스승이신 님(天人師 : Satthā devamanussānaṁ)
하늘아들(神子 : devaputtā)
하늘의 딸(神女 : devadhītaro)
학인(學人 : sekhā)
한 번 돌아오는 님(一來果 : sakadāgāmīphala)
한 번 돌아오는 길을 가는 님(一來向 : sakadāgāmīmagga)
한량없이 빛나는 신들의 하느님 세계(無量光天 : Appamāṇābhānā devā)
한량없는 영광의 신들의 하느님 세계(Appamāṇasubhānā devā : 無量淨天)
해탈(解脫 : vimutti, nimokkha)
'해탈되었다.'는 지견의 다발(解脫知見 : vimittiññāṇadassanakkhandha)
해탈의 다발(解脫蘊 : vimittikkhandha)
행복을 주는 보시(sukhadāyakaṁ)
행복한 곳(善趣 : sugati)
허무주의(斷見 : ucchedadiṭṭhi)
형상에 대한 욕망(色貪 : rūparāga)
형성(行 : saṅkhārā)
형성의 다발(行蘊 : saṇkhārakkhandha)
성냄(瞋 : dosa)
화락천(化樂天 : nimmānaratī devā)
화생(化生 : opapātika)
홀로 연기법을 깨달은 님(辟支佛, 獨覺, 緣覺 : paccekabuddha)
홀연히 생겨남(化生 : opapātika)
후각(鼻 : ghāna)
후각의 접촉(鼻觸 : ghānasamphassa)
후각의 접촉에서 생겨난 의식의 영역(鼻觸識處 : ghānasamphassaviññāṇāyatana)
후각의식(鼻識 : ghānaviññāṇa)
흐름에 든 님(sottāpattiphala : 豫流果)
흐름에 드는 길을 가는 님(sottāpattimagga : 豫流向)
흥분과 회한(掉擧惡作 : uddhaccakukkucca)
흥분(掉擧 : uddhacca)

빠알리주요번역술어

[A]

abhidhammapiṭaka : 논장(論藏)
abhinibbatti : 전생(轉生)
abhiññā : 곧바른 앎, 초월적 지혜. 신통(神通). 초범지(超凡智).
accharā : 선녀(仙女)
accharā : 요정
adhicittasikkha : 보다 높은 마음의 배움(增上心學)
adhipaññasikkhā : 보다 높은 지혜의 배움(增上慧學)
adhisīlasikkhā : 보다 높은 계행의 배움(增上戒學)
adinnādānā veramaṇī : 주지 않은 것을 빼앗지 않음(不偸盜)
Ajātasattu : 아자따쌋뚜
akusalā dhammā : 악하고 불건전한 것들(不善法)
Akaniṭṭhā devā : 궁극적인 미세한 물질로 이루어진 신들의 하느님 세계(色究竟天)
akālika : 시간을 초월하는
amanussā : 악마, 귀신(非人)
amaraṁ : 불사(不死)
anāgāmīmagga : 돌아오지 않는 경지의 님(不還向)
anāgāmīphala : 돌아오지 않는 길을 가는 님(不還果)
Anāthapiṇḍikārāma : 아나타삔디까 승원(給孤獨園)
Anāthapiṇḍīka : 아나타삔디까(給孤獨)
anurakkhaṇāppadhāna : 수호의 노력(守護勤)
anussava : 배움(聞)
Anuttaro : 위없이 높으신 님(無上師)
anvaye ñāṇaṁ : 보편에 대한 지식(類智)
aṇḍaja : 난생(卵生)
Appamāṇābhānā devā : 한량없이 빛나는 신들의 하느님 세계(無量光天)
Appamāṇasubhānā devā : 한량없는 영광의 신들의 하느님 세계(無量淨天)
Arahant : 거룩한 님, 아라한(阿羅漢)
arahattamagga : 거룩한 길을 가는 님(阿羅漢向)
arahattaphala : 거룩한 경지의 님(阿羅漢果)
ariyaṭṭhaṅgikamagga : 여덟 가지 고귀한 길 (八正道)
arūpaloka : 비물질의 세계(無色界)
arūparāga : 비물질계에 대한 탐욕(無色貪)
assakāya : 기마부대(馬軍)
Atappā devā : 타는 듯한 고뇌를 여읜 신들의 하느님 세계(無熱天)
atthi, bhava : 존재(有)
aṭṭhadasa dhātuyo : 열여덟 가지 세계(十八界)
ayoniso masikāra : 이치에 맞게 정신활동을 일으킴(如理作意)
avijj'ogha : 무명의 거센 흐름(無明流)

avijjā : 무명(無明), 진리를 모르는 것
Avihā devā : 성공으로 타락하지 않는 신들의 하느님 세계(無煩天)
ākāraparivitakka : 상태에 대한 숙고(行覺想)
ākāsānañcāyatana : 무한공간의 세계(空無邊處)
Ākāsānañcāyatanūpagā devā : 무한공간의 신들의 하느님 세계(空無邊處天)
ākiṁcaññāyatana : 아무 것도 없는 세계(無所有處)
Ākiñcaññāyatanūpagā devā : 아무 것도 없는 신들의 하느님 세계(無所有處天)
āsavakkhaya : 번뇌의 소멸(漏盡通)
āsavā : 번뇌(煩惱)
Ābhāssarānā devā : 빛이 흐르는 신들의 하느님 세계(極光天)

[B]

Bhagavant : 세상에서 존귀한 님, 세존(世尊)
bhav'ogha : 존재의 거센 흐름(有流)
bhavataṇhā : 존재에 대한 갈애(有愛)
bhāvanāppadhāna : 수행의 노력(修勤)
bhikhhu : 수행승(比丘)
bhūta : 생물, 존재, 귀신(鬼神)
Bodhisatta : 보살(菩薩)
Brahma : 거룩한 님, 하느님(梵天)
brahmakāyikā devā : 하느님 세계의 하느님의 권속인 신들의 하늘(梵衆天)
Brahmapurohitā devā : 하느님 세계에서 하느님을 보좌하는 신들의 하늘(梵輔天)
brāhmaṇa : 바라문(婆羅門), 성직자
Buddha : 부처님, 깨달은 님(佛)

[C]

cakkhusamphassaviññāṇāyatana : 시각의 접촉에서 생겨난 의식의 영역(眼觸識處)
cakkhusamphassa : 시각의 접촉(眼觸)
cakkhuviññāṇa : 시각의식(眼識)
cakkhu : 시각(眼)
cattaro satipaṭṭhānā : 네 가지 새김의 토대(四念處)
cattāri ariyasaccāni : 네 가지 거룩한 진리(四聖諦)
cattāri purisayugāni atṭhapurisapugalā : 네 쌍으로 여덟이 되는 참사람(四雙八輩)
cattāro iddhipādā : 네 가지 신통력의 토대(四神足, 四如意足)
cattāro mahābhūtāni : 네 가지 광대한 존재(四大)
catutthajjhāna : 네 번째 선정(四禪)
cāttāro āhārā : 네 가지 자양분(四食)
cātummahārājikā devā : 네 위대한 왕들의 하늘나라(四天王)
cetovimutti : 마음에 의한 해탈, 마음에 의한 해탈(心解脫)
chaindriya : 여섯 가지 감각능력(六根)
chavisaya : 여섯 가지 감각대상(六境)
chaviññāṇa : 여섯 가지 의식(六識)
chanda : 의지(欲)
citta : 마음(心)
cittānupassanā : 마음에 대한 관찰(心隨觀)

[D]

dammarāja : 진리의 제왕(法王)
devadhītaro : 하늘의 딸(神女)
devaputtā : 하늘아들(神子)
devatā : 하늘사람(天人, 天神)
dhammaṭṭhitiñāṇaṁ : 사실의 상태에 대한 지식(法住智)
dhamma : 법, 현상, 성품, 사실, 원리, 가르

침, 진리(法)
dhamme ñāṇaṁ : 사실에 대한 지식(法智)
dhammānupassanā : 사실에 대한 관찰, 사실에 대한 관찰(法隨觀)
dhyāna : 선정(禪定)
dibbacakkhu : 하늘눈(天眼通)
dibbasota : 하늘귀(天耳通)
diṭṭhi : 잘못된 견해(邪見)
diṭṭhinijjhānakhanti : 견해에 대한 이해(見審諦忍)
diṭṭh'ogha : 견해의 거센 흐름(見流)
dosa : 분노, 성냄(瞋)
duggati : 나쁜 곳, 나쁜 세계(惡處)
dukkhâriyasaccāni : 괴로움에 대한 진리(苦聖諦)
dukkhanirodhâriyasaccāni : 괴로움의 소멸에 대한 진리(滅聖諦)
dukkhanirodhagāminīpaṭipadāariyasaccāni : 괴로움의 소멸에 이르는 진리(道聖諦)
dukkhasamudayâriyasaccāni : 괴로움의 발생에 대한 진리(集聖諦)
dutiyajjhāna : 두 번째 선정(二禪)

[E]

ehipassika : 와서 보라고 할 만한
ekaggacitta : 한마음, 마음의 통일(心一境性)

[G]

gandha : 냄새(香)
ghāna : 후각(鼻)
ghānasamphassaviññāṇāyatana : 후각의 접촉에서 생겨난 의식의 영역(鼻觸識處)
ghānasamphassa : 후각의 접촉(鼻觸)
ghānaviññāṇa : 후각의식(鼻識)
Gijjhakūṭapabhata : 깃자꾸따 산(靈鷲山)
Giñjakāvasatha : 긴자까바싸타(煉瓦堂, 繁耆迦精舍)

[H]

hāsapañña : 명쾌한 지혜(疾慧)

[I]

iddhi : 초월적 능력, 신족통(神足通)
iriyāpathā : 인간의 네 가지 자태(威儀路)
Isipatanārāma : 이씨빠따나 승원(仙人墮處)

[J]

jalābuja : 태생(胎生)
jambu : 장미사과나무(閻浮樹)
jarāmaraṇa : 늙음과 죽음(老死)
javanapañña : 빠른 지혜(速慧)
Jātaka : 자따까(本生譚)
jāti : 태어남(生)
Jetavana : 제따 숲(祇陀林, 祇樹)
jihvāsamphassaviññāṇāyatana : 미각의 접촉에서 생겨난 의식의 영역(舌觸識處)
jihvāsamphassa : 미각의 접촉(舌觸)
jihvā : 미각(舌)
jina : 승리자(勝者)
jivhāviññāṇa : 미각의식(舌識)

[K]

kabaliṅkāro āhāro oḷāriko sukhumo : 거칠거나 미세한 물질의 자양분(麤細摶食)
Kalandakanivāpa : 깔란다까니바빠(栗鼠飼養園)
kappa : 겁(劫)
kamma : 업, 행위(業)
kāma : 감각적 쾌락(欲)
kāmaloka : 감각적 쾌락에 대한 욕망의 세계(欲界)
kāmarāga : 감각적 쾌락에 대한 욕망(欲貪)
kāmataṇhā : 감각적 쾌락에 대한 욕망에 관한 갈애(欲愛)

kāmesu micchācārā veramaṇī : 사랑을 나눔에 잘못을 범하지 않음(不邪婬)
kām'ogha : 감각적 쾌락에 대한 욕망의 거센 흐름(欲流)
kām'upadhi : 감각적 쾌락에 대한 욕망에 관한 집착(愛取)
kāya : 촉각(身)
kāyasamphassaviññāṇāyatana : 촉각의 접촉에서 생겨난 의식영역(身觸識處)
kāyasamphassa : 촉각의 접촉(身觸)
kāyasaṁkhāra : 신체적 형성(身行)
kāyaviññāṇa : 촉각의식(身識)
kāyānupassanā : 몸에 대한 관찰(身隨觀)
khandh'upadhi : 존재의 다발들에 대한 집착(蘊取)
kiles'upadhi : 오염에 대한 집착(煩惱取)

[L]

Lokavidū : 세상을 아는 님(世間解)

[M]

mahāpañña : 커다란 지혜(大慧)
Mahābrahmā devā : 위대한 신들의 하느님 세계(大梵天)
mahāvira : 위대한 영웅(大雄)
majjhimapaṭipadā : 중도(中道)
mano : 정신(意)
manosañcetanā āhāro : 의도의 자양분(意思食)
manosamphassaviññāṇāyatana : 정신의 접촉에서 생겨난 의식의 영역(意觸識處)
manosamphassa : 정신의 접촉(意觸)
manosaṁkhāra : 정신적 형성(意行)
manoviññāṇa : 정신의식(意識)
māna : 자만, 교만(慢)
micchāpatipadā : 잘못된 길(邪道)
Migadāya : 미가다야(鹿野園)
Migāramatu : 미가라마뚜 강당(鹿子母講堂)
moha : 어리석음(痴)
musāvāda veramaṇī : 거짓말을 하지 않음(不妄語)

[N]

natthi : 비존재(無)
nāmarūpa : 명색(名色)
nibbedhikapañña : 꿰뚫는 지혜(明達慧)
nibbidā : 싫어하여 떠남(厭離)
nibbāna : 열반(涅槃)
nigaṇṭhā : 니간타(尼乾陀徒[자이나교도])
Nigrodhārāma : 니그로다라마 승원(尼俱律園)
nimmānaratī devā : 창조하고 기뻐하는 신의 하늘나라(化樂天)
nirodha : 지멸, 소멸(止滅)
nevasaññānāsaññāyatana : 지각하는 것도 아니고 지각하지 않는 것도 아닌 세계(非想非非想處)
nevasaññānāsaññāyatanūpagā devā : 지각하는 것도 아니고 지각하지 않는 것도 아닌 신들의 하느님 세계(非想非非想處天)
ñātapariññā : 알려진 것에 대한 완전한 이해(知遍知)

[O]

ogha : 거센 흐름(暴流)
okkanti : 강생(降生), 전개(展開, 들어섬.)
opapātika : 홀연히 생겨남, 화생(化生·者)
orambhāgiyāni saṁyojjanāni : 다섯 가지 낮은 단계의 결박(五下分結)
ottappa : 창피함(愧)

[P]

paccekabuddha : 홀로 연기법을 깨달은 님(辟支佛, 獨覺, 緣覺)

pahānapariññā : 번뇌의 끊음에 관한 완전한 이해(斷遍知)
pahānappadhāna : 버림의 노력(斷勤)
pañca indriyāni : 다섯 가지 능력(五根)
pañca nīvaraṇāni : 다섯 가지 장애(五障)
pañca upādānakkhandā : 다섯 가지 존재의 집착다발(五取蘊)
pañcakāmaguṇa : 다섯 가지 감각적 쾌락(五欲樂)
pañcakkhandha : 다섯 가지 존재의 다발(五蘊)
pañcasīla : 다섯 가지 계행, 오계(五戒)
paññā : 지혜(慧)
paññakkhandha : 여러 가지 지혜(慧蘊)
paññāvimutti : 지혜에 의한 해탈(慧解脫)
pamokkha : 자유(自由)
paranimmitavasavattino devā : 다른 신들이 만든 것을 누리는 신의 하늘나라(他化自在天)
parassa cetopariyañāṇa : 타자의 마음을 꿰뚫는 앎(他心通)
pariññā : 완전한 이해(遍知)
Parittābhānā devā : 작게 빛나는 신들의 하느님 세계(小光天)
Parittasubhānā devā : 작은 영광의 신들의 하느님 세계(小淨天)
Pasenadi : 빠쎄나디(波斯匿王)
paṭhamajjhāna : 첫 번째 선정(初禪)
paṭiccasamuppāda : 조건적 발생, 연기(緣起)
paṭigha : 마음의 분노, 마음의 저항(有對)
paṭigha : 장애(對)
paṭisandhiviññāṇa : 재생의식(結生識)
pāṇātipātaveramaṇī : 살아있는 생명을 해치지 않음(不殺生戒)
phala : 경지, 과보, 공덕(果)
pharusāya vācāya veramaṇī : 추악한 말을 하지 않음(不惡口)
phassa, samphassa : 접촉(觸)
phasso āhāro : 접촉의 자양분(細觸食)
phoṭṭhabba 감촉(觸)
pisuṇāya vācāya veramaṇī : 이간질을 하지 않음(不兩舌)
pisācā : 유령
pubbenivasānussati : 숙명통(宿命通)
Pubbārāma : 뿝바라마 승원(東園)
puggala : 참사람, 사람(補特伽羅)
Purisadammasārathī : 사람을 길들이는 님(調御丈夫)
puthupañña : 넓은 지혜(廣慧)

[R]

rasa : 맛(味)
rāga : 탐욕(貪)
Rājagaha : 라자가하(王舍城)
ruci : 만족(欲)
rūpa : 물질, 형상(色)
rūpakkhandha : 물질의 다발(色蘊)
rūpaloka : 미세한 물질의 세계(色界)
rūparāga : 형상에 대한 욕망(色貪)
rūpasañña : 형상에 대한 지각(色想)

[S]

sabbaññu : 전지자(全知者)
sadda : 소리(聲)
saddhamma : 올바른 가르침(正法)
saddhā : 믿음(信)
sakadāgāmīmagga : 한 번 돌아오는 길을 가는 님(一來向)
sakadāgāmīphala : 한 번 돌아오는 경지의 님(一來果)
sakka : 제석천(帝釋天)

sakkāyadiṭṭhi : 개체가 있다는 견해(有身見)
saḷāyatana : 여섯 가지 감각영역, 여섯 감역(六入)
samadhikā cetovimutti : 일시적인 마음에 의한 해탈
samaṇā : 수행자(沙門)
samādhi : 집중(三昧)
sammasaṅkappa : 올바른 사유(正思惟)
sammāājīva : 올바른 생활(正命)
sammādiṭṭhi : 올바른 견해(正見)
sammākammanta : 올바른 행위(正業)
sammāpaṭipadā : 올바른 길(正道)
sammāsamādhi : 올바른 집중(正定)
Sammāsambudha : 올바로 원만히 깨달은 님(正等覺者)
sammāsati : 올바른 새김(正念)
sammāvācā : 올바른 언어(正言)
sammāvāyāma : 올바른 정진(正精進)
sampattidāyakaṁ : 성취를 주는 보시
samphappalāpā veramaṇī : 쓸모없는 말을 하지 않음(不綺語)
saṁsāra : 윤회(輪廻)
saṁvarappadhāna : 방지의 노력(律儀勤)
saṁsedaja : 습생(濕生)
santi : 고요함, 적정(寂靜)
santikāya : 고요한 몸(寂靜身)
sañjāti : 탄생(誕生)
saññā : 지각(想)
saññākkhanda : 지각의 다발(想蘊)
saññāvedayitanirodha : 지각과 느낌이 소멸하는 선정(想受滅定)
saṅgā : 집착(染著, 取, 取著)
saṅkhārā :형성(行)
saṇkhārakkhandha : 형성의 다발(行蘊)
sappurisa : 참사람(善人, 善男子, 正人, 正士, 善士)
sassatadiṭṭhi : 영원주의(常見)
sati : 새김(念)
satta : 뭇삶, 생명, 존재, 사람(衆生)
satthā : 스승(師)
Satthā devamanussānaṁ : 신들과 인간의 스승이신 님(天人師)
Sākyamuni : 싸끼야 족의 성자, 석가모니(釋迦牟尼)
sāmadhikkhandha : 여러 가지 삼매(定蘊)
Sāvatthī 싸밧티(舍衛城)
sekhā : 학인(學人)
sīlabhatapatāmāsa : 규범과 금계에 대한 집착(戒禁取)
sīlakkhandha : 여러 가지 계율(戒蘊)
sota : 청각(耳)
sotasamphassaviññāṇāyatana : 청각의 접촉에서 생겨난 의식영역(耳觸識處)
sotasamphassa : 청각의 접촉(耳觸)
sotaviññāṇa : 청각의식(耳識)
sottāpattimagga : 흐름에 드는 길의 사람(豫流向)
sottāpattiphala : 흐름에 든 경지의 님(豫流果)
Subhakiṇṇā devā : 영광으로 충만한 신들의 하느님 세계(遍淨天)
Sugata : 올바른 길로 잘 가신 님, 행복하신 분(善逝)
sugati : 행복한 곳(善趣)
sukhadāyakaṁ : 행복을 주는 보시
Sudassā devā : 선정이 잘 이루어지는 신들의 하느님 세계(善現天)
Sudassī devā : 관찰이 잘 이루어지는 신들의 하느님 세계(善見天)

surāmerayamajjapamādaṭṭhānā veramaṇī : 곡주나 과즙주 등 취하게 하는 것을 마시지 않음(不飮酒)
suttapiṭaka : 경장(經藏)

[T]

taṇhā : 갈애(渴愛)
Tapodārāma : 따뽀다 온천 승원
Tathāgata : 이렇게 오신 님, 여래(如來)
tatiyajjhāna : 세 번째 선정(三禪)
tayo sikkhā : 세 가지 배움(三學)
Tāvatiṁsā : 서른셋 신들의 하늘나라, 도리천(忉利天), 삼십삼천(三十三天)
tikkhapañña : 예리한 지혜(利慧)
tipiṭaka : 삼장(三藏)
tīraṇapariññā : 윤회의 바다에서 건넘에 관한 완전한 이해(度遍知)
Tusitā devā : 만족을 아는 신들의 하늘나라(兜率天)

[U]

ubhato bhāgavimuttā : 양자에 의한 해탈(俱分解脫)
ucchedadiṭṭhi : 허무주의(斷見)
uddhacca : 흥분(掉擧)
uddhaccakukkucca : 흥분과 회한(掉擧惡作)
uddhambhāgiyāni saṁyojjanāni : 다섯 가지 높은 단계의 결박(五上分結)
upadhi : 집착(取, 取著)
upādāna : 집착(取著)
upāsaka : 재가신도, 청신사(淸信士), 우바새(優婆塞)
upāsikā : 재가의 여신자, 재가의 여자신도(靑信女), 우바이(優婆夷)
upāya : 괴로운 곳, 괴로운 세계(苦處)

[V]

vacisaṁkhāra : 언어적 형성(口行)
vedanākkhandha : 느낌의 다발(受蘊)
vedanānupassanā : 느낌에 대한 관찰(受隨觀)
vedāna : 느낌(受)
Veḷuvana : 벨루 숲(竹林)
vibhavataṇhā : 비존재에 대한 갈애(無有愛)
vicāra : 숙고(伺)
vicikicchā : 의심, 의심(疑)
Vijjācaraṇasampanna : 지혜와 덕행을 갖춘 님(明行足)
vimaṁsā : 탐구(思惟)
vimittikkhandha : 여러 가지 해탈(解脫蘊)
vimittiññāṇadassanakkhandha : 여러 가지 '해탈되었다.'는 지견(解脫知見)
vimutti, nimokkha : 해탈(解脫)
vinayapiṭaka : 율장(律藏)
vinipāta : 비참한 곳, 비참한 세계(無樂處, 墮處)
viññāṇa āhāro : 의식의 자양분(識食)
viññāṇakkhandha : 의식의 다발(識蘊)
viññāṇa : 의식(識)
viññāṇānañcāyatana : 무한의식의 세계(識無邊處)
Viññāṇañcāyatanūpagā devā : 무한의식의 신들의 하느님 세계(識無邊處天)
virāga : 사라짐(離貪)
viriya : 정진(精進)
vitakka : 사유(尋)
viveka : 멀리 여읨
Vehapphalā devā : 탁월한 과보를 얻는 신들의 하느님 세계(廣果天)
vossagga : 완전한 버림, 포기(捨遣)
vyāpāda : 분노(瞋恚)

[Y]

yakkha : 야차(夜叉)

yama : 죽음의 신, 야마의 세계(死神)

yasadāyakaṁ : 명예를 주는 보시

yāmā devā : 축복의 신의 하늘나라(夜摩天)

yoniso masikāra : 이치에 맞게 정신활동을 일으킴(如理作意)

고유명사색인

[ㄱ]

가야 210
가야강 63
가야강과 54, 62
고씽가쌀라 242
긴자까바싸타에 241
까빠띠까 438
까뻴라밧투 307, 309, 319
깔라마 197, 198
깔란다까니바빠 531
깜맛싸담마 92, 359
깟싸빠 429
꼬쌀라 382, 420, 426
꾸루 92, 359
낌빌라 241, 242, 250, 253, 254, 255

[ㄴ]

나가라까 508
나가싸말라 149
나디까 241
난디야 241, 242, 250, 253, 254, 255
니간타 443, 450, 469
니간타나타뿟따 469, 448
니그로다 307

[ㄷ]

데바다하 442
데바바나 420
디가빠라자 257

[ㄹ]

라마뿟따 200
라자가하 531
라훌라 320
람마까 191
리차비 117, 119

[ㅁ]

마가다 426
마간디야 360
마하나마 309, 314, 318
마하쭌다 508
말룽끼야뿟따 330
미가다야 210, 211
미가라마뚜 508
미가라마투 190

[ㅂ]

바구 429
바라나씨 210, 211
바라드와자 428, 429, 439
바라드와자 곳따 359
바마까 429
바마데바 429
바쎗따 429
바후까강 54, 62
바후마띠강 54, 62
발담마수 409
밧지 251, 253, 254, 255
밧차곳따 341
베나레스 526

베쌀리 117, 118
벨루바나 531
벳싸밋따 429
빠바 469
빠쎄나디 382, 420, 426
빠야가강 54, 62
뽀까라싸띠 424
뿝바꼿타까 190
뿝빠라마 190, 508

[ㅅ]
사라라수 409
사라수 409
싸끼야 307, 309, 319, 421, 442, 469, 508
싸낭꾸마라 318
싸띠 258, 259, 260, 262
싸라싸띠강 54, 62
싸리뿟따 65, 66, 69, 73, 79, 82, 85, 118, 121, 122, 123, 127, 130, 132, 134, 142, 145, 220, 240, 402, 498, 600
싸마가마 469
싸밧티 39, 54, 150, 158, 189, 220, 258, 294, 320, 330, 341, 382, 397, 485, 508, 517, 549, 566, 573
싸함빠띠 205
쌀라라자 65
쎄니야 빔비싸라 426
쑤낙캇따 117, 118, 119, 120
쑤바가바나 65
쑨다리까강 62
쑨다리까 바라드와자 61, 63

[ㅇ]
아끼베싸나 532
아나타삔디까 39, 54, 150, 158, 189, 220, 258, 320, 330, 341, 382, 397, 485, 517, 549, 566, 573
아난다 189, 190, 309, 318, 470, 471, 472, 474, 478, 479, 526, 530
아누룻다 241, 242, 245, 247, 248, 249, 250, 253, 254, 255
아디학까강 54, 62
아릿타 158, 159, 162
아쌀라야나 397, 404, 410, 414
아씨따 데발라 415, 419
아찌라바따 531
알라라 깔라마 196, 208, 209
앗타까 429
앙굴리말라 382
앙기라싸 429
야마 551
야마딱기 429
오빠싸다 420
우빠까 210
욱까타 65
웃다까라마뿟따 200
이씨빠따나 210, 211

[ㅈ]
자야쎄나 531, 532, 534
제따바나 39, 54, 150, 158, 189, 220, 258, 294, 320, 330, 341, 382, 397, 485, 517, 549, 566, 573
짠달라 410
짱끼 420, 423
쭌다 471

한국빠알리성전협회
Korea Pali Text Society
Founded 1997 by Cheon, Jae Seong

한국빠알리성전협회는 빠알리성전협회의 한국대표인 전재성 박사가 빠알리성전, 즉 불교의 근본경전인 빠알리 삼장의 대장경을 우리말로 옮겨 널리 알리기 위한 목적으로, 당시 빠알리성전협회 회장인 리챠드 곰브리지 박사의 승인을 맡아 1997년 설립하였습니다. 그 구체적 사업으로써 빠알리성전을 우리말로 옮기는 한편, 부처님께서 사용하신 빠알리어의 이해를 돕기 위하여, 사전, 문법서를 발간하였으며, 기타 연구서, 잡지, 팜프렛, 등을 출판하고 있습니다. 부처님의 가르침을 빠알리어에서 직접 우리말로 옮겨 보급함으로써 부처님의 가르침이 누구에게나 쉽게 다가가고, 명료하게 이해될 수 있도록 더욱 노력할 것입니다. 한국빠알리성전협회는 부처님의 가르침이 널리 퍼짐으로써, 이 세상이 지혜와 자비가 가득한 사회로 나아가게 되기를 바랍니다.

한국빠알리성전협회 우)03728 서울 서대문구 모래내로 430, 102-102
TEL : 02-2631-1381, FAX : 02-2219-3748
홈페이지 www. kptsoc. org

빠알리성전협회
Pali Text Society

세계빠알리성전협회는 1881년 리스 데이비드 박사가 '빠알리성전의 연구를 촉진시키고 발전시키기 위해' 영국의 옥스포드에 만든 협회로 한 세기가 넘도록 동남아 각국에 보관되어 있는 빠알리 성전을 로마자로 표기하고, 교열 출판한 뒤에 영어로 옮기고 있습니다. 또한 사전, 색인, 문법서, 연구서, 잡지 등의 보조서적을 출판하여 부처님 말씀의 세계적인 전파에 불멸의 공헌을 하고 있습니다.

President : Dr. R. M. L. Gethinn, Pali Text Society
73 Lime Walk Headington Oxford Ox3 7AD, England

빠알리성전 간행에 힘을 보태 주십시오

“이 세상에 꽃비가 되어 흩날리는 모든 공덕의 근원은 역사적인 부처님께서 몸소 실천하신 자비의 한걸음 한걸음속에 있습니다. 한국빠알리성전협회는 부처님의 가르침을 생생한 원음으로 만나고자 원하는 분들을 위하여 부처님말씀을 살아있는 오늘의 우리말로 번역 보급하고 있습니다. 불교를 알고자 하는 분이나 좀더 깊은 수행을 원하는 분에게 우리말 빠알리 대장경은 세상에 대한 앎과 봄의 지혜를 열어줄 것입니다. 한국빠알리성전협회에 내시는 후원금이나 회비 그리고 책판매수익금은 모두 빠알리성전의 우리말 번역과 출판, 보급을 위해 쓰여집니다. 작은 물방울이 모여서 바다를 이루듯, 작은 정성이 모여 역경불사가 원만히 성취되도록 많은 격려와 성원을 부탁드립니다.

신한은행 110-005-106360	국민은행 752-21-0363-543	예금주 : 전재성
우리은행 1002-403-195868	농 협 023-02-417420	

명예 발간인을 초빙합니다.

빠알리성전협회에서는 경전은 기본적으로 천권 단위로 출간을 합니다. 새로 번역되는 경전의 출간뿐만 아니라 이미 역출하여 발간된 경전도 지속적으로 재간하여 가르침의 혈통이 법계에 끊이지 않고 전파되도록 개인이나 가족단위로 기부가 이루어지고 있습니다. 본 협회에서는 한 번에 천권 단위의 경전을 출간할 때 필요한 최소한의 출판비를 전액 기부하시는 분에게는 그 경전의 명예 발간인으로 초대되어 발간사를 헌정하는 전통을 갖고 있습니다. 이미 출간된 많은 경전이 오 년 내지 칠 년이 지나 재출간을 기다리고 있습니다. 명예발간인은 역경된 빠알리성전의 출간뿐만 아니라 그러한 재출간이나 개정본 출간에도 발간사를 헌정할 수 있습니다. 또한 원한다면, 명예발간인은 본협회 발행의 경전들 가운데 어떤 특정한 경전을 지정하여 출간비를 보시할 수도 있습니다. 단, 그럴 경우 경전에 따라서 재출간되기까지 상당한 시일이 소요될 수 있습니다.

빠알리대장경의 구성※

빠알리삼장				주석서
Vinaya Piṭaka(律藏)※※				Aṭṭhakathā(義釋)
1	3	Bhikkhuvibhaṅga(比丘分別)	Suttavibhaṅga 경설부(經分別)	Samantapāsādikā(善見律毘婆沙疏)
2	4	Bhikkhunīvibhaṅga(比丘尼分別)		Samantapāsādikā(善見律毘婆沙疏)
3	1	Mahāvagga(大品)	Khandhaka 다발부(犍度部)	Samantapāsādikā(善見律毘婆沙疏)
4	2	Cullavagga(小品)		Samantapāsādikā(善見律毘婆沙疏)
5		Parivāra(附隨)		Samantapāsādikā(善見律毘婆沙疏)
6		Pātimokkha(波羅提木叉)		Kaṅkhāvitaraṇī(解疑疏)
Sutta Piṭaka(經藏)				Aṭṭhakathā(義釋)
1		Dīghanikāya(長部)		Sumaṅgalavilāsinī(妙吉祥讚)
2		Majjhimanikāya(中部)		Papañcasūdanī(滅戱論疏)
3		Saṁyuttanikāya(相應部)		Sāratthappakāsinī(要義解疏)
4		Aṅguttaranikāya(增支部)		Manorathapūraṇī(如意成就)
5		Khuddakanikāya(小部阿含)		Aṭṭhakathā(義釋)
	1	Khuddakapāṭha(小誦經)		Paramatthajotikā(Ⅰ)(勝義明疏)
	2	Dhammapada(法句經)		Dhamapadaṭṭhakathā(法句義釋)
	3	Udāna(自說經)		Paramatthadīpanī(Ⅰ)(勝義燈疏)
	4	Itivuttaka(如是語經)		Paramatthadīpanī(Ⅱ)(勝義燈疏)
	5	Suttanipāta(經集)		Paramatthajotikā(Ⅱ)(勝義明疏)
	6	Vimānavatthu(天宮事)		Paramatthadīpanī(Ⅲ)(勝義燈疏)
	7	Petavatthu(餓鬼事)		Paramatthadīpanī(Ⅳ)(勝義燈疏)
	8	Theragāthā(長老偈)		Paramatthadīpanī(Ⅴ)(勝義燈疏)
	9	Therīgāthā(長老尼偈)		Paramatthadīpanī(Ⅵ)(勝義燈疏)
	10	Jātaka(本生經)		Jātakaṭṭhavaṇṇanā(本生經讚)
	11	Niddesa(義釋)		Saddhammapajjotikā(妙法明釋)
	12	Paṭisambhidāmagga(無碍解道)		Saddhammappakāsinī(妙法解疏)
	13	Apadāna(譬喩經)		Visuddhajanavilāsinī(淨人贊疏)
	14	Buddhavaṁsa(佛種姓經)		Madhuratthavilāsinī(如蜜義讚)
	15	Cariyāpiṭaka(所行藏)		Paramatthadīpanī(Ⅶ)(勝義燈疏)
Abhidhamma Piṭaka(論藏)				Aṭṭhakathā(義釋)
1		Dhammasaṅgaṇi(法集論)		Aṭṭhasālinī(勝義論疏)
2		Vibhaṅga(分別論)		Sammohavinodani(除迷妄疏)
3		Dhātukathā(界論)		Pañcappakaraṇatthakathā(五論義疏)
4		Puggalapaññatti(人施設論)		Pañcappakaraṇatthakathā(五論義疏)
5		Kathavatthu(論事)		Pañcappakaraṇatthakathā(五論義疏)
6		Yamaka(雙論)		Pañcappakaraṇatthakathā(五論義疏)
7	1	Tikapaṭṭhāna = Paṭṭh. I	발취론(發趣論)	Pañcappakaraṇatthakathā(五論義疏)
	2	Dukapaṭṭhāna = Paṭṭh. II		Pañcappakaraṇatthakathā(五論義疏)

※ 빠알리대장경에는 위의 삼장이외에 삼장외 문헌으로 『청정도론』과 같은 중요한 문헌들이 포함된다.

※※율장의 순서는 왼쪽번호가 빠알리대장경의 순서이고 오른쪽번호가 올덴베르크가 편집한 빠알리성전협회의 출간순서이다.

KĀLI G
MOR
Kapilavatthu I
SAKIYA
Sāvatthi
Lumbinī
Kapilavatthu II
KOLIYA
ACIRAVATĪ
Sāketa
(Ayojjhā)
Kusināra
Lucknow
KOSALA
Gorakhpur
GHĀGARA
VAMSĀ
GOMATI
KĀLĀMA
GANGES
KĀSI
GANGES
YAMUNĀ
Prayāga
(Allāhabād)
Sārnāth
Kosambī
Benares
AVANTI
M
부처님 당시의 도시들
부처님 이후의 도시들
네팔 국경선
부처님 당시의 강줄기
무역로

Kathmandu
ARUN
SUN KOSI
VIDEHA
Mithilā
NEPAL
VAJJI
INDIA
Darbhanga
LICCHAVI
Muzaffarpur
Vesāli
BĀGHMATI
SAPTI KOSI
ta(Patna)
Monghyr
Bhāgalpur
Campā
Nālandā
Rājagaha
AṄGA
GADHA
Gayā
Uruvelā
NERAN-JARĀ
PHALGU